Réussir son référencement web

Stratégie et techniques SEO

SUR LE MÊME THÈME

O. Andrieu. – **SEO zéro euro**.
N°14033, 2014, 224 pages.

I. Canivet. – **Référencement mobile**.
N°13667, 2013, 456 pages.

I. Canivet. – **Bien rédiger pour le web**.
N°13750, 3e édition, 2014, 736 pages.

D. Roch. – **Optimiser son référencement WordPress**.
N°14182, 2e édition, 2015, 296 pages.

R. Rimelé, R. Goetter. – **HTML 5 – Une référence pour le développeur web**.
N°13638, 2e édition, 2013, 752 pages.

E. Marcotte. – **Responsive web design**.
N°13331, 2011, 160 pages.

F. Draillard. – **Premiers pas en CSS 3 et HTML 5**.
N°13944, 6e édition, 2015, 472 pages.

M. Kabab, R. Goetter. – **Sass et Compass avancé**.
N°13677, 2013, 280 pages.

DANS LA COLLECTION « DESIGN WEB »

A. Martin, M. Chartier. – **Techniques de référencement web**.
N°14333, 2e édition, 2016, 410 pages.

S. Pollet-villard. – **Créer un seul site pour toutes les plates-formes**.
N°13986, 2014, 144 pages.

K. Deloumeau-Prigent. – **CSS maintenables avec Sass et Compass**.
N°13640, 2e édition, 2014, 252 pages.

J. Patonnier, R. Rigot. – **Projet responsive web design**.
N°13713, 2013, 162 pages.

I. Canivet, J.-M. Hardy. – **La stratégie de contenu en pratique**.
N°13510, 2012, 176 pages.

C. Schillinger. – **Intégration web – Les bonnes pratiques**.
N°13370, 2012, 390 pages.

S. Daumal. – **Design d'expérience utilisateur**.
N°13456, 2012, 390 pages.

G. Barrère, E. Mazzone. – **Card Sorting**.
N°13448, 2012, 128 pages.

Olivier Andrieu
Préface de Laurent Bourelly
Illustrations de Grifil

Réussir son référencement web

Stratégie et techniques SEO

ÉDITION 2016-2017

EYROLLES

ÉDITIONS EYROLLES
61, bd Saint-Germain
75240 Paris Cedex 05
www.editions-eyrolles.com

Préface

Pour commencer par un aveu, j'aurais bien aimé être Olivier Andrieu. C'est même rageant d'observer qu'il a tout pour lui.

Sur l'échelle de la reconnaissance par ses pairs, Olivier était déjà le n° 1 quand j'ai démarré le métier de référenceur et il n'est jamais tombé de son piédestal. Que ce soit le noyau dur de la communauté, les quelques centaines de personnes visibles en surface, ou le puits sans fond de tous ceux qui s'intéressent au référencement, il est impossible de ne pas reconnaître le rôle majeur d'Olivier Andrieu. Personne n'a autant œuvré pour la légitimité du référencement et la promotion du métier.

C'est en grande partie grâce à lui que nous avons une base saine en France, par rapport à l'approche du référencement. Son éthique a tout parié sur la qualité depuis toujours. La vérité est à l'écran et elle raconte qu'il avait raison de fuir les raccourcis et l'appât du gain.

J'admire aussi la manière dont il a mené sa carrière. Olivier trace sa route tranquillement, semblant gérer où il va et se souvenant toujours d'où il vient. Il semble faire seulement ce dont il a envie et à son rythme. C'est un bon mentor à prendre en exemple lorsqu'on veut apprendre le référencement. C'est ainsi que je suis honoré d'avoir été choisi pour rédiger la préface de la dizième édition de son livre, ouvrage de référence sur mon métier et ma passion.

Parlons-en de ce fameux livre, la célèbre bible du référencement. Avec plus de 40 000 ventes au compteur, c'est un succès impressionnant, pointant un repère sur l'intérêt pour notre secteur d'activité.

J'ai repris le sommaire de la première édition pour constater que le squelette de base n'avait presque pas changé. En 2006, les mêmes fondamentaux étaient préconisés, ce qui est rassurant : on est sur la bonne voie quand on suit la méthode Andrieu.

Pour apprendre à construire un mur comme moi ou cuisiner un gâteau comme Olivier, il va falloir emmagasiner du savoir, mais le plus important est de s'entraîner. Lancer des tests en référencement ne fait pas mal. Personne n'a jamais fini à l'hôpital en optimisant un site web. En revanche, je vous conseille de gagner du temps en partant de robustes fondamentaux.

Le livre d'Olivier est le garant d'une approche performante et pérenne. En plus d'être un excellent guide, cet ouvrage est la mémoire de notre activité. D'autres livres traitent du même sujet, mais aucun ne peut jouer ce rôle de témoin.

Au fil des éditions, l'auteur déroule l'histoire d'une activité passionnante et fascinante. Par exemple, le remaniement complet de l'approche du volet « off site » nous rappelle que nous sommes aujourd'hui très loin de la simple action d'apport de popularité ou manipulation plus ou moins franche du PageRank. Le profil de liens s'est transformé en un véritable écosystème propagateur d'autorité et de notoriété.

C'est aussi très intéressant de noter que les paramètres d'optimisation de base « on page » et « in site » ont beaucoup moins évolué que cet écosystème gravitant autour du site. Certes, beaucoup de choses sont arrivées sur Internet depuis dix ans. Le référencement a suivi cette évolution et façonné les sites web, en fonction de l'évolution des usages et des moteurs de recherche. Les progrès technologiques sont vertigineux, mais les fondamentaux de l'optimisation d'un site demeurent immuables.

Une preuve qu'Olivier était sur le bon chemin dès la première édition du livre se tient à la page 69 : « Content is KING, Optimized content is EMPEROR ». La formule est trop belle pour être traduite, mais le paragraphe en bon français qui s'en suit est remarquable.

Surtout, j'aime cet avertissement sans appel : « C'est le contenu que vous allez proposer en ligne qui va faire la différence entre trafic efficace, ciblé, et trafic stérile ». Pour remettre dans le contexte de l'époque, c'était trop facile de prendre des raccourcis, et je sais de quoi je parle. Prôner la voie de la qualité pour l'internaute avant tout a toujours été un challenge compliqué. Nous devons saluer ce choix courageux, situé dans une période où il était tentant d'arriver dans les premières positions sur Google en le goinfrant de médiocrité, sans se préoccuper de l'intérêt véritable pour l'internaute. Manipuler le moteur de recherche était trop facile pour ne pas avoir envie d'en profiter. Sauf pour Olivier Andrieu, qui avait déjà choisi sa ligne de conduite, entraînant tout un courant derrière lui.

Vous avez donc compris que vous êtes entre de bonnes mains. Suivez les conseils prodigués dans cet ouvrage et vous obtiendrez immanquablement des résultats en référencement. Grâce à cette fameuse première édition en 2006, j'ai fait de bons choix qui sont encore payants dix ans plus tard. Alors merci Monsieur Andrieu pour tout ça, et plus encore.

Laurent Bourelly

Consultant SEO et initiateur, entre autres, du concept de « cocon sémantique »
http://www.laurentbourelly.com

Remerciements

Je tiens à remercier ici (une nouvelle fois) toutes les personnes qui m'aident depuis plus de vingt ans (ça ne me rajeunit pas…) à suivre le « petit » monde si passionnant des outils de recherche et du référencement. Que de changements dans ce « court » laps de temps et quelques ouvrages écrits au cours des années. Et je ne parle pas de *Internet guide de connexion*, paru en 1994, déjà chez Eyrolles, avec… une disquette permettant de se connecter une heure gratuitement à Internet ! C'était Byzance et Broadway réunis. Mais je vous parle d'un temps que les moins de vingt ans ne peuvent pas connaître… Alors, si je commence à évoquer le Minitel, un domaine qui a également occupé une bonne partie de ma vie dans les années 1980, je risque de faire fuir quelques-uns d'entre vous.

Merci également à ceux qui ont collaboré à la rédaction de cet ouvrage (pour la plupart, rédacteurs de ma lettre professionnelle « Recherche et Référencement », dont certains articles ont été repris et adaptés dans ce livre).

- Jean-Noël Anderruthy, webmaster spécialisé dans les technologies Google (http://google-xxl.blogspot.com/), pour les sections sur les rich snippets (chapitre 11), l'indexation rapide (chapitre 12) et la vitesse de chargement des pages (chapitre 14).
- Philippe Yonnet, directeur de l'agence Search-Foresight/Groupe MyMedia, pour ses informations sur Mayday, Caffeine et Jazz (chapitre 2), les critères temporels (chapitre 5), le PageRank (chapitre 6), AMP (chapitre 7), le chiffrement HTTPS et les balises hrfeflang (chapitre 14).
- Christophe Deschamps, consultant et formateur en gestion de l'information, responsable du blog Outils Froids (http://www.outilsfroids.net/), pour son encadré sur Google+ (chapitre 8).
- Daniel Roch, consultant WordPress, référencement et webmarketing chez SeoMix (http://www.seomix.fr/), pour le responsive design et App Indexing (chapitre 7) et le référencement des sites en Ajax (chapitre 13).
- Guillaume Thavaud, pour ses informations sur Bing (chapitre 2), le TrustRank (chapitre 6), Google Adresses et les commentaires des internautes (chapitre 7), ainsi que sur le Knowledge Graph et Schema.org (chapitre 11).
- Sébastien Joncheray, de la société Raynette (http://www.raynette.fr/) pour l'exemple d'intégration des rich snippets et de Schema.org (chapitre 11).
- François Houste, LSFe-tourisme Associate Director chez LSF Interactive (http://www.lsfinteractive.fr/) et auteur du blog eTourisme Feng Shui (http://www.etourisme-feng-shui.com/), pour son aide au sujet du travail de SEO avec une agence externe (chapitre 10).
- Alexandre Diehl, avocat à la Cour, cabinet Lawint (http://www.lawint.com/), pour ses indications sur le statut juridique des liens hypertextes (chapitre 6).
- Emmanuel Fraysse, consultant indépendant (http://lewebsocial.com/), pour sa collaboration à la section consacrée aux réseaux sociaux (chapitre 8).
- Olivier Duffez (http://www.webrankinfo.com/), qui a contribué aux sections sur l'*URL rewriting* et les redirections (chapitre 14).

- Philippe Laine, expert SEO chez Manageo (http://www.manageo.fr/), pour les informations sur les Quality Updates de Google (chapitre 15).
- Antoine Mussard, de la société VRDCI (http://www.vrdci.com/) et Damien Henckes (consultant indépendant).

Merci à toutes les personnes proches qui sont mes « fournisseurs officiels en énergie », elles se reconnaîtront.

Merci à mes filles, Lorène et Manon, pour leur soutien. Je vous aime.

Et enfin un merci tout spécifique à mon ami Régis, ou plutôt Grifil (http://www.grifil.com/). Ta belle amitié m'est chère depuis plus de 15 ans. Merci d'avoir accepté, avec ta gentillesse habituelle, d'illustrer chaque partie et chapitre de ce livre depuis deux ans et l'édition de 2014. Promis, on s'appelle pour voir si on a réussi et je te dis quoi (les Ch'tis comprendront).

Olivier Andrieu

Table des matières

Avant-propos

« Je cherche des amis. Qu'est-ce que signifie apprivoiser ?

– C'est une chose trop oubliée, dit le renard. Ça signifie « créer des liens... »

– Créer des liens ?

– Bien sûr, dit le renard. Tu n'es encore pour moi qu'un petit garçon tout semblable à cent mille petits garçons. Et je n'ai pas besoin de toi. Et tu n'as pas besoin de moi non plus. Je ne suis pour toi qu'un renard semblable à cent mille renards. Mais, si tu m'apprivoises, nous aurons besoin l'un de l'autre. Tu seras pour moi unique au monde. Je serai pour toi unique au monde...

– Je commence à comprendre, dit le Petit Prince. Il y a une fleur... je crois qu'elle m'a apprivoisé...

– C'est possible, dit le renard. On voit sur Terre toutes sortes de choses...

– Oh ! Ce n'est pas sur la Terre, dit le Petit Prince. »

Extrait du *Petit Prince* d'Antoine de Saint-Exupéry (1943)

Ce livre vous apportera de nombreuses et précieuses informations pour mieux optimiser, de façon « loyale » et honnête, les pages de votre site afin d'acquérir une meilleure visibilité dans les résultats des moteurs de recherche en général et, bien sûr, de Google en particulier. Au fil des années, cet ouvrage a en effet comblé un vide assez important dans ce domaine. En l'an 2000 paraissait la dernière version de mon livre *Créer du trafic sur son site web*, aux éditions Eyrolles. Un autre vendu directement sur le Web au format PDF et intitulé *Référencement 2.0* lui a succédé. Conscient qu'il fallait actualiser les informations que ces livres proposaient, j'avais entrepris l'écriture de *Réussir son référencement web*, dont la première version parut en janvier 2008, la deuxième fin 2009, la troisième fin 2010, la quatrième en janvier 2012, la cinquième en avril 2013, la sixième (pour 2014) en décembre de cette même année et la septième en février 2015. Ces différentes éditions ont connu, selon les dires de l'éditeur, un grand succès. Tant mieux, cela signifie que la demande est forte sur ce créneau. En 2011, il avait été décidé de proposer chaque année une nouvelle mouture de cette édition. Vous avez donc entre les mains le dernier-né pour 2016 (il paraîtrait que certains en font la collection et ont une étagère bien garnie :-))...

L'édition 2014 fêtait également un anniversaire, puisque cela faisait vingt ans que je travaillais (et que je travaille encore) dans le domaine du référencement. J'ai découvert le Web en 1993 au travers d'une démonstration de Mosaic 1.0 (l'ancêtre des actuels navigateurs Chrome ou Firefox) à l'université Louis Pasteur de Strasbourg. Sortant de plusieurs années de Minitel, je me suis immédiatement pris de passion pour Internet et je suis, comme on dit en dialecte « astérixien », « tombé dans la marmite ». Les moteurs de recherche (et les annuaires, à cette époque) ont tout de suite attiré mon attention et la visibilité d'un site web sur ces outils a très tôt été au centre de mes préoccupations. J'ai alors créé ma société, Abondance (car, en 1996, il fallait être bien placé par ordre alphabétique dans les annuaires !), avec une offre de référencement sur Yahoo! et AltaVista. Une autre époque !

Cela fait donc un peu plus de deux décennies que je navigue dans le microcosme parfois tortueux du référencement naturel (qui s'appelle de plus en plus SEO pour *Search Engine Optimization*) et que j'essaie de m'adapter au quotidien à de nouvelles stratégies que nous proposent (ou nous imposent) l'actualité et bien sûr Google depuis plus de quinze ans.

Mon activité de consultant m'a amené à auditer de très nombreux sites, à rencontrer des problématiques parfois complexes, à examiner et analyser les stratégies de mes clients. Cette expérience, j'ai essayé de la résumer dans ce livre.

J'espère sincèrement que les versions précédentes de cet ouvrage ont aidé nombre d'entre vous à percer les mystères du référencement et de la visibilité de leur site sur les moteurs de recherche. Au vu des messages que j'ai reçus après leur parution et des témoignages qui me sont rapportés lors de mes conférences et formations, il semblerait que oui et je ne peux que remercier ici toutes les personnes qui m'ont fait part de leur expérience depuis.

Un site web dédié au livre

Vous pouvez obtenir plus d'informations au sujet de cet ouvrage (et des autres que j'ai « commis » également) sur le site qui lui est dédié :

- *http://www.livre-referencement.com.*

Et notamment les témoignages des lecteurs des précédentes éditions :

- *http://www.livre-referencement.com/temoignages.html.*

Comme je l'ai dit, il s'agit de la huitième édition de cet ouvrage. Au fil des années, il n'a eu de cesse de s'enrichir d'informations supplémentaires. Mais cela avait également généré, de façon presque obligatoire, des redites dans certains chapitres. L'édition 2013 avait en partie corrigé cela. Mais il fallait, à un moment donné, revoir en profondeur le contenu de l'ouvrage et c'est ce que j'avais décidé de faire pour l'édition 2014, qui a été remaniée pour proposer des informations précises, mises à jour et correspondant à une vision actuelle du SEO. La version que vous avez entre les mains, qui est celle pour 2016, n'est qu'une mise à jour de la mouture totalement remaniée deux ans auparavant et déjà actualisée en 2015.

Il existe aujourd'hui de nombreux ouvrages sur le webmarketing, l'affiliation, les communiqués de presse, les liens sponsorisés, la publicité en ligne et les autres manières de faire connaître son site. Aussi, il ne m'a pas semblé pertinent d'expliquer une nouvelle fois ce qui a déjà été écrit par ailleurs.

Le contenu de ce livre est donc centré sur le référencement naturel et ses notions connexes : positionnement, optimisation de site, analyse de l'efficacité d'une stratégie de référencement, etc. Et Dieu sait s'il y a des choses à dire ! Vous vous en apercevrez dans les pages qui suivent…

L'articulation de cette édition 2016 est divisée en trois grandes parties.

- La première *(Présentation du SEO, définitions et généralités)* a pour but d'expliquer ce qu'est le domaine du webmarketing et de vous présenter en détail les différentes stratégies possibles, le mode de fonctionnement des moteurs de recherche, etc.
- La deuxième *(Les fondamentaux du SEO)* présente la partie technique (les différentes balises à mettre en œuvre), la rédaction (écrire pour les internautes en pensant aux moteurs) et le *netlinking* (les liens entrants sur un site, si importants aux yeux de Google). D'autres domaines comme le SMO (réseaux sociaux), le référencement des images, des vidéos, etc., sont également abordés. Le suivi et la mesure d'un bon référencement, phases essentielles d'une stratégie SEO, ainsi que la question de l'internalisation ou de la sous-traitance des actions à mettre en place sont traités. En un mot, tout ce qu'il faut savoir sur le sujet si vous n'êtes pas un spécialiste de ce domaine.
- La troisième partie *(Pour aller plus loin)* aborde des sujets plus techniques, parfois plus complexes, comme le *duplicate* content, les pénalités, les filtres Panda et Penguin de Google, la réécriture d'URL, la désindexation, etc. En d'autres termes, de nombreux points, plus « avancés », que vous pourrez étudier une fois que vous vous serez familiarisé avec les chapitres précédents.

Ce livre regorge également d'adresses d'outils à utiliser et de sites web à consulter. Véritable mine d'informations, il vous permettra, en tout cas je l'espère, d'offrir une meilleure visibilité à votre contenu au travers des moteurs de recherche. Quand vous aurez multiplié votre trafic par un coefficient que je souhaite le plus fort possible, envoyez-moi un petit message, cela me fera plaisir (et si le message est reproduit sur le site web du livre, vous y gagnerez un lien au passage !).

Pour clore cet avant-propos, il me semble important d'indiquer une chose : le référencement n'est pas une science exacte. Vous pourrez être d'accord ou pas avec certaines affirmations proposées par cet ouvrage. C'est normal. Nous œuvrons tous dans un domaine empirique où seuls les tests et l'expérience nous font progresser. Le dialogue, la concertation font souvent naître de nouvelles idées et permettent de faire avancer les choses. Mais il est difficile d'être toujours totalement sûr de ce qu'on avance dans ce domaine. C'est aussi ce qui en fait sa saveur et son côté passionnant. Le référencement est synonyme de perpétuelle remise en cause de ses acquis ! Une grande école de l'humilité (qui n'est pourtant pas toujours le caractère principal de certains de ses acteurs).

Enfin, rappelons qu'à la demande de nombreux lecteurs, les URL sont pour la plupart citées dans cet ouvrage grâce au raccourcisseur d'adresses (à tout seigneur tout honneur) goo.gl. Elles sont ainsi beaucoup plus faciles à saisir à la main lorsqu'elles sont très longues ! Ceci dit, lisez-les et déchiffrez-les attentivement : un « I » (i majuscule) est parfois proche d'un « 1 » ou d'un « l » (L minuscule), un « 0 » (zéro) peut être confondu avec un « O » (lettre majuscule), etc. Toutes les adresses raccourcies ont en tout cas été (re) vérifiées pour cette nouvelle édition. Êtes-vous certain de les avoir bien saisies en cas de problème ?

Mais trêve de bavardages : ce livre se veut le plus pratique possible en vous proposant un maximum d'informations en un minimum de pages. Alors, ne tardez pas et entrez de plain-pied dans le « monde merveilleux – et parfois bien mystérieux – du référencement » !

En vous souhaitant une bonne lecture et... une bonne visibilité sur les moteurs de recherche !

Olivier Andrieu
livre-referencement@abondance.com

Partie A

Les bases du référencement naturel (SEO)

1

Le référencement aujourd'hui : généralités

« Je ne sais qu'une chose, c'est que je ne sais rien. »
Socrate

Généralement, le lecteur, avide d'informations, passe assez rapidement le premier chapitre d'un livre dans lequel, pense-t-il, ne seront proposées que des généralités qui lui serviront peu par rapport à ses attentes quotidiennes.

Pourtant, nous ne pouvons que vous inciter à lire assidûment les pages qui suivent. En effet, il est absolument nécessaire, pour bien optimiser son site et réaliser un bon référencement, d'assimiler une certaine somme d'informations au sujet des outils de recherche en général. Vous ne pourrez mettre en place une bonne stratégie de référencement que si vous avez une idée précise de la façon dont fonctionnent les moteurs de recherche et surtout des différents leviers de visibilité qu'ils proposent. Vous pourrez également réagir d'autant plus vite en cas de problème que vous maîtriserez au mieux les méandres parfois complexes de ces outils.

Ainsi, vous trouverez dans ce chapitre des données qu'il vous faudra absolument avoir intégrées avant de continuer votre lecture. Contrairement aux habitudes, nous vous proposons donc de lire ce chapitre plutôt deux fois qu'une, la suite n'en sera que plus limpide…

Référencement versus positionnement

Tout d'abord, dans un livre consacré au référencement, il est nécessaire de bien définir les termes employés, parfois de façon impropre ou erronée, par de nombreux acteurs du domaine (et l'auteur de cet ouvrage en premier, faute avouée… vous connaissez la suite).

Commençons avec le terme de « référencement » et tentons une explication de ce mot au travers d'une analogie avec la grande distribution : lorsque vous allez faire vos courses dans un supermarché, vous vous promenez dans les rayons et y voyez un certain nombre de produits. On dit d'ailleurs, dans le jargon commercial, que ces produits sont « référencés » auprès de la grande surface. En d'autres termes, ils sont « trouvables ». Cependant, ils sont placés parmi des centaines, des milliers d'autres, tous rangés au départ de la même façon dans de nombreux rayons.

Pour mettre en évidence certains d'entre eux, les responsables commerciaux des supermarchés ont alors eu l'idée de les placer au niveau des yeux du consommateur, en tête de gondole, ou encore à proximité des caisses de paiement, ce qui les rend plus « visibles ». Certains produits sont alors mis en avant à des endroits stratégiques, beaucoup plus facilement repérables par les clients potentiels. Ils sont ainsi bien « positionnés »… Vous voyez où nous voulons en venir ?

Pour ce qui est du référencement de votre site web, il en sera de même : lorsque votre site sera « présent » dans les bases de données (qu'on appelle « index ») d'un moteur, on dira qu'il est « référencé » ou « indexé ». C'est une première étape, nécessaire mais pas suffisante, dans le processus de gain de visibilité de votre source d'information. Disons qu'il est prêt à être vu. Mais ce référencement devra déjà être optimisé, ce qui représente un vrai travail préliminaire. De même, un produit sans intérêt pour le consommateur ou obsolète (date de conservation dépassée) pourra être retiré des rayons. Il sera donc « déréférencé » ou « désindexé ». Là encore, il en sera de même pour votre site : vous ne devrez montrer à Google que les pages les plus intéressantes, celles qui ont le meilleur potentiel pour l'internaute. Nous y reviendrons…

Figure 1-1

Dans les grandes surfaces, les produits sont également « référencés »…
Source : D.R.

Grande surface et galerie marchande

Pour poursuivre l'analogie précédente, on peut estimer que la grande surface représente les résultats « naturels » du moteur de recherche, alors qu'une galerie marchande propose l'équivalent des liens sponsorisés. Un produit peut donc se trouver dans les deux zones d'achat sans qu'il y ait obligatoirement concurrence entre les deux, comme dans la vie réelle.

Une phase tout aussi importante sera donc, dans un deuxième temps, de mettre votre site en « tête de gondole », en le positionnant au mieux dans les résultats de recherche des mots-clés les plus importants pour votre activité.

Enfin, une troisième étape, malheureusement souvent négligée, sera nécessaire pour vérifier *in fine* que le positionnement a porté ses fruits, en évaluant le trafic engendré par vos efforts d'optimisation. Croyez-vous que les responsables de supermarchés ne vérifient pas si leurs produits se vendent mieux – ou pas – en fonction de leur emplacement ? En effet, ce n'est pas parce qu'un produit est placé en tête de gondole qu'il est obligatoirement plus vendu. Tout dépend de l'endroit où se trouve le rayon et du nombre, voire du type, de personnes qui passent devant. En d'autres termes, il ne servira à rien d'être bien positionné sur des mots-clés que personne ne saisit ou sur des moteurs que personne n'utilise… Nous reviendrons bien sûr amplement sur ces notions dans les chapitres suivants.

Le référencement, une réalité aux sens multiples

Le terme de « référencement » est souvent utilisé de manière impropre pour désigner tout le processus d'augmentation de visibilité d'un site web au travers des moteurs de recherche, incluant donc le positionnement, la vérification du trafic engendré, etc. alors qu'en réalité, il s'agit uniquement de définir par ce terme le processus d'indexation des pages d'un site web par le moteur de recherche. Et donc la simple connaissance de ces pages par Google et consorts. Le lecteur voudra bien nous excuser le fait de plonger dans les mêmes travers au sein des pages de ce livre, mais il est parfois difficile de lutter contre certaines habitudes. *Nostra culpa, nostra maxima culpa...*

Liens organiques versus liens sponsorisés

Dans cet ouvrage, nous allons parler de positionnement dans les pages de résultats des moteurs de recherche. Peut-être est-il important de définir clairement sur quelles zones de ces pages de résultats nous allons travailler.

Liens organiques ou naturels ?

On appelle liens organiques (car ils proviennent du cœur même du moteur, ils en représentent la substantifique moelle) ou naturels (car aucun processus publicitaire ou financier n'intervient dans leur classement), les résultats affichés par le moteur de recherche, la plupart du temps sous la forme d'une liste de 10 pages représentées chacune par un titre, un descriptif et une adresse, en dehors de toute publicité ou promotion pour les services de l'outil de recherche. On les appelle également parfois (notamment chez Microsoft/Bing) les « liens bleus ».

SEM = SEO + SEA

En termes de stratégie de visibilité sur les moteurs de recherche, on parle la plupart du temps de SEM *(Search Engine Marketing)*. Ce terme regroupe le SEO *(Search Engine Optimization)*, ou référencement naturel, et le SEA *(Search Engine Adverstising)*, ou gestion des liens publicitaires, souvent appelé improprement « référencement payant » alors que le SEA n'a rien à voir avec une quelconque stratégie de référencement !

La figure 1-2 illustre notre propos pour le moteur de recherche Google France et le mot-clé « référencement ».

- Les zones 1 et 2 sont occupées par des liens sponsorisés, ou liens commerciaux, baptisés AdWords chez Google, et qui sont des zones publicitaires payées par des annonceurs selon un système d'enchères avec facturation au clic. Les résultats sont affichés selon une formule complexe appelée *Quality Score*. Si ces zones ne font pas spécifiquement partie intégrante d'une stratégie de référencement dit « naturel », « organique » ou « traditionnel » (SEO), le système du lien sponsorisé (baptisé SEA pour *Search Engine Advertising*) en est complémentaire. Nous ne l'aborderons cependant pas – ou très peu – dans cet ouvrage.

- La zone 3 représente ce qu'on appelle les liens organiques ou naturels, qui sont fournis par l'algorithme mathématique de pertinence (la formule de classement) du moteur de recherche. Ils n'ont rien à voir avec la publicité affichée dans les zones situées au-dessus. C'est donc dans cet espace que nous allons essayer de vous aider à positionner vos pages.

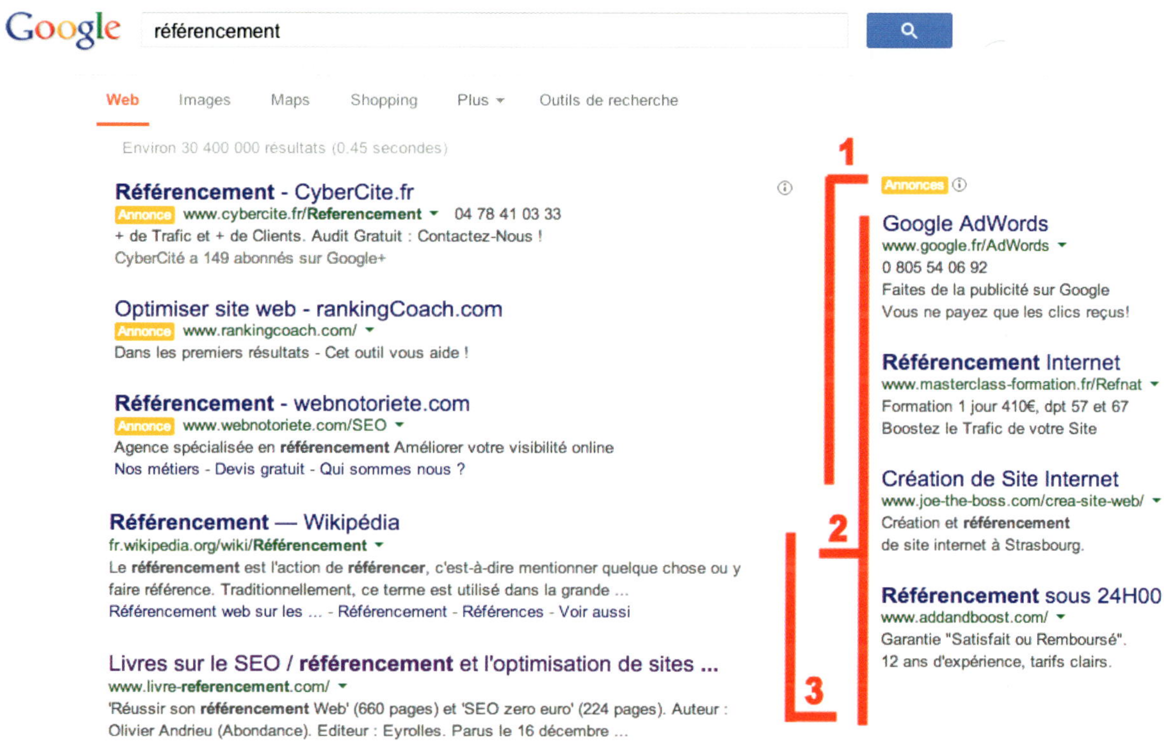

Figure 1-2

Page de résultats sur Google France pour le mot-clé « référencement »

Tous les moteurs de recherche majeurs proposent sur leurs pages de résultats cette dualité liens sponsorisés/liens organiques.

> **Le référencement naturel est indépendant des liens sponsorisés**
>
> Il est important de bien comprendre que les deux sources principales d'information dans les pages de résultats des moteurs (liens sponsorisés et liens organiques) sont indépendantes l'une de l'autre. Être un gros annonceur sur Google ou Bing n'influe donc pas de façon directe le positionnement de votre site web dans les liens organiques du moteur en question. Heureusement d'ailleurs, car la seule façon d'être pérenne pour un outil de recherche est de présenter des résultats objectifs et indépendants des budgets publicitaires. Que de « serpents de mer » n'ont-ils pas été imaginés à ce sujet depuis de nombreuses années…

Ceci dit, si par défaut liens naturels et sponsorisés sont indépendants, cela ne signifie pas qu'ils n'ont pas d'influence l'un sur l'autre. Le fait d'arrêter une importante campagne de liens sponsorisés, par exemple, influera sur le trafic engendré sur le site, et donc, la notion de trafic étant aujourd'hui prise en compte par Google dans son algorithme de pertinence – contrairement au passé –, les positionnements en liens naturels pourront en pâtir. On a vu de nombreuses situations de ce genre se produire sur le moteur Google : l'arrêt d'importantes campagnes AdWords peut influencer négativement les positions d'un site en SEO, qu'il regagnera lorsque de nouvelles campagnes seront mises en œuvre. Ceci est logique et représente l'impact indirect d'un gain ou d'une perte de trafic sur un site. Mais une mention du site dans une émission de télévision très suivie, par exemple, et générant un pic de trafic pourrait avoir le même effet. En revanche, l'impact d'une campagne publicitaire ne sera décelable que si les budgets mis en œuvre sont importants. Quelques dizaines d'euros d'AdWords par jour ne devraient logiquement générer aucune fluctuation en termes de SEO.

Les figures 1-3 et 1-4 illustrent des pages de résultats de recherche sur les moteurs de recherche Yahoo! et Bing, principaux concurrents de Google à l'heure actuelle. Comme on peut le voir, les résultats sont également répartis en trois zones distinctes : les liens sponsorisés figurent dans les zones 1 et 2 et liens organiques dans la zone 3. Il en est ainsi sur la majeure partie des moteurs de recherche actuels.

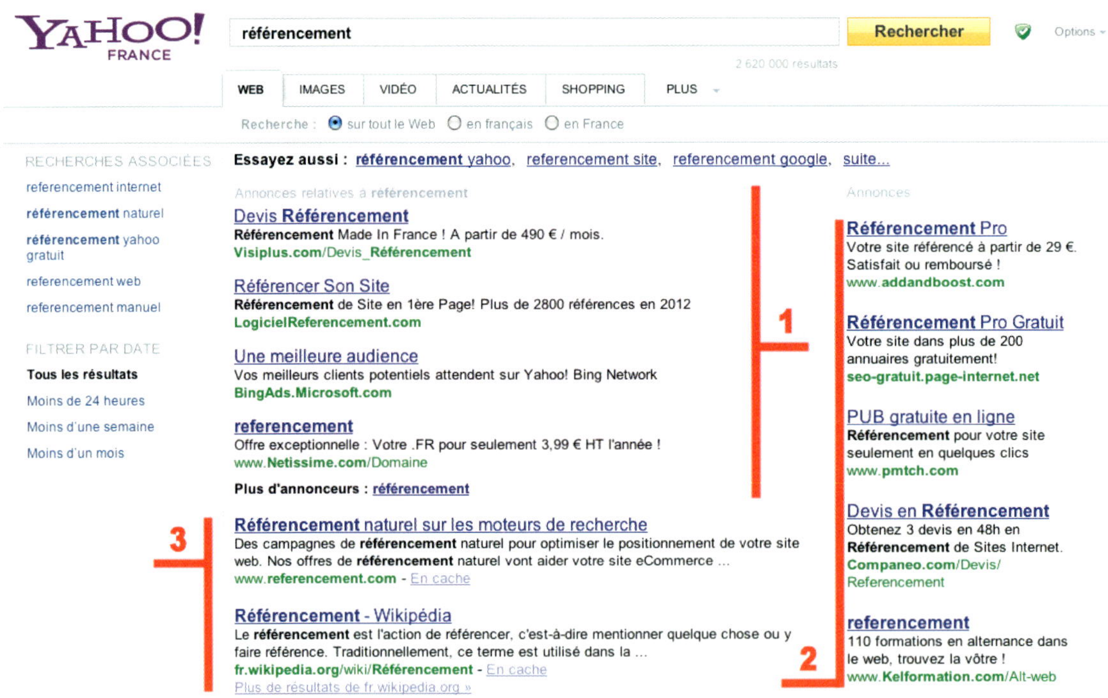

Figure 1-3

Page de résultats sur Yahoo! pour le mot-clé « référencement »

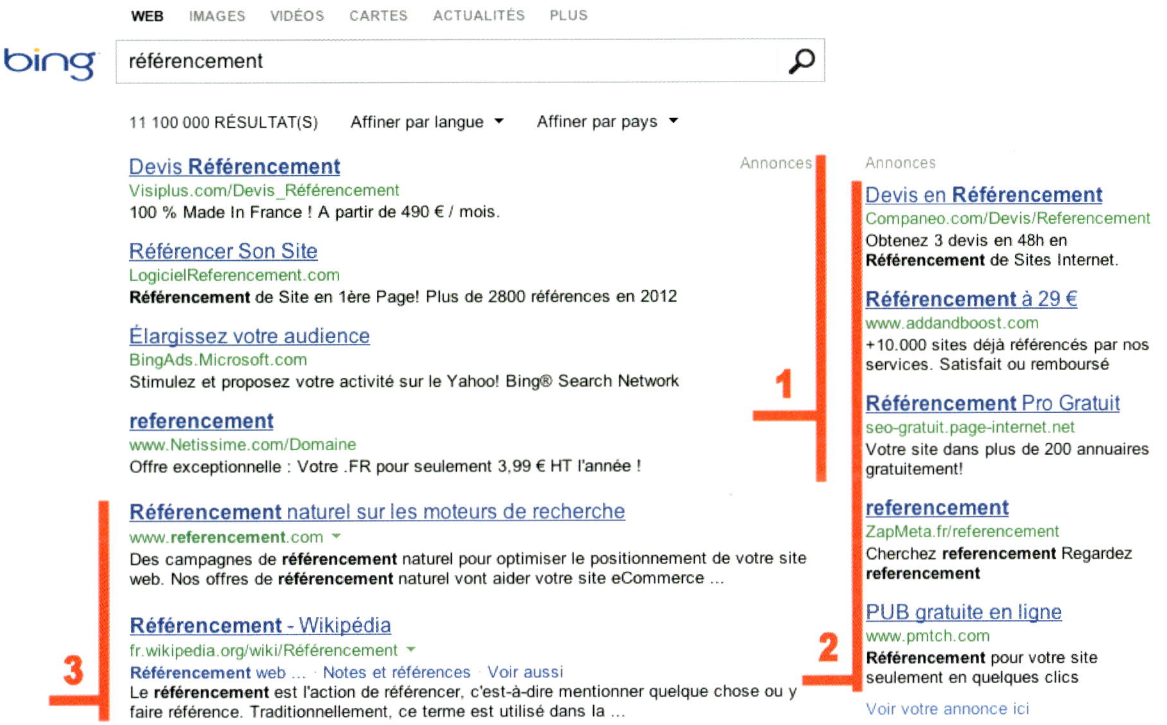

Figure 1-4

Page de résultats sur Bing pour le mot-clé « référencement »

La différence se fera, sur un moteur ou l'autre, au niveau de la clarté de différenciation des différentes zones. Certains outils indiquent sans ambiguïté ce qui est de la publicité et ce qui ne l'est pas, alors que d'autres y sont moins enclins, et ce, essentiellement pour des raisons de profits. En effet, l'internaute, qui pense avoir affaire à un lien organique, va en fait cliquer sur une publicité… Reste à estimer le bienfait pour l'internaute de ce type de pratique. Notons qu'en 2013, le fond pastel utilisé pour les liens sponsorisés en position « premium » (au-dessus des résultats naturels) s'est peu à peu éclairci sur les principaux moteurs (Google, Yahoo! et Bing), et a complètement disparu sur Google en 2014 au « profit » d'un encadré intitulé « Annonces », en blanc sur fond orange. Des méthodes qui peuvent tromper l'internaute et qu'il faut surveiller de près.

Attention aux sociétés peu scrupuleuses !

Parfois, certaines sociétés vous proposeront, sous l'appellation de « référencement naturel » ou « référencement », l'achat de mots-clés en liens sponsorisés sans le mentionner expressément. Dans ce cadre, des garanties peuvent bien entendu être proposées. Attention aux escrocs qui pullulent dans ce petit monde du référencement (heureusement, il existe également des gens qui travaillent de façon très efficace et professionnelle) !

Une stratégie de référencement naturel, ou traditionnel, aura donc pour vocation de positionner une ou plusieurs page(s) de votre site web dans les meilleurs résultats des liens organiques lorsque les mots-clés importants pour votre activité sont saisis par les internautes.

Les liens sponsorisés apportent-ils une pertinence supplémentaire ?

Aujourd'hui, les liens sponsorisés peuvent amener une pertinence supplémentaire, notamment sur des requêtes à caractère commercial (mots-clés dits « transactionnels »). En effet, ces liens commerciaux sont soumis à une vérification (*a posteriori* ou *a priori*) de la part d'une équipe éditoriale et ils sont censés répondre de la meilleure façon possible à une problématique donnée, mise en lumière par une requête sur un moteur.

La condition *sine qua non* pour que cette pertinence supplémentaire soit réellement efficace sera donc que les procédures de validation des prestataires de liens sponsorisés (Google, Bing...) soient efficaces. Si ce n'est pas le cas, on risque de tomber rapidement dans la gabegie et personne n'aura à y gagner, surtout pas le moteur et la régie. Une raison de plus pour que ces acteurs soignent leurs prestations.

Autre élément important : que les moteurs fassent bien la distinction, dans leurs pages de résultats, entre ce qui est de la publicité et ce qui n'en est pas, comme nous le disions précédemment. Le fournisseur d'accès Internet Free a, par exemple, lancé en 2007 une page de résultats associant liens naturels et liens sponsorisés sans qu'il soit facilement possible de les distinguer visuellement (*http://goo.gl/kh71Q*). Ce type de stratégie peut tuer le marché de la publicité sponsorisée si elle est appliquée en masse et n'est donc clairement pas à encourager. Free est d'ailleurs revenu en arrière quelques mois plus tard, conscient de son erreur stratégique. À surveiller...

Pour résumer, on dira que tant que les prestataires de liens sponsorisés et les moteurs de recherche auront comme priorité de servir les internautes avec les meilleurs résultats possibles, tout ira bien et la pertinence s'équilibrera entre liens naturels et liens commerciaux. Toute autre vision du marché risque bien d'être catastrophique pour l'avenir, dans un milieu qui reste fragile et sur lequel aucune position (sic) n'est acquise et gravée dans le marbre.

Les trois étapes à respecter lors d'un référencement sur un moteur de recherche

Pour mettre en place un référencement réussi, il est nécessaire de passer par plusieurs étapes successives très importantes qui peuvent être représentées par le processus de traitement d'une requête utilisateur par un moteur de recherche.

L'affichage des résultats par un moteur se décompose donc en trois étapes (figure 1-5).

1. Mise en place par le moteur d'un « index », ou copie du Web à un instant *T* sur ses disques durs, regroupant des milliards de pages web dans lesquelles il effectuera ses recherches. Cet index devra, bien sûr, être le plus « frais » possible afin de fournir à l'internaute la réponse la plus pertinente à ses questions.
2. Extraction, depuis l'index, des pages répondant à la requête saisie par l'utilisateur.
3. Calcul et classement des résultats par pertinence.
4. Affichage des résultats.

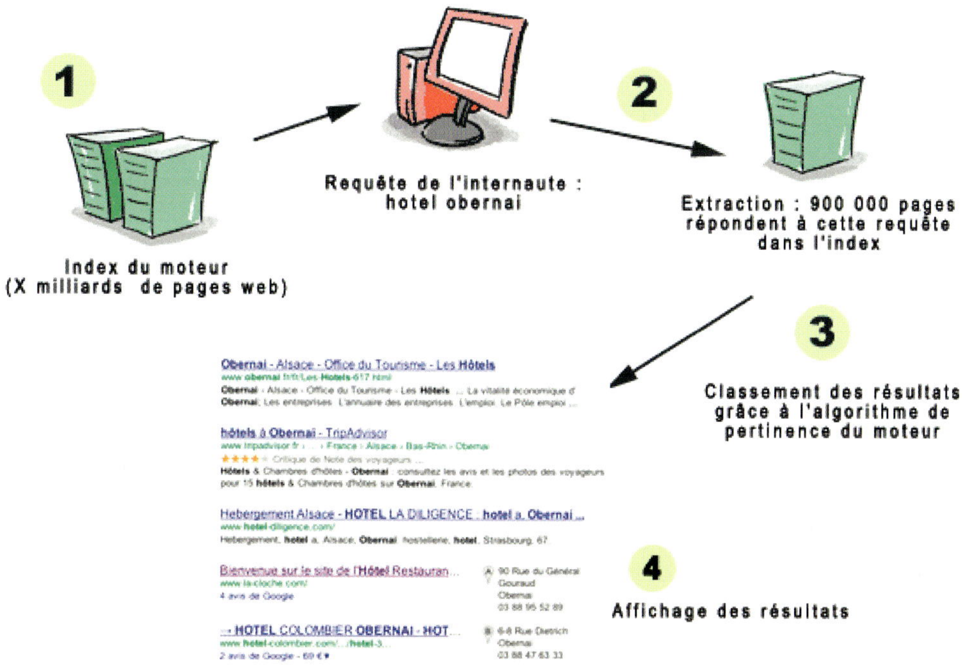

Figure 1-5

Les quatre étapes essentielles d'un processus de référencement
Source des dessins : Google

De la même façon, les étapes à mener dans le cadre d'un *bon* référencement suivront cette même logique.

1. Le moteur se sert d'un index de recherche ; les pages de votre site web devront donc y être présentes. Il s'agit de la phase de « référencement » proprement dite. Si votre site propose 100 ou 1 000 pages web, il faudra idéalement qu'elles figurent toutes dans l'index du moteur, même si le filtre Panda de Google a modifié cette approche, comme nous le verrons dans cet ouvrage. C'est, bien entendu, une condition *sine qua non* pour qu'elles soient trouvées. Et ce n'est pas sans incidence sur la façon dont votre site doit être pensé lors de sa conception…

2. L'internaute saisit ensuite un mot-clé (ou une expression contenant plusieurs mots) dans le formulaire proposé par le moteur. Celui-ci extrait de son index général toutes les pages qui contiennent le mot en question (nous verrons dans la partie consacrée au concept de « réputation » que cette affirmation doit être quelque peu révisée). Il faudra donc que vos pages contiennent les mots-clés importants pour votre activité. Cela vous semble évident ? Pourtant, au vu de nombreux sites web que nous ne nommerons pas, cette notion semble bien souvent oubliée. Pour résumer, si vous souhaitez obtenir une bonne visibilité sur l'expression « restaurant caen », il faudra que les pages que vous désirez voir ressortir sur cette requête contiennent au minimum ces mots.
3. Cependant, la présence de ces mots-clés ne sera pas suffisante. En effet, pour l'expression « restaurant caen », Google renvoie plus de 11 millions de résultats… La concurrence est féroce. Il ne faudra donc pas mettre ces mots n'importe où dans vos pages. Pour faire en sorte que vos documents soient réactifs par rapport aux critères de pertinence des moteurs, et donc qu'ils soient bien positionnés (depuis les 30 premiers résultats jusqu'au podium, voir ci-après), il faudra insérer ces termes de recherche dans des « zones chaudes » de vos pages : titre, texte, URL, etc. Et bien sûr, il faudra que votre site ait été conçu pour que ces « zones chaudes » soient bien présentes dans vos pages. Nous étudierons tout cela très bientôt.

Les phases essentielles du référencement

Un processus de référencement s'effectue en trois phases essentielles…

1. Le référencement : votre site doit être « trouvable » (« en rayon ») dans l'index du moteur, de la façon la plus complète possible et pour ses pages les plus pertinentes
2. L'identification : des pages de votre site doivent se trouver « dans le lot » des pages identifiées, car contenant les mots-clés constituant la requête de l'internaute.
3. Le positionnement : vos pages doivent être optimisées en fonction des critères de pertinence des moteurs afin d'être classées au mieux dans les pages de résultats pour vos mots-clés choisis au préalable. Pour cela, il faudra (entre autres) placer les termes désirés dans les « zones chaudes » des pages.
   Et son efficacité doit être évaluée lors d'une quatrième étape.
4. Le suivi : comment estimer et mesurer l'efficacité d'une stratégie de référencement ?

Positionnement, oui, mais où ?

Dans les premières années du référencement, on avait tendance à dire que, après saisie d'un mot-clé, le but d'un bon positionnement était d'apparaître dans les trois premières pages de résultats des outils de recherche, soit entre la 1re et la 30e position. Il s'agissait effectivement d'une sorte de « contrat » essentiel qu'il ne fallait jamais dépasser à cette époque-là. Être classé après la 30e position sur un mot-clé donné équivalait à un trafic quasi nul. En effet, très peu d'internautes dépassaient cette fatidique troisième page de résultats lors de leurs recherches. Au-delà, donc, point de salut.

Aujourd'hui, il n'est plus du tout satisfaisant de se situer dans les trente premiers résultats compte tenu du changement des habitudes des utilisateurs de moteurs de recherche. Auparavant, les internautes saisissaient une requête, puis consultaient les pages de résultats consécutives du moteur s'ils ne trouvaient pas la réponse rapidement (page 1, puis 2, puis 3, etc.). Actuellement, l'internaute saisit une première requête puis, si les dix premiers liens renvoyés ne lui conviennent pas, il modifiera plutôt sa requête initiale : remplacement des mots-clés, ajout de nouveaux termes, etc. Ainsi, l'internaute reste toujours sur la première page de résultats (ou SERP : *Search Engine Result Page*) et ne dépasse jamais les dix premiers liens.

Comment les internautes utilisent-ils les moteurs ?

Les informations qui suivent sont issues d'études menées sur le comportement des internautes sur les moteurs de recherche.

- Pour effectuer des recherches sur le Web, 54 % des personnes interrogées passent toujours un moteur de recherche (contre 50 % en 2011), 32 % utilisent en revanche les réseaux sociaux pour trouver de nouveaux contenus en ligne, contre 18 % en 2010 et 25 % en 2011. La découverte des contenus par les liens passe donc en 3e place avec 28 % de citations (31 % en 2011).
  Source : *Forrester Research* (juin 2013), *http://goo.gl/N4wuDl.*
- Lorsque les internautes américains se posent des questions et recherchent des informations sur la santé, 77 % d'entre eux commencent par un moteur de recherche tel que Google.
  Source : *Pew Internet* (janvier 2013), *http://goo.gl/H8WMJP.*
- Le taux de clics dans la première page de résultats naturels des moteurs de recherche est passé de 49 à 53 % depuis 2006. Source : *Ian* Howells (septembre 2011), *http://goo.gl/eYfg0.*
- 56 % des clics sont récoltés par le premier résultat, 15 % par le deuxième et 9 % par le troisième, soit 80 % des clics pour les trois premiers liens ! Source : *Compete* (octobre 2012), *http://goo.gl/QPyYd.*
- La taille moyenne d'une requête oscille entre 4,07 et 4,87 mots.
  Source : *Chitika* (janvier 2012), *http://goo.gl/VVFd0.*
- 79 % des internautes interrogés par Yahoo! dans le cadre de la première édition de la Yahoo! Search Academy utilisent plusieurs mots-clés dans la majorité de leurs requêtes. Les internautes sont par ailleurs pressés puisque 61 % d'entre eux ne vont pas plus loin que la 1re page de résultats.
  Source : *Yahoo! Search Academy : comment les internautes utilisent-ils les moteurs de recherche ? (mars 2010), http://goo.gl/PjANR.*
- Moins d'un tiers des internautes ne consultent que la 1re page de résultats et ils sont 45 % à consulter la 2e et la 3e page ; ils sont moins d'un tiers à dépasser la 4e page de résultats.
  Source : *Journal du Net : comment les internautes utilisent les moteurs de recherche* (mai 2009), *http://goo.gl/tcTrq.*
- 62 % des utilisateurs de moteurs de recherche cliquent sur un résultat proposé sur la première page de leur moteur favori sans aller plus loin et ils sont 90 % à ne jamais dépasser la 3e page de résultats.
  Source : *iProspect: Search Engine User Behavior Study* (avril 2006), *http://goo.gl/RJ4yp.*
- 54 % des internautes ne visualisent que la 1re page de résultats (19 % vont jusqu'à la 2e et moins de 10 % la 3e). Source : *Impatient Web Searchers Measure Web Sites' Appeal In Seconds* (juin 2003), *http://www.psu.edu/ur/2003/websiteappeal.html.* Résumé : *http://actu.abondance.com/2003-27/impatients.html.*

- Dans le domaine de la santé, 77 % des recherches commencent sur un moteur web. Résumé : *http://goo.gl/snddZi.*
- Le premier lien des SERP représente 32,5 % des clics. *http://goo.gl/7sMfrk.*

Consultez également d'autres études parues début 2011, disponibles à l'adresse suivante : *http://goo.gl/FUeNH.*

Vous devez donc aujourd'hui être plus exigeant et chercher à apparaître au minimum dans les dix premiers liens affichés, soit dans la première page de résultats. C'est évidemment plus difficile selon les mots-clés choisis. Néanmoins, il est clair que le trafic engendré sera au niveau de votre ambition si vous y arrivez. En 2016, il s'agit de l'objectif de départ que vous vous fixerez. Un adage récent dit d'ailleurs : « Si vous voulez cacher un cadavre, mettez-le en page 2 des résultats de Google, personne ne le trouvera jamais ». Une phrase qui a le mérite d'être on ne peut plus claire !

Il est encore plus difficile – mais bien plus efficace – d'être « au-dessus de la ligne de flottaison » (*above the fold* en anglais). Cela signifie que votre lien sera visible dans la fenêtre du navigateur de l'internaute sans que celui-ci ait à utiliser l'ascenseur. Par exemple, en résolution 1 024 × 768 (assez courante à l'heure actuelle), une page de résultats de Google pour le mot-clé « moteur de recherche » apparaît comme sur la figure 1-6.

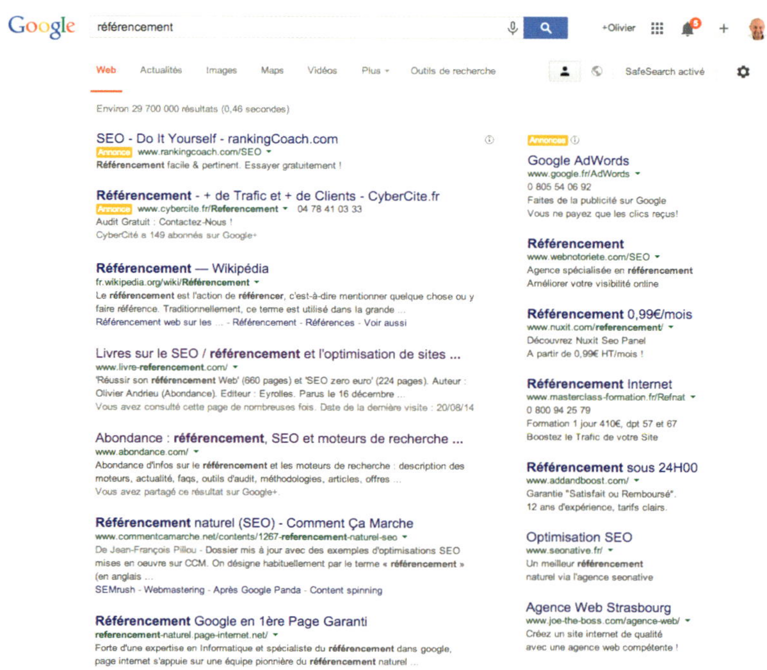

Figure 1-6

Page de résultats de Google en résolution 1 024 × 768

Le navigateur affiche ainsi deux liens sponsorisés (intitulés « Annonces ») au début de la SERP, mais surtout cinq liens organiques (issus de l'index de pages web) du moteur en dessous.

Le pari sera alors, pour que la situation soit encore meilleure, que vous apparaissiez dans ces cinq premiers liens. Attention cependant : le nombre de liens naturels affichés peut grandement varier en fonction de plusieurs facteurs…

- Le type d'informations connexes affichées par le moteur selon la requête (concept de « recherche universelle » : plans *(maps)* ou dépêches d'actualité sur Google, exemples d'images ou de vidéos répondant à la recherche, etc.).
- La présence ou non de liens sponsorisés en position premium (jusqu'à trois liens commerciaux peuvent être affichés par Google en début de page).
- D'une éventuelle proposition de correction orthographique (qui prend plus d'une ligne sur Google).
- D'une « onebox » spécifique proposant des résultats dédiés à une requête particulière (bourse, météo, etc.).

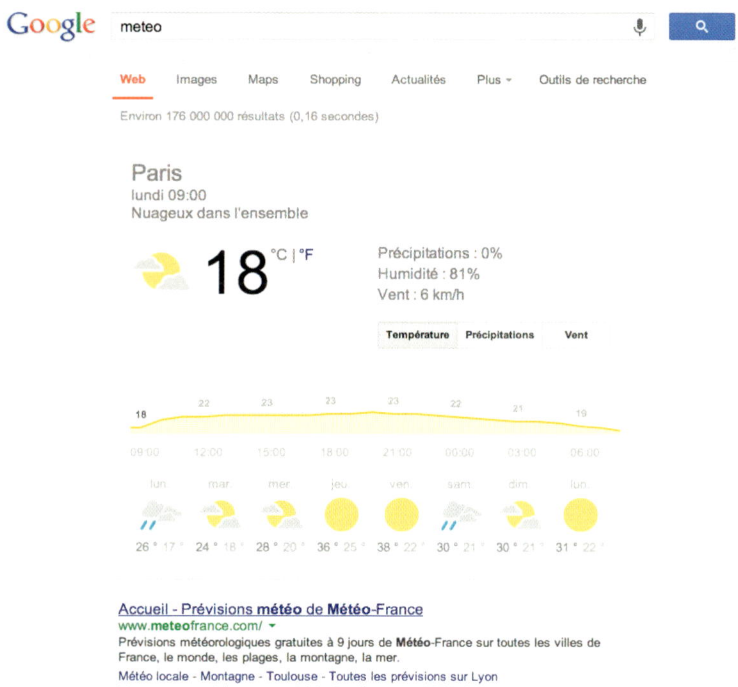

Figure 1-7

Exemple d'une onebox proposée par Google pour la requête « météo » : une zone spécifique apparaît en dessous du formulaire de recherche, proposant des résultats (basés sur la géolocalisation de l'internaute) directement fournis par le moteur de recherche. Les liens naturels sont bien plus bas et beaucoup moins visibles (ici, le site de Météo France).

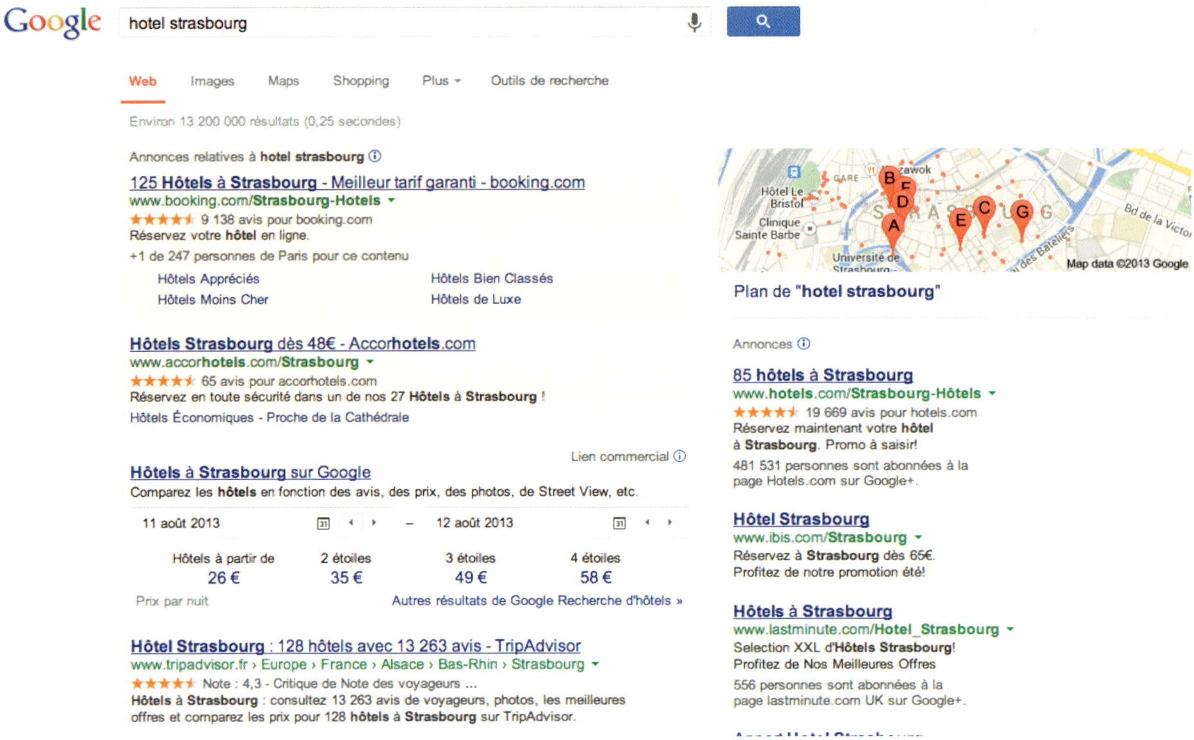

Figure 1-8

Exemple de la requête « hôtel strasbourg » sur Google : dans ce cas, quasiment toute la visibilité « au-dessus de la ligne de flottaison » est occupée par les liens commerciaux et les résultats issus de Google Maps, l'outil Hotel Finder et Google Adresses (Google+ Local). Pour visualiser les liens naturels, il faut utiliser l'ascenseur et faire défiler la page. Le référencement sur Google Maps devient ici primordial (voir chapitre 7).

Résolutions d'écran

Pour connaître les résolutions d'écran les plus souvent utilisées par les internautes, vous pouvez vous servir des données fournies par plusieurs panoramas disponibles sur le Web francophone aux adresses suivantes :

- *http://www.atinternet-institute.com* ;
- *http://www.journaldunet.com/chiffres-cles.shtml*.

Toutefois, on peut être plus exigeant et tenter de se positionner encore mieux en plaçant un site dans le triangle d'or (voir figure 1-9) des pages de résultats. En effet, selon une célèbre étude menée par les sociétés Enquiro et Dit-It.com, en collaboration avec la société EyeTool spécialisée dans les systèmes de *eye-tracking* (analyse des mouvements de l'œil), l'œil de l'internaute explore en priorité un triangle d'or, situé en haut à gauche des pages de résultats de Google. Ainsi, il est possible d'indiquer un taux de visibilité pour chaque rang des liens proposés par le moteur :

- positions 1, 2 et 3 : 100 % ;
- position 4 : 85 % ;
- position 5 : 60 % ;
- positions 6 et 7 : 50 % ;
- positions 8 et 9 : 30 % ;
- position 10 : 20 %.

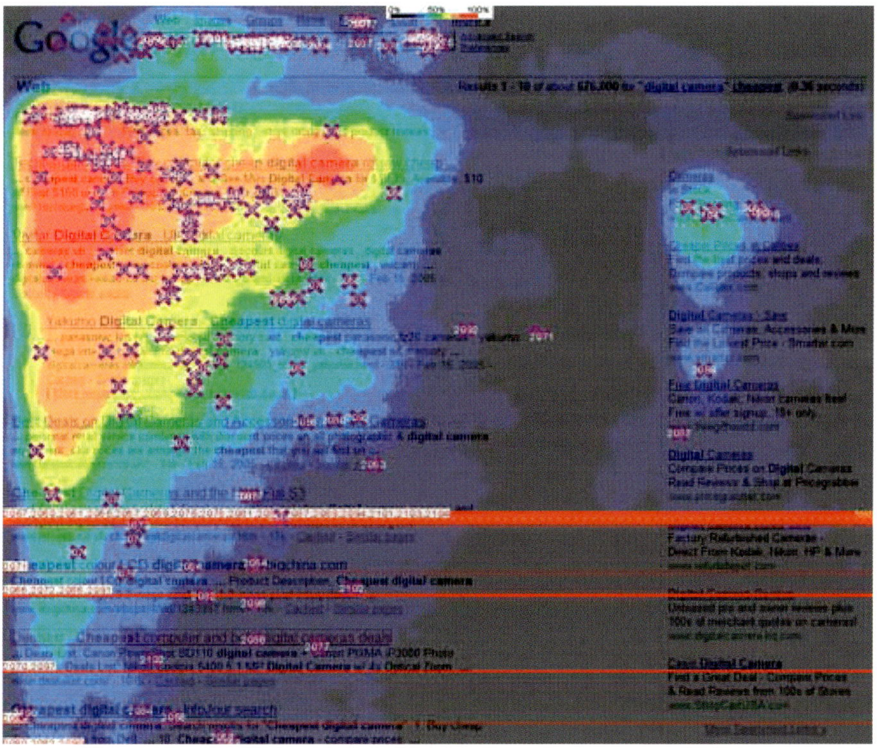

Figure 1-9

Le triangle d'or de la page de résultats de Google : plus le rouge est vif, plus la zone est lue instinctivement par l'œil des internautes (le trait horizontal épais représente la ligne de flottaison définie dans ce chapitre).

Le triangle d'or de Google

Vous trouverez davantage d'informations sur le triangle d'or des pages de résultats de Google à l'adresse suivante : *http://goo.gl/VcxOl.*

On peut même se poser une question : ne vaut-il pas mieux être 11e, donc au-dessus de la ligne de flottaison de la deuxième page de résultats, plutôt que 10e et en dessous de la ligne de flottaison de la première page ? Bonne question, effectivement, mais à notre connaissance, aucune étude sérieuse n'a encore été réalisée à ce sujet. Il faut bien avouer qu'elle est quelque peu complexe à mettre en œuvre.

Google vers l'infinite scrolling ?

Selon plusieurs sources, Google teste depuis plusieurs années un système de « scrolling infini », comme sur Facebook ou Twitter : lorsque vous descendez avec l'ascenseur dans la page de résultats, le moteur vous propose et rajoute autant de liens que nécessaire de façon automatique et transparente. Cela « tuerait » clairement la notion de pages 1, 2, 3, etc. Mais, début 2016, ce type d'affichage n'était toujours pas mis en œuvre. Une des questions principales serait certainement de savoir où placer les publicités AdWords dans ce cas... Plus d'infos à l'adresse suivante : *http://goo.gl/WEjgG*.

Google a publié en février 2009 quelques résultats de ses propres études menées sur l'eye-tracking (*http://goo.gl/PU3YH*).

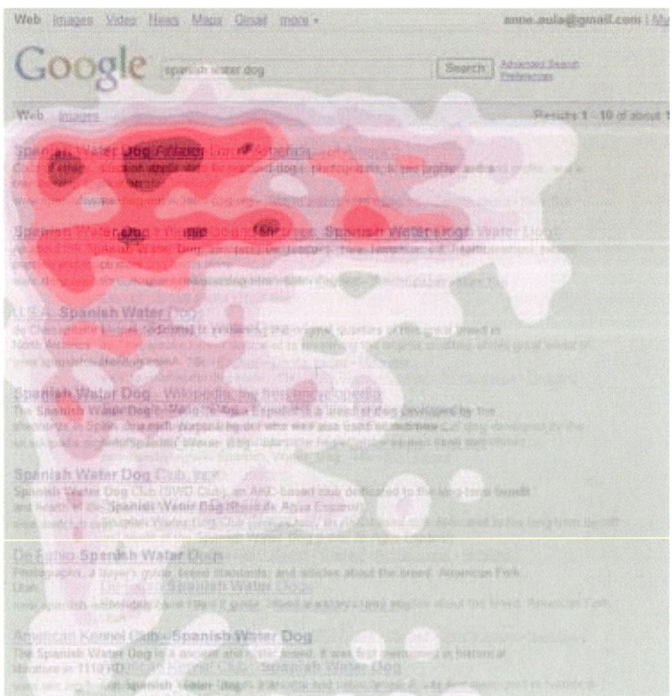

Figure 1-10

Le triangle d'or de la page de résultats de Google est également présent dans les études internes sur eye-tracking réalisées par le moteur de recherche.

Enfin, signalons les très intéressantes études, dans le même domaine, effectuées par la société Miratech (*http://goo.gl/81fmM*), notamment au sujet de l'interaction entre les liens naturels et les liens commerciaux des pages de résultats de Google.

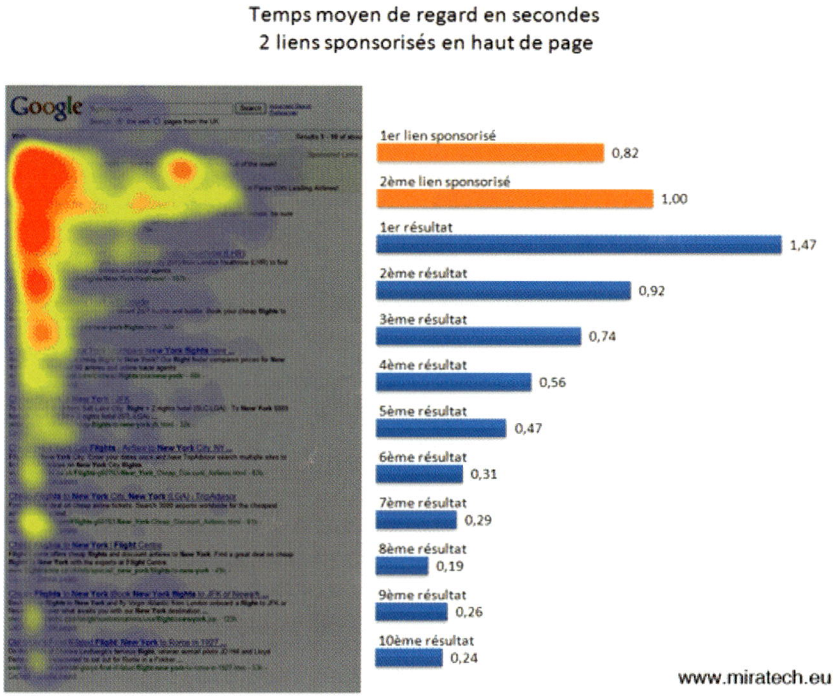

Figure 1-11

Selon Miratech, le deuxième lien sponsorisé est plus cliqué que le premier, mais le plus fort taux de visibilité revient quand même au premier lien naturel affiché par Google.

Visibilité dans les résultats des moteurs

Une étude menée par la société Optify (*http://goo.gl/Ub3Rg*) indique que le taux de clics décroît très vite avec le positionnement du résultat (voir figure 1-12) : le premier lien capte 36,4 % des clics, le deuxième 12,5 % et le troisième 9,5 %, soit 58,4 % en tout pour le podium de résultats, le 10e lien ne recevant plus que 2,2 % des clics.

D'autres chiffres du même type sont également disponibles ici :

- *http://goo.gl/t9nmnH ;*
- *http://goo.gl/gUWIsM ;*
- *http://goo.gl/p1cnqQ ;*
- *http://goo.gl/u9yqwW ;*
- *http://goo.gl/usuQWS.*

Figure 1-12

Selon Optify, les trois premiers liens de la page de résultats thésaurisent 58,4 % des clics.

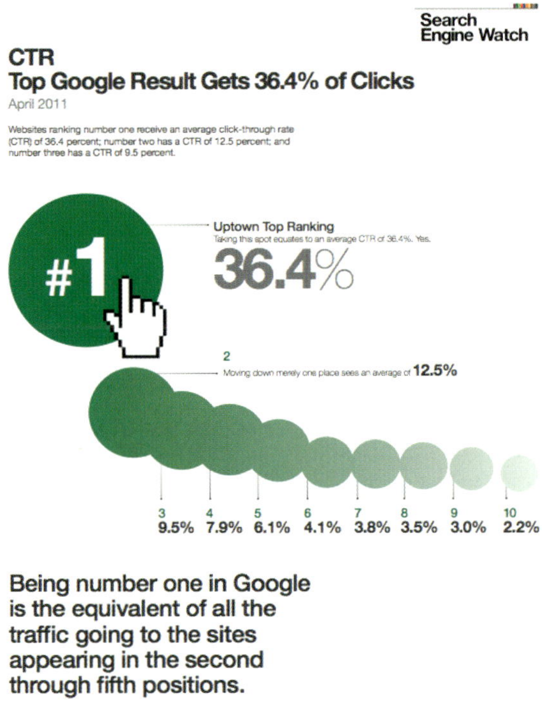

Figure 1-13

Autres chiffres par la société Chitika en juin 2013 (http://goo.gl/u9yqwW)

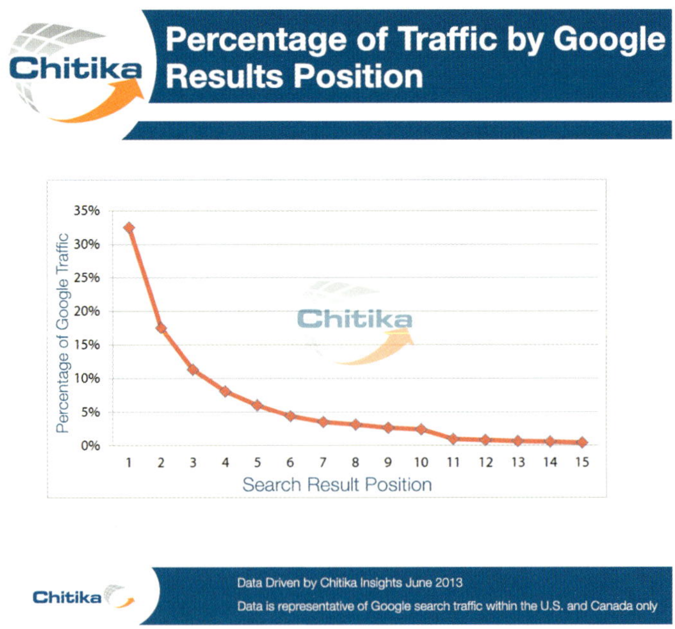

La recherche universelle de Google

La donne change encore depuis la mise en place du projet « universal search » par Google (*http://goo.gl/B4hT4*), qui amène le célèbre moteur à mixer de plus en plus, dans ses pages de résultats, des liens issus de ses différents index : web, images, actualité, vidéos, cartes, etc. (figure 1-14). On l'a vu précédemment sur des recherches locales, pour lesquelles Google met en avant Google Maps. Une requête sur le mot-clé « neige » renvoie également en tête de liste des liens vers des images et des actualités qui repoussent les liens web organiques encore plus vers le bas de la page et donc « en dessous de la ligne de flottaison ».

Figure 1-14

Le concept de recherche universelle par Google consiste à mixer, dans les résultats de recherche, des données issues de différentes bases de données (ici, les images et les vidéos sur une capture d'écran de 2014, ce type de résultats ayant fortement diminué depuis 2015), ce qui décale les liens naturels vers le bas de la page de résultats !

18,5 % de résultats naturels « au-dessus de la ligne de flottaison »

Pour en terminer avec cette notion de visibilité dans les pages de résultats, citons une étude du site JitBit (*http://goo.gl/4uuWQN*) qui indique que les liens naturels « au-dessus de la ligne de flottaison », sur une page Google, ne représentaient fin 2012 plus que 18,5 % de l'espace proposé par le moteur de recherche, contre 53 % il y a quelques années. Le reste est aujourd'hui majoritairement occupé par de la publicité et des services proposés par Google (Maps, Actualité, Images, etc.). Une tendance qui se renforcera certainement encore dans les années qui viennent et qui nous pousse vers un référencement multiservice, multi-support !

Référencement et course à pied…

La situation est plutôt simple (si on peut dire) : si vous désirez réellement être visible dans les pages de résultats des moteurs de la façon la plus optimale possible, ce sont les trois premières places qu'il faudra viser. Ce qui n'est justement pas si simple… D'autant plus que la faisabilité d'un bon positionnement dépendra de plusieurs critères dont le nombre de résultats, bien sûr, mais également – et surtout – de l'aspect concurrentiel du mot-clé choisi. Pour une requête donnée, la situation sera différente selon qu'une dizaine seulement ou qu'un millier de webmasters ou de référenceurs spécialisés tentent d'atteindre ces trois premiers liens. La place n'en sera que plus chère. En effet, la situation ne sera pas la même pour un mot-clé peu concurrentiel, par exemple « matières premières Zimbabwe », par rapport à des requêtes comme « hôtel marakkech ». Sur ce type d'expression, de nombreuses sociétés tentent d'être bien positionnées car les enjeux commerciaux qui en dépendent sont énormes. On peut ainsi faire une analogie avec une course à pied : plus il y aura de concurrence et donc davantage de candidats motivés sur la ligne de départ, plus la course sera rude à gagner. Participer à un marathon dans votre village avec des amateurs offre certainement plus de chances de gagner que le fait de participer au marathon de Paris, où bon nombre de professionnels français et étrangers vont se disputer la victoire. Malgré tout, à cœur vaillant, rien d'impossible !

Le marathon de la première page

La visibilité sur les moteurs de recherche peut donc s'apparenter à un marathon. Il est plus facile de finir dans les dix premiers s'il y a seulement quelques dizaines de participants au départ. En revanche, si plusieurs milliers de personnes participent, la difficulté n'en sera que plus accrue, et encore davantage si parmi elles se trouvent des professionnels de la course.

Pour continuer cette comparaison entre une course et le référencement, on peut mettre en évidence deux éléments.

- Il est tout à fait possible d'obtenir des premières pages sur Google en quelques heures sur des mots-clés non concurrentiels, grâce à une bonne optimisation de vos pages (code HTML et texte de qualité). Et ce, même si le moteur renvoie plusieurs dizaines de millions de résultats, voire plus. Si, si…

- En revanche, dès que la requête devient concurrentielle (plus il y a de « pros » de la course qui participent), le délai s'allonge. Dans ce cas, l'optimisation seule de la page ne suffira pas. La différence se fera sur l'obtention de « bons » liens, de *backlinks* (liens vers vos pages depuis d'autres sites) efficaces. Et cela prend du temps.

Vous pouvez ainsi tout à fait viser, dans un premier temps, des requêtes non concurrentielles, qui vous permettront d'obtenir très rapidement de bonnes positions et un premier trafic de qualité, même s'il est relativement faible en quantité. En parallèle, il sera possible de travailler à moyen et long terme sur des mots et expressions plus concurrentiels, qui demanderont donc plus de temps pour être profitables. Il faudra certainement une durée d'optimisation plus longue, le temps d'obtenir de bons liens (sachant que ce temps peut être compensé par l'achat de liens sponsorisés en attendant), mais les résultats seront certainement très pérennes.

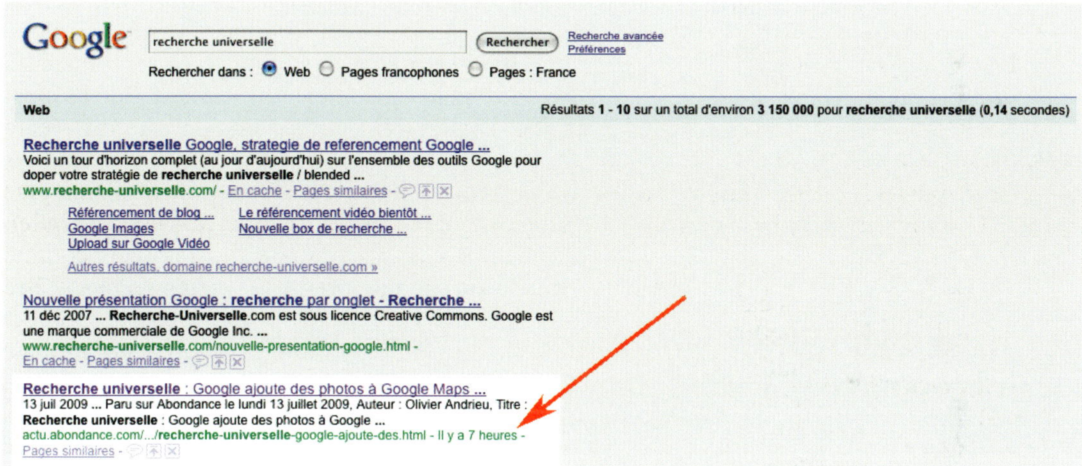

Figure 1-15

Exemple d'une page du site Abondance qui s'est placée en quelques heures sur le podium pour la requête « recherche universelle », qui engendre plus de dix millions de résultats sur Google. Copie d'écran d'époque !

Pour conclure (provisoirement) cette partie, il est clair que c'est vous qui déciderez jusqu'à quel point vous désirez aller dans le cadre de votre positionnement. Des stratégies intermédiaires peuvent tout à fait être envisagées : sur le podium pour certains termes, sur la première page pour certaines expressions moins importantes. Toutefois, nous ne pouvons que vous encourager à viser le podium, d'autant plus que ces trois premières places sont souvent assez stables et pérennes dans le temps, contrairement aux suivantes. Dans les chapitres suivants, nous verrons comment faire en sorte que ces ambitions ne soient pas démesurées et comment avoir une idée de la faisabilité et de l'intérêt d'un positionnement sur tel ou tel mot-clé.

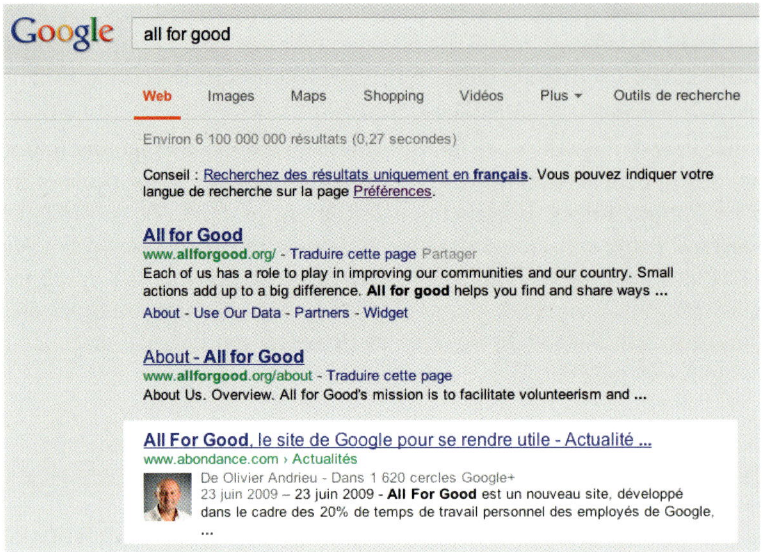

Figure 1-16

Autre exemple d'une page du site Abondance sur le podium de la requête « all for good » (6,1 milliards de résultats !). Positionnement obtenu quelques minutes après la mise en ligne de la page pour une requête certes très peu concurrentielle.

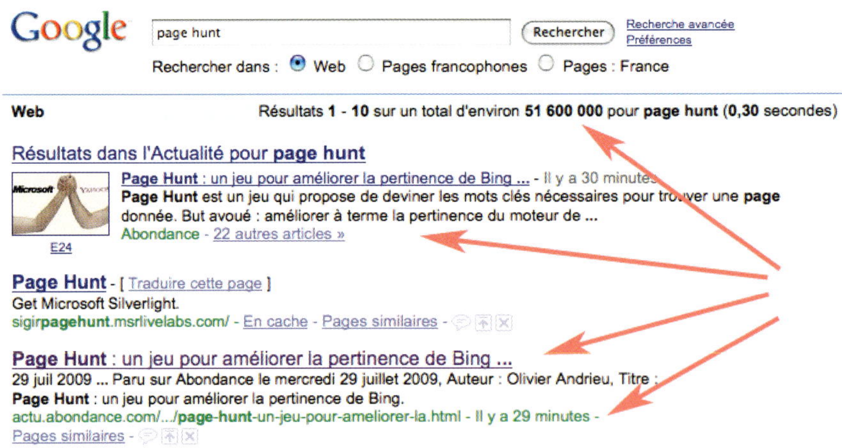

Figure 1-17

Un double positionnement (Google Web et Google Actualités) en moins d'une demi-heure sur la requête « page hunt », qui renvoie plus de 380 millions de résultats… mais qui n'est pas très concurrentielle, encore une fois. La situation aurait été bien différente sur des mots-clés pour lesquels la « bataille » est plus rude. Copie d'écran d'époque. Cette situation (double présence Actualités et Web) n'est plus possible aujourd'hui. Si un lien apparaît en première page de Google dans les actualités, il ne peut plus être affiché dans les résultats web. Il sera alors relégué en deuxième page de résultats.

> **Pour résumer**
>
> Selon l'ambition de votre site, il vous faudra agir pour obtenir le meilleur positionnement possible (du plus simple au plus complexe) pour vos mots-clés stratégiques :
>
> - dans les 3 premières pages de résultats (les 30 premiers liens organiques), objectif assez obsolète aujourd'hui ;
> - dans la première page de résultats (les 10 premiers liens), un minimum à l'heure actuelle ;
> - au-dessus de la ligne de flottaison, c'est-à-dire dans les résultats affichés par le navigateur sans utiliser l'ascenseur (les 4 à 6 premiers liens) ;
> - dans le triangle d'or du moteur (les 3 premiers liens) de façon idéale.
>
> Le temps pour y parvenir dépendra en grande partie de l'aspect concurrentiel de la requête visée.

Deux écoles : optimisation loyale versus spamdexing

Vous l'aurez compris si vous avez lu de façon assidue les pages précédentes, la façon dont votre site va être conçu aura une grande incidence sur son classement et donc sa visibilité sur les moteurs de recherche.

Deux écoles cohabitent actuellement sur le Web à ce sujet.

- La première consiste à dire qu'il est nécessaire d'optimiser les pages de votre site web : bien étudier leur titre, leur texte, leurs liens, leur URL, éviter les obstacles (voir chapitre 14). C'est donc une optimisation « à la source » du code HTML des pages du site, sans artifice. Vous devrez ensuite proposer un contenu de qualité, qui va naturellement attirer vers lui les liens d'autres sites. On parle alors de référencement *white hat* ou « chapeau blanc ».
- La deuxième école tente de manipuler et détourner les algorithmes des moteurs en utilisant des techniques interdites dont nous reparlerons au chapitre 15. Dans ce cas, on vise des stratégies *black hat* ou « chapeau noir ».

  Notons que de nombreux webmasters tentent de se positionner entre les deux extrêmes en grisonnant plus ou moins légèrement leurs pratiques, ce qui donne du *grey hat* (et ses cinquantes nuances, bien sûr...)...

La situation, en termes de *spamdexing*, est vieille comme le monde et le déclin des balises meta `keywords`, utilisées à l'époque par le moteur AltaVista, en est historiquement un bon exemple. L'abandon de la prise en compte de ces balises s'est déroulé en trois temps.

1. Les balises meta `keywords` (voir chapitre 4) représentaient une solution idéale pour les moteurs de recherche puisqu'elles permettaient de fournir à ces derniers des informations sur le contenu des pages de façon transparente.
2. Certains webmasters sont allés trop loin et ont réellement fait n'importe quoi avec ces balises `meta`, les « truffant » notamment de mots-clés n'ayant aucun rapport avec le contenu du site, indiquant de nombreuses occurrences d'un même terme, proposant la même balise dans chaque page, etc.

3. Que s'est-il passé à l'époque pour ces balises ? Les moteurs en ont eu assez des excès de certains webmasters et ont, dans leur immense majorité, décidé de ne plus prendre en compte ces champs dans leur algorithme de pertinence (nous y reviendrons). Les webmasters qui les géraient de façon propre en ont fait les frais.

Il en a été de même, quelques années plus tard, pour une méthode mettant en œuvre des pages web spécifiques, appelées « pages alias », « pages satellites », *doorway pages* ou encore « pages fantômes » (toutes ces dénominations désignant le même concept ou presque). Par exemple : une page satellite était construite pour l'expression « voyage Maroc ». Elle était optimisée pour cette requête et contenait une redirection vers la page qui traitait de ce thème sur le site du client. Si cette page satellite était bien positionnée dans les pages de résultats des moteurs, l'internaute cliquait dessus et était donc redirigé vers la « vraie » page du site qui, elle, n'était pas optimisée. Ce type de « rustine » a longtemps été utilisée sur le Web, au moins jusqu'en 2005 ou 2006.

Les moteurs de recherche considèrent aujourd'hui les pages satellites comme du spamdexing, tout comme de nombreuses autres techniques assimilées à du black hat (interdites par Google et ses confrères).

On pourrait multiplier de tels exemples à l'infini ou presque. De nombreuses méthodes qui avaient pourtant certains avantages (les pages satellites permettaient, par exemple, de pallier le fait que certains sites étaient réalisés à 100 % en Flash et donc très difficilement référençables) ont été interdites par les moteurs dans leurs recommandations en ligne. À ce sujet, n'hésitez pas à consultez les conseils techniques de Google aux adresses suivantes :

- *http://goo.gl/FN4pN* ;
- *http://goo.gl/ISEDq.*

Lisez attentivement ces deux pages, elles regorgent de recommandations très intéressantes. Toute démarche de SEO devrait commencer par cette étape préliminaire.

D'autres moteurs que Google proposent également dans leur site des *guidelines* assez précises dans ce domaine. Pour Yahoo!, consultez la page *http://goo.gl/pGSlJ* et pour Bing, la page *http://www.bing.com/toolbox/webmaster/.*

La conclusion nous semble donc évidente : n'utilisez plus de techniques interdites par Google et les autres moteurs ! L'unique bon référencement est bien celui qui repose sur l'optimisation à la source d'un site web de qualité, sans informations cachées dans les pages et sans liens factices pointant vers un site web. Ceux qui seront « blacklistés » ou pénalisés dans un proche avenir pour avoir abusé de techniques prohibées ne pourront pas dire qu'ils n'ont pas été prévenus. Nous en reparlerons au chapitre 15.

Il ne reste plus alors aux webmasters qu'à envisager un référencement basé sur une optimisation « propre ». Cela donne d'ailleurs d'excellents résultats, comme vous allez pouvoir vous en rendre compte en lisant cet ouvrage. Mais certains webmasters inventent presque chaque jour de nouvelles possibilités de contourner les algorithmes des moteurs, la grande tendance actuelle portant sur la création de liens entrants (backlinks) factices. Et le jeu des gendarmes et des voleurs continue. Jusqu'à quand ? Certainement la pénalisation du site.

Ne nous y trompons pas : en 2016, de nombreuses sociétés de référencement en France n'utilisent généralement pas de techniques « spammantes » comme système de référencement/positionnement et basent plutôt leur stratégie sur le conseil et l'optimisation des pages existantes du site voire la création de véritables pages de contenu optimisées. Là est la véritable voie de réflexion pour l'avenir.

Pour cela, cependant, il faut absolument que tous les acteurs de la chaîne de la création de site web soient clairement persuadés que chacun doit et peut avancer dans le même sens.

- Le propriétaire d'un site web doit être conscient que, pour obtenir une bonne visibilité sur les moteurs de recherche, certaines concessions, notamment techniques, doivent être réalisées (moins d'animations Flash, d'images, de JavaScript, plus de contenu textuel, etc.).
- Le créateur du site web *(web agency)* doit être formé aux techniques d'optimisation de site et conseiller, en partenariat avec le référenceur, de façon honnête, le client sur ce qui est possible et ce qui ne l'est pas. Le moins qu'on puisse dire est que, sur ce point, on est loin d'une situation idéale en France. Très très loin…
- Le référenceur doit garantir à son client la non-utilisation de tout procédé interdit. Il est possible d'obtenir une excellente visibilité sur un moteur de recherche en mettant en place une optimisation propre, loyale, honnête et pérenne, sans artifice ni rustine à durée de vie limitée et sans backlinks artificiels. Le tout est surtout de partir d'une base la plus « saine » possible, c'est-à-dire d'un site web préparé dès le départ pour le référencement.

Ainsi, si tout le monde y met du sien (et on peut s'apercevoir que, petit à petit, les moteurs de recherche se joignent au cortège en communiquant de plus en plus sur ces domaines), peut-être évitera-t-on le type de problème qu'on voit apparaître aujourd'hui avec le blacklistage (mise en liste noire, voir chapitre 15) ou la pénalisation de certains sites par les moteurs. Cependant, cela passera nécessairement par une révolution culturelle et la remise en question d'une certaine approche du référencement. Les sociétés françaises qui se sont perdues dans la voie de techniques critiquables sont-elles prêtes à cette révolution qui n'est peut-être d'ailleurs qu'une évolution ? L'avenir le dira.

Vous l'aurez compris, nous sommes clairement en faveur de l'optimisation propre (white hat) des pages constituant un site web. Ce sont ces pratiques d'optimisation loyales, aujourd'hui éprouvées, efficaces, et extrêmement pérennes, que nous allons expliciter dans la suite de cet ouvrage. Autant être clair dès le départ : si vous cherchez à savoir comment manipuler les algorithmes de classement de Google, ce n'est pas dans ce livre que vous trouverez l'information.

Le SEO, c'est comme une recette de gâteau !

Pour résumer en termes simples le référencement, nous faisons souvent une analogie, dans les formations que nous animons tout au long de l'année, entre le SEO et une recette de gâteau.

En effet, pour faire un bon gâteau, de quoi avez-vous besoin ?

- D'un moule de qualité, qui n'accroche pas et fait bien cuire le gâteau de façon uniforme.
- D'ingrédients, là aussi de la meilleure qualité possible : farine, œufs, lait, beurre, sucre, etc. (en fonction de la recette).
- D'un four qui permettra de faire cuire et « mijoter » le tout avant dégustation.

Figure 1-18

Trois points essentiels pour réussir un bon gâteau !

Il en est de même avec le SEO, pour lequel trois étapes sont indispensables.

- Le moule est le code HTML, la partie technique du codage qui doit être réalisée en amont de la création du site : présence des balises `title`, meta `description`, `Hn`, `canonical`, compatibilité W3C, etc. En somme, le « récipient » technique 100 % *search engine friendly* (optimisé pour les moteurs de recherche) qui va recevoir les « bons ingrédients ».
- Les ingrédients correspondent au contenu textuel de qualité, en quantité suffisante et avec le bon dosage !
- Enfin, le four est représenté par le netlinking, avec des liens les plus naturels (et les moins artificiels, les fours bas de gamme ça ne cuit pas bien !) possible, qui va « faire gonfler » votre œuvre et la transformer en un vrai festin !

Figure 1-19

Et trois points tout aussi capitaux quand on parle de SEO !

Bien sûr, il faut également que vos convives aiment votre gâteau. Dans ce cas, les réseaux sociaux et une bonne stratégie SMO feront l'affaire.

Ce schéma est bien sûr simpliste, mais il illustre bien, par expérience, la difficulté du métier de SEO, qui est à la croisée de trois métiers souvent très différents les uns des autres : la technique (le moule), le rédactionnel, qui demande un minimum de profil littéraire (les ingrédients) et le marketing qui s'occupera du netlinking. Pas toujours facile de faire s'accorder les trois, surtout quand une seule personne assume toutes ces tâches dans une même entreprise (et qu'on y ajoute une pincée de social). Mais le fait que ces trois métiers soient représentés dans une même société n'est pas toujours un gage de réussite programmée. Encore faut-il que « la mayonnaise prenne »… ce qui est un comble pour un gâteau.

Sur ce, bon appétit à tous et lisez bien les chapitres suivants pour élaborer vos propres recettes !

Ce chapitre introductif est maintenant terminé. Si vous l'avez lu avec assiduité, vous devez logiquement être tout à fait au point sur la stratégie globale à adopter pour optimiser vos pages et donner à votre site une visibilité optimale sur les moteurs de recherche. Vous devez donc être prêts à relever vos manches et à mettre les mains dans le cambouis (terme noble selon nous) ! Cela tombe bien, c'est dans les pages suivantes que cela se passe.

2

Fonctionnement des outils de recherche

« Conviviale est la société où l'homme contrôle l'outil. »
Ivan Illich

Avant d'y référencer votre site, savez-vous ce que le moteur de recherche que vous utilisez au quotidien a « dans le ventre » ? La réponse à cette question n'est pas si évidente. En effet, bien que les moteurs tels que Google, Yahoo! ou encore Bing semblent très simples d'utilisation, leur fonctionnement « sous le capot » est en réalité très complexe et élaboré. Nous vous proposons dans ce chapitre une analyse globale du fonctionnement des moteurs de recherche, ainsi que des processus qui sont mis en œuvre pour traiter les documents, stocker les informations les concernant et restituer des résultats suite aux requêtes des utilisateurs. Le fait de bien maîtriser le fonctionnement d'un outil de recherche vous permettra de mieux appréhender le référencement et l'optimisation de votre site.

Comment fonctionne un moteur de recherche ?

Un moteur de recherche est un ensemble de logiciels parcourant le Web, puis indexant automatiquement les pages visitées. Quatre étapes sont indispensables à son fonctionnement.

1. La collecte d'informations *(crawl)* grâce à des robots (aussi appelés *spiders* ou *crawlers*).
2. L'indexation des données collectées et la constitution d'une base de données de documents nommée « index ».
3. Le traitement des requêtes, avec tout particulièrement un système d'interrogation de l'index et de classement des résultats en fonction de critères de pertinence suite à la saisie de mots-clés par l'utilisateur.
4. La restitution des résultats identifiés, dans ce qu'on appelle communément des SERP ou pages de résultats, le plus souvent présentées sous la forme d'une liste de dix liens affichés les uns en dessous des autres.

Comme nous l'avons vu au chapitre précédent, les pages de résultats des moteurs de recherche affichent deux principaux types de contenu : les liens organiques ou naturels, obtenus grâce au crawl du Web, et les liens sponsorisés ou commerciaux, issus d'un système d'enchères.

Nous allons nous concentrer ici sur les techniques utilisées par les moteurs pour indexer et retrouver des liens naturels. Nous n'aborderons pas le traitement spécifique des liens sponsorisés, qui ne font pas partie des objectifs de cet ouvrage.

Technologies utilisées par les principaux portails de recherche

En dehors des deux leaders du marché (Google et Bing), de nombreux moteurs n'utilisent pas leurs propres technologies de recherche mais sous-traitent cette partie auprès de grands moteurs. C'est le cas de Yahoo! qui utilise Bing, la technologie de Microsoft, pour son moteur de recherche. Les deux sociétés ont signé un accord en ce sens fin juillet 2009 (*http://goo.gl/cD2zz*). En fait, il n'existe que peu de « fournisseurs de technologie » sur le marché : Google et Microsoft sont les principaux aux États-Unis, comme sur le plan mondial. En France, les acteurs majeurs sont Exalead (mais il n'est plus vraiment présent sur le marché), Qwant (qui utilise en partie Bing) et Orange/Voila, qui côtoient d'autres noms moins connus, et bien sûr les deux leaders Google et Bing. Voici un récapitulatif des technologies utilisées par les différents portails de recherche en 2016.

Tableau 2-1 Technologies de recherche utilisées par les principaux portails de recherche francophones en 2016

Technologies de recherche	Google	Yahoo!	Bing	Exalead	Qwant	Voila
Google	X					
Yahoo!			X			
Bing			X			
MSN			X			
Orange/Voila						X
Qwant			X		X	
AOL.fr	X					
Free	X					
Neuf/SFR	X					
Bouygues Telecom	X					
Exalead				X		

Tableau 2-2 Technologies de recherche utilisées par les principaux portails de recherche anglophones en 2016

Technologies de recherche	Google	Yahoo!	Bing
Google	X		
Yahoo!			X
Bing			X
MSN			X
Facebook			X
AOL	X		

Principe de fonctionnement d'un moteur de recherche

Plusieurs étapes sont nécessaires pour le bon fonctionnement d'un moteur de recherche. Dans un premier temps, des robots explorent le Web de lien en lien et récupèrent des informations (phase de crawl). Ces dernières sont ensuite indexées par des moteurs d'indexation, les termes répertoriés enrichissant un index, qui consiste en une base de données des mots contenus dans les pages régulièrement mise à jour. Enfin, une interface de recherche permet de restituer des résultats aux utilisateurs en les classant par ordre de pertinence (phase de *ranking*).

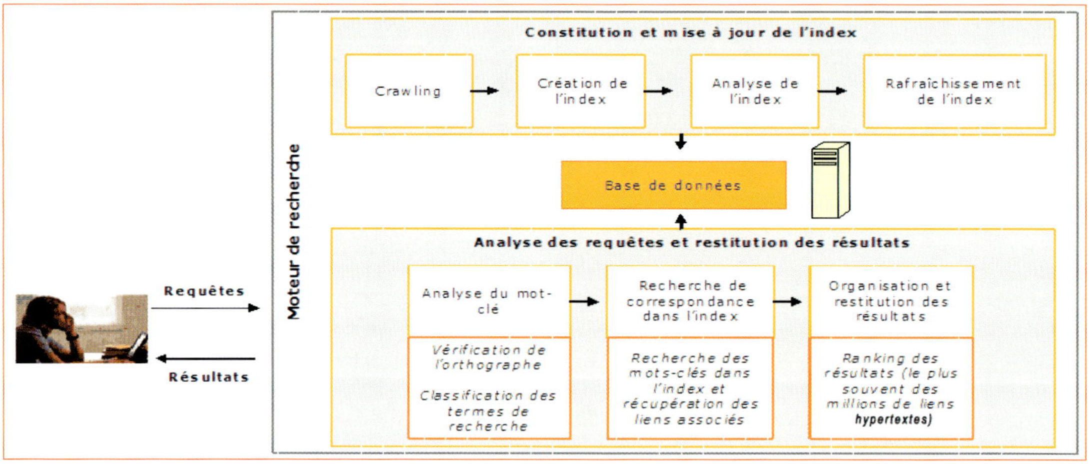

Figure 2-1

Les différentes étapes du fonctionnement des moteurs de recherche

Les crawlers ou spiders

Les spiders (également appelés agents, crawlers, robots ou encore bots) sont des programmes de navigation visitant en permanence les pages web et leurs liens en vue d'indexer leurs contenus. Ils parcourent les liens hypertextes entre les pages et reviennent périodiquement visiter les pages retenues pour prendre en compte les éventuelles modifications.

Un spider est donc un logiciel très simple mais redoutablement efficace. Il ne sait faire que deux choses :

- lire des pages web et stocker leur contenu (leur code HTML) sur les disques durs du moteur (équivalent de l'option Enregistrer sous… de votre navigateur préféré) ;
- détecter les liens dans ces pages et les suivre pour identifier de nouvelles pages web.

Le processus est immuable : le spider trouve une page, l'enregistre, détecte les liens qu'elle contient (liens internes et externes), s'y rend, les sauvegarde, y détecte de nouveau les liens, etc. Et cela 24 h/24. L'outil parcourt donc inlassablement le Web pour y détecter des pages web en suivant des liens. Une image communément répandue pour un spider est celle d'un internaute fou qui lirait et enregistrerait toutes les pages web qui lui sont proposées tout en cliquant sur tous les liens qu'elles contiennent pour aller sur d'autres documents, etc.

Parmi les spiders connus, citons notamment Googlebot de Google, ou BingBot de Bing.

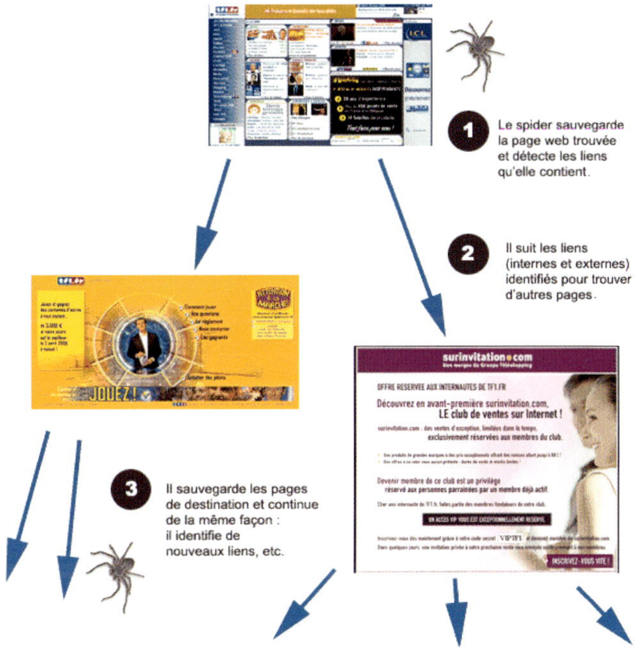

Figure 2-2

Principe de fonctionnement d'un spider

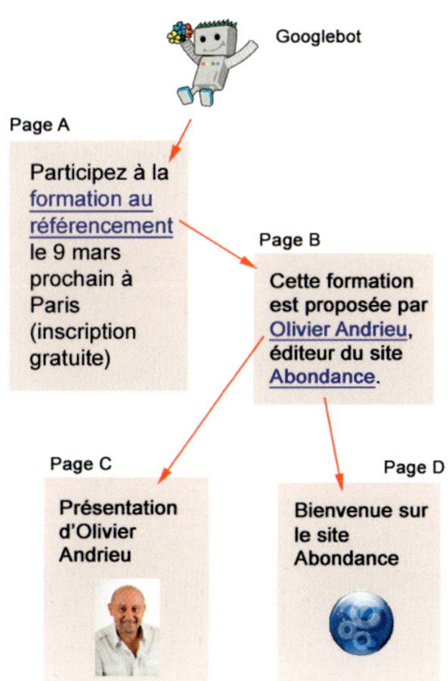

Figure 2-3

Processus de crawl (ou crawling) des robots en suivant les liens trouvés dans les pages web

Le fichier robots.txt

Le fichier `robots.txt` est utilisé par les webmasters pour indiquer aux spiders les pages qu'ils ne souhaitent pas voir crawler (voir chapitre 16).

Cependant, parcourir le Web ne suffit pas. En effet, lorsqu'un spider arrive sur une page, il commence par vérifier s'il ne la connaît pas déjà. S'il l'a déjà parcourue dans le passé, il contrôle si la version découverte est plus récente que celle qu'il possède. En cas de réponse positive, il supprime l'ancienne version et la remplace par la nouvelle. L'index se met ainsi automatiquement à jour.

Quels critères de décision ?

Pour savoir si une page est plus récente qu'une version déjà sauvegardée, le moteur de recherche va jouer sur plusieurs facteurs complémentaires :

- la date de dernière modification du document fournie par le serveur ;
- la taille de la page en kilo-octets ;
- le taux de modification du code HTML du document (son contenu) ;
- les zones modifiées : charte graphique ou contenu réel. Ainsi, certains moteurs pourront estimer que l'ajout d'un lien dans un menu de navigation ne constitue pas une modification suffisante pour être prise en compte… Ils sauront différencier « charte graphique et de navigation » avec « contenu réel » et ne prendre en compte que le second type de modification.

En tout état de cause, une page affichant la date et l'heure ne sera pas considérée comme mise à jour de façon continue (au cas où vous voudriez essayer). Il est nécessaire que le spider détecte une « vraie » modification en son sein pour mettre à jour son index.

De la « Google Dance » à l'indexation en quasi temps réel

Il y a quelques années de cela, les mises à jour des index des moteurs étaient mensuelles. Chaque mois, le moteur mettait à jour ses données en supprimant un ancien index pour le remplacer par un nouveau, maintenu pendant les 30 derniers jours par ses robots, scrutant le Web à la recherche de nouveaux documents ou de versions plus récentes de pages déjà en sa possession. Cette période avait notamment été appelée la « Google Dance » par certains webmasters. Pour l'anecdote, elle fut d'ailleurs pendant quelque temps indexée (c'est le cas de le dire) sur les phases de pleine lune. On savait, à cette époque, que lorsque la pleine lune approchait, un nouvel index était en préparation chez Google. Nous verrons plus loin que l'expression « Google Dance » désigne désormais tout autre chose.

Ce système de mise à jour mensuelle des index n'a plus cours aujourd'hui. Pour la plupart, les moteurs gèrent le crawl de manière continue. Ils visitent plus fréquemment les pages à fort taux de renouvellement des contenus (très souvent mises à jour) et se rendent moins souvent sur les pages « statiques ». Ainsi, une page qui est mise à jour quotidiennement (par exemple, sur un site d'actualités) sera visitée chaque jour – voire plusieurs fois par jour – par le robot, tandis qu'une page rarement modifiée sera « crawlée » beaucoup moins souvent.

De plus, la mise à jour du document dans l'index du moteur est quasi immédiate. Ainsi, une page souvent mise à jour sera le plus souvent disponible à la recherche sur le moteur quelques heures, voire quelques minutes plus tard. Ces pages récemment crawlées sont par exemple identifiables sur Google qui affiche la date et l'heure d'indexation (voir figure 2-4).

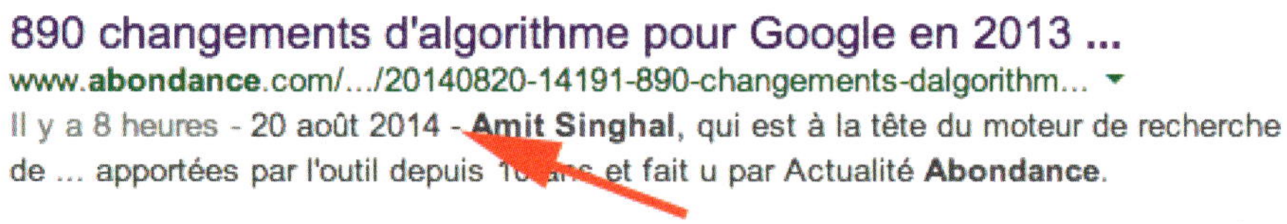

Figure 2-4

Affichage par Google de la date d'indexation de la page. Ce délai peut être très rapide, parfois de l'ordre de quelques minutes.

Le résultat proposé à la figure 2-4 montre bien que la page proposée a été « crawlée » (sauvegardée par les spiders) quelques heures auparavant et qu'elle a été immédiatement traitée et disponible dans les résultats de recherche.

Le Minty Fresh Indexing

À la mi-2007, Google a accéléré son processus de prise en compte de documents, certaines pages se retrouvant dans l'index du moteur quelques minutes seulement après leur création/modification. Ce phénomène est appelé *Minty Fresh Indexing* par le moteur de recherche. Matt Cutts, dont nous avons déjà parlé au chapitre précédent, explique ce concept sur son blog à l'adresse suivante : *http://goo.gl/Sr0W0*.

On pourra noter que la technique de suivi des liens hypertextes par les spiders peut poser plusieurs problèmes pour :

- l'indexation des pages dites « orphelines », qui ne sont liées à aucune autre et qui ne peuvent donc pas être repérées par les crawlers qui n'ont aucun lien à « se mettre sous la dent » (si tant est que les robots aient des dents…) pour l'atteindre. Il en est ainsi des sites qui viennent d'être créés et qui n'ont pas encore de backlinks (liens entrants) qui pointent vers eux. Mais certaines plates-formes comme WordPress peuvent effectuer un *ping*, c'est-à-dire alerter les moteurs en leur envoyant un signal numérique, dès parution d'un nouveau contenu ;
- les pages pointées par des documents proposant des liens qui ne sont pas pris en compte par les moteurs de recherche, comme certains liens écrits en langage JavaScript. Nous y reviendrons au chapitre 14.

Le passage des spiders sur les sites peut être vérifié par les webmasters en analysant les fichiers « logs » sur les serveurs (ces fichiers indiquent l'historique des connexions qui ont eu lieu sur le site, y compris celles des spiders). Les outils statistiques comprennent généralement dans leurs graphiques ou données une rubrique « visites des robots ».

Attention cependant, ces outils doivent le plus souvent être spécifiquement configurés pour prendre en compte tous les robots émanant de moteurs français. Les outils statistiques, notamment d'origine américaine, ne prennent pas toujours en compte ces spiders « régionaux ».

Pour tracer les robots...

Plusieurs applications en ligne permettent également d'analyser les visites des robots sur des pages données. Voici quelques solutions gratuites :

- RobotStats : *http://www.robotstats.com ;*
- SpyWords : *http://www.spywords.com ;*
- Watussi Box : *http://box.watussi.fr ;*
- Botify : *http://www.botify.com.*

Des « marqueurs » doivent parfois être intégrés par les webmasters dans les pages et les services surveillent si l'un des visiteurs est le robot d'un moteur de recherche.

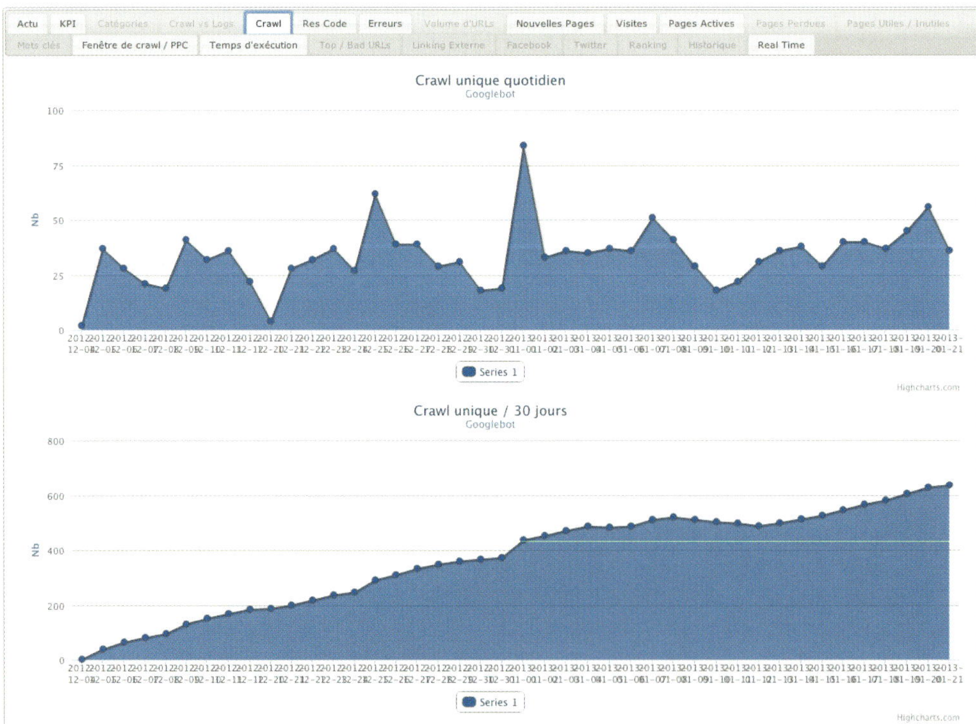

Figure 2-5

Exemple de statistiques fournies par un utilitaire de statistiques en ligne (ici la Watussi Box)

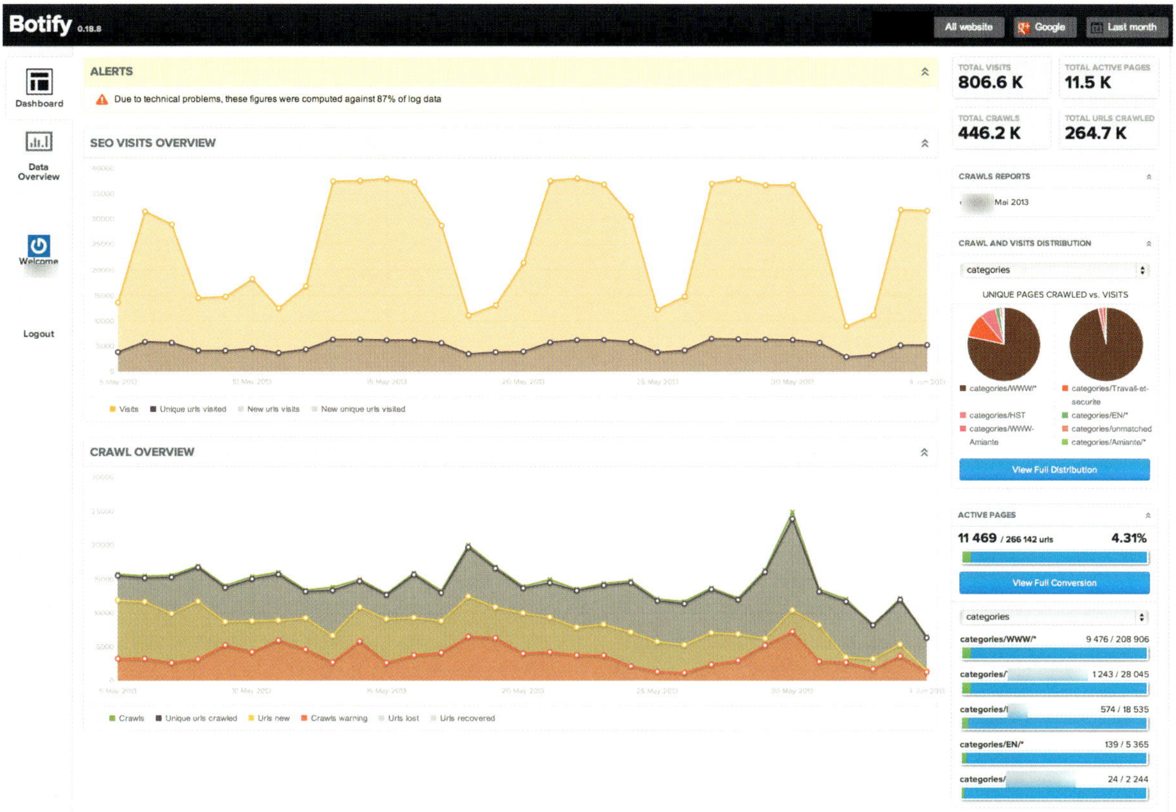

Figure 2-6

Exemple de statistiques fournies par Botify, un service très complet et très professionnel d'analyse du crawl d'un site par Google. Un outil payant à utiliser pour les sites ayant plus de 10 000 pages indexées par Google.

Le moteur d'indexation

Une fois les pages du Web crawlées, le spider envoie au moteur d'indexation les informations collectées. Historiquement, plusieurs systèmes d'indexation des données ont été utilisés. L'indexation s'effectue en texte intégral : tous les mots d'une page, et plus globalement son code HTML, sont alors pris en compte.

Les systèmes d'indexation se chargent d'identifier en « plein texte » l'ensemble des mots des textes contenus dans les pages ainsi que leur position. Certains moteurs peuvent cependant limiter leur capacité d'indexation. Ainsi, pendant de longues années, Google s'est limité aux 101 premiers kilo-octets des pages (ce qui représentait cependant une taille assez conséquente). Cette limite n'est plus aujourd'hui d'actualité, mais elle a laissé dans les esprits l'idée qu'« il ne faut pas proposer plus de 100 liens par page ». En effet, aux débuts de Google, il n'était pas intéressant de dépasser la centaine de liens sortant d'une page puisque le moteur ne lisait pas tout le code. Mais cette époque est révolue depuis bien longtemps et si vous proposez 500 liens dans une page, Google les lira sans problème ! Mais certaines légendes urbaines ont encore et toujours la vie dure. D'autres moteurs peuvent effectuer une sélection en fonction des formats de document (tableur Excel, présentation PowerPoint, fichier PDF, etc.).

Enfin, sachez que, comme pour les logiciels documentaires et les bases de données, une liste de mots « vides » (par exemple, « le », « la », « les », « et »...), appelés *stop words* en anglais, est le plus souvent automatiquement exclue (pour économiser de l'espace de stockage) ou alors ces mots sont systématiquement éliminés à l'occasion d'une requête (pour améliorer la rapidité des recherches).

Le traitement des stop words par les moteurs de recherche

On a souvent tendance à dire que les moteurs de recherche ignorent les stop words tels que « le », « la », « un », « de », « et », etc. (en anglais, « the », « a », « of », etc.). Ceci est exact, comme mentionné dans l'explication de Google dans son aide en ligne (*http://www.google.fr/intl/fr/help/basics.html*) :

« Google ignore les chaînes de caractères dont le poids sémantique est trop faible (également désignés « mots vides » ou « bruit ») : le, la, les, du, avec, vous, etc., mais aussi des mots spécialisés tels que « http » et « .com » et les lettres/chiffres d'un seul caractère, qui jouent rarement un rôle intéressant dans les recherches et risquent de ralentir notablement le processus. »

On pourrait donc logiquement s'attendre à ce qu'une requête sur les expressions « moteur de recherche » et « moteur recherche » donnent les mêmes résultats. Mais ça n'est pas le cas ! S'il existe un certain recouvrement entre les deux pages de résultats, elles ne sont pas identiques. Alors, pourquoi cette différence ?

Cela semble venir du fait que Google tient compte de la proximité des mots entre eux dans son algorithme de pertinence. Par exemple, sur la requête « moteur de recherche », Google ne tient pas compte du « de » mais il se souvient tout de même qu'il existe un mot vide entre « moteur » et « recherche ». En d'autres termes, la requête « moteur de recherche » équivaut pour Google à « moteur * recherche » (l'astérisque * étant pour Google un joker remplaçant n'importe quel mot). Alors que sur la requête « moteur recherche », les pages qui contiennent ces deux mots l'un à côté de l'autre seront mieux positionnées, toutes choses égales par ailleurs, que celles qui contiennent l'expression « moteur de recherche ».

Pour être plus clair, raisonnons sur un exemple : sur l'expression « franklin roosevelt » (*http://www.google.fr/search?q=franklin+roosevelt*), la majorité des pages identifiées comme répondant à la requête contiennent le nom ainsi orthographié : « Franklin Roosevelt ». Insérons maintenant le stop word « le » entre les deux termes et lançons la requête « franklin le roosevelt » (*http://www.google.fr/search?q=franklin+le+roosevelt*). Résultat : la plupart des pages contiennent le nom différemment orthographié, sous la forme « Franklin *quelque chose* Roosevelt ». Google s'est donc souvenu que la requête était sur trois termes, même si le deuxième n'a pas été pris en compte. Et ça change tout au niveau des résultats.

Vous voulez une autre démonstration ? Tapez la requête « franklin * roosevelt » (*http://www.google.fr/search?q=franklin+*+roosevelt*) et vous obtiendrez quasiment la même réponse que pour « franklin le roosevelt ». Là encore, le moteur s'est souvenu que la requête s'effectuait sur trois termes, le premier et le dernier seulement étant pris en compte.

Comment faire, alors, pour que Google prenne en compte le stop word s'il vous semble important pour votre recherche ? Il existe une seule façon de le faire : avec les guillemets.

Les guillemets vont vous permettre d'effectuer la requête « «moteur de recherche» » (*http://www.google.com/search?q=%22moteur+de+recherche%22*), les trois mots dans cet ordre et les uns à côté des autres. Dans ce cas, Google prend bien en compte le mot vide dans son algorithme.

Notons enfin que le signe +, pour demander une orthographe exacte d'une requête sur Google, ne fonctionne plus sur ce moteur de recherche. Consultez la page suivante pour plus d'informations : *http://goo.gl/qwQrb*.

L'index inversé

Au fur et à mesure de l'indexation et de l'analyse du contenu des pages web, un index des mots rencontrés est automatiquement enrichi. Cet index est constitué :

- d'un index principal ou maître, contenant l'ensemble du corpus de données capturé par le spider (URL et/ou document) ;
- de fichiers inverses ou index inversés, créés autour de l'index principal et contenant tous les termes d'accès (mots-clés) associés aux URL exactes des documents contenant ces termes sur le Web.

L'objectif des fichiers inverses est simple. Il s'agit d'espaces où sont répertoriés les différents termes rencontrés, chaque terme étant associé à toutes les pages où il figure. La recherche des documents dans lesquels ils sont présents s'en trouve ainsi fortement accélérée.

Pour comprendre le fonctionnement d'un index inversé, prenons par exemple une page A (disponible à l'adresse *http://www.sanglots.com/*) comprenant la phrase « Les sanglots longs des violons de l'automne » et une page B (*http://www.violons.com/*) contenant les mots « Les violons virtuoses : les premiers violons du Philharmonique de Radio France ».

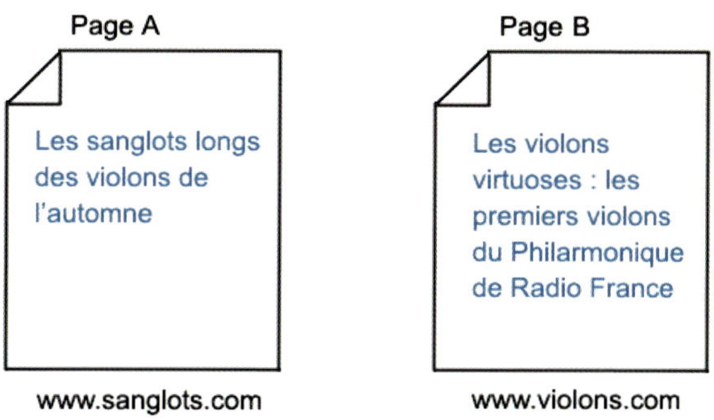

Figure 2-7

Deux pages prêtes à être indexées par un moteur de recherche

Les données du tableau 2-3 figureront dans le fichier inverse.

Tableau 2-3 Exemple d'index inversé

Terme	Numéro du document indexé	Fréquence	Emplacement			
			Titre	Adresse	Meta	Texte
Automne	A	1	–	–	–	1
France	B	1	–	–	–	1
Longs	A	1	–	–	–	1
Philharmonique	B	1	–	–	–	1
Premiers	B	1	–	–	–	1
Radio	B	1	–	–	–	1
Sanglots	A	2	–	1	–	1
Violons	A	1	–	–	–	1
Violons	B	3	–	1	–	2
Virtuoses	B	1	–	–	–	1

Une requête dans le moteur de recherche avec le mot « violons » sera traitée en interrogeant l'index inversé pour dénombrer les occurrences de ce mot dans l'ensemble des documents indexés. Cette recherche donnera ici comme résultat les deux URL *http://www.sanglots.com/* et *http://www.violons.com/*. La page web *http://www.violons.com/* apparaîtra en premier dans la liste des résultats, le nombre d'occurrences du mot « violons » étant supérieur dans cette page. Retenez toutefois, par rapport à cet exemple très simple, que la fréquence des occurrences d'un mot sera pondérée par le processus de ranking des résultats (voir ci-après).

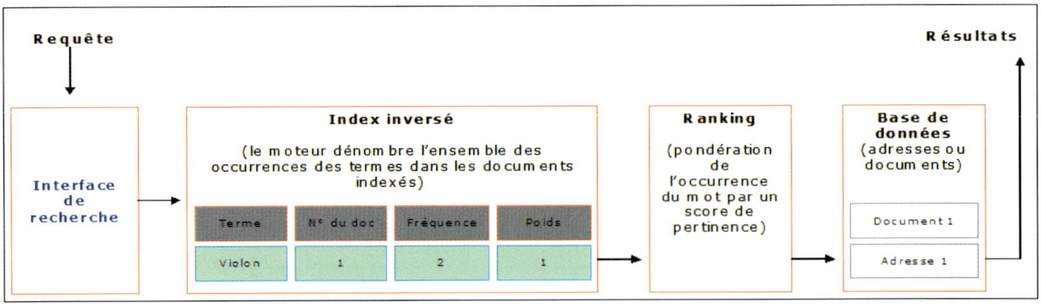

Figure 2-8

Traitement d'une requête grâce à l'index inversé

Notez que Google associe également le contenu textuel des liens pointant vers une page *(anchor text)* – concept de réputation, sur lequel nous reviendrons largement au chapitre 6 – avec la page pointée (considérant que ces liens renvoyant vers une page fournissent parfois une description plus précise, ou en tout cas plus concise, de la page que le document lui-même). Cependant, un moteur de recherche utilise des dizaines de critères de pertinence différents. Nous y reviendrons là encore.

Le terme « index » peut donc être interprété de deux façons différentes.

- L'index de documents, comprenant toutes les pages prises en compte par le moteur lors d'une recherche. C'est cette base de données que nous appellerons index dans cet ouvrage, par souci de concision.
- L'index inversé, qui comprend en fait les mots-clés potentiels de recherche ainsi que leurs connexions avec l'index de documents. Il s'agit de la partie immergée de l'iceberg, invisible pour l'utilisateur du moteur mais pourtant indispensable à son fonctionnement.

L'index doit être mis à jour régulièrement, en ajoutant, modifiant ou supprimant les différentes entrées. C'est en effet la fréquence de mise à jour d'un index – représentant une copie du Web à un instant *T* – qui fait en grande partie la qualité des résultats d'un moteur et sa valeur (pas de doublons ou de liens morts dans les résultats), d'où des délais de rafraîchissement relativement courts.

Presque tous les moteurs de recherche ont arrêté la « course au plus gros index » depuis plusieurs années. Le premier index de Google comprenait 26 millions de pages. Le moteur avait arrêté de communiquer sur ce point en 2005 alors que sa base d'URL proposait aux environs de 8 milliards de pages après avoir passé la barre du milliard en 2000. Un post sur le blog officiel du moteur (*http://goo.gl/eKZKb*) estimait en juillet 2008 que le Web détenait au minimum la bagatelle de mille milliards de documents ! Ou plus précisément, mille milliards d'adresses menant à des documents. Parmi ces URL, Google identifiait énormément de *duplicate content* (même contenu à des adresses différentes) ou beaucoup de pages totalement inutiles. Ce chiffre représentait donc le nombre de pages web « connues » de Google avant traitement. En 2013, on pouvait estimer la taille de son index à environ 100 milliards de pages au minimum, certainement beaucoup plus en vérité.

En mai 2013, le site Business Insider (*http://goo.gl/vbttDF*) reprenait les informations et les chiffres assez ahurissants donnés à Bloomberg par John Wiley, *lead designer* au sein du moteur de recherche de Google.

- Google arrivait à identifier 30 mille milliards (10^{12}) d'URL uniques sur le Web.
- Chaque jour, Google crawlait 20 milliards de sites web.
- Le moteur de recherche traitait 100 milliards de recherches chaque mois. Parmi celles-ci, 15 % (soit environ 500 millions par jour) étaient totalement inédites et n'avaient jamais été traitées auparavant.

Les syntagmes, prochaine étape des index du futur ?

De nouvelles méthodes d'indexation se mettent en place, autour de la prise en compte des syntagmes ou groupes de mots (contrairement aux mots isolés analysés jusqu'à maintenant), ce qui pourrait profondément changer le paysage du référencement dans les années à venir. Cela signifie que pour améliorer la qualité du moteur de recherche, par exemple dans la phrase « Le chien du voisin a aboyé toute la nuit » on pourra isoler les trois syntagmes suivants : « Le chien du voisin », « a aboyé » et « toute la nuit ». Le moteur devra alors être capable d'identifier que certains groupes de mots sont effectivement liés entre eux, alors que d'autres ne le sont pas. Un tel moteur sera capable de reconnaître que la phrase « certains quartiers avec des architectures modernes ont vu le jour à côté de la vieille ville » ne parle pas de l'« architecture moderne de la vieille ville » mais bien des quartiers qui disposent de ce type d'architecture. On le voit, le défi est énorme et la difficulté non négligeable. Il semble donc intéressant de passer à un système capable d'indexer des groupes de mots (syntagmes) au lieu de simples mots-clés isolés. Pendant très longtemps, les méthodes d'indexation de syntagmes ont buté sur un écueil considérable : lorsqu'on indexe des groupes de mots, au lieu de mots isolés, la taille de l'index explose littéralement. La mémoire nécessaire pour identifier les combinaisons de trois, quatre, cinq mots est également un obstacle.

Par exemple, si on part du principe qu'on veut indexer toutes les combinaisons de cinq mots, et que le corpus (l'ensemble des textes à indexer) contient 200 000 termes différents, on aura dans ce cas 3,2 x 10^{26} syntagmes possibles (soit 3 suivi de 26 zéros). Ce chiffre dépasse les capacités de tout système existant, et même imaginable.

Dans la pratique, toutes les combinaisons de syntagmes ne sont pas utiles dans l'index. Voici un exemple donné par Google, à propos d'une base de textes issus de pages web qu'il met à disposition pour les recherches des linguistes (base Web 1T 5-gram).

- La base de départ contient 1 024 908 267 229 « tokens » (c'est-à-dire de termes, éventuellement présents plusieurs fois et même de très nombreuses fois dans l'ensemble des textes, autrement appelé corpus).
- Le nombre d'unigrammes (termes uniques pris isolément) s'élève à 13 588 391.
- Le nombre de bigrammes (couples de termes présents) est de 314 843 401.
- Le nombre de trigrammes (triplets de termes présents) s'élève à 977 069 902.
- Le nombre de 4-grammes est de 1 313 818 354 !
- etc.

Dans cet exemple, le nombre ne suit pas une logique combinatoire : le nombre de *n*-grammes identifiés correspond à des groupes de mots constituant des séquences non pas aléatoires mais qui présentent une certaine fréquence d'apparition en commun (fréquence de cooccurrence ou plus précisément fréquence de « collocation »). Cela reste malgré tout intéressant de noter qu'on est obligé de multiplier le nombre de lignes dans l'index par 100 pour parvenir à stocker des expressions contenant jusqu'à 4 mots.

Une autre voie, plus simple et suivie actuellement par les moteurs, est la détection des « entités nommées » comme les noms de personnes, de lieux, d'entreprises, etc., pour fournir des résultats plus précis et plus pertinents aux internautes. C'est sur ce concept que repose le *Knowledge Graph* lancé en France par Google en décembre 2012 (*http://goo.gl/OSv08*) suite à l'acquisition de l'outil Freebase en 2010.

Mais il est clair que la taille de l'index n'est pas un critère déterminant dans la pertinence d'un moteur. Encore faut-il avoir les « bonnes » pages et un algorithme de tri efficace pour en extraire la substantifique moelle.

Tableau 2-4 Tailles estimatives de plusieurs index de moteurs (en milliards de pages, début 2016)

	Google	Bing	Exalead	Orange*
Taille de l'index	100	40	16	1

* Moteur spécialisé sur le Web francophone.

Les moteurs ne communiquent plus sur ces chiffres et rendent très complexe la mise à jour de ce type d'information.

Le système de ranking

Le ranking est un processus qui consiste, pour le moteur, à classer automatiquement les données de l'index de façon à ce que, suite à une interrogation, les pages les plus pertinentes apparaissent en premier dans la liste de résultats. Le but du classement est d'afficher dans les 10 premières réponses les documents répondant le mieux à la recherche. Pour cela, les moteurs élaborent en permanence de nouveaux algorithmes (des formules mathématiques utilisées pour classer les documents), qui représentent un véritable facteur différenciant. Ces algorithmes ne sont donc que très rarement rendus publics. Ils sont dans la plupart des cas protégés par des brevets et font parfois l'objet de « secrets défense » voire de mythes comparables à celui du 7X (principal composant du Coca-Cola).

Il existe plusieurs grandes méthodes de ranking des résultats et les moteurs utilisent pour la plupart un mélange de ces différentes techniques.

- **Le tri par pertinence.** Les résultats d'une requête sont triés en fonction de plusieurs facteurs appliqués aux termes de la recherche (toutes ces notions seront abordées en détail aux chapitres 4 et 5) :
  - localisation d'un mot dans le document (exemple : le poids est maximal si le mot apparaît dans la balise `<title>`, la balise `<h1>` ou son adresse URL) ;
  - densité d'un mot, calculée en fonction de la fréquence d'occurrences du mot par rapport au nombre total de mots dans le document ;
  - mise en exergue d'un mot : gras (balise `<strong>`), titre éditorial (balises `<Hn>`), lien, etc. ;
  - poids d'un mot dans la base de données calculé en fonction de sa fréquence d'occurrences dans l'index (les mots peu fréquents sont alors favorisés) ;
  - correspondance d'expression basée sur la similarité entre l'expression de la question et l'expression correspondante dans un document (un document est privilégié lorsqu'il contient une expression similaire à celle de la question, notamment pour des requêtes à plusieurs mots-clés) ;
  - relation de proximité entre les termes de la question et les termes utilisés dans le document (les termes proches l'un de l'autre sont favorisés).

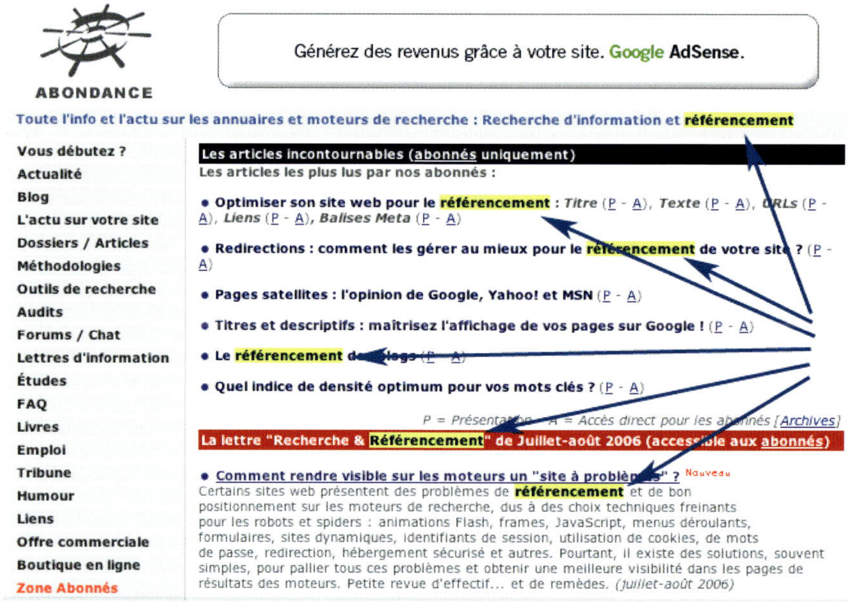

Figure 2-9

La présence et le nombre d'occurrences d'un mot dans la page peut avoir une influence sur le degré de pertinence du document, et donc sur son ranking par le moteur.

Tous ces critères sont basés sur la présence des mots-clés de la requête dans une ou plusieurs zone(s) chaude(s) de la page web.

- **Le tri par popularité (indice de popularité).** Popularisé – mais pas inventé – par Google en 1998 avec son PageRank (pour contrer, entre autres, les abus possibles des méthodes de tri par pertinence), le tri par popularité s'appuie sur une méthode basée sur la « citation » – l'analyse de l'interconnexion des pages web par l'intermédiaire des liens hypertextes. Ce type de tri est *a priori* indépendant du contenu. Il s'agit en fait de l'analyse des liens entrants (backlinks) pointant sur une page donnée.

  Ainsi, Google classe les documents principalement en fonction de leur PageRank (nombre et qualité des liens pointant vers ces documents, nous y reviendrons en détail au chapitre 6). Le moteur analyse alors les pages contenant les liens. Plus une page est pointée par des liens émanant de pages elles-mêmes populaires, plus sa popularité (son PageRank) est grande et meilleur est son classement.

  Cette méthode de tri des résultats est aujourd'hui utilisée par de nombreux moteurs (pour ne pas dire tous les principaux moteurs).

- **Le tri par mesure d'audience (indice de clic, *SERP Bounce* ou *Pogosticking*).** Créée par la société DirectHit en 1998, cette méthode permet de trier les pages en fonction du nombre et de la « qualité » des visites qu'elles reçoivent. Le moteur analyse le comportement des internautes à chaque clic, chaque visite d'un lien depuis la page de résultats (et notamment le fait qu'il revienne ou non sur le moteur et au bout de combien de temps) pour tenter de trouver les pages les plus cliquées et améliorer en conséquence leur classement dans les résultats. Plus une page sera cliquée et moins les internautes reviendront sur le moteur après l'avoir consultée (signifiant ainsi qu'ils ont trouvé « chaussure à leur pied »), et plus cette page sera considérée comme pertinente et sera donc mieux classée à la prochaine requête similaire. Cette méthode semble être utilisée aujourd'hui par certains moteurs dont Google.

- **Le tri par catégorie ou *clustering*.** Lancé en 1997, Northernlight proposait le classement automatique des documents trouvés dans des dossiers ou sous-dossiers (clustering) constitués en fonction des réponses. Celles-ci, intégrées à chaque dossier, étaient également triées par pertinence. Cette technique de « clusterisation » thématique des résultats est aujourd'hui notamment utilisée, par le Français Exalead (*http://www.exalead.com/*) et l'Américain Vivisimo (*http://vivisimo.com/*), racheté depuis par IBM, ainsi que sur la version américaine de Bing (*http://www.bing.com/*) grâce à la technologie de la société Powerset, entreprise rachetée par Microsoft en 2008.

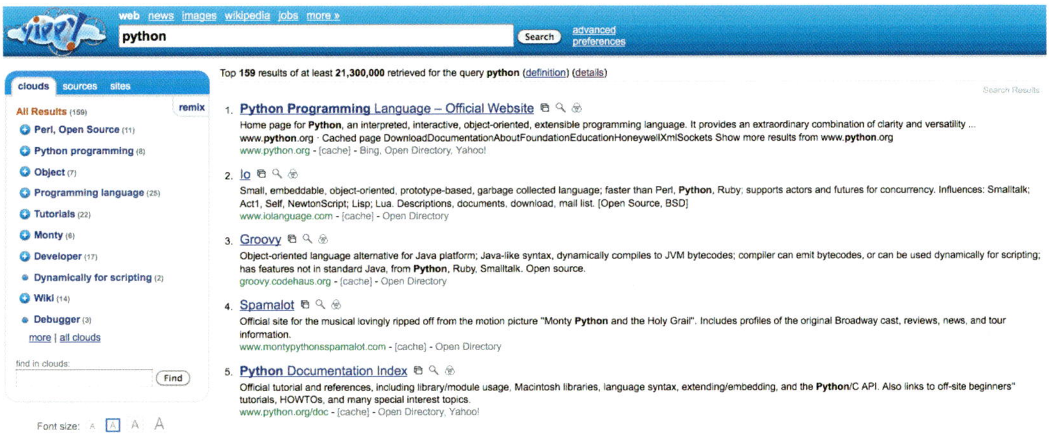

Figure 2-10

Le moteur de recherche Yippy (http://yippy.com/) « clusterise » ses résultats : il propose, sur la gauche de l'écran, des dossiers thématiques qui regroupent les résultats par grands domaines.

> **Les méthodes de tri**
>
> Pour plus d'informations sur les techniques de tri existantes, consultez l'article de Jean-Pierre Lardy intitulé « Méthodes de tri des résultats des moteurs de recherche » et disponible à l'adresse suivante : *http://goo.gl/eFumFf.*

Bien entendu, plusieurs de ces méthodes peuvent être utilisées simultanément par un moteur. C'est le cas aujourd'hui de Google, Bing et des principaux outils de recherche qui associent tris par pertinence, par popularité, etc., pour obtenir les meilleurs résultats possibles.

Le logiciel de recherche/moteur d'interrogation

Le moteur d'interrogation *(searcher)* est l'interface frontale (formulaire de recherche) proposée aux utilisateurs. Plusieurs niveaux de requête (interface de recherche simple ou avancée) sont généralement offerts. À chaque question, une requête est créée dans l'index et une page web dynamique restitue les résultats, souvent sous forme de listes ou de cartes de résultats (figure 2-11).

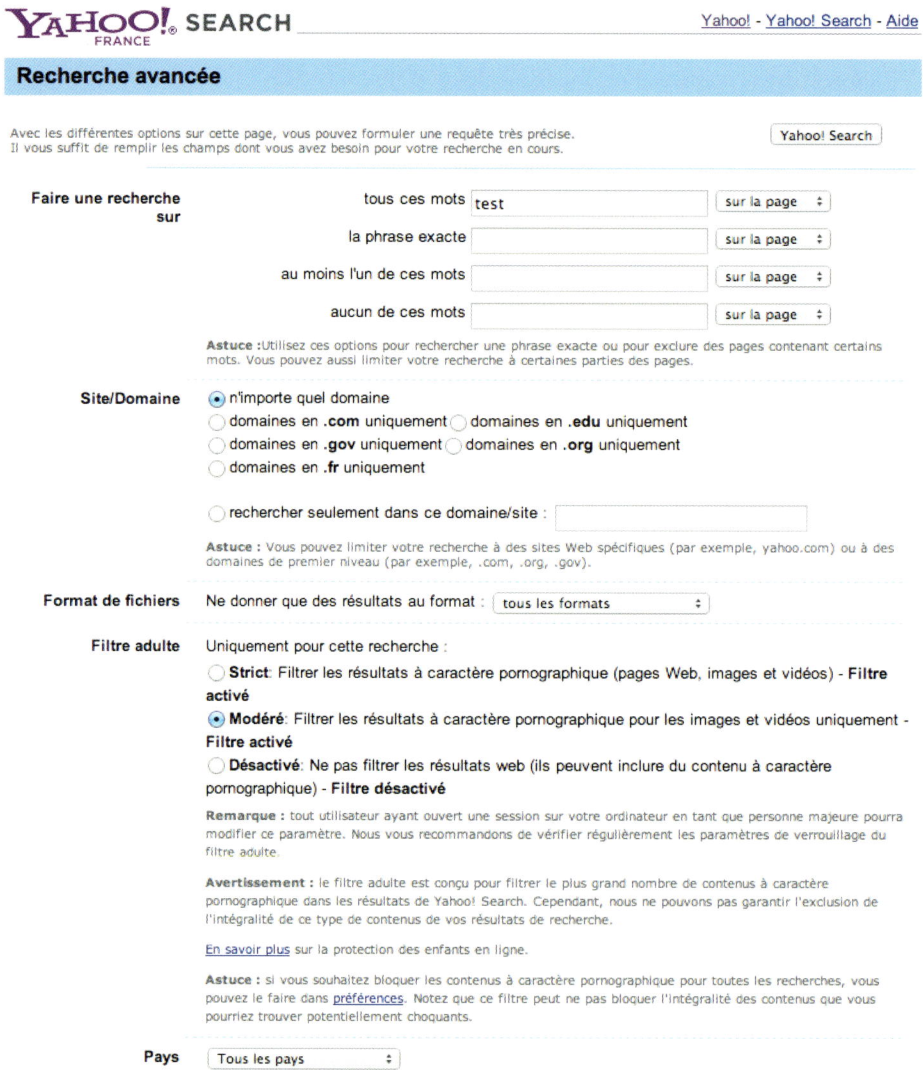

Figure 2-11

La recherche avancée de Yahoo! (http://fr.search.yahoo.com/web/advanced) propose de nombreuses et puissantes fonctionnalités de recherche.

Focus sur le fonctionnement de Google

Créé en 1998 par deux étudiants de l'université de Stanford, Sergey Brin et Larry Page, Google (qui s'appelait Backrub lors de ses premières versions) s'est rapidement imposé comme le leader mondial des moteurs de recherche.

Le stockage des données et la réponse aux requêtes sont effectués à partir de dizaines de milliers de PC traditionnels tournant sous Linux. Réunis en *clusters* (grappes), les ordinateurs sont interconnectés selon un système basé sur la répartition des charges entre ordinateurs (un ordinateur distribue les tâches au fur et à mesure vers les autres ordinateurs disponibles).

D'un coût moins élevé que celui des serveurs, les PC traditionnels offrent un avantage au moteur de recherche dans la mesure où il est possible d'agrandir relativement facilement le parc informatique à mesure que croissent le Web et la quantité de documents à indexer.

L'index de Google est découpé en petits segments *(shards)* afin qu'ils puissent être répartis sur l'ensemble des machines distribuées dans des *datacenters* déployés dans le monde entier, cela afin de réduire au maximum les temps de réponse aux requêtes et les coûts en bande passante. Pour rester disponible en cas de défaillance d'un PC, chaque shard est dupliqué sur plusieurs machines. Plus le PageRank est élevé et plus le nombre de duplicata est élevé (*http://goo.gl/fZdcsP*).

Dévoilée au début des années 2000 (et probablement toujours similaire à l'heure actuelle, même si plusieurs projets, dont les célèbres BigDaddy et Caffeine, l'ont renouvelée), l'architecture de Google (figure 2-12) fait apparaître l'interconnexion de plusieurs composants séparés.

Chaque composant a un rôle bien défini.

- Le serveur d'URL *(URL server)* envoie aux crawlers (Googlebot) toutes les adresses des pages devant être visitées (et notamment les liens soumis *via* le formulaire de soumission de Google).
- Le serveur de stockage *(store server)* compresse les pages extraites par les crawlers et les envoie au *Repository* – l'entrepôt – où elles sont stockées.
- L'indexeur lit et décompresse le contenu du Repository. Il associe à chaque document un numéro d'identifiant, *docID*, et convertit chaque page en un ensemble d'occurrences de termes (chaque occurrence est appelée un *hit*), enregistrant les informations sur le « poids » du mot dans la page (position, taille de police, etc.).
- L'indexeur distribue les occurrences dans un ensemble de silos *(barrels)*, organisés par docID.
- Le gestionnaire d'ancres *(anchors)* stocke certaines informations créées par l'indexeur, à savoir les liens hypertextes et les ancres qui leur sont associées (textes des liens).
- Le solveur d'URL *(URL Resolver)* récupère les informations fournies par le gestionnaire d'ancres et convertit chaque adresse URL pointée par l'ancre en un docID (si cette adresse n'existe pas dans le *Doc Index*, il l'ajoute).
- Le gestionnaire de liens *(links)* contient des paires de docID (reçues du solveur d'URL). Il s'agit de paires de liens car chaque ancre appartient à une page et pointe vers une autre page.

- Le PageRank récupère les informations de cette base de données de liens pour calculer le PageRank de chaque document (indice de popularité).
- Le trieur *(sorter)* récupère les données stockées dans les barrels, organisées par docID, et les réorganise en *wordID* (identités des mots). Cette opération permet de créer l'index inversé, stocké dans les mêmes barrels.
- La liste des mots fournie par le trieur est comparée avec celle du lexique *(lexicon)* et tout mot ne figurant pas dans cer dernier y est ajouté.
- Enfin, l'interface de recherche *(searcher)* exécute les recherches pour répondre aux requêtes des utilisateurs. Elle utilise pour cela le lexique (créé par l'indexeur), l'index inversé contenu dans les barrels, les adresses URL associées aux mots de l'index inversé (provenant du Doc Index) et toutes les informations du PageRank concernant la popularité des pages.

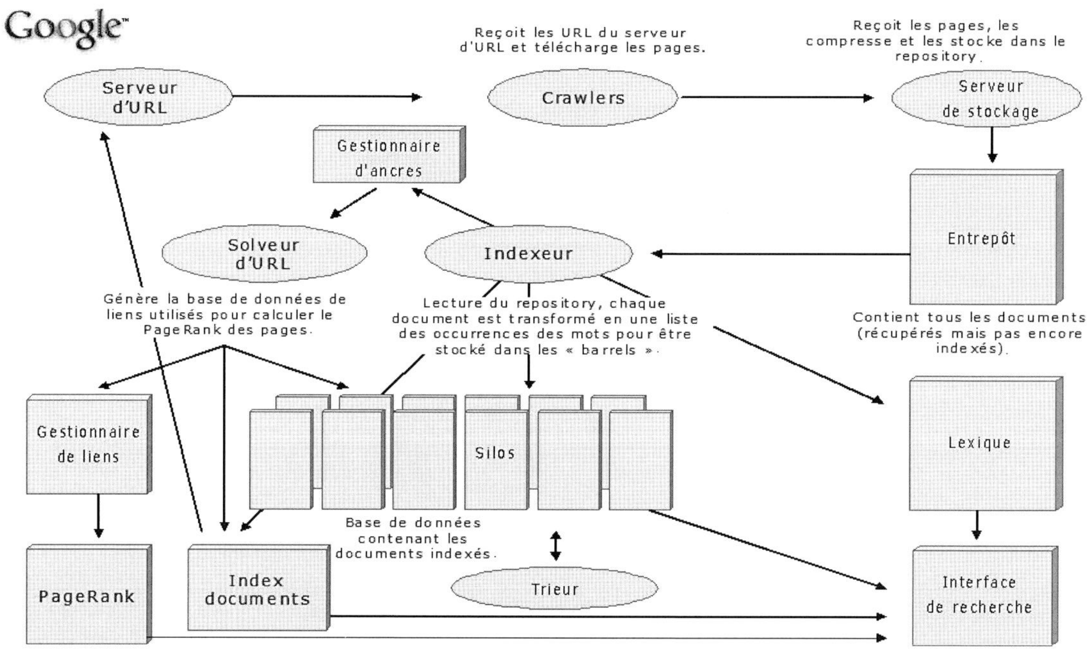

Figure 2-12

Architecture fonctionnelle de Google d'après Sergey Brin et Lawrence Page (Source : The Anatomy of a Large-Scale Hypertextual Web Search Engine, http://goo.gl/ERo95)

À chaque requête, le serveur consulte l'index inversé et regroupe une liste de documents comprenant les termes de recherche *(hit list)*. Il classe ensuite les pages en fonction d'indices de popularité et de pertinence. Simple, non ?

S'il y a de fortes chances que l'architecture de Google ait grandement changé dans les détails depuis cette présentation datant du début des années 2000, on peut raisonnablement penser que son mode de fonctionnement global est encore aujourd'hui proche de ce que nous venons de décrire.

Figure 2-13

Autre vision simplifiée du mode de fonctionnement de Google, fournie par les deux cocréateurs du moteur (Source : The Anatomy of a Large-Scale Hypertextual Web Search Engine, http://goo.gl/ERo95)

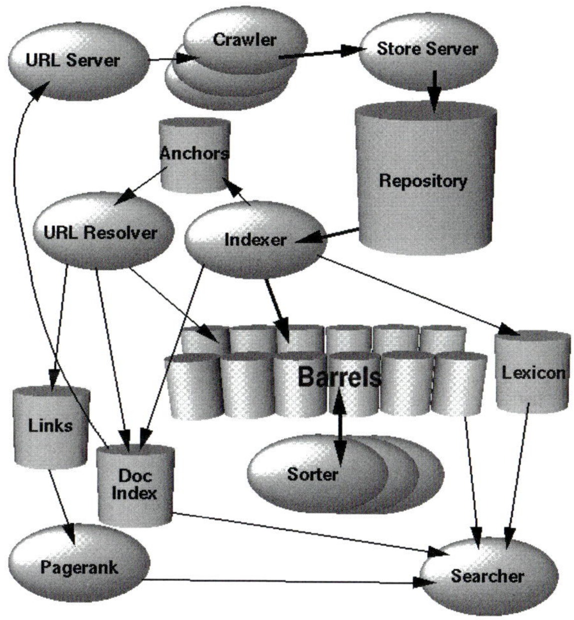

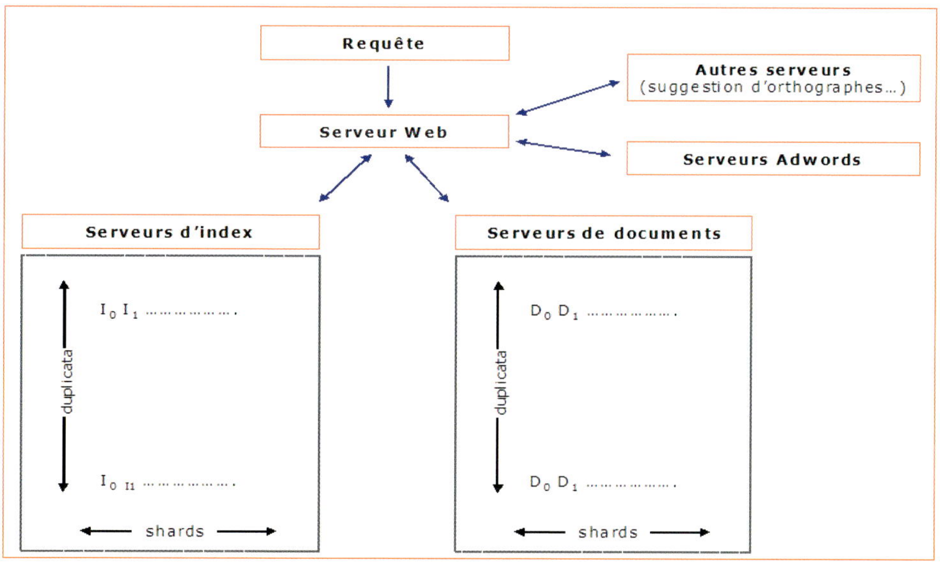

Figure 2-14

Schéma de l'utilisation des serveurs de Google utilisés pour la réponse aux requêtes (Source : http://goo.gl/ArO7T)

Mayday, Caffeine, Jazz : quoi de neuf ?

> Section rédigée avec la contribution de Philippe Yonnet

En juin 2010, Google annonçait son basculement sur une nouvelle infrastructure technique baptisée Caffeine (*http://goo.gl/9BRcT*).

Caffeine, une nouvelle infrastructure d'indexation

Caffeine est en effet le nom d'une nouvelle infrastructure de Google, dont le déploiement avait été annoncé dès l'été 2009. Il ne s'agit donc pas d'un changement concernant le classement des pages, mais bien dans la façon dont Google explore le Web pour en extraire l'information, dont le moteur analyse, stocke et indexe ces données, et il traite les requêtes. Notons que Caffeine est à l'origine d'un autre séisme intervenu en 2011, sous le nom de Panda, et dont nous parlerons au chapitre 15.

Dans l'annonce officielle publiée sur le blog de Google destiné aux webmasters (*http://goo.gl/Ow6pB*), un petit graphe et un court commentaire révélaient un changement profond dans le comportement de crawl de Google.

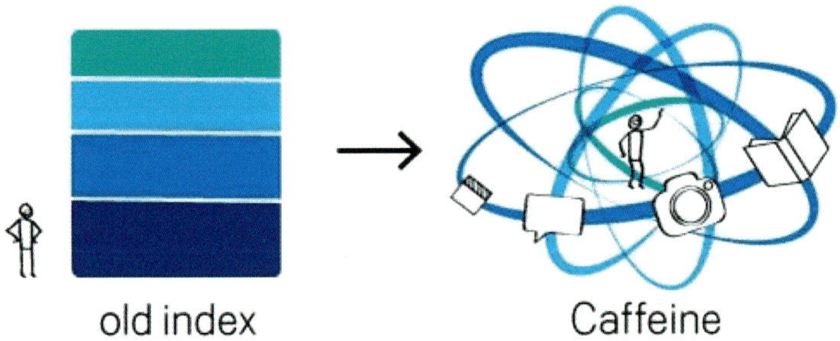

Figure 2-15

Changements impliqués par la nouvelle structure Caffeine (Source : Google)

Selon le billet officiel, l'ancien index (pré-Caffeine) était structuré en différentes couches. Pour construire chacune d'elles, il était nécessaire de crawler l'ensemble du Web à chaque fois. Certaines couches étaient mises à jour plus fréquemment que d'autres et la plus importante était rafraîchie toutes les deux semaines environ.

Dans le comportement de crawl post-Caffeine, le Web est analysé par petits bouts et les mises à jour s'effectuent de manière continue partout dans le monde. Sur certains sites, un nouveau comportement est apparu, Googlebot se mettant à crawler dix fois moins de pages qu'autrefois. Ce nouveau comportement semble très « ciblé » : certaines pages sont crawlées très souvent alors que d'autres moins.

Une étude menée par la société française de référencement Aposition (*http://goo.gl/yMceA*) a démontré que la mise en place de Caffeine ne changeait pas vraiment la fraîcheur des pages indexées.

En revanche, sur la capacité à indexer des pages rapidement sur un sujet d'actualité « chaud », un autre test mené par l'équipe d'Aposition démontrait que Caffeine semble changer la donne et que l'intégration de nouvelles pages s'effectue à un rythme clairement accéléré avec Caffeine pour des thématiques strictement liées à l'actualité (un algorithme baptisé *Freshness Update* semblait confirmer ce type de comportement fin 2011, *http://goo.gl/Q8TgDW*).

On peut donc estimer que ce type de crawl de Google tend à favoriser les sites d'actualités, qui peuvent voir leur contenu (mais aussi leurs images et leurs vidéos) être découverts beaucoup plus rapidement et être indexés, si besoin est, dans les minutes qui suivent leur publication. À l'inverse, certains sites risquent de subir des problèmes d'indexation dus à un crawl plus paresseux et sélectif. Pour ces derniers, en cas de chute du trafic, il sera indispensable d'analyser l'évolution de la liste des pages qui reçoivent du trafic, la quantité de trafic apporté par telle ou telle catégorie de requêtes, ainsi que la liste des pages explorées par Googlebot et la fréquence de *recrawl* de ces dernières. Ces analyses peuvent vous permettre de comprendre quelles sont les pages que privilégient Google sur votre site et de corriger éventuellement le tir si certaines d'entre elles, importantes, sont « oubliées » par le moteur.

Beaucoup de choses ont donc changé dans Google depuis 2010 et les filtres Panda (2011) et Penguin (2012) n'ont fait que confirmer ce phénomène. D'une manière générale, le rythme des changements s'était déjà accéléré dès l'été 2008. De plus, on peut être sûr que les possibilités ouvertes par Caffeine pour traiter « plus de données plus vite » vont rendre possible le déploiement de nouvelles fonctionnalités. Enfin, la nécessité de garder de l'avance sur des concurrents comme Bing semble pousser de plus en plus Google à lancer des nouveautés sur son interface et à essayer de nouvelles approches.

Pour les référenceurs, l'environnement change à un rythme accéléré. Il faut donc s'habituer à l'idée que, d'un mois sur l'autre, il faille imaginer de nouvelles stratégies et savoir réagir à un changement de comportement du moteur. Cela rend toutefois l'exercice encore plus intéressant.

Des SERP à 4 ou 7 liens !

Depuis des années, on a l'habitude de visualiser des pages de résultats (SERP) proposant 10 liens après avoir saisi sa requête. Mais, dès le mois de février 2012, plusieurs sources d'informations remarquaient que Google renvoyait moins de liens sur certaines requêtes (*http://goo.gl/7G6JK*). Ainsi, lorsqu'on saisissait « bbc football » sur Google UK, seuls 3 liens étaient proposés. En août 2012, de nombreuses pages (20 % environ) proposaient moins de 10 résultats (7 la plupart du temps). Et en septembre 2012, des SERP à 4 liens sont même apparus !

Autant dire que si ces affichages se répandaient de façon plus importante qu'actuellement, un site pourrait donc figurer en cinquième position mais apparaître sur la deuxième page de résultats, ce qui, en termes de visibilité, est loin d'être la même chose… Et les outils de mesure du positionnement d'un site web sur certaines requêtes prédéfinies devront, eux aussi, prendre en compte cette nouvelle donne.

Arrivés à la fin de ce chapitre, vous devez avoir une bonne vision du fonctionnement des moteurs. Suffisante, en tout cas, pour bien appréhender leur organisation et la façon dont ils récupèrent, analysent et classent les données glanées sur le Web. Il est donc temps de mettre en place une stratégie de référencement efficace et bien organisée, ce que nous allons voir au chapitre suivant.

Quelques liens sur le fonctionnement des moteurs de recherche

Sur les robots :

- The Web Robots Pages : *http://www.robotstxt.org/*.
  Site fournissant une liste des robots actifs.

Sur Google :

- *http://goo.gl/VwQgL*
  Article des deux fondateurs de Google, Sergey Brin et Lawrence Page, intitulé *The Anatomy of a Large-Scale Hypertextual Web Search Engine* et publié en 1998.
- *http://goo.gl/x6b8e*
  Article de l'IEEE Computer Society – Web Search For A Planet, *The Google Cluster Architecture*.

Lexiques sur les moteurs de recherche :

- *http://www.idf.net/mdr/seta.html* ;
- *http://www.webrankinfo.com/lexique.php*.
  Deux lexiques assez complets dans lesquels vous devriez trouver la signification de la plupart des termes employés dans le monde des moteurs de recherche et du référencement.

3

Préparation du référencement

« C'est ce qui échappe aux mots que les mots doivent dire. »

Nathalie Sarraute

Dans les chapitres précédents, nous avons passé en revue un certain nombre de notions importantes à connaître dans le cadre d'un référencement. L'heure est venue de passer à l'étape suivante, laquelle consiste à définir la stratégie à mettre en place.

Ayez toujours à l'esprit qu'il est plus simple et plus efficace – vous vous en apercevrez rapidement – d'aborder la question du référencement lors de la création ou de la refonte d'un site. En effet, un travail minutieux et pertinent demande, dans ce cadre, des modifications parfois importantes dans le contenu et la structure du site. Sachez toutefois que si ce dernier est déjà en ligne et si vous ne désirez pas le modifier outre mesure et dans son essence même, il est encore possible d'apporter bon nombre de changements pour obtenir une meilleure visibilité sur les moteurs. Il n'en reste pas moins vrai que le rendement optimal sera obtenu en conjuguant refonte ou création du site avec les travaux d'optimisation pour les outils de recherche.

Nous allons essayer dans ce chapitre de vous donner des pistes de réflexion sur la façon dont il faudra aborder quelques points cruciaux pour la promotion de votre source d'information.

Méthodologie à adopter

Dans un premier temps, il vous faudra mettre en place une méthodologie simple et efficace pour votre référencement. Voici une liste chronologique des actions à mener.

1. Choix des mots-clés.
2. Choix des moteurs à prendre en compte.
3. Création ou modification des pages du site en fonction de ces mots-clés et des critères de pertinence des moteurs.
4. Prise en compte des pages par les moteurs à l'aide de liens savamment créés et vérification de la présence des pages dans les index des moteurs de recherche.
5. Vérification du positionnement et/ou du trafic engendré par les outils de recherche.
6. Suivi de ces phases de positionnement/trafic et corrections éventuelles pour obtenir de meilleurs résultats.

C'est donc exactement cette trame que nous avons choisie pour les chapitres qui vont suivre dans cet ouvrage.

Choix des mots-clés

Pour mettre en place une stratégie de référencement, la première phase consiste à choisir les « bons » mots-clés pour positionner vos pages web. Contrairement à ce qu'on pourrait croire, ce n'est pas si simple. Il s'agit d'une phase cruciale pour votre référencement :

choisir des mots-clés sur lesquels un positionnement est trop complexe peut s'avérer désastreux ; tout comme le fait d'opter pour des termes qui ne sont jamais saisis par les internautes.

Les mots-clés que vous allez choisir sont extrêmement importants et doivent répondre à deux notions essentielles.

- **L'intérêt.** Ils doivent être souvent (le plus possible) tapés par les utilisateurs des moteurs de recherche.
- **La faisabilité.** Il doit être techniquement possible de positionner une page web dans les premiers résultats des moteurs pour ce terme dans des délais acceptables. Ce n'est pas toujours possible, en tout cas pour ce qui est des délais « raisonnables ».

Bien sûr, les termes choisis doivent décrire votre activité et le contenu de votre site web. Nous allons développer toutes ces notions dans les paragraphes suivants.

Le concept de « longue traîne »

L'objectif de cette première partie stratégique sera de déterminer pour quels mots-clés votre site peut et doit être optimisé dans le cadre de la « courte traîne » ou « tête de longue traîne ». En effet, comme le montre la figure 3-1, on s'aperçoit le plus souvent en regardant les statistiques d'un site web que :

- environ 20 % du trafic moteurs de recherche (tête de la longue traîne ou courte traîne) est constitué par des mots-clés très souvent saisis sur les moteurs et pour lesquels le site est optimisé et bien positionné. Ceci représente un nombre relativement faible de mots-clés (quelques dizaines tout au plus), chacun d'eux produisant un fort trafic ;
- environ 80 % du trafic moteurs de recherche est constitué par la « queue » de la longue traîne, ou plus simplement longue traîne, et des requêtes saisies peu souvent sur les moteurs pour trouver le site. Ceci représente un nombre important de mots-clés, chacun d'eux entraînant un faible trafic, mais leur somme globale représentant la majorité du trafic moteurs.

Principe de la longue traîne

Le principe de la longue traîne a été inspiré par Chris Anderson, rédacteur en chef de la revue américaine *Wired*, lorsqu'il a pu explorer en 2004 les statistiques de ventes de sites web de commerce électronique. En inspectant une courbe présentant en abscisse les produits vendus et en ordonnée le nombre de ventes, il s'est rapidement aperçu que la courbe pour chacun des sites étudiés ressemblait à celle de la figure 3-1.

La partie rouge (*Head* ou courte traîne) représente les best-sellers : peu de produits très populaires représentant de très nombreuses ventes pour chaque référence. La partie jaune (*long tail* ou longue traîne) est représentative des produits peu vendus (parfois une à deux ventes par mois) individuellement mais au travers d'un très grand nombre de commandes différentes. Voici un exemple appliqué au domaine du livre : la partie rouge (courte traîne) représentera les ouvrages de Dan Brown, Marc Levy, Guillaume Musso et le dernier Astérix. Peu de livres qui se vendent toutefois très bien. La partie jaune (longue traîne) sera symbolisée par un dictionnaire franco-serbe, édition de 1912, qui s'écoule à trois exemplaires par an : pour un site proposant de très nombreux ouvrages de ce type, c'est le nombre de produits différents vendus qui crée le chiffre d'affaires.

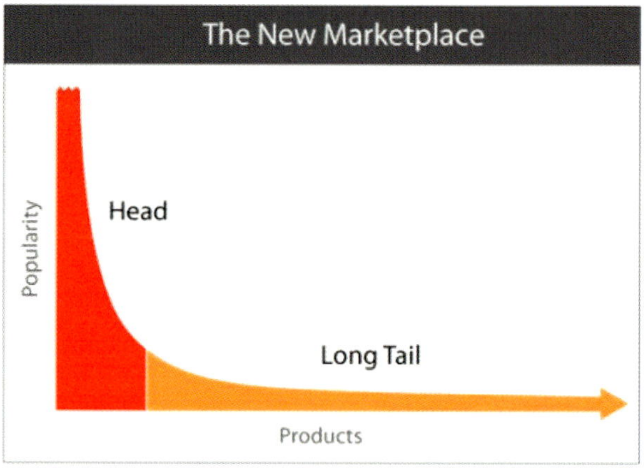

Figure 3-1

Le concept de longue traîne sur les sites web de commerce électronique, vu par Chris Anderson

Ce concept devient très intéressant lorsqu'on s'aperçoit qu'en fait, c'est la queue de cette longue traîne qui produit le plus souvent 80 % du chiffre d'affaires de ce type de sites (bien que cette estimation fasse aujourd'hui débat aux États-Unis). C'est ainsi un très grand nombre de produits vendus très peu souvent qui, par leur masse, représenteraient la majeure partie du bénéfice d'un site web tels que ceux observés par Chris Anderson (de type Amazon ou autre). De plus, si ce concept se vérifie pour, par exemple, des livres papier, il n'en reste pas moins vrai qu'il existe un besoin impératif de stockage de ces exemplaires « en dur », ce qui représente un coût. Le concept de la longue traîne est donc plus intéressant encore pour des produits numériques (films, musique, études au format PDF, etc.) pour lesquels le coût de stockage est aujourd'hui quasi nul. Si vous arrivez à proposer en ligne tout ce qu'il est possible d'écouter en termes de musique sur la planète, soit des millions, voire des milliards de morceaux, le constat de la longue traîne fait que vous pouvez être quasiment sûr que chacun d'entre eux sera au moins acheté une fois sur une année, composant ainsi un chiffre d'affaires considérable.

Autre exemple : Chris Anderson, dans son livre *The Long Tail* (paru en 2004 chez Hyperion) explore rapidement le monde des moteurs de recherche, notamment en regardant les statistiques des mots-clés saisis sur le moteur Excite en 2001. Il s'est aperçu que chaque mois, 3 % de toutes les recherches effectuées sur ce moteur se focalisaient sur une dizaine de mots (« sex », « mp3 », « britney spears », etc.), le reste des requêtes se répartissant sur des dizaines de millions d'autres termes et expressions. Certes ces données datent un peu, mais elles ont le mérite de montrer que les moteurs de recherche sont typiquement des outils basés sur un concept de longue traîne.

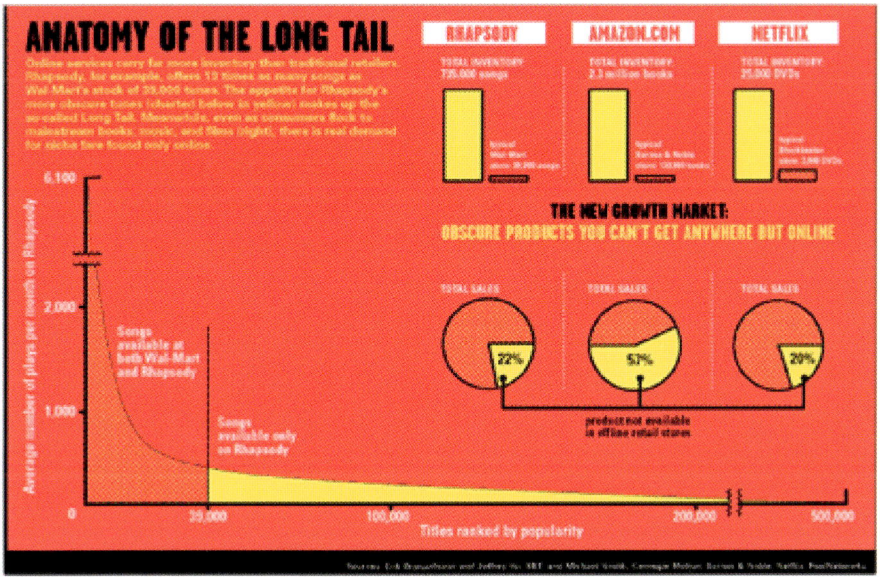

Figure 3-2

Anatomie de la longue traîne

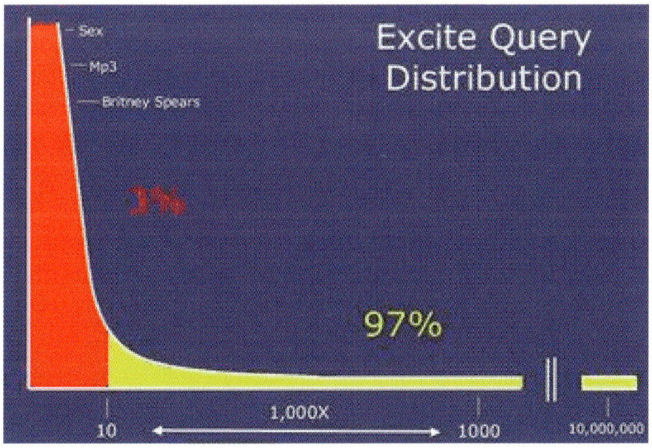

Figure 3-3

Les mots-clés sur un moteur de recherche répondent à une logique de longue traîne.

D'ailleurs, le marché publicitaire basé sur les liens sponsorisés, permettant de mettre potentiellement en place des enchères sur des millions de mots, est également de type de longue traîne. Éric Schmidt, PDG de Google, n'a-t-il pas dit, lors de la première assemblée générale des actionnaires du groupe, que la mission de sa société était d'être « au service de la longue traîne » ? On ne saurait être plus clair, et ce concept se retrouve à chaque instant de nos pérégrinations sur la Toile.

La longue traîne et le référencement : l'exemple du site Abondance

Nous venons d'expliciter assez brièvement (nous ne pouvons que vous encourager à lire l'excellent ouvrage de Chris Anderson pour en savoir plus) ce concept de longue traîne qui révolutionne certainement plusieurs concepts de l'économie numérique. Pourtant, il existe un point qui n'est pas abordé avec précision dans ce livre : l'application de ce concept au monde du référencement et au trafic généré par les moteurs de recherche sur un site.

Pour aller plus loin dans ce cadre, nous avons choisi de raisonner sur deux exemples. Dans un premier temps, nous avons examiné les statistiques « mots-clés » du site Abondance (*http://www.abondance.com*). Dans l'immense majorité des outils statistiques disponibles sur le marché, il existe une catégorie d'informations indiquant avec quels mots-clés les internautes ont trouvé votre site sur les moteurs de recherche. Nous avons ainsi recoupé, pendant un mois, des informations sur les 25 296 requêtes qui avaient permis de trouver le site web sur les différents moteurs de recherche du Web.

Il s'est rapidement avéré que :

- moins de 10 requêtes ont provoqué chacune plus de 1 % du trafic moteurs : « abondance » (6,4 %), « miserable failure » (2,2 %), « virtual earth » (2,2 %), « moteurs de recherche » (1,8 %), « robots.txt » (1,7 %), « Google video » (1,2 %), « YouTube » (1,1 %) et « humour » (1 %) ;
- si on ne prend en compte que les 100 premières requêtes les plus populaires, la courbe est déjà typiquement celle d'une longue traîne (figure 3-4) ;

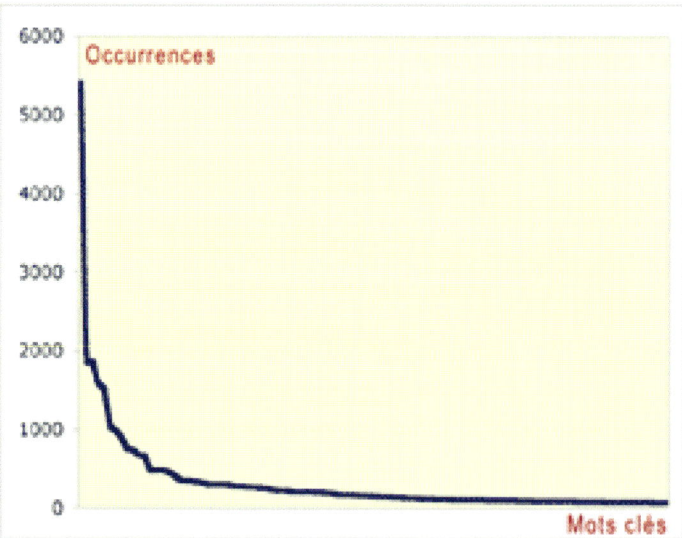

Figure 3-4

Mots-clés ayant permis de trouver le site Abondance sur les moteurs de recherche pendant un mois : 100 premières requêtes

- si on prend cette fois les 1 000 premières requêtes, le phénomène est toujours le même (figure 3-5) ;

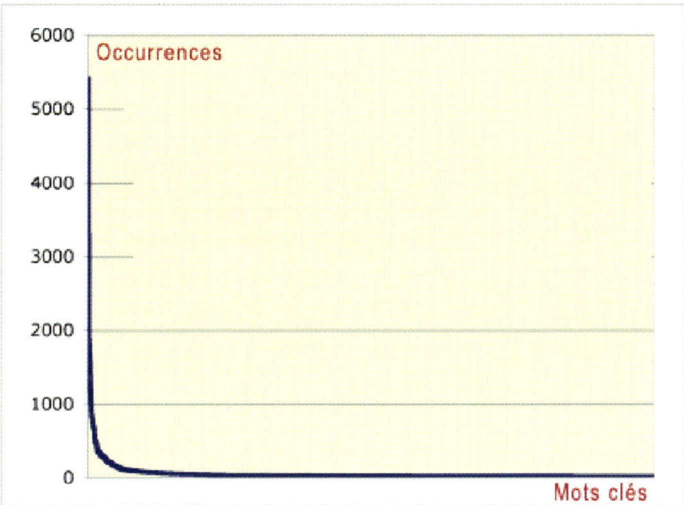

Figure 3-5

Mots-clés ayant permis de trouver le site Abondance sur les moteurs de recherche pendant un mois : 1 000 premières requêtes

- les 10 premiers mots-clés ont été responsables de 19,77 % du trafic moteur (soit 16 637 visites sur les 84 124 amenées par les moteurs de recherche sur le mois testé), les 80,23 % qui restent étant constitués par 25 286 expressions différentes, représentant chacune moins de 0,8 % du trafic global… Un pur phénomène de longue traîne ;
- la dernière requête à provoquer au moins 0,1 % du trafic (« moteur recherche vidéo ») occupe le 84e rang. Ainsi, à partir de la 85e expression, elles entraînent toutes moins de 0,1 % du trafic moteur total ;
- la 1 000e requête identifiée (exemples, du 990e au 1 000e rang : « solution paiement en ligne », « recherche en langue arabe », « msn recherche », « mon google », « barre d'outils », « localisé », « moteurs de recherche vidéos », « référencement sur moteur de recherche », « annuaire besançon », « le top », « top mot-clé ») engendre encore 7 visites par mois sur le site ;
- la 4 000e requête (« adsense rss ») est encore demandée deux fois dans le mois.

Voici le nombre de fois où le site a été trouvé pour des mots-clés sur les moteurs de recherche.

Tableau 3-1 Nombre de visites sur le site Abondance suite à des requêtes tapées dans des moteurs de recherche

Nombre de visites générées	Nombre de requêtes différentes
1 visite	19 334
2 visites	2 931
3 visites	927
4 visites	499
5 visites	304

Ainsi, le site a été trouvé, sur un mois, 19 334 fois grâce à une requête ayant entraîné une visite unique. Une paille qu'il est pourtant difficile de négliger en termes de trafic.

La longue traîne et le site Googlefight.com

Nous avons effectué le même travail sur un autre site du Réseau Abondance : Googlefight.com, un jeu autour de Google. Ce site est plus orienté grand public et draine plus de visites (6 millions de pages vues par mois en moyenne) que le site Abondance, qui est pour sa part plutôt voué à un public professionnel. De plus, Googlefight.com contient très peu de contenu, contrairement à Abondance. Le phénomène observé est pourtant exactement le même et les courbes obtenues strictement identiques à celles typiques de la longue traîne (figure 3-6).

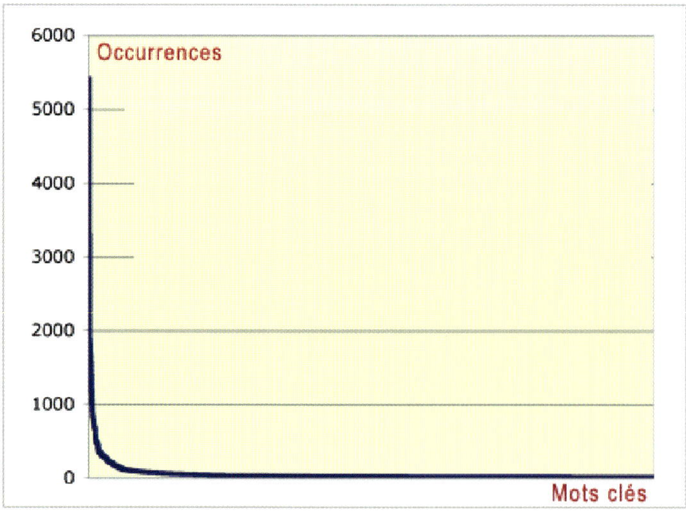

Figure 3-6

Mots-clés ayant permis de trouver le site Googlefight.com sur les moteurs de recherche pendant un mois : 100 premières requêtes

À ceci près que les requêtes « googlefight » et « google fight » représentent cette fois près de 70 % des requêtes (on comprend ici l'influence sur ces chiffres du manque de contenu du site). Une courte traîne très bien fournie donc. En revanche, les chiffres descendent très vite ensuite avec la 200e recherche qui n'est plus demandée que 8 fois dans le mois, puis pour des milliers d'expressions qui n'entraînent qu'une ou deux visites mensuelles. Par ailleurs, le nombre total de requêtes ayant provoqué au moins une visite sur le site *via* les moteurs de recherche (quelques milliers) est bien plus faible que les 25 296 du site Abondance. Absence de contenu oblige !

Ainsi, en étudiant les statistiques des sites Abondance et Googlefight.com, nous avons pu nous apercevoir à quel point la théorie de la longue traîne pouvait très facilement s'appliquer au référencement et aux statistiques de trafic apporté sur un site par les moteurs de recherche. D'autres recherches et études que nous effectuons depuis de nombreux mois dans un cadre plus large sur d'autres sites web, bien plus connus qu'Abondance, semblent aujourd'hui donner exactement les mêmes résultats statistiques. Ceci constitue une bonne raison d'extrapoler ce phénomène dans le cadre d'une stratégie de référencement globale. Nous y reviendrons largement au chapitre 9, lorsqu'il s'agira de mesurer l'efficacité d'une stratégie de référencement.

Extrapolation de la longue traîne dans le cadre d'une stratégie de référencement

Lorsqu'on met en place une stratégie de référencement pour un site web, l'un des premiers réflexes est de définir les mots-clés sur lesquels on va tenter de positionner son site. En faisant cela, on va en fait « nourrir » la courte traîne avec des mots-clés qu'on désire avant tout voir comme des « best-sellers ». En revanche, c'est le contenu textuel du site qui va nourrir la longue traîne elle-même.

Ainsi, si on désire optimiser son référencement en prenant en compte ce phénomène de longue traîne, plusieurs points seront à prendre en compte.

- Le choix minutieux des mots-clés de départ (ceux qui décrivent votre métier, vos thématiques, votre univers sémantique global), sachant qu'il y a de fortes chances pour que ces mots-clés ne représentent que 20 % du trafic transmis par les moteurs de recherche. Cependant, il est également fort probable que ce trafic soit bien ciblé et de « bonne qualité » puisqu'il correspondra à des mots représentant votre activité et seront assez pertinents pour trouver un site comme le vôtre. C'est donc à vous d'optimiser certaines de vos pages pour les mettre en valeur. On parlera ici de « trafic maîtrisé ».
- L'optimisation de la structure des pages de vos sites pour qu'elles mettent en valeur leur contenu éditorial afin de favoriser la queue de la longue traîne. Dans ce cas, vous ne maîtrisez pas vraiment les positionnements obtenus, donc un certain pourcentage de ces expressions engendrera un trafic « stérile ». Pourtant, il y a fort à parier que, dans le lot, certains mots-clés sont très intéressants, même s'ils n'ont pas été imaginés pour cela dès le départ. Le trafic devient alors « opportuniste » (ce qui n'a rien de péjoratif).

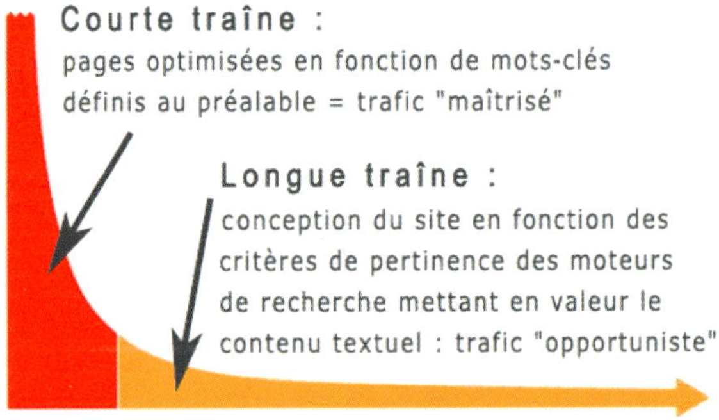

Figure 3-7

Le concept de la longue traîne appliqué au référencement

On le voit, les deux stratégies sont très complémentaires.

Il est en tout cas certain que le concept de longue traîne ne peut pas, en 2016, être ignoré dans le cadre d'un référencement. Il faut absolument, pour mettre en place une stratégie gagnante de visibilité sur les moteurs de recherche, soigner à la fois les mots-clés qui vont nourrir la tête, comme la structure du site qui va mettre en avant les mots-clés de cette longue traîne. Ce travail est certes long parfois, mais peut rapidement porter ses fruits de façon très efficace.

Les requêtes s'allongent

Deux études très intéressantes nous montrent que les requêtes saisies par les internautes sur les moteurs de recherche ont tendance à s'allonger au fil des années.

- Selon Chitika, la taille moyenne d'une requête oscillait en 2012 entre 4,07 et 4,81 mots : *http://goo.gl/VVFd0*.
- Hitwise (*http://goo.gl/dEGHH*), en 2009, expliquait que les requêtes sur un et deux mots-clés avaient perdu, en un an, respectivement 3 et 5 % d'occurrences alors que les requêtes sur sept et huit mots ou plus gagnaient dans le même temps 12 et 22 % !

Les requêtes longues, sur de nombreux mots-clés, qui nourrissent le plus souvent la longue traîne, sont donc tout à fait d'actualité dans le cadre d'un référencement.

Comment trouver vos mots-clés ?

Avant de prendre en compte l'intérêt et la faisabilité d'un mot-clé, encore faut-il le trouver ! Il est donc important d'identifier plusieurs moyens qui vous permettront de prendre en compte des termes sur lesquels il est intéressant de positionner votre site. Comment faire ? Voici quelques pistes.

1. **L'intuition.** Certains mots-clés peuvent vous venir automatiquement à l'esprit lorsque vous pensez à votre activité (ne serait-ce qu'en ce qui concerne votre marque). Notez-les précieusement. Toutefois, rien ne dit que les mots-clés que vous imaginez seront obligatoirement ceux utilisés par les internautes lorsqu'ils chercheront un site tel que le vôtre. La vision, parfois très interne et personnelle, de votre métier et de votre entreprise, peut être différemment perçue par un internaute *lambda* ou un prospect. Un utilisateur du Web, qui ne travaille pas dans votre domaine, n'utilise pas forcément les mêmes mots que ceux que vous employez au quotidien. On est parfois très surpris à ce niveau *a posteriori*. Cela dit, la piste intuitive est souvent excellente, ne la négligez donc pas. Mais ne vous basez pas non plus uniquement sur elle.

Entre chaussure et soulier

Petite anecdote : un jour je discutais l'auteur de cet ouvrage discutait un jour avec le responsable web d'une grande marque de luxe. Ce dernier voulait absolument voir son site web bien référencé sur le mot-clé « soulier » car c'était le terme employé par tout le personnel en interne. Il n'a pas été aisé de le convaincre qu'il ne s'agissait pas de la requête à privilégier et que des mots-clés comme « chaussures », « escarpins », voire « botte », « bottine » ou « ballerine » étaient certainement plus efficaces...

2. **Les bases de données.** Il existe des bases de données de mots-clés comme SEMRush, Wordtracker ou Keyword Discovery – et encore bien d'autres – qui peuvent vous aider à identifier les termes les plus intéressants. Certains outils de recherche proposent également en ligne un palmarès des termes les plus souvent demandés, comme les « Hot Trends » de Google (*http://www.google.com/trends/hottrends*). Cependant, ces listes ne vous aideront pas vraiment puisqu'elles ne proposent qu'une suite limitée de termes très souvent demandés. Il y a peu de chances que vous y trouviez votre bonheur. En revanche, Wordtracker ou Keyword Discovery sont plus complets, mais payants et assez souvent limités en ce qui concerne les mots-clés en français. Ils sont cependant très pertinents pour la langue anglaise... À vous de les tester et de faire votre choix ! Par ailleurs, certains outils ont été créés pour vous aider à trouver des mots-clés pertinents à partir de vos termes de départ. En voici quelques-uns, certains d'entre eux ayant déjà été évoqués auparavant.
   - Wordtracker : *http://www.wordtracker.com*.
   - Keyword Discovery : *http://www.keyworddiscovery.com*.
   - SEMrush : *http://fr.semrush.com*.
   - SEO Book : *http://tools.seobook.com/keyword-tools/seobook/*.
   - Search Combination Tool : *http://www.internetmarketingninjas.com/search/*.
   - Good Keywords (logiciel) : *http://www.goodkeywords.com*.
   - TheFreeDictionnary : *http://www.thefreedictionary.com*.
   - WebRankInfo : *http://www.webrankinfo.com/outils/semantique.php* et *http://www.webrankinfo.com/outils/expressions.php*.
   - Dictionnaire de synonymes : *http://www.crisco.unicaen.fr/des/*.

3. **Les générateurs de mots-clés.** Les prestataires de liens publicitaires sponsorisés proposent tous des outils permettant d'identifier des mots-clés souvent saisis sur leur réseau de sites partenaires. Ils fournissent deux types d'informations.
   - Le nombre de fois où la requête a été demandée sur les moteurs de recherche sur lesquels ils affichent leurs liens sponsorisés. Par exemple, Bing Ads indiquera les chiffres de Bing, MSN, etc. En revanche, il ne tiendra pas compte du trafic issu de Google, ce qui est important à savoir. Et le générateur de mots-clés de Google n'affichera pas de statistiques sur ses concurrents, etc.
   - Des expressions connexes contenant le mot initialement demandé. La requête « référencement » proposera ainsi « référencement gratuit », « référencement site », « référencement Internet », etc.

Bing Ads (*http://goo.gl/z29Za*), la régie publicitaire de Bing et Yahoo!, propose ce type d'outils directement dans son interface de création et de gestion de liens sponsorisés. En revanche, il faut être enregistré auprès de ces services pour utiliser ces outils. L'outil de Google (*http://goo.gl/qRMXOb*) a été accessible gratuitement avant de laisser la place au Keyword Ad Planner (*http://goo.gl/X0BU2x*, adresse disponible après avoir créé un compte AdWords, même s'il n'est pas actif et que vous n'avez pas créé de campagnes). Nous allons décrire cet outil dans les pages suivantes.

4. **Les modules d'autocomplétion.** Une autre famille d'outils regroupe ceux qui proposent, lors d'une saisie dans un formulaire de recherche, des expressions connexes à la volée (fonctionnalité dite d'autocomplétion). Ces outils sont nombreux, en voici quelques-uns :
   - Google Suggest et Instant, sur la page d'accueil du moteur : *http://www.google.fr* (voir ci-après) ;
   - KwMap : *http://www.kwmap.com* ;
   - WikiWax basé sur Wikipedia : *http://www.wikiwax.com* ;
   - Yahoo! Search Assist : *http://search.yahoo.fr.*
5. **Les sondages internes ou externes.** Vous pouvez demander à des connaissances, des amis ou des collègues quels sont les termes qui leur viendraient à l'esprit pour rechercher une activité ou un produit comme les vôtres sur le Web.
6. **Les résultats sur les moteurs de recherche.** Tapez un certain nombre de mots-clés concernant votre activité sur des outils comme Google, Bing ou Yahoo!. Regardez les résultats proposés par le moteur. Ils contiennent certainement des termes auxquels vous n'aviez pas pensé au départ.
7. **Les *Related Searches*.** Les moteurs de recherche comme Google, Exalead ou Yahoo! proposent dans leurs pages de résultats des Related Searches. Comme vous pouvez le voir sur la figure 3-8, ce sont des suites de deux ou trois termes contenant – ou non – le mot demandé au départ. Ces expressions sont issues de bases de données statistiques sur les mots-clés les plus demandés par le passé par les internautes. Ils constituent également des informations très pointues. Nous en reparlerons très bientôt.

Recherches apparentées à : **moteur**

moteur **diesel**	moteur **automobile**	moteur **4 temps**	moteur **electrique**
moteur **asynchrone**	moteur **thermique**	moteur **a explosion**	moteur **voiture**

Figure 3-8

Exemple en bas de page de résultats de Google pour la requête « moteur » : des synonymes et suggestions connexes sont proposés lors d'une recherche. En 2016, ces recherches connexes sont moins souvent proposées…

8. **L'audit de la concurrence.** Rien ne vous empêche de consulter les balises meta `keywords` des sites de vos concurrents (s'ils en utilisent encore). Au moins, ces champs serviront à quelque chose dans le cadre d'une stratégie de référencement (en tout cas la vôtre), mais chut ! nous ne vous avons rien dit…
9. Pensez aux **fautes d'orthographe** et aux **fautes de frappe** sur votre nom ou vos mots-clés essentiels. Cela peut entraîner un trafic important.

Utilisez Google Suggest pour trouver les meilleurs mots-clés

Depuis l'été 2008, Google propose sur sa page d'accueil l'outil Google Suggest qui affiche, au fur et à mesure de la frappe d'un mot-clé dans le formulaire de recherche, des propositions de requêtes (système dit d'autocomplétion).

Toute requête saisie dans le champ de recherche s'accompagne d'une liste de suggestions, basées sur le mot-clé indiqué (figure 3-9).

Figure 3-9

Les Google Suggest sur la page d'accueil du moteur de recherche

Google Suggest ou Instant Search, au choix

En septembre 2010, Google a mis en place Instant Search (*http://goo.gl/mxMhy*), un système qui affiche les résultats de recherche au fur et à mesure de la saisie de la requête. Pour trouver vos mots-clés, vous pouvez indifféremment utiliser Google Suggest ou Instant Search puisqu'ils proposent tous deux dix suggestions de requêtes. Si vous souhaitez recourir à Google Suggest, vous devrez au préalable désactiver Instant Search. Pour ce faire, allez dans les paramètres de recherche de Google (la roue crantée sur la page de résultats) et cliquez sur Ne jamais afficher les résultats de la recherche instantanée.

L'outil Google Suggest est proposé sur le portail de recherche web, mais aussi sur d'autres outils comme Google Images, Google Vidéo, YouTube, etc.

Outre les suggestions de recherche, Google Suggest est également capable de corriger les requêtes des utilisateurs, ce qui apporte un confort d'utilisation indéniable.

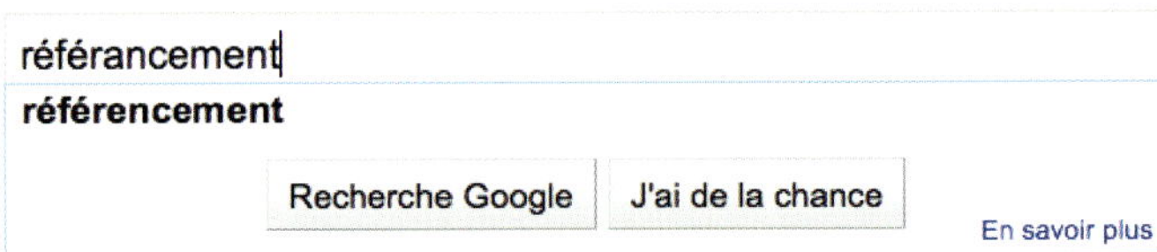

Figure 3-10

Google Suggest peut corriger des fautes d'orthographe dans les saisies de mots-clés.

Google Suggest : comment ça marche ?

Pour avoir des informations sur le fonctionnement de ce service, le plus simple est de consulter la documentation disponible dans l'aide en ligne de Google (*http://goo.gl/tF0nY*) : « Notre algorithme utilise un large champ d'informations pour prédire les requêtes que les utilisateurs aimeraient voir s'afficher. Par exemple, Google Suggest utilise des données sur la popularité de différentes recherches pour aider à classer les suggestions. Un exemple de ce type d'information de popularité peut être trouvé sur Google Zeitgeist. Google Suggest ne base pas ses suggestions sur votre historique personnel de navigation. Nous essayons de ne pas proposer de requêtes qui pourraient être offensantes pour une large audience d'utilisateurs. Ceci inclut les mots explicitement pornographiques ainsi que des requêtes qui pointent vers des sites pornographiques, les mots grossiers, les termes de haine et de violence. »

Google Suggest propose donc des expressions en fonction de leur popularité, en excluant les expressions jugées inappropriées. C'est cette notion de « popularité » qui est difficile à appréhender.

L'outil aurait été développé après le rachat de Kaltix en 2003, une société qui travaillait sur la personnalisation des résultats de recherche (*http://goo.gl/aGMrY*).

Google Suggest et le référencement

Quel est l'impact de Google Suggest pour le référencement ? Il est clair que ce service largement répandu a des conséquences sur le comportement des internautes.

La correction des requêtes et l'identification des fautes de frappe et d'orthographe

La correction des termes saisis est peut-être l'aspect le plus sympathique de Google Suggest. Si vous ne vous souvenez plus du nom de votre acteur préféré ou si vous êtes fâché avec les complications de l'orthographe française, Google Suggest est, comme nous l'avons vu précédemment, votre ami.

Figure 3-11

Conan le Barbare, c'est plus facile...

Attention néanmoins : Google Suggest n'est pas un correcteur orthographique. Il affiche seulement les requêtes les plus saisies par les internautes. Or, comme il existe de nombreux internautes brouillés avec l'orthographe, il ne faut pas forcément se fier à ce qui en ressort. Google Suggest est donc un excellent outil pour identifier des fautes d'orthographe ou de frappe pour votre référencement (voir plus loin dans ce chapitre). Les internautes auront cependant de plus en plus tendance à cliquer sur le premier résultat Google Suggest, qui est aussi le résultat le plus correctement orthographié (du moins dans la majorité des cas), ce qui peut faire baisser à la longue le trafic sur les « mauvais » mots-clés. Qui s'en plaindra ?

On constate aussi que l'utilisation de majuscules n'a aucun impact sur la suggestion de recherche, Google prenant le parti de tout proposer en minuscules.

Les requêtes composées

À partir d'un simple mot-clé, Google Suggest propose une liste de mots-clés composés, ce qui a un impact certain sur le référencement. L'aspect positif est qu'il est désormais possible de se positionner sur une requête fortement concurrentielle. Prenons l'exemple du terme ultra générique « location vacances » (pas moins de 14 millions de résultats de recherche). Ce terme est difficilement positionnable pour un site *lambda*. Fort heureusement, Google Suggest propose plusieurs expressions beaucoup plus abordables lorsqu'on fournit la requête (figure 3-12).

Dans cet exemple, nous pouvons profiter de la forte fréquence de frappe sur « location vacances » pour faire apparaître nos pages optimisées sur « location vacances particulier » ou « location vacances été », requêtes moins concurrentielles et sur lesquelles des résultats pourront être espérés en moins de temps.

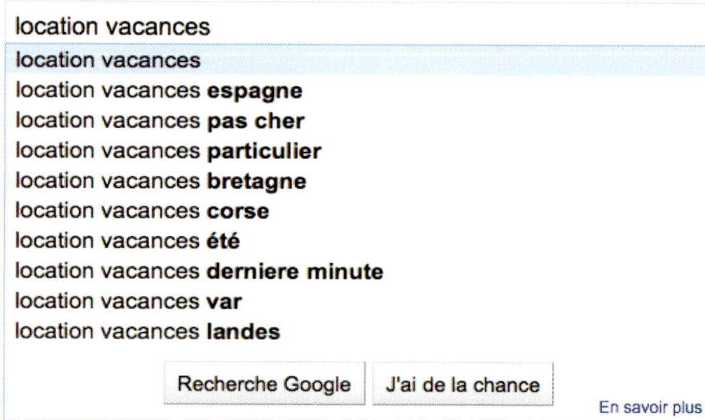

Figure 3-12

Expressions le plus souvent demandées sur Google dans le domaine de la location de vacances

Attention cependant à quelques « effets de bord » de cet outil.

- Google Suggest favorise les requêtes complexes, ce qui peut profiter aux sites positionnés sur des mots-clés ciblés. Le revers de la médaille est que la liste de suggestions proposée par Google est très limitée : il s'agit d'un véritable appauvrissement de l'effet longue traîne. Le nombre de mots-clés connexes à une requête se limite à une dizaine de termes choisis par Google. Reprenons l'exemple précédent et imaginons que notre stratégie de référencement porte sur l'expression « location vacances bord de mer ». Cette expression n'est pas affichée par Google Suggest, elle sera donc beaucoup moins réactive que les expressions proposées aux internautes.
- Google Suggest diminue la visibilité d'un site sur des expressions longue traîne. On se trouve ici devant un cercle vicieux, car plus une requête est tapée par les internautes, plus elle est populaire et a de chances d'apparaître dans Google Suggest. Les expressions complexes, qui sont peu tapées et donc moins populaires, risquent donc de passer dans les oubliettes du référencement. Heureusement, les résultats Google Suggest sont régulièrement rafraîchis, mais rien ne dit que l'expression « location vacances bord de mer » sera suffisamment visible pour engendrer du trafic. Le cas cité dans cet exemple est cependant très particulier : dans la majorité des cas, les internautes ne vont pas utiliser Google pour choisir leur destination de vacances ! On sait qu'ils vont taper des requêtes ciblées (par exemple « location vacances Bretagne »), ce qui devrait diminuer les « dégâts collatéraux » sur le positionnement des sites dans Google.

Le contrôle de l'information

Il est absolument impossible de contrôler les informations proposées par Google Suggest, celui-ci utilisant les requêtes les plus tapées par les internautes. La preuve : dans ce contexte, Google peut se transformer en outil d'incitation au téléchargement illégal (figure 3-13).

Ou même en outil de dénigrement de personnalité politique (figure 3-14).

On passe sur d'autres exemples qui ont défrayé la chronique du petit monde des moteurs de recherche (*http://goo.gl/D7NnO* et *http://goo.gl/Xk5lM*, figure 3-15).

Figure 3-13

Vous avez envie de télécharger un film de Jean Dujardin ?

Figure 3-14

Sans commentaire

Figure 3-15

La preuve que les Google Suggest sont automatisées ! Copie d'écran datant de 2009, Google ayant « corrigé le tir » depuis.

Ces exemples peuvent faire sourire (ou pas, selon le point de vue), mais il est évident que ce type de requête « populaire » peut gravement nuire à l'image d'une personnalité ou d'une marque, et inciter les internautes à consulter des informations peu pertinentes en regard des objectifs d'une marque ou institution. Le nombre de procès autour des Google Suggest dans de nombreux pays en témoigne aisément.

Dans ce contexte, Google ne fait que relayer la tendance générale et donne un aperçu de la façon dont une marque, une personnalité ou encore un objet culturel sont perçus par les internautes. Difficile de lutter contre cela, et si Google Suggest se révèle être parfois un cadeau empoisonné pour les chargés de communication, il est un outil très intéressant pour le référencement. Il peut ainsi être utilisé comme un baromètre en temps réel de la popularité sur le Web : pour connaître l'image d'une marque auprès des internautes, l'utilisation de Google Suggest peut s'avérer très précieuse.

Par ailleurs, est-ce que cet outil est plus intéressant que d'autres, tels que le planificateur de mots-clés proposé par AdWords (voir plus loin dans ce chapitre) ?

Les résultats fournis par les deux outils varieront sensiblement, car basés sur des critères de classement légèrement différents. Google Suggest propose en effet des résultats pour un instant *T*, tandis que le générateur Google AdWords repose sur des statistiques mensuelles. Les deux outils sont donc complémentaires, tout dépend de ce qu'on recherche : un positionnement sur le long terme (générateur AdWords) ? Ou un positionnement « flash », dans l'« air du temps » sur les expressions clés les plus populaires du moment (Google Suggest) ?

Un blog ou un portail d'actualité pourrait profiter des données Google Suggest, mais en règle générale, il vaudra peut-être mieux se focaliser sur les données AdWords car elles proposent des informations chiffrées plus fiables.

Fautes de frappe et d'orthographe

Lorsqu'on met en place une stratégie de référencement, il est essentiel de définir au mieux ses mots-clés. Qu'ils soient « larges », « génériques » (comme « audit », « tourisme », « conseil », « DVD », etc.) ou plus précis (« gîte rural auvergne », « expert comptable marseille », « audit hôtellerie agro-alimentaire », etc.), l'essentiel sera de bien définir une liste de requêtes représentatives de votre activité, qui pourra être prise en compte dans le cadre d'un référencement naturel.

Cependant, une stratégie de choix de mots-clés qu'on oublie souvent, et qui rapporte pourtant un trafic loin d'être négligeable, consiste à identifier les fautes de frappe ou d'orthographe, notamment sur le nom de la société (ou organisme) qui édite le site, sur des noms de marque ou sur des mots-clés importants pour votre activité. Il faut également les prévoir et les prendre en compte car tout le monde ne sait pas obligatoirement orthographier vos patronymes et noms de produits sur les moteurs, ou ne sait pas écrire parfaitement les termes qui correspondent à votre secteur d'activité.

Ainsi, le site Abondance est trouvé sur des mots comme « googol », « googel », « gooogle », « googles », « cloaking » et « cloacking » (oui, l'auteur de ce livre n'a jamais été capable d'écrire ce mot de façon exacte plus de deux fois de suite…) ou sur le nom « olivier andrieux » (avec un « x »), etc.

Chaque requête représente un trafic relativement faible (certains mots-clés provoquent cependant quelques centaines de visites par mois, voire plus), mais le trafic général que ces fautes d'orthographe ou de frappe représente est loin d'être négligeable (plusieurs milliers de visites mensuelles en tout sur Abondance). Les petits ruisseaux font les grandes rivières, il faut donc y penser au moment de définir ses mots-clés.

La première difficulté sera d'identifier quelles fautes d'orthographe et de frappe prendre en compte. Une fois ce travail effectué, il faudra lancer une optimisation et un référencement idoines pour que les moteurs les prennent en considération. Pas si simple.

Étape 1 – Comment identifier les fautes de frappe et d'orthographe ?

Il existe plusieurs façons, plus ou moins intuitives, pour trouver ces « mauvais » mots (au sens grammatical du terme). En voici quelques-unes…

- Les générateurs de mots-clés, notamment celui de Google (*http://goo.gl/X0BU2x*), proposent parfois certains mots-clés mal orthographiés ; c'est même assez courant sur des fautes classiques (par exemple, « primtemps de bourges »).
- L'analyse des mots-clés *referers* de votre site web. Si certains mots mal orthographiés sont caractéristiques de votre site, peut-être vous êtes-vous déjà fourvoyé à votre tour et ces mots se trouvent-ils, à votre insu, dans vos pages. Celles-ci peuvent donc être déjà trouvées dans les résultats des moteurs. Vous le saurez vite en regardant vos statistiques, tous les outils de ce type affichent les mots-clés et expressions avec lesquels votre site a été trouvé. Analysez-les, vous y trouverez peut-être (et même sûrement) quelques « perles ».
- L'utilisation de l'outil Google Suggest sur la page d'accueil du moteur de recherche.
- Le sondage ou étude interne : demandez à vos employés, partenaires ou amis quelles sont les fautes qu'ils commettent le plus souvent sur les mots-clés importants pour votre activité.
- L'analyse des mots-clés saisis par les internautes sur le moteur de recherche interne de votre site (s'il dispose d'un tel outil).
- L'utilisation d'un générateur de fautes de frappe ou d'orthographe. Il en existe quelques-uns sur le Web, comme :
  - Keyword Typo Generator :
  - *http://www.seochat.com/seo-tools/keyword-typo-generator/*.
  - FatFingers : *http://www.fatfingers.com*.
  - Fautedefrappe.fr : *http://www.fautedefrappe.fr/cgi-bin/typotool/typotool/*.
  - Orthobug : *http://blog.veronis.fr/2005/07/rcr-pourriss-vos-texte.html*.
  - Générateur de fautes de frappe :

    http://www.generateur-de-pages.com/generateur-fautes-de-frappe/.

  Cette liste n'est pas exhaustive. Vous trouverez également quelques scripts de simulation de fautes de frappe comme *http://goo.gl/tTRIY*. À vous de les tester.

- Le bon sens sera aussi l'un de vos premiers atouts : réfléchissez et notez les fautes « normales » ou « logiques » possibles dans vos mots-clés (inversions, ajouts de lettres, etc.).

  Il existe deux types de fautes en langue française :

  – les fautes typographiques : omission, addition, substitution et interversion de lettres ;

  – les fautes phonographiques, c'est-à-dire sur la base de la prononciation (par exemple, eau => o).

  Pour identifier par vous-même des mots erronés, n'hésitez pas à consulter la page suivante qui liste les fautes les plus fréquentes en langue française : *http://goo.gl/598x6*.

Étape 2 – Comment référencer son site sur les fautes d'orthographe et de frappe ?

Vous avez identifié une liste de mots erronés pour mieux référencer votre site ? Bravo, c'est une bonne chose. Il faut maintenant les insérer dans vos pages.

Il y a quelques années de cela, cette étape était assez simple, voire élémentaire : la balise meta `keywords` était là pour ça ! Il suffisait de remplir cette zone avec les différentes orthographes possibles et le tour était joué. Ces informations étaient alors fournies aux moteurs et lues par ces derniers. Néanmoins, ce n'est plus le cas aujourd'hui (voir chapitre 4). Il faut donc trouver d'autres pistes pour les proposer aux outils de recherche. En voici quelques-unes…

- Proposez une page du type « Comment les internautes ont trouvé notre site ce mois-ci ». En plus d'un contenu amusant, vous allez créer une page web dans laquelle vous allez lister les mots-clés – réels bien sûr, mais vous pouvez ensuite faire comme bon vous semble – contenant ou pas une faute de frappe ou d'orthographe que vous avez relevée dans vos « logs » (mémoire de connexion des internautes sur votre site). Cette page, sorte de « Top 100 » des mots-clés qui ont servi à trouver votre site, contenant des « variations inattendues » de vos mots-clés, renforcera votre référencement sur leur intitulé.
- Proposez une page du type « Ce qu'il ne faut pas faire ». Par exemple, un titre du style « Vous ne nous trouverez pas en tapant… » et listant une série de termes mal saisis. Cela laisse ainsi une trace de ces mauvaises orthographes qui seront lues par le moteur et qui lui permettront de vous retrouver (ce qui est certes paradoxal par rapport au titre de la page en question !) si quelqu'un tape ces termes ainsi orthographiés.
- Les URL et attributs `alt` des balises images sont également des zones intéressantes pour proposer des versions non accentuées de vos mots-clés importants.
- De nombreux sites utilisent les commentaires pour y insérer des mots mal orthographiés, en langage SMS, etc. Certains rédacteurs écrivent un contenu, le mettent en ligne, puis rédigent les deux ou trois premiers commentaires en se faisant passer pour un internaute *lambda* afin d'y insérer des mots-clés mal orthographiés. Pas très « cool » mais c'est une pratique qu'on retrouve sur le Web actuel.
- Parfois, dans certains des textes de votre site, vous pourrez éventuellement insérer une faute d'orthographe de façon volontaire et bien sûr « à l'insu de votre plein gré ».

En d'autres termes, insérez sciemment une faute par-ci, par-là, afin que les moteurs les retrouvent. Certes, c'est « moche » et cela a quelques inconvénients : il est difficile de réellement optimiser une page pour ce mot dans ce cas et surtout, lorsque les internautes liront votre page et s'apercevront qu'elle contient une faute, votre image de marque en sera altérée. Cette solution n'est donc pas à privilégier même s'il est difficile de l'écarter de façon définitive (elle a quand même le grand avantage d'être la plus simple).

On peut imaginer bien d'autres possibilités encore. À vous d'être créatif et de trouver une façon amusante, sérieuse mais surtout **visible** d'indiquer aux moteurs les « mauvaises formes » de vos mots-clés. En effet, un point très important est à rappeler : **n'essayez jamais de cacher ces mots dans vos codes HTML** ! Proposez-les toujours de façon visible pour les internautes ! Il existe bien des façons de cacher du contenu dans une page web. Ne vous y risquez pas ! Ce qui fonctionne éventuellement aujourd'hui sera pénalisé demain par les moteurs. Vous risquez donc le blacklistage à plus ou moins brève échéance, d'autant plus qu'il existe certainement un moyen « honnête » ou amusant de fournir ces indications en clair. Un webmaster averti en vaut toujours deux.

Intérêt d'un mot-clé

Étudions maintenant les deux critères qui font qu'un mot-clé sera intéressant pour votre référencement : son intérêt et la faisabilité d'un positionnement sur celui-ci dans les meilleurs délais. Le premier point à voir, une fois que vous avez établi une première liste de termes qui vous semblent intéressants, consiste à s'assurer que les mots-clés identifiés ont un intérêt. En d'autres termes, être sûr qu'ils sont souvent saisis sur les moteurs de recherche par les internautes.

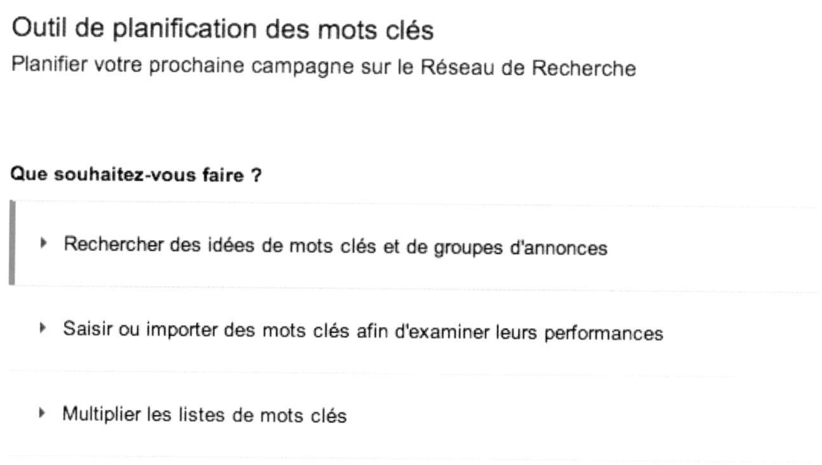

Figure 3-16

Première étape d'utilisation de l'outil de planification de mots-clés

Le meilleur outil à notre disposition (jusqu'en 2013) est certainement le générateur de mots-clés de Google (*https://adwords.google.fr/select/KeywordToolExternal* ou *http://goo.gl/rcB8s*). Cet outil servait au départ pour les campagnes de liens sponsorisés et vous proposait de saisir un mot-clé en vous donnant des statistiques à son sujet. Mais il a été remplacé par Google en septembre 2013 (*http://goo.gl/NFG3Bb*) par le Keyword Ad Planner, ou Outil de planification des mots-clés (*http://goo.gl/X0BU2x*, après avoir créé un compte Adwords). Pour commencer, optez pour l'option Rechercher des idées de mots-clés et de groupes d'annonces.

Par exemple, entrez le mot-clé « référencement » (n'hésitez pas à commencer vos recherches par des mots-clés très génériques) dans le champ Votre produit ou service comme indiqué sur la figure 3-17 et cliquez sur le bouton Obtenir des idées. L'outil affichera des résultats tels que ceux présentés sur la figure 3-18 en choisissant l'onglet (non affiché par défaut) Idées de mots-clés.

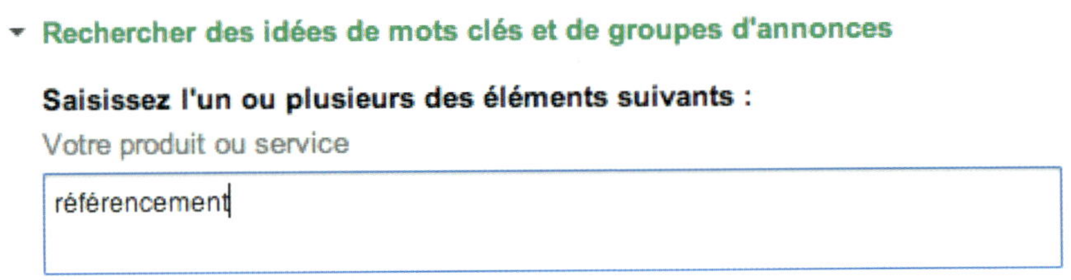

Figure 3-17

Saisie d'un mot-clé générique de départ

- Le générateur de mots-clés de Google vous indique le nombre de fois où ce terme, ou toute expression le contenant, a été saisi dans le moteur de recherche Google ainsi que sur le réseau des portails partenaires de cette société (colonne Nombre moyen de recherches mensuelles). Ce chiffre représente le nombre de fois où la requête a été tapée dans le moteur en moyenne mensuelle sur les douze derniers mois, avec un filtre à la fois linguistique et géographique appliqué et modifiable (par défaut sur la version française de l'outil : Français, France, indiqués sur la gauche de l'écran).
- La colonne Concurrence indique le niveau de concurrence entre annonceurs AdWords. N'en tenez pas compte dans votre stratégie SEO. Cette notion peut être très différente dans les domaines du lien sponsorisé et du référencement naturel. Il en est de même pour les autres colonnes, sur la droite, qui intéresseront plus le gestionnaire de campagnes publicitaires.

Ces outils sont donc indispensables pour appréhender le potentiel d'un mot-clé. En revanche, il est complexe de dire à partir de combien de requêtes un mot-clé représente un fort potentiel. Tout dépend du domaine dans lequel vous travaillez. Quelques centaines ou milliers de requêtes seront peut-être très intéressantes, voire inestimables, pour votre activité. Évidemment, si un positionnement est possible sur ces termes, plus il y en aura, mieux ce sera.

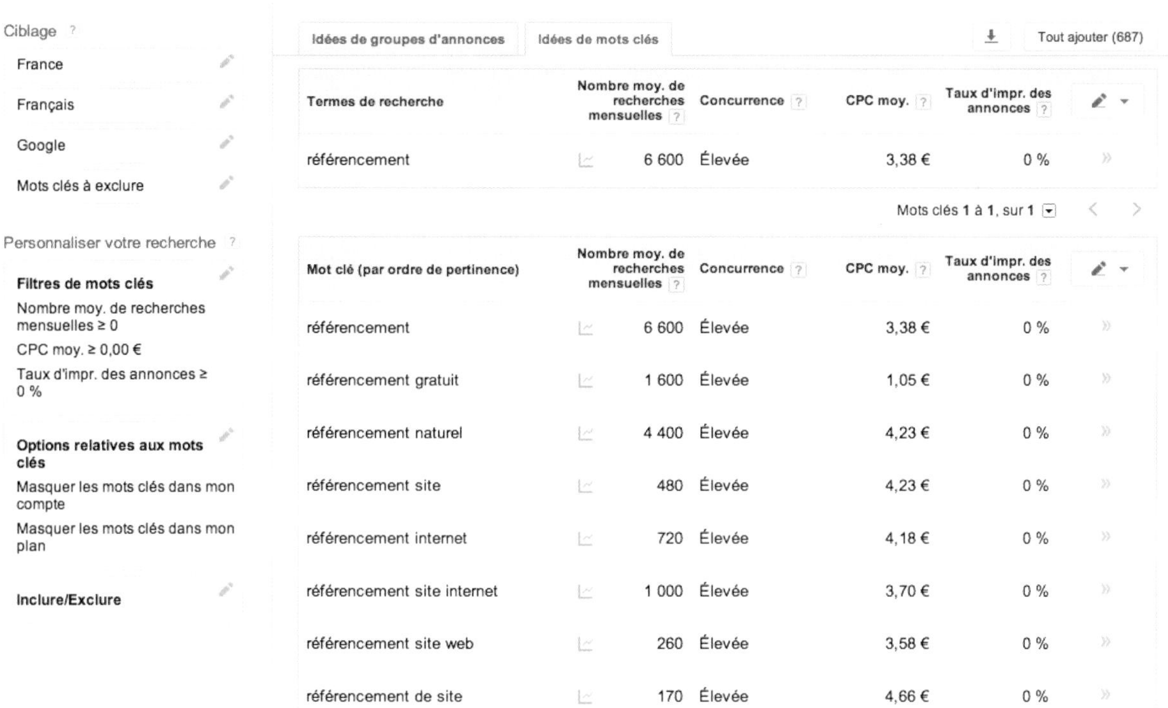
Ciblage
France
Français
Google
Mots clés à exclure

Personnaliser votre recherche
Filtres de mots clés
Nombre moy. de recherches mensuelles ≥ 0
CPC moy. ≥ 0,00 €
Taux d'impr. des annonces ≥ 0 %
Options relatives aux mots clés
Masquer les mots clés dans mon compte
Masquer les mots clés dans mon plan
Inclure/Exclure

Idées de groupes d'annonces | Idées de mots clés | Tout ajouter (687)

Termes de recherche	Nombre moy. de recherches mensuelles	Concurrence	CPC moy.	Taux d'impr. des annonces
référencement	6 600	Élevée	3,38 €	0 %

Mots clés 1 à 1, sur 1

Mot clé (par ordre de pertinence)	Nombre moy. de recherches mensuelles	Concurrence	CPC moy.	Taux d'impr. des annonces
référencement	6 600	Élevée	3,38 €	0 %
référencement gratuit	1 600	Élevée	1,05 €	0 %
référencement naturel	4 400	Élevée	4,23 €	0 %
référencement site	480	Élevée	4,23 €	0 %
référencement internet	720	Élevée	4,18 €	0 %
référencement site internet	1 000	Élevée	3,70 €	0 %
référencement site web	260	Élevée	3,58 €	0 %
référencement de site	170	Élevée	4,66 €	0 %

Figure 3-18

Résultats de l'outil pour le mot-clé « référencement »

Ces outils sont plutôt intéressants pour comparer les potentiels de deux termes et savoir lequel est le plus performant. En outre, leur intérêt est également de vous indiquer de façon claire si un terme ou une expression est très peu souvent saisi(e) sur les moteurs. Par exemple, si le résultat est inférieur à 50, réfléchissez bien avant de lancer un positionnement sur cette requête, car le résultat risque fort d'être bien décevant. Cela vaut-il la peine de travailler sur une page dédiée à cette requête pour avoir un maximum de 50 visites par mois (sachant que ce total ne sera jamais atteint, vous ne pourrez pas obtenir une visite à chaque fois qu'un internaute tapera ce mot-clé) ?

Par exemple, sur la figure 3-19, la requête « audits SEO » ne renvoie aucun résultat car elle n'est pas suffisamment demandée sur le moteur. Un tiret est alors affiché. La même requête au singulier est plus intéressante (390 requêtes mensuelles en moyenne).

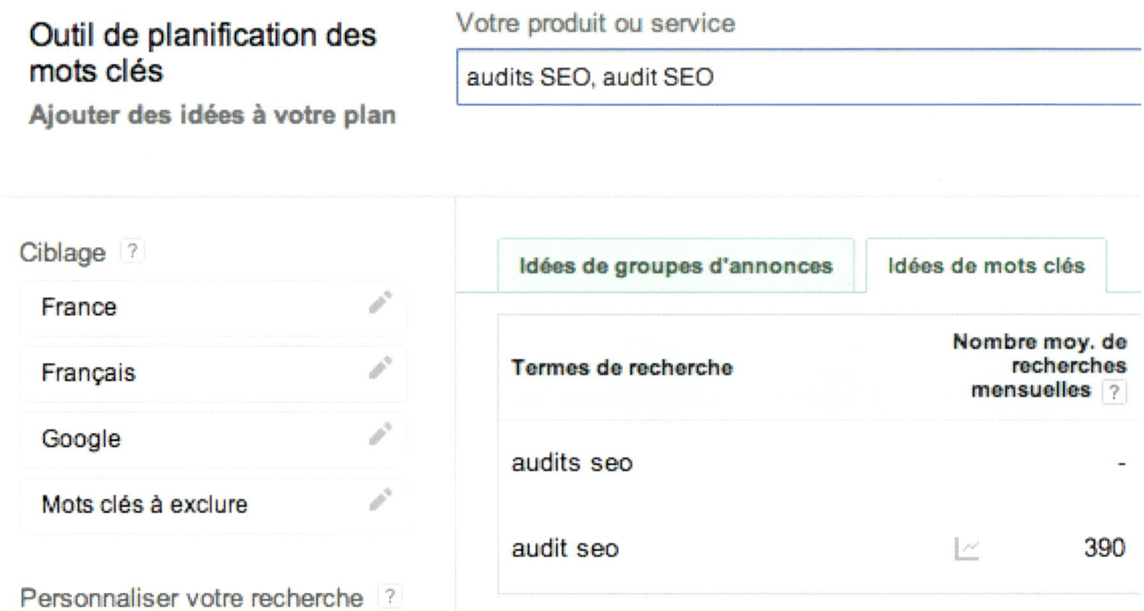

Figure 3-19

Résultats du générateur de mots-clés Google pour les requêtes « audit SEO » et « audits SEO »

Une fois ces outils exploités, vous devriez avoir les idées plus claires sur le potentiel des termes et expressions que vous désirez prendre en compte pour votre référencement. N'hésitez pas à créer un « lexique de mots-clés » que vous aurez sous les yeux, par la suite, lorsque vous aurez à rédiger vos contenus éditoriaux. Vous pourrez ainsi les parsemer de vos termes et expressions importants. Pas négligeable dans une optique de longue traîne.

Dans une première approche, nous pouvons vous donner le conseil suivant : essayez d'être raisonnable dans vos choix de mots-clés. On peut estimer que des **statistiques entre 1 000 et 10 000 fois par mois en moyenne sont très intéressantes** car elles permettront d'obtenir des résultats assez rapidement et sans fournir d'efforts surhumains. Sachez également qu'au-delà de 50 000 saisies mensuelles, le travail deviendra plus long, la recherche de backlinks plus importante et les délais nécessaires plus aléatoires. Mais cela ne vous empêche pas, bien sûr, de tenter de vous positionner sur des requêtes plus demandées. Sachez juste que le travail à fournir sera certainement plus conséquent.

Si vous pouvez rester, pour une majeure partie de vos mots-clés ciblés, dans la fourchette des 1 000 à 10 000, vous devriez obtenir des résultats intéressants à peu de frais.

La prise en compte du nombre de résultats sur Google

Avoir identifié des mots-clés souvent saisis dans le cadre de votre activité est une première étape essentielle, mais cela ne suffit pas. Il faut maintenant vérifier qu'il est techniquement possible de positionner une page de votre site sur ce terme ou cette expression.

Nous vous avons déjà fourni quelques indications précédemment : 1 000 à 10 000 saisies mensuelles nous semblent être une moyenne très acceptable. Vous pouvez tout à fait rester sur cette fourchette pour vos choix. Cela sera suffisant dans la majeure partie des cas. Nous vous proposons cependant, si vous désirez aller plus loin, une méthodologie un peu plus complète qui tient compte du nombre de résultats identifiés dans Google pour chaque mot-clé.

Pour ce faire, vous pouvez utiliser Google et taper le mot-clé (ou l'expression) en question dans le formulaire de recherche :

- sur *http://www.google.com/* pour les mots-clés en anglais ;
- sur *http://www.google.fr/* pour les mots-clés en français.

Ensuite, il vous faut regarder le nombre de résultats (ici, plus de 15 millions) retournés par Google (figure 3-20).

Figure 3-20

Nombre de résultats renvoyés par Google pour le mot-clé « arles »

L'aspect concurrentiel du mot-clé, et donc la faisabilité d'un positionnement sur ce dernier, pourra être fourni par des fourchettes de résultats. En voici un exemple.

- Jusqu'à 50 000 voire 100 000 résultats : *a priori*, pas de souci à se faire, vous devriez pouvoir bien vous positionner sur ce terme en optimisant de façon professionnelle les pages web de votre site (titre, texte visible, liens, etc., voir chapitres 4, 5 et 6).
- De 100 000 à 500 000 résultats : la concurrence est plus forte, il sera donc plus complexe de positionner vos pages, mais cela reste possible. Le positionnement prendra peut-être plus de temps et demandera une optimisation plus fine, mais vous avez vos chances.
- Au-delà de 500 000, voire un million de résultats : l'approche est plus aléatoire. Notez bien que rien n'est impossible, mais peu de garanties sont envisageables. Il vous faudra pas mal de travail, beaucoup de temps et un peu de chance pour arriver au Graal des

premières positions dans ce cas. Ici, l'optimisation « simple » des pages web ne suffira pas (plus) et la différence risque de se faire sur la qualité des backlinks (liens entrants) que vous obtiendrez.

Élaborez vos propres fourchettes

Notez bien que les fourchettes précédemment mentionnées sont empiriques, puisqu'elles nous ont été dictées par notre expérience. Vous pouvez tout à fait avoir d'autres idées au sujet de ces données, notamment en fonction du domaine d'activité dans lequel vous travaillez.

Bien sûr, il existe un facteur supplémentaire non négligeable, voire indispensable, qui est l'agressivité de vos concurrents à ce niveau. Nous en avons déjà parlé précédemment : plus il y aura d'acteurs qui tentent d'atteindre, par l'optimisation de leurs pages, les dix premières places, plus la tâche sera ardue. N'oubliez pas d'en tenir compte, notamment sur le fait que plus le mot-clé est précis, moins la concurrence est forte. En d'autres termes, mieux vaut peut-être viser des expressions comme « hôtel sélestat » que « hôtel alsace », voire simplement « hôtel ». D'autre part, quelqu'un qui saisit le terme « hôtel » vous intéresse-t-il absolument si vous avez un établissement à Sélestat (Bas-Rhin) ? Ne vaut-il pas mieux viser un trafic ciblé (les internautes qui sont intéressés par un hôtel dans votre ville, voire votre région) plutôt qu'un trafic important mais qui risque d'être stérile ? Sans parler, bien sûr, de la difficulté d'être bien positionné sur le mot-clé « hôtel » (plus de 500 millions de résultats sur Google France au moment où ces lignes sont écrites).

Comme nous le disions au chapitre 2, imaginez que vous soyez au départ d'une course de fond. Plus il y aura de concurrents, plus il sera difficile de terminer dans les dix premiers. Et plus il y aura de professionnels dans la course, plus la difficulté sera importante. Il en est de même pour votre visibilité sur le Web.

On l'a déjà exposé : sur des mots-clés non concurrentiels, l'optimisation de vos pages web et de leur code HTML (les critères *in page* des chapitres 4 et 5) suffira le plus souvent pour obtenir de bons résultats. En revanche, sur des requêtes plus concurrentielles, beaucoup d'acteurs du domaine effectueront ce même type d'optimisation. La différence – et par conséquent l'accès aux premières positions – se fera donc sur la qualité des liens obtenus et sur les critères *off page* que nous étudierons au chapitre 6.

Méthodologie de choix des mots-clés

Pour vous aider dans le choix de vos mots-clés, nous vous proposons une petite méthodologie que vous pourrez adapter sans problème à vos besoins.

1. Dans un premier temps, faites une liste intuitive d'une dizaine de mots-clés qui caractérisent votre activité. Imaginons que vous soyez une société de référencement. Les termes qui vous viendront immédiatement à l'esprit sont les suivants :

Tableau 3-2 Liste de mots-clés de départ pour une société de référencement

Mot-clé – Requête
Référencement
Positionnement
Moteurs de recherche
Annuaire
Visibilité
Liens sponsorisés
Referencement
Visibilite
Lien sponsorise
Moteur de recherche

Notez ici les différentes versions d'un même mot (singulier/pluriel, accents, etc.).

2. Comme l'illustre la figure 3-21, lancez le planificateur de mots-clés de Google et saisissez cette liste dans la zone Votre produit ou service.

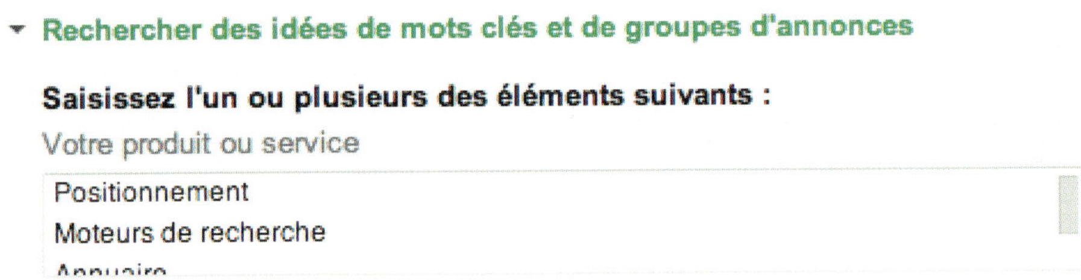

Figure 3-21

Première saisie dans le planificateur de mots-clés de Google

3. Étudiez la liste des mots-clés proposés par l'outil dans l'onglet Idées de mots-clés (figure 3-22). Elle est très complète et comprend certainement des termes et expressions auxquels vous n'aviez pas pensé auparavant. Listez les termes par Nombre moyen de recherches mensuelles décroissant (en cliquant sur l'intitulé de la colonne) pour obtenir en premier les requêtes qui sont le plus souvent saisies.

   Rien ne vous empêche de faire cette opération plusieurs fois : vous récupérez dans la première liste des termes intéressants, que vous ajoutez ensuite à votre liste initiale de 10 mots-clés, puis vous relancez une recherche, et ainsi de suite.

Figure 3-22

Listing des requêtes les plus intéressantes sur Google

Idées de groupes d'annonces | Idées de mots clés

Termes de recherche	Nombre moy. de recherches mensuelles
annuaire	2 740 000
moteur de recherche	74 000
référencement	6 600
moteurs de recherche	5 400
positionnement	2 900
visibilité	720
liens sponsorisés	260
visibilite	70
lien sponsorise	10

Mot clé (par ordre de pertinence)	Nombre moy. de recherches mensuelles
pages blanches	5 000 000
annuaire	2 740 000
page blanche	1 220 000

4. Copiez-collez la liste fournie (plusieurs dizaines voire centaines de termes) dans un tableur et supprimez les expressions qui ne vous intéressent pas (le bouton Télécharger permet d'obtenir toutes les données sous un format Excel ou autre). Ne gardez que celles qui semblent convenir le mieux à votre activité (la requête « page blanche », par exemple, n'est pas obligatoirement votre tasse de thé). À ce stade de la méthodologie,

vous avez par exemple en main une centaine de requêtes intéressantes car elles ont trait à votre activité et elles sont souvent demandées sur Google.

5. Pour chacune de ces requêtes, regardez combien de fois elles sont demandées sur le générateur de mots-clés de Google et combien de résultats sont renvoyés par le moteur de recherche Google.fr (*http://www.google.fr/*) lorsqu'on tape ces mots-clés. Complétez le tableau (tableau 3-3).

Tableau 3-3 Pour chaque mot-clé, on liste les résultats du générateur de mots-clés (intérêt) et du moteur de recherche Google (faisabilité)

Mot-clé – requête	Résultats du générateur de mots-clés de Google	Résultats du moteur de recherche Google
Annuaire	2 740 000	103 000 000
Référencement	6 600	27 000 000
Moteurs de recherche	5 400	2 200 000
Positionnement	2 900	15 400 000
Liens sponsorisés	260	2 260 000
Moteur de recherche	74 000	4 810 000
Visibilité	720	8 950 000
SEO	14 800	1 950 000
Référencement gratuit	4 400	2 100 000

6. Pour l'intérêt et la faisabilité, établissez des fourchettes de notes de 0 à 20 en fonction des résultats trouvés. Voici quelques exemples :

- Intérêt (générateur de mots-clés)
  - moins de 1 000 résultats : 0 point ;
  - 1 001 à 10 000 résultats : 5 points ;
  - 10 001 à 50 000 résultats : 10 points ;
  - 50 001 à 100 000 résultats : 15 points ;
  - plus de 100 000 résultats : 20 points.
- Faisabilité (moteur de recherche)
  - plus de 100 millions de résultats : 0 point ;
  - de 50 à 100 millions de résultats : 5 points ;
  - de 10 à 50 millions de résultats : 10 points ;
  - de 1 à 10 millions de résultats : 15 points ;
  - moins de 1 million de résultats : 20 points.

Reportez ensuite dans votre tableau les notes ainsi attribuées (tableau 3-4).

Tableau 3-4 Chaque requête reçoit une note d'intérêt et une note de faisabilité

Mot-clé – requête	Résultats du générateur de mots-clés de Google	Note d'intérêt	Résultats du moteur de recherche Google	Note de faisabilité
Annuaire	2 740 000	20	103 000 000	0
Référencement	6 600	5	27 000 000	10
Moteurs de recherche	5 400	5	2 200 000	15
Positionnement	2 900	5	15 400 000	10
Liens sponsorisés	260	0	2 260 000	15
Moteur de recherche	74 000	15	4 810 000	15
Visibilité	720	0	8 950 000	15
SEO	14 800	10	1 950 000	15
Référencement gratuit	4 400	5	2 100 000	15

7. Faites la somme des deux notes pour obtenir une note globale (tableau 3-5).

Tableau 3-5 Une note globale indique quels mots-clés traiter en priorité

Mot-clé – requête	Résultats du générateur de mots-clés de Google	Note d'intérêt	Résultats du moteur de recherche Google	Note de faisabilité	Note globale (somme intérêt + faisabilité)
Annuaire	2 740 000	20	103 000 000	0	20
Référencement	6 600	5	27 000 000	10	15
Moteurs de recherche	5 400	5	2 200 000	15	20
Positionnement	2 900	5	15 400 000	10	15
Liens sponsorisés	260	0	2 260 000	15	20
Moteur de recherche	74 000	15	4 810 000	15	30
Visibilité	720	0	8 950 000	15	15
SEO	14 800	10	1 950 000	15	25
Référencement gratuit	4 400	5	2 100 000	15	20

Cette dernière colonne vous donnera ainsi une priorité dans les requêtes à utiliser pour mieux référencer votre site.

Notez bien que vous pouvez adapter cette méthodologie à vos besoins et attentes, et gérer différemment les fourchettes de notes proposées précédemment.

Comme nous l'avons déjà signalé auparavant, vous pouvez tout à fait vous en tenir uniquement aux statistiques fournies par le générateur de mots-clés de Google, ce qui est déjà est une très bonne première approche.

Remarquez enfin, comme nous l'avons indiqué plusieurs fois auparavant, que le choix de vos mots-clés dépendra surtout, et ce de façon importante, de l'aspect concurrentiel de ces derniers. Plus il y aura de webmasters tentant de se référencer sur vos expressions favorites, plus la faisabilité sera aléatoire en termes de délais ! Vous pouvez éventuellement tenir compte de ce paramètre en ajoutant un coefficient spécifique à vos calculs, voire en ne tenant purement et simplement pas compte du nombre de résultats renvoyés par le moteur de recherche Google.fr.

Un arbitrage entre intérêt et faisabilité

Bien choisir vos mots-clés pour un référencement consiste donc à trouver un arbitrage entre le potentiel des termes choisis et la faisabilité technique d'un positionnement sur ceux-ci.

N'hésitez pas à y passer le temps nécessaire, car cette étape est absolument capitale. Si vous n'y prêtez pas suffisamment d'attention, vous pourriez avoir de grosses désillusions par la suite. Le tout n'est pas d'être premier sur un mot ou une expression : il faut aussi qu'il entraîne du trafic. Et du trafic qualifié, c'est encore mieux !

Le concept de cocon sémantique

L'année 2015 a vu l'avènement d'un nouveau concept de création de site web, le « cocon sémantique », imaginé par le référenceur Laurent Bourelly (*http://www.laurentbourrelly.com/blog/*).

L'idée du cocon sémantique est de travailler au départ sur des ensembles sémantiques de mots-clés, chaque ensemble correspondant à un « silo », une thématique traitée dans votre site. Celui-ci va donc proposer à ses visiteurs un certain nombre de silos, chacun représenté par un champ lexical, soit un ensemble de termes et d'expressions qui le décrit. Ce principe peut ensuite être repris au sein de chaque silo pour définir des sous-thématiques, des sous-sous-thématiques, etc.

Une fois ce travail effectué, il faudra construire le site et son arborescence : chaque branche de l'arborescence correspondra à un silo. Et, à l'intérieur de chaque silo, il faudra proposer une navigation basée sur les sous-thématiques identifiées au préalable. On obtient ainsi un système de « pages mères » et de « pages filles » et « pages sœurs ». L'idée sera ensuite de positionner des liens entre ces pages à l'intérieur de chaque silo, stratégie mixée avec la mise en place de titres en H1 et H2 (voir chapitre 4, page 106) décrivant les autres pages dans l'arborescence.

Bref, le cocon sémantique représente une façon de concevoir l'arborescence et la navigation dans un site basé sur des « ensembles de mots-clés », chacun caractérisant un point spécifique, chaque cocon étant relié à d'autres de façon cohérente à l'aide de liens.

Pour en savoir plus sur le cocon sémantique

Si vous désirez en apprendre un peu plus sur le concept de cocon sémantique, vous pouvez approfondir vos connaissances grâce aux liens suivants :

- La formation de Laurent Bourelly, point de départ évident : *http://www.laurentbourrelly.com/formations/cocon-semantique/*

Mais également certains articles qui en parlent :

- Optimiz.me : *http://optimiz.me/cocon-semantique/*
- Miss SEO Girl : *http://www.miss-seo-girl.com/savoir-cocon-semantique/*
- Ninja Linker : *http://www.ninjalinker.com/strategie-seo-silo-cocon-semantique/*
- Christian Méline : *http://www.referencement-naturel-white-hat.fr/cocons-semantiques/*
- PressEnter : *http://pressenter.fr/seo/cocon-vs-silo/*

Le référencement prédictif

Il existe de nombreux domaines, dans la vie réelle, qui constituent des événements prévisibles : on les appelle parfois les « marronniers » (*http://goo.gl/ZgsgW*) lorsqu'ils surviennent à date fixe (Saint Valentin, Noël, fête des mères, Halloween, etc.). Il peut aussi s'agir, par exemple, d'événements sportifs comme une coupe du monde de football, des championnats de ski, ou encore des manifestations régulièrement organisées, comme un festival de musique, un salon automobile ou autres.

Une question se pose souvent au sujet de ces manifestations : si leur date est fixe, à partir de quand faut-il prévoir leur référencement pour être « au top » à la date où aura lieu l'événement ? En effet, on voit souvent certains sites web proposer du contenu au sujet d'un événement une ou deux semaines avant celui-ci. Et-ce suffisant ? Ne faut-il pas mettre en ligne du contenu bien avant ? C'est à ces questions que la notion de référencement prédictif va tenter de répondre en observant les courbes temporelles de saisie de mots-clés sur les moteurs de recherche. En effet, lorsqu'une recherche est dite « chaude » (elle génère un pic de demandes), Google utilise un algorithme spécifique appelé QDF *(Query Desserves Freshness)* qui donne la part belle à la fraîcheur des informations. En d'autres termes et en caricaturant quelque peu, celui qui aura publié les derniers contenus à ce sujet aura une avance sur les autres. Il faut donc se tenir prêt à mettre en ligne de nombreux contenus pour avoir une chance de bonne visibilité. Mais il ne faut pas le faire n'importe comment.

Tout d'abord, il est évident que nous allons traiter ici uniquement d'événements prévisibles. Des actualités comme une tempête, un attentat ou un accident d'avion ne peuvent bien entendu pas faire l'objet des travaux que nous allons décrire.

Google Trends, un outil indispensable

Pour tenter d'y voir plus clair, dans le domaine du référencement prédictif, nous allons utiliser deux outils qui nous semblent indispensables pour évaluer le délai nécessaire entre le début d'un référencement événementiel et son pic de trafic.

- **L'outil de planification de mots-clés de Google** pour définir l'univers sémantique de l'événement : comment les internautes recherchent-ils l'information au sujet de la manifestation en question sur les moteurs de recherche ? Il s'agit de l'outil que nous avons décrit dans les pages précédentes.
- **Google Trends** (ou Google Tendance des recherches, en français) pour définir, sur la base des requêtes identifiées dans un premier temps, les tendances temporelles de recherche. Cet outil (fusionné en 2012 par Google avec son autre site Insights for Search) est disponible à l'adresse suivante : *http://www.google.fr/trends/*.

Étape 1 – Définir un univers sémantique simple

La première étape consiste donc à définir un champ sémantique simple (quelques requêtes incontournables) qui va vous permettre de savoir comment les internautes effectuent des recherches sur les moteurs pour trouver des données sur l'événement en question. Prenons quelques exemples et utilisons le générateur de mots-clés de Google.

- **Saint-Valentin.** En saisissant la simple requête de départ « saint valentin » dans le générateur de mots-clés, on s'aperçoit vite que le champ sémantique principal est limité à quelques requêtes.

Tableau 3-6 Nombre moyen de saisies mensuelles pour les requêtes autour de la Saint-Valentin

Mots-clés	Nombre moyen de saisies mensuelles
saint valentin	40 500
cadeau saint valentin	6 600
carte saint valentin	2 400
cadeaux saint valentin	1 900
cartes saint valentin	320

- **Printemps de Bourges.** La requête « printemps de bourges » fournit les résultats présentés dans le tableau 3-7.

Tableau 3-7 Nombre moyen de saisies mensuelles pour les requêtes autour du Printemps de Bourges

Mots-clés	Nombre moyen de saisies mensuelles
printemps de bourges	22 200
printemps de bourges 2014	320

- **Salon du livre.** Les résultats de la requête « salon livre » sont listés dans le tableau 3-8.

Tableau 3-8 Nombre moyen de saisies mensuelles pour les requêtes autour du Salon du livre

Mots-clés	Nombre moyen de saisies mensuelles
salon du livre	14 800
salon du livre paris	2 400
salon du livre jeunesse	1 600
salon livre	390

- **Coupe du monde de football.** Simplifions la recherche avec « coupe du monde », les résultats obtenus sont présentés au tableau 3-9.

Tableau 3-9 Nombre moyen de saisies mensuelles pour les requêtes autour de la Coupe du monde de football

Mots-clés	Nombre moyen de saisies mensuelles
coupe du monde	18 100
coupe du monde 2018	4 400
coupe du monde football	1 300
coupe du monde 1982	1 000
coupe du monde 2002	2 400

Notez bien que les chiffres fournis dans les tableaux précédents peuvent varier en fonction du moment où vous effectuez vos recherches.

On pourrait multiplier les exemples à l'envi ; on s'aperçoit qu'assez souvent, on peut trouver des requêtes phares qui caractérisent rapidement l'événement dont on veut faire la promotion (tout du moins sa prochaine édition) et qui sont assez souvent demandées.

Une fois ces mots-clés et cet univers sémantique identifiés, nous allons pouvoir passer à la deuxième étape de notre recherche prédictive.

Étape 2 – Effectuer une recherche prédictive

Nous allons maintenant utiliser Google Trends (*http://www.google.fr/trends/*) pour avoir une idée des « pics de fréquence » des mots-clés identifiés au préalable.

Premier exemple, le plus simple, avec le mot-clé « saint valentin » (avec, pour être plus précis, une recherche uniquement sur la France en utilisant le menu déroulant en haut de page). Les résultats de la recherche sont illustrés à la figure 3-23.

Comme on pouvait s'y attendre, on voit tout de suite un pic chaque mois de février.

Figure 3-23

Fréquence temporelle de saisie de la requête « saint valentin » sur Google grâce à l'outil Google Trends

Approchons-nous maintenant et regardons la courbe (choix Sélectionner les dates du menu déroulant De 2004 à ce jour) de septembre 2012 à mars 2013, figures 3-24 et 3-25.

Figure 3-24

Choix d'une fourchette de dates spécifiques

Figure 3-25

Courbe sur sept mois

Le graphique est clair : si le pic de fréquence se trouve, de façon logique, en février. On voit bien que les internautes commencent à chercher des informations au sujet de la Saint-Valentin à partir de début janvier : on appelle « point d'inflexion » cette date à partir de laquelle les recherches commencent à augmenter. C'est donc à ce moment-là qu'il faut être prêt en termes de référencement pour ne pas perdre de trafic. En effet, si vous fournissez un contenu en ligne uniquement début février :

- vous avez perdu tout le trafic provoqué par les requêtes effectuées autour de la Saint-Valentin depuis début janvier ;
- les internautes ont commencé à prendre des habitudes sur des sites qui peuvent être vos concurrents et qui s'y sont pris plus tôt ;
- vous n'aurez pas habitué Google à venir assez tôt sur votre site pour l'analyser et « comprendre » ce qu'il propose.

Bref, vous arrivez un peu tard…

Google Trends : une mine d'informations

Google Trends propose d'autres informations intéressantes (pays, régions, mots-clés, catégories, etc.). N'hésitez pas à explorer ces possibilités pour éventuellement affiner votre recherche selon l'événement visé.

Étape 3 – Détecter le début du pic des requêtes et commencer à proposer du contenu un mois avant

N'oubliez pas que si vous désirez être prêt en termes de référencement début janvier, vous devez commencer à mettre en ligne du contenu avant. Cette approche permet aux moteurs de le « digérer » pour que vous puissiez être bien positionné à ce moment-là. Les moteurs de recherche ayant fait de grands progrès à ce niveau, on peut estimer que si vous proposez du contenu optimisé début décembre, vous aurez certainement de bons résultats en positionnement début janvier.

Cela nous mène quand même deux mois et demi avant la date fatidique du 14 février !

Bien sûr, il n'est pas nécessaire de proposer dès le départ un contenu très important. Pour reprendre notre exemple sur la Saint-Valentin, vous pouvez tout à fait mettre en place la procédure suivante :

- début décembre, mise en ligne d'un site dédié (par exemple, à l'adresse *saint-valentin.votre-site.com*) avec un contenu de départ léger et quelques articles pour « amorcer la pompe » ;
- courant décembre, ajout de quelques articles au fur et à mesure (par exemple, un article tous les deux ou trois jours) pour faire vivre le site et montrer aux moteurs qu'il évolue ;
- proposer par ailleurs une page d'accueil mise à jour quotidiennement pour habituer les spiders à venir souvent la visiter ;
- en janvier, à partir du point d'inflexion, augmenter la cadence de publication avec un article nouveau par jour ;
- à partir de début février, booster le site avec plusieurs articles nouveaux quotidiennement.

Le site a ainsi une cadence d'évolution logique, assez « normale » au départ, pour terminer en trombe. Cela devrait plaire aux moteurs… et aux internautes ! Oui, certes, c'est du travail, mais on n'a rien sans rien !

Notez bien que le délai à partir duquel il faut proposer du contenu en ligne peut varier en fonction des événements. Par exemple, pour la requête « printemps de bourges », Google Trends donne la courbe suivante (figure 3-26) :

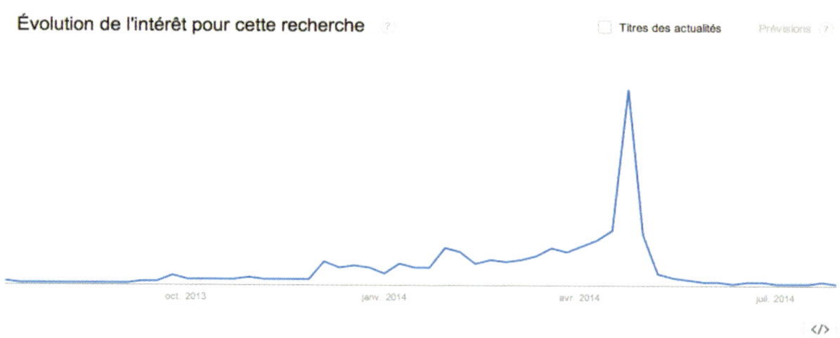

Figure 3-26

Fréquence temporelle de saisie de la requête « printemps de bourges » sur Google grâce à l'outil Google Trends

On voit bien ici que, si la manifestation a lieu en avril/mai (voir le pic évident à cette période), les requêtes commencent « à se réveiller » dès le mois de janvier, voire plusieurs mois avant. Ce phénomène est normal puisqu'on connaît très tôt les groupes qui vont jouer lors du festival, et plusieurs annonces suscitent des recherches par les internautes. Les demandes de réservation commencent également. Donc, autant le prévoir dès que les courbes « frémissent ».

En revanche, une compétition comme le Paris-Dakar est surtout recherchée (requête « paris dakar ») sur une période très courte (figure 3-27).

Figure 3-27

Fréquence temporelle de saisie de la requête « paris dakar » sur Google grâce à l'outil Google Trends

Le pic des recherches commence ici dans la dernière semaine de décembre pour se terminer la troisième de janvier.

Tout dépendra en fait de la manifestation en question. Il vous faut donc, par ordre chronologique :

1. identifier quelques requêtes phares, emblématiques de la façon dont les internautes recherchent l'information sur l'événement, grâce au générateur de mots-clés de Google ;
2. chercher dans l'outil Google Trends où se situe le pic de recherches et quand commencent les investigations de la part des internautes (point d'inflexion) ;
3. commencer à proposer du contenu en ligne sur un site ou une rubrique dédié *grosso modo* un mois avant ce point d'inflexion.

Il est en tout cas très clair que trop attendre n'est pas une bonne chose en termes de référencement prédictif. Pourtant, il n'est pas non plus nécessaire d'être prêt trop tôt. Il faut être *just in time*. Si l'avenir appartient à ceux qui se lèvent tôt, une bonne visibilité sur les moteurs appartient à ceux qui proposent du contenu tôt…

Sur quels moteurs faut-il se référencer ?

Dans les paragraphes qui précèdent, nous avons vu comment fonctionnent les moteurs de recherche. Cependant, savez-vous sur quels outils vous allez devoir être référencé et positionné ? Cette donnée est également importante car il ne sera pas question de perdre du temps à tenter d'apparaître de façon optimale sur un moteur qui ne ramène aucun trafic.

La réponse à cette question est simple : vous devez opter pour ceux qui ramèneront le plus de trafic sur votre site web. Et ils ne sont pas nombreux… Si on en croit les baromètres du référencement disponibles en France (figure 3-28), et notamment celui de AT Internet (*http://goo.gl/kJ3Ze*), le trafic est à plus de 99 % engendré par moins de dix outils de recherche : Google (plus de 90 % du trafic en juillet 2014), Bing (2,7 %) et Yahoo! (2,8 %). Les autres ne sont pas représentatifs des outils de recherche actuels.

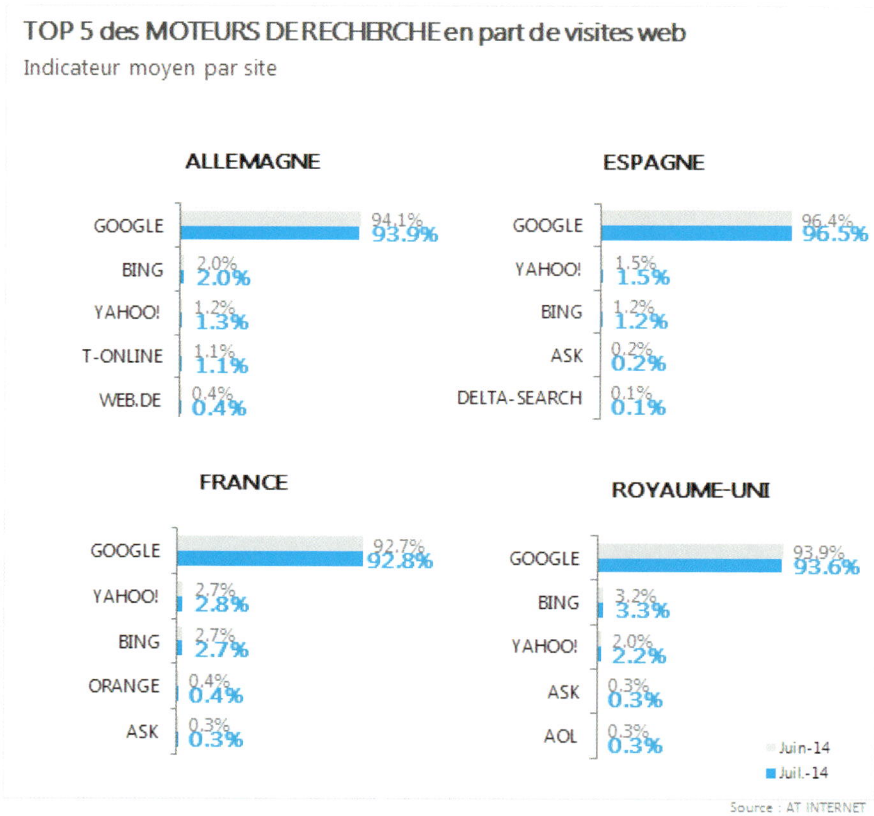

Figure 3-28

Baromètre AT Internet sur les parts de trafic des différents moteurs du paysage francophone en juillet 2014

Et si on tient compte du fait que de nombreux moteurs et portails utilisent la technologie de recherche de Google, voire celle de Microsoft (Bing), le nombre de technologies de recherche sur lesquelles il va vous falloir être présent est encore plus restreint.

- Google (Google, Neuf/Cegetel, Free, AOL.fr, Bouygues Telecom...).
- Microsoft Bing (MSN.fr, Bing.com, Yahoo!).
- Exalead (Exalead).
- Voila (Voila, Wanadoo, Orange, Lemoteur.fr).

Il reste donc quatre moteurs seulement, dont trois sont loin derrière le leader Google et un seul (Bing) pouvant prétendre au titre d'éventuel challenger.

Attention aux garanties

Certaines sociétés de référencement vous proposent parfois des garanties du type « Nous vous garantissons X % de premières pages sur Y mots-clés et Z moteurs ». Par exemple, « Nous vous garantissons 30 % de premières pages sur 10 moteurs et 50 requêtes ». Si le pourcentage de premières pages et le nombre de mots-clés peuvent évoluer d'une société et d'un client à l'autre, le nombre de moteurs pose ici problème : il n'y en a qu'un qui crée réellement du trafic, c'est Google. Si vous obtenez 50 % de premières pages sur des moteurs de recherche inconnus, votre trafic ne devrait pas frémir beaucoup. N'hésitez donc pas à restreindre le nombre de moteurs pris en compte dans la garantie et à bien faire spécifier leur nom.

Cette situation de quasi-monopole de la part de Google est pratiquement identique dans tous les pays d'Europe (hormis la Russie où le « local de l'étape » Yandex s'impose), les moteurs ou portails typiquement « franco-français » comme Voila, Free ou Exalead étant remplacés par des acteurs locaux comme Search.ch en Suisse, T-Online en Allemagne ou AOL en Grande-Bretagne.

Aux États-Unis, la situation est en revanche légèrement différente avec une hégémonie affirmée mais moins importante de Google. Pour le mois de juillet 2014, par exemple, selon le classement de comScore, c'est Google qui s'octroyait la première place mais avec « seulement » 67,4 % du trafic, devant MSN/Bing (19,3 %), Yahoo! (10 %), Ask (2 %) et AOL (1,3 %).

La situation semble donc claire à ce niveau-là. Seule une petite dizaine de portails de recherche créent du trafic sur les sites web dans le monde. Et encore moins de technologies. Et encore moins en Europe. Et encore moins en France.

Il n'est donc pas complètement vain de restreindre sa stratégie de référencement francophone au seul Google, qui représente en France plus de 90 % du trafic « outils de recherche ». Cette stratégie serait en revanche moins valable pour un site web visant le marché américain.

Pourtant, ne prendre en compte que Google, c'est aussi négliger un peu moins de 10 % du trafic des moteurs francophones, ce qui peut être dommage. C'est à vous de faire les choix qui s'imposent.

comScore Explicit Core Search Share Report* July 2014 vs. June 2014 Total U.S. – Home & Work Locations Source: comScore qSearch			
Core Search Entity	**Explicit Core Search Share (%)**		
	Jun-14	**Jul-14**	**Point Change**
Total Explicit Core Search	*100.0%*	*100.0%*	*N/A*
Google Sites	67.6%	67.4%	-0.2
Microsoft Sites	19.2%	19.3%	0.1
Yahoo Sites	9.8%	10.0%	0.2
Ask Network	2.1%	2.0%	-0.1
AOL, Inc.	1.3%	1.3%	0.0

Figure 3-29

Baromètre comScore sur les parts de trafic des différents moteurs du paysage américain en juillet 2014 (Source : http://goo.gl/DnqJ6x)

Les baromètres anglophones

Les sites ci-dessous publient régulièrement des chiffres sur les parts de marché des outils de recherche dans le monde anglophone :

- OneStat : *http://www.onestat.com* ;
- Keynote : *http://www.keynote.com* ;
- ComScore : *http://www.comscore.com* ;
- Hitwise : *http://www.hitwise.co* ;
- Nielsen Netratings : *http://www.nielsen-netratings.com*.

Le monde des moteurs de recherche évolue vite et de nouveaux acteurs viennent souvent tenter leur chance sur ce marché. Facebook veille également et pourrait changer la donne en 2015 avec son Graph Search qui a ouvert ses portes officiellement aux États-Unis en juillet 2013 (*http://goo.gl/2TZScD*). À vous donc de vous tenir au courant, d'effectuer une veille pour sentir les tendances (le site Abondance.com est là pour ça) et prendre en compte de nouveaux outils dès qu'ils donnent des signes de vitalité intéressants. Globalement, l'un de ces signes sera une arrivée dans le « Top 10 » des baromètres évoqués dans ce chapitre.

Google n'est pas seul

Si les conseils fournis dans ce livre sont valables en grande partie pour Google, comme les exemples le montreront, ils restent valables pour les autres moteurs de recherche, les algorithmes de pertinence utilisés actuellement par les différents concurrents étant très proches.

Partie B

Le SEO en pratique

4

Optimisation – Les critères in page : balises HTML et URL

« De tous les actes, le plus complet est celui de construire. »

Paul Valéry

Comme nous l'avons vu dans les premiers chapitres de cet ouvrage, il est aujourd'hui primordial d'optimiser les pages web de votre site à la source, sans passer par des « rustines » de quelque type que ce soit. Pour cela, vous vous êtes armé des mots-clés que vous avez définis dans le chapitre précédent. Il vous faut maintenant définir les « zones chaudes » de vos pages dans lesquelles vous placerez (au chapitre suivant) ces différents termes importants : titre, texte, lien, URL, etc. Vos pages seront ainsi le plus réactives possible aux critères de pertinence des moteurs. C'est ce que nous allons voir dans ce chapitre sur l'examen des critères techniques dits « in page » (ou « in the page »), c'est-à-dire concernant l'analyse par les moteurs du code HTML de vos documents. Le chapitre suivant traitera, quant à lui, de l'aspect plus spécifiquement rédactionnel (comment écrire pour les internautes en tenant compte des moteurs de recherche) avant de passer aux différents critères « off page » (ou « off the page ») qui sont davantage en rapport avec l'environnement de la page par le biais de notions comme la popularité, la réputation, la confiance, etc. Il y a donc du pain sur la planche. Passons donc à la première étape : optimiser vos codes HTML…

Regardez vos pages avec l'œil du spider !

Lorsque vous consultez un site web, vous utilisez bien sûr l'œil de l'internaute « humain » qui regarde l'écran de son ordinateur. Toutefois, les spiders des moteurs de recherche ont, pour leur part, une vision toute autre de vos pages. Voici plusieurs façons astucieuses de vous mettre à la place d'un robot et de visualiser votre site sous un œil nouveau et… parfois assez surprenant.

Tout d'abord, il est important de bien comprendre que les robots des moteurs n'ont qu'une vision parcellaire de vos documents. On les compare souvent, avec raison, à un utilisateur aveugle qui utiliserait un système de reconnaissance vocale pour comprendre ce que contiennent vos pages. En un mot, pour les spiders, l'essentiel est le texte, le texte et encore le texte ! De vrais « obsédés textuels » on vous dit !

Le cache de Google

La première façon de « vivre dans la peau d'un spider » et de visualiser ce si important contenu textuel est d'utiliser le cache de Google. Pour cela, recherchez votre site sur le moteur et observez le résultat obtenu, comme nous l'avons fait sur la figure 4-1 avec le site Abondance sur Google.

À droite de l'URL apparaît une petite flèche. Cliquez dessus pour fera apparaître un menu et sélectionnez En cache (figure 4-1). Vous obtenez alors la page représentée à la figure 4-2.

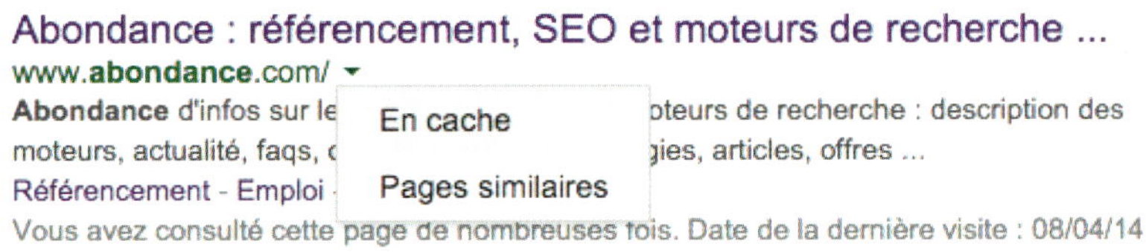

Figure 4-1

Le site Abondance présenté dans les résultats de Google

Figure 4-2

Version en cache de la page d'accueil du site Abondance

En haut de la page, dans la zone textuelle grisée proposée par Google, cliquez sur le lien intitulé Version en texte seul. Vous obtenez alors une vision *spider friendly* de votre page, proposant uniquement le texte, donc ce que voient les spiders des moteurs.

Ce n'est clairement pas la même chose. Faites le test avec votre site et vous risquez d'être surpris. Notez également que les feuilles de styles (CSS pour *Cascading Style Sheets*) ne sont plus appliquées, ce qui change tout. C'est donc ainsi que Google et ses compères voient votre site !

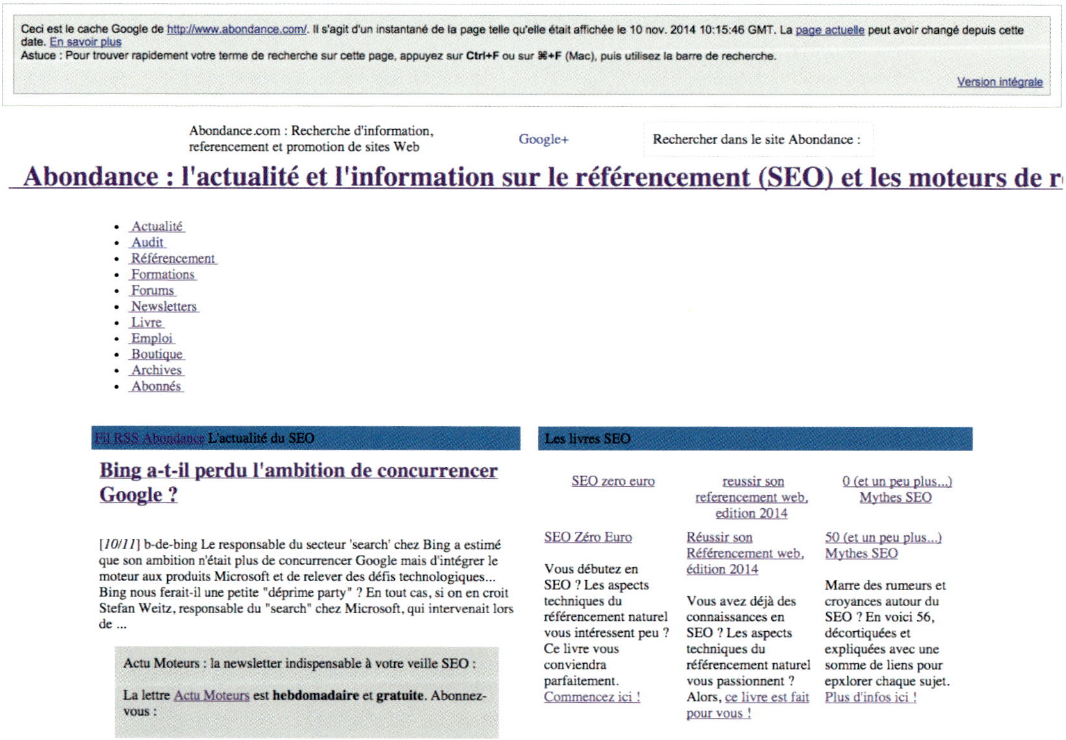

Figure 4-3

Version textuelle de la page, lue par les spiders des moteurs

Les simulateurs de spider

L'utilisation du cache de Google présente un petit inconvénient. Ce type d'affichage donne un excellent aperçu des données prises en compte par le moteur et respecte la majeure partie des informations de mise en page, notamment pour ce qui est des tableaux (balise `<table>`) et, plus globalement, la façon dont les blocs de texte sont agencés dans la page web (si ces informations ne sont pas présentes dans les CSS). Or, un spider a le plus souvent une vision beaucoup plus « linéaire » des données : il lit les codes HTML de haut en bas sans réellement tenir compte de la mise en page proposée dans la fenêtre d'un navigateur.

Il est alors possible, pour obtenir une vision encore plus réaliste de la façon dont un moteur lit vos documents, d'utiliser un simulateur de spider comme celui de Webconfs *(http://www.webconfs.com/search-engine-spider-simulator.php)*, qui donnera alors, dans sa page de résultats, la vision linéaire présentée sur la figure 4-4, plus proche de celle des robots.

Seul inconvénient, le texte est fourni tel quel, et donc assez difficilement digérable et facile à lire s'il est abondant ! Mais les spiders n'ont-ils pas de gros estomacs ?

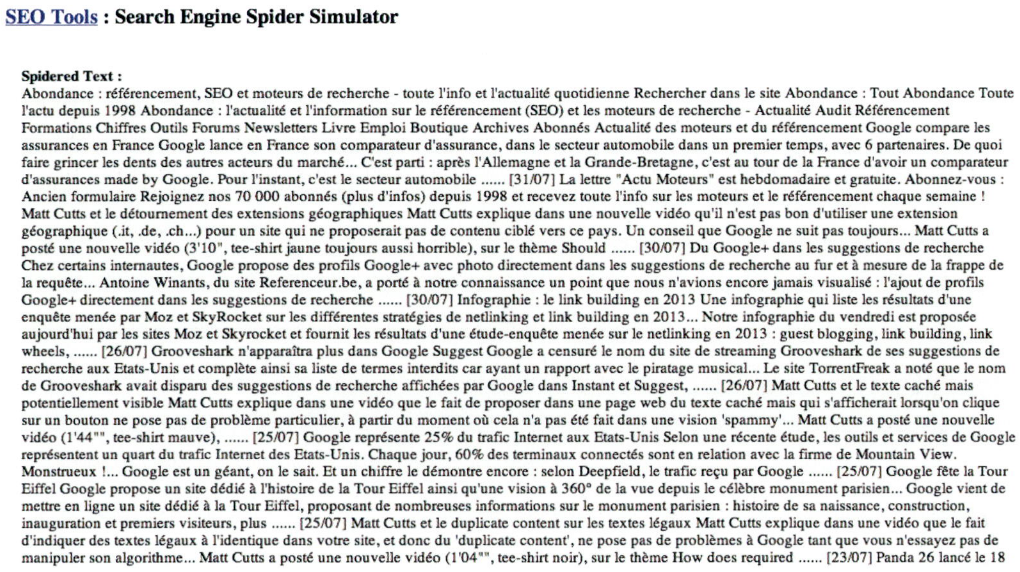

SEO Tools : **Search Engine Spider Simulator**

Spidered Text :
Abondance : référencement, SEO et moteurs de recherche - toute l'info et l'actualité quotidienne Rechercher dans le site Abondance : Tout Abondance Toute l'actu depuis 1998 Abondance : l'actualité et l'information sur le référencement (SEO) et les moteurs de recherche - Actualité Audit Référencement Formations Chiffres Outils Forums Newsletters Livre Emploi Boutique Archives Abonnés Actualité des moteurs et du référencement Google compare les assurances en France Google lance en France son comparateur d'assurance, dans le secteur automobile dans un premier temps, avec 6 partenaires. De quoi faire grincer les dents des autres acteurs du marché... C'est parti : après l'Allemagne et la Grande-Bretagne, c'est au tour de la France d'avoir un comparateur d'assurances made by Google. Pour l'instant, c'est le secteur automobile ...... [31/07] La lettre "Actu Moteurs" est hebdomadaire et gratuite. Abonnez-vous : Ancien formulaire Rejoignez nos 70 000 abonnés (plus d'infos) depuis 1998 et recevez toute l'info sur les moteurs et le référencement chaque semaine ! Matt Cutts et le détournement des extensions géographiques Matt Cutts explique dans une nouvelle vidéo qu'il n'est pas bon d'utiliser une extension géographique (.it, .de, .ch...) pour un site qui ne proposerait pas de contenu ciblé vers ce pays. Un conseil que Google ne suit pas toujours... Matt Cutts a posté une nouvelle vidéo (3'10", tee-shirt jaune toujours aussi horrible), sur le thème Should ...... [30/07] Du Google+ dans les suggestions de recherche Chez certains internautes, Google propose des profils Google+ avec photo directement dans les suggestions de recherche au fur et à mesure de la frappe de la requête... Antoine Winants, du site Referenceur.be, a porté à notre connaissance un point que nous n'avions encore jamais visualisé : l'ajout de profils Google+ directement dans les suggestions de recherche ...... [30/07] Infographie : le link building en 2013 Une infographie qui liste les résultats d'une enquête menée par Moz et SkyRocket sur les différentes stratégies de netlinking et link building en 2013... Notre infographie du vendredi est proposée aujourd'hui par les sites Moz et Skyrocket et fournit les résultats d'une étude-enquête menée sur le netlinking en 2013 : guest blogging, link building, link wheels, ... [26/07] Grooveshark n'apparaîtra plus dans Google Suggest Google a censuré le nom du site de streaming Grooveshark de ses suggestions de recherche aux Etats-Unis et complète ainsi sa liste de termes interdits car ayant un rapport avec le piratage musical... Le site TorrentFreak a noté que le nom de Grooveshark avait disparu des suggestions de recherche affichées par Google dans Instant et Suggest, ... [26/07] Matt Cutts et le texte caché mais potentiellement visible Matt Cutts explique dans une vidéo que le fait de proposer dans une page web du texte caché mais qui s'afficherait lorsqu'on clique sur un bouton ne pose pas de problème particulier, à partir du moment où cela n'a pas été fait dans une vision 'spammy'... Matt Cutts a posté une nouvelle vidéo (1'44"", tee-shirt mauve), ... [25/07] Google représente 25% du trafic Internet aux Etats-Unis Selon une récente étude, les outils et services de Google représentent un quart du trafic Internet des Etats-Unis. Chaque jour, 60% des terminaux connectés sont en relation avec la firme de Mountain View. Monstrueux !... Google est un géant, on le sait. Et un chiffre le démontre encore : selon Deepfield, le trafic reçu par Google ...... [25/07] Google fête la Tour Eiffel Google propose un site dédié à l'histoire de la Tour Eiffel ainsi qu'une vision à 360° de la vue depuis le célèbre monument parisien... Google vient de mettre en ligne un site dédié à la Tour Eiffel, proposant de nombreuses informations sur le monument parisien : histoire de sa naissance, construction, inauguration et premiers visiteurs, plus ...... [25/07] Matt Cutts et le duplicate content sur les textes légaux Matt Cutts explique dans une vidéo que le fait d'indiquer des textes légaux à l'identique dans votre site, et donc du 'duplicate content', ne pose pas de problèmes à Google tant que vous n'essayez pas de manipuler son algorithme... Matt Cutts a posté une nouvelle vidéo (1'04"", tee-shirt noir), sur le thème How does required ...... [23/07] Panda 26 lancé le 18

Figure 4-4

Le simulateur de spider de Webconfs fournit une version plus linéaire du texte lu dans la page.

Toujours est-il que cette vision est certainement la plus proche de celle d'un spider, et notamment en ce qui concerne son ordre de lecture.

> **Autres simulateurs de spider**
>
> Voici quelques outils similaires pour effectuer vos tests :
>
> - SEO Tools – Spider Simulator : *http://www.seochat.com/seo-tools/spider-simulator/* ;
> - Webmaster Toolkit – Search Engine Spider Simulator : *http://www.webmaster-toolkit.com/search-engine-simulator.shtml.*
>
> Testez-les pour trouver celui qui vous convient le mieux. Sachez cependant qu'ils renvoient tous à peu près la même information.

Autres possibilités

Il existe d'autres possibilités pour regarder votre site avec les mêmes yeux que ceux d'un spider. Vous pouvez, par exemple, utiliser un navigateur tel que Lynx (*http://lynx.isc.org/*) qui ne lit que le texte des pages web. La version qu'il fournira de vos pages sera donc très proche de celle d'un spider. Vous pouvez également installer un *add-on* pour Firefox ou Chrome, comme l'excellent Web Developer (*http://goo.gl/J6jQc*) qui permet de désactiver le JavaScript, les CSS, les images, etc., pour afficher une version brute de votre page. Il existe de nombreux outils très utiles pour les référenceurs ; n'hésitez pas à consulter les annexes du présent ouvrage.

Figure 4-5

La page d'accueil du site Abondance affichée en utilisant l'extension Web Developer sur Firefox et son option CSS>Désactiver les styles CSS>Tous les styles.

Ceci étant dit, nous allons enlever notre habit de spider et reprendre celui de référenceur pour commencer notre exploration des différentes possibilités d'optimisation des différentes balises HTML de vos pages.

Gardez la main sur votre code HTML

Lorsque vous commencez votre projet de site web, l'un des premiers choix à faire est celui de la plateforme de création et de maintenance du site. À l'heure actuelle, il en existe des dizaines voire davantage. Quoi qu'il en soit, optez toujours pour une solution vous permettant de modifier le code HTML de vos pages, ses balises et sa structure technique. Moins vous aurez potentiellement la main sur les aspects techniques, plus le SEO sera difficile par la suite.

De la même manière, si vous passez par une agence de création de sites web, faites bien attention à sa réactivité (et aux coûts éventuels !) si vous demandez par la suite des modifications du code HTML. Et rappelez-vous qu'une agence web n'est pas obligatoirement spécialiste du référencement naturel !

Zone chaude 1 : la balise <title>

La balise `<title>`, correspondant au titre de la page au sens HTML du terme, est un champ essentiel dans le cadre d'une bonne optimisation puisqu'il est l'un des critères *in page* les plus importants pour la majeure partie des moteurs actuels et notamment Google.

Lorsque vous consultez un site, le titre d'une page est affiché en haut de la fenêtre de votre navigateur Internet, reprenant le contenu de la balise `<title>`. Sur les figures 4-6 et 4-7 sont présentés des exemples sous Windows XP ou Mac OS pour le site Abondance.

Figure 4-6

Le contenu de la balise <title> d'une page web apparaît dans la zone supérieure de la fenêtre du navigateur.

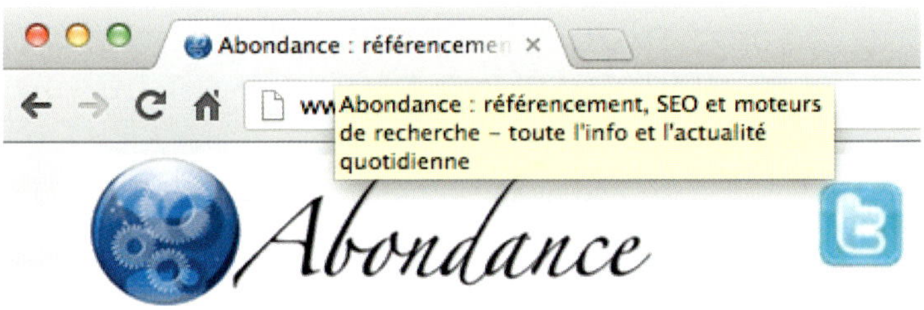

Figure 4-7

Idem sur Mac OS (navigateur Chrome) : en passant la souris devant l'onglet, le contenu de la balise <title> apparaît en entier dans une infobulle.

Dans le code HTML des pages web, le titre se situe entre les balises `<title>` (début de titre) et `</title>` (fin de titre). Voici un autre exemple, toujours tiré du site Abondance :

```
<title>Abondance : R&eacute;f&eacute;rencement et recherche d'info : tout sur ler&eacute;
➥ f&eacute;rencement de sites web</title>
```

Notez ici que les lettres accentuées sont codées en HTML. Par exemple, le caractère « é » est ainsi codé `é`. Nous y reviendrons plus loin.

Premier point important : si vous utilisez un éditeur HTML comme Dreamweaver, étudiez le code HTML que l'outil logiciel vous permet de visualiser. Le code source de votre document commencera le plus souvent ainsi :

```
<!DOCTYPE html …>
<html>
  <head>
    <title>Titre de votre page</title>
```

Dans un premier temps, assurez-vous donc que toutes vos pages web disposent de cette balise `<title>`. Nous verrons au chapitre suivant quel contenu y insérer.

Un titre pour chaque page !

Toutes les pages de votre site doivent recevoir une – et une seule – balise `<title>`. Même si votre site est réalisé en *frames* (fenêtres ou cadres distincts, voir chapitre 14) – l'utilisation de frames est aujourd'hui fortement déconseillée par le W3C –, chacune de vos pages (« pages mères » descriptives des frames et « pages filles » de contenu) doit avoir un bon titre. En effet, pour un moteur de recherche, chaque page web est considérée comme un document à part entière. Il en est de même des *iframes*.

Dernier conseil : il vaut mieux parfois mettre en ligne plusieurs petites pages qui proposent une thématique unique, décrites par un titre performant (émaillé de mots-clés bien ciblés) qu'un seul grand document qui traite de sujets divers et qui possède donc un titre plus vague car devant s'adapter à de nombreux thèmes. Plus le sujet traité dans la page sera précis, plus il vous sera possible de créer un titre explicite et donc efficace en regard des critères des moteurs de recherche. Ne l'oubliez pas lors de l'élaboration de l'arborescence de votre site !

Zone chaude 2 : la structuration du texte en balises <hn>

Les moteurs prennent également en compte les balises `<hn>` (`<h1>` à `<h6>`) pour attribuer un poids aux pages web sur une requête donnée. Si un mot est compris entre des balises `<h1>` et `</h1>` (plus forte importance de titre en HTML), cela a un poids capital pour le classement du document sur ce terme.

Utilisez les balises <hn> à bon escient

Les balises `<hn>` ont été conçues, au départ, pour indiquer un niveau de titre dans un document HTML, `h1` étant le niveau le plus haut. Pour en savoir plus sur cette balise, nous vous conseillons de consulter le site du W3C *(World Wide Web Consortium)* à l'adresse suivante : *http://goo.gl/vfVVT.*

Un exemple est donné par la phrase en haut de la page d'accueil du site Abondance.

```
<h1>Toute l'info et l'actu sur les annuaires et moteurs de recherche :
➥ Recherched'information et r&eacute;f&eacute;rencement</h1>
```

L'inconvénient historique majeur de cette balise `<hn>` est qu'elle est tombée au fur et à mesure en désuétude, car il n'a longtemps pas été possible, par défaut, de maîtriser la façon dont son contenu était affiché (police de caractères, couleur, taille, etc.).

Cependant, la situation a changé. La solution consiste à utiliser les feuilles de styles pour redéfinir ces balises afin de les faire apparaître comme bon vous semble. Un exemple avec la feuille de styles utilisée pour le site Abondance :

```
h1
{
font-family      : Verdana,Helvetica;
font-size        : 10px;
color            : #3366cc;
```

```
font-style      : normal;
font-weight     : bold;
text-decoration : none;
}


h2
{
font-family     : Verdana,Helvetica;
font-size       : 1.4em;
color           : #000055;
font-style      : normal;
font-weight     : bold;
text-decoration : none;
}

h3
{
font-family     : Verdana,Helvetica;
font-size       : 1.2em;
color           : #000055;
font-style      : normal;
font-weight     : bold;
text-decoration : none;
}
```

Toute autre définition est évidemment possible, en fonction de la charte graphique de votre site. Une fois cette balise redéfinie, vous pouvez afficher dans votre page la phrase clé, descriptive de son contenu, et contenant vos termes importants.

Notons que vous pouvez bien entendu utiliser les balises `<h1>` à `<h6>`, mais `<h1>` étant prévue pour les titres de plus haut poids, elle sera plus intéressante pour mettre en exergue vos mots-clés. Cette astuce n'est pas spécifique à Google. Les moteurs de recherche connus prennent davantage en compte les termes soulignés par une balise `<h1>`. Ceci dit, les différents niveaux de structuration de ces balises (1 à 6) restent très intéressants.

Dans un premier temps, et avant d'aborder l'aspect rédactionnel au chapitre suivant, il sera très important, pour chaque page – ou chaque modèle de page – de votre site, de positionner les balises `<h1>` à `<h6>` dans des zones stratégiques. Ce point est essentiel dans la construction de vos pages HTML. Vous devrez suivre quelques règles importantes…

- Sur une page d'accueil, faites en sorte qu'en lisant le contenu des balises `<hn>`, on comprenne la structure du site, ce qu'on va y trouver. Dans ce cas, il peut être possible, voire utile, de positionner les balises `<hn>` dans le menu de navigation.
- Pour une page de contenu, réservez les balises `<hn>` au cœur éditorial de la page. Il ne sert à rien d'intégrer de telles balises dans l'en-tête *(header)*, le bas de page *(footer)* ou les menus de navigation (contrairement à la page d'accueil).
- Réservez l'emplacement de ces balises à des « réservoirs potentiels de mots-clés ». Si vous positionnez une balise `<hn>` sur une zone donnée, soyez sûr que vous pourrez

intégrer à cet emplacement des mots-clés importants par la suite. Mettre une balise `<hn>` sur un titre comme « Nos partenaires » ou « Bienvenue » ne sert à rien en SEO.

http://www.abondance.com/

▾ 19 titres

- h1 **Abondance : l'actualité et l'information sur le référencement (SEO) et les moteurs de recherche**
  - h2 **Bing a-t-il perdu l'ambition de concurrencer Google ?**
    - h3 Un robot signé Apple visite-t-il nos sites ?
    - h3 Infographie : les parts de marché des moteurs dans le monde
    - h3 Google n'affiche plus la requête en gras dans les titres de ses résultats
    - h3 Axel Springer renonce à son duel avec Google News en Allemagne
    - h3 Penguin 3.0 toujours en cours de déploiement
    - h3 L'Espagne vote une taxe anti-Google
    - h3 Matt Cutts prolonge ses congés, Duane Forrester viré de Bing !
    - h3 Infographie : 26 choses que vous ne savez (peut-être) pas sur Google
    - h3 Un LOLCAT s'introduit dans Google Maps !
  - h2 **Comment obtenir des vignettes de ses vidéos dans les SERP de Google ?**
    - h3 Combiner les données Analytics et Webmaster Tools : Pourquoi ? Comment ?
    - h3 Le « Knowledge Vault » de Google : évolution ou saut quantique ?
    - h3 Kévin Richard : "SEObserver est un outil qui va faciliter la vie des référenceurs"
    - h3 Référencement, vie privée et droit à l'oubli
    - h3 Revue d'outils moteurs et SEO (octobre 2014)
    - h3 Revue d'URL (octobre 2014)
    - h3 HTTPS comme critère de classement : que faut-il en penser ?

Figure 4-8

La structure en balises <hn> de la page d'accueil du site Abondance visualisée grâce à l'extension Web Developer sur Firefox (option Info>Plan du document). En lisant cette structure, on a une bonne idée de ce dont parle le site.

Dans le domaine de la presse, par exemple, on voit souvent cette pratique – qui donne d'excellents résultats en SEO – pour une page qui traite d'une actualité :

- titre éditorial : en `<h1>` ;
- chapô (résumé en début d'article qui en décrit le contenu en deux ou trois phrases) en `<h2>` ;
- sous-titres (intertitres) en `<h3>` ;

Il s'agit d'une optimisation très intéressante et efficace. Elle peut tout à fait être utilisée dans un autre contexte que celui de la presse, par exemple pour un produit vendu dans une boutique en ligne :

- nom du produit : en `<h1>` ;
- chapô (description du produit en deux ou trois phrases) en `<h2>` ;

- nom de la marque en <h3> ;
- etc.

Quelques points sont également à connaître au sujet de ces balises <hn>.

- Vous pouvez passer d'une balise <h2> à une balise <h4> sans passer par la balise <h3>. Même si cela n'est pas obligatoirement très logique, cela ne posera pas de problèmes en SEO.
- Plusieurs écoles existent en ce qui concerne l'ordre des balises. Certains référenceurs (et développeurs) préfèrent garder un ordre logique : <h1>, puis <h2>, puis <h3>, puis <h4>, etc. D'autres changent cet ordre en plaçant, par exemple, en première balise du code source le fil d'Ariane en <h4> ou <h6>, le titre principal de la page en <h1> puis le chapô en <h2>, etc. Difficile de dire si une méthode est plus efficace qu'une autre. Mais la première est certainement plus « propre » en termes de développement.

Figure 4-9

La structure en balises <hn> d'une page d'article du site Abondance visualisée grâce à l'extension Web Developer sur Firefox (option Info>Plan du document). La balise <h1> est placée sur le titre éditorial, la balise <h2> sur le chapô et la balise <h3> sur les intertitres.

Figure 4-10

L'extension Web Developer – fidèle compagnon du référenceur au quotidien – permet également de faire apparaître les balises <hn> dans vos pages grâce à son option Entourer>Titres (H1-H6).

Sachez pour finir que, dans certaines conditions et uniquement sur la page d'accueil, il est possible de « cacher » une balise `<h1>` textuelle derrière un logo image. Cela ne sera pas considéré comme du spam par Google si c'est « bien fait ». Vous trouverez plus d'informations à ce sujet à la page suivante : *http://goo.gl/K9Bd1.*

Le titre éditorial h1 : la base (et la balise) d'un bon référencement

On ne dira jamais assez l'importance capitale de vos titres éditoriaux, affichés dans la balise <h1>. En effet, cette zone va nous servir dans la balise <title>, dans l'URL, etc., dans le cadre d'une optimisation la plus cohérente possible de votre site. Si votre titre éditorial h1 est « mauvais » (trop court, trop long, pas assez descriptif, etc.), c'est toute votre optimisation qui sera bancale par la suite. Pensez-y dès le départ !

Vérifiez bien la structure en balises <hn> de vos pages car, par expérience, il y a le plus souvent beaucoup de travail à faire à ce niveau et les développeurs n'en tiennent que très rarement compte lorsqu'ils créent un site !
Nous verrons plus en détail au chapitre suivant comment remplir chaque balise <hn>.

Zone chaude 3 : la mise en gras

Les moteurs de recherche privilégient également les mots qui sont mis en gras (balise <strong> en HTML) dans les pages web, comme ici :

```
Nous vendons des <strong>amortisseurs</strong> et toutes les <strong>pi&egrave;
➥ ces d&eacute;tach&eacute;es</strong> pour votre voiture.
```

Ce qui donnera l'affichage suivant : « Nous vendons des **amortisseurs** et toutes les **pièces détachées** pour votre voiture. »

Une page qui contient le mot « amortisseurs » en gras sera donc mieux positionnée, toutes choses égales par ailleurs, qu'une page contenant ce même mot en romain.

Sachez également que, pour séparer le fond de la forme, le W3C préconise l'utilisation de <strong> par rapport à <b>. Cette directive semble être suivie par les moteurs.

N'en profitez pas non plus pour mettre tout votre texte en gras, ce qui donnerait un résultat assez horrible et pénible à la lecture. Seuls les mots-clés importants doivent être ainsi mis en exergue. N'oubliez jamais qu'une page web est avant tout créée pour les internautes.

Et si le gras est dans une feuille de styles ?

Les moteurs de recherche ne prennent pas en compte les feuilles de styles. Donc, si un texte est paramétré en gras dans la feuille de styles correspondante (font-weight:bold), il est à parier qu'il ne sera pas considéré comme tel par le moteur.

Il vous faudra donc créer une feuille de styles pour le texte « normal » et y indiquer un style « roman » (font-weight:normal), puis proposer la mise en gras dans la page elle-même grâce à la balise <strong>. Il n'existe pas d'autre solution pour que cette mise en exergue soit vue par les moteurs.

Exemple de feuille de styles :

```
.exemple
{
font-family     : Verdana,Helvetica;
font-size       : 12px;
color           : #3b3b3b;
font-style      : normal;
font-weight     : normal;
text-decoration : none;
}
```

Exemple de texte dans la page :

```
<span class="exemple">Ceci est un texte en roman. <strong>Ceci est un texte en gras.
➥ </strong></span>
```

Ce qui donnera dans la page : « Ceci est un texte en roman. **Ceci est un texte en gras**. »

On perd, bien sûr, le fait d'indiquer la mise en gras directement dans la feuille de styles, ce qui est la fonction première des CSS. En revanche, on est sûr que cette mise en exergue sera prise en compte par les moteurs de recherche.

Pour information, il semblerait que Google, notamment, lise, du moins en partie, les feuilles de styles, mais surtout à des fins de détection de techniques spammantes. Évitez donc de les remplir avec n'importe quoi et notamment de tenter de frauder par ce biais, cela pourrait se retourner rapidement contre vous. À bon entendeur… De plus, n'interdisez pas aux moteurs l'accès à ces fichiers CSS.

Zone chaude 4 : les liens internes

Autre point pour mettre en avant votre texte : les liens. Aujourd'hui, pour tous les moteurs, le fait qu'un mot soit cliquable est important, surtout pour le positionnement de la page cible. En effet, si vous insérez le code suivant dans votre page :

```
Voici des informations sur l'<a href="http://www.votresite.com/assurance.html">
➥ assurance-vie</a>
```

le résultat affiché dans un navigateur sera le suivant :

> Voici des informations sur l'<u>assurance-vie</u>.

Ceci aura deux conséquences :

- la page contenant ce code sera mieux référencée pour l'expression « assurance-vie » car ce mot y est présent ;
- la page pointée par le lien (ici, `assurance.html`) le sera aussi pour cette même expression. Il s'agit ici de la fameuse notion de réputation (nous y reviendrons au chapitre 6).

Vous faites donc d'une pierre deux coups. Google, notamment, est très sensible au texte des liens pour classer ces pages de destination. Tenez-en compte.

Voici, par exemple, un mauvais lien : « Pour avoir des informations sur l'assurance-vie, cliquez ici. »

A priori, l'expression « cliquez ici » n'est pas vraiment importante pour votre activité et il y a peu de chances pour qu'un internaute la saisisse sur un moteur de recherche. Aussi n'est-il pas vraiment nécessaire de la mettre en valeur dans vos pages en la rendant cliquable.

En revanche, le texte suivant sera très bien optimisé : « Voici des informations sur l'**assurance-vie**. »

Les mots importants sont « cliquables » et en gras. Bravo !

Les balises meta

En HTML, les balises `meta` fournissent aux moteurs de recherche un certain nombre d'informations sur le contenu d'une page web. « meta » est l'abréviation de *metadata* (métadonnées), ces balises signalent donc « de l'information sur l'information ».

Moins d'importance aujourd'hui

Il est important de noter que les balises `meta` ont aujourd'hui moins d'importance pour les moteurs de recherche qu'il y a quelques années en termes de critère de pertinence et de positionnement. Trop de spam a été réalisé au travers de cette zone et, petit à petit, les moteurs se sont lassés de prendre en considération des informations qui auraient dû être très pertinentes et qui tournaient, *in fine*, au « réservoir à spam ». Ceci dit, la présence de balises `meta` ne pénalise pas obligatoirement vos pages, mais l'aide apportée au positionnement est minime sur certains moteurs (Bing) et nulle sur Google. Ce n'est pas une raison pour ne pas en parler, mais certainement moins que si cet ouvrage avait été écrit il y a quelques années.

Les balises `meta` permettent d'ajouter une description de la page affichée, ainsi que des mots-clés spécifiques, de façon transparente, à l'attention des moteurs. Elles ne garantissent cependant pas que les pages qui les contiennent obtiennent obligatoirement un meilleur classement que d'autres. Pour le permettre, pensez à ajouter des mots-clés pertinents dans le titre de la page, dans le texte visible, dans l'URL, etc.

Les deux balises `meta` historiquement prises en compte par les moteurs (`name="description"` et `name="keywords"`) doivent être placées après la balise `<head>` et avant la balise de fin d'en-tête, (`</head>`) comme ceci :

```
<html>
  <head>
       <title>Titre de la page</title>
       <meta name="description" content="contenu de la balise description"/>
       <meta name="keywords" content="contenu de la balise keywords"/>
```

Imaginons que vous réalisiez un site relatif à votre société, nommée Stela, dont l'activité consiste à vendre des chaussures de sport. Sur la page d'accueil, vous indiquerez, par exemple dans le code HTML, les lignes suivantes :

```
<meta name="description" content="Stela, sp&eacute;cialiste de la vente de chaussures
➥ de sport, bas&eacute; &agrave; Paris, France"/>
<meta name="keywords" content="stela, chaussures de sport, tennis, running, footing,
➥ stretching, chaussure, terre battue, dur, herbe, wimbledon, flushing meadow, roland garros,
➥ flinders park, grand chelem" />
```

Notez ici l'écriture en HTML des caractères accentués : `é` est le code pour « é » et `à` signifie « à ».

Seules comptent les balises meta description et robots

De très nombreuses autres balises `meta` sont disponibles et parfois visibles dans le code HTML des pages publiées sur le Web : `revisit-after`, `classification`, `distribution`, `rating`, `identifier-URL`, `copyright`, etc. Il faut savoir qu'elles ne sont clairement prises en compte par aucun moteur de recherche majeur. Leur présence est donc superflue dans vos pages, si ce n'est pour d'autres buts que le référencement.

> **Le mythe de la balise revisit-after**
>
> Lorsque vous trouverez une balise meta `revisit-after` dans le code source des pages web présentant l'offre d'une société de référencement, vous pouvez vous poser quelques questions sur ses compétences techniques. Et oui, cela arrive.

Une autre balise `meta` est cependant prise en compte : la balise `<meta name="robots">`, qui sera étudiée au chapitre 16 de cet ouvrage. Concernant les métadonnées Dublin Core (*http://dublincore.org/*), elles n'ont pas d'intérêt pour le référencement.

Zone chaude 5 : la balise meta description, à ne pas négliger pour mieux présenter vos pages !

La balise meta `description` indique au moteur de recherche une phrase de résumé du contenu de la page (appelée « snippet » chez Google). Cette description sera affichée par certains moteurs dans leur page de résultats, sous le titre. La figure 4-14 présente un exemple sur Google (mot-clé « abondance »).

Si la page ne contient pas de balise meta `description`, si le contenu de cette dernière est trop court ou si le moteur décide de ne pas l'afficher, le snippet reprendra un extrait textuel de la page contenant le terme demandé (figure 4-12).

Dans cet exemple, le moteur de recherche n'a pas trouvé de balise meta `description` dans le code source de la page. Il a donc créé un snippet, extrait textuel de la page contenant le mot demandé. Le résultat est moins heureux. Cela peut également arriver si le contenu de la balise meta `description` est trop court.

Un autre exemple est visible sur la figure 4-13.

Figure 4-11

Google reprend le contenu de la balise meta description dans le snippet pour présenter la page dans ses résultats.

Figure 4-12

Google peut également afficher un extrait textuel de la page contenant la requête.

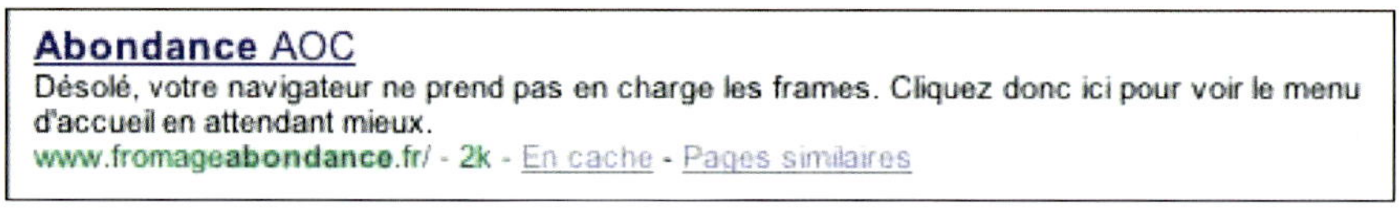

Figure 4-13

Pas facile de savoir de quoi parle cette page (copie d'écran plus ancienne, le site a été corrigé depuis).

Ici, le moteur n'a trouvé ni balise meta `description` assez descriptive (elle existe pourtant), ni texte visible (mauvaise optimisation des frames). Le résultat est peu parlant.

L'algorithme d'affichage du résumé textuel de chaque résultat proposé par Google fonctionne comme suit.

1. Il utilise trois sources différentes et possibles pour ce texte : le contenu de la balise meta `description`, un extrait textuel de la page ou la description de l'annuaire Open Directory (*http://www.dmoz.org/*) si le site est inscrit sur cet outil (mais cette source est de moins en moins visible dans les SERP depuis quelques années).
2. Le moteur va privilégier la balise meta `description` et va chercher ce contenu dans le code de la page. Si cette balise n'existe pas ou si elle est vide, il va passer à l'étape 6.
3. Si le contenu de la balise meta `description` existe mais est trop court (moins de 100 caractères environ), il va passer à l'étape 6.
4. Si le contenu de la balise meta `description` n'est pas cohérent avec le contenu de la page (par exemple, même contenu sur toutes les pages du site), il va passer à l'étape 6.

5. Si le contenu de la balise meta `description` est assez long (supérieur à 100-150 caractères) et s'il est cohérent par rapport au contenu de la page (et à la requête demandée), c'est ce texte que Google utilisera comme résumé textuel (snippet).
6. Si le contenu de la balise meta `description` est trop court ou pas assez cohérent, Google va tenter de chercher dans le contenu de la page un texte pour la décrire. Dans ce cas, vous ne maîtrisez plus ce que Google va indiquer comme résumé pour votre page. Il fait sa propre « cuisine » sur la base du texte qu'il lit dans votre page.
7. Si votre site est inscrit dans l'annuaire Open Directory et si la page proposée dans les résultats de Google est votre page d'accueil, Google pourra afficher le résumé indiqué dans cet annuaire comme snippet. Vous pouvez l'interdire par l'utilisation de la balise meta `robots` (voir chapitre 16), ce que nous vous conseillons.

La balise meta `description` permet donc de mieux maîtriser la présentation de la page proposée à l'internaute.

Veillez donc bien à ce que le contenu de cette balise soit :

- un développement du titre de la page ;
- un résumé du contenu textuel de la page.

Ces deux conditions devraient faire en sorte que cette balise soit affichée dans les résultats des moteurs.

Le travail sur le contenu des balises meta `description` peut s'avérer long et complexe, surtout si vous n'avez pas la possibilité de l'automatiser. Pourtant, il sera certainement payant à moyen terme, non pas au niveau de vos positionnements – vous ne devriez *a priori* pas voir de grand changement de ce côté-là – mais plutôt sur la façon dont les internautes percevront et comprendront vos pages. Cela aura un impact sur le taux de clic dans les SERP, votre « retour sur investissement » et la satisfaction que vous apporterez à vos futurs visiteurs. Sur ce point, la balise meta `description` doit donc plutôt être appréhendée comme une zone marketing qui doit donner envie aux internautes de cliquer pour venir sur votre site, beaucoup plus qu'une zone de pur positionnement algorithmique de pertinence.

Longueur : environ 200 caractères

Par défaut, vous pouvez limiter le contenu de la balise meta `description` à 150, voire 200 caractères, espaces compris. Les moteurs limitent généralement l'espace alloué aux résumés. Si votre descriptif est plus long, faites en sorte que, réduite aux 150 premiers caractères, la phrase ait quand même un sens. Dans votre calcul, prenez en considération une lettre par caractère accentué bien que la représentation de ceux-ci en langage HTML soit plus longue (8 caractères la plupart du temps, comme `é` pour le « é »).

Bien entendu, pour être totalement efficace, chaque page de votre site doit contenir une balise meta `description` différente, décrivant exactement le contenu de la dite page ! Si ce n'est pas le cas, n'en proposez pas !

Notez enfin que Google développe de plus en plus une tendance à rallonger les snippets qu'il propose dans ses pages de résultats. Cela a commencé en octobre 2008 avec quelques tests (*http://goo.gl/m7ivL*), puis l'affichage de résumés plus longs sur les requêtes contenant plus de trois mots-clés (*http://goo.gl/PDRlH*). Enfin, en mai 2009, Google a proposé des options (*http://goo.gl/L4e5S*) permettant d'allonger ou non le texte de ces snippets, comme indiqué sur la figure 4-14. Cette option a disparu depuis.

La morale de tout cela est qu'il va certainement falloir s'habituer, à l'avenir, à créer des balises meta `description` plus longues, entre 200 et 300 caractères, tout en ne dévoilant pas trop d'informations. En effet, si toute l'information est affichée dans le snippet, l'internaute risque de ne plus cliquer et de ne pas aller sur votre site. C'est peut-être ce que désire Google (que l'internaute reste chez lui), mais ce n'est pas forcément votre souhait.

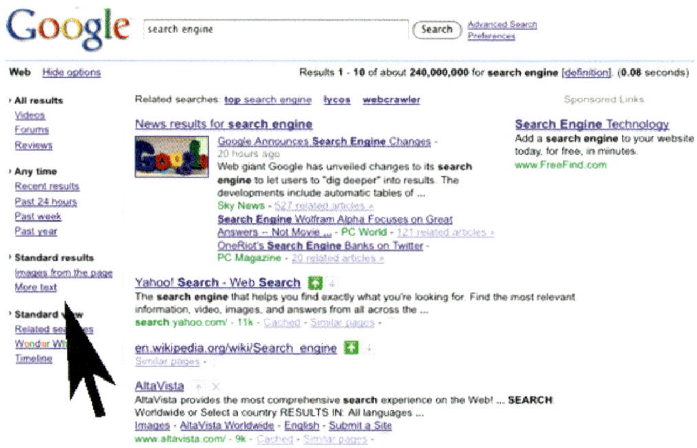

Figure 4-14

L'option « more text », sur la version américaine des pages de résultats de Google, permettait d'afficher des snippets plus longs (capture d'écran d'époque).

Zone chaude 6 : la balise meta keywords

La balise meta `keywords` sert à fournir des mots-clés supplémentaires aux moteurs de recherche qui les prennent toujours en compte, c'est-à-dire de moins en moins. Parmi les moteurs majeurs, seul Bing semble encore lire cette zone (bien que Yahoo! ait dit le contraire en octobre 2009 : *http://goo.gl/lPdtw* et Bing lui-même en mai 2012 : *http://goo.gl/dShWT*).

Ces mots-clés servent à indiquer certains termes importants qui ne seraient pas présents dans le document. La balise meta `keywords` permet également de proposer diverses orthographes de vos mots importants aux moteurs de recherche. Ils sont séparés – au choix – par une virgule, un espace ou encore une virgule suivie d'un espace.

Dans le cas de notre société Stela, fabricant de chaussures de sport, une balise meta `keywords` pourrait être :

```
<meta name="keywords" content="stela, chaussure de sport, fabricant, tennis, running,
➥ footing, stretching, athl&eacute;tisme, terre battue, dur, herbe, wimbledon,
➥ flushing meadow, chaussures, Roland-Garros, flinders park, grand chelem"/>
```

Il a longtemps été d'usage que la balise meta `keywords` contienne jusqu'à 100 mots-clés, ou 1 000 caractères. Au-delà, vous pouviez être considéré comme étant un spammeur et votre page pouvait être pénalisée.

Le nombre de mots-clés présents dans vos balises meta `keywords` peut, en fait, être bien moins important, au vu de l'importance moindre aujourd'hui de cette zone d'information pour les moteurs. En règle générale, on pourra penser qu'avec une dizaine, voire une vingtaine, de mots-clés, vos balises meta `keywords` seront bien optimisées. N'y passez pas des heures, désormais le jeu n'en vaut plus la chandelle.

Keywords : n'y passez pas trop de temps !

En règle générale, proposez dans cette balise les occurrences suivantes :

- noms communs : une occurrence au singulier et éventuellement une autre au pluriel et au féminin (singulier et pluriel), par exemple, « chien », « chiens », « chienne » et « chiennes » ;
- lettres accentuées : indiquez une version non accentuée et une version accentuée en HTML, par exemple, « athletisme », « athlétisme ». Il en est de même pour les caractères diacritiques, notamment le « ç » : « francais » et « français ».

Si possible, privilégiez :

- pour les noms communs : l'occurrence au singulier, puis éventuellement les occurrences au pluriel et au féminin, en favorisant les mots les plus logiques susceptibles d'être saisis par un internaute ;
- pour les lettres accentuées (si prises en compte) : la version accentuée en HTML d'abord, puis la version non accentuée.

N'oubliez pas de proposer des expressions, des mots composés (chaussure de sport, Roland-Garros) en plus des mots isolés. Soyez attentif cependant à ne pas répéter un mot à l'intérieur de ces expressions.

Par exemple, la balise suivante :

```
<meta name="keywords" content="chaussure de sport, chaussure de tennis, chaussure defooting,
➥ chaussure de training, chaussure de basket"/>
```

risque d'être interprétée par les moteurs comme étant une tentative de fraude, car le mot « chaussure » est trop souvent répété. La bonne syntaxe serait plutôt :

```
<meta name="keywords" content="chaussure de sport, tennis, footing, training, basket"/>
```

Vous choisirez dans la première expression (ici, « chaussure de sport ») le mot le plus important pour votre activité afin de l'indiquer dans la première occurrence proposée.

Les autres termes (dans l'exemple : « tennis », « footing », « training », « basket ») viendront ensuite.

Attention, il ne s'agit pas de « remplir » la balise meta `keywords` avec des mots qui n'ont aucune chance d'être saisis par un internaute sur un moteur. Soyez réaliste et ne retenez que des occurrences logiques et répandues de vos mots-clés.

Important : prêtez également attention aux éventuelles fautes de saisie qui pourraient être faites par les internautes si votre nom est complexe. Par exemple, si votre société s'appelle Schmidt, insérez également les mots-clés « schmit », « chmidt », « schmid », « chmit », etc.

Terminons avec une mise en garde : si vous aviez l'idée d'inclure dans les balises meta `keywords` de vos pages tous les noms de vos concurrents – afin que vos pages soient trouvées même si l'internaute s'intéresse en priorité à vos rivaux économiques – sachez que plusieurs entreprises américaines et françaises ont déjà attaqué en justice d'autres sociétés coupables de ce type de fraudes… et qu'elles ont gagné leur procès. Un webmaster averti en vaut donc deux (d'autant plus que la technique est tout à fait inefficace aujourd'hui au vu du poids de ce champ pour les moteurs).

Utilité de la balise keywords dans certains cas

Si la présence de balises meta `keywords` est aujourd'hui facultative dans vos pages, au vu du faible intérêt que leur portent les moteurs, elles peuvent avoir leur importance dans des pages contenant très peu de texte. Une page HTML lançant une animation Flash, par exemple, et affichant un contenu textuel quasi inexistant, pourrait tirer parti d'une balise meta `keywords` bien remplie. Nous vous invitons à lire à ce sujet la page suivante : *http://goo.gl/ZlgfZ*.

Notons également que le contenu de la balise meta `keywords` peut éventuellement être lu par votre technologie de recherche interne (intrasite). À vérifier…

Enfin, cet espace pourra éventuellement servir à créer une zone « mots-clés » si vous créez un Sitemap XML spécifique pour Google Actualités (voir chapitre 7 et paragraphe suivant) mais la balise `news_keywords` (voir ci-après) sera plus efficace dans ce cas.

Ce sont à peu près là les seuls intérêts de la balise meta `keywords` à l'heure actuelle.

Un rappel pour finir : très peu de moteurs de recherche prennent en compte aujourd'hui le contenu des balises `meta` dans leurs algorithmes de pertinence. N'y passez donc pas des heures, cela n'aurait qu'une utilité très limitée.

La balise news_keywords pour Google Actualités

En septembre 2012, Google a un peu surpris tout le monde en proposant une balise baptisée `news_keywords`, uniquement prise en compte par son outil de recherche sur l'actualité (*http://goo.gl/3h21w*). Elle sert à indiquer des mots-clés permettant de mieux décrire un article, notamment si le titre n'est pas explicite.

Elle répond aux spécificités suivantes.

- Elle doit être positionnée, comme toutes les balises `meta`, dans la partie `<head>` du code source.
- Les mots qu'elle contient ne doivent pas nécessairement apparaître dans le contenu de l'article (même si, logiquement, on peut s'attendre à ce que ce soit le cas pour certains d'entre eux). La balise peut également servir pour proposer des synonymes, autres formes de mots (singulier, pluriel ou autres) ou tout terme relatif au contenu de l'article en question.
- Ces mots-clés sont pris en compte dans l'algorithme de « ranking » de Google Actualités mais ne suffiront pas, bien sûr, pour que la page soit bien classée dans les résultats de recherche pour ces termes s'ils n'apparaissent que dans cette zone.
- Une virgule doit séparer les expressions ou groupes de mots-clés (la virgule est le seul signe de ponctuation autorisé).
- Vous pouvez ajouter jusqu'à dix mots-clés ou expressions pour un article. Tous les mots-clés ont la même valeur, l'importance accordée au premier n'étant pas supérieure à celle accordée au dernier terme.

Voici un exemple d'utilisation de cette balise :

```
<meta name="news_keywords" content="balise, html, google, actualité, news keywords,
➥ seo, référencement, news">
```

À vous de la mettre en place dans vos pages si votre site est indexé dans Google Actualités. Elle est inutile sinon.

Pour résumer

Voici quelques conseils pour bien optimiser les balises `meta` de vos pages.

- Les balises meta `description` sont importantes pour mieux maîtriser la façon dont les moteurs affichent les résumés de vos pages. Leur impact en termes d'analyse de la pertinence d'une page par les moteurs est très faible voire nul.
- Une bonne balise meta `description` développe le titre de la page et en résume son contenu textuel. Sa taille moyenne est de 150 à 200 caractères. Cette taille a tendance à grandir (300 caractères) car le snippet proposé par Google est plus grand si de nombreux mots-clés composent la requête.
- Idéalement, chaque page doit proposer une balise meta `description` qui lui est propre.
- Les balises meta `keywords` sont aujourd'hui moins prises en compte par les moteurs de recherche. Leur présence est facultative.
- Les balises meta `keywords` permettent notamment d'indiquer plusieurs formes de mots importants (pluriel/singulier, masculin/féminin, fautes d'orthographe ou de frappe, et éventuellement accentuation).
- L'indication d'une vingtaine de mots-clés dans la balise meta `keywords` est la plupart du temps suffisante.
- À part la balise meta `robots`, les autres balises `meta` (`revisit-after` et `consorts`) n'ont aucune incidence dans le cadre d'un référencement.

Zone chaude 7 : les attributs alt et title

Les attributs `alt` et `title` des balises images et des liens HTML améliorent l'accessibilité des pages web en affichant des textes alternatifs en l'absence d'image. De nombreux webmasters soignent ces attributs, pensant que leur contenu est pris en compte comme du texte par les moteurs de recherche. Voici un exemple de code HTML de ce type :

```
<img src="http://www.votresite.com/images/logo.gif" alt="Mots-clés" title=
➥ "Autres mots-clés">
```

Les mots-clés insérés dans ces attributs sont-ils pris en compte par les moteurs ? Voici les conclusions tirées de nos tests.

- L'attribut `alt` de la balise `<img>` (image) est pris en compte par Google mais pas par Bing.
- L'attribut `title`, sur une image (balise `<img>`) ou un lien textuel (balise `<a>`), n'est pris en compte ni par Google, ni par Bing.

Notez bien un point important à ce sujet : Google prend en compte les mots-clés insérés dans l'attribut `alt`, mais on peut parier que le poids qui leur est attribué dans l'algorithme de pertinence est assez faible. Il n'est cependant pas nul.

Autre point non négligeable : ne remplissez l'attribut `alt` que pour les images ayant un sens par rapport au contenu de la page. Toutes les images servant à la charte graphique (traits, coins, arrondis, etc.) ou n'apportant pas de réel sens à vos textes pourront avoir un `alt` vide (mais cependant présent) comme ici :

```
<img src="http://www.votresite.com/images/coindroitdelefenetre.jpg" alt="">
```

Et, bien sûr, évitez de mettre dans l'attribut `alt` d'une image un texte qui n'aurait rien à voir avec le contenu de celle-ci, mais une liste de mots clés sans rapport. Et oui, c'est du spam !

Zone chaude 8 : le nom de domaine

Après le texte et le titre des pages, nous allons maintenant explorer leur URL ou adresse web, du type : *http://www.votresite.com/produits/gamme/article.html/.*

Premier point très important : il est essentiel d'avoir son propre nom de domaine (votresite.com ou votre-entreprise.fr) pour imaginer obtenir un bon référencement pour son site web. Des adresses comme *perso.votre-fournisseur-d-acces.com/votre-entreprise/* ou autres sont parfaites, dans un premier temps, pour tester le réseau sans réelle stratégie d'entreprise et créer un site web « pour voir », mais si vous avez une quelconque ambition sur Internet, achetez au plus vite votre nom de domaine, le prix (entre 10 et 20 € par an, parfois moins) en vaut vraiment la chandelle. N'hésitez pas une seconde, la différence est radicale pour le référencement, vous vous en apercevrez bien vite.

La question du choix du nom de domaine d'un site fait très souvent l'objet de multiples discussions, réflexions et décisions qui ressemblent parfois à des compromis pas toujours très heureux. Que faut-il faire ? Choisir un *.fr* ou un *.com* ? Un nom composé avec ou sans tiret ? Etc.

Cela n'est nullement un secret des dieux : le nom de domaine d'un site est important pour son référencement, même si cette importance a tendance à décliner au fil des ans (*http://goo.gl/slE5v*).

Idéalement, votre nom de domaine doit contenir un ou plusieurs mots (tout en restant dans le domaine du bon sens) décrivant au mieux ce que votre site propose dans ses pages : nom de l'entreprise, activité principale, etc. La présence d'un mot-clé de recherche dans le nom de domaine d'un site est bien souvent un critère déterminant pour son classement.

Tapez des mots-clés génériques comme « auto » ou « finance » et vous verrez que, très souvent, ces termes se retrouvent dans le nom de domaine sur le moteur de recherche leader et notamment dans les premières positions. Le phénomène se répète sur de nombreux moteurs, même si, là encore, le phénomène est beaucoup moins net qu'il y a quelques années.

Sur Google, saisissez « livre référencement » et vous comprendrez pourquoi nous avons choisi ainsi le nom de domaine de ce site du Réseau Abondance. Il s'est placé premier sur Google en quelques semaines malgré une concurrence importante, ce qui montre bien l'importance du nom de domaine dans les algorithmes actuels des moteurs. Ce nom de domaine est également important pour l'affichage de liens de site sur Google (voir chapitre 11).

Le filtre EMD

Google a mis en place en 2012 un « filtre de nettoyage » baptisé EMD pour *Exact Match Domain*. Il a pour but de pénaliser les sites ayant inséré trop de mots-clés dans leur adresse, comme *achat-vente-immobilier-pas-de-calais.com*, *trophee-andros-circuit-pilotage-glace-conduite-neige-stage.circuit-serre-chevalier.com* ou *audit-seo-pas-cher-gratuit-france.fr* (exemples fictifs bien sûr mais pas tant que ça pour certains !). Évitez donc de proposer plus de deux ou trois termes significatifs dans vos noms de domaine, ne soyez pas trop « vendeurs » à ce niveau et tout devrait bien se passer. Un nom de domaine « naturel » ne sera pas pénalisé. Toute tentative d'y insérer trop de mots-clés de façon artificielle est, en revanche, dangereuse aujourd'hui.

Bien sûr, l'intitulé du nom de domaine ne suffit pas à lui seul. Une optimisation complète du site est nécessaire (titre, texte, etc.), mais le nom de domaine jouera un rôle souvent complémentaire dans vos positionnements. Il n'est pas essentiel, mais il peut apporter un « plus » non négligeable.

Le problème principal du nom de domaine vient du fait que celui-ci doit rester court, lisible et mnémotechnique. Par conséquent, vous aurez le choix entre *nom-de-votre-entreprise.com* ou *caractérisation-de-votre-activité.com*, et c'est tout. Pour notre exemple, cela donnerait donc *stela.com* ou *chaussures-de-tennis.com*. C'est un peu court et vous n'avez pas vraiment le choix de placer beaucoup de mots-clés dans cette zone puisque le filtre EMD de Google veille (voir encadré précédent). Donc, autant les choisir au mieux.

Sachez enfin que toute stratégie reposant sur des « galaxies de noms de domaine », visant à acheter de nombreux noms de domaine différents et contenant chacun des mots-clés pertinents pour votre activité, est assimilée à du spam et est absolument à proscrire à l'heure actuelle. Pénalité et/ou liste noire assurée ! Bien sûr, rien ne vous empêche d'acheter plusieurs noms de domaine, notamment pour éviter qu'un petit malin ne vous les « pique », et de tous les rediriger vers une adresse « canonique », mais il n'est absolument pas recommandé de bâtir une stratégie de référencement sur cette base. Nuance… Nous reviendrons sur ce point plus loin dans ce chapitre.

Quelle extension choisir ?

Première interrogation bien souvent posée : faut-il choisir un *.fr* ou un *.com*, voire une autre extension (*.org*, *.eu*, *.info*, *.biz*, etc.) pour son site ? Question épineuse en soi mais dont la réponse ne dépend pas réellement de la façon dont le moteur de recherche le prendra en compte. En effet, il n'existe aujourd'hui aucune preuve que le domaine choisi influe d'une quelconque façon sur votre futur positionnement dans les pages de résultats des moteurs. En d'autres termes, que vous optiez pour un *.fr*, un *.info*, un *.biz* ou un *.com*, cela ne devrait pas jouer sur vos futurs positionnements, les moteurs n'en tenant pas compte, jusqu'à preuve du contraire.

Le choix du domaine sera donc plutôt issu d'une réflexion sur le site lui-même et sa cible.

- Un site ayant une cible française pourra, de façon indifférente, être disponible sur un *.fr* ou un *.com* (ou autre).
- Un site ayant une cible américaine optera plutôt pour un *.com*.
- Un site à vocation internationale pourra de façon habile être accessible selon plusieurs adresses : le *.fr* pour la version française, le *.com* pour la version en langue anglaise pour les États-Unis, le *.co.uk* pour la Grande-Bretagne, etc.
- Une association pourra sans souci opter pour le *.org*.

À une époque, certains moteurs (Excite notamment) prenaient en compte, pour une recherche sur le Web francophone, uniquement les pages issues de sites en *.fr*. Cette époque est aujourd'hui révolue (heureusement !) et une recherche sur le Web francophone, par exemple sur Google France, s'effectuera prioritairement sur la langue utilisée dans la page web et ne se basera pas uniquement sur le domaine du site.

Un bémol sera cependant appliqué à cette réflexion au paragraphe suivant.

L'hébergement est-il important ?

L'hébergement de votre site peut avoir son importance, et notamment la localisation géographique de l'hébergeur choisi. En effet, sur certains moteurs, plusieurs choix de recherche ont longtemps été disponibles : Web, Pages en français ou Pays : France. Notez que Google a supprimé en 2010 les trois boutons de sa page d'accueil, mais les options restent possibles dans les résultats de recherche, comme on le voit sur la figure 4-15.

Le choix Pays : France restreint la recherche soit :

- les pages accessibles sur un site en *.fr* ;
- ou les pages accessibles sur un serveur hébergé sur le territoire français.

Figure 4-15

Filtre de recherche dans les pages de résultats de Google

Cette restriction peut sembler peu importante sur la France (qui utilise réellement la fonction Pays : France dans l'Hexagone ?), mais il faut savoir que les sites qui répondent à un de ces deux critères auront un petit « plus » dans les résultats de Google.fr. Il sera donc plus difficile, pour un site en *.com* hébergé aux États-Unis, par exemple, de se faire une place sur la version française de Google.

De même, si vous avez une cible en Suisse ou en Belgique, où de nombreux internautes effectuent des recherches spécifiquement sur leur territoire, cela peut avoir une importance. Ainsi, si la cible suisse est prioritaire pour vous et que votre site est hébergé, disons, sur le territoire français ou américain, vous n'aurez pas d'autre choix que d'utiliser le domaine *.ch* pour une version helvétique de votre site, si vous désirez apparaître en bonne place sur Google.ch.

Dans ce cas, c'est donc l'hébergeur et sa localisation géographique qui induiront le choix le plus judicieux du nom de domaine de votre site. En revanche, le choix de l'hébergeur lui-même ne semble pas influencer le référencement, en dehors de la problématique de localisation géographique et pour ce qui est du strict point de vue du nom de domaine.

Vous pouvez avantageusement utiliser des outils comme Whois.sc (*http://www.whois.sc/*) qui vous indiqueront dans quel pays est situé votre hébergeur sur la base de l'adresse de son site ou du numéro IP de l'un de ses serveurs.

Figure 4-16

Indication du pays d'hébergement d'un site web sur le site whois.sc

Il faut également tenir compte d'un autre point : il semblerait que Google prenne en considération le fait que certains sites, notamment s'ils échangent des liens, soient hébergés sur des adresses IP proches (même classe C), ce qui réduirait le « poids » de ces liens. En clair, Google penserait dans ce cas que les sites sont sur le même serveur, ou chez le même hébergeur, et qu'il y a des chances qu'ils appartiennent à la même entité. Aucune preuve formelle n'est venue confirmer ou infirmer ce point pour l'instant. Il est difficile de toute façon, si on gère une dizaine de sites web, de les transférer chacun chez un hébergeur, voire sur un serveur, différent.

L'ancienneté du domaine est-elle importante ?

L'ancienneté du nom de domaine semble clairement importante et notamment pour Google. On peut penser que si ce moteur a mis en place la démarche de s'enregistrer en tant que gestionnaire de noms de domaine (*registrar* en anglais, *http://goo.gl/wX5sM*), c'est certainement pour avoir un accès plus direct à un certain nombre d'informations disponibles dans les bases Whois des DNS (*Domain Name Systems* ou *Servers*).

Si vous disposez de plusieurs noms de domaine, toutes choses étant égales par ailleurs, privilégiez le nom de domaine que vous avez déposé à la date la plus ancienne. Il semblerait que Google accorde plus de confiance à votre site si le nom de domaine de ce dernier est ancien, d'où la notion de *TrustRank* (dont nous reparlerons bientôt) pour désigner certains critères pris en compte par le moteur de recherche. Certains disent même que les dates de renouvellement jouent également un rôle : un nom de domaine renouvelé par exemple tous les 5 ans serait une preuve de confiance plus grande qu'un domaine renouvelé tous les ans, suscitant une méfiance du moteur portant sur des opérations à courte échéance.

Noms composés : avec ou sans tirets ?

Question fréquemment posée au sujet des noms de domaine : si votre société s'appelle « Matelas Bon Sommeil », faut-il acheter *matelasbonsommeil.com* ou *matelas-bon-sommeil.com* ?

Ici, la question est simple en théorie : le nom de domaine contenant les mots séparés par un tiret est à privilégier (*matelas-bon-sommeil.com*). En effet, les tirets séparant les différents mots, le site sera plus réactif pour le moteur sur des requêtes comme « matelas », « matelas sommeil », « bon sommeil » ou « matelas bon sommeil ». Dans le premier cas, les termes n'étant pas séparés, le moteur ne comprendra que le mot-clé « matelasbonsommeil ». Pas très pertinent…

Cependant, une autre question doit se poser : sur quel nom de domaine faut-il communiquer lorsqu'on parle de son site, en *offline* (cartes de visites, publicité papier, papier à en-tête, etc.) ou *online* (référencement, liens, etc.) ? En tout état de cause, nous verrons bientôt qu'il est bon de ne jouer que sur un seul nom de domaine pour la communication de façon globale. Ce sera donc à vous de le choisir en fonction d'un certain nombre de critères.

- **La cible :** une cible professionnelle, technophile, sera sans doute peu perturbée par la présence du tiret et cette version pourra être privilégiée. En revanche, une cible grand public sera peut-être gênée par le tiret et la version en un mot pourra éventuellement être utilisée. Voici un exemple simple : si l'adresse du site doit être énoncée à la radio ou à la télévision, faut-il parler de « tiret », de « trait d'union », voire de « tiret du 6 », comme on l'entend parfois ?

- **La préférence de la promotion :** si la visibilité sur les moteurs de recherche est essentielle dans votre stratégie, préférez la version avec tiret qui sépare bien les termes et permet au moteur de les prendre en compte.

En tout état de cause, la version avec tirets est préférable pour les moteurs de recherche, c'est tout à fait clair. Mais si vous préférez la version sans tiret, sachez que cela n'est pas rédhibitoire. Vous pourrez tout à fait compenser ce problème en jouant, par exemple, sur des URL « bien conçues » pour y insérer des mots-clés.

Par exemple : *http://www.matelasbonsommeil.com/matelas/bon-sommeil/gamme/prix-reduits/promotions.html*

Ce type d'URL, très optimisée pour les moteurs de recherche, peut tout à fait compenser l'absence de tirets séparant les mots dans le nom de domaine. Il est faux de penser que le fait d'utiliser des noms de domaine en un mot est fortement pénalisant pour le référencement. Utiliser les tirets est un plus, mais l'utilisation d'URL et de pages optimisées peut tout à fait compenser ce fait, du moins en grande partie. En 2016, la tendance semble d'ailleurs clairement aller vers les noms de domaine sans tiret.

Mais il existe également une astuce permettant d'utiliser les deux : vous communiquez sur le nom de domaine matelasbonsommeil.com, puis vous faites une redirection 301 (voir chapitre 14) de *matelasbonsommeil.com* vers *matelas-bon-sommeil.com*. Vous combinez ainsi les avantages des noms de domaine sans tirets pour la communication et avec tirets pour le SEO.

Nom de domaine : que choisir ?

Faut-il utiliser le nom de la société ou un nom contenant des mots-clés plus précis comme nom de domaine ?

Si votre société s'appelle « Tartempion » et vend des matelas en mousse, que devez-vous acheter comme nom de domaine : *tartempion.com* ou *matelas-mousse.com* ? Là encore, il n'existe pas de réponse gravée dans le marbre. On serait quand même tenté de conseiller d'acheter et d'utiliser *tartempion.com* car, stratégiquement parlant, il est plus logique d'acheter son nom de marque comme nom de domaine et donc de communiquer sur celui-ci. Le domaine *matelas-mousse.com* est certainement plus optimisé pour les moteurs de recherche (il contient les deux mots les plus importants pour votre activité), mais il n'est optimisé *que* pour les moteurs de recherche. C'est un peu juste *a priori* pour étendre cette vocation à toute votre communication.

Comme précédemment, vous pouvez toujours communiquer sur votre nom d'entreprise en jouant sur des URL optimisées telles que *http://tartempion.com/matelas-mousse/gamme/promotions.html*.

Cette solution devrait être efficace et présente l'avantage de refléter une certaine logique dans le cadre d'une stratégie de communication globale sur le Web. Mais le nom de domaine comportant des mots-clés correspondant à vos produits peut également être utilisé pour un autre site, plus tourné vers vos contenus de façon spécifique.

Stratégie de référencement et nom de domaine

Faut-il baser une stratégie de référencement sur plusieurs noms de domaine pointant vers un même site ?

Cette question découle des deux précédentes. On peut penser qu'il est nécessaire aujourd'hui d'être assez catégorique sur ce point. Il est important de **ne communiquer que sur un seul nom de domaine** pour :

- la communication online : liens vers votre site (amélioration du PageRank), citations dans les articles, liens internes de votre site, etc. ;
- la communication offline : papier à en-tête, cartes de visite, posters, publicité papier, PLV, etc.

En tout état de cause, il semble clair qu'un seul nom de domaine est à privilégier pour ne pas brouiller les esprits de vos clients et prospects, futurs visiteurs de votre site. De plus, la présence étrange de plusieurs noms de domaine pointant tous vers votre site est à déconseiller, les moteurs de recherche pouvant détecter des tentatives de spam. Seul bémol : l'utilisation de noms de domaine avec ou sans tirets comme vu précédemment.

Entendons-nous bien : rien ne vous interdit d'acheter par exemple les versions *.com*, *.fr*, *.net* et *.info* de votre nom de domaine pour éviter que quelqu'un ne les réserve à votre place (le site Abondance, par exemple, dispose des noms de domaine en *.com*, *.net* et *.fr* qui redirigent tous vers le *.com*). En revanche, nous déconseillons fortement de mettre en place une stratégie de référencement basée sur un nombre important de noms de domaine pour une même source d'information, pointant donc sur une même page d'accueil. Ce type de tactique de référencement peut fonctionner à court terme mais est extrêmement dangereuse à moyen et long terme, la détection de spam par les moteurs étant quasi certaine dans les mois qui viennent sur ce type de méthodes.

En tout état de cause, il existe des milliers de sites web très bien référencés sur des mots-clés très concurrentiels (comme « référencement ») tout en ne proposant pas ces termes dans leur nom de domaine. Ce champ est certes important, mais il n'est pas (plus ?) primordial aujourd'hui dans les algorithmes de pertinence des moteurs et il est même, comme nous l'avons vu précédemment, plutôt en perte de vitesse. Si votre stratégie globale de communication rejoint les contraintes des moteurs, tant mieux, mais si ce n'est pas le cas, ce n'est pas d'une gravité rédhibitoire. En résumé, choisissez le plus logiquement possible votre nom de domaine et privilégiez le contenu textuel de vos pages : votre référencement ne s'en portera que mieux.

Si vous avez, par exemple au démarrage d'un projet, le loisir de choisir votre nom de domaine en partant de zéro, essayez de l'optimiser au mieux : nom de votre entreprise ou termes décrivant votre activité. Si ce n'est pas le cas, si votre nom de domaine est déjà connu sur le Web, si des liens ont déjà été créés vers lui par d'autres sites, laissez tomber et gardez la situation actuelle. Il y a bien d'autres points à optimiser pour obtenir une bonne visibilité et vous risqueriez de « casser » pas mal de choses en tentant une stratégie basée sur les noms de domaine.

Des minisites valent mieux qu'un grand portail

La solution certainement la plus efficace, mais pas la plus simple à mettre en œuvre si votre site existe déjà, est de créer des minisites plutôt qu'un grand portail. C'est l'option que nous avons prise en créant le Réseau Abondance qui regroupe plus d'une vingtaine de sites, chacun ayant son contenu propre, identifié (l'actualité pour abondance.com, l'audit de site avec outiref.com, les forums avec forums-abondance.com, les jeux avec googlefight.com, la boutique sur boutique-abondance.com, etc.). Il y a plusieurs avantages à cela.

- Cela évite de créer une « usine à gaz » présentant parfois trop d'informations par rapport à ce que recherche l'internaute. Ce dernier peut aller directement sur le site qui lui convient et y trouver l'information en quelques clics.
- Chaque site peut avoir sa propre cible, son, sa charte graphique, son modèle économique, son CMS… sa propre vie, indépendamment des autres.
- Cela multiplie la visibilité du « réseau » dans les résultats des moteurs de recherche.
- Cela renforce le PageRank (popularité) de chacun des sites du réseau en multipliant les liens de l'un vers l'autre et donc l'interconnexion des pages, toujours importante pour les moteurs de recherche.
- Cela permet d'accélérer la prise en compte des nouveaux sites du réseau en jouant sur les liens croisés (voir chapitre 6).

Bien sûr, si votre site est déjà créé, cela peut poser problème car il vous faudrait, pour créer un réseau, refaire bon nombre de choses et rebâtir votre stratégie. En revanche, cela peut être envisageable lors d'un remaniement du site ou de la mise en place d'une nouvelle version.

Les sous-domaines

Une autre solution pour augmenter votre visibilité consiste à créer des sous-domaines pour certaines zones de votre site web. Ceci avait un intérêt il y a quelque temps car les moteurs de recherche pratiquaient presque tous le *clustering* : pour un site donné, ils affichaient au maximum deux pages web pertinentes. Pour les autres, un lien Pages similaires était parfois proposé comme le montre la figure 4-17.

Figure 4-17

Clustering par Google : 2 pages au maximum d'un même site étaient présentées dans les résultats, la deuxième étant décalée vers la droite (capture d'écran d'époque).

Pour les moteurs de recherche, les adresses *actu.site.com*, *site.com*, *www.site.com* et *info.site.com* représentaient quatre sources d'informations, soit quatre sites différents. Ce n'est plus le cas aujourd'hui : pour Google, ces quatre adresses se rapportent dorénavant au même site web. De même, ce moteur ne pratique plus le clustering, et un même site peut présenter de nombreux liens dans une même SERP. La création de sous-domaines n'a aujourd'hui plus vraiment d'intérêt en SEO. Mais cela peut être intéressant en communication pour proposer des URL plus courtes aux internautes.

Référencement des sites multilingues

Autre point important dans la préparation de votre référencement : si vous avez décidé de créer un site web multilingue, vous devrez faire attention à plusieurs points au niveau du choix des adresses afin d'améliorer et d'optimiser sa prise en compte par les moteurs de recherche. Nous allons les passer en revue, en commençant par la meilleure solution pour terminer avec la moins bonne.

Solution 1 – Un nom de domaine par langue/pays

Il s'agit ici de l'option idéale : chaque site dispose de sa langue pour un pays donné et de son nom de domaine qui lui est propre.

- *www.votresite.com* : anglais (cible : États-Unis).
- *www.votresite.co.uk* : anglais (cible : Grande-Bretagne).
- *www.votresite.fr* : français (cible : France).
- *www.votresite.de* : allemand (cible : Allemagne).

Aucun des sites n'interfère avec les autres, chacun est axé sur un pays spécifique. Ainsi, rien ne peut gêner les robots des moteurs : c'est parfait. Il existe toutefois deux inconvénients majeurs.

- Vous aurez à gérer de nombreux noms de domaine dans plusieurs pays différents.
- L'achat de ces noms de domaine peut s'avérer complexe dans certains pays, notamment dans les contrées qui demandent à disposer d'une structure professionnelle sur place.

Ceci dit, si vous désirez jouir d'une situation optimale par rapport aux moteurs de recherche, il faudra en passer par là.

Solution 2 – Un sous-domaine par langue/pays

Une autre solution intéressante et qui ne demande l'achat que d'un seul nom de domaine est la création d'un sous-domaine par langue et pays.

- *www.votresite.com* : anglais (cible : États-Unis).
- *uk.votresite.com* : anglais (cible : Grande-Bretagne).
- *fr.votresite.com* : français (cible : France).
- *de.votresite.com* : allemand (cible : Allemagne).

Avec un seul nom de domaine (*votresite.com*), vous créez autant de sous-domaines que vous le désirez, presque instantanément, un par pays et/ou langue. La plupart du temps, l'emploi de sous-domaines reviendra à utiliser la solution 3 ci-après (répertoire interne au site). Autre inconvénient : l'utilisation et la compréhension des sous-domaines ne sont pas très répandues parmi les internautes, notamment dans le grand public, plus habitué à des adresses commençant par *www*. *A priori*, nous vous recommanderons donc l'utilisation des noms de domaine différents (avec extensions géographiques) plutôt que des sous-domaines dans ce cas.

Solution 3 – Un répertoire par langue

Une troisième solution consiste à créer sur votre site, à nom de domaine unique, un répertoire par langue et pays. Par exemple :

- *www.votresite.com/* : anglais (cible : États-Unis).
- *www.votresite.com/uk/* : anglais (cible : Grande-Bretagne).
- *wwwvotresite.com/fr/* : français (cible : France).
- *www.votresite.com/de/* : allemand (cible : Allemagne).

Le principal inconvénient de cette méthode est que tous les sites ci-dessus sont considérés comme faisant partie d'un seul site (*www.votresite.com*) par les moteurs. Votre visibilité pourrait donc décroître fortement si les moteurs limitent le nombre de pages affichées par site dans leurs résultats.

Enfin, si vous optez pour cette solution, nous vous conseillons d'afficher directement la page en anglais, en affichant dans une zone de navigation, sous forme de menus déroulants ou de drapeaux, des liens vers les autres versions (figure 4-18).

Figure 4-18

Exemple du site BASF (www.basf.com) : la page d'accueil par défaut est en anglais et un choix vers les autres versions linguistiques est proposé sous la forme d'un menu déroulant.

Ce choix est intéressant car il permet d'afficher tout de suite une information utile à l'internaute qui, s'il désire l'obtenir dans une autre langue, utilisera le moyen proposé pour cela. Cette option est préférable à une « page de drapeaux » sans réel contenu comme celle présentée en figure 4-19.

Figure 4-19

L'accès « par drapeaux » n'est pas conseillé. Ici, le site Roland-Garros (www.rolandgarros.com).

Dans ce cas, la page n'est pas optimisée car :

- l'internaute doit cliquer pour obtenir une première information utile, cette page d'accueil n'étant absolument pas informative. Cela retarde donc son accès à l'information. Rappelons-nous que les pages importantes de votre site doivent se trouver à trois clics au maximum de la page d'accueil. Ajouter une page de drapeaux « grillera » un clic ;
- le moteur aura « à se mettre sous la dent » une page d'accueil sans texte ou presque, ou en tout cas, sans texte descriptif de votre activité. La page d'accueil ayant la plupart du temps un PageRank élevé, vous sabotez votre référencement en n'y indiquant aucun contenu, aucun mot-clé important ce qui est fort dommage.

Solution 4 – Pages multilingues

Évitez au maximum les pages affichant du contenu dans plusieurs langues distinctes. Les moteurs n'aiment pas cela car ils n'arrivent pas à distinguer la langue unique dans laquelle le document est écrit. Résultat : si votre page contient 50 % de français, elle risque de ne pas apparaître dans une recherche avec l'option Pages francophones. À éviter donc !

Quelques liens utiles

À noter, deux articles datant de mars 2010 sur le référencement de sites multilingues sur le blog pour webmasters de Google :

- *Working with multilingual websites* : *http://goo.gl/E0HEX* ;
- *Working with multi-regional websites* : *http://goo.gl/AMT0f.*

Et un autre, publié en mai 2013, plus spécifiquement orienté vers les développeurs web :

- *6 Quick Tips for International Websites* : *http://goo.gl/X6waw0.*

Zone chaude 9 : les intitulés d'URL

Les noms de domaine et sous-domaines ne sont pas les seules zones importantes dans l'adresse de vos pages web. Tout l'intitulé peut avoir une importance. Utilisez donc des termes clairs et précis plutôt que des abréviations, des chiffres ou des signes cabalistiques que vous seriez seul à comprendre.

Une adresse comme *http://www.stela.com/produits/stylos/recharges/acheter.html* propose cinq mots-clés intéressants : « stela », « produits », « stylos », « recharges » et « acheter ». C'est loin d'être négligeable. Et c'est toujours mieux que *http://www.societestela.com/prods/sty-fr/PK470012/pricing.html*

Insérer, par exemple, la référence catalogue d'un produit dans l'URL peut être intéressant pour la maintenance des pages, mais moins pour l'internaute. Or, n'est-ce pas pour lui que vous avez créé votre site ? Et les moteurs n'y trouveront pas non plus de grain à moudre.

Les URL, pas si importantes en SEO

L'auteur de cet ouvrage entend parfois le discours suivant dans la bouche de certains webmasters : « mon site est bien optimisé pour Google car j'ai de bonnes URL ! ». Une idée assez souvent répandue semble-t-il. Malheureusement, cela ne suffit pas, loin de là. Il existe d'ailleurs de nombreux sites très bien référencés mais proposant des URL peu réactives par rapport au moteurs de recherche. La présence de mots-clés dans les URL des pages est l'un des 200 critères de pertinence pris en compte par Google, mais selon nous pas l'un des plus importants. Ceci dit, si vos URL sont propres, cela représentera un « bonus » non négligeable, bien sûr. C'est un critère nécessaire mais pas suffisant !

Utilisez également le tiret (-) pour séparer les mots plutôt que le tiret du bas ou *underscore* (_) car ce caractère ne représente pas un séparateur pour les moteurs en général et Google en particulier (bien que cette donnée ait évolué, notamment chez Google qui est devenu beaucoup plus souple sur ce point, mais qui a confirmé que ce caractère lui posait toujours des problèmes : *http://goo.gl/3LqBa*).

Ainsi, l'adresse *http://www.stela.com/produits-papeterie/stylos-encre/recharges/encre-noire.html* est valide et optimisée pour les moteurs de recherche, contrairement à *http://www.stela.com/produits_papeterie/stylos_encre/recharges/encre_noire.html*.

En effet, dans le second cas, le moteur risque de comprendre ainsi les mots composés : « produitspapeterie », « stylosencre » et « encrenoire ». Le tiret sera, quant à lui, remplacé par un espace. Google semblait avoir réparé à la mi-2007 ce problème (*http://goo.gl/x6KJh*) avant de revenir sur cette déclaration en 2009. Prudence donc…

En règle générale, utilisez également des lettres et des chiffres simples et bannissez les caractères tels que `*`, `+` ou encore `?` de vos URL : certains moteurs ne les acceptent pas (nous en reparlerons au chapitre 14).

Pour faire plus simple, vous pouvez éventuellement saisir toutes vos URL en minuscules, cela ne pénalisera pas vraiment votre référencement (notez bien que cela ne l'améliorera pas non plus), mais ce sera plus lisible pour l'internaute. Rappelons en effet que la casse des lettres, si elle n'a pas d'importance dans le nom de domaine, est discriminante pour un navigateur dans le reste de l'intitulé de l'adresse : *INDEX.HTML* est différent de *Index.html* et de *index.html*. En revanche, elle n'a pas d'importance pour les moteurs de recherche dans leur compréhension des mots-clés.

Bien sûr, il n'est pas toujours possible d'insérer des mots-clés importants dans les URL des pages telles qu'elles sont créées de façon native. Selon les systèmes d'édition utilisés (pages dynamiques, gestion de contenu, etc.), les URL peuvent être plus ou moins absconses, complexes, sans que vous ayez la main sur leur intitulé. Peut-être sera-t-il intéressant, dans ce cas, de passer par des systèmes d'URL rewriting (voir chapitre 14).

Citons d'autres points à prendre en compte.

- Pas de lettres accentuées ou de caractères diacritiques dans les URL. Ainsi, un « é » sera remplacé par un « e », un « ç » par un « c », etc.
- *Idem* pour la ponctuation : remplacer les apostrophes, les guillemets, etc., par un tiret.
- Éviter également d'insérer trop de caractères « / » dans vos URL.
- Notez que la terminaison de l'adresse (*.html*, *.asp*, *.php*, etc.) n'a aucune importance pour votre référencement mais, par expérience, nous vous conseillons d'en mettre une, quelle qu'elle soit. Préférez donc : *http://www.stela.com/papeterie/clairefontaine.html* ou *http://www.stela.com/papeterie/clairefontaine.php* à *http://www.stela.com/papeterie/clairefontaine* ou *http://www.stela.com/papeterie/clairefontaine/*.
- Enfin, sachez que pour voir vos contenus indexés dans Google Actualités (Google News, *http://news.google.fr/*), vos URL devront également contenir au moins trois chiffres consécutifs qui ne ressemblent pas à une date. Par exemple : *http://www.stela.com/actualites-papeterie/clairefontaine-sort-un-nouveau-stylo-123456.html* conviendrait, alors que *http://www.stela.com/actualites-papeterie/clairefontaine-sort-un-nouveau-stylo.html* serait refusée.

  Cette restriction, un peu ridicule, est clairement demandée par Google pour voir un article indexé dans son agrégateur d'actualité. Cette règle pourra cependant être transgressée si votre site dispose d'un fichier Sitemap spécifique pour Google Actualités (*http://goo.gl/HxGOp*).

Voici donc quelques exemples d'URL parfaitement optimisées pour les moteurs de recherche (et Google Actualités sans Sitemap idoine) :

- *http://www.stela.com/actualites-papeterie-123456-clairefontaine-cree-un-nouveau-stylo.html ;*
- *http://www.matelas-mousse.fr/12-09-2014-6756-notre-societe-a-recu-le-prix-de-l-ingeniosite-francaise-en-2010 ;*
- *http://tempsreel.nouvelobs.com/actualites-societe-20140716-l-une-faculte-denonce-des-frais-d-inscription-illegaux-987.html.*

Pour résumer

Voici quelques conseils pour bien optimiser les URL de vos pages.

- Achetez un nom de domaine (*.com*, *.fr*, *.net*, etc.) propre, sans système de redirection.
- Insérez, si possible, un ou deux mots importants pour votre activité dans le nom de domaine : votre nom, votre activité, etc.
- Ne fonctionnez que sur un seul nom de domaine pour vos promotions online et offline.
- Essayez de mettre en place un réseau de « petits sites » plutôt qu'un gros portail.
- Insérez des mots-clés importants et intelligibles dans l'intitulé complet de vos URL.
- Séparez les mots importants par des tirets hauts dans les énoncés de vos noms de domaine.
- Remplacez les caractères accentués et diacritiques de vos URL par des équivalents non accentués.
- Insérez au moins trois chiffres consécutifs ne ressemblant pas à une date dans l'URL si vous voulez que vos contenus soient indexés par Google Actualités.
- Le plus important : agissez toujours avec loyauté et évitez tout spam, jamais payant à court, moyen ou long terme sur les moteurs !

Nous avons donc atteint la fin de ce chapitre sur les critères in page et le code HTML des pages web. Nul doute qu'il y a beaucoup de travail à faire dans ce domaine sur un site. Maintenant, il est temps de remplir ces balises avec du texte de qualité. Le moule est prêt, vous pouvez préparer les ingrédients du gâteau !

5

Optimisation – Les critères in page : contenu textuel

« L'écriture, toute écriture, reste une audace et un courage.
Et représente un énorme travail. »
Michèle Mailhot

À la fin du premier chapitre, nous avons proposé une analogie entre le SEO et la recette d'un gâteau. Et au chapitre précédent, nous avons appris à créer un « moule » de bonne qualité : le code HTML. Condition *sine qua non* à l'optimisation d'une page web, ce code source se doit donc d'avoir quelques particularités qui lui permettront d'être bien analysé par Google. Assurez-vous donc que les codes HTML de vos pages présentent les caractéristiques suivantes :

- les balises <h1> à <h6> ont bien été placées dans le cœur éditorial de la page (et non dans le header, le footer ou les menus de navigation) et correspondent à des zones dans lesquelles vous pourrez facilement intégrer des mots-clés importants ;
- lorsque vous mettez un mot en gras, utilisez la balise <strong> et non la balise <b> ;
- chaque page dispose d'une balise <title> sur laquelle vous avez la main en termes de contenu ;
- chaque page dispose également d'une balise meta `description` que vous pouvez renseigner comme bon vous semble ;
- vous pouvez intégrer des attributs `alt` aux images mises en ligne ;
- vos URL sont réécrites et proposent des mots-clés correspondant au contenu de vos pages.

Tout est en ordre ? C'est parfait, nous pouvons donc passer à l'aspect rédactionnel de vos contenus. Commençons par quelques généralités importantes sur la gestion et la création d'un bon contenu SEO, c'est-à-dire « écrit pour les internautes en pensant aux moteurs de recherche ».

Lisez la bible !

Le but de ce chapitre n'est pas de vous apprendre tous les rudiments de l'écriture pour le Web. Il faudrait un ouvrage spécifique pour cela. Et cela tombe bien puisque ce livre existe : *Bien rédiger pour le Web... et améliorer son référencement naturel* d'Isabelle Canivet, paru aux éditions Eyrolles. Un livre indispensable et à lire absolument pour en savoir plus sur la meilleure façon d'écrire sur le Web.

Une webographie plus complète est également proposée à la fin de ce chapitre.

Figure 5-1

Le contenu optimisé est capital !

Avant tout, il nous semble essentiel de souligner un point crucial : s'il est nécessaire de mettre en ligne des pages web optimisées par rapport aux critères de pertinence des outils de recherche, la valeur qualitative du contenu proposé est certainement bien plus importante. En effet, rien ne sert de faire la promotion d'un site web, par le référencement ou par un autre moyen, si ce site ne répond pas aux exigences du public visé au préalable.

La première étape dans la création d'un site web sera donc de réfléchir à son contenu et à l'adéquation de ce dernier aux besoins et aux attentes des internautes qui viendront le visiter. C'est essentiel et vital pour le succès d'un tel projet. Comme on le dit depuis plus de 10 ans sur le Web, *content is king!* (« le contenu est le capital ! »).

Ceci étant dit, cela ne suffit pas toujours. Il peut réellement s'avérer opportun de penser « moteurs de recherche » lorsque vous bâtissez vos pages. En effet, non seulement vous proposerez en ligne du bon contenu, mais l'optimisation que vous aurez créée pour vos pages lui donnera une bien meilleure visibilité sur les moteurs. Dans ce cas, *optimized content is emperor!* (« le contenu optimisé induit sa visibilité ! »).

L'erreur serait, à notre avis, de travailler sur l'optimisation des titres, textes et autres zones chaudes sans avoir en même temps travaillé la qualité du contenu lui-même. Nous insistons lourdement sur ce point car c'est réellement primordial. De plus, le métier de SEO s'oriente réellement dans cette direction depuis que les filtres Panda et Penguin ont été lancés par Google : la qualité du contenu et des backlinks doit être au rendez-vous et au cœur de votre stratégie de visibilité ! En effet, si une bonne optimisation vous permettra de faire venir du monde sur vos pages au travers des moteurs, ce n'est pas cela qui fera rester les internautes sur votre site, y faire une ou des actions concrète(s), y revenir, ou qui fera en sorte que le bouche à oreille fonctionne et vous amène d'autres visiteurs, etc. C'est le contenu que vous allez proposer en ligne qui va faire la différence entre trafic efficace, ciblé, et trafic stérile. Faire entrer un prospect dans une boutique vide ne sert pas à grand-chose.

La qualité de ce que vous proposez en ligne va aussi influer sur les liens qui vont se créer vers votre source d'information. Et vous vous apercevrez vite que le lien est aujourd'hui l'application « qui tue » (nos amis anglophones parlent de *killer application*) du SEO.

Nous sommes persuadés que le meilleur référencement qui soit est celui qui permet, par une bonne et loyale optimisation des pages, de faire connaître le site au mieux, de le mettre en valeur et de donner une visibilité à un contenu de qualité. Et nous allons voir que cela est tout à fait possible !

La notion de texte visible

On dit souvent des moteurs de recherche qu'ils sont des « obsédés textuels » (et qu'ils aiment les pages qui ont du « text appeal », pour continuer dans la même veine) : seul le texte d'une page leur importe, pas le contenu des images ou autres animations. Ils adorent

« comprendre » le contenu d'un document en lisant son texte visible. Tout d'abord, définissons clairement ce que nous entendons par cette expression.

- **Texte.** Tout ce dont nous allons parler ici concerne le contenu textuel de vos pages, c'est-à-dire tout le contenu que vous pouvez sélectionner avec votre souris, copier puis coller dans un logiciel de traitement de texte comme Word. En d'autres termes, tout le texte affiché dans le navigateur et qui peut être identifié dans votre code source HTML. Ainsi, un texte inclus dans une image n'est pas considéré comme étant au format textuel. Il en est de même pour un texte inséré dans une animation Flash, etc.
- **Visible.** Nous ne parlerons ici que du texte proposé loyalement sur les pages web, sans traiter des cas de spam datant du paléolithique inférieur du Web et consistant à insérer, par exemple, du texte en blanc sur fond blanc (voire en jaune très clair sur fond blanc, quelle misère !), invisible pour l'internaute mais soi-disant pris en compte par le moteur. S'il est vrai que ce type de spam marche parfois sur certains outils de recherche, et pas des moindres (même sur ceux qui disent combattre ce type de pratique), il s'agit clairement de fraude de bas étage et nous n'en parlerons donc pas. De plus, lorsqu'un internaute découvre la supercherie (et ce n'est pas vraiment très compliqué), la perte de crédibilité envers le site coupable est telle que cela devrait décourager tout webmaster sérieux de commettre ce type de « méfait ». De la même façon, toute tentative visant à cacher du texte dans un code HTML (et Dieu sait si techniquement parlant il existe de nombreuses possibilités de le faire) sera considérée comme du spam et ne pourra donc pas bénéficier de l'adjectif « visible ».

Il est très important de bien comprendre que la façon de faire du référencement a totalement changé au fil des ans : à l'époque d'Altavista, on créait une page entièrement pour l'internaute et on mettait, dans des « zones cachées » (par exemple, les balises meta `keywords`) les termes à lire par les moteurs. Cette époque est totalement révolue ! Aujourd'hui, Google doit être considéré comme un internaute qui vient lire le contenu de vos pages. C'est pour cela qu'on dit que vos textes doivent être « écrits pour vos visiteurs humains mais en tenant compte de quelques règles importantes pour les robots des moteurs » Car ils liront tous deux le même contenu ! Ou presque…

La taille d'un texte

Faut-il écrire de longs textes ou des contenus très courts ? Il faut savoir que Google, pour analyser vos pages web, va prendre en compte le cœur éditorial de celles-ci, en laissant de côté les zones similaires d'une page à l'autre : le header, le footer et les menus de navigation (ces trois zones étant parfois appelées « arche »). Pour son analyse de pertinence, Google va donc enlever l'arche et lire le contenu éditorial, représentée par la zone rouge sur la figure 5-2.

Cela ne signifie pas pour autant qu'il va ignorer l'arche. Celle-ci lui servira à explorer le site et à avoir une vision macroscopique de la source d'information et de son contenu, sa structure, etc.

Le cœur éditorial, en revanche, lui donnera une vision microscopique, granulaire du contenu à l'échelle de la page.

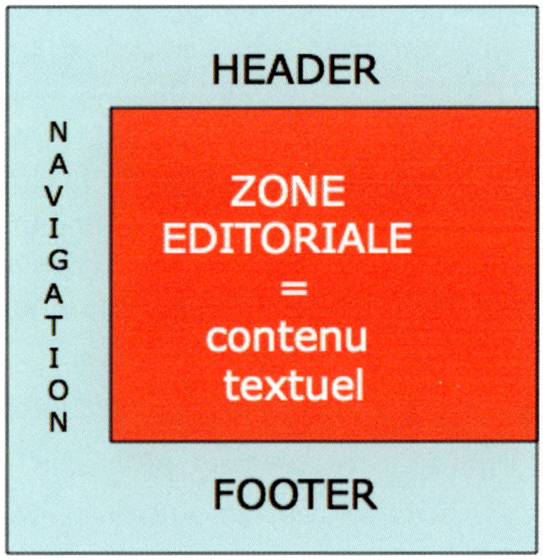

Figure 5-2

Google lit le cœur éditorial de la page pour se faire une idée de son contenu.

Lorsque nous parlerons d'optimisation SEO dans ce chapitre, nous parlerons donc de ce cœur éditorial et non pas de l'arche. Mais soyons clair : mettre des mots-clés ou des liens dans un footer, par exemple, en vue d'améliorer le référencement d'une page est une hérésie en termes de SEO ! Nous y reviendrons.

Pour ce qui est de la taille, sachez également que Google a besoin d'un certain « volume » de texte pour comprendre de quoi parle la page. Pour notre part, nous essayons toujours de proposer 200 mots environ dans ce cœur éditorial. Mais ce n'est pas une règle stricte. Vous pouvez travailler sur vos propres chiffres, vos propres tests. Retenez seulement – et c'est assez logique – que s'il y a très peu de texte dans une page, Google aura du mal à comprendre de quoi elle parle.

Essayez donc de vous fixer comme limite minimale un volume d'environ 200 mots (vous pouvez utiliser l'outil Statistiques de Word pour calibrer vos contenus). En revanche, il n'existe pas de taille maximale à la digestion de votre texte par Google. La limite sera plutôt la lisibilité par l'internaute. Celui-ci risque de rapidement abandonner la lecture si vous lui proposez un texte trop long. Disons donc qu'entre 200 et 400 mots par page, vous devriez être dans une moyenne tout à fait acceptable pour les internautes ET les moteurs.

Faut-il souvent répéter un mot ?

Pendant longtemps, le nombre d'occurrences d'un mot dans la page (c'est-à-dire le nombre de fois où le mot est présent) a été très important pour les moteurs de recherche. Même si cette notion revêt encore une certaine importance, elle semble moins critique aujourd'hui. En effet, les moteurs actuels ont davantage basé leurs algorithmes de pertinence sur la notion d'indice de densité *(keyword density)*. Peu importe le nombre d'occurrences d'un mot dans une page, c'est plutôt sa « densité » qui est prise en compte même si, là encore, il faut utiliser ce concept avec des pincettes.

Définissons tout d'abord ce qu'est, historiquement, l'indice de densité (IDM) d'un mot donné dans une page web. Cet indice est égal au nombre d'occurrences du mot dans la page divisé par le nombre total de mots du document. Par exemple, dans une page contenant 100 mots, un terme est répété 3 fois. Son IDM est alors de 3/100 = 3 %. Si ce même mot est répété 3 fois dans une page de 200 mots. Son IDM est de 3/200 = 1,5 %.

On a longtemps parlé d'une limite maximale d'IDM d'un mot dans une page oscillant dans une fourchette allant de 2 à 5 %. Des sites spécialisés permettent notamment de calculer automatiquement cet indice :

- Outiref, *http://www.outiref.com/ ;*
- WebRankInfo, *http://www.webrankinfo.com/outils/indice-densite.php/ ;*
- Keyword Density Analyzer, *http://www.keyworddensity.com/ ;*
- Keyword Density, *http://www.ranks.nl/tools/spider.html ;*
- SEO Tools, *http://www.seochat.com/seo-tools/keyword-density/.*

Et bien d'autres encore…

Pour modifier l'IDM d'un mot dans vos pages, deux solutions s'offrent à vous : soit vous proposez assez de texte autour du mot si la page est courte, soit vous répétez le mot plusieurs fois si la page est longue.

Dans le premier cas, vous pouvez proposer des pages courtes, mais très denses (tout en tenant compte du fait qu'une « bonne » page propose au moins 200 mots).

Sachez cependant qu'il n'existe pas réellement d'IDM idéal pour toutes les pages. Par ailleurs, personne n'a le temps en pratique de surveiller l'IDM de tous les mots de toutes ses pages web, ce serait utopique. Vérifiez donc l'IDM de certains mots-clés très importants pour votre activité, mais n'allez pas plus loin dans ce domaine. De plus, on rentre ici dans un domaine où on commence à « écrire pour les moteurs », ce qui n'est pas obligatoirement une bonne chose. N'oubliez pas que vos contenus sont avant tout destinés à être lus par des internautes de chair et d'os. Ne vous laissez pas obnubiler par l'indice de densité des mots de votre site, vous pourriez y perdre beaucoup de temps au détriment d'autres critères plus importants. Cette notion d'IDM est de moins en moins prise en compte par les référenceurs professionnels qui se tiennent au courant des évolutions des moteurs de recherche. Un critère qui tombe donc peu à peu dans l'obsolescence.

Nous verrons dans une petite méthodologie à la fin de ce chapitre, une autre façon, peut-être plus naturelle, de « doser » vos mots clés.

Les différentes formes d'un mot

Si vous en avez la possibilité, n'oubliez pas d'optimiser des pages pour les féminins ou les pluriels de vos mots-clés importants, ainsi que certains termes qui auraient la même racine (« poisson »/« poissons », « poissonnerie »/« poissonneries », « poissonnier »/« poissonniers », « poissonnière »/« poissonnières », etc.). Rappelez-vous qu'une page bien positionnée sur « chien » ne le sera pas obligatoirement sur « chiens ».

Pensez donc à créer, si nécessaire, des pages spécifiques pour les différentes occurrences des termes susceptibles d'être saisis sur un moteur de recherche. N'oubliez pas que chaque page de votre site peut être optimisée en fonction d'un mot-clé. Ne tablez pas que sur votre page d'accueil pour être bien positionné ! On entend souvent dire, dans le domaine du référencement, qu'il est complexe de voir une page très réactive (donc bien positionnée) sur plus de 2 ou 3 mots-clés ou expressions. Ce n'est certainement pas faux.

La notion de requête principale (RP)

Pour notre part, nous avons opté depuis plusieurs années pour l'équation suivante : 1 page = 1 requête. En d'autres termes, lorsque nous commençons notre stratégie SEO sur un contenu, nous définissons la requête pour laquelle nous désirons un bon classement (et un trafic de qualité sur Google). Nous appellerons cette requête « requête principale », ou RP, pour laquelle nous allons optimiser une page du site. Si nous visons une autre requête, donc une autre RP, nous optimiserons une autre page. En résumé, si pour un site nous visons une cinquantaine de requêtes différentes, nous créerons ou optimiserons une cinquantaine de pages au moins ! Oui, c'est un gros travail. Mais personne n'a dit que le SEO était une partie de plaisir.

Cette notion de « une page par RP » peut choquer puisqu'on peut penser que cela appauvrira les textes et diminuera l'impact de la longue traîne. Vous verrez dans la suite de ce chapitre que nous rendrons cette vision moins radicale par l'apport notamment de requêtes secondaires. Un peu de patience…

Rappelons également ici que « poisson », « poissons », « poissonnerie » et « poissonneries » seront considérées comme quatre requêtes différentes, donc quatre RP, et qu'il y a donc quatre pages à optimiser.

Accentuation et référencement

L'accentuation et le codage des caractères constituent un sujet complexe et très long à appréhender. Pour résumer, disons qu'il existe deux codages principaux pour un site web francophone :

- le codage ISO-8859-1, ou ISO-8859-15, qui est bien adapté aux alphabets occidentaux ;
- le codage UTF-8 qui sera préféré pour des pages web plus « universelles » affichant des alphabets comme le chinois, le russe, le grec, etc.

Dans les deux cas, une balise `meta` spécifique devra être indiquée en début de page pour préciser le codage utilisé (par exemple, `<meta http-equiv="Content-Type" content="text/html; charset=iso-8859-1">`).

Ensuite, on peut résumer la situation en disant que les caractères devront être codés en HTML (`é`) si le codage est ISO-8859-15 et pourront être éventuellement laissés tels quels (« é ») dans le code HTML pour l'UTF-8. Il sera surtout très important que le codage de la page, du serveur et d'une éventuelle base de données utilisée soient identiques afin de ne pas rencontrer de problèmes. Que les spécialistes du domaine nous pardonnent ici ces approximations, mais cette problématique doit souvent être traitée au cas par cas, en fonction du serveur utilisé, de sa configuration, etc. En revanche, il est important que dans vos URL, aucun caractère accentué n'apparaisse car ils ne seront pas compris par les moteurs de recherche.

La casse des lettres

La casse des lettres (minuscules/majuscules) n'a aujourd'hui pas d'importance pour les moteurs de recherche. Les termes « ibm », « IBM » ou « Ibm » seront pris en compte de la même manière par Google et consorts.

L'ordre et l'éloignement des mots

Par ailleurs, si vous désirez être positionné, par exemple, sur l'expression « Paris Dakar », faites en sorte que les deux mots soient présents dans la page l'un à côté de l'autre et non pas éloignés. En d'autres termes, une page contenant « Paris Dakar » l'un à côté de l'autre sera plus réactive qu'une page contenant « Paris » au début et « Dakar » à la fin.

L'ordre est également important, notamment sur Google. Une page contenant « Dakar Paris » sera moins réactive sur l'expression « Paris Dakar ». Tenez-en compte !

Une thématique unique par page

Privilégiez les pages qui traitent d'un thème unique plutôt que les longs documents qui abordent de nombreux concepts très différents. Beaucoup de moteurs tentent de faire ressortir d'un document l'idée principale qu'il contient et en tiennent compte dans leurs classements. Facilitez-leur la tâche… Proposez sur votre site de nombreuses pages à thème unique plutôt que de longs documents traitant de plusieurs domaines différents, comme une page de brèves (figure 5-3). Ceci peut se révéler indigeste pour les moteurs… et l'internaute, d'ailleurs !

▸ BRÈVES

Afrique du Sud

Afrique du sud : 18 retraités périssent dans un incendie

Un incendie déclaré dans une maison de retraite de Johannesburg dans la nuit de dimanche à lundi a causé la mort de 18 pensionnaires. Trois personnes âgées ont été blessées indique Le Matin. Le personnel sur place a réussi à sauver des flammes 84 retraités, relogés d'urgence. Une enquête a été ouverte par les forces de police pour déterminer les causes de l'incendie. - LUNDI 2 AOÛT 2010 - 13:49

Ouganda

Ouganda : 33 morts dans un naufrage

Un bateau transportant des commerçants et leur marchandises a chaviré dans la nuit de dimanche à lundi sur le lac Albert, dans le nord-ouest de l'Ouganda, rapporte Au fait Maroc. Le bilan provisoire qui faisait état de 5 morts, se porte ce lundi à 33 morts. Selon la police ougandaise, on dénombre 17 survivants. Les causes de l'accident n'ont pas encore été déterminées. Les mauvaises conditions météorologiques auraient été avancées. - LUNDI 2 AOÛT 2010 - 13:48

Pan Afrique - Kenya

Clôture des championnats d'Afrique d'athlétisme

Parallèlement aux championnats d'Europe d'athlétisme se déroulaient les 17éme championnats d'Afrique d'athlétisme du 28 juillet au 1er aout 2010 à Nairobi, la capitale kenyane. A l'issue de ces cinq jours de compétition, c'est d'ailleurs le pays hôte qui a fait la plus grosse moisson de médailles rapporte le soleil. Près de 25 breloques dont 10 en or, 7 en argent et 8 en bronze. Le Nigeria est arrivé en deuxième position tandis que l'Afrique du Sud termine troisième. Les prochains championnats sont prévus en 2012 et devraient avoir lieu au Bénin. - LUNDI 2 AOÛT 2010 - 13:48

Zimbabwe

Zimbabwe : les diamants de Marange profiteront à tous

Le président zimbabwéen Robert Mugabe a promis dimanche que la vente des diamants de Marange, autorisée récemment par le régulateur du secteur, bénéficierait à l'ensemble du pays et non à quelques individus lit-on sur Eyewitnessnews. "Les diamants ne doivent pas finir dans les poches de quelques individus. Ils doivent servir à améliorer la situation de l'ensemble du pays", a-t-il estimé. Le Zimbabwe dispose d'importantes ressources en diamants dans les mines de Marange (est), qui pourraient représenter d'ici quelques années jusqu'à 25% de la production mondiale, selon le président Mugabe. - LUNDI 2 AOÛT 2010 - 12:43

Figure 5-3

Exemple de page listant des brèves les unes en dessous des autres. Le moteur ne saura pas analyser le sujet général de la page. Il aurait mieux valu proposer des liens vers plusieurs pages, chacune affichant une brève unique.

Langue du texte

Évitez également les pages bilingues ou trilingues : les moteurs auront du mal à bien traiter une page contenant des termes dans plusieurs langues différentes. Privilégiez les pages monolingues.

Localisation du texte

Pendant de nombreuses années, l'un des critères importants pris en compte par les moteurs lors du calcul de pertinence d'une page par rapport à un mot donné était la présence de ce terme au début du document plutôt qu'à la fin. Plus le mot en question était placé haut dans la page (le plus proche possible de la balise `<body>` dans le code HTML), plus sa présence était jugée pertinente.

Cela ne semble plus être le cas : un mot peut être au début ou à la fin d'un contenu textuel (hors arche, encore une fois), il aura le même poids pour Google. Ne tentez donc pas d'approcher le plus possible vos mots-clés importants du début du code HTML, l'impact ne devrait pas être significatif en termes de SEO.

L'optimisation SEO d'un texte

Une fois ces quelques points généralistes – mais non moins importants – passés en revue, nous allons pouvoir nous attaquer à l'optimisation du texte proprement dit. Pour cela, nous allons vous expliquer comment nous fonctionnons au quotidien pour optimiser nos contenus et, parfois, ceux de nos clients.

Encore une fois, le SEO n'est pas une science exacte : les « astuces » que nous allons vous fournir dans les pages suivantes seront peut-être différentes des méthodologies proposées par d'autres personnes ou agences. C'est tout à fait possible et c'est ce qui fait la magie et le côté intéressant de notre métier. Mais comme il est impossible de répertorier dans ce livre toutes les stratégies existantes, nous avons choisi de vous présenter celle que nous connaissons le mieux : la nôtre. Mais rien ne vous empêche de vous en inspirer pour créer la vôtre.

Requêtes principale et secondaires

Lors de la mise en place d'une stratégie SEO, nous avons indiqué précédemment que nous partons toujours de la requête principale (RP) pour laquelle nous voulons voir une page de notre site ressortir sur Google (au pire dans la première page de résultats, au mieux les trois premières places). Rappelons que plus cette RP sera demandée sur Google, plus le délai pour aboutir à nos fins sera long (voir chapitre 3).

Une fois ce mot-clé (ou cette suite de mots-clés) choisi, nous définissons entre deux et quatre requêtes secondaires (RS). Nous estimons en effet que Google injecte un peu de sémantique dans ses algorithmes de pertinence et qu'il est nécessaire de mettre en relation certains termes proches, connexes, voire synonymes pour mieux expliquer au moteur de quoi parle la page.

Une RS est un mot ou une expression qui répond à la définition suivante : « mot ou expression que vous utiliseriez pour expliquer la RP à quelqu'un qui ne connaît pas le domaine ».

Raisonnons sur un exemple : si vous optez pour « netlinking » comme RP, vous allez choisir « liens », « Google », « SEO » et « linkbuilding » comme RS. Pour déterminer les RS, vous pouvez suivre quelques règles.

- Ne tenez pas compte du nombre de fois où la RS est potentiellement demandée sur Google chaque mois (générateur de mots-clés, voir chapitre 3). Ce critère est important pour la RP, mais pas pour la RS. En revanche, le générateur de mots-clés de Google peut vous aider à identifier certains termes intéressants, en dehors de la notion de volume de recherche.
- Ne reprenez pas dans les RS des termes déjà présents dans la RP. Par exemple, si votre RP est « référencement », ne choisissez pas « référencement naturel », « référencement gratuit » ou « référencement site web » comme RS. Préférez alors des termes tels que « SEO », « Google », « visibilité », « positionnement », etc.
- Par expérience, on trouve les RS en faisant du « jus de cerveau », seul ou sous forme de brainstorming au sein d'une équipe. Posez-vous simplement la question suivante : « Si je devais expliquer la RP à quelqu'un qui ne connaît rien sur le sujet traité, quels seraient les termes les plus appropriés ? ».

À ce stade, vous devez avoir à votre disposition, pour un contenu donné :

- une RP ;
- deux à quatre RS.

Nous allons maintenant les placer dans le texte des pages. Reprenons donc les différentes « zones chaudes » explorées au chapitre précédent et voyons comment les exploiter au mieux.

Structuration en balises <h1> à <h6>

Comme nous l'avons vu au chapitre 4, les balises `<h1>` à `<h6>` permettent de structurer le contenu éditorial de votre page. Il s'agit donc ici du cœur de l'optimisation in page.

Quand nous optimisons un texte, nous essayons donc de parsemer les RP et les RS dans les balises utilisées pour sa mise en forme. Nous obtenons donc, par exemple :

- une RP dans la balise `<h1>` (si possible au début) ;
- une RP et quelques RS dans la balise `<h2>`, soit le chapô ou résumé de la page. La taille de cette zone allant de 200 à 300 caractères, nous pouvons facilement placer la RP et quelques RS ;
- une RP et quelques RS dans une balise `<h3>` (si la page en contient plusieurs, travaillez sur l'une d'entre elles uniquement et non sur toutes) ;
- si vous avez la possibilité d'intégrer encore une ou deux occurrences de la RP et des RS dans d'autres balises `<h4>` à `<h6>`, n'hésitez pas.

La figure 5-4 donne l'exemple d'un texte ainsi optimisé. La RP est ici « netlinking » et les RS sont « Matt Cutts », « SEO », « PageRank » et « positionnement ».

Figure 5-4

Structuration <hn> d'un texte pour la RP « netlinking »

L'optimisation suivante a donc été réalisée.

- Balise `<h1>` : la RP apparaît une fois au début et une RS a été insérée.
- Balise `<h2>` : la RP est placée ainsi que les quatre RS.
- alise `<h3>` : la RP apparaît une fois et une RS a été placée sous une autre forme (« positionner » au lieu de « positionnement ».

Prenons un autre exemple : la RP choisie est ici « désindexation PDF » et les RS retenues sont « Google », « SEO » et « déréférencement » (figure 5-5).

- Balise `<h1>` : la RP est placée une fois au début ; les deux mots constituant la RP n'ont pas été positionnés l'un à côté de l'autre pour que ce soit plus compréhensible par l'internaute.
- Balise `<h2>` : la RP apparaît une fois ainsi que chaque RS.
- Balise `<h3>` : la RP est visible une fois seulement.

Figure 5-5

Structuration <hn> d'un texte pour la RP « désindexation PDF »

On pourrait ainsi multiplier le nombre d'exemples de telles optimisations, qui donnent souvent de bons résultats. Voici quelques conseils à ce sujet.

- Privilégiez toujours l'internaute. Dans le second exemple, la RP « désindexation PDF » aurait dû, idéalement, être répétée sous cette forme à chaque occurrence. Mais comme il nous semblait que « désindexation de fichiers PDF » était plus logique et lisible, nous avons opté pour ce choix. La qualité de votre contenu est le facteur le plus important, celui qui fera que votre site fonctionne encore à long terme. N'écrivez pas pour les moteurs mais pour les internautes !
- Viser une RP unique ne signifie pas obligatoirement qu'il faut appauvrir votre texte, bien au contraire ! Multipliez les mots, les phrases, les explications, etc., mais essayez de faire tendre vos principaux efforts vers la RP. Un texte riche et fournissant de nombreux termes différents est, bien sûr, une excellente façon de travailler et cela va nourrir la longue traîne. Les RS sont d'ailleurs là pour ça. Mais un focus sur la RP est également une bonne chose.
- Restez naturel, évitez les trop fortes répétitions ou l'utilisation de formes de mots qui ne seraient pas naturelles. On voit vite, lorsqu'on lit certains textes, s'ils sont optimisés pour les moteurs ou pour les internautes. Les exemples des figures 5-6 et 5-7 sont assez parlants.

> Vous souhaitez partir faire du **tourisme New York** ? Visiter la ville ? Vous aurez besoin de toutes ces informations pour pouvoir optimiser au mieux votre temps... et votre argent ! Petit guide du tourisme New York, pour savoir quoi visiter et ne rien manquer pendant votre séjour à New York.

Figure 5-6

Exemple de texte écrit pour les moteurs. Vous seriez intéressés par du « tourisme New York », vous ? On voit bien ici quelle requête est visée.

> Les plages de **Corse** sont toutes plus belles les unes que les autres et nombre de criques bordent le littoral de **Corse**, comme beaucoup d'endroits en **Corse**, certaines sont accessibles uniquement en bateaux, comme par exemple celles des îles Lavezzi en **Corse** du sud. Nous vous proposons aussi notre carte de **Corse** répertoriant les plus beaux endroits à visiter en **Corse**.
>
> De nombreux vacanciers visitent la **Corse** chaque été, nous avons donc créé ce site sur la **Corse** afin d'informer les vacanciers sur les plus belles plages et les plus beaux coins de **Corse** à visiter proche de leurs lieux de vacances. La **Corse** est une île vraiment unique à découvrir en famille.
>
> Notre site sur la **Corse** répertorie la liste de quelques uns des plus beaux endroits à voir pendant votre séjour en **Corse**, comme plages et montagnes, mais également les principaux endroits à visiter en **Corse**, bien entendu celle-ci n'est pas exhaustive et au fil du temps nous continuerons d'ajouter d'autres photos et vidéos de la **Corse** afin d'aider les vacanciers dans leur recherche d'un petit coin de paradis en **Corse**.

Figure 5-7

Un bel exemple de bourrage de mots-clés (keyword stuffing) : comment placer 15 fois le même mot en trois paragraphes. Totalement inefficace voire dangereux.

Mots en gras (balise <strong>)

Nous l'avons vu précédemment, un mot mis en gras (à l'aide de la balise `<strong>`) a plus de poids pour les moteurs de recherche. Vous pouvez donc proposer certains termes en gras pour améliorer la pertinence de votre page aux yeux de Google. Ces termes peuvent être, par exemple :

- la RP ;
- les RS ;
- des termes intéressants pour que l'internaute saisisse rapidement de quoi traite la page.

L'important est ici de rester naturel : ne truffez pas votre contenu de mots en gras qui vont fatiguer les yeux de vos lecteurs. Le maître-mot du SEO est « bon sens ». Faites en sorte que le gras ne domine pas vos textes. On ne parlera pas obligatoirement de densité de mot-clé, qui est une notion assez obsolète nous l'avons vu, mais plutôt de dosage naturel. Pour notre part, nous suivons la règle suivante pour la RP : environ une RP dans le texte courant par centaine de mots. Pour effectuer ce calcul, nous prenons en compte tout le contenu de la zone éditoriale : balises `<hn>`, chapô, texte, liens, etc.

Donc, si la zone éditoriale de votre page comporte 200 mots, vous mettrez deux fois en gras la RP, par exemple une fois dans le premier paragraphe et une fois dans le dernier, peu importe. Si votre texte compte 400 mots, vous pourrez insérer quatre RP en gras. Pour les RS et les autres mots à mettre en gras, nous privilégions plutôt l'internaute et plaçons donc ces termes à des endroits qui permettent d'expliquer au lecteur de quoi parle le texte, tout simplement.

N'oubliez pas que l'emplacement du mot dans la page (au début ou à la fin) n'a plus d'importance pour les moteurs. Inutile donc de truffer le premier paragraphe de mots-clés en délaissant la suite du rédactionnel. Répartissez de façon homogène et naturelle les termes explicites dans vos écrits. Vous satisferez ainsi Google et vos futurs lecteurs !

Il s'agit ici d'une indication. À vous de créer le dosage qui vous convient à partir de votre propre expérience et de vos tests.

Pas de balise <strong> dans les balises <hn> !

Si un texte est déjà mis en forme à l'aide d'une balise `<hn>`, il ne doit pas être mis en gras avec la balise `<strong>`. En effet, on estime que la balise `<hn>` est une mise en exergue suffisante pour un texte. Si vous voulez la mettre en gras, utilisez la feuille de styles appropriée et non la balise `<strong>`. L'exemple de code suivant est susceptible d'être pénalisé par les moteurs :

```
<h1><strong>Ceci est le titre de la page</strong></h1>
```

Il faudra donc lui préférer :

```
<h1>Ceci est le titre de la page</h1>
```

En définissant la balise `<h1>` comme étant affichée en gras dans les CSS :

```
h1
{
font-family     : Verdana,Helvetica;
font-size       : 10px;
color           : #3366cc;
font-style      : normal;
font-weight     : bold;
text-decoration : none;
}
```

Il en sera de même pour toutes les balises `<hn>` utilisées dans la page.

Crosslinking

Comme mentionné au chapitre précédent, il est important de mailler vos contenus entre eux. Amazon, par exemple, l'a très bien compris et propose donc sur ses fiches produit de nombreux liens vers des produits connexes (figure 5-8). La plupart des boutiques en ligne utilisent d'ailleurs ce type de lien connexe (figure 5-9).

Figure 5-8

Amazon propose des liens vers de nombreux produits connexes.

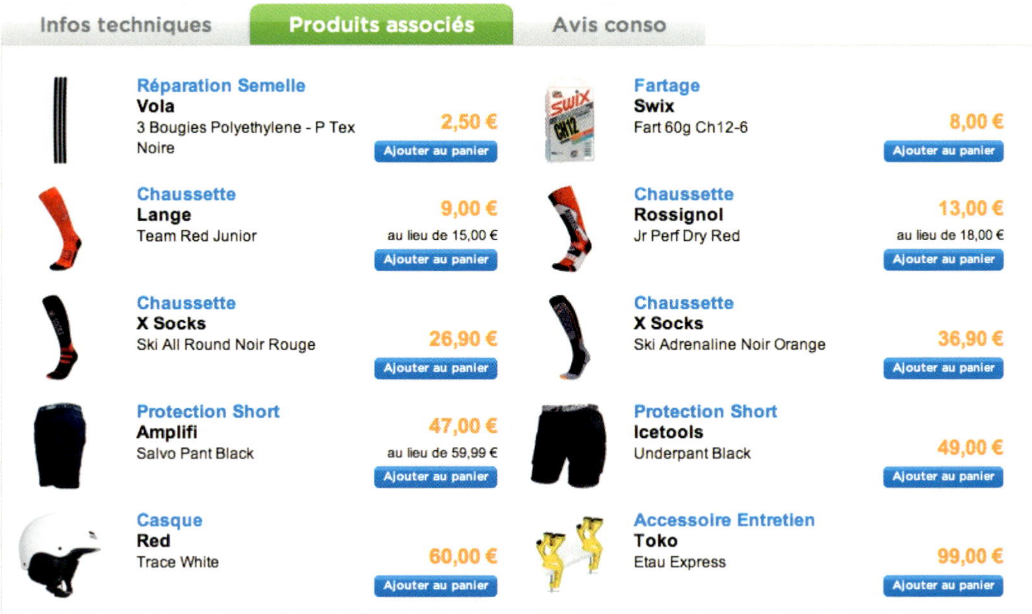

Figure 5-9

Autre exemple avec les « produits associés » de la boutique en ligne glisshop.com.

Tout contenu peut être complété par des liens connexes vers des pages internes, comme le montre la figure 5-10 pour un site de presse (Le Nouvel Observateur).

Figure 5-10

Liens connexes « sur le même sujet » à la fin d'un article du Nouvel Observateur

Emplacement des liens

Vous pouvez placer les liens internes à différents endroits de votre contenu éditorial :

- au sein même de votre contenu (figure 5-11) ;
- sous la forme d'un bloc de liens à la fin de l'article (figure 5-12).

L'essentiel est que ces liens figurent dans votre contenu éditorial, et non pas à des endroits qui pourraient être assimilés par Google comme un header, un footer ou une zone de charte graphique. Si vous optez pour un bloc de liens (figure 5-12), faites en sorte qu'il soit adjacent au texte de votre contenu et qu'il n'en soit pas « éloigné » dans le code HTML.

Textes d'ancres

Nous l'avons également vu au chapitre précédent, évitez les tournures telles que « pour en savoir plus », « lire la suite », « cliquez ici », etc., comme textes d'ancre de vos liens. Donnez des intitulés explicites à ces liens pour soigner la réputation des pages distantes. Les figures 5-11 (sauf pour l'intitulé « bien d'autres » qui est mal choisi) et 5-12 illustrent ce point.

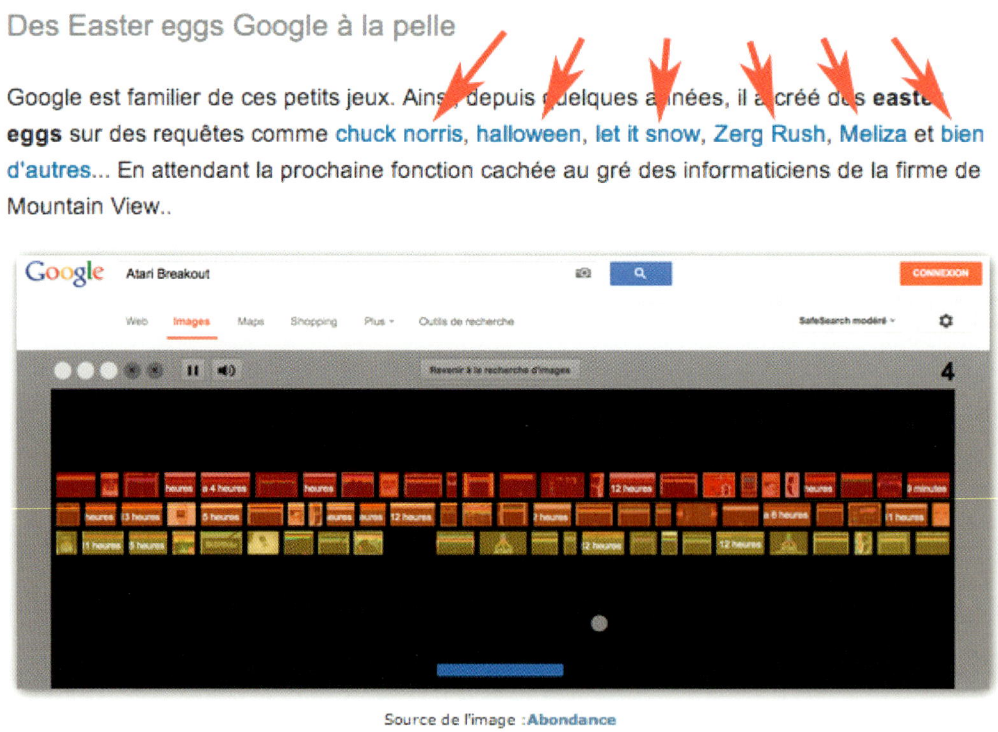

Figure 5-11

Liens internes connexes insérés dans le texte de l'article

Articles connexes sur Abondance :

1. Zerg rush : un easter egg en hommage à StarCraft dans les résultats de Google
2. Deux "Easter eggs" anti-Google dans Bing
3. Do a barrel roll : Un "Easter Egg" renversant dans les résultats Google
4. Easter egg Google : Conway's Game of Life
5. Easter egg Google : le nombre de Bacon des acteurs mondiaux

Figure 5-12

Bloc de liens proposé à la fin de l'article (ici grâce à l'extension YARPP sur WordPress)

Nombre de liens

Il n'existe pas de limite quant au nombre de liens internes proposés dans vos textes. Là encore, le bon sens sera votre meilleur allié. Faites en sorte que ce soit lisible et non truffé de liens sur tous les mots. Le maître mot est toujours le même : restez naturel !

Toutefois, on peut estimer qu'entre trois et huit liens internes est une bonne moyenne pour un texte « classique ». Il s'agit bien entendu d'une estimation empirique et vous pourrez aisément, avec un peu d'expérience, déterminer vos propres limites. Le plus important à retenir est que le contenu éditorial ne doit pas être une impasse pour un moteur de recherche. Le robot de Google doit pouvoir « rebondir » vers d'autres contenus, d'autres pages de votre site, lorsqu'il lit vos écrits. Et autre point tout aussi important : les liens doivent pointer vers des contenus connexes, qui ont un rapport avec le sujet de la page en cours. La figure 5-13 montre un exemple de ce qu'il ne faut pas faire dans ce domaine. Ici, l'article traite du week-end du 15 août et des embouteillages (« Week-end du 15 août : 650 km de bouchons sur les routes à la mi-journée »). À la fin de l'article, juste après le dernier paragraphe, on trouve le bloc de liens représenté sur la figure 5-13. Quel rapport y a-t-il avec le sujet traité de l'article ? L'impact SEO risque d'être négatif, à éviter donc absolument ! Ce bloc de liens peut être présent dans la page mais « suffisamment éloigné » du code HTML représentant l'article. En tout cas, pas juste après !

A ne pas manquer

- **Mercedes-Benz GLA (Francfort 2013)** (Challenges)
- **Intimy : la publicité très sexy qui énerve les téléspectateurs de TF1** (Le Plus)
- **Un emploi avait été proposé à la chômeuse de La Roche-sur-Yon** (Nouvel Obs)
- **Il cherche du cannabis sur Twitter, la police lui répond avec humour** (Nouvel Obs)

Ailleurs sur le web

- **Voiture électrique : l'autonomie des batteries au cœur des débats** (L'énergie en questions)
- **Comment investir dans l'immobilier après 50 ans ?** (Trouver un logement neuf)
- **Astuce pour rafraîchir l'eau sans réfrigérateur** (Minute Facile)
- **Test : quel indice solaire pour votre peau?** (La Roche Posay)

Figure 5-13

Bloc de liens en fin d'article sans rapport avec le thème abordé

Liens externes

Il est également important d'insérer des liens sortants vers d'autres sites web. Cette notion est souvent difficile à accepter pour certaines directions. Et pourtant, si vous ne faites aucun lien externe vers un autre site, vous envoyez un signal négatif à Google (et, soit dit en passant, également aux internautes !). Le Web n'est pas un espace fermé où on vit en autarcie, mais un milieu d'échanges au sein duquel les liens hypertextes servent à relier les idées.

Bien sûr, il ne s'agit pas de faire des liens vers vos concurrents (personne n'est fou à ce point) ! Mais il existe sans aucun doute des sites web connexes et informatifs que vous pouvez citer et vers lesquels orienter vos visiteurs (Wikipédia, organismes institutionnels, associations, portails, etc.) En cherchant un peu, vous trouverez facilement des sources d'informations externes qui viendront enrichir vos contenus, aider vos visiteurs et aider votre référencement, ce qui représente déjà de nombreuses bonnes raisons pour y penser !

Nouvelle fenêtre ou pas ?

Rien n'empêche de mettre les liens externes en bas de page si vous pensez qu'un lien externe cliqué est égal à un visiteur perdu. Pour y arriver, il aura déjà parcouru tout votre contenu.

Certains font également ouvrir la page distante dans une nouvelle fenêtre (ou un nouvel onglet) du navigateur (attribut `target="_blank"` de la balise `<a>`), laissant ainsi la page source à l'écran, toujours disponible. Ceci n'est pas conforme aux recommandations du W3C car cela impose un certain type de navigation aux internautes. Cependant, il existe d'autres façons de faire (*http://goo.gl/aSZSlE*) pour aboutir au même résultat.

Dosage des liens

Comme pour les liens internes (*crosslinking*), il n'y a pas de limite concernant le nombre de liens externes minimal ou maximal à insérer dans un texte. Vous aurez donc compris que la notion de « bon sens » s'applique ici aussi.

Bien sûr, il sera logique de favoriser les liens internes dans vos contenus, puisqu'ils vont favoriser la navigation à l'intérieur de votre site et empêcher la « fuite » éventuelle de vos visiteurs. Pour information, nous essayons pour notre part de suivre à peu près ce dosage : deux tiers de liens internes pour un tiers de liens externes, le tout dans la zone éditoriale bien sûr.

Quelques exemples

Les trois exemples de textes suivants ont été écrits par rapport à trois RP différentes. Prenez-les pour ce qu'ils sont, à savoir de simples exemples destinés à vous aider à bâtir votre propre stratégie.

Exemple 1 : « route des vins alsace »

Requête principale : « route des vins alsace ».

Statistiques : 6 600 requêtes mensuelles selon le planificateur de mots-clés de Google.

Requêtes secondaires : « vignoble », « vigne », « vin » (au singulier), « déguster » et « dégustation ». Nous proposions précédemment d'opter pour deux à quatre RS, mais nous avons ici pris en compte quelques variations d'un même mot (« vignoble » et « vigne », « déguster » et « dégustation »). Nous avons donc cinq RS au total.

Dans le texte suivant, le code HTML a été simplifié à l'extrême pour plus de lisibilité et nous avons choisi les codes typographiques suivants :

- en rouge et gras : la RP ;
- en vert et gras : les RS ;
- les mots qui apparaîtront en gras dans le navigateur sont indiqués avec la balise `<strong>` ;
- les liens externes sont en noir souligné ;
- les internes apparaissent en bleu souligné.

Ce texte est optimisé pour Google et tient compte de la RP et des RS visées :

```
<h1>La route des vins d'Alsace : à la découverte des cépages alsaciens</h1>

<h2>La Route des Vins d'Alsace parcourt, entre la plaine du Rhin et les Ballons des
Vosges, le vignoble millénaire d'Alsace. Elle serpente à mi-coteau sur près de 170
kilomètres de Thann au Sud à Marlenheim au Nord. Elle égrène un chapelet de villages
pittoresques et fleuris, de cités viticoles réputées et offre de saisissants panoramas
qui illustrent la richesse et la diversité des terroirs d'Alsace. Une belle occasion
de faire une dégustation de vin, avec modération bien sûr...</h2>

<h3>Les Vosges veillent sur le vignoble alsacien</h3>

La culture de la vigne et du vin, indissociable de l'histoire de la <strong>route des
vins d'Alsace</strong>, est présente de manière vivante dans les paysages, les
traditions et le patrimoine. La barrière naturelle des Vosges qui favorise un micro-
climat sec, l''exposition sud sud-est du vignoble et la complexité géologique des
sols offrent des conditions uniques à la vigne, et permettent notamment une
maturation lente et prolongée qui préserve les arômes du vin.

<h3>La route des vins d'Alsace, un incontournable à déguster sans modération</h3>

Ces conditions naturelles ne seraient rien sans la tradition humaine, sans la culture
des vignerons d'Alsace, faite de sérieux et d'épicurisme à la fois, et dont la
réputation de bien vivre et le sens de la fête ont largement dépassé les frontières.

<h3>L'une des plus anciennes de France</h3>

La <strong>route des Vins d'Alsace</strong>, l'une des plus anciennes de France,
c'est aussi une multitude de villages fleuris, tous différents mais tous dotés d'un
charme indémodable.
```

Quelques remarques à propos de ce texte…

- La RP a été placée au début de la balise `<h1>`, au sein de la balise `<h2>` et dans une seule des balises `<h3>`. Le texte complet faisant environ 250 mots, nous avons rajouté deux occurrences de la RP en gras (balise `<strong>`). Nous aurions également pu en rajouter une troisième si le besoin s'en était fait sentir.
- Le contenu de la balise `<h2>` fait 480 caractères (espaces compris), ce qui est supérieur aux 200 à 300 caractères préconisés dans cet ouvrage. Mais cela ne pose aucun problème si ce texte sert le lecteur.
- Les RS ont été disséminées dans le texte.
- Des liens ont été rajoutés en suivant le ratio deux tiers-un tiers en faveur des liens internes (en bleu).

  Pour des raisons de simplicité, nous n'avons pas cumulé les codes typographiques. Nous n'avons donc pas mis de RS (vert, gras) en lien (bleu, souligné), par exemple. Mais il est clair que cela est tout à fait possible.

Exemple 2 : « gîte rural brest »

Requête principale : « gîte rural brest ».

Statistiques : 8 100 requêtes mensuelles selon le planificateur de mots-clés de Google.

Requêtes secondaires : « domaine du Paradis », « chambres d'hôtes », « chambre », « chambres », « Bretagne » et « plages ».

Les conventions typographiques sont les mêmes que pour l'exemple précédent.

```
<h1>Gîte rural à Brest : le domaine du Paradis vous accueille</h1>

<h2>Le domaine du Paradis est un gîte rural situé à Brest. Il vous propose 10
chambres d'hôtes à prix très raisonnable, avec petits déjeuners servis dans une
ancienne salle voûtée du XVIIIe siècle. Chaque chambre est décorée avec goût avec des
matériaux traditionnels de la région.</h2>

Mireille et Jean-Jacques vous accueilleront avec le sourire d'avril à octobre dans le
domaine du Paradis. Plus ancien <strong>gîte rural de Brest</strong>, cette bâtisse
du XVIIIe siècle vous fera voyager parmi les plus belles heures de l'histoire
bretonne.

<h3>Un gîte rural parfait pour découvrir Brest</h3>

Le gîte respecte le style breton et est un petit coin d'exotisme dans un cadre
champêtre idéalement situé. Alliant séjour paisible à la campagne et proximité des
plages renommées de Bretagne. Calme et chaleureux, vous vous y sentirez chez vous !
Le gîte, entièrement rénové, peut recevoir jusqu'à 22 personnes dans des conditions
optimales de confort. Une piscine extérieure chauffée est également à disposition
dans le jardin avec une terrasse en bois exotique.
```

```
<h3>Des chambres décorées avec goût</h3>

Chaque chambre a 2 configurations possibles : un lit double en 180x200 ou deux lits
simples en 90x200. Nos chambres ont été décorées avec goût, dans une volonté
constante d'utiliser les produits d'artisanat régional.

Le petit déjeuner, inclus dans la prestation, est préparé par les propriétaires du
<strong>gîte rural</strong> et met en valeur les produits de la région de
<strong>Brest</strong>.
```

Quelques remarques sur ce texte : globalement les mêmes que pour l'exemple précédent. Il aurait été plus efficace d'intégrer l'expression visée telle quelle (« gîte rural brest »), mais il était plus logique et lisible de l'adapter en « gîte rural à brest » et « gîte rural de brest », voire d'espacer les mots pour que cela soit le plus pertinent possible pour l'internaute. Comme nous l'avons déjà indiqué, privilégiez l'internaute autant que possible !

Exemple 3 : « mutuelle familiale »

Requête principale : « mutuelle familiale ».

Statistiques : 27 100 requêtes mensuelles selon le planificateur de mots-clés de Google.

Requêtes secondaires : « famille », « familles », « assurance », « complémentaire », « santé » et « soins ».

```
<h1>Mutuelle familiale : des formules d'assurance adaptées à vos besoins</h1>

<h2>Parfaitement conçue pour s'adapter à votre budget et au mode de vie de votre
famille, votre nouvelle complémentaire vous protège en fonction de vos besoins de
santé dans le cadre d'une mutuelle familiale : d'une couverture en soins essentiels à
une prestation globale, vous trouvez avec notre produit Allo Mutuelle la formule qui
vous convient...</h2>

<h3>Des services de qualité adaptés à votre vie</h3>

Avec notre <strong>mutuelle familiale</strong>, vous aurez des remboursements qui
augmentent avec votre fidélité, un report de votre forfait optique en cas de non
utilisation l'année précédente, un service d'accompagnement en cas de maladie grave
délivré par nos partenaires Assurantia et Assurancetourix et une exonération de la
cotisation en cas de chômage... voilà une complémentaire qui vous redonne envie de
vous mutualiser !

<h3>Une mutuelle familiale proche de vous</h3>

La complémentaire santé de notre <strong>mutuelle familale</strong> doit être un
droit pour tous. C'est pourquoi Allo mutuelle assurance a été créée. Pour nous, la
complémentaire santé n'est pas un luxe mais une nécessité qui oblige les mutuelles
assurance santé destinées aux seniors, jeunes et familles à s'adapter à leur budget.
Nous avons donc créé des formules classiques ou économiques appropriées aux grandes
périodes de votre vie, avec un tarif " assurance " étudié au plus juste. N'attendez
plus pour découvrir l'offre Allo Mutuelle et réaliser votre devis en ligne pour votre
complémentaire santé. Vous pouvez souscrire directement votre mutuelle assurance
santé en ligne.
```

À l'aune de ces trois exemples, vous aurez *a priori* compris ce qu'il faut faire pour plaire à la fois aux internautes et à Google. Il s'agit en effet de proposer un contenu de qualité, en quantité suffisante, parsemé des mots-clés appropriés et utilisant un vocabulaire riche (pour nourrir la longue traîne), tout en faisant un focus sur une requête donnée.

À vous de vous inspirer de ce chapitre pour réaliser vos propres contenus avec vos propres règles. Soyons clair : il ne s'agit pas de l'« Évangile selon Saint Olivier » (votre humble serviteur) mais bien de pistes et de pierres sur lesquelles vous pourrez bâtir votre propre église ! « Travaillez, prenez de la peine, c'est le fonds qui manque le moins », comme disait ce cher La Fontaine. Ne recopiez pas aveuglément les exemples donnés, mais servez-vous-en pour mettre en place votre stratégie de contenu.

Ceci dit, le travail n'est pas terminé. Vous vous êtes jusqu'à présent concentré sur le texte lui-même, mais il reste encore quelques balises à remplir.

Balise <title>

Pour le libellé du titre, choisissez une expression qui affiche le plus possible de mots-clés déterminants et caractéristiques de votre activité et du contenu de la page.

Évitez les expressions banales comme « Bienvenue », « Homepage » ou, pire encore, « Bienvenue sur ma homepage », « Bienvenue sur notre site web », « Welcome », « Accueil », « Page d'accueil », etc. Tous ces titres sont à proscrire car ils ne sont absolument pas descriptifs. Le titre d'une page d'accueil doit contenir au moins le nom de votre entreprise/entité/organisme/association et décrire en quelques mots son activité.

> **Deux erreurs courantes dans les titres de page**
>
> Les deux erreurs le plus souvent commises sur les titres de page sont les suivantes :
>
> - libellé non explicite du contenu de la page tel que « Bienvenue sur notre site web », « Homepage », etc. ;
> - même titre pour toutes les pages du site.
>
> Le simple fait de corriger ces deux points améliore très fortement un référencement.

Bien entendu, n'oubliez pas de donner un titre à vos pages ! Comme le montre la figure 5-14, il existe énormément de pages web n'ayant pas de titre !

Supposons que votre activité consiste à vendre des chaussures de sport, notamment des « tennis ». Pour votre page d'accueil, essayez donc un titre comme :

```
<title>Chaussures de tennis Stela : terre battue, dur et herbe. Stela créateur &agrave;
➥ Paris, France</title>
```

ou :

```
<title>Stela, fabricant de chaussures de tennis pour terre battue, dur et herbe &agrave;
➥ Paris, France</title>
```

qui sera préférable aux exemples suivants :

```
<title>Stela : bienvenue</title>
<title>Bienvenue sur le site web de Stela</title>
<title>Chaussures Stela</title>
<title>Chaussures de tennis</title>
```

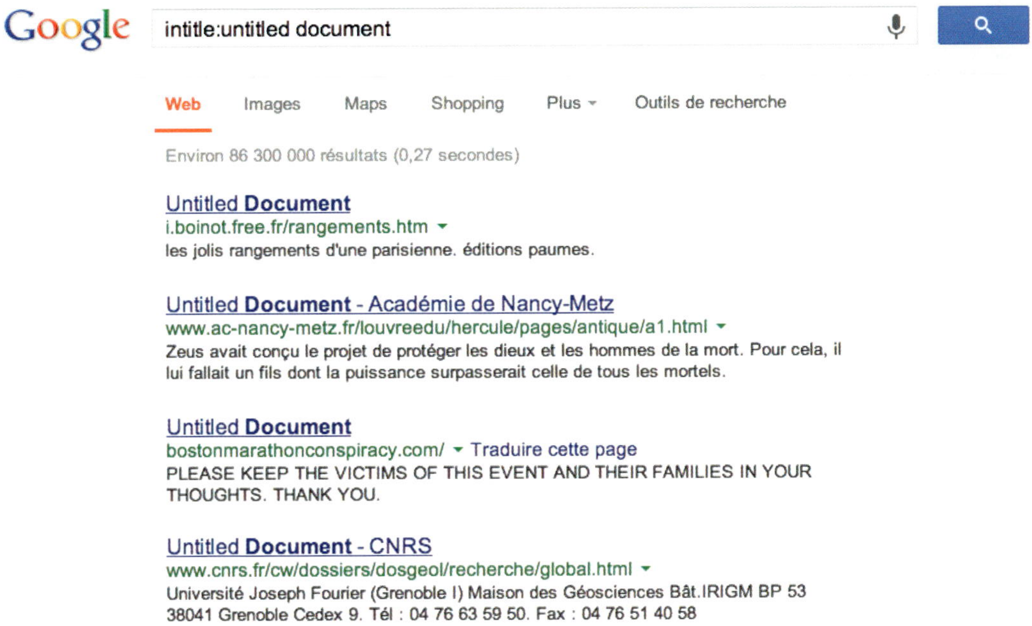

Figure 5-14

Le nombre de pages dont le titre n'est pas renseigné est considérable.

Le titre « Bienvenue sur le site web de Stela » est un bon exemple de « cyber hara-kiri ». Seul le mot « Stela » dans l'intitulé pourra faire l'objet d'une recherche par un internaute.

N'oubliez pas également de donner des informations géographiques (ici, Paris et France) si vous pensez qu'elles peuvent être importantes dans le cadre d'une recherche.

On s'accorde à penser le plus souvent qu'un titre bien optimisé propose au plus 10 mots descriptifs dans son libellé. Ne proposez donc pas de titres trop longs (une fourchette entre 7 et 10 termes est un bon compromis). Dans ces dix mots, vous ne compterez pas les *stop words*, ou mots-clés vides, comme « le », « la », « à », « au », « vos », etc. Retenez donc que les titres de vos pages doivent contenir de 7 à 10 mots descriptifs.

En revanche, rien ne prouve actuellement que l'emplacement d'un mot dans le titre (au début, au milieu ou à la fin) confère à la page qui le contient un avantage en termes de positionnement. Si les mots importants pour décrire le contenu de la page sont dans le titre, c'est déjà une excellente chose. Cependant, comme on va le voir par la suite, les moteurs de recherche n'affichant que le début du titre dans leurs résultats, nous ne pouvons que vous inciter à indiquer les mots-clés les plus importants dès le début de cette balise afin qu'ils soient visibles par les internautes et qu'ils incitent au clic.

Voici une structure optimisée pour la balise de titre de votre page d'accueil :

```
<title>[Nom du site] - [Contenu]</title>
```

où :

- `[Nom du site]` est le nom du site, sa marque ;
- `[Contenu]` explique ce qu'on va trouver sur le site web, en quelques mots.

Pour les titres de vos pages internes, n'hésitez pas à mettre en place une structure de ce type :

```
<title>[Contenu h1] - [Rubrique] - [Nom du site]</title>
```

où :

- `[Contenu h1]` reprend le titre éditorial de la page (celui de la balise `<h1>`) ;
- `[Rubrique]` est la catégorie dans laquelle la page est proposée sur le site. Cette zone n'est pas obligatoire et dépend de la structure de votre site ;
- `[Nom du site]` est le nom du site, sa marque.

En effet, chaque page de votre site, même – et surtout – les pages internes, peuvent se retrouver dans les pages de résultats des moteurs sur une requête donnée. L'internaute peut donc y accéder directement, sans passer par votre page d'accueil. Il nous semble important que l'internaute sache en un coup d'œil :

- ce qu'il va trouver dans la page (le début de la balise) ;
- qui lui fournit l'information (la fin de la balise). Vous remarquerez que le nom du site est à la fin de la balise dans les pages internes et au début sur la page d'accueil.

Google peut choisir le titre qu'il affiche

Depuis quelques années, il arrive que Google affiche dans ses résultats un autre titre que celui contenu dans la balise `<title>` si celui-ci ne contient pas la requête demandée. Par conséquent, autant faire en sorte que vos mots-clés importants se retrouvent dans les 70 premiers caractères de cette balise.

Pour plus d'informations, consultez les pages suivantes :

- *http://goo.gl/AArhQ* ;
- *http://goo.gl/8eKvQ*.

Vous renforcez ainsi la confiance que l'utilisateur du réseau peut avoir en vous et vous lui fournissez de nombreuses informations sur ce que vous lui proposez. Il y a fort à parier qu'il vous en sera reconnaissant.

Reprise de la balise <h1> ou non ?

Certains référenceurs ne font pas commencer leurs balises `<title>` par la reprise exacte de la balise `<h1>`, mais plutôt par un ensemble de termes sémantiquement proches, pour enrichir le champ lexical de la page. Le référencement n'étant pas une science exacte, chaque possibilité doit être testée. Cependant, le fait de reprendre le contenu de la balise `<h1>` présente l'avantage d'être très facilement automatisable. En pratique, on gagne donc ainsi beaucoup de temps.

Voici quelques exemples de titre de page d'accueil :

```
<title>Abondance : R&eacute;f&eacute;rencement et recherche d'info : tout sur le r&eacute;
➥ f&eacute;rencement de sites web</title>
<title>R&eacute;ussir son r&eacute;f&eacute;rencement web, &eacute;dition 2012 (Eyrolles) :
➥ livre SEO et  moteurs de recherche</title>
<title>Google Fight : proposez un combat de mots-cl&eacute;s avec Googlefight</title>
```

Voici quelques exemples de titres de pages internes :

```
<title>Nasa : Endeavour décolle, endommagée par ses débris ? - Sciences - LCI</title>
<title>Hadopi 2 : les députés tentent d'atténuer le texte - High Tech - Actualités-
➥ Challenges.fr</title>
<title>Livre Réussir son référencement Web par O. Andrieu - Informatique et nouvelles
➥ technologies - Librairie Eyrolles</title>
```

Voici les titres que nous proposerions pour les trois exemples de contenus présentés à la section « Quelques exemples » présentée précédemment.

```
<title>La route des vins d'Alsace : à la découverte des cépages alsaciens - Parcours
➥ touristiques - Tourisme Alsace</title>
<title>Gîte rural à Brest - Chambre d'hôtes et hébergement en Bretagne - Le domaine du
➥ Paradis</title>
<title>Mutuelle familiale : des formules d'assurance adaptées à vos besoins - Produits et
➥ services - Allo Mutuelle</title>
```

Soyez attentif à ne pas répéter trop souvent certains mots-clés, cela pourrait être pris pour du spam par certains moteurs. Si un mot est répété, essayez d'en espacer le plus possible les occurrences. Par exemple, positionnez un mot important deux fois dans le titre en le plaçant en 1re et 7e position, en 2e et 8e position, etc.

Si un mot précis caractérise de façon quasi parfaite votre activité (il peut s'agir de votre nom, d'un terme professionnel ou autre), essayez cependant de le placer deux fois dans le titre de vos pages. Essayez donc de faire en sorte que chaque mot du titre soit unique (non répété) sauf pour un terme important qui sera proposé deux fois. Voici un exemple pour la page d'accueil du site Abondance :

```
<title>Abondance : R&eacute;f&eacute;rencement et recherche d'info : tout sur le r&eacute;
➥ f&eacute;rencement de sites web</title>
```

Le titre comporte moins de dix mots et contient seulement deux fois un mot important (« référencement ») pour lequel le titre sera plus particulièrement réactif. Cependant, cette « astuce », beaucoup utilisée il y a quelques années de cela, aurait tendance à moins bien fonctionner avec le temps.

N'oubliez pas les codes HTML pour les lettres accentuées (`é` pour la lettre « é », par exemple), car il s'agit d'un texte à part entière. Sachez qu'il existe d'autres écoles pour le codage des lettres accentuées. Certains référenceurs ne les codent pas, d'autres les proposent non accentuées, etc. Cependant, les lettres accentuées non codées en HTML s'affichent parfois mal sur certains navigateurs et les lettres non accentuées (alors qu'elles devraient l'être) peuvent choquer certains internautes qui pourraient croire à des fautes de frappe ou d'orthographe. Eh oui, n'oubliez jamais que le titre est lu par les internautes !

Comme le montre la figure 5-15, le titre est l'une des principales informations lues par l'utilisateur du réseau lorsqu'un moteur lui présente l'une de vos pages dans ses résultats (la plupart du temps, le titre est ce qui est représenté en plus gros, donc parmi les informations les plus visibles, *http://goo.gl/rd7Av*).

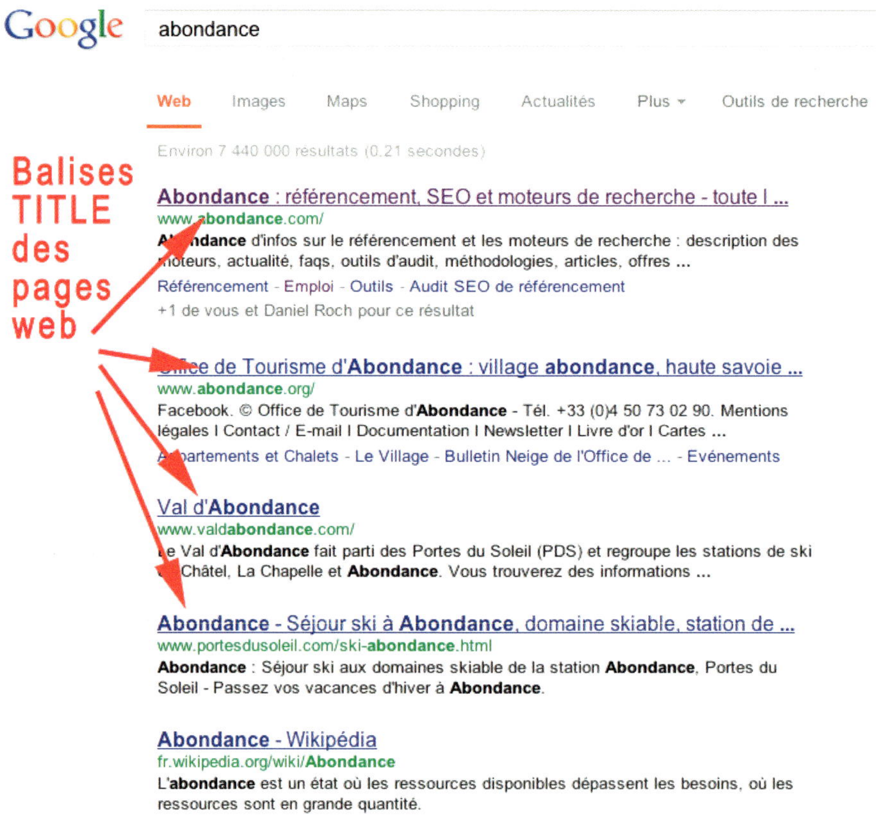

Figure 5-15

Le contenu de la balise <title> (pour ses 55 premiers caractères environ sur Google) est repris par les moteurs de recherche dans leurs pages de résultats pour désigner les pages en question.

La formulation doit ainsi être explicite et présenter le contenu du document. L'internaute aura le plus souvent le choix entre dix pages – dix liens – présentés par le moteur comme résultat de sa requête. Il choisira peut-être celle qui proposera le titre le plus clair, le plus descriptif, mais aussi le plus « sexy » par rapport à sa demande. Un bon compromis est à trouver entre la lisibilité et l'efficacité, et donc un placement optimisé des mots-clés. D'où l'importance d'insérer les mots-clés importants au début de cette balise !

Les 12 premiers mots de la balise

Un article intéressant sur le site Alekseo (*http://alekseo.com/longueur-balise-title/*) semble indiquer que seuls les douze premiers mots de la balise `<title>` sont pris en compte par Google avec un fort poids. Un avis et un test à lire.

N'oubliez pas que le titre est aussi l'information qui est affichée en premier sur le navigateur lorsqu'on appelle la page. Parfois bien avant que le contenu ne s'affiche !

De plus, lorsqu'un visiteur placera un signet (favori, *bookmark*) sur votre page, c'est le titre positionné entre les balises `<title>` et `</title>` qui sera pris en compte en tant qu'intitulé dans le menu des marque-pages. Faites donc en sorte que cet intitulé rappelle à l'internaute le contenu proposé.

Il est important de bien prendre en compte un compromis entre lisibilité (un titre qui signifie quelque chose) et optimisation (intégration d'un maximum de mots-clés pertinents et descriptifs). Une suite de mots-clés séparés par des virgules, par exemple, pourrait être considérée comme très optimisée, mais sera très peu lisible :

```
<title>abondance, annuaire, référencement, moteur de recherche…</title>
```

La création de titres efficaces est une phase essentielle de la promotion de votre site. Entraînez-vous en vous aidant des mots-clés que vous avez répertoriés dans votre phase de réflexion préalable sur le référencement (voir chapitre 3). Comme nous l'avons déjà dit pour la quasi-totalité des moteurs de recherche, le titre est l'un des principaux critères de pertinence ! Raison de plus pour le soigner du mieux possible.

Certaines sociétés insèrent, par exemple, leur slogan dans le titre de la page d'accueil. Exemple pour un site d'optique (fictif) :

```
<title>Être bien lu, c'est être bien vu</title>
```

Ce titre réjouira le service de communication de l'entreprise puisqu'il affiche son slogan. Pour ce qui est du référencement en revanche, il est catastrophique car il ne contient ni le nom de l'entreprise, ni les mots-clés décrivant son activité (« optique », « opticien », « lunettes », etc.). Ce type de problème, il est vrai, cause parfois quelques frictions entre le service de communication et les gens responsables de la promotion du site sur Internet. Une solution : laisser la page d'accueil telle quelle et optimiser plutôt les pages internes. Ce n'est pas une solution parfaite, loin de là (la page d'accueil est très importante pour les moteurs), mais que voulez-vous, faute de grives, on mange des merles…

Titres multilingues

Si votre site s'adresse à plusieurs communautés linguistiques, les pages bilingues ou trilingues sont à déconseiller. En règle générale, il vaut mieux scinder votre site web en plusieurs entités distinctes, avec des pages différentes, des titres différents, et donc des mots-clés différents.

Utiliser des pages qui contiennent du texte en deux langues nécessiterait de créer des titres également bilingues. D'une part, cela induirait des répétitions qui pourraient passer pour du spam et d'autre part, la présence conjointe de mots en français et en anglais risquerait de désorienter certains internautes et d'altérer la lisibilité du titre. De plus, les moteurs n'aiment pas les pages bilingues, car ils ne peuvent y reconnaître une langue unique. Et pour un moteur, lorsqu'il n'y a pas une langue unique, il n'y a pas de langue de tout ! Ainsi, une page en anglais ET en français ne sera peut-être pas trouvée sur Google France. Nous en reparlerons.

En conclusion, on peut dire qu'un titre ne doit être rédigé que dans une seule langue !

Le titre des pages de votre site demandera donc à être particulièrement soigné lors de la phase de (re)construction de vos documents web. N'hésitez pas à suivre les quelques conseils donnés dans ce chapitre, cela devrait grandement aider votre future visibilité. Cela semble vite dit et très simple, mais vous vous apercevrez assez rapidement que c'est loin d'être le cas et qu'il s'agit surtout ici de prendre le temps d'optimiser chaque titre de chaque page. Cela dit, le jeu en vaut réellement la chandelle, car un site web proposant un contenu de qualité, bien structuré (notamment à l'aide de balises `<hn>`) avec des titres bien pensés a fait une bonne part du chemin qui le mène à un bon référencement. Bien entendu, plus vous pourrez automatiser la création du contenu de ces balises, plus vous gagnerez du temps.

Pour résumer

Voici quelques conseils pour bien optimiser les titres de vos pages.

- Un titre de page web est avant tout descriptif du contenu de la page en question.
- Insérez le plus possible de mots-clés déterminants et caractéristiques du contenu de la page.
- Ne dépassez pas 10 à 12 mots par titre (hors « mots vides »).
- Doublez éventuellement un mot important.
- Proscrivez les titres multilingues.
- Le titre d'une page d'accueil est souvent assez générique et se précise au fil de l'arborescence.
- Chaque page de votre site doit avoir un titre qui lui est propre (et qui doit être optimisé).
- Le nom du site doit être au début du titre sur la page d'accueil, à la fin dans les pages internes.
- Les pages internes doivent être dotées d'un titre commençant par la reprise du titre éditorial (`<h1>`) du document ou un texte de taille équivalente et le paraphrasant, suivi par le nom de la rubrique, puis le nom du site.

Insérer des codes ASCII dans le titre : bonne ou mauvaise idée ?

Pendant quelque temps, on a vu fleurir dans les pages de résultats de Google, des codes ASCII ou Unicode utilisés dans les balises `<title>` et meta `description` (voir plus loin) de certaines pages, permettant de « mettre en avant » certains liens (figure 5-16).

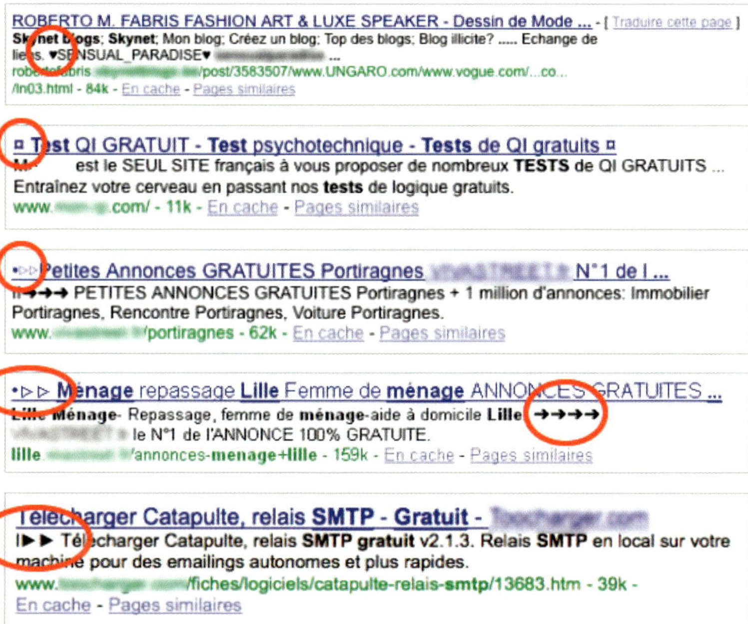

Figure 5-16

Des codes ASCII ou Unicode sont insérés pour mettre en avant certaines pages dans les résultats des moteurs (capture d'écran d'époque, cette pratique étant moins courue aujourd'hui). Ce n'est pas toujours une bonne idée.

On pourrait multiplier ces exemples à l'envi, car les caractères de ce type sont légion. Il est clair que, visuellement parlant, l'œil est attiré par ces résultats « qui sortent de l'ordinaire » et donc par les snippets (résumés textuels dans les pages de résultats) qui utilisent ce type d'« artifice ».

Bien entendu, il ne s'agit en rien ici d'astuces permettant de mieux positionner une page, l'avantage – qui nous semble bien réel – n'est donc que visuel et permet d'assurer un meilleur taux de clic sur une page déjà optimisée – et donc positionnée – par ailleurs.

La question qui se pose porte donc sur la « légalité » et l'éthique de ces méthodes au sens des prérogatives de Google et de ses règles de « bon référencement ».

Pour en avoir le cœur net, Sébastien Billard, spécialiste SEO bien connu et basé dans le Nord de la France, avait posé en 2008 la question sur le groupe de discussion Google pour webmasters (*http://goo.gl/lduz3*). Il ressort de cette requête (*http://goo.gl/gZsfK*)

que Google ne voit pas d'un très bon œil ce type de « manipulation » et que les sites qui les utilisent peuvent être pénalisés (même si on peut penser que la pénalisation sera faible, la « faute » étant loin d'être grave, voir chapitre 15). Selon Google, ce type de pratique serait assimilable à son conseil énoncé ainsi dans ses *guidelines* : « Évitez les "astuces" destinées à améliorer le classement de votre site par les moteurs de recherche » (*http://goo.gl/PGftG*).

Aussi, le conseil que nous pouvons donner aux webmasters qui voudraient tenter ce type de manœuvre est de « raison garder » et de ne pas aller trop loin dans ce type d'affichage. On peut penser qu'un ou deux caractères Unicode dans le snippet (balises `<title>` et meta `description`) passeront sans problème, s'ils sont en rapport avec le contenu du site (un cœur pour un site de rencontres, un soleil pour la météo, par exemple).

Cependant, si leur utilisation commence à « sentir la manipulation visuelle » et n'a pour seule motivation que la volonté de mettre en avant un résultat par rapport à ses « concurrents », il se peut que la pénalisation ne soit pas loin. Comme souvent dans le monde du référencement, votre optimisation sera surtout question de bon sens.

Liens à consulter pour la balise <title>

- *Comment concevoir le title de mes pages web : http://goo.gl/4Uqsn7.*
- *Balise TITLE : Google tient compte de la chasse et du nombre de caractères : http://goo.gl/uKmCGR.*
- *Le point sur Google et les modifications de balises <title> : http://goo.gl/jsDC0s.*
- *Balise Title : 5 conseils pour augmenter les clics : http://goo.gl/kNSlpF.*
- *The Complete Guide to Mastering Your Title Tags : http://goo.gl/lIiN7g.*
- *Secrets to Writing Engaging Titles & Content for SEO : http://goo.gl/XrFKNm.*
- *When Google Gets It Wrong By Changing The Titles Of Web Pages : http://goo.gl/wksdU4.*
- *Ecommerce Title Tags: Top 5 Ways to Increase Clicks : http://goo.gl/d9Vlvw.*

Balise meta description

Si vous le pouvez, créez vos balises `meta` automatiquement. Si vous utilisez un CMS *(Content Management System)*, vous devriez pouvoir le faire en « piochant » des informations dans la page. Cela ne posera aucun problème aux moteurs de recherche, bien au contraire, ils encouragent même cette pratique. Par exemple, vous pouvez y intégrer le chapô d'un article (le contenu de la balise `<h2>`) ou les 200 premiers caractères d'un contenu éditorial qui résument souvent le contenu d'un texte, une fiche technique présentant de façon synthétique un produit, etc.

Plusieurs pistes peuvent ainsi être explorées pour améliorer vos balises meta `description`. Voici quelques conseils pour arriver à vos fins de façon efficace.

1. Proposez dans la balise meta `description` un contenu textuel différent de celui de la balise `<title>`. La balise `meta` doit compléter le titre sans – si possible – reprendre de façon littérale son contenu. Google donne sur son blog (*http://goo.gl/FVsRw*) deux

exemples de ce qu'il faut et ne faut pas faire (figure 5-17). Nous donnons ci-après plus d'explications sur cet exemple et un autre.

Figure 5-17

Balise meta « de qualité » selon Google

2. N'indiquez pas des listes de mots-clés séparés par une virgule dans cette balise. Cette forme de données est réservée aux balises meta `keywords` et les moteurs de recherche ne les apprécieront pas, ce qui induira leur non-affichage. Faites des « vraies » phrases contenant des mots descriptifs du contenu de la page et tout se passera au mieux.
3. Intégrez des données structurées. Pour un site d'actualités ou un blog, indiquez l'auteur, la date de parution, etc. En d'autres termes, toute information qui ne sera pas affichée dans le titre mais qui peut le compléter est la bienvenue dans la balise `meta`.

Prenons l'exemple d'une balise `meta` jugée comme « non optimisée » par Google (figure 5-18).

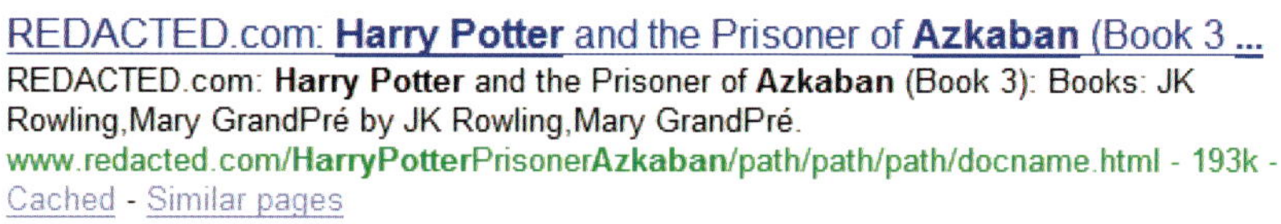

Figure 5-18

Balise meta « à revoir », toujours selon Google

Le contenu de la balise sera dans ce cas :

```
<meta name="description" content="Redacted.com: Harry Potter and the prisoner of
➥ Azakaban (Book 3): Books: J. K. Rowling, Mary GrandPré by J. K. Rowling,Mary GrandPré">
```

Google explique sur son blog pourquoi ce type de balise `meta` n'est pas « recevable » selon lui.

- Le titre du livre est repris dès le début et mot pour mot de la balise `<title>`, provoquant un doublon d'informations.
- Les noms de l'auteur (`J. K. Rowling`) et de l'illustratrice (`Mary GrandPré`) sont dupliqués à l'intérieur même de la balise.

- Certaines informations ne sont pas claires : qui est Mary GrandPré ? Il n'est pas indiqué qu'il s'agit de l'illustratrice du livre.
- Les espaces manquants et l'usage trop important des « : » rendent le descriptif complexe à lire.

Il s'agirait donc ici typiquement d'une balise meta `description` qui, malgré le fait qu'elle soit présente dans la page, pourrait ne pas être affichée par Google et qui de toute façon, si c'était le cas, ne rendrait pas service au site en question – et à l'internaute – car elle n'inciterait pas au clic. Pour cet exemple, Google propose plutôt ce contenu :

```
<meta name="description" content="Author: J. K. Rowling, Illustrator: Mary GrandPré,
➥ Category: Books, Price: $17.99, Length: 784 pages">
```

Ainsi, plus vous proposerez dans cette balise d'informations connexes aidant le moteur à mieux « comprendre » de quoi parle la page, meilleure sera la façon dont vous « rendrez compte » de son contenu auprès des internautes et des moteurs.

Rappelez-vous également qu'actuellement, on table plutôt sur des balises meta `description` de 200 à 300 signes (espaces compris). Rien ne vous empêche de faire légèrement plus long, mais essayez en revanche de ne pas descendre en-dessous des 200 signes.

Voici donc les balises que nous proposerions pour les trois exemples de contenus proposés à la section « Quelques exemples » présentée précédemment. Le contenu de ces balises fait respectivement 480, 279 et 346 signes :

```
<meta name="description" content="La Route des Vins d'Alsace parcourt, entre la
plaine du Rhin et les Ballons des Vosges, le vignoble millénaire d'Alsace. Elle
serpente à mi-coteau sur près de 170 kilomètres de Thann au Sud à Marlenheim au Nord.
Elle égrène un chapelet de villages pittoresques et fleuris, de cités viticoles
réputées et offre de saisissants panoramas qui illustrent la richesse et la diversité
des terroirs d'Alsace. Une belle occasion de faire une dégustation de vin, avec
modération bien sûr...">

<meta name="description" content="Le domaine du Paradis est un gîte rural situé à
Brest. Il vous propose 10 chambres d'hôtes à prix très raisonnable, avec petits
déjeuners servis dans une ancienne salle voûtée du XVIIIe siècle. Chaque chambre est
décorée avec goût avec des matériaux traditionnels de la région.">

<meta name="description" content="Parfaitement conçue pour s'adapter à votre budget
et au mode de vie de votre famille, votre nouvelle complémentaire vous protège en
fonction de vos besoins de santé dans le cadre d'une mutuelle familiale : d'une
couverture en soins essentiels à une prestation globale, vous trouvez avec notre
produit Allo Mutuelle la formule qui vous convient...">
```

Si vous pouvez automatiser cette étape, ce sera autant de temps gagné. Mais rien ne vous empêche, bien sûr, de saisir à la main le contenu des balises meta `description` si vous pensez qu'ils seront ainsi plus attrayants pour l'internaute et que cela augmentera le taux de clics sur vos liens dans les SERP.

La fraîcheur de mise à jour des informations

> Section rédigée avec la contribution de Philippe Yonnet

Il y a déjà plus de dix ans, plusieurs chercheurs – en particulier Kumar (1999), Cho et Garcia-Molina (2000) et Kleinberg (2000)[1], spécialistes du domaine de l'extraction d'information *(information retrieval)*, la « science des moteurs de recherche » – avaient remarqué que la prise en compte de la dimension temporelle était indispensable pour construire un algorithme performant pour un moteur de recherche.

Pourtant, un moteur comme Google a très longtemps négligé la collecte d'informations sur l'évolution de ce qu'il appelle les « signaux », c'est-à-dire les critères utilisés dans l'algorithme. Tout en accordant dès l'origine une grande attention à d'autres critères liés au temps comme la fraîcheur de l'index et l'âge des pages.

L'un des premiers indices spectaculaires de l'existence d'une prise en compte de critères d'évolution temporelle dans l'algorithme de Google est malgré tout assez ancien : au cours du printemps 2004, des observateurs ont noté un phénomène étrange affectant de nouveaux sites et les empêchant d'apparaître en tête des résultats. Il fut baptisé « effet sandbox » par Barry Schwartz, éditeur du site Seroundtable. Depuis, les référenceurs ont tendance à appeler « sandbox » un peu tout et n'importe quoi, mais les phénomènes assimilés à la sandbox présentent tous des analogies troublantes avec ce qu'on peut produire par la technique d'analyse temporelle des liens (TLA pour *Temporal Link Analysis*) dont nous parlerons plus tard.

Depuis lors, les indices d'une prise en compte de multiples critères temporels dans l'algorithme se multiplient, mais sans que cela soit forcément remarqué et discuté dans les forums et les blogs.

La problématique de l'âge et de la fraîcheur

Le premier élément temporel qu'on doit prendre un compte pour réaliser un moteur performant, c'est la « fraîcheur » de l'information restituée. Cette notion de fraîcheur n'a rien à voir avec l'âge d'une page : on mesure le caractère récent ou non de l'extraction d'information, et donc sa date de dernière mise à jour, que la page soit ancienne ou qu'elle vienne d'apparaître sur le Web.

En revanche, l'âge d'une page correspond à la mesure du temps qui s'est écoulé depuis sa publication. Dans le contexte d'un outil de recherche, il faut définir deux âges : l'âge de la page web proprement dite, qui mesure le laps de temps écoulé depuis son apparition sur le Web, et l'âge de la page dans l'index, qui correspond à la durée écoulée depuis sa première indexation par le moteur. Plus le crawl est efficace, plus l'index est « frais » et plus les deux âges vont être proches.

Il existe également deux façons de définir la fraîcheur. La première part d'une notion binaire : une page dans l'index est à jour, ou elle ne l'est pas. Une page dans l'index d'un moteur est considérée comme à jour si la version contenue dans l'index est identique à

1. La réflexion est même encore plus ancienne car on retrouve des articles traitant de ce thème dès 1955 (Garfield).

celle qu'on trouve sur le Web. Cela signifie donc qu'elle n'a pas été mise à jour depuis. La fraîcheur de l'index est alors définie comme le taux de pages à jour rapporté à la taille de l'index. Une seconde définition consiste à mesurer le délai qui s'est écoulé depuis le dernier crawl de la page. Plus ce délai est court, plus la page est considérée comme fraîche.

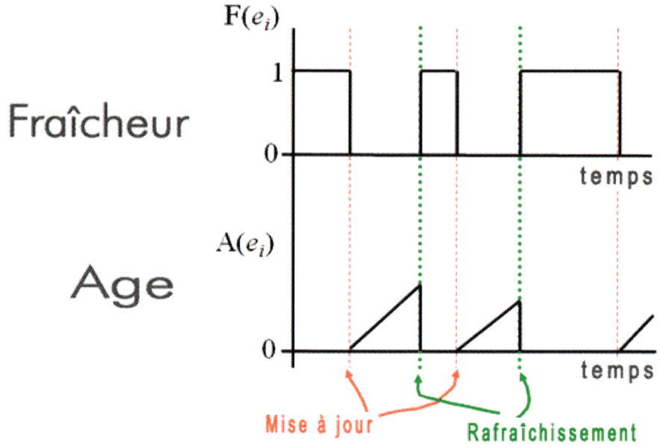

Figure 5-19

Problématiques d'âge et de fraîcheur pour l'index d'un moteur de recherche

La figure 5-19 représente un graphique symbolisant l'évolution des mesures de l'âge et de la fraîcheur dans l'index d'un moteur. Lorsque la page vient d'être crawlée, son âge dans l'index retombe à zéro, et sa fraîcheur reste à 1 tant que la page est considérée comme à jour. La fraîcheur passe à zéro si la page de l'index n'est plus à jour (on est ici dans la conception : fraîcheur = taux de pages à jour). L'idée pour un moteur parfait est de déclencher un *recrawl* dès qu'une page est considérée comme obsolète.

Quelles sont les performances des moteurs en matière de fraîcheur de l'index ?

Dirk Lewandowski de l'Université des sciences appliquées de Hambourg a mené une étude sur trois ans (entre 2005 et 2008) sur les performances des trois principaux moteurs de recherche sur le critère de la fraîcheur de l'index. Son étude, publiée en 2008 dans le JIS *(Journal of Information Science)*, révèle une très grande variabilité des performances entre les moteurs et aussi dans le temps !

La figure 5-20 montre qu'en 2005, le taux de pages à jour sur Google est très supérieur à celui de ses concurrents sur l'échantillon de pages étudié. Ce leadership est perdu en 2006, pour être retrouvé en 2007, mais avec des performances bien moindres. Il semble en fait qu'aucun des moteurs en 2007 n'avait résolu complètement le problème de la mise à jour de leur index. Il faut dire que le problème devient de plus en plus complexe au fil du temps avec l'évolution du Web. L'exploitation des Sitemaps (voir chapitre 12) fait ainsi partie des solutions trouvées par les moteurs pour améliorer la situation. La nouvelle structure d'index Caffeine a certainement amélioré la situation chez Google dès 2010.

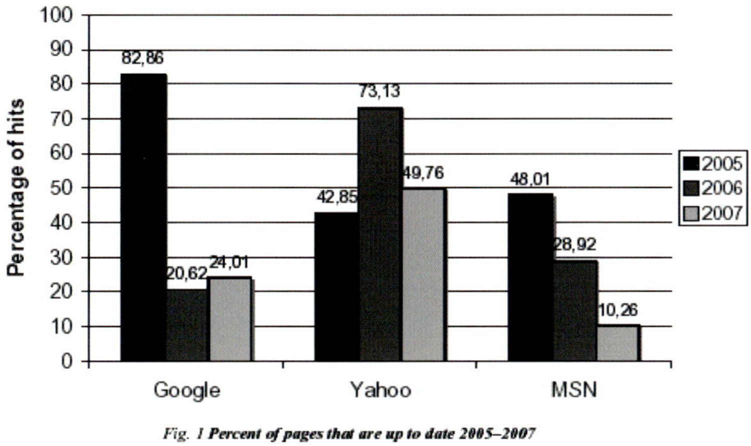

Figure 5-20

Pourcentage des pages à jour dans les index des trois grands moteurs

Les obstacles à la détermination de l'âge d'une page ou d'un lien

Pour déterminer l'âge d'une page sur le Web, l'idée la plus simple est d'utiliser les informations de date de création et de dernière modification communiquées par le serveur web dans l'en-tête http. Cependant, les serveurs web ne renvoient pas toujours cette information et ils indiquent parfois dans le champ `last modified` la date de consultation de la page.

Plusieurs études indiquent que le nombre de pages pour lesquelles on dispose d'une date de dernière modification fiable est inférieur à 50 % (et même moins de 40 % dans l'étude de Einat Carmel et alter en 2004). La date de création de la page est encore plus fantaisiste : elle ne correspond que rarement à sa date de première mise en ligne.

Ceci explique pourquoi Google conseille aux webmasters de bien configurer leurs serveurs web pour renvoyer des dates correctes. Malheureusement, ces conseils prodigués depuis des années n'ont pas amélioré la situation. N'hésitez cependant pas à bien vérifier la configuration de votre serveur à ce niveau si vous désirez connaître une meilleure indexation de vos documents !

Un autre problème difficile à résoudre résulte de la complexité des changements qui interviennent sur les pages. Les pages ont souvent un comportement composite, avec certains de ses composants qui restent fixes et d'autres qui évoluent, dans des proportions et à des rythmes variés. Un site d'actualités verra de nouvelles informations chasser les anciennes rapidement, chaque nouvelle brève étant importante à indexer. Toutefois, le volume de texte de la page reste constant. À l'inverse, une page éditoriale accompagnée de commentaires verra son volume de texte augmenter, mais chaque commentaire ajouté n'a pas individuellement une grande valeur par rapport au reste de la page. Cela signifie-t-il pour autant que la page a été « modifiée » par l'apparition d'un commentaire ?

Quelles pages favoriser dans l'algorithme : les pages anciennes ou les pages récentes ?

Les premières versions des algorithmes des moteurs avaient tendance à accorder plus de poids à une page ancienne qu'à une page récente. Cela peut avoir du sens : une page ancienne, au sein d'un site en ligne depuis longtemps, peut être considérée comme plus fiable. D'abord, elle est moins suspecte d'être une page créée pour un objectif de spam. Ensuite, au fil du temps, de telles pages reçoivent de plus en plus de liens, ce qui fait qu'un algorithme comme le PageRank donne à la longue une prime aux pages anciennes qui sont considérées donc comme plus importantes. Parfois à raison, parfois à tort.

Pourtant, lorsqu'un internaute cherche une information liée à l'actualité, il y a de fortes chances pour que les pages pertinentes sur cette requête ne soient pas anciennes. Il faut donc ajouter dans l'algorithme un système qui favorise à bon escient des pages récentes (une « prime de fraîcheur » en quelque sorte).

De plus, les informations contenues dans les pages anciennes vont progressivement devenir obsolètes au fil des ans. Le problème, qui était anecdotique en 1999 lors des balbutiements de Google, est devenu réellement sérieux depuis. Il fallait donc élaborer des solutions pour détecter les pages obsolètes et pour éviter de leur donner une importance qu'elles n'ont plus.

L'une des méthodes envisageables pour détecter cette obsolescence est de tester si une page a cessé de recevoir régulièrement des nouveaux liens ou des liens depuis des pages actualisées. Cette approche s'appelle l'analyse temporelle des liens.

L'analyse temporelle des liens

En 2004, un article publié par des chercheurs du laboratoire IBM d'Haifa (*Trend detection through Temporal Link Analysis*, par Amitay, Carmel, Herscovici, Lempel, Soffer, laboratoire de recherche IBM d'Haifa Israël : *http://goo.gl/bfyfw*) a fait parler de lui parmi les spécialistes des outils de recherche. Après avoir remarqué que les algorithmes des moteurs (en particulier le PageRank de Google) ne prenaient pas en compte la temporalité, et pour améliorer le système, ils ont proposé une nouvelle approche qu'ils ont baptisé TLA *(Temporal Link Analysis)*. Le principe de l'analyse temporelle des liens consiste tout simplement à exploiter les informations suivantes :

- les dates de création des pages ;
- la date de dernière modification ;
- la date de disparition d'une page (date à partir de laquelle le serveur à renvoyé un code 404) ;
- la date d'apparition des liens sur les pages ;
- la date de disparition des liens sur les pages.

L'article n'explique pas de manière explicite comment exploiter les données issues de l'ATL, mais donne plusieurs pistes. La première est de détecter certains schémas de croissance anormale des liens pointant vers une page, afin de déceler l'existence d'une stratégie de *link spam*. La deuxième piste consiste à identifier les pages obsolètes, et la troisième à introduire dans le PageRank une modification tenant compte du critère de temporalité.

À propos des codes 404 et 410

La nécessité pour les moteurs de bien comprendre la signification d'un code 404 explique pourquoi Google a annoncé fin 2009 qu'il voulait traiter les codes 410 différemment. Voici la signification théorique de ces codes.

- Erreur 404 *(Not found)* : le serveur indique que la page désignée par l'URL ne correspond pas à une ressource connue.
- Erreur 410 *(Gone)* : le serveur indique que la page désignée par l'URL n'existe plus (mais aussi qu'elle a existé et que l'URL est connue).

Jusqu'à présent, Google considérait de la même façon les deux types de codes renvoyés. Ce n'est plus le cas et Google recommande dorénavant l'utilisation du code 410 pour les pages qui ont disparu, pour indiquer le caractère « permanent » de cette disparition.

Pour plus d'informations à ce sujet, consultez la page suivante : *http://goo.gl/XMi52*.

L'analyse temporelle des liens a depuis 2004 engendré une littérature scientifique abondante et de très nombreuses études, expériences et applications.

Les autres critères temporels

L'ATL ne permet pas d'exploiter tous les signaux temporels exploitables sur le Web. Un brevet publié par Google en 2005 en a révélé bien d'autres (*Information Retrieval Based on Historical Data, http://goo.gl/7urbp*). La figure 5-21 résume l'essentiel des critères évoqués dans ce brevet.

Figure 5-21

De nombreux critères peuvent déterminer l'obsolescence d'une page web.

Un exemple d'analyse temporelle des flux de requêtes : les requêtes QDF

Dans un article paru dans le New York Times (*Google Keeps Tweaking Its Search Engine*, 3 juin 2007, *http://goo.gl/HlSyl*) et rédigé à partir de conversations avec Amit Singhal (le « maître » de l'algorithme chez Google) et Uri Manber, il a été fait mention pour la première fois de l'existence des requêtes QDF *(Query Deserves Freshness).* Si on en croit les informations fournies par différents interlocuteurs du moteur, il semble que les dirigeants de Google se soient émus de l'absence de résultats frais sur la requête « tsunami » au lendemain de la catastrophe de décembre 2004. Le fait qu'on ne trouve pas d'informations financières fraîches sur Google au moment de leur entrée en Bourse a achevé de convaincre les ingénieurs d'introduire un changement dans l'algorithme.

Une requête QDF est une requête qui, d'un seul coup, va être demandée en un laps de temps très court par un grand nombre d'internautes. Elle génère un « pic de demandes ». Ce comportement révèle qu'un événement est survenu et qu'il provoque un grand nombre de recherches d'informations. Quand une telle explosion de la fréquence de frappe d'une requête donnée est décelée, elle déclenche la mise en service d'un algorithme de classement des résultats alternatif, qui fait la part belle aux documents frais et récents et aux sources d'actualités.

On voit sur la figure 5-22 un exemple du comportement de Google pour une requête portant sur un sujet d'actualité. La page de résultats sur « nabilla » se remplit de pages créées quelques minutes ou quelques heures auparavant.

Figure 5-22

Exemple type d'une requête d'actualité qui déclenche l'apparition de liens récents.

Ceci explique également qu'une page web peut tout à coup disparaître des résultats d'un moteur sur une requête « chaude » : les critères pris en compte par le moteur ont changé pendant quelques jours, quelques heures.

Freshness Update et QDF

En novembre 2011, Google annonçait l'algorithme *Freshness Update* (*http://goo.gl/5Hp8LU*), qui met en avant ces résultats frais sur certaines requêtes et qui peut toucher plusieurs types de requêtes :

- celles relatives à des faits récents et d'actualité (exemples : tremblement de terre, résultat sportif, déclaration politique, etc.), ce qui était déjà le cas avec les requêtes de type QDF ;
- les événements récurrents : marronniers (fêtes des mères, saint Valentin, Noël...), événements sportifs (Coupe du monde, etc.), salons, élections, etc. ;
- contenus proposant des mises à jour fréquentes : essais de voitures, d'appareils photo, de téléphones portables, etc.

Un algorithme très proche donc du QDF, qui renforce l'impact des résultats frais sur les requêtes chaudes.

L'analyse des tendances

Avec l'évolution du Web, il est devenu particulièrement intéressant de découvrir les tendances et les « buzz » qui naissent et meurent sur la toile. L'analyse de plusieurs types de signaux permet d'identifier ce qui, à un moment donné, constitue soit un élément nouveau, soit une information qui devient importante, soit un changement de comportement.

Figure 5-23

Utilisation de Google Trends pour détecter une requête QDF : mais qu'est-il donc arrivé à Johnny Hallyday entre le 8 et le 15 décembre 2009 ?

Les requêtes fournies par les internautes sont une source particulièrement intéressante pour détecter ce qui fait l'actualité. Par exemple, toute personne qui vit son « quart d'heure de célébrité » (pour reprendre l'expression d'Andy Warhol) peut être identifiée parce que son nom est soudainement beaucoup plus saisi. On peut également exploiter les données sur l'évolution des liens et des ancres, sur les billets publiés dans les blogs ou l'évolution des liens entre personnes dans les réseaux sociaux.

L'application la plus connue en ce qui concerne l'exploitation des données temporelles et des flux de requêtes pour déterminer des tendances est Google Trends (*http://www.google.com/trends*).

La temporalité : un élément à intégrer dans le référencement

Ce survol des techniques utilisées par les moteurs pour exploiter les informations temporelles met en lumière l'importance de ces critères dans l'algorithme. Il est donc indispensable de bien les prendre en compte dans la stratégie de référencement.

On s'attachera en particulier à réfléchir à la manière dont les pages web de nos sites naissent, meurent, changent, évoluent, pour savoir si ce comportement est cohérent, lisible par les moteurs et conforme à l'image que vous souhaitez donner de l'importance à ces pages.

Globalement, et pour résumer, on peut mettre en évidence certains éléments.

- Si votre site vise des requêtes froides (sans rapport avec l'actualité immédiate, par exemple, « biographie la fontaine », « discographie beatles », « histoire de la bretagne », etc.), la fréquence de mise à jour de votre site et de vos pages n'aura pas un impact très fort sur votre référencement (sans être nul).
- Si votre site vise des requêtes chaudes (ayant un rapport direct avec l'actualité, par exemple, « soldes », « saint valentin », « roland garros », etc.), vous devrez faire en sorte de « plaire » à l'algorithme QDF en mettant très souvent à jour votre site.

Pour information, Google estime qu'un tiers des requêtes demandées sur son moteur de recherche sont chaudes (*http://goo.gl/5Hp8LU*).

Plan du site et pages de contenu : deux armes pour le référencement

Lors de la création d'un site web, on oublie parfois deux stratégies importantes pour pallier les contraintes techniques qui peuvent freiner un référencement.

- **La page Plan du site.** On peut presque dire qu'elle est essentielle pour le référencement. Elle donne, sur un même document, des liens vers toutes les pages principales de votre site. Du caviar pour les robots ! Sachez que pour obtenir une bonne indexation de votre site en termes quantitatifs, **chaque page doit être accessible aux robots depuis votre page d'accueil en trois clics au plus**. Dans ce cas, nous avons donc :
  - un clic pour la page d'accueil vers le plan du site ;
  - un deuxième clic depuis le plan du site vers la page elle-même.

En deux clics, le tour est joué ! Vous pouvez éventuellement proposer une page intermédiaire si votre site contient beaucoup de documents. Un premier plan propose les grands sommaires, les grandes rubriques de votre site. Les liens proposés pointent alors vers des sous-plans (un par zone) qui affichent des liens vers les pages finales. Ici, en trois clics le problème est réglé. C'est une garantie de bonne indexation quantitative par les moteurs.

- **Les pages de contenu.** De plus en plus utilisée, cette stratégie consiste à créer de vraies pages de contenu, mais plutôt optimisées pour les moteurs de recherche (bon titre, bon indice de densité, mots-clés mis en exergue, etc.). Elles peuvent ne pas s'insérer dans la navigation normale du site (les menus de navigation) mais, par exemple, être accessibles uniquement par l'intermédiaire de liens dans le plan du site. Pas de JavaScript, d'identifiants de session et autres obstacles techniques : du texte et rien que du texte, optimisé bien sûr. Encore une fois, ne cachez rien : ni le contenu ni les liens qui y mènent. Toute donnée cachée au moteur est dangereuse, ne l'oubliez pas !

Bibliographie sur le contenu

La notion d'écriture pour le Web se développe et de plus en plus d'articles et d'ouvrages y sont consacrés. En voici quelques-uns, souvent indispensables :

- *Bien rédiger pour le Web... et améliorer son référencement naturel* d'Isabelle Canivet. Un livre indispensable paru aux éditions Eyrolles : *http://goo.gl/2MTVL* ;
- *Référencement : la revanche du* contenu, Dixxit (livre blanc) : *http://www.dixxit.fr/livre-blanc-referencement/* ;
- *Écrire pour Google : un destin de feuille morte...*, article d'Emmanuel Parody : *http://goo.gl/AwlPi* ;
- *Créer le contenu qui plaît aux moteurs de recherche*, article d'Emmeline Ratier : *http://goo.gl/lYdz9* ;
- *Améliorer son référencement grâce au contenu rédactionnel*, article d'Isabelle Canivet : *http://goo.gl/2VfM0* ;
- *Écrire pour le Web : quand vos lecteurs sont des moteurs*, article de Jean-Marie Le Ray : *http://goo.gl/xXqtX* ;
- *Optimisation du contenu : travaillez votre text appeal*, article de Sébastien Billard : *http://goo.gl/YwGrT* ;
- *Les crevettes de Madagascar*, article de Sébastien Bailly : *http://goo.gl/chVMj* ;
- *Rédiger pour être référencé... et lu*, article de François La Roche : *http://goo.gl/aN1t9*.

6

Optimisation – Les critères off page

> « Conquérons le monde avec notre amour. Entrelaçons nos vies, tissons-les des liens du sacrifice et de l'amour, il nous sera possible de conquérir le monde. »
>
> Mère Teresa

Dans les deux chapitres précédents, nous avons essayé de traiter tous les aspects d'optimisation d'une page web : balises HTML `<title>` et `<hn>`, prise en compte d'un texte bien structuré et dans lequel les mots importants sont mis en avant, balises `meta`, etc.

Les premiers moteurs de recherche (Lycos, Webcrawler ou AltaVista, par exemple) fonctionnaient pour la plupart sur ce mode unique, avec ce type de critère de pertinence *in page*. Si la page ne contenait pas la requête demandée, elle ne pouvait pas ressortir dans les résultats. Google est ensuite arrivé et a changé la donne en introduisant des critères de pertinence basés sur l'analyse du contexte, de l'environnement de la page. La popularité (le célèbre PageRank) a été l'un des premiers nouveaux critères pris en compte par Google, rapidement suivie par la réputation ou l'indice de confiance. En 2016, ces critères sont très importants sur Google et ses principaux concurrents – qui les ont adoptés dans la foulée. Ils sont pourtant le plus souvent assez mal connus. Raison de plus pour les explorer en profondeur.

Liens internes et réputation

De nombreux référenceurs vous le diront : la meilleure façon d'obtenir une excellente visibilité sur les moteurs réside aujourd'hui dans une bonne gestion de vos liens entrants, ou *backlinks*. Nous allons voir pourquoi tout au long de cette section. Pour commencer, nous allons nous intéresser aux liens présents dans vos pages web, puisque, *a priori*, ce sont ceux que vous maîtrisez le mieux.

Il faut bien être conscient que les liens sont très importants pour les moteurs de recherche car ils permettent à leurs robots d'explorer votre site pour y « cueillir » d'autres documents. Les robots suivent ainsi les liens présents dans vos pages et indexent de nombreux documents sans que vous ayez à faire une quelconque soumission (voir chapitre 12). Il est donc très important que vos liens soient compatibles avec les spiders des moteurs, comme nous le verrons par la suite.

Un credo doit être le vôtre lorsque vous bâtissez vos pages afin que celles-ci soient réactives par rapport aux moteurs de recherche : créez des liens les plus simples possible !

Plus vos liens se rapprocheront de la forme HTML suivante, mieux cela vaudra :

```
<a href="http://www.votresite.com/page-de-destination.html">texte du lien</a>
```

Réputation d'une page distante

Attention : le texte du lien (qui apparaîtra donc dans vos pages comment étant cliquable) est primordial. Sur Google, par exemple, il va servir à donner un thème à la page de destination et représente pour elle un critère de pertinence crucial, d'où la notion de réputation.

Prenons un exemple. Vous gérez un site sur les assurances. Sur votre page d'accueil, vous proposez les liens suivants :

```
Notre offre en <a href="http://www.votresite.com/assurance-vie.html">assurance-vie</a>.
Notre offre en <a href="http://www.votresite.com/assurance-auto.html">assurance auto</a>.
Notre offre en <a href="http://www.votresite.com/assurance-moto.html">assurance moto</a>.
```

Ce qui donnera :

```
Notre offre en assurance-vie.
Notre offre en assurance auto.
Notre offre en assurance moto.
```

On voit dans cet exemple que les textes des liens qui pointent vers les différentes pages contiennent des mots-clés décrivant ce que l'internaute va trouver dans les pages en question. La page qui traite de l'assurance-vie est pointée par un texte d'ancre qui s'intitule « assurance-vie ». Il en va de même pour les deux autres pages.

La page de destination (page cible) sera donc bien considérée par Google – et les autres moteurs majeurs – pour l'expression citée dans le texte du lien (« assurance-vie »). Elle a la réputation, pour le moteur, de parler d'assurance-vie.

Si cette page de destination contient de plus un bon titre et du texte optimisé, vous n'êtes plus très loin d'un bon positionnement sur Google.

Le Google Bombing

Ce fait est bien illustré par les actes de *Google Bombing* entrevus ces derniers temps sur le Web. On se souvient que Georges Bush a été victime de l'une des premières actions de ce type (*http://goo.gl/5XAjW*). Lorsqu'on tapait la requête « miserable failure » sur Google, le premier résultat affiché était... la biographie officielle de George W. Bush, sur le site de la Maison Blanche. En février 2004, c'est le député Jean Dionis, partie prenante dans la nouvelle loi sur l'économie numérique, qui a fait les frais de ce type d'action : son site sortait premier sur Google pour la requête « député liberticide » (*http://goo.gl/dQ0j4*). Depuis, les actes de Google Bombing se sont multipliés et de nombreux hommes politiques français, notamment, en ont été victimes. Cependant, en 2007, Google a travaillé sur le sujet devant la multitude de *bombings* perpétrés (*http://goo.gl/H4zxH*) et il est devenu de plus en plus difficile de mettre en place ce type de châtiment numérique. Ce phénomène a aujourd'hui presque disparu de Google, mais pas dans les résultats de ses concurrents (Yahoo! et Bing).

Lancer une opération de Google Bombing n'est pas très complexe en soi : il suffit de multiplier, sur le plus de sites possible, les liens pointant vers le site à « bomber », tout en indiquant la requête désirée dans le texte du lien. Par exemple : vous désirez que le site Abondance soit premier sur la requête « meilleur site sur les moteurs de recherche » (ça, c'est un excellent Google Bombing, n'hésitez pas !) ? Vous multipliez alors dans vos pages les liens de ce type : « meilleur site sur les moteurs de recherche », pointant sur la page d'accueil du site Abondance, en répétant ce lien sur le plus de sites possible. Et le tour est joué ! Sur des requêtes peu concurrentielles, il y a de fortes chances pour que le positionnement attendu soit au rendez-vous très rapidement (en quelques heures). Et pourtant, le site en question ne contient pas obligatoirement les termes de la requête !

Soignez les libellés de vos liens

Le texte du lien (texte cliquable) est donc extrêmement important pour le positionnement de vos pages. Ne le sous-estimez pas. Par exemple, évitez des phrases comme :

- « Pour consulter nos offres d'assurance-vie, cliquez ici » ;
- « Notre offre d'assurance-vie est l'une des meilleures du marché. Elle vous propose un rapport qualité-prix incomparable. Lire la suite… » ;
- « En savoir plus… ».

En effet, les expressions « cliquez ici », « Lire la suite… » ou « En savoir plus… » ne sont pas réellement pertinentes pour qualifier les pages sur lesquelles l'internaute se rendra s'il clique sur le lien. Elles perdront donc inévitablement du poids, donc des positions, pour les moteurs de recherche.

Dans ce cas, préférez donc :

- « Consultez nos offres d'assurance-vie » ;
- « Notre offre d'assurance-vie est l'une des meilleures du marché. Elle vous propose un rapport qualité-prix incomparable ».

Pour résumer, on peut dire que les liens hypertextes insérés dans les pages web de votre site sont importants :

- pour insérer des mots-clés donnant un poids plus fort à la page qui les contient (« page origine ») ;
- pour insérer des mots-clés donnant un poids plus fort à la page vers laquelle il dirige (« page cible »).

Point important également pour la réputation d'une page : plus la page contenant le lien pointant vers le document dispose d'un PageRank (voir plus loin) élevé, plus sa réputation sera forte. Plus clairement, si A pointe vers B, le fait que A ait un PageRank élevé (supérieur ou égal à 4) augmentera encore la notion de réputation de B en lui fournissant ce qu'on appelle du « jus de lien ». Nous y reviendrons plus loin.

À éviter le plus possible : images, JavaScript et Flash

Nous l'avons vu, les liens textuels les plus simples sont les plus efficaces. Toutefois, il existe d'autres façons de construire des liens, par exemple, les liens images comme dans le code suivant :

```
<a href="http://www.votresite.com/page-de-destination.html">
<img src="image.gif"/>
</a>
```

Dans ce cas, le texte du lien est remplacé par une image. Si on clique sur celle-ci, on est redirigé vers la page de destination. Le lien est « lisible » par les moteurs (les robots sauront suivre le lien pour indexer la page cible). En revanche, l'absence de texte sera préjudiciable pour la réputation de la page cible. L'attribut `alt` de la balise `<img>` peut combler ce manque mais pas à 100 %. Veillez à toujours renseigner cet attribut, comme ceci par exemple :

```
<a href="http://www.votresite.com/page-de-destination.html">
<img src="image.gif" alt="description de l'image qui fournira la réputation à la page distante"/>
</a>
```

Voici également d'autres points qu'il faut éviter :

- **Le JavaScript.** En règle générale, les moteurs n'aiment pas le JavaScript et ne lisent pas toujours les adresses qui y sont insérées, même si Google y arrive de mieux en mieux. Nous y reviendrons au chapitre 14.
- **Le Flash.** Les moteurs n'aiment pas non plus le Flash. Si Google suit parfois les liens insérés dans certaines animations Flash, il semble que cela ne soit pas une règle établie et systématique. On préférera donc retenir l'adage selon lequel « tout ce qui est présent dans une animation Flash est ignoré par les moteurs », y compris les liens. Le chapitre 14 vous apportera de plus amples explications à ce sujet.
- **Les formulaires.** Certains liens peuvent être proposés sous la forme de formulaires (balises `<select>...<option>`), et notamment de menus déroulants (figures 6-1 et 6-2).

  Ceci n'est pas souhaitable pour les moteurs qui auront du mal à gérer ce type de lien, pour la plupart d'entre eux. Ils liront le contenu des intitulés du menu déroulant comme du texte à part entière, mais les liens ne seront pas considérés comme tels. Les formulaires utilisés en guise d'outils de navigation constituent un obstacle, plus ou moins bloquant, pour la plupart des moteurs. Ils sont donc à utiliser avec parcimonie. Rendez-vous au chapitre 14 pour plus d'informations.

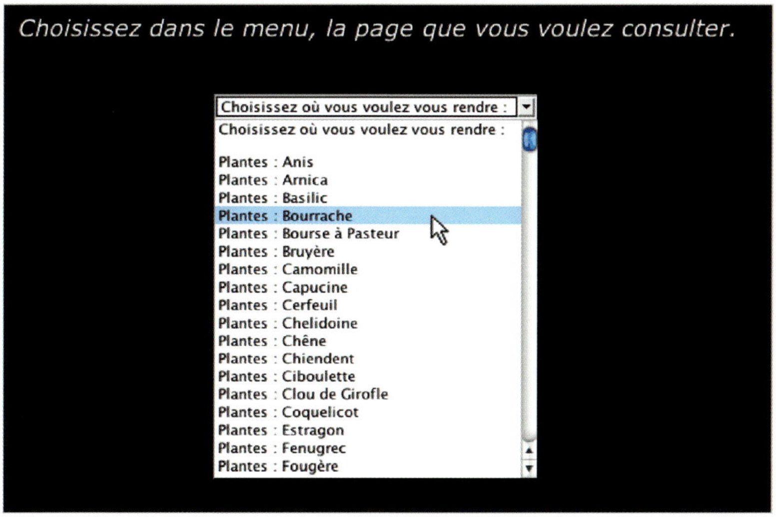

Figure 6-1

Exemple de formulaire web

Figure 6-2

Autre exemple de formulaire web

Les liens sortants présents dans vos pages

Les liens sortants représentent les liens insérés dans vos pages et pointant vers l'extérieur ou vers des sites qui ne vous appartiennent pas.

A priori, ces liens ne jouent aucun rôle dans l'algorithme de classement de vos documents par les moteurs (même s'il semblerait que ce soit là une piste de réflexion dans certains laboratoires de recherche, *http://goo.gl/BstfU*). Le nombre et la destination des liens de vos pages ne leur serviront donc pas à être mieux classées sur les moteurs de recherche, à part pour le calcul du PageRank (voir plus loin). Mettre en place dans vos pages un lien vers le site de Google, de Wikipédia, d'Amazon ou d'eBay ne jouera donc en rien sur votre positionnement dans les pages de résultats des moteurs. Et heureusement, car dans ce cas, le risque de fraude serait énorme !

Pour résumer

Voici quelques conseils pour bien optimiser les liens de vos pages.

- L'optimisation d'un lien est importante à la fois pour la page qui le contient (page origine) et pour la page vers laquelle il pointe (page cible).
- Soignez particulièrement le texte du lien (texte cliquable) qui doit être pertinent par rapport à la réputation de la page cible.
- Vos liens doivent être le plus simple possible pour que les robots des moteurs puissent les suivre en vue d'indexer les autres documents de votre site.
- Privilégiez les liens textuels et évitez le plus possible les liens images, JavaScript, formulaires ou Flash.

De même, ce n'est pas parce que vous avez inséré un formulaire de recherche Google ou un lien vers le célèbre moteur dans vos pages que vous y serez mieux positionné pour vos mots-clés favoris. Il s'agit là d'une croyance qu'on rencontre parfois sur certains forums. Il n'en est rien !

Liens externes, PageRank et indice de popularité

Ce n'est un secret pour personne, tous les moteurs de recherche majeurs actuels, de Google à Bing en passant par Orange et Yandex, utilisent l'indice de popularité (*link popularity* ou *link analysis*) dans leurs critères de pertinence. On peut même dire que ce paramètre, appelé PageRank[1] chez Google, est aujourd'hui devenu une partie importante des algorithmes de pertinence et qu'il figure parmi les cinq à dix critères majeurs sur tous les moteurs avec le titre des pages, le texte visible, les balises `<hn>`, la réputation et quelques autres.

Comment le PageRank est-il calculé ?

À l'origine, cet indice de popularité n'était calculé que selon un mode quantitatif : plus une page avait de liens qui pointaient vers elle, plus son indice de popularité était élevé. Il n'en est rien aujourd'hui et tous les moteurs de recherche ont mis en place des modes de calcul bien plus élaborés pour quantifier ce critère, en tenant notamment compte de la qualité des liens trouvés vers la page cible. Il n'est donc pas réellement nécessaire d'avoir énormément de liens pointant vers vous pour obtenir une bonne popularité sur Google ou Bing. En effet, il vaut mieux, et de plus en plus, avoir des liens « à forte valeur ajoutée » ; pas obligatoirement plus que vos concurrents, mais de meilleure qualité, donc émanant de pages elles-mêmes populaires. Google a fait de son système d'analyse de la popularité des pages, le PageRank, l'un des fleurons de son algorithme de pertinence et de sa communication.

Aujourd'hui donc, les moteurs de recherche utilisent plusieurs familles de données et de critères pour calculer ce paramètre. Rappelons quand même que le calcul est effectué sur la base des pages présentes dans l'index du moteur et seulement celles-ci. Il ne sert à rien d'avoir des liens forts vers son site, encore faut-il que les pages qui les contiennent soient bien dans l'index du moteur en question pour être prises en compte). Voici quelques données qui devraient vous être utiles pour améliorer votre situation à ce niveau.

- Les aspects quantitatif et qualitatif sont le plus souvent pris en compte à deux niveaux. Le moteur calcule non seulement la popularité d'une page, mais également celle des pages pointant vers elle (voir ci-après). Donc, un lien depuis une page à forte popularité sera plus important qu'un lien émanant d'une page perso *lambda*. Il peut suffire d'avoir peu de liens mais provenant de pages très populaires (PageRank, ou PR, supérieur ou égal à 4), plutôt qu'une multitude de liens émanant de pages peu connues et isolées. Le quantitatif a vécu, place au qualitatif, et c'est encore plus vrai en 2016.

1. Du nom de son concepteur Larry Page (co-créateur de Google avec Sergey Brin).

Ceci dit, si vous disposez d'une multitude de liens émanant de pages très populaires, c'est encore mieux.

- Le nombre de liens présents dans les pages pointant vers vous est également de plus en plus important (voir la formule de calcul de Google ci-après). Plus la page qui pointe vers vous contiendra de liens divers et variés, plus son importance diminuera, plus elle sera diluée parmi tous les liens proposés. Ceci peut défavoriser les longues pages de liens, de type FFA ou *links farms* (voir plus loin), qui sont rarement lues et n'ont finalement que peu d'intérêt, autre que celui de faire croire qu'elles vont augmenter votre popularité, ce qui est faux en grande partie. Consultez l'article publié à l'adresse suivante pour plus d'informations à ce sujet : *http://goo.gl/KGiKqy*.
- Le fait que les liens vers une page soient internes ou externes peut être important. Certains moteurs peuvent soit comptabiliser les liens internes de votre site dans leurs calculs, soit les exclure (rarement), soit leur donner un poids plus faible (le plus souvent) pour prendre davantage en considération les liens provenant d'autres sites que le vôtre, ce qui est assez logique.
- Le PageRank est calculé par rapport à une page précise, et non pour un site de façon globale. La page d'accueil de votre site aura donc, le plus souvent, le plus important indice de popularité parmi toutes vos pages, car il y a fort à parier – sauf exception – que les liens du Web renvoient pour la plupart vers elle. Faites attention, notamment, à la façon dont vos pages sont adressées. Par exemple, la page d'accueil du site Abondance est accessible *via* les adresses suivantes : *abondance.com, www.abondance.com, www.abondance.net, www.abondance.fr, www.abondance.com/index.html*, etc. Sur certains moteurs (dont Google), chaque URL sera considérée comme un site différent si aucune redirection n'est mise en place.
- Seuls les liens pointant vers vous (liens) sont pris en compte. Les liens émanant de vos pages pour aller vers d'autres sites (liens sortants) ne semblent pas pris en compte, pour le moment, dans le calcul de l'indice de popularité.

Mode de calcul du PageRank

Google utilise fortement le PageRank dans son algorithme. Comme vous pouvez le voir sur les figures 6-3 à 6-5, il est affiché dans la barre d'outils de Google (*http://toolbar.google.fr/*) ou grâce à une extension comme Page Rank Status (*http://goo.gl/cxxPmZ*) sur Chrome, sous la forme d'une note allant de 0 à 10.

Figure 6-3

Affichage du PageRank dans la barre d'outils de Google

Figure 6-4

Affichage du PageRank dans le navigateur Chrome grâce à l'extension PageRank Status. Ici, le PR de la page d'accueil de Facebook est égal à 9 !

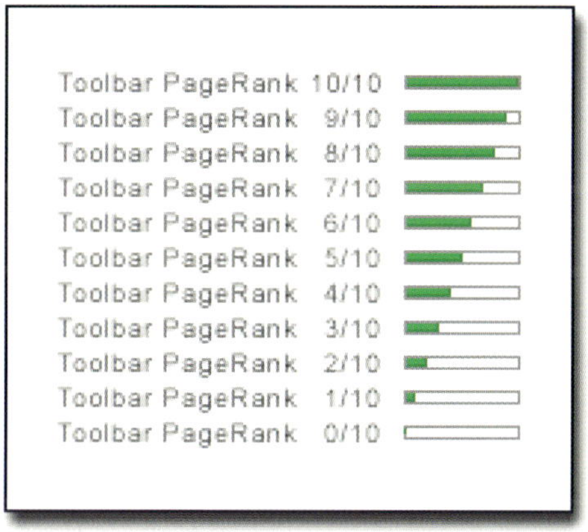

Figure 6-5

La valeur affichée du PageRank varie de 0 à 10.

Dans le document intitulé *The Anatomy of a Large-Scale Hypertextual Web Search Engine* (*http://goo.gl/v9Kg0*), Sergey Brin et Larry Page fournissent la formule itérative de calcul de cet indice :

$$PR(A) = (1-d) + d(PR(T1)/C(T1) + PR(T2)/C(T2) + \ldots + PR(Tn)/C(Tn))$$

où :

- PR(A) est égal au PageRank de la page A ;
- Tn (pages sources) représente les pages pointant vers la page A (page cible) ;
- C(Tn) représente le nombre de liens présents dans la page Tn ;
- d est un facteur multiplicatif, égal à 0,85 au lancement de Google.

Google justifie ainsi sa formule : elle peut être imaginée comme représentative du comportement d'un internaute qui effectuerait une séance de surf sur le Web et partirait d'une page web, au hasard, puis cliquerait sur tous les liens qu'elle présente, et continuerait ainsi à cliquer sur tous les liens qu'il rencontre. Éventuellement, cet internaute « cliqueur fou » pourrait se lasser et repartir, à un moment ou à un autre, d'une nouvelle page de départ. Dans cette métaphore, la probabilité qu'une page soit visitée par l'internaute est représentée par son PageRank. Et le facteur d représente le fait que l'internaute fou change, à un moment ou à un autre, de page de départ pour repartir sur un nouveau surf. Nous vous laissons méditer quelques minutes sur ce paragraphe…

Bien sûr, la formule originelle du calcul du PageRank a certainement été améliorée, les centaines d'ingénieurs de haut vol embauchés depuis par Google travaillant dessus au quotidien. Cependant, il y a également de fortes chances pour que le « noyau » du calcul soit resté fidèle au modèle d'origine, qui montre plusieurs points importants restant ainsi certainement d'actualité.

- La valeur du PR est proportionnelle au nombre de liens pointant vers une page et à leur qualité (le PR de chaque page source pointant vers le document cible).
- Le PR d'une page cible est inversement proportionnel au nombre de liens présents à l'intérieur des pages sources. Plus la page qui pointe vers vous contient de liens, plus son influence sur votre PR faiblit. La transmission de la popularité d'une page au travers des liens est souvent appelée jus de lien (*link juice*). Une page détient ainsi une certaine popularité (son PageRank) et la transmet aux autres pages au travers de ses liens sortants. Plus il y a de liens dans la page et moins chaque page pointée par un lien reçoit de jus de lien. On peut tout à fait symboliser ce concept sous la forme d'une bouteille de jus de lien détenue par une page donnée. Si cette page met en place dix liens, chacune de ces pages reçoit un dixième de la bouteille de jus de lien. Si cent liens sont créés, chacune des pages distantes reçoit un centième du jus de lien de la page originale, etc. On pourrait faire la même analogie avec un gâteau d'une taille donnée et partagé entre un nombre plus ou moins grand de convives.

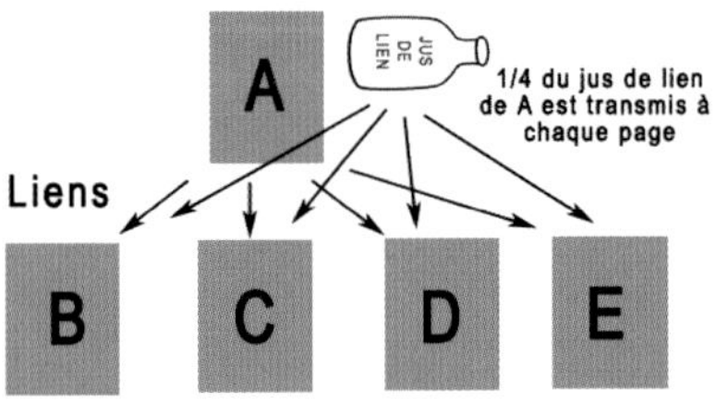

Figure 6-6

Les pages internes d'un site sont prises en compte dans le calcul du PageRank d'un document donné. Tous les liens de sources interne et externe ont donc leur importance.
Un lien transmet du jus de lien vers les pages distantes. Le jus de lien de A est partagé équitablement entre chaque page pointée par un lien. Plus il y a de liens qui sortent de A, plus la part de jus de lien reçue par chaque page (B, C, D, E) est faible.

Le processus de calcul du PR est très long car il faut manipuler d'énormes matrices de plusieurs centaines de millions de liens (et de milliards pour les plus gros index). Il s'agit en fait d'un processus itératif de type « point fixe » : le calcul étant rétroactif, il faut itérer un certain nombre de fois la formule pour que l'algorithme converge. La théorie indique qu'après *n* itérations, l'algorithme doit converger vers une solution stable (un point fixe de type PR = M × PR, où PR est l'équivalent du PageRank de la page en question et M une matrice de liens).

Notons, pour être complet, un ensemble de travaux portant plus spécifiquement sur le paramètre des liens sortants. Les travaux du projet Clever d'IBM (*http://goo.gl/orN95*) et les algorithmes dits « HITS » et « HITS improved » (*http://goo.gl/v4kV9*) travaillent sur les liens sortants d'un site. Ils trouvent les sites de communautés (c'est-à-dire, pour un sujet donné, les sites contenant beaucoup de liens sur ledit sujet) contrairement aux algorithmes de type PageRank qui trouvent les sites de référence (donc les sites les plus cités pour un sujet donné). Un moteur comme Ask (*http://www.ask.com/*) a été, par exemple, conçu sur ce principe issu des algorithmes HITS (technologie Teoma), même si ces concepts ont été abandonnés au fur et à mesure du déclin de cet outil.

Ces algorithmes basés sur les communautés sont intéressants car ils trouvent des points de départ très pertinents pour certaines recherches génériques (ainsi que des périmètres, c'est-à-dire des ensembles de pages traitant d'un même sujet).

Le PageRank en images

Pour y voir plus clair sur le PageRank, nous allons l'expliciter au travers d'images et d'exemples.

- **Exemple 1.** A (de PR 7) pointe vers B. Ce lien – unique dans cet exemple – représente donc, aux yeux de Google, un « vote » pour B.

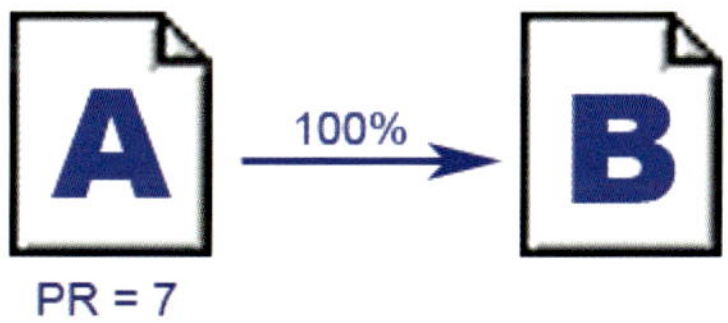

Figure 6-7

A (PR 7) vote pour B.

La page A, qui bénéficie d'un PageRank de 7 – donc très populaire – va fortement influer sur le PR de B en proposant un lien vers cette page. De plus, comme le seul lien sortant de la page A va vers B, cette dernière page profite de 100 % de la capacité de vote, donc du jus de lien de A.

- **Exemple 2.** A (de PR 1) pointe vers B.

Figure 6-8

A (PR 1) vote pour B.

Dans ce cas, B profite toujours des 100 % du jus de lien de A, mais cette dernière page étant très peu populaire (PR 1), ce lien ne fera que faiblement augmenter le PR de B. Notons cependant qu'il n'influencera pas de façon négative le PR de B.

- **Exemple 3.** A (PR 7) pointe maintenant vers deux pages distinctes : B et C.

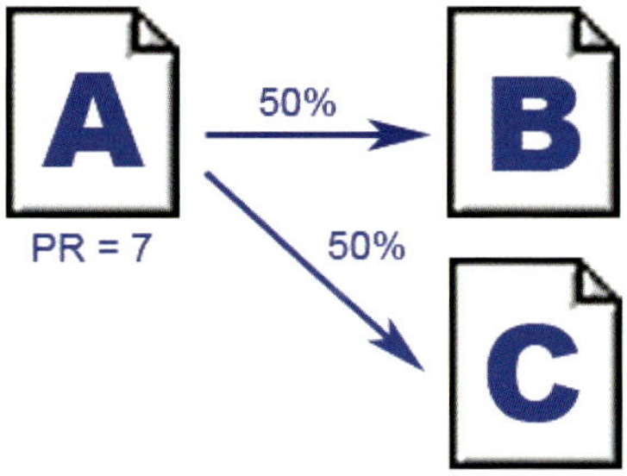

Figure 6-9

A (PR 7) vote pour B et C.

Dans ce cas, le PR de A est fort (PR 7) et les liens vers B et C vont augmenter le PR de B et de C. En revanche, du fait qu'il existe maintenant deux liens sortant de A (un vers B et un vers C), chacune des deux pages de destination va donc se partager pour moitié le jus de lien de A. L'impact de A sur le PR de B et C sera donc moins fort que dans notre premier exemple.

Le PageRank seul ne suffit pas

Il est important de ne pas oublier que le PageRank n'est qu'un critère de pertinence, parmi d'autres, utilisé par Google et les différents moteurs de recherche. Si votre site ne propose pas (ou peu) de texte visible, si vos pages n'ont pas été modifiées depuis deux ans (la fraîcheur des documents est également un point important si votre site évoque l'actualité de votre domaine d'activité) et si les titres de vos pages sont bâclés, le moteur n'y trouvera pas les mots-clés importants pour votre activité et ne prendra tout simplement pas en compte vos documents, quelle que soit leur popularité. Le PageRank seul ne suffit pas à voir vos pages bien classées dans les pages de résultats des moteurs, ne l'oubliez pas !

Le PageRank n'est pas l'algorithme

Contrairement à une croyance assez répandue, le terme de « PageRank » ne désigne pas l'algorithme de pertinence utilisé par Google mais uniquement l'un des 200 critères qui le constituent. Le PageRank ne mesure que la popularité d'une page et n'a également aucun rapport avec le trafic que celle-ci reçoit (autre croyance largement répandue).

On en revient donc toujours à la même conclusion : faites des pages avec du vrai contenu, intéressant, original, en texte visible. Les webmasters créeront ensuite tout naturellement des liens vers votre site et vos pages bénéficieront d'un bon PageRank. Elles seront mieux classées sur les moteurs de recherche et tout sera plus facile.

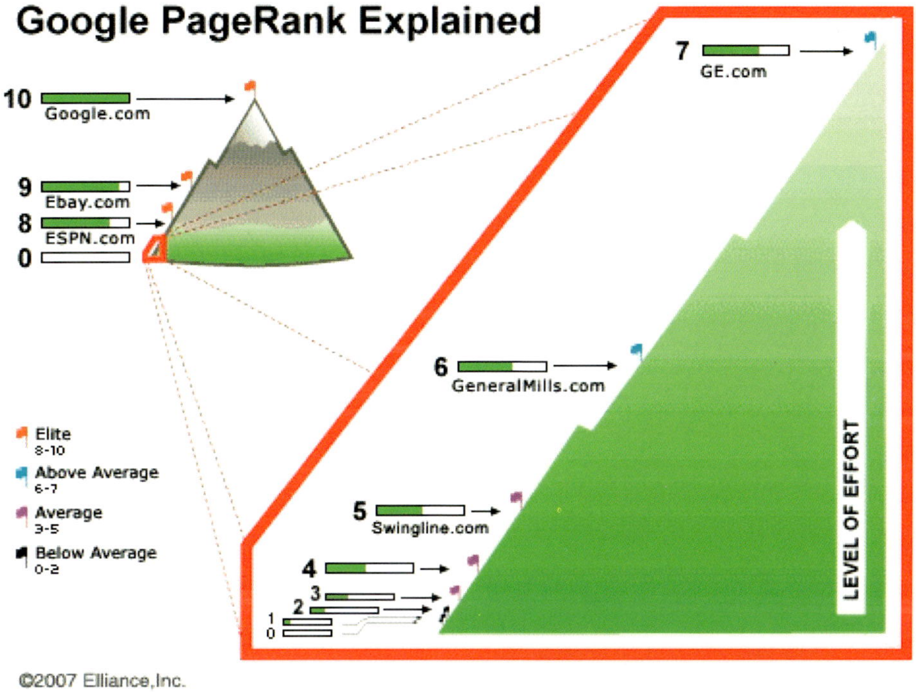

Figure 6-10

L'échelle du PageRank : obtenir un PR est assez simple jusqu'à 3 ou 4. Ensuite, on commence à grimper l'Everest. (Source : Elliance)

Mise à jour du PageRank

Un autre point ne doit pas être oublié : il est clair aujourd'hui que le PageRank affiché par la barre d'outils de Google n'est pas le même que celui utilisé par Google dans son algorithme de pertinence.

Un officiel de Google a indiqué en 2005 que l'affichage du PageRank dans la barre d'outils du moteur était là uniquement « pour le fun » (*http://goo.gl/dJVTJ*). Voici ce qu'il a dit à ce propos : « Le PageRank publié dans la barre d'outils de Google est là seulement à titre indicatif. Suite aux tentatives répétées des hackers pour accéder à cette donnée, Google ne met pas très souvent à jour le PageRank affiché, pour des raisons de sécurité. En moyenne, le PR publié date de plusieurs mois. Si la barre d'outils affiche un PR de 0, c'est parce que l'utilisateur visite une nouvelle URL qui n'avait pas encore été prise en compte dans la dernière mise à jour. Le PR publié n'est pas le même que celui qui est utilisé pour classer les pages web dans les SERP, donc vous ne devez pas vous préoccuper si votre PR affiché est de 0. Si un site est visible dans les pages de résultats, son PR réel n'est pas de 0 ; c'est juste la barre d'outils qui n'est pas à jour. »

Au moins, cela a le mérite d'être clair : les informations de la barre d'outils de Google semblent donc obsolètes et uniquement présentées à titre d'information. Il semblerait en fait qu'il existe (au moins) deux PageRank : un qui est affiché dans la barre d'outils (parfois appelé TBPR pour *ToolBar PageRank*) et le « vrai », utilisé par Google dans son algorithme de pertinence et qui, lui, n'est pas public.

Sachez également que la valeur du PR d'une page affichée dans la barre d'outils de Google est mise à jour environ tous les deux à trois mois (voire plus). C'est cette période de remise à jour du PageRank qu'on appelle aujourd'hui la Google Dance. Une page web peut donc afficher un TBPR nul et bénéficier d'un PR réel plus élevé qui ne sera révélé qu'à la prochaine Google Dance. Cependant, il est impossible de connaître ce dernier PR réel, à moins d'être embauché par Google (ou de racheter la société, si vous avez quelques économies de côté).

Le TBPR de moins en moins mis à jour

En 2014, on peut se poser la question de l'utilité du TBPR, petite barre verte affichée dans la barre d'outils de Google et indiquant l'indice de popularité (de 0 à 10) pour une page donnée. En effet :

- la barre d'outils Google pour le navigateur Chrome ne l'affiche pas ;
- la barre d'outils Google pour Firefox n'est plus maintenue depuis juillet 2011 (*http://goo.gl/syuvEU*) ;
- seule la barre d'outils pour Internet Explorer (sur PC) propose encore cette information, mais les valeurs affichées ne sont plus que très rarement mises à jour. En 2014, il n'y a eu que deux mises à jour et aucune n'est attendue pour 2015 (*http://goo.gl/yxvmf1*).

Bien sûr, il existe de nombreuses extensions sur la plupart des navigateurs qui permettent d'afficher cette barre verte en dehors de la barre d'outils officielle de Google. Mais quel est son intérêt si elle n'est plus mise à jour, à la vitesse à laquelle va le Web ?

Le netlinking ou comment améliorer son indice de popularité

L'échange ou la recherche de liens *(netlinking)* est une stratégie de promotion de sites web très efficace depuis que le Web existe et permet d'obtenir de nouveaux liens afin d'améliorer un indice de popularité. En effet, il cumule deux avantages principaux et indéniables.

- Les liens créent du trafic puisque les internautes qui naviguent sur la Toile vont aller sur votre site s'ils découvrent sur d'autres pages des voies d'accès vers vos documents.
- Le nombre et la qualité des liens pointant vers votre site et vos pages sont des caractères essentiels et très importants pour le calcul du PageRank, comme nous venons de le voir. Plus vous aurez de liens émanant de sites de qualité vers vos pages, meilleur sera votre positionnement sur les moteurs. Voilà une bonne raison pour soigner cet aspect de la promotion de votre site.

Toutefois, est-il important de faire de l'échange de liens tel qu'on le faisait il y a encore quelques années, un pur échange « lien pour lien » (je pointe sur toi, tu pointes vers moi) sans autre considération ? Pas si sûr… Pour en savoir plus, nous avons essayé de rassembler dans les paragraphes suivants plusieurs conseils pour vous permettre d'optimiser vos échanges avec des sites distants. À vous de voir lesquels sont les plus intéressants pour vous.

Conseils d'ordre général

- Lors de vos campagnes d'échange et de recherche de liens, ciblez des sites à forte popularité plutôt que des sites peu connus. Si un site vous intéresse, regardez le PageRank de sa page d'accueil et/ou effectuez une requête de type « link:www.sitepartenaire.com » sur Google pour avoir une idée rapide des principaux liens pointant vers lui. Préférez cependant un outil comme Ahrefs (*http://ahrefs.com/*) qui vous donnera une vision intéressante des backlinks du site. Les résultats sont généralement bien plus fiables et exhaustifs que sur Google !

> **Les outils d'audit de netlinking**
>
> Trois sites – parmi beaucoup d'autres – se partagent la majorité du marché des outils permettant d'analyser les backlinks d'un site web :
>
> - Ahrefs : *http://ahrefs.com ;*
> - Majectic SEO : *http://www.majesticseo.com ;*
> - Open Site Explorer : *http://www.opensiteexplorer.org.*
>
> Ces sites présentent l'avantage d'être tous les trois très performants, mais ils sont payants.

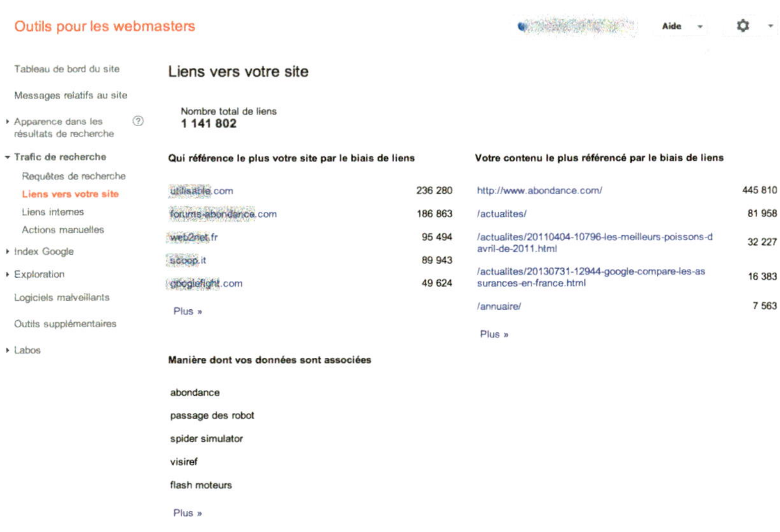

Figure 6-11

Les Google Webmaster Tools et la rubrique Liens vers votre site : une source d'informations importante pour suivre vos backlinks.

- Si plusieurs sites vous intéressent, faites la même chose pour chacun d'eux et contactez ceux disposant du plus grand nombre de liens entrants. Même si on a vu que l'aspect quantitatif n'était pas suffisant, il donne quand même une bonne idée du potentiel d'un site.
- Ne tentez des échanges de liens qu'avec des sites parlant de sujets les plus proches, les plus connexes possibles des vôtres. Vous renforcerez ainsi votre pertinence sur les mots-clés les plus importants, car les liens qui pointeront vers vous seront issus de sites proposant du contenu très proche du vôtre.
- Référencez votre site dans les annuaires majeurs, dans les meilleures catégories possibles. Le fait d'être dans l'Open Directory (*http://www.dmoz.org/*), ou tout site très ancien ou à forte popularité, améliorera légèrement votre popularité.

  Lors d'une inscription dans un annuaire, vérifiez bien que le lien se fait bien en dur (lien direct vers la page) et donc sans système de redirection. Il en est de même avec les bannières publicitaires (qui pointent vers une régie) ou de nombreux systèmes d'affiliation…
- Autre enseignement du paragraphe précédent : le nombre de liens sur la page source étant important dans un annuaire (qui propose le plus souvent des listes de sites), il vaut mieux essayer de demander, sur les annuaires majeurs, des catégories proposant peu de sites, plutôt que des rubriques déjà bien remplies et affichant plus de 50 sources d'information, diluant ainsi la capacité de vote de la page où est référencé votre site.

Les 10 commandements du « bon lien »

Un bon lien doit présenter un maximum de particularités parmi les suivantes.

- Il doit émaner d'une page populaire (PageRank supérieur ou égal à 4 ou 5).
- Il doit provenir d'une page issue d'un site de la même thématique que le vôtre. Si c'est un site de référence du domaine et à fort trafic, c'est encore mieux.
- Il doit procéder d'une page contenant le moins possible de liens sortants.
- Le texte du lien *(anchor text)* doit décrire ce que l'internaute trouvera dans la page (éviter les « cliquez ici » ou « Pour en savoir plus »), tout en étant diversifié pour ne pas présenter trop de fois le même intitulé (critère Penguin).
- Un lien ancien est plus intéressant qu'un lien récent.
- Vous devez également veiller à multiplier le nombre de sites générateurs de backlinks. Il vaut mieux 10 liens émanant de 10 sites différents que 10 liens venant d'un seul site.
- Évitez les « pics de liens » : essayez de lisser dans le temps votre stratégie de gain de liens et de ne pas les concentrer sur une courte durée.
- Un lien aura une meilleure efficacité au niveau de la pertinence s'il est placé au cœur de la page, intégré dans un contenu et sur plusieurs pages du site au lieu d'une seule (*http://goo.gl/2AkXaC*).

Évitez l'« échange de liens » massif

Si vous êtes webmaster d'un site, vous avez certainement reçu, un jour ou l'autre, un e-mail de ce type :

Bonjour,
J'ai particulièrement apprécié le contenu de votre site. Je vous propose d'échanger un lien avec le nôtre, disponible à l'adresse : http://www.tartempion.fr
Merci et bien cordialement
Le webmaster du site Tartempion.fr

Honnêtement, parmi tous les e-mails de ce genre que vous avez reçus, combien ont eu une issue positive ? Certainement très peu. Ces messages, qui sentent bon (sic) l'e-mailing massif effectué sans distinction sur des centaines voire des milliers de sites, ne sont pas très efficaces : aucune personnalisation, aucune information sur ce que propose le site demandeur et son adéquation à votre propre source d'information. En règle générale, tout cela part à la corbeille en moins de temps qu'il n'en faut pour l'écrire.

Soyons clair, ce type d'échange n'est en rien un vrai partenariat, mais plutôt un système de troc ponctuel qui ne transforme pas les deux sites éventuellement liés par un lien en réels partenaires.

Il ne nous semble pas que ce type de pratique par e-mailing doive être mis en place pour tenter d'échanger des liens avec d'autres sites web. Il n'est pas nécessaire de contacter des centaines de sites pour obtenir des liens efficaces. Quelques sites, voire quelques dizaines, peuvent suffire. Cependant, il faut bien les traiter, consulter leur contenu et essayer de leur faire une vraie proposition, qui leur profite autant qu'à vous. Oubliez les e-mailings stériles et impersonnels, fixez-vous des objectifs réalisables sur un nombre de sites limités et faites du travail très personnalisé. Vos résultats n'en seront que meilleurs.

Google dégrade certains liens

En décembre 2009, nous avons posé la question suivante à Google : « Google dégrade-t-il certains liens considérés comme ayant peu de valeur : communiqués de presse (méthode de spam très actuelle), annuaires, liens dans les commentaires de blogs, sur les forums, etc. ? » (*http://goo.gl/C59BD*).

Voici la réponse du « service qualité » du moteur de recherche : « Oui, nous nous réservons le droit de déprécier certains liens qui ont un faible poids éditorial, en termes de pertinence, de réputation, etc. Cela peut être le cas, par exemple, de liens systématiquement mis dans le footer de chaque page. Cela peut être aussi le cas d'un lien qui n'a pas été ajouté par choix éditorial [...]. »

La réponse est claire : tous les liens ne sont pas égaux devant le Dieu Google ! Selon le type de site (annuaire, communiqué de presse, forum, etc.), le lien sera déprécié et aura moins de poids que s'il émanait d'un site web plus éditorial ou plus « naturel ». De même, l'emplacement du lien dans la page est important et la zone la plus « forte » pour insérer un lien semble être le texte éditorial, à préférer à un pied de page, par exemple.

Le phénomène des « site-wide backlinks » illustre bien ce fait : si un site de 500 pages insère dans le footer de chacune de ses pages un lien vers votre page d'accueil, Google n'en prendra en compte que quelques-uns (entre un et trois le plus souvent, ceux qui émanent des pages les plus populaires) et ignorera les autres. Insérer un lien externe à l'identique dans un footer est donc une stratégie totalement inefficace !

Des liens triangulaires plutôt que réciproques

Souvent, un échange de liens s'effectue entre deux pages A et B sous la forme « A pointe vers B qui pointe vers A ». Ce type d'échange est détecté par les moteurs de recherche et n'est pas obligatoirement optimisé. Nous préconiserons plutôt une autre forme d'échange, certes plus complexe à mettre en œuvre, mais bien plus efficace en faisant intervenir une troisième page : l'échange en triangle du type « A pointe vers B qui pointe vers C qui pointe vers A ».

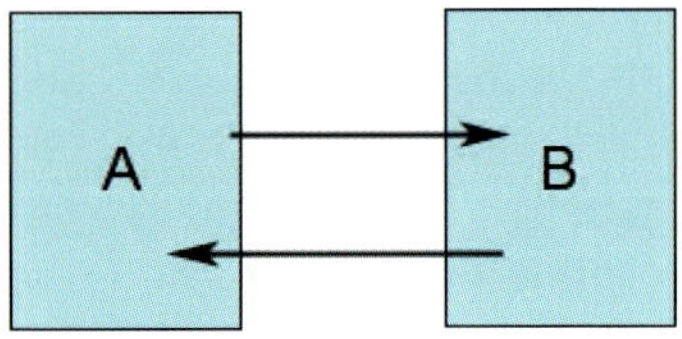

Figure 6-12

Échange de liens « classique » entre deux pages

La page C peut correspondre (idéalement) à un troisième site, à une page interne de A ou à une page interne de B, à votre convenance. Cette « triangularisation » des liens fait perdre l'aspect de réciprocité de l'échange et améliore son efficacité.

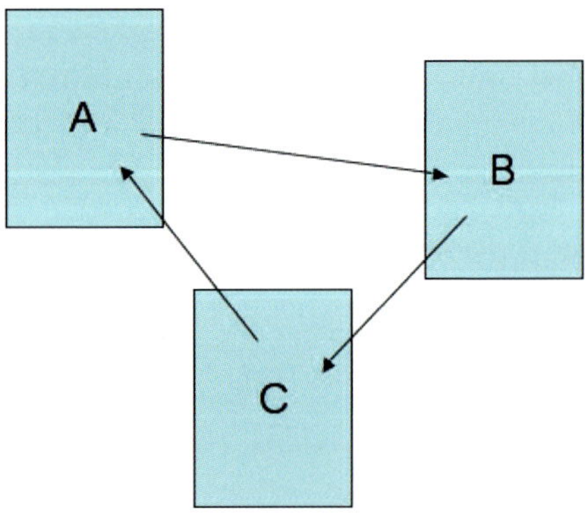

Figure 6-13

Échange de liens en triangle entre trois pages

Visez la qualité plutôt que la quantité

On l'a dit, les moteurs sont aujourd'hui plus sensibles à la qualité des liens pointant vers vos pages qu'à leur quantité. Bien entendu, rien ne vous empêche de tenter de coupler les deux notions !

Toujours est-il qu'actuellement, il vaut mieux avoir 10 pages populaires (disposant d'un bon PR) pointant vers vos pages plutôt que 1 000 pages très peu populaires.

Répétons-le car cette notion est très importante : ce n'est pas la quantité de liens vers votre site qui est importante mais bien leur qualité.

Encore une fois, fixez-vous des objectifs raisonnables mais efficaces : peu de sites web contactés mais avec de vrais arguments, un contenu intéressant et original et une stratégie d'approche affinée et personnalisée. Laissez la triche à ceux qui n'ont pas d'imagination et de contenu…

Quoi qu'il en soit, limitez-vous à un certain nombre de sites (une vingtaine peut paraître un nombre intéressant, mais tout dépend bien entendu de votre ambition sur le Web et de votre domaine d'activité) et faites-en une liste détaillée avant de commencer vos démarches.

Par ailleurs, sachez qu'on n'est jamais si bien servi que par soi-même. Créez, si vous en avez la possibilité, des liens vers votre nouveau site depuis des sites existants qui vous appartiennent et liez les pages d'accueil entre elles.

Par exemple : nous avons créé, sur toutes les pages d'accueil des sites du réseau Abondance, des liens vers les différents sites du réseau (figure 6-14 représentant le footer de la page d'accueil du site Abondance).

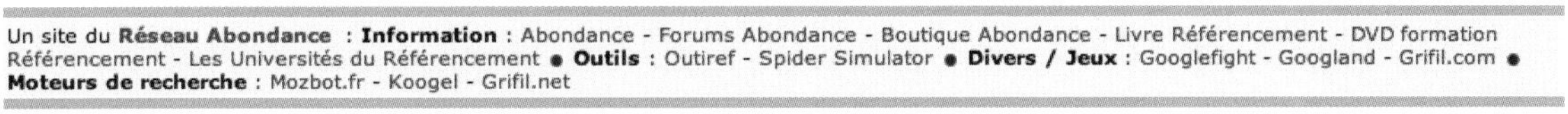

Figure 6-14

Footer de la page d'accueil du site Abondance

Par l'intermédiaire de cette action, qui sert également à orienter les internautes vers les autres sites du réseau, dès qu'un nom de domaine est créé dans le réseau Abondance, nous ajoutons un lien sur chacun des sites du réseau et nous constatons que le site correspondant se retrouve très rapidement dans l'index de Google en profitant du PR des autres sites. Comme il est normal de faire de la publicité offline pour votre site web (mention sur vos cartes de visite, vos papiers à en-tête, les étiquettes de vos produits), il est également logique de signaler vos autres sites sur chacune de vos sources d'information. Et si celles-ci disposent d'un bon PageRank, c'est encore mieux.

Ne spammez jamais !

Ne vous avisez pas de franchir la frontière entre signalement et spam (lien caché, lien sur des pages bidons, dans des *layers* invisibles, etc.), vous pourriez vous en mordre les doigts assez rapidement.

Vous pouvez également utiliser des logiciels ou extensions pour Firefox comme SEOQuake (*http://www.seoquake.com/*) qui affichent le PageRank des résultats de Google. Saisissez les mots-clés essentiels pour votre activité et observez les résultats fournis par le moteur et le PR de ces pages. Tentez donc des accords d'échanges de liens avec ces sites, sauf si ce sont des concurrents bien sûr. Mieux, faites également une requête sur des outils comme Ahrefs pour ces sites afin de voir qui pointe vers eux et tentez également des échanges de liens avec ces nouveaux sites identifiés.

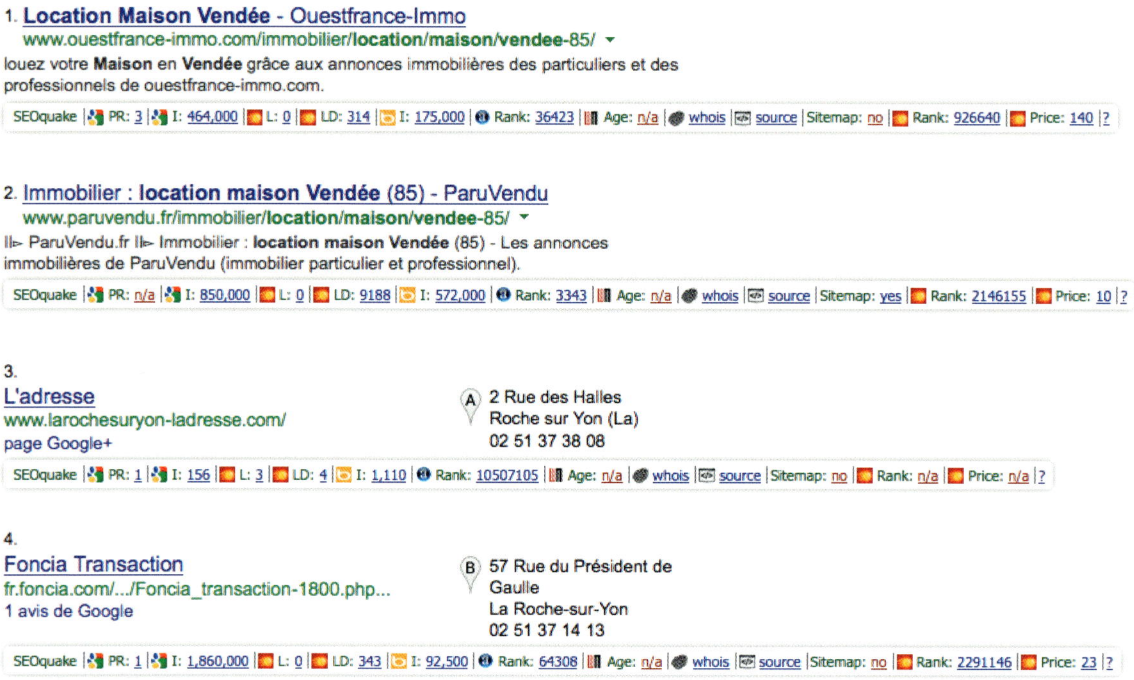

Figure 6-15

L'extension SeoQuake sur Firefox donne de nombreuses informations sur chaque lien de la SERP, dont le PR. Intéressant pour identifier des partenaires habituels.

Utilisez la fonction « sites similaires »

Une autre façon de trouver des sites intéressants consiste à utiliser les fonctionnalités recherchant des sites similaires. Sur Google, utilisez pour cela le lien Pages similaires dans les résultats du moteur ou la syntaxe « related: » dans vos recherches (par exemple, « related:www.abondance.com »).

Attention cependant, ces fonctions ne sont pas forcément très efficaces sur des domaines très pointus ou sur des adresses de sites ayant un PageRank assez faible. Ces outils fonctionnent sur la base de l'analyse des liens entre les sites sur le Web. Un site peu populaire (car peu connu même s'il est très pertinent) sera peu pointé et donc l'analyse par ce biais en sera assez peu efficace. Ne soyez donc pas trop précis dans vos recherches sur les sites similaires et prenez en compte comme site de départ une source d'information la plus générique possible.

Prenez en compte la valeur du PageRank du site distant

Un autre critère est à prendre en compte : tentez le plus possible de demander des échanges de liens à PageRank (PR) égal ou proche. Plus le PR de la page sur laquelle vous désirez obtenir un lien sera élevé, plus populaire sera la page en question. Un PR de 5, 6 ou 7 peut déjà être considéré comme excellent.

En revanche, si votre page n'a qu'un PR de 2, il vous sera difficile de demander un échange de liens avec un site dont la page a un PR de 7. Une disproportion trop forte des PR peut faire capoter votre demande. En effet, si votre PR est bien plus faible que celui du site à qui vous demandez un échange, il est facile de constater qu'il va vous apporter beaucoup plus que ce que vous pouvez lui proposer en termes d'échange de popularité. Un échange de ce type n'est donc pas logique et bien proportionné : vous êtes en position de faiblesse. À vous de voir ce que vous pouvez apporter pour compenser la différence de PR. Du contenu ? Des prestations publicitaires ? De la visibilité ? Un partenariat ? Nous vous laissons imaginer tout cela. Il semble donc assez difficile de proposer un simple échange de liens si les deux sites en question sont trop inégaux au niveau du PR. Un bon échange de liens se fera toujours en « gagnant-gagnant » et tout écart de PR devrait être compensé d'une façon ou d'une autre.

Au contraire, si vos PR sont assez proches, faites-en un argument et indiquez au webmaster contacté que vous avez un bon PR et que cela peut être bénéfique d'échanger un lien avec son site qui aura tout à y gagner. Tout comme vous !

Une stratégie qui fonctionne très bien, lorsque vous avez un site qui contient un contenu de qualité (et c'est sans aucun doute le cas du vôtre), est de proposer de l'échange de contenus avec le site distant.

Un exemple de partenariat efficace et pérenne

Quelques mois après son lancement en 1998, nous avions opté pour cette stratégie d'échange de contenus pour le site Abondance. Des accords avaient notamment été passés avec les sites Voila.fr et Journaldunet.com pour leur écrire des articles sur le référencement, les moteurs et la recherche d'information. En échange, chaque page de ces sites contenant un article affichait un lien vers le site Abondance. L'échange, ici, était logique, même si à cette époque, on ne parlait encore que très peu de PageRank : celui d'Abondance étant plus faible que celui de Voila et du Journal du Net, une compensation a été effectuée en livraison de contenus, équilibrant l'accord. Les liens sur ces deux sites ont ensuite fait énormément pour la popularité du site Abondance, que ce soit de façon directe (les gens venaient en lisant les articles et en cliquant sur le lien proposé) ou indirecte (au travers de la popularité sur les moteurs).

Tous les sites web et portails recherchent du contenu de qualité pour leurs visiteurs. N'hésitez donc pas à proposer le vôtre, directement issu de vos pages ou créé spécifiquement pour l'occasion, aux sites avec lesquels vous désirez échanger des liens. Vous voyez ainsi que l'échange de liens constitue non seulement un art, mais aussi un vrai travail.

Il est également possible de proposer de nombreux partenariats avec le site distant : affiliation, information « cobrandée » (sous l'égide des deux sites), jeux-concours, etc. La seule limite est l'imagination et la complémentarité entre les deux sites. Néanmoins, nous avons la faiblesse de penser que seuls les vrais partenariats durent et sont profitables pour tous.

Quelques liens sur le netlinking

Voici une sélection de liens et d'articles intéressants traitant du netlinking et des échanges de liens. N'hésitez pas également à effectuer une recherche en saisissant des requêtes comme « netlinking » ou « linkbuilding » sur votre moteur de recherche favori, vous obtiendrez de nombreux liens très intéressants :

- *All Links are Not Created Equal: 10 Illustrations on Search Engines' Valuation of Links* : *http://goo.gl/9pO72* ;
- *Guide de démarrage du Linkbuilding* : *http://goo.gl/TmO33* ;
- *How To Build Links Faster: 5 Tips For Faster Link Qualification* : *http://goo.gl/e45l3* ;
- *Link Building with Content: 29 Queries for Content-Based Link Builders* : *http://goo.gl/ENMpJ* ;
- *Analyzing the 9 Most Common Link Building Strategies* : *http://goo.gl/J64aQ*.

Paid linking : bonne ou mauvaise idée ?

Comment trouver des sites partenaires influents dans leur secteur d'activité et acceptant de placer des liens vers les pages d'un autre site ? L'idée émise par certains professionnels serait d'acheter ces liens.

L'état des lieux

Le phénomène est de plus en plus important, notamment aux États-Unis. Des plates-formes comme ReviewMe (*http://www.reviewme.com/*) ou Text Link Ads (*http://www.text-link-ads.com/*) proposent de mettre en relation acheteurs et vendeurs. Et quelques recherches autour des mots-clés « pagerank », « for sale » et « links » fournissent en quelques minutes une liste de nombreux sites qui monnayent leurs liens au *prorata* du PageRank de leurs pages web, de façon ouverte.

En Europe, le commerce de liens existe également, parfois à grande envergure, mais semble beaucoup plus discret. Cela se fait plutôt sous le manteau. Certains sites mettent parfois en vente une partie de leur espace sans que cela soit clairement identifié comme tel. L'emplacement peut être sous forme d'un encart publicitaire (du type Google AdSense) en lien direct ou sous forme de pages dédiées exclusivement au(x) partenaire(s).

Quels sont les prix pratiqués ?

Il apparaît extrêmement difficile de donner un prix exact car cela dépend de nombreux facteurs. En tout état de cause, la prestation doit être prise dans la durée (minimum 6 ou 12 mois) pour que le lien puisse avoir un réel impact.

Le prix dépend également de la pertinence du site, du PageRank de la page qui contiendra le lien ou de l'emplacement de ce lien (sur tout le site ou sur seulement une page). Le prix de départ peut commencer à une petite dizaine d'euros pour aller jusqu'à plusieurs milliers d'euros mensuels.

Certains outils ont développé des interfaces pour connaître le montant d'un lien comme Ligowave (*http://www.ligowave.com/linkcalc/*). On peut s'apercevoir que le prix varie considérablement en fonction de l'emplacement et du type du partenaire.

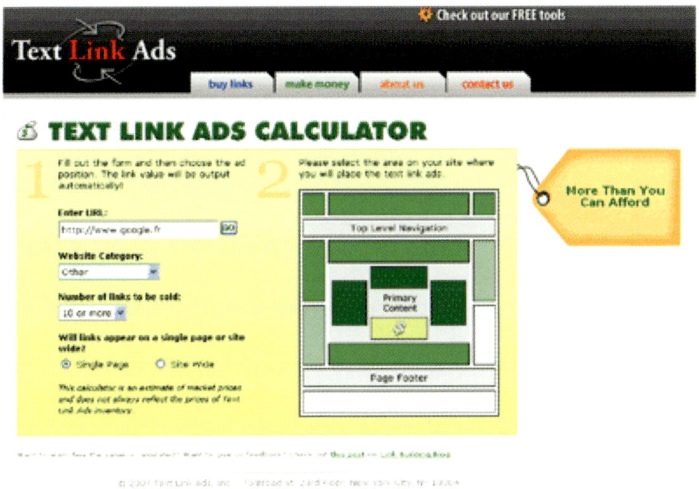

Figure 6-16

Obtenir un lien sur Google semble être hors de prix (« More Than You Can Afford ») pour ce logiciel (Text Link Ads) !

Quels sont les risques encourus lors de l'achat d'un lien ?

Matt Cutts, ingénieur technique responsable de la qualité des résultats de Google, détaille sur son blog personnel (*http://goo.gl/rbmup* et *http://goo.gl/Vymmd*) la position de Google concernant la stratégie de rémunération des liens *(paid links)*. Voici quelques extraits détaillés :

« Use the unauthenticated spam report form and make sure to include the word "paidlink" (all one word) in the text area of the spam report. »

Matt Cutts demande à tous les webmasters qui constatent des abus concernant les liens payants de prendre contact directement avec Google *via* le formulaire de spam (*http://goo.gl/Rx3OEf*) pour dénoncer la supercherie. Google propose en effet un formulaire spécialisé pour le *paid linking report* (*http://goo.gl/AwnJyZ*) afin de dénoncer toute tentative de ce type (figure 6-17). Autant dire que la chasse à l'achat de liens est bien ouverte chez Google (même s'il est très difficile pour le moteur de recherche de détecter ce qui est vendu et ce qui ne l'est pas lorsque ce n'est pas explicitement indiqué sur le site web en question).

Google : haro sur le « guest blogging » ou billets de blog sponsorisés

Google n'aime pas les liens payants, car il estime qu'ils manipulent son algorithme de pertinence. Une nouvelle attaque contre le *paid linking* a été publiée sur le site officiel AdSense en français en octobre 2009, contre les blogueurs qui monnayent leur popularité en vendant des liens insérés dans leurs billets (*http://goo.gl/x7bs9*). Matt Cutts s'est également largement expliqué à ce sujet et à de multiples occasions (*http://goo.gl/BPXtzd, http://goo.gl/uCOUWF, http://goo.gl/p7cgzg*).

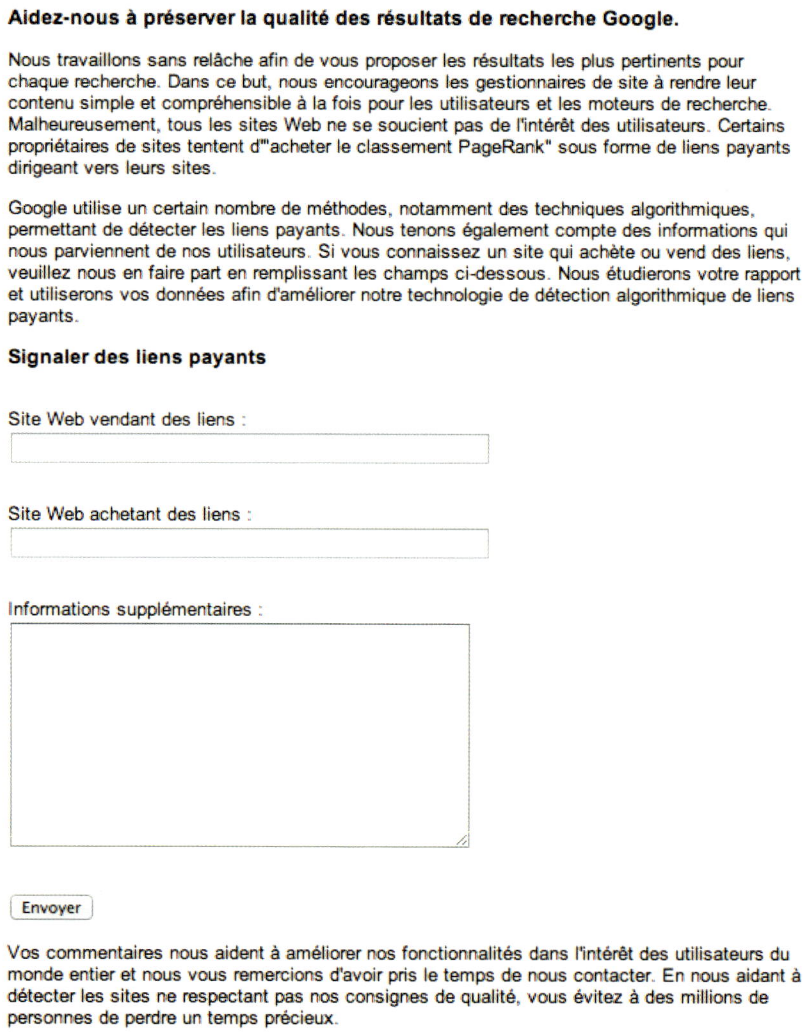

Aidez-nous à préserver la qualité des résultats de recherche Google.

Nous travaillons sans relâche afin de vous proposer les résultats les plus pertinents pour chaque recherche. Dans ce but, nous encourageons les gestionnaires de site à rendre leur contenu simple et compréhensible à la fois pour les utilisateurs et les moteurs de recherche. Malheureusement, tous les sites Web ne se soucient pas de l'intérêt des utilisateurs. Certains propriétaires de sites tentent d'"acheter le classement PageRank" sous forme de liens payants dirigeant vers leurs sites.

Google utilise un certain nombre de méthodes, notamment des techniques algorithmiques, permettant de détecter les liens payants. Nous tenons également compte des informations qui nous parviennent de nos utilisateurs. Si vous connaissez un site qui achète ou vend des liens, veuillez nous en faire part en remplissant les champs ci-dessous. Nous étudierons votre rapport et utiliserons vos données afin d'améliorer notre technologie de détection algorithmique de liens payants.

Signaler des liens payants

Site Web vendant des liens :

Site Web achetant des liens :

Informations supplémentaires :

Envoyer

Vos commentaires nous aident à améliorer nos fonctionnalités dans l'intérêt des utilisateurs du monde entier et nous vous remercions d'avoir pris le temps de nous contacter. En nous aidant à détecter les sites ne respectant pas nos consignes de qualité, vous évitez à des millions de personnes de perdre un temps précieux.

Figure 6-17

Le formulaire de dénonciation de Google sur les liens payants

Matt Cutts donne également sur son blog d'autres informations : « If you want to sell a link, you should at least provide machine-readable disclosure for paid links by making your link in a way that doesn't affect search engines. There's a ton of ways to do that. For example, you could make a paid link go through a redirect where the redirect URL is robot'ed out using robots.txt. You could also use the rel=nofollow attribute. »

Suite des explications : si un lien est acheté, il faut le rendre non indexable pour les moteurs de recherche afin de ne pas nuire aux résultats naturels. Pour cela, plusieurs moyens sont possibles, comme paramétrer le fichier `robots.txt` en refusant l'indexation par les moteurs de recherche de la page vers laquelle le lien pointe. On peut ajouter la notion `rel="nofollow"` au lien (voir plus loin, la notion de sculpture de PageRank).

« Google is going to be looking at paid links more closely in the future. »

À l'avenir, Google va regarder les liens payants de plus près. Tout un programme ! Et Google l'a mis en application en 2011 en pénalisant des sites comme Overstock (*http://goo.gl/6IuZ5*), JC Penney (*http://goo.gl/XXM67*), Milanoo (*http://goo.gl/6txfJ*) ou BeatThatQuote (*http://goo.gl/gxP5i*) pour achat massif et intempestif de liens !

L'avertissement ne doit donc pas être pris à la légère. Alors le risque en vaut-il la chandelle ? À vous de voir ! Cependant si vous décidez malgré tout de partir sur cette voie, choisissez scrupuleusement vos partenaires pour que les résultats soient à la hauteur des risques pris !

Quelques informations supplémentaires sur le paid linking

Consultez également à ce sujet le post suivant publié sur le blog du site Search Engine Watch : *http://goo.gl/ACV54*.

Attention aux pages des sites distants et de votre site

N'oubliez pas que la notion de PageRank s'applique à chaque page d'un site, pas au site web de façon globale. Une page interne de votre site aura, la plupart du temps, un PR plus faible que celui de la page d'accueil, même si ce n'est pas absolument obligatoire.

Dans vos tractations, prenez donc en compte à la fois le PR de la page de votre site sur laquelle vous désirez créer un lien vers le site distant, mais également le PR de la page du site distant sur laquelle vous voudriez voir apparaître un lien vers votre page. Leurs PR respectifs devraient être très différents de ceux des pages d'accueil. Attention aux discours du type « Mon site a un PageRank de 6 » qui doit être traduit ainsi : « Mon site a une page d'accueil dont le PR est de 6 ». Néanmoins, est-ce bien sur cette page que le lien sera mis en place ?

Si quelqu'un vous dit : « Je fais un lien vers ton site », le lien sera-t-il créé sur la page d'accueil (PR 5) ou sur la page « partenaires » (PR 1) ? Il y a fort à parier que l'impact sera différent dans les deux cas.

Créez une charte de liens

Si vous avez lu les pages précédentes, vous savez certainement que le texte des liens pointant vers vos pages est important pour la notion de réputation. Aussi, un texte ainsi libellé : « Découvrez un site web sur les moteurs de recherche » amènera un poids très fort à la page distante (pointée par le lien) pour l'expression « moteurs de recherche » (contenu textuel du lien).

Si vous le pouvez, n'hésitez donc pas à créer une charte des liens sur votre site, en indiquant au site distant une liste de mots-clés importants pour votre activité qu'il peut, s'il en a la possibilité bien sûr, intégrer dans le texte de ses liens ou mieux, lui fournir directement le code HTML du lien (figure 6-18). Ne l'obligez pas à le faire, mais il y a de fortes chances pour qu'il apprenne quelque chose à cette occasion et qu'il vous en soit reconnaissant.

Bien entendu, proposez de faire la même chose avec le site distant en lui demandant ses mots-clés les plus importants afin de les inclure dans vos liens.

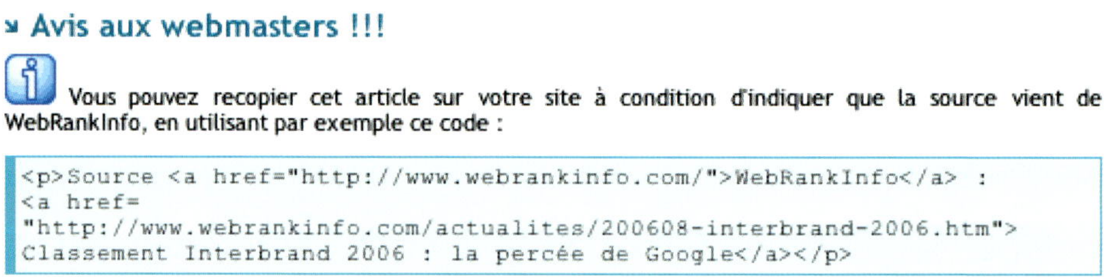

Figure 6-18

Le site WebRankInfo (http://www.webrankinfo.com) fournit aux webmasters le code HTML à insérer dans les pages pour réaliser un lien.

Suivez vos liens

Vous avez obtenu de nombreux liens vers vos pages web ? Bravo ! Pourtant ne vous endormez pas sur vos lauriers car aucune situation n'est établie.

- Vérifiez bien, à intervalles réguliers, que les liens pointant sur votre site, notamment depuis des sites populaires, existent encore et qu'ils n'ont pas été effacés ou modifiés à l'occasion d'un remaniement des sites distants. Des outils comme Linkody (*http://www.linkody.com/*) ou SEO Toolbox (*http://goo.gl/b2eQK3*) peuvent vous y aider.
- Prêtez attention aux adresses de vos pages : si elles changent alors que des liens pointaient vers elles, n'oubliez pas de réagir en conséquence (redirections, messages, etc.).
- Gardez bien un œil, grâce à des outils comme Ahrefs, Majestic SEO, Open Site Explorer (voir précédemment) ou les Google Webmaster Tools, à la liste des pages web ayant mis en place un lien vers vous.

- Inspectez également, dans vos statistiques, les sites web qui drainent le plus de trafic vers vos pages, notamment dans la rubrique Url referers ou Référents que votre hébergeur ou votre logiciel de statistiques doit normalement vous proposer. Dans cette liste doivent apparaître les sites avec lesquels vous avez noué un échange de liens. Si certains envoient beaucoup de trafic, fidélisez-les pour que le partenariat continue, se renforce et soit profitable pour les deux parties. Si le trafic créé par d'autres sites est faible, essayez de comprendre pourquoi et réagissez en conséquence.
- Faites une veille sur les nouveaux sites apparaissant dans votre domaine d'activité et sur votre métier. Remettez-vous ensuite à l'ouvrage pour obtenir de nouveaux liens.

Pour résumer, suivez bien vos liens, suscitez de nouveaux échanges avec des sites populaires et vous devriez vivre des jours de webmasters heureux.

Privilégiez le lien naturel en soignant la qualité de votre site

Voici un moyen quasi infaillible de produire des liens de qualité vers un site web : créer un site original au contenu de haute qualité. Dans ce cas, les liens vers vos pages se créeront de façon naturelle, quasi instantanée, le bouche à oreille – ou « buzz » – jouant son rôle (et Dieu sait si le bouche à oreille est important sur le Web !). Votre site deviendra alors populaire en quelques mois et votre positionnement sur les moteurs de recherche en sera le reflet. Oui, nous nous répétons, mais « Le contenu est votre capital » est une devise qui doit tout le temps rester à votre esprit.

N'oubliez pas cependant d'effectuer des échanges de liens loyaux et honnêtes (oubliez les links farms, systèmes d'échanges de liens massifs, les annuaires et communiqués de presse bidons ou les liens payants) et, pour ce qui est des liens, privilégiez la qualité à la quantité. Votre référencement, votre positionnement et leur pérennité ne s'en porteront que mieux !

Spamdexing ou non ?

Le système de PageRank a été mis en place au départ, car il était très difficile à contourner par les webmasters par rapport à des critères contenus dans le code HTML comme les balises `meta`. Cependant, certaines pratiques, parfois utilisées aujourd'hui, sont assez contestables, même si leur impact reste très faible.

- Les FFA (*Free For All Links* ou links farms), qui sont d'immenses pages de liens sur lesquelles les webmasters peuvent inscrire gratuitement et sans contraintes un lien vers leur site. Le faible PR de ces pages ainsi que le grand nombre de liens qu'elles proposent (ajoutés au fait que les moteurs les chassent pour les enlever de leurs index) en limitent grandement la portée.
- Les offres de création de liens factices. Actuellement, il existe de nombreuses offres qui vous proposent d'augmenter de façon artificielle le PR de votre site web en vous inscrivant, parfois de façon payante, dans des systèmes d'échange de liens factices. Le principe en est simple : plusieurs milliers de pages mettent en place un lien vers la page d'accueil de votre site pour faire grandir votre indice de popularité dans l'algorithme de pertinence des moteurs de recherche et donc votre positionnement. Sur le

papier, la théorie semble donc tenir la route, mais en pratique, qu'en est-il ? En fait, le système se heurte à quelques obstacles non négligeables :

- avoir des liens vers votre site web est une chose, mais cela ne peut améliorer votre popularité que si les pages contenant lesdits liens se trouvent intégrées dans l'index des moteurs de recherche majeurs. Et rien ne prouve que cela soit le cas. Là aussi, les moteurs deviennent très pointus dans la chasse au *link spamming* et toutes ces pages sont de plus en plus traquées, ôtées de l'index et le site les proposant est parfois mis en *blacklist*, c'est-à-dire en liste noire. C'est le but de filtres de nettoyage comme Penguin (voir chapitre 15) que de combattre ce type de lien factice ;
- le système fonctionne uniquement si le moteur prend en compte un indice de popularité à un niveau, de façon quantitative, dans son algorithme. Or, ce n'est pas le cas et ces pages de liens sont elles-mêmes très rarement populaires. Leur impact est donc très limité ;
- enfin, et c'est peut-être le plus important à nos yeux, ces offres proposent purement et simplement de tromper l'algorithme de classement des moteurs de façon artificielle. Il s'agit de pratiques qui peuvent être assimilées à du spam.

• Difficile également d'ignorer les annuaires créés uniquement à des fins SEO (il en existe des centaines et des centaines) ou des sites de pseudo-communiqués de presse (qui sont plus souvent des « sites poubelles » acceptant tout et n'importe quoi) qui permettent de créer du netlinking bas de gamme. De nombreuses agences ont utilisé ces stratagèmes pour créer un linkbuilding artificiel ces dernières années. Heureusement, le filtre Penguin de Google a stoppé ce type de pratique que nous n'avons jamais accréditées. C'est la raison pour laquelle nous n'en parlons que très peu dans cet ouvrage. Annuaires et communiqués de presse sont le netlinking du pauvre. Ayez un tout petit peu plus d'ambition que cela !

À vous de voir, donc, au vu de ces quelques éclaircissements, si vous désirez profiter de ces offres (qui semblent d'ailleurs en perte de vitesse) selon votre propre vision des ambitions de votre site sur le Web. Attention, comme nous l'avons dit, les moteurs ont mis en place des algorithmes de détection des tentatives de link spamming. Ne vous amusez pas trop à ce petit jeu…

Des liens naturels et cliqués !

Dans votre stratégie de netlinking, orientez-vous le plus possible vers les liens naturels et évitez au maximum les liens artificiels. C'est une règle d'or du SEO aujourd'hui !

De même, dites-vous qu'un bon lien est un lien potentiellement cliqué par l'internaute. D'ailleurs, nous pensons qu'il y a de fortes chances pour que le trafic généré sur un site par un lien soit pris en compte aujourd'hui par Google pour juger de la pertinence de ce lien. Un lien jamais cliqué pourrait ainsi être considéré comme peu pertinent. Google n'obtient-il pas ce type d'information grâce à son navigateur Chrome ?

Autant dire que ces deux critères condamnent notamment les annuaires SEO et les sites de communiqués de presse factices !

Le linkbaiting ou comment attirer les liens grâce à votre contenu

Connaissez-vous le *linkbaiting* (ou *link baiting* ou encore *link-baiting* comme on le voit parfois écrit) ? Il s'agit d'un concept dont le nom a bien sûr été inventé par les Américains et qui est vieux comme le Web. Il s'agit d'appâter (*bait* signifie « appât », « amorce ») les webmasters par du contenu provoquant une envie naturelle de créer un lien vers lui. Il s'agit donc ici de partir à la « pêche aux liens » en créant du contenu sur votre site web, qui va faire naître des liens vers lui et lui donner une popularité importante !

L'avantage du linkbaiting est double.

- Les liens créés de façon quasi instantanée vont provoquer du trafic direct vers votre site.
- Ces liens vont améliorer votre popularité (PageRank), et donc, à un moment ou à un autre, favoriser vos classements dans les pages de résultats des moteurs de recherche.

L'idée principale du linkbaiting est de créer du contenu qui attirera les liens de façon naturelle, plutôt que de se lancer dans des campagnes d'échanges de liens, qui sont souvent très aléatoires et fastidieuses, ou dans de longues inscriptions dans des annuaires de seconde zone afin d'engendrer des backlinks parfois bien peu efficaces. Le principal inconvénient des campagnes classiques d'échanges de liens est qu'il est difficile de contacter un site souvent inconnu pour ne lui proposer rien d'autre que ce type de citation textuelle d'une page vers une autre et réciproquement. Le taux de perte est parfois monstrueux. De plus, chaque webmaster d'un site un tant soit peu populaire est aujourd'hui assailli par ces types de demandes (parfois bien folkloriques d'ailleurs) auxquelles il ne prête plus attention. Quant au message du type « Échangeons des liens et nous pourrons ainsi détourner les algorithmes des moteurs (et plus si affinités) », nous vous laissons seul juge de leur teneur éthique comme vu précédemment. Il est en effet temps maintenant de passer à une approche plus professionnelle et surtout plus efficace de la notion de netlinking.

De nombreuses façons de faire du linkbaiting

Le concept du linkbaiting n'est donc pas nouveau, même si le terme peut le faire croire. L'idée est intéressante car il existe plusieurs pistes de réflexion qu'on peut prendre en considération pour créer du contenu attractif. Pour cela, il vous faut mettre en place des articles hameçons qui vont servir à ferrer le lien, pour reprendre l'analogie avec la pêche, suscitée par le terme *bait*. Quelques techniques…

- Créer un concours de sites web, de blogs, de personnalités, etc., qui va faire parler de lui. Ou bien créer un sondage de type « Oscars » ou « Awards » pour élire un site ou une personne. Ou alors réaliser une enquête en ligne sur un sujet « dont on parle ». De même, un jeu peut avoir le même impact s'il est original (mais attention, il existe de très nombreux jeux sur le Web).
- Une interview exclusive d'une personnalité peut également susciter du lien si elle contient des informations intéressantes, nouvelles et pertinentes.
- Publier sur son site un article « coup de poing » ou « coup de gueule », bien argumenté cependant, qui nourrira le buzz, notamment dans la blogosphère. Les contenus assez

personnels du type « Je ne suis pas d'accord avec… », s'ils sont bien écrits et bien argumentés, peuvent créer un fort afflux de liens. Attention cependant : si vous écrivez ce type d'article, vous devez bénéficier d'un minimum de crédibilité sur Internet pour faire valoir vos arguments. N'oubliez pas, également, de rester courtois et constructif dans vos arguments sans diffamer quiconque. L'attaque gratuite ne vous amènera pas obligatoirement des retours très positifs. Sachez également que la polémique peut rapidement amener des réactions plus ou moins violentes d'autres internautes. On récolte parfois ce qu'on sème… Néanmoins, une opinion tranchée, intelligente, sur un sujet porteur est toujours la bienvenue si, là encore, elle est bien argumentée.

- Il est toujours possible de reprendre en français des rumeurs lues sur des sites anglais (ou entendues dans des salons parisiens). Attention, ce ne seront que des rumeurs, donc il faudra peut-être les présenter comme telles.
- La traduction en français d'articles anglais intéressants peut également être une piste valable. N'oubliez pas, bien entendu, de citer votre source et d'indiquer clairement que votre travail s'est limité à de la traduction. Une demande d'autorisation à l'auteur de l'article initial peut également être nécessaire, si ce n'est polie.
- Les articles comparatifs de plusieurs produits, sites web ou autres sont toujours assez prisés et repris sur le Web. De même, les articles ayant des titres chiffrés du type « 10 façons de… » ou « 12 choses à ne pas faire pour… » ont une bonne cote et « sonnent bien ». Le post de Danny Sullivan intitulé *25 Things I Hate About Google* (*http://goo.gl/K8Dj3*) en est un excellent exemple. Notez que son pendant, *25 Things I Love About Google* (*http://goo.gl/NHL8Q*) ne l'est pas moins.
- Publier une étude gratuite sur un sujet chaud est une excellente façon de faire parler de soi. Encore faut-il que l'étude en question soit fouillée et pertinente. L'article *Search Engine – Ranking Factors* (*http://goo.gl/LDBdK*) ou l'étude du référencement des sites web du secteur du champagne (*http://goo.gl/dAzcR*) par Ranking Metrics ont provoqué de nombreux liens dans le microcosme du référencement. Le site Greenlight a proposé en 2010 deux infographies très bien conçues sur l'historique du référencement (*http://goo.gl/JhKwl*). Là encore, les liens sont arrivés facilement. Les infographies sont d'ailleurs, en règle générale, un excellent moyen de glaner des backlinks de qualité. À vous de vous en inspirer !
- Une liste de ressources intéressantes peut également provoquer un bon linkbait. Par exemple : une page reprenant la liste des blogs « officiels » de Google, voire affichant, pour chacun d'entre eux, les trois derniers billets publiés, ou des fiches descriptives. La rubrique Ressources du site Abondance (*http://ressources.abondance.com/*) a ainsi obtenu près de 8 000 liens vers elle lors de sa création, en proposant des listes de sites dans le domaine des moteurs de recherche et du référencement. Il peut s'agir également d'une compilation d'articles ou de chiffres intéressants sur un thème donné.
- Un article humoristique sur un sujet donné peut également vous servir… ou vous desservir, car n'oubliez jamais que la notion d'humour n'est pas toujours partagée de la même façon par les internautes. Une requête qui donne un résultat amusant sur un moteur, des images dénichées ici ou là, un site amusant et original que vous chroniquez, etc. Tout cela est bon pour faire parler de vous !

- L'idéal reste d'obtenir ou de trouver un scoop sur un sujet précis et porteur, mais ce n'est bien entendu pas si facile que cela. Le scoop peut être textuel, photographique ou sous la forme d'un podcast, d'une vidéo ou autre. L'explosion de sites comme YouTube ou Dailymotion peut être un tremplin pour faire connaître rapidement une vidéo humoristique, par exemple ou une « manœuvre politique », comme on l'a vu parfois en France avec certains candidats à l'élection présidentielle qui ont vu des extraits vidéo de certains de leurs meetings se répandre rapidement sur la Toile.
- Certaines dates sont plus propices au linkbait telles que le 1er avril. Un poisson d'avril bien senti peut rapidement amener de nombreux liens. Le site Googland (*http://www.googland.com/*), que nous avions créé à cette occasion, a attiré en quelques semaines plus de 10 000 liens vers lui, ce qui n'est pas négligeable.
- Bien entendu, un site original, voire amusant, sera rapidement l'objet d'un linkbait qui peut s'avérer fulgurant. Exemple avec le site GoogleFight (*http://www.googlefight.com/*) qui a vu ses backlinks se développer très rapidement (près de 140 000 liens vers le site) et susciter des articles dans des revues comme *USA Today* ou des passages sur Canal Plus.
- La création d'un *widget* – concept très en vogue actuellement – original peut également vous valoir une bonne couverture de buzz. Ces gadgets sont très faciles à concevoir, aussi n'hésitez pas à exercer votre créativité dans ce domaine.

En un mot, soyez inventif, créatif, amusant, informatif, voire agressif (dans le bon sens du terme) et vous devriez voir les liens venir vers vous de façon quasi automatique. L'avantage de ce type de promotion est qu'elle ne coûte rien, hormis le temps passé à la créer, et peut-être à initier sa connaissance *via* le Web. L'inconvénient majeur est qu'il faut être inventif, créatif, amusant, informatif, voire agressif.

On pourrait parfois penser que ces techniques sont « sensibles » et que les moteurs de recherche les voient d'un mauvais œil et pourraient les considérer comme du spamdexing. Pourtant, Matt Cutts, le spécialiste du référencement chez Google, en parle sur son blog (voir encadré) et semble plutôt les apprécier. Encore faut-il, bien sûr, que la stratégie mise en place soit de bonne qualité et que les ficelles ne soient pas trop grosses. Comme toujours en SEO, tout est le plus souvent une question de bon sens. Manquer de finesse n'est jamais une bonne chose dans notre domaine !

L'une des idées principales du linkbaiting est de suivre une procédure qui fera en sorte de créer le plus de backlinks possible dans un minimum de temps.

1. Imaginez, créez le contenu et mettez-le en ligne.
2. Contactez éventuellement des « meneurs d'opinion » dans le domaine traité pour leur signaler ce contenu et les engager à en parler, notamment sur leur blog. Jouez fin : ne demandez pas à ce qu'ils créent un lien vers votre article ni même qu'ils en parlent expressément, mais indiquez que vous leur écrivez uniquement pour leur signaler cette information. À eux de juger de ce qu'ils veulent en faire. Proposez-leur éventuellement d'intervenir dans les commentaires de votre blog (si cette possibilité existe).
3. Vérifiez que votre contenu est bien référencé sur les différents moteurs comme Google, voire Google Actualités, Technorati, etc. Laissez faire ensuite le système.

Si votre linkbait est bon, tout devrait s'enchaîner rapidement. Si la pompe est difficile à amorcer, travaillez à améliorer votre contenu ou à en créer un autre.

Quelques liens sur le linkbaiting

L'un des premiers articles en français traitant du linkbaiting s'intitule *Linkbait & linkbaiting : une tentative de traduction* de Jean-Marie Le Ray. Il est disponible à l'adresse suivante : *http://goo.gl/hshlw*.

Il existe également de très nombreux articles en anglais traitant de ce sujet. Voici une liste de ceux qui nous ont semblé les meilleurs. Comme quoi, écrire des articles sur le linkbaiting est en soi du linkbaiting.

- *SEO Advice: linkbait and linkbaiting* de Matt Cutts, porte-parole SEO de Google : *http://goo.gl/vi9kB* ;
- *Link Baiting & Effective Link Building* de Rob Sullivan : *http://goo.gl/8ptcU* ;
- *Linkbaiting for Fun & Profit de Rand Fishkin* : *http://goo.gl/M9T4g* ;
- *Use Link Bait to Catch Better Rankings* de Bill Hartzer : *http://goo.gl/F6N0U* ;
- *Linkbaiting with Attack* de Darren Rowse : *http://goo.gl/Smm8i* ;
- *Linkbaiting, How Hard Is It ?* de Joe Balestrino : *http://goo.gl/dQHLU* ;
- *Learning About Linkbaiting* de Jennifer Laycock : *http://goo.gl/3NYV0* ;
- *2007 Guide to Linkbaiting: The Year of Widgetbait?* de Nick Wilson : *http://goo.gl/JRf6A* ;
- *Linkbait Articles & Is It Linkbait Or Link Bait?* de Danny Sullivan : *http://goo.gl/HS2HG* ;
- *Are You Linkbaiting The Right Audience?* de Eric Ward : *http://goo.gl/7RpWs* ;
- *The Links That Can't Be Baited* de Eric Ward : *http://goo.gl/GiWc9* ;
- *Linkbait Articles* de Lyndon Antcliff : *http://goo.gl/MH7Yj*.

Si après avoir lu tous les articles de cette liste, vous ne devenez pas un spécialiste mondial du linkbaiting, c'est à désespérer de tout.

Il est clair que le linkbaiting n'est pas un concept nouveau (on en a beaucoup parlé à partir de 2007, puis le terme est devenu courant) mais plutôt une « stratégie d'attraction de liens » via un contenu adapté et de qualité. S'il peut rappeler aux éditeurs de sites web que cette qualité du contenu est le capital, cela ne peut qu'être bénéfique ! Cela ne peut tirer le Web que vers le haut. Et il y a fort à parier qu'à l'instar de ce bon M. Jourdain, nombreux sont ceux, parmi vous, qui font du linkbaiting depuis de nombreuses années, sans le savoir !

Cette notion révèle également une chose importante : aujourd'hui, éditer un site web « plaquette » n'est plus suffisant. Il faut véritablement créer du contenu de qualité pour être visible sur le réseau. S'asseoir et attendre les visiteurs est une stratégie totalement dépassée. Là aussi, si le linkbaiting nous le rappelle, c'est également une bonne chose !

Cependant, c'est aussi une stratégie à prendre avec des pincettes car vouloir créer du lien à tout prix peut vite se retourner contre son auteur. Le linkbaiting ne peut être profitable que s'il est appliqué avec parcimonie et, surtout, avec intelligence et qualité ! Il ne faut surtout pas l'oublier, sous peine de s'en mordre les doigts très rapidement.

Link ninja : de la recherche de liens classiques

Le *link ninja* est une forme dérivée de linkbaiting où l'auteur du contenu n'attend pas que les liens se créent d'eux-mêmes. Dans cette stratégie, le webmaster va aller négocier un lien auprès d'autres sites web ou créer des liens par exemple dans des commentaires de blogs, dans des forums, etc. Pour résumer : faire du link ninja n'est rien moins que de rechercher des liens vers son propre contenu. C'est loin d'être un concept révolutionnaire. On aime bien inventer des mots compliqués pour décrire des choses simples sur Internet.

Donnez du sens à vos liens !

Une question assez logique se pose rapidement lorsqu'on travaille son netlinking : comment définir ce qu'est un « bon » lien, comment séparer le bon grain de l'ivraie dans la masse des backlinks pointant sur un site ?

Bien sûr, on ne parlera pas ici du « netlinking de goret » qui caractérise tout lien issu d'une démarche industrielle :

- réseaux d'achat ou d'échange de liens (le seul fait d'entrer dans ce type de système signe, à courte ou moyenne échéance, la mort de votre site par pénalité penguinesque ou manuelle) ;
- achat de liens massif avec texte d'ancre suroptimisé de surcroît.

Bref, toute pratique basée sur la quantité plutôt que sur la qualité. Google fait tout (et plus !) depuis quelques mois pour bien vous faire comprendre que ces démarches sont parfaites pour couler votre site aujourd'hui ou demain, avec un peu de chance. Certains, *a priori*, ne semblent pas encore l'avoir compris. L'avenir dira s'ils ont raison ou tort...

Nous voulons parler ici de démarche plus qualitative et « chirurgicale » : lorsqu'on contacte un autre site, qu'on met en place un « partenariat » (doux terme pour nommer une démarche d'échange de liens/services plus ou moins sophistiquée). Bref, peu de liens, mais de bonne qualité. Des backlinks pas toujours très « naturels » mais au moins « manuels ». C'est déjà ça...

Chacun a alors sa propre méthode pour mesurer la qualité d'un lien, basée sur plusieurs critères.

- Choisir des sites générateurs de backlinks œuvrant dans le même domaine thématique ou un thème connexe.
- Choisir des sites dans la même langue (ce qui est un minimum...).
- Fuir comme la peste les sites ou méthodes aujourd'hui considérés comme « toxiques » : annuaires SEO bidons, sites de « communiqués de presse » (qui n'en sont pas) pourris, liens dans les commentaires de blogs et forums, etc.
- Approche plus mathématique avec tel pourcentage de nofollow/dofollow, d'ancre optimisée/non optimisée, etc.

Tout cela est certainement vrai et permet sûrement de limiter les dégâts, mais avant tout, le critère principal pris en compte par les équipes de Google pour mesurer la qualité d'un lien est le fait qu'il apporte un service, une information à l'internaute. Bref, qu'il « fait sens » (pour reprendre l'expression *to make sense* chère à nos amis anglophones).

Pour essayer d'expliquer ceci, raisonnons sur un exemple. Prenons le site d'une société d'assurance, par exemple la Maaf (exemple pris totalement par hasard — ce ne sont pas nos clients). Ce site, donc, va obtenir un lien (payant ou non) de la part d'un blog ayant une cible jeune et proposant un article sur l'assurance moto. Jusque-là, rien d'extraordinaire...

Le texte d'ancre, sur le blog, sera donc « assurance moto ». Mais tout se jouera sur la page de destination, sur le site de la Maaf.

- Soit le lien pointe sur la page d'accueil (*www.maaf.fr*) et il n'est pas légitime : pourquoi un lien intitulé « assurance moto » pointerait-il vers le site d'une société d'assurance en particulier (pourquoi pas vers Axa, Macif ou MMA ?). Qui plus est, vers la page d'accueil du site, qui ne parle pas spécifiquement d'assurance moto ? Tout ça sent donc l'arnaque à plein nez et le lien acheté. Les « sniffers » de Google commencent alors à renifler la mauvaise odeur du spam-linking... Pas bon...
- Soit le lien pointe vers les offres de la Maaf en termes d'assurances moto (lien fictif : *www.maaf.fr/offres-particuliers/assurance-moto*) et, là encore, on s'aperçoit vite que le lien est « vérolé » pour les mêmes raisons : pourquoi la Maaf spécifiquement et pas ses concurrents ? Et pourquoi pointer vers une offre commerciale ? Pas bon, là non plus...
- Soit le lien pointe vers une page de « vrai contenu » expliquant en quoi consiste l'assurance moto, ces différentes composantes, les critères objectifs de choix, etc. (lien fictif : *www.maaf.fr/les-assurances/assurance-moto*) sans esprit commercial mais avant tout informatif, explicatif et intéressant. Dans ce cas, le lien apporte une véritable information, et finalement peu importe que ce soit la Maaf ou un autre site qui la propose : le lien « fait sens » car, s'il est cliqué, l'internaute aboutira à des données qui vont l'aider dans sa démarche, dans sa recherche. Bien sûr, il sera alors sur le site de la Maaf, « dans la boutique » et si le site est bien fait, il sera toujours possible d'attirer le visiteur dans un deuxième temps vers les offres commerciales proposées. Mais dans un deuxième temps seulement...

On pourrait alors dire qu'il s'agit là d'un « linkbaiting maîtrisé » : le site qui désire des backlinks met en ligne du contenu de qualité puis cherche des sites qui pointent vers lui. Peu importe alors, et finalement, si le lien est acheté ou pas, si son ancre est optimisée ou pas (sans être suroptimisée de type « assurance moto pas chère », bien sûr), ou autre : il « fait sens » et aide l'internaute. N'est-ce pas le plus important ? Pour notre part, nous sommes intimement persuadé que ce type de lien ne posera jamais de problème à Google, bien au contraire.

Certains répondront rapidement : « Oui, mais c'est compliqué ». Et ils auront raison :-) Mais personne n'a jamais affirmé que le SEO était simple. Et plus encore le netlinking à l'heure actuelle...

Pour résumer

Voici quelques conseils pour bien optimiser l'indice de popularité de vos pages.

- Choisissez bien les pages qui vont pointer vers votre site : fort PageRank, faible nombre de liens sortants.
- Attention aux redirections, programmes d'affiliations ou autres bannières publicitaires dont les liens ne sont pas pris en compte dans la plupart des cas. Vérifiez bien que les liens créés vers vous sont « en dur », donc sans redirection.
- Attention également aux liens JavaScript, Flash ou autres, moins bien pris en compte par les moteurs.
- Faites des échanges de liens à popularité égale et compensez d'une façon ou d'une autre (en évitant le côté financier) en cas de déséquilibre.
- Ne vous faites pas berner par des offres d'augmentation artificielle de la popularité. Visez de vrais liens issus de partenariats forts, prévus pour durer.
- Créez une charte de liens en donnant des indications aux webmasters distants sur la meilleure façon d'établir un lien vers votre site.
- Privilégiez la qualité à la quantité.
- Un bon lien est un lien naturel et potentiellement cliqué par l'internaute.

Pour en savoir plus

Voici quelques liens supplémentaires sur le netlinking et les stratégies à mettre en œuvre pour obtenir des liens et optimiser votre maillage (interne et externe).

- *Créez une « linkwheel interne » pour renforcer vos liens : http://goo.gl/E3Mi9F ;*
- *Comment bien construire son maillage interne ? : http://goo.gl/xDKZ59 ;*
- *Linking interne : les stratégies performantes : http://goo.gl/Y8AQLi ;*
- *Les 9 erreurs à ne pas faire en link-building : http://goo.gl/fgZBhF ;*
- *Link-building : la pertinence plus importante que le PageRank : http://goo.gl/fldm2X ;*
- *Liens réciproques : faut-il encore échanger ? : http://goo.gl/qvVqMa ;*
- *SEO : les critères pour choisir les annuaires efficaces : http://goo.gl/80uM4m ;*
- *50 annuaires généralistes gratuits pour votre référencement : http://fabien-lebeller.fr/2013/05/50-annuaires-gratuits-referencement-nature/ ;*
- *33 réponses aux questions sur le netlinking : http://goo.gl/0FCXu9 ;*
- *Link-building 2.0 : méthode et conseils : http://goo.gl/Lw1WV6 ;*

- *Linking naturel et contenu post pingouin 4 : http://goo.gl/hhlxqF ;*
- *Quelle stratégie de netlinking adopter pour son référencement ? : http://goo.gl/kb9Jev ;*
- *Comment obtenir des liens pertinents cet été ? : http://goo.gl/7nfa5m ;*
- *8 choses à ne plus jamais faire en link-building : http://goo.gl/mSsP8X ;*
- *How Link Building Really Works These Days : http://goo.gl/dTkCLY ;*
- *How to Build Links to Your Blog – A Case Study : http://goo.gl/4zQytc ;*
- *Why Links Remain Critical to SEO Success? : http://goo.gl/Yw1AHH ;*
- *Is Link Building Dead? 3 Tips For Link Builders Post-Penguin 2.0 : http://goo.gl/sY8AWh ;*
- *33 Link Building Questions Answered : http://goo.gl/yTxkxK ;*
- *Link Building: Get Relevant or Die Trying : http://goo.gl/fcpsl0.*

La sculpture de PageRank

On entend souvent dire, dans le petit monde du référencement, que les liens sortants n'ont pas d'importance pour l'optimisation d'une page en vue d'une meilleure visibilité sur les moteurs de recherche.

Cela n'est pourtant pas totalement vrai…

- On peut penser que l'analyse des liens sortants d'une page et d'un site joue un rôle non négligeable dans la notion de *TrustRank*. L'étude des liens sortants émanant de sites de référence permettrait en quelque sorte de calculer une « note de confiance » qui réduirait le spamdexing dans les résultats des moteurs de recherche. Par ailleurs, des algorithmes comme feu ceux de Ask.com, basés sur la définition de communautés web, utilisaient également la notion de lien sortant. On pourrait encore trouver de nombreux exemples de l'importance de ces liens sortants en termes de référencement d'une manière macroscopique. Leur influence est donc loin d'être nulle dans ce domaine.
- Les liens sortants sont clairement utilisés par Google pour choisir les *sitelinks* qu'il affiche dans ses pages de résultats (voir chapitre 11).
- Enfin, la notion de popularité (au sens du PageRank de Google) tient grandement compte des liens sortants (qui deviennent automatiquement des liens entrants pour la page dont il faut calculer le PageRank) pour calculer ce critère de pertinence.

De la bonne utilisation des liens sortants dans une stratégie de référencement

Ainsi, il sera très important de tenir compte de ce système de calcul, notamment sur votre page d'accueil. En effet, de par le fait que votre *homepage* reçoit la plupart des backlinks (liens entrants) du Web, c'est très souvent elle qui bénéficie de la meilleure popularité, de façon assez logique.

Cette note de popularité doit être transmise avec parcimonie aux autres pages vers laquelle elle pointe, sous peine de dilution trop forte de cette « capacité de vote » ou jus de lien. Ainsi, si la page d'accueil de votre site contient 100 liens sortants, chaque page distante ne recevra qu'un centième de la popularité de cette homepage. Des miettes, en quelque sorte. Pour optimiser votre transfert de popularité, vous devrez donc « faire la chasse » aux liens sortants et réduire leur nombre au maximum afin de pour empêcher le plus possible la « fuite de popularité ».

En résumé, les liens sortants sur votre page d'accueil peuvent être de deux types.

- Les liens vers des pages auxquelles vous désirez transmettre de la popularité.
- Les liens vers des pages auxquelles vous ne désirez pas transmettre de popularité, mais qui restent importantes pour vos visiteurs (« Aide en ligne », « Qui sommes-nous ? », etc.).

Deux solutions s'offrent alors à vous pour choisir quels liens seront suivis par le moteur.

- Soit vous n'indiquez dans vos pages que des liens « utiles » et supprimez donc les liens du second type.
- Soit vous mettez les liens « indésirables » en `rel="nofollow"`, un attribut initié par Google en 2005 (et suivi depuis par Yahoo! et Bing) et qui signifie que le lien en question ne sera pas pris en compte par le moteur de recherche. On appelle cela de la « sculpture de PageRank » ou *PageRank Sculpting* en anglais. Le lien suivant sera ainsi suivi et analysé par les moteurs de recherche :

```
<a href="http://www.votresite.com/">Texte du lien</a>
```

  Alors que ce second lien sera ignoré (avec un bémol cependant, comme on le verra plus tard) :

```
<a href="http://www.votresite.com/" rel="nofollow">Texte du lien</a>
```

Pour information, on dit que le lien qui n'a pas l'attribut `rel="nofollow"`, et qui est donc « classique », est en `dofollow`.

Dans ce cas, une première approche (jusqu'en 2010) a été de marquer (en `rel="nofollow"`) les liens pointant vers des pages n'entrant pas dans votre stratégie SEO. Seuls étaient pris en compte les liens pointant vers des pages importantes à vos yeux.

Cette méthode ne fonctionne hélas plus en 2016, et ce depuis quelques années. En effet, Google a modifié en 2009 sa façon de prendre en compte le paramètre `rel="nofollow"` des liens (*http://goo.gl/tBA3Q*).

- Avant *:* si la page A comportait 10 liens sortants, dont 5 en `dofollow` et 5 en `nofollow`, le jus de lien était partagé en 5 parts égales distribuées auprès des 5 pages pointées par des liens en `dofollow`.
- Aujourd'hui *:* si la page A contient 10 liens sortants, dont 5 en `dofollow` et 5 en `nofollow`, le jus de lien est partagé en 10 auprès des 5 pages pointées par des liens en `dofollow`, donc comme avant l'arrivée du `nofollow`, ce qui est beaucoup moins intéressant. Et, en clair, le jus de lien est pour moitié jeté au caniveau.

L'attribut nofollow

Pour tout savoir sur l'attribut `nofollow` et son utilité en SEO en 2016, nous vous conseillons la lecture de ces quatre articles intitulés *Un point sur l'attribut « nofollow »* qui font un tour exhaustif et précis de la question.

- *http://goo.gl/bmSmm ;*
- *http://goo.gl/atkdm ;*
- http://goo.gl/Rh13U ;
- http://goo.gl/qYK4v.

Autre solution dans ce cas pour « cacher des liens » aux yeux de Google : certains emploient des liens JavaScript, non suivis par les moteurs. Une autre façon de rendre ce type de lien invisible (mais attention aux internautes qui ont désactivé JavaScript sur leur navigateur...). Sachez d'autre part que les moteurs de recherche, et Google en particulier, savent de mieux en mieux détecter les liens dans les codes JavaScript. Cette méthode est donc loin d'être efficace à 100 %.

D'autres méthodes (comme l'obfuscation qui permet de « cacher » du code source dans un programme) peuvent également être employées pour cacher le code en question.

Liens multiples : attention au premier lien rencontré !

On voit souvent des présentations d'articles comportant un lien sur :

- le titre ;
- le contenu ;
- une vignette image.

Figure 6-19

Site de l'Équipe (http://www.lequipe.fr) : plusieurs liens pointant vers la même page sont proposés (un sur le titre, un sur le chapô et un autre sur l'image).

Si trois liens sont proposés, l'internaute est comblé (il peut cliquer où il le désire pour aller lire l'article en question). En revanche, l'optimisation pour les moteurs n'est pas excellente : vous proposez trois liens au lieu d'un seul vers une même page, ce qui dilue d'autant la popularité fournie par la page d'accueil.

Ceci est d'autant plus vrai que, si on en croit le site Moz (*http://goo.gl/8mTsi*), seul le premier lien rencontré dans le code HTML vers une page donnée est pris en compte par le moteur de recherche. S'il s'agit du lien mis en place sur l'image, vous perdez ainsi toute notion de réputation (donnée par le contenu textuel du lien et qui n'est pas totalement compensée par l'attribut `alt` de l'image). Faites donc attention à ce que le premier lien rencontré dans le code source soit textuel et explicite ! Les suivants seront ignorés par Google.

Éviter les destinations non pertinentes

Certaines pages de votre site sont certainement très peu pertinentes pour les moteurs de recherche : conditions générales de vente, informations sur l'entreprise, mot du PDG (ne le dites cependant pas à votre PDG !), crédits, etc. Ces données sont souvent présentes sous forme de liens dans le footer de vos pages. Là encore, on peut penser que ces liens « diluent » votre popularité et n'apportent pas grand-chose en termes de référencement ou à l'internaute qui les trouverait dans les pages de résultats d'un moteur.

Cela ne signifie pas pour autant qu'il faut désindexer ces pages, mais plutôt qu'il ne faut leur fournir que la popularité « qu'elles méritent ». Ces pages secondaires pourront tout à fait être trouvées par les spiders, par exemple au travers du plan du site ou d'autres pages. En revanche, sur vos pages les plus populaires, on peut estimer qu'elles « polluent » votre optimisation.

Il en sera de même avec des liens vers des sites externes avec qui vous n'avez pas de réelle affinité ou de contrat de partenariat. Certains liens peuvent ainsi devenir « transparents » pour les moteurs et cela aidera à diminuer la dilution du transfert de votre popularité. Ceci dit, les nouvelles règles édictées par Google en termes de sculpture de PageRank (voir précédemment) rendent ces pratiques moins efficaces.

Par ailleurs, n'oubliez pas que les moteurs de recherche savent aujourd'hui faire la part des choses entre un lien « structurel » (qui sert à la navigation) et un lien « contextuel » (dans le contenu éditorial de la page) (*http://goo.gl/M8KLA*). Soignez donc en priorité les liens contextuels car il y a de fortes chances pour que leur poids soit bien plus fort dans les algorithmes de compréhension de vos contenus par les moteurs de recherche. Et ceci est valable pour les liens internes comme pour les liens externes.

Notez que ces techniques de PageRank sculpting sont largement débattues actuellement, certains se posant la question d'un éventuel spamdexing lorsqu'elles sont utilisées. Selon nous, si leur utilisation est légère et non exagérée, elles sont tout à fait « recevables » et ne devraient pas poser de problème. Bien entendu, tout restera dans la nuance et le bon sens pour ne pas « dépasser des limites qu'on ne connaît pas », comme souvent dans le domaine du référencement. Ceci dit, on a vu précédemment que Google n'a pas tardé à revoir sa politique de gestion et d'analyse des liens dans ce domaine, on peut donc estimer que la sculpture de PageRank n'est pas obligatoirement une technique très efficace aujourd'hui pour peaufiner sa popularité.

Conclusion

Il va de soi que cette optimisation des liens sortants n'est intéressante que si vous avez déjà bien optimisé vos pages par ailleurs : balise `<title>`, titre éditorial en `<h1>`, code HTML optimisé, contenu riche et de qualité, etc. De plus, la structure et l'indexabilité de votre site sont aujourd'hui des valeurs essentielles (voir chapitre 14) à prendre en compte. La « chasse aux liens sortants » n'est donc utile que pour affiner une optimisation, il s'agit d'une « finition » qui ne peut être mise en place que si le « gros œuvre » est déjà terminé. Ne l'oubliez pas !

Cinq règles d'or pour vos liens sortants

Voici, pour terminer, cinq « règles d'or du lien sortant » pour votre référencement qui résument bien le contenu du paragraphe que vous venez de lire.

- **Règle 1.** Proposer le moins possible de liens sortants aux moteurs de recherche depuis une page populaire (notamment votre page d'accueil).
- **Règle 2.** Ces liens sortants doivent le plus possible pointer vers un contenu traitant du même domaine, de la même thématique que la page qui les contient.
- **Règle 3.** Les textes des liens sortants doivent être le plus explicites et descriptifs possible (notion de réputation).
- **Règle 4.** Les liens sortants les plus importants sont ceux qui sont contenus dans la partie éditoriale de vos pages (contrairement aux liens de navigation ou dans le footer). Soignez-les du mieux possible !
- **Règle 5.** N'exagérez pas la « chasse aux liens sortants ». Restez dans les limites du bon sens et tout devrait bien se passer.

Le statut juridique des liens hypertextes

> Section rédigée avec la contribution d'Alexandre Diehl

Les liens hypertextes sont si inhérents à Internet – et probablement le premier mécanisme que nous ayons utilisé lors de notre découverte de ce réseau – que nous nous posons rarement des questions sur leur nature et leur régime juridique. Qui sait par exemple que British Telecom revendique depuis des années la paternité des liens hypertextes ? Qui sait qu'on ne peut pas faire n'importe quoi avec les liens hypertextes ? Faut-il demander l'autorisation au webmaster d'un site si on veut créer un lien vers lui ? Vers une page d'accueil ? Et vers une page interne ? Peut-on refuser que quelqu'un mette en place un lien vers son site ? Peut-on l'attaquer pour cela ? Finalement, voilà autant de questions que personne ne se pose et qui auraient parfois dû être posées.

La nature et le statut du lien hypertexte

Le statut juridique des liens hypertextes est un domaine sujet à d'âpres débats et discussions depuis plus de 15 ans. Malgré cela et le caractère continu du débat, les frontières juridiques du lien hypertexte semblent fluctuantes.

La Cour d'appel de Paris a précisé depuis longtemps qu'un lien hypertexte est « un simple mécanisme permettant à l'utilisateur, en cliquant sur un mot ou sur un bouton, de passer d'un site à un autre » (CA Paris, 19 septembre 2001, SA NRJ et Monsieur J.B. c/ Sté Europe 2 Communication).

Typologie de liens hypertextes

Il existe en fait plusieurs types de liens hypertextes.

- **Framing** (ou technique de cadrage). Cette technique de programmation en code HTML offre la possibilité de diviser la fenêtre d'un navigateur web en plusieurs cadres autonomes. Des cadres sont utilisés pour afficher les menus et les possibilités de navigation, le cadre principal au centre servant à afficher le contenu du site. Grâce à un lien hypertexte, il est alors possible d'afficher dans ce cadre principal une page venant d'un site extérieur. Ce choix d'aspect visuel est alors susceptible de créer une confusion dans l'esprit de l'utilisateur qui a le sentiment de rester dans le site d'origine (titres, logos, menus, URL identiques) alors qu'en réalité il consulte des informations relevant d'un site tiers.
- **Hyperlien.** Expression ou image facilement identifiable associée à une commande permettant d'accéder par simple clic à une information présente sur la même page, sur une autre page du même site ou sur un autre site. L'hyperlien est le principal révélateur de nature hypertexte du Web. La création d'hyperliens sans autorisation du producteur du site « pointé » pose des problèmes juridiques. Si ces pratiques sont rarement contrevenantes à la propriété intellectuelle, elles peuvent constituer une faute civile sur le terrain de la concurrence déloyale ou des agissements parasitaires.

  Les hyperliens peuvent alors se décliner en trois catégories différentes :

  – le lien hypertexte simple *(surface linking)* qui il relie le document d'origine à la page d'accueil d'un autre site web ;

  – le lien hypertexte en profondeur *(deep linking)* qui il conduit l'utilisateur vers une page secondaire d'un autre site web, distincte de la page d'accueil. L'utilisation de liens profonds peut être sanctionnée par les tribunaux en tant que comportement parasitaire ;

  – l'insertion par liens hypertextes *(inline linking)* qui permet de faire apparaître dans une page web un seul élément (par exemple, une photo) extrait d'un autre site, ce qui économise de l'espace de stockage sur le disque dur de la machine où est hébergé le site et qui a pour effet de dissimuler à un utilisateur non averti l'environnement d'origine auquel appartient cet élément.

Création intellectuelle

Un lien hypertexte peut bénéficier d'une protection au titre du droit d'auteur, au même titre que le contenu vers lequel il pointe.

MM. Haas et Tissot écrivent ainsi qu'« il faut qu'il existe une cohérence (idéologique, artistique, politique, culturelle, etc.) entre d'une part le site utilisant le lien et d'autre part, les textes ou images qu'il va importer », sanctionnant ainsi la publication d'une œuvre « savante et documentée » dans une parution gratuite au milieu de nombreux encarts publicitaires (CA Caen, 1re ch., 6 mai 1997).

Toutefois, la contrefaçon de liens hypertextes apparaît peut probable dans la mesure où les idées sont de libre parcours. En outre, la liberté de créer des liens hypertextes est la base même d'Internet. En effet, ils sont tout au plus des liens, des cheminements permettant de passer d'une page à une autre. En cela, ces liens ne répondent aucunement à l'exigence d'originalité.

Une exception existe cependant au regard de la reproduction d'une « base de liens ». Ainsi, la réunion des liens pourrait être appréhendée comme un recueil d'éléments divers pouvant être qualifié de base de données et donc protégée à ce titre par le droit d'auteur.

Le régime juridique des liens

La doctrine majoritaire admet la licéité de principe des liens pour ne tenir ceux-ci pour illicites qu'au vu de certaines circonstances. La jurisprudence emprunte la même voie et a pu affirmer à plusieurs reprises que la « liberté d'établir un lien [...] inhérente au principe de fonctionnement de l'Internet » (TGI Paris, 12 mai 2003). Le fait est que le créateur du lien, par ce biais, ne réalise aucune autre communication de l'œuvre que celle-là même souhaitée par son auteur.

Il existe donc une importance du comportement de l'auteur du lien qui pourra voir sa responsabilité engagée au rang des articles 1382 et 1383 du Code civil qui précisent en substance que « tout fait quelconque de l'homme, qui cause à autrui un dommage, oblige celui par la faute duquel il est arrivé à le réparer ». Ce principe général du droit français que nous évoquons souvent, permet au juge de sanctionner tout comportement qui est fautif, notion qu'il apprécie au cas par cas.

Contenu illégal vers lequel pointe le lien et intention coupable

Le contenu du site vers lequel pointe le lien permettra de déterminer la légalité du lien. Ainsi, un lien pointant vers un contenu illégal devrait engager la responsabilité de l'auteur dudit lien.

La Cour d'Aix-en-Provence a condamné celui qui, par des liens, « pointait » vers des sites permettant des téléchargements illégaux, déclarant : « Cette mise à disposition de liens hypertextes devrait s'analyser en une complicité de contrefaçon par fourniture de moyens » (CA Aix-en-Provence, 10 mars 2004).

Cependant, pour retenir la responsabilité du créateur de lien, il faut que celui-ci ait eut connaissance du contenu illicite : c'est l'intention coupable du complice, ou « volonté de s'associer intentionnellement à l'acte délictueux de l'auteur principal ». Elle doit être « concomitante de la fourniture des instructions ou de la prestation de l'aide ou de l'assistance » tandis que le complice et l'auteur principal doivent avoir agi « ensemble et de concert, en vue d'obtenir le résultat délictueux », cette entente devant être intervenue préalablement à la commission de l'infraction ou concomitamment à cette dernière.

En matière de complicité, il demeure nécessaire que celle-ci soit prévue par le Code pénal.

« [...] Considérant que si le lien hypertexte constitue un simple mécanisme permettant à l'utilisateur en cliquant sur un mot ou un bouton de passer d'un site à un autre, et si la création au sein d'un site d'un tel lien permettant l'accès direct à d'autres sites n'est pas, en soi, de nature à engager la responsabilité de l'exploitant du site d'origine à raison du contenu du site auquel il renvoie, lequel, comme l'indique à juste titre le tribunal, dispose d'une totale autonomie lui permettant d'évoluer librement, au besoin quotidiennement, sans que le site d'origine ait à intervenir, il en est toutefois autrement lorsque la création de ce lien procède d'une démarche délibérée et malicieuse, entreprise en toute connaissance de cause par l'exploitant du site d'origine, lequel doit alors répondre du contenu du site auquel il s'est, en créant ce lien, volontairement et délibérément associé dans un but déterminé » (CA Paris, 4e ch., sect. B, 19 sept. 2001).

On notera qu'en 2007, le Conseil d'État a condamné l'administrateur du site d'une école qui avait créé un lien vers un site anarchiste, à des fins de prosélytisme (CE, 7 sept. 2007).

Pratiques déloyales

Il est des cas où le lien, bien que pointant vers un contenu parfaitement légal, peut entraîner la responsabilité délictuelle de son auteur, par exemple lorsque la fonction originelle du lien hypertexte (fonction informative) est écartée au profit d'une fonction commerciale.

Ainsi, l'affaire qui a auguré le domaine est sans doute celle « des journaux écossais ». Il s'agit de l'affaire Shetland jugée en Écosse fin 1996. Dans cette affaire, le *Shetland Times* obtint une interdiction faite au *Shetland News* d'utiliser des citations directes – en l'occurrence des titres d'articles – du *Times* comme liens hypertextes vers le site du *Times*.

Plus tard, la cour d'appel de Paris a condamné le fait de dissimuler une liaison afin de profiter du travail d'autrui pour parasitisme. Cette dissimulation avait en effet créé une confusion (CA Paris, 8 sept. 2004).

Dans les faits, les pratiques déloyales se retrouvent sous des formes très diverses. C'est ainsi que la Cour d'Appel a pu condamner le fait d'avoir utilisé dans un lien le nom d'un concurrent pour promouvoir ses produits (CA Paris, 17 oct. 2007).

Concernant le framing, l'affaire à citer est celle ayant opposé en 1997, le *Washington Post* et divers autres journaux à Total News (même source). Il était reproché à cette entreprise d'avoir créé un site « parasite » reproduisant le contenu éditorial d'autres sites pour attirer annonceurs et internautes. De fait, une partie du contenu des sites « encadrés » s'affichait sur le site de Total News et dans un cadre autour duquel apparaissaient toujours le logo, l'adresse (URL) et les publicités de Total News.

Dénigrement

Le lien hypertexte peut aussi engager la responsabilité de son créateur s'il se montre dénigrant à l'égard du contenu vers lequel il dirige. L'exemple type sera un lien portant un intitulé dénigrant (par exemple, « cliquez ici pour voir de mauvais produits »).

Il en va de même si ledit lien dirige l'internaute vers un site dénigrant (CA Paris, 19 sept. 2001 : NRJ et Jean-Paul B./SA Europe 2 Communication). Dans cette affaire, la société Europe 2 Communication avait intégré à son site une rubrique « anti-NRJ ». Au sein de cette rubrique, un lien hypertexte dirigeait vers une page d'un site suédois titré *The (un)official NRJ-Hatepage* et établissant en langue anglaise que la radio NRJ diffusait « de la musique de merde » *(sic)*. La cour a estimé que cela constituait à l'égard du titulaire de la marque, un acte de contrefaçon de marque, mais a estimé que cet acte de contrefaçon ne constituait pas, à l'égard de la société NRJ, un acte de concurrence déloyale à défaut d'élément distinct. Il a toutefois considéré que le préfixe « anti » associé au terme « NRJ » constituait de la part d'un concurrent direct de la radio NRJ un élément dénigrant caractérisant un agissement déloyal et a, en conséquence, alloué à chacun des demandeurs une indemnité symbolique d'un franc.

Limitations des CGU

Le nombre de sites Internet incluant à leurs CGU (conditions générales d'utilisation) des conditions (ou même l'interdiction) à l'établissement d'hyperliens est fleurissant. Toutefois pour l'heure, ces injonctions ne semblent pas impacter la responsabilité du contrevenant. La jurisprudence ne s'est pour l'heure, pas penchée sur la question, et la doctrine semble être opposée à conférer une quelconque valeur à de telles interdictions.

Cependant, dans certaines situations, un contrat pourra être passé entre le créateur de lien et le site pointé. Dans ce cas, les conditions fixées entre les parties devront être respectées.

Framing/Deep linking

La tolérance en matière de framing ou deep linking est bien moindre. L'action en parasitisme sera plus évidente qu'en matière de lien hypertexte direct. Ainsi, le framing et le deep linking accèdent à la base de données d'un site tiers – et sollicitent donc ses ressources – sans pour autant passer par ledit site. De ce fait, la paternité de l'auteur est occultée.

En matière pénale, le risque est la constitution d'une contrefaçon. En matière civile, les agissements parasitaires, la concurrence déloyale ou encore la faute délictuelle seront retenus.

Dans ces domaines, l'autorisation de l'auteur de la cible semble nécessaire pour éviter tout risque pénal et/ou civil.

En conséquence, il convient de respecter certaines règles pour éviter tout problème en termes de netlinking.

- Indiquer que le site ciblé est le fruit du travail d'autrui et en retranscrire l'URL avec fidélité.
- Veiller à ne pas commettre de contrefaçon par reproduction de marque ou d'une œuvre protégée sans autorisation, sur le site où le lien est créé.

- Ne pas diffuser de fausses nouvelles (diffusion de faits erronés, de mauvaise foi, susceptibles de troubler la paix publique), diffamer (allégation ou imputation d'un fait qui porte atteinte à l'honneur ou à la considération de la personne ou du corps visé, même s'il n'est pas expressément nommé et dès l'instant qu'il est identifiable ; notez que l'atteinte à l'honneur sera déduite des circonstances intrinsèques et extrinsèques de l'écrit), injurier (expression outrageante, termes de mépris ou invective qui ne renferme l'imputation d'aucun fait).
- Veiller à ne pas se mettre en situation de concurrence déloyale, d'agissement parasitaire ou de toute autre faute délictuelle.
- Rester objectif dans le cas d'une liste multirubrique (placer le lien dans la rubrique appropriée).
- S'interdire le framing, qui a pu être qualifié par les juges, selon les contextes, d'infraction au Code pénal, civil ou commercial.

Si vous suivez tous ces conseils, vous ne devriez pas connaître de problèmes avec les liens hypertextes, que ce soit les vôtres ou ceux qui pointent vers vous.

Le TrustRank ou indice de confiance

> Section rédigée avec la contribution de Guillaume Thavaud

Google s'est fait connaître sur le Web grâce à son célèbre PageRank, étudié en détail dans les pages précédentes. Cependant, depuis quelques années, on parle de plus en plus d'un autre indice, baptisé TrustRank, dont Google se servirait pour mesurer la confiance qu'on peut avoir dans un site web donné, sur la base de critères humains et automatiques. Qu'en est-il exactement de ce fameux TrustRank ?

Définition du TrustRank

On a commencé à entendre parler de ce nouveau critère de classement dans un article rédigé en mars 2004 par deux chercheurs de l'université de Stanford et intitulé *Combatting Web Spam With TrustRank* (*http://goo.gl/HsbymY*). Les chercheurs (qui travaillaient pour Yahoo!) proposaient de créer une liste de sites de confiance *(trusted sites)* et d'accorder une attention particulière aux liens du Web provenant de ces sites, partant de l'hypothèse qu'un lien issu d'un site de confiance pointe généralement vers un autre site de confiance.

Le TrustRank, au cœur de ce nouveau système, désigne ainsi l'indice de confiance accordé à un site web et ce signal se propage d'un site à l'autre de façon décroissante. Plus on est « loin » du site de confiance initial (au sens du nombre de clics nécessaires pour y arriver), plus le TrustRank diminue.

Pour la petite histoire, Google a déposé en 2005 le nom de marque TrustRank, mais il n'aurait pas de rapport direct avec le projet développé par les chercheurs de Yahoo!. Dans une vidéo publiée sur YouTube en novembre 2007, on voit notamment Matt Cutts expliquer que le TrustRank de Google n'a rien à voir avec celui décrit dans l'article de Stanford (*http://goo.gl/ZfkcG*).

Néanmoins, bien qu'il n'ait jamais été officiellement reconnu par Google, le TrustRank semble être au cœur de son algorithme : pour être bien classé dans Google, il est en effet important d'obtenir des liens depuis des sites de confiance.

Ceci est confirmé dans plusieurs explications données dans l'aide en ligne de Google (*http://goo.gl/Mw3VG*).

- « Le classement de votre site dans les résultats de recherche Google est en partie basé sur l'analyse des sites qui comportent des liens vers vos pages. La quantité, la qualité et la pertinence de ces liens sont prises en compte pour l'évaluation de votre site. Les sites proposant des liens vers vos pages peuvent fournir des informations sur l'objet de votre site et peuvent indiquer sa qualité et sa popularité. »
- « Le PageRank tient également compte de l'importance de chaque page qui « vote » et attribue une valeur supérieure aux votes émanant de pages considérées comme importantes. Les pages importantes bénéficient d'un meilleur classement PageRank et apparaissent en haut des résultats de recherche. »

Quelques informations ont filtré ici et là sur la façon dont Google pourrait déterminer qu'un site est un site de confiance ou non. Citons :

- les données Whois ;
- la durée d'enregistrement du nom de domaine ;
- la politique relative à la vie privée ;
- les informations de contact ;
- l'affichage de l'adresse postale de l'entreprise sur le site ;
- la taille du site (en nombre de pages) ;
- le trafic ;
- le niveau de sécurisation du site ;
- d'éventuelles certifications apportées par des organismes officiels ;
- l'ancienneté des liens acquis ;
- le temps de chargement des pages (voir chapitre 14) ;
- une note attribuée par un être humain, chez Google, chargé de recenser un certain nombre de « sites incontournables » dans certains domaines thématiques (ce qui expliquerait, par exemple, l'omniprésence de Wikipédia sur le moteur de recherche) ;
- d'autres paramètres ?

La liste peut être longue. Une tentative de résumé est proposée par le site Elliance au travers d'une infographie (figure 6-20, source : *http://goo.gl/4AP3Kf*).

Un brevet, déposé par Google, parle également d'une notion de TrustRank pour son site Google Actualités, indiquant ces critères pour l'établissement d'un indice de confiance dans une source d'informations sur l'actualité :

- le nombre d'articles produits par la source ;
- la longueur moyenne des articles ;
- la « couverture » de la source ;
- la réactivité de la source *(breaking score)* ;
- un indice d'utilisation (en nombre de clics sur cette source) ;
- une opinion humaine sur la source ;
- une statistique extérieure d'audience telle que Media Metrix ou Nielsen Netratings ;
- la taille de l'équipe ;
- le nombre de bureaux ou agences différents de la source ;
- le nombre d'entités « originales » citées par la source (personnes, organisations, lieux) ;
- l'étendue *(breadth)* et le nombre de sujets couverts par la source ;
- la diversité internationale ;
- le style de rédaction, en termes d'orthographe, de grammaire, etc.

Sources : brevet *Systems and Methods for Improving the Ranking of News Articles* déposé par Google, selon le blog Technologies du Langage : *http://aixtal.blogspot.com/*.

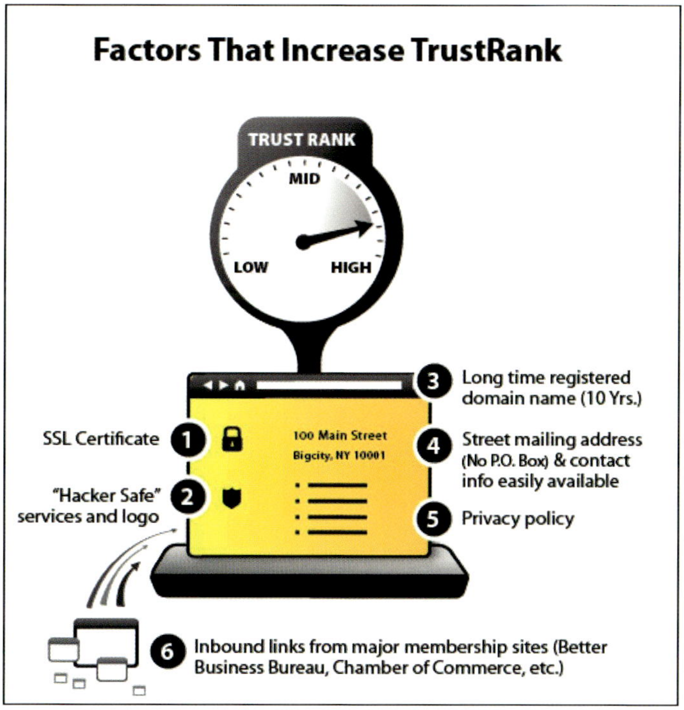

Figure 6-20

Quelques facteurs influençant le TrustRank, selon la société Elliance

Le TrustRank sous toutes ses formes

Comme nous l'avons vu au début de ce chapitre, le terme de TrustRank a été originellement développé par Yahoo! et c'est un principe qui est en réalité utilisé par de nombreux moteurs. La notion de « site de confiance » est en effet à la base de nombreux algorithmes, et c'est une méthode essentielle pour identifier les sites les plus intéressants à présenter dans les résultats des moteurs de recherche.

Le moteur Ask.com utilisait par exemple, lorsqu'il était encore un moteur de recherche, un *ExpertRank*, qui mesurait la popularité d'un site vis-à-vis de pages « expertes » (c'est-à-dire de sites de confiance) :

« L'algorithme ExpertRank du moteur Ask assure la pertinence des résultats de recherche en identifiant les sites les plus fiables et les plus respectés sur le Web. Avec la technologie de recherche Ask, il ne s'agit pas d'être le plus grand : il s'agit d'être le meilleur. Notre algorithme ExpertRank ne s'arrête pas à la popularité des liens (c'est-à-dire au classement des pages en fonction du nombre brut de liens pointant vers une page particulière) pour mesurer la popularité des pages dites expertes sur un sujet de recherche donné. À cet effet, on parle de popularité thématique. L'identification des sujets (également nommés « clusters »), des pages expertes sur ces sujets et de la popularité des millions de pages les plus fiables en la matière – à l'instant précis où vous lancez votre recherche – demande de nombreuses analyses supplémentaires non pratiquées par les autres moteurs de recherche. Résultat : une pertinence inégalée proposant souvent une touche rédactionnelle unique par rapport aux autres moteurs de recherche. » (*http://goo.gl/DCrT5*)

Autre outil de classement, un *BrowseRank* a été développé en juillet 2008 par les chercheurs de Microsoft. Cette fois, la notion de popularité ne se base plus sur la qualité des liens entrants mais plutôt sur le comportement des visiteurs : temps passé sur le site, nombre de liens cliqués, nombre de visiteurs… (*http://goo.gl/ndA8N*). Pour obtenir ces données stratégiques, Microsoft utilise la barre d'outils de son moteur Bing (et on imagine bien que Google fait de même avec sa propre barre d'outils et son navigateur Chrome).

Notons également le *CheiRank* qui analyse à la fois les liens entrants et les liens sortants d'une page (*http://goo.gl/sSSAv*) voire le *PigeonRank* (*http://www.google.com/technology/pigeonrank.html*) mais là, on s'égare un peu…

Le TrustRank en 2016

Le TrustRank (s'il existe) est sans doute désormais une combinaison de nombreux facteurs. Cela fait longtemps que les moteurs de recherche ne s'appuient plus uniquement sur le nombre de liens pointant vers un site mais qu'ils prennent aussi en compte la qualité du contenu, l'origine des liens ainsi que le comportement des utilisateurs.

En 2011, Google a proposé un nouveau système avec les boutons +1 dans ses pages de résultats (*http://goo.gl/zaLmP*) et qui ont rapidement fleuri sur de nombreuses pages web (*http://goo.gl/u171v*).

Figure 6-21

Les boutons +1 peuvent être intégrés dans vos pages web.

Ces systèmes permettent d'indiquer quels sont les sites et les pages que vous préférez. Il est donc fortement probable que Google va de plus en plus tenir compte à l'avenir de l'avis des internautes pour le classement des résultats de recherche, même si en août 2013, Matt Cutts a indiqué que le fait de cliquer sur les boutons +1 n'avait pas d'impact direct sur le classement des pages dans les SERP (*http://goo.gl/i7eCrP*).

En conséquence, la notation TrustRank pour Google pourrait bien s'enrichir de la directive suivante : « un site est un site de confiance s'il a reçu beaucoup de votes de la part des utilisateurs. »

Ceci compliquera certainement le travail des webmasters et des référenceurs : les techniques de « triche » seront de moins en moins fructueuses ; pour faire de son site un site de confiance, il faudra désormais plaire aux internautes.

Dans les années qui viennent, un site de confiance ne sera pas forcément un site ayant été validé par d'autres sites de confiance. Il sera aussi un site ayant obtenu un grand nombre de visiteurs et de votes grâce à un buzz ou un marketing viral efficace sur le Web. Les réseaux sociaux ne sont pas loin, comme nous le verrons au chapitre suivant.

L'autre évolution du Web qui se profile depuis plusieurs années, la recherche universelle, pourrait également changer la donne. En effet, la notion de TrustRank risque de prendre en compte non seulement un site web, mais également ses « produits dérivés » tels que les images, les vidéos, les documents, etc. Nous en parlerons longuement au chapitre 7.

Il est certain qu'assurer un positionnement sur différents médias permettra de profiter de la recherche universelle et il est possible qu'un site possédant, par exemple, beaucoup de vidéos indexées dans YouTube verra son TrustRank corrigé à la hausse. Une bonne stratégie sera alors de positionner des documents multimédias dans des sites de confiance, ceux-ci assurant ensuite un vote de qualité vers le site web principal.

Des portails comme Flickr, par exemple, permettront sans doute d'augmenter son TrustRank. En effet, il s'agit d'un site où les images peuvent être notées et commentées par les internautes (ce qui ajoute le critère de vote humain vu précédemment) et où le contenu est soumis à modération (voir à ce sujet les règles communautaires de Flickr : *http://www.flickr.com/guidelines.gne*).

C'est donc l'aspect humain qu'il faudra peut-être privilégier à l'avenir : créer du contenu à destination des internautes, plutôt que penser son site pour les moteurs de recherche. Avec les nouvelles règles du TrustRank, un site en *full Flash* pourra, par exemple, avoir une chance plus importante de ressortir dans les moteurs.

Les autres critères

Nous avons vu dans ce chapitre, et les deux précédents, les principaux points que vous aurez à optimiser pour rendre vos pages compatibles et réactives par rapport aux critères de pertinence des moteurs. Cependant, un outil comme Google utilise plus d'une centaine de critères. Il en existe donc bien d'autres ayant un poids plus faible que ceux décrits dans ces pages. Il faut quand même les avoir en tête lors de l'élaboration de vos pages. Tous ne sont pas connus, mais en voici une liste non exhaustive avec quelques hypothèses les concernant.

- **Nombre de pages du site.** Plus un site contient de pages, plus il peut être considéré comme étant « de confiance » (TrustRank).
- **Historique du site.** Google pourrait analyser la vie d'un site et notamment le taux de création de nouvelles pages, de modification de documents dans le temps, etc. Rappelez-vous que Google horodate toutes les informations qu'il trouve.
- **Temps de chargement de la page.** Plus un site est lent, moins Google a confiance en lui (voir chapitre 14).
- **Sécurisation du site.** Un site sécurisé en https pourrait être mieux classé (voir chapitre 14).
- **Ancienneté des liens acquis.** Plus un lien est créé depuis longtemps, plus il a de poids.
- **Trafic.** Il semble évident aujourd'hui que Google tient compte du trafic créé sur une page web dans son algorithme de pertinence. Il a pour cela un navigateur nommé Chrome. Et il serait bien sot de ne pas s'en servir.
- **Taux de rebond.** Il est souvent cité comme critère de pertinence utilisé par Google. Cependant, Matt cutts, dans une interview (*http://goo.gl/mL5oI*), a confirmé que Google ne le prenait pas en compte, ce qui nous semble logique car le taux de rebond peut être parfois un bon indice mais pas en ce qui concerne la pertinence d'une page par rapport à une requête.
- Etc.

Il ne s'agit ici que d'une sélection de critères complémentaires possibles. On en trouve bien d'autres dans des articles et forums sur le Web. Certains sont intéressants, d'autres complètement délirants. Mais ceux évoqués dans les chapitres que vous venez de lire sont, et de loin, les plus importants. Et au moins, vous pouvez être sûr qu'ils fonctionnent.

7

Référencement multimédia, multisupport

« L'univers de chacun est universel. »
Eugène Ionesco

Le concept de « recherche universelle » consiste en l'affichage, dans les pages de résultats, de documents émanant de plusieurs bases de données différentes : Web, images, vidéos, actualités, cartographie, etc. Il a été adopté par de nombreux moteurs, ce qui a rendu plus forte encore la nécessité de penser son référencement de façon globale et « multimédia ». Aussi, l'optimisation de fichiers autres que les pages web *stricto sensu* (en langage HTML) devient une stratégie essentielle pour obtenir une meilleure visibilité sur ces outils.

Dans ce chapitre, nous allons voir comment optimiser une image, une vidéo ou un fichier PDF, entre autres, pour lui faire gagner des positions dans les résultats des moteurs et obtenir un bon référencement. Le référencement local, basé sur des outils comme Google Maps, ou dans l'actualité ne seront pas oubliés. Nous allons donc traiter ici de tout ce qui ne concerne pas le référencement web proprement dit, mais qui prend pourtant une part de plus en plus prépondérante dans une stratégie de visibilité globale sur les moteurs de recherche.

Référencement des images

Le monde de la recherche d'images sur le Web est un marché en constante progression et les outils de recherche sont de plus en plus nombreux et pointus dans leurs investigations. Le référencement de fichiers image est donc également devenu un domaine sur lequel les webmasters doivent aujourd'hui se pencher. En effet, Google, par exemple, propose parfois des images – en première position ou non – de son moteur de recherche web sur certaines requêtes. La figure 7-1, qui affiche les résultats de la requête « coucher de soleil », en est un exemple.
Cette recherche universelle change également la façon dont l'internaute lit les SERP du moteur. La notion de « triangle d'or » est assez connue pour les pages de résultats classiques, dans lesquelles l'œil lit la page en partant de la zone située en haut à gauche (la zone de lecture a la forme de la lettre F, voir figure 7-2).

En revanche, lorsqu'une vignette ou vidéo est présente, l'œil l'accroche directement et la lecture de la page part de cette image. On parle alors d'une « lecture en E » (figure 7-3), la vignette *(thumbnail)* détenant la principale source de visibilité.

Sachant qu'en 2008, 17 % des SERP de Google contenaient déjà au moins un module de recherche universelle (et la tendance a été, depuis, à une forte croissance), la présence d'images et de vidéos dans les résultats des moteurs est devenue un « classique » de la recherche.

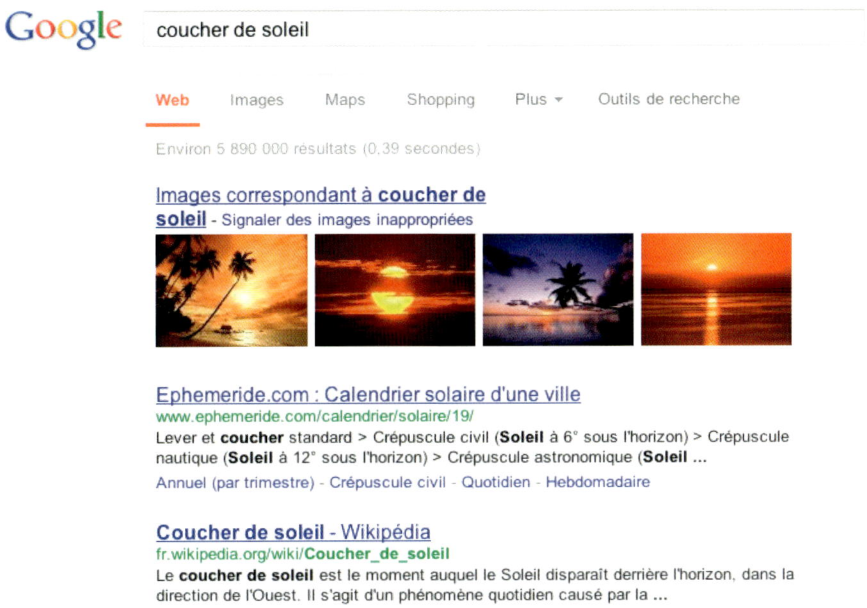

Figure 7-1

Recherche universelle : ajout d'images dans les résultats par Google

Figure 7-2

Zones regardées par les yeux de l'internaute (système d'eye-tracking) sur une page de résultats classique de Google

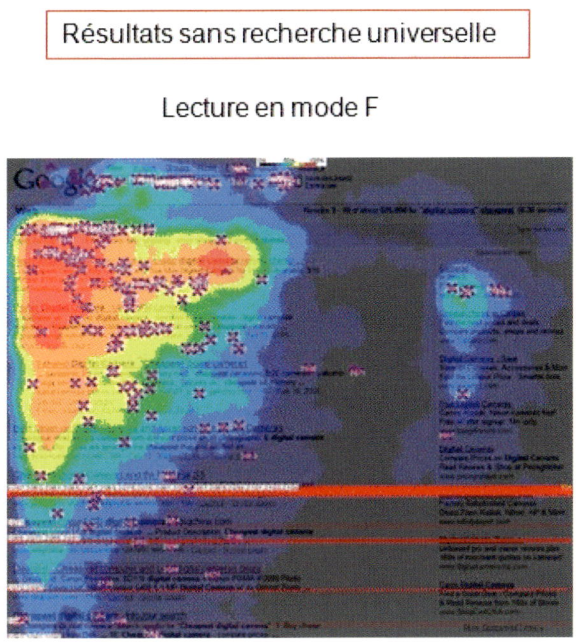

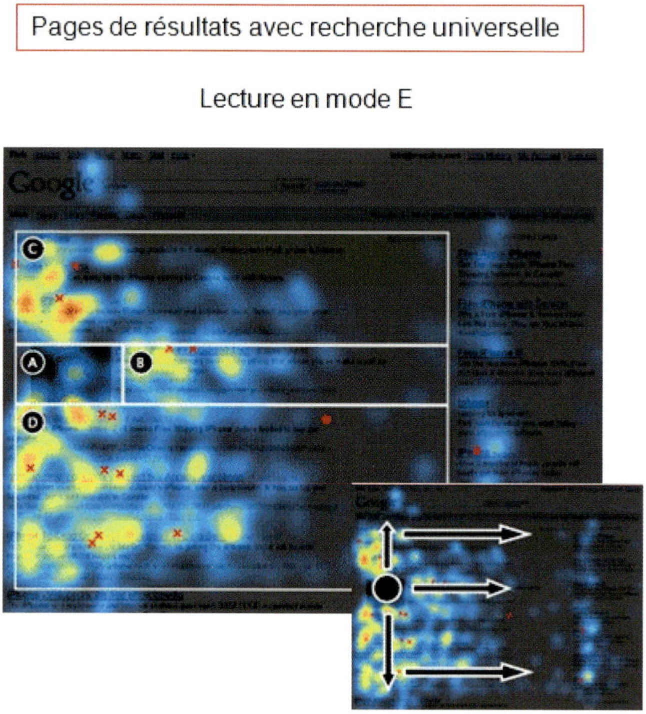

Figure 7-3

Zones regardées par les yeux de l'internaute (système d'eye-tracking) sur une page de résultats en recherche universelle de Google

De plus, la recherche d'images est une préoccupation majeure des internautes actuels. Selon Hitwise (*http://goo.gl/5wCm5*), si la recherche web contribuait en 2006 à hauteur de 80 % au trafic de Google, son moteur Google Images était proche des 10 % et constituait son deuxième outil le plus utilisé. En 2007, comScore (*http://goo.gl/ZgoJh*) a fourni les chiffres d'une étude menée entre les mois de novembre 2006 et novembre 2007 aux États-Unis. Cette étude confirme clairement le phénomène, Google Images ayant connu une croissance de 35 % sur cette période.

Il semble donc clair que, si l'indexation de vos images ne vous pose pas de problème stratégique (car il peut arriver que, pour des raisons de droits d'auteur notamment, on ne désire pas qu'une image soit indexée), il vous faut vous pencher au plus vite sur leur optimisation afin de gagner du trafic sur votre site.

Un fichier image est le plus souvent décrit comme suit dans une page HTML :

```
<img src="http://www.votresite.com/images/nom-de-l-image.jpg"
➥ width="245" height="152" alt="texte alternatif décrivant l'image">
```

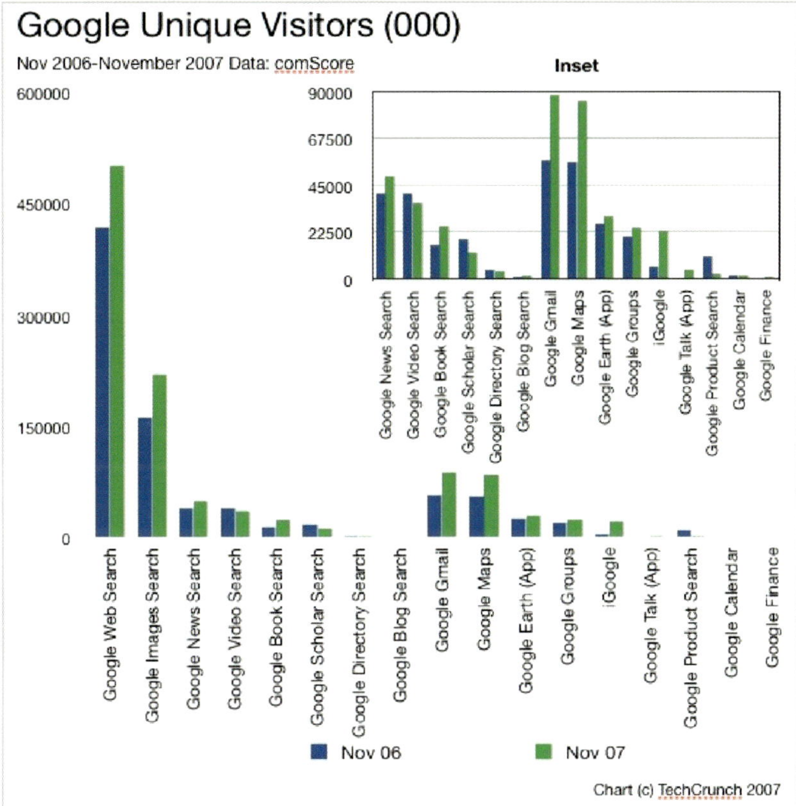

Figure 7-4

La recherche d'images, deuxième préoccupation des internautes utilisant les outils Google

> **La vision des internautes en 2014**
>
> À lire absolument : une étude d'eye-tracking menée par la société Mediative sur la façon dont les internautes voient les pages de résulttats de Google en 2014, quelques années après l'avènement du triangle d'or : *http://goo.gl/gqKeEg*.

Les critères pris en compte par les moteurs pour identifier les images qu'ils proposent dans leurs pages de résultats sont les suivants :

- **Critère numéro 1 : le nom de l'image** (`nom-de-l-image.jpg` dans l'exemple précédent). N'hésitez pas à donner un nom caractéristique à votre image en y incluant des mots-clés précis et descriptifs : `françois-hollande.png`, `moteur-electricite.jpg`, `paysage-alpes.jpg`, `cathedrale-strasbourg.gif`, etc.

  Dans un premier temps, évitez les noms d'images contenant des caractères accentués ou autre caractère diacritique.

Pour séparer les mots, utilisez le tiret (-) ou l'*underscore* (_), en préférant le tiret si vous avez le choix (toujours ce vieux débat sur l'underscore qui pose de nombreux problèmes à Google, voir chapitre 4).

En revanche, évitez les mots « collés ». En d'autres termes, préférez `airbus-a320.jpg` plutôt que `airbusa320.jpg`. L'utilisation d'un séparateur va « détacher » plusieurs mots dans une même expression et les rendre ainsi « réactifs » à une recherche.

Par ailleurs, il ne semble pas qu'il y ait actuellement une limite en termes de nombre de caractères pour le nom de l'image à partir du moment où ce nom reste dans les limites du raisonnable.

Notez enfin que le poids alloué par Google à la présence de mots-clés dans le nom de fichier semble assez faible. Si vous pouvez jouer sur ce critère, n'hésitez pas à le faire, sinon, dirigez-vous vers les suivants.

- **Critère numéro 2 : le format de l'image.** Préférez les formats GIF, JPEG ou PNG. Certains moteurs comme Google peuvent indexer d'autres formats, mais le « tronc commun » pris en compte par tous les moteurs d'images reste ces trois formats, voire le SVG (*http://goo.gl/en9RO*). Un autre format risquerait d'exclure vos images de l'index.

  Si votre image est de grande taille et représente une photo, préférez le format JPEG qui accepte mieux la réduction que le GIF. Et, pour être affichée dans les pages de résultats sous la forme d'une vignette, votre image sera presque obligatoirement réduite.

  N'oubliez pas non plus d'indiquer la largeur (`width`) et la hauteur (`height`), ces attributs aideront le moteur de recherche à déterminer le format de l'image.

- **Critère numéro 3 : le texte alternatif.** Ce texte, présent dans l'option `alt="…"`, est très important pour les moteurs de recherche. On a vu (chapitre 4) qu'il aidait au référencement web, mais sa réelle utilité concerne le référencement des images. Il peut être comparé à la balise `<title>` pour une page web quant à sa fonction et son importance dans le cadre d'un référencement. N'hésitez pas à développer, en une dizaine de mots (en version non accentuée éventuellement), ce que représente l'image, en y insérant des mots-clés de recherche importants. Voici deux exemples :

```
<img src="http://www.votresite.com/images/francois-hollande-luxembourg.jpg"
➥ width="145" height="152" alt="Discours de François Hollande au sommet europeen
➥ du Luxembourg - 10 septembre 2012">
<img src="http://www.votresite.com/images/cathedrale-strasbourg.gif" width="100"
➥ height="40" alt="Entree ouest de la cathedrale de Strasbourg, Alsace, France">
```

  Les textes ainsi insérés ne sont pas affichés dans la page (sauf en attendant l'affichage complet de l'image ou, sur certains navigateurs, en passant la souris sur celle-ci). Indiquez-les plutôt en minuscules non accentuées, notifications comprises par tous les moteurs actuels et notamment Google. C'est également un excellent moyen (tout comme dans le nom de l'image), de proposer une version non accentuée de certains mots-clés.

  Pour cet attribut, ne dépassez pas 10 mots descriptifs (insérer dans cette zone des mots-clés n'ayant pas de rapport avec l'image ne sera pas très utile, faites en sorte qu'ils soient réellement en adéquation avec ce que propose l'image), cela suffira amplement. Évitez également de truffer ces images de mots-clés, vous risquez d'être pénalisé par les moteurs pour référencement abusif ou *spamdexing*.

Si une image sert uniquement à la charte graphique et au design de votre page, indiquez un attribut `alt` vide (conformément au standard W3C) :

```
<img src="http://www.votresite.com/images/pixel-unique.gif" width="1" height="1" alt="">
```

Il existe également deux autres attributs, nommés `name` et `title` :

```
<img srcC="http://www.votresite.com/images/nom-de-l-image.jpg"
➥ width="45" height="52"name="image">
<img src="http://www.votresite.com/images/nom-de-l-image.jpg"
➥ width="45" height="52"title="Description de l'image">
```

Si on est sûr que l'option `alt` est prise en compte par les moteurs de recherche d'images, on dispose de moins d'informations sur ces deux derniers champs. D'après nos tests, il ne semble pas qu'ils soient pris actuellement en compte par les moteurs majeurs (l'attribut `title` sert, en revanche, à certains navigateurs pour afficher du texte lors du passage de la souris sur l'image ou pour l'accessibilité, il n'est donc pas inutile par ailleurs). N'y passez pas trop de temps, même si leur présence ne pénalisera pas vos images (mais cela peut éventuellement jouer sur le poids de votre page si elle contient beaucoup d'images).

```
<img src="http://www.votresite.com/images/nom-de-l-image.jpg" width="145"height=
➥ "152" alt="Description 1 de l'image" name="image" title="Description 2de l'image">
```

Dans tous les cas, privilégiez l'attribut `alt` pour décrire vos images.

Pas de balise longdesc pour Google

Pour information, Google ne prend pas en compte la balise `longdesc`, ce qui a été confirmé sur le blog Abondance (*http://goo.gl/i1wYC*) :

« L'attribut `longdesc` pointe vers une URL qui permet d'inclure plus d'infos sur une image (plus, en tout cas, que dans l'attribut `alt`).

Par exemple :

```
<img src="exempleimage.gif" alt="exemple image" longdesc="exempleimage.html">
```

Google ne reconnaît pas cet attribut qui ne peut donc pas servir dans le cadre d'une stratégie SEO. Cet attribut n'est pas valide non plus dans le code HTML5. Nous vous conseillons donc de ne pas l'utiliser ou alors d'ajouter, en complément, un lien « normal » de type `href` vers cette URL. Vous trouverez un exemple avec le lien normal `href` dans l'article Wikipédia qui en parle (*http://en.wikipedia.org/wiki/Long-desc_attribute*), sous cette forme :

```
<img src="Hello.jpg" longdesc="description.html"> [<a href="description.html"
title="long description of the image">D</a>]
```

Googlebot suivra le lien `href` et ensuite l'image intégrée avec l'attribut `longdesc`. Cela permettra ensuite à Googlebot de trouver et d'indexer ce contenu. »

- **Critère numéro 4 : le texte du lien.** N'hésitez pas à indiquer, si l'image est affichée en cliquant sur un lien (notamment pour en obtenir une version agrandie), des mots-clés de recherche importants dans le texte du lien pointant sur l'image.

  Par exemple :

```
Visualiser <a href=http://www.votresite.com/images/francois-hollande-luxembourg.jpg
➥ "target="_blank">une image de François Hollande au sommet européen du Luxembourg
➥ le 10 septembre 2014.</a>
```

  Cela donnera comme résultat : Visualiser <u>une image de François Hollande au sommet européen du Luxembourg le 10 septembre 2014</u>.

  Vous pouvez également mettre le texte en gras, ce qui donnera au texte constituant le lien un poids encore plus important par rapport aux critères de pertinence des moteurs :

```
Visualiser <strong><a href=http://www.votresite.com/images/francois-hollande- luxembourg.jpg
➥ " target="_blank">une image de François Hollande au sommet européen du Luxembourg
➥ le 10 septembre 2014.</a></strong>
```

  Cela donnera : Visualiser **<u>une image de François Hollande au sommet européen du Luxembourg le 10 septembre 2014</u>**.

- **Critère numéro 5 : le texte « autour de l'image ».** Si vous en avez la possibilité, proposez, le plus proche possible de l'image dans le code HTML, du texte explicitant cette dernière, comme une légende. Par exemple :

```
<img src="http://www.votresite.com/images/cathedrale-strasbourg.gif" width="100"
height="40" alt="Entrée ouest de la cathédrale de Strasbourg"> Vous pouvez voir,
➥ sur l'image ci-contre, une photo de l'entrée ouest de la cathédrale de Strasbourg
➥ (Alsace, France) prise au grand-angle. Son architecture est remarquable, etc.
```

  Pour rechercher les images, les moteurs utilisent non seulement le contenu de la balise `<img>` (nom de l'image, texte alternatif) mais aussi l'environnement de la page. Si le titre et la balise meta `description` de la page contenant l'image peuvent contenir quelques mots-clés descriptifs de celle-ci, cela peut également avoir son importance, mais ce n'est pas toujours facile.

  Par exemple, une bonne façon de proposer du texte sera d'afficher une légende au format textuel pour toutes vos images. Bien entendu, cette légende sera en rapport direct avec le contenu descriptif de l'image.

  Évitez, en revanche, d'afficher l'image dans une fenêtre pop-up lancée grâce à un JavaScript non compatible avec les moteurs de recherche, ce qui aurait pour effet immédiat de rendre vos images inaccessibles par les spiders.

- **Critère numéro 6 : le texte de la page.** Si l'indexation d'images est cruciale pour votre activité (photographe, artiste, etc.), nous vous conseillons de créer une page web par image et d'optimiser cette dernière de façon « classique » (balises `<title>`, `<h1>`, URL, réputation, etc.) par rapport au contenu de l'image en question. Il y a de très fortes chances qu'elle soit alors remarquablement indexée par les moteurs de recherche. Évidemment, cette stratégie n'est pas recommandée si les images de votre site sont avant tout des illustrations d'un contenu éditorial.

Désindexer ses images

Si on peut avoir envie de voir les images de son site indexées par Google et ses compères, on peut également souhaiter qu'elles ne le soient pas (pour des raisons de copyright ou autres). Dans ce cas, Google propose une procédure qui vous permettra de ne pas voir vos photographies et autres illustrations indexées par le moteur. Cette procédure est décrite à la fin du chapitre 16.

L'avenir : reconnaissance de formes et de couleurs

Nous espérons que les quelques conseils qui se trouvent dans ce chapitre vous aideront à mieux optimiser vos images et à augmenter leur visibilité sur les moteurs de recherche. L'étape suivante, pour ces outils, sera certainement la reconnaissance de textes et de formes dans les images. Google a d'ailleurs déposé en 2008 un brevet à ce sujet, voir la page suivante pour plus d'informations : *http://goo.gl/HIa6u*.

Un moteur comme Exalead, en France, a fait de nombreux progrès sur ces thématiques. Ainsi, dès maintenant, n'hésitez pas à soigner la qualité et la netteté de vos images afin que les formes, les textures, les couleurs et les textes puissent y être reconnus facilement. Comme pour la vidéo (voir ci-après), les futurs moteurs de recherche d'images passeront par ces critères pour effectuer leurs investigations. Facilitez-leur la tâche dès maintenant.

Figure 7-5

Google sait déjà rechercher par couleur, mais il sait également détecter des visages, etc. Sa recherche s'affine mois après mois.

Par ailleurs, n'oubliez pas que les internautes utilisent aussi beaucoup des outils comme Flickr (*http://www.flickr.com/*) ou similaires – Webshots (*http://www.webshots.com/*), PBase (*http://www.pbase.com/*) ou encore Fotki (*http://www.fotki.com/*). Ceux-ci peuvent grandement servir à la notoriété de votre site et de vos images sur le Web, notamment grâce à leur système de « tags » additionnels, tout comme les réseaux sociaux de type Facebook (voir plus loin dans ce chapitre). Ne les négligez pas.

Quelques liens sur le sujet

Voici quelques liens que nous vous conseillons de consulter, car ils vous donneront des conseils supplémentaires sur la meilleure façon d'optimiser vos images pour les moteurs de recherche :

- Comment optimiser le référencement des images, le guide complet de Olivier Duffez : *http://goo.gl/4QrP6 ;*
- *Optimisation des images pour Internet* (plus orienté Web que moteur mais cela reste intéressant) : *http://goo.gl/V6Xff ;*
- *Optimizing Images for Search Engines* de Grant Crowell *: http://goo.gl/Q6bOI ;*
- *Image Search Optimization* de Manoj Jasra (contient de nombreux liens vers d'autres articles) : *http://goo.gl/O0VuT ;*
- *Feeling Sandboxed? How You Can Get 53% More Searches with One Twea* : *http://goo.gl/ThmN6.*

Référencement des vidéos

Le référencement des vidéos, tout comme celui des images, est également devenu un domaine sur lequel les webmasters doivent aujourd'hui se pencher, au vu de son importance croissante.

On l'a vu au début de ce chapitre, de nombreux moteurs ont mis en place des systèmes de recherche universelle dans leurs pages de résultats.

Il est donc clair que les vidéos peuvent aujourd'hui apporter un vrai plus en termes de visibilité dans les pages de résultats des moteurs. C'est une raison de plus pour se pencher de façon plus approfondie sur leur optimisation, qui est souvent assez proche de ce qu'on peut faire pour les images. Cette partie du référencement est d'autant plus importante que, selon une étude de Forrester Research (*http://goo.gl/lVjeU*), « un référenceur a 53 fois plus de chances de positionner un résultat en première page de Google sur un mot-clé donné en utilisant les vidéos plutôt qu'au travers d'une page web classique ». On voit bien au travers de ce chiffre l'importance du référencement des vidéos dans la visibilité d'un site web.

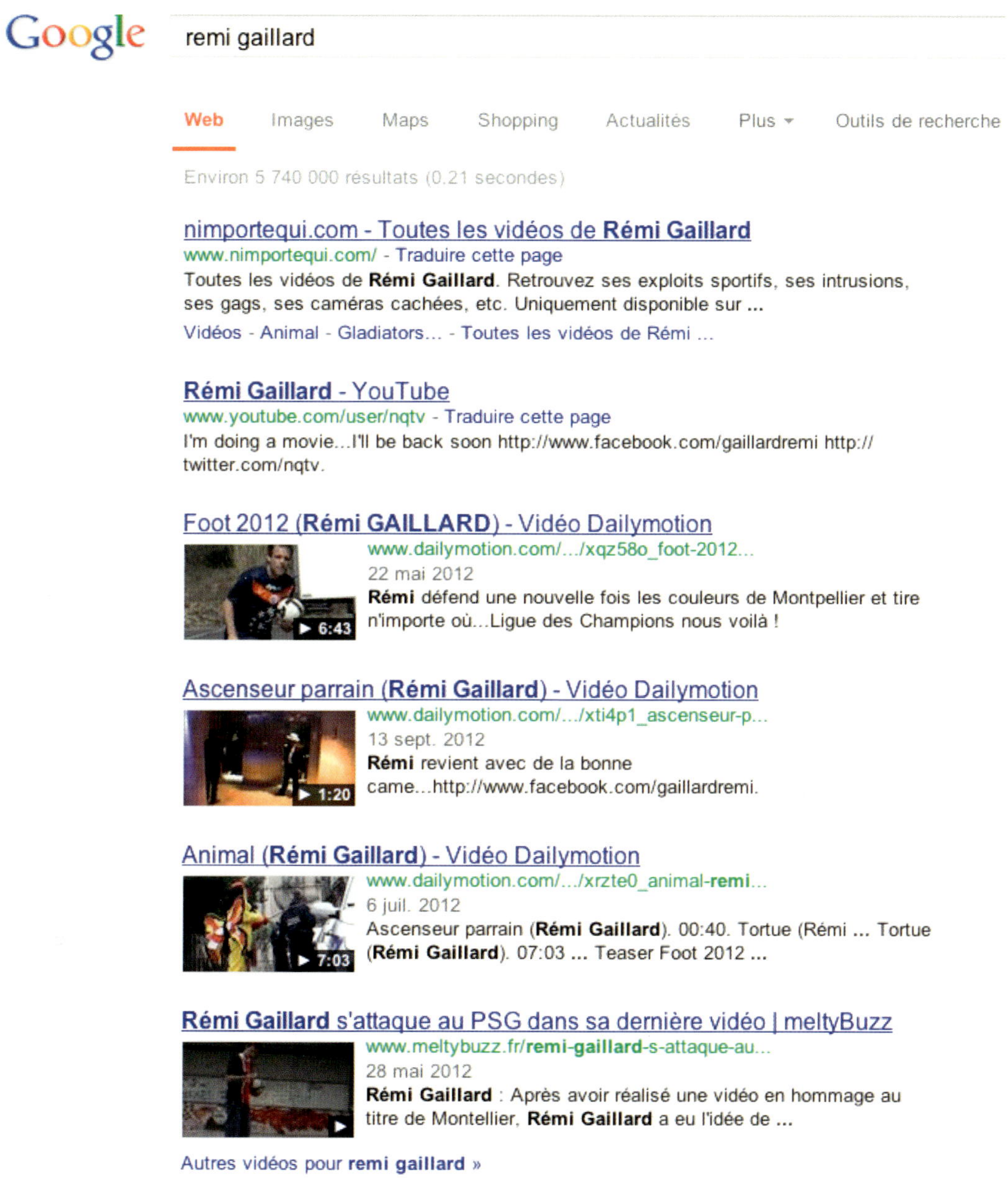

Figure 7-6

La recherche universelle selon Google : des vidéos sont insérées dans les pages de recherche web (ici sur la requête « remi gaillard »).

Des recherches incontournables sur les outils dédiés

La recherche de vidéos est aujourd'hui un phénomène qu'il est difficile de contourner, notamment grâce à l'avènement d'outils comme YouTube.

En France, le phénomène est également devenu important en quelques mois, notamment auprès des jeunes, grands utilisateurs d'outils comme YouTube, Dailymotion, Wat ou encore Vimeo.

Différents types de moteurs de recherche

Avant de parler des vidéos proprement dites, il est nécessaire de comprendre comment ces moteurs de recherche dédiés fonctionnent. On peut classer les moteurs actuels et à venir en trois grandes familles.

- Les moteurs de première génération : ils basent leurs algorithmes le plus souvent sur l'analyse des métadonnées (titre, descriptif) fournies lors de la création de la vidéo ou de son téléchargement, ainsi que sur le nom du fichier et éventuellement d'autres données comme le texte dans la page qui lance la vidéo, etc. Presque tous les moteurs actuels (YouTube, Truveo, Dailymotion, Yahoo!, etc.) fonctionnent de cette manière.
- Les moteurs de deuxième génération : ils ont mis en place des systèmes de reconnaissance vocale et permettent d'effectuer des recherches dans « ce qui est dit » dans la vidéo. Par exemple, une vidéo affichant le discours d'un homme politique pourra être trouvée car la personne en question énonce les termes de recherche lors de son discours. Blinkx, le défunt Google Audio Indexing ou Podzinger, entre autres, font partie de cette famille. Nous en reparlerons plus loin.
- Les moteurs de troisième génération : ils fonctionnent selon le principe de la reconnaissance de forme. Dans ce cas, les systèmes seront capables de trouver des formes similaires, des couleurs, des textures, de reconnaître des visages, etc., dans les vidéos. Il s'agit certainement de moteurs qui apparaîtront dans les années qui viennent, ne serait-ce que parce que les potentialités de recherche et de publicité sont énormes. En attendant, de très nombreuses expérimentations sont d'ores et déjà en place dans les laboratoires de recherche.

Quelques moteurs de vidéos

Vous trouverez à cette adresse une liste assez exhaustive de nombreux moteurs de recherche vidéo avec leurs caractéristiques : *http://goo.gl/FYjVD*.

Comment les moteurs trouvent-il les vidéos ?

Les moteurs spécialisés dans les vidéos ont, globalement, deux moyens à leur disposition pour trouver des fichiers et créer leur index.

- Comme un spider classique, ils suivent les liens trouvés dans les pages web et indexent ainsi les fichiers de vidéos identifiés lors de leur navigation. Les internautes ont la possibilité, sur la plupart des outils, de charger *(uploader)* leur fichier directement. Il s'agit ici de la « soumission » du fichier comme on le faisait sur les moteurs de recherche web dans les années 1990. Un lien Envoyer une vidéo est alors proposé à cet effet, le plus souvent dès la page d'accueil.

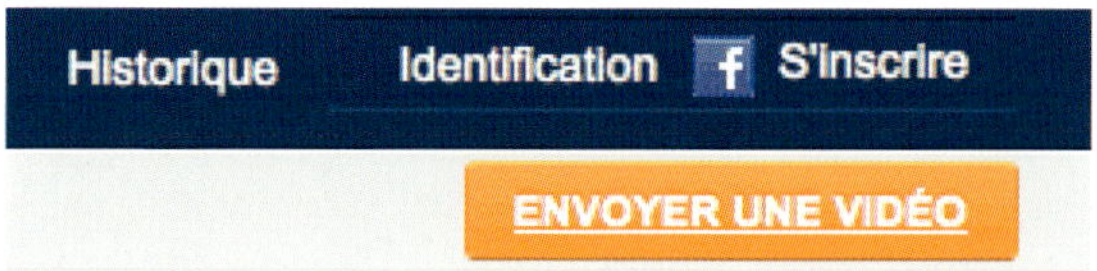

Figure 7-7

Lien permettant d'uploader une vidéo sur le site Dailymotion

L'optimisation des vidéos

Il est donc nécessaire, aujourd'hui, d'optimiser ses vidéos pour les moteurs de recherche avant de les « envoyer » sur le Web. Comment faire ? Voici une liste de critères à prendre en compte pour arriver à vos fins et obtenir la meilleure visibilité possible, tout en sachant que les techniques d'optimisation n'en sont encore qu'à leurs prémices (et que l'optimisation des vidéos est finalement assez proche de ce qui se fait pour les images).

- **Critère numéro 1 : le nom du fichier.** Indiquez un nom de fichier qui soit le plus possible en rapport avec le sujet de la vidéo. N'hésitez pas à y ajouter le mot « video » (non accentué) car il semblerait que de nombreuses recherches effectuées sur le Web le contiennent. Chaque mot sera également séparé des autres par un tiret. Voici quelques exemples :
  - `video-discours-segolene-royal.wmv` ;
  - `video-formation-maitrise-comptabilite.mpg` ;
  - `mon-fichier-video.avi`.
- **Critère numéro 2 : les métadonnées.** Les systèmes de création de fichier vidéo permettent généralement d'ajouter des métadonnées, notamment un titre et un descriptif, comme pour un fichier Word ou PDF. N'hésitez pas à remplir ces champs et à être très descriptif en termes de mots-clés. Par ailleurs, si vous changez de format pour un fichier (par exemple, si vous le faites passer de MPEG à WMV), vérifiez que l'utilitaire de conversion de format que vous utilisez traite également les métadonnées. Cela n'est pas toujours le cas et vous risquez, avec certains outils, de les perdre lors de la conversion.
- **Critère numéro 3 : les caractéristiques techniques.** Les moteurs de recherche qui permettent d'uploader des fichiers vous donnent le plus souvent des indications et des caractéristiques techniques à suivre – ou des préférences – pour vos fichiers (taille maximale, durée, taux de compression, etc.). Voici un exemple pour YouTube :
  - formats : .wmv *(Windows Media Video)*, .3gp (téléphones mobiles), .avi (Windows), .mov (Mac), .mp4 (iPod/PSP), .mpeg, .flv (Adobe Flash), .mkv (h.264) ;

– résolution : 640 × 480 ;
– format audio : .mp3 ;
– 30 images par seconde ;
– limites : durée = 10 minutes, taille = 100 Mo.

N'oubliez pas d'en tenir compte.

Pour les moteurs de recherche de deuxième génération, qui « comprennent » le texte contenu dans la vidéo, soignez particulièrement la qualité de la bande son afin que les systèmes de reconnaissance vocale utilisés par ces outils arrivent à bien décoder les phrases qui y sont énoncées.

Pensez d'ores et déjà aux moteurs de recherche de troisième génération, pour lesquels la netteté de l'image sera primordiale pour bien reconnaître les formes, les couleurs, les textures, etc. Les nouvelles façons d'indexer et de « comprendre » les fichiers arrivent très vite sur le Web.

L'optimisation de l'environnement de la vidéo

Optimiser le fichier lui-même ne suffit pas. En effet, comme pour les images, vous devez faire attention à d'autres points cruciaux pour la bonne prise en compte de vos fichiers par les moteurs.

- **Critère numéro 1 : les tags.** De nombreux moteurs et outils permettent d'insérer, lors de l'upload, des *tags* descriptifs de la vidéo et partagés par tous les internautes. N'hésitez donc pas à les utiliser pour décrire au mieux vos fichiers à l'aide de quelques termes pertinents. indiquez notamment un titre et un descriptif qui complèteront les informations que vous avez éventuellement déjà indiquées dans les métadonnées du fichier lui-même lors de sa création. Ils sont très importants pour tous les moteurs actuels. Le travail d'optimisation commencera donc par là. N'hésitez pas non plus à occuper l'espace fourni et à indiquer de nombreux mots-clés (notamment la catégorie/rubrique dans laquelle s'inscrit la vidéo) pour décrire vos fichiers. Des mots-clés précis mais aussi d'autres plus génériques sont toujours intéressants.
- **Critère numéro 2 : la réputation.** Soignez le texte des liens qui vont éventuellement lancer la vidéo lorsqu'on cliquera dessus. Par exemple, Vidéo sur le discours de M. Georges Simenon, maire de Trifouillis-les-oies le 22 janvier 2016 à Paris. Ce critère est important pour tous les moteurs actuels, il faut absolument le prendre en compte.

  Par ailleurs, il sera intéressant de présenter vos fichiers sous la forme d'une page HTML de présentation par vidéo. Évitez les pages qui présentent plusieurs vidéos les unes à la suite des autres… Un fichier = une page de présentation, c'est la règle pour une bonne optimisation, comme pour les images. Bien évidemment, toutes les méthodes d'optimisation de page web classiques devront être appliquées à cette page descriptive… Il s'agit d'ailleurs ici d'une stratégie de référencement qui est plébiscitée par de nombreux acteurs, qui ne désirent pas obligatoirement voir leurs vidéos référencées directement (en upload) sur YouTube ou Dailymotion, mais plutôt voir la page, sur leur site, qui présente la vidéo, référencée par Google ou Yahoo!. Car cette page, en plus de la vidéo, présente des bannières publicitaires et d'autres informations qui font venir l'internaute sur le site et en augmente le trafic. Cette nuance importante nous fait revenir à des optimisations HTML plus classique.

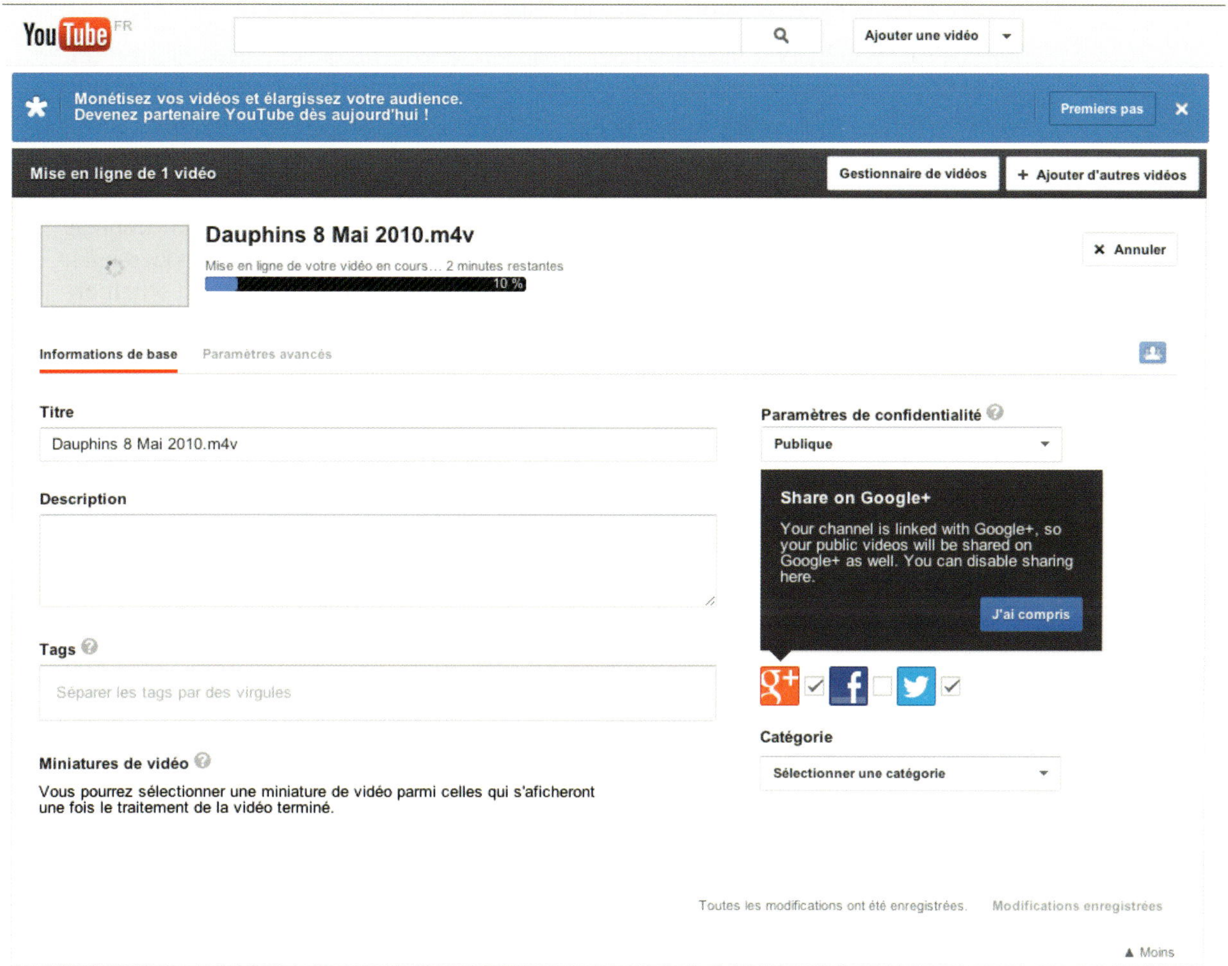

Figure 7-8

Ajout de tags sur le site YouTube

- **Critère numéro 3 : le texte « autour » de la vidéo.** Pensez à proposer une page de description de la vidéo et non pas le fichier seul. Si vous en avez la possibilité, accompagnez vos vidéos, sur une page web, d'un descriptif précis du contenu du fichier, voire une transcription de ce qui y est dit si vous l'avez à votre disposition. Certains moteurs, comme YouTube, acceptent également des sous-titres et savent les lire (*http://goo.gl/fXAVA*). C'est excellent pour le référencement ! Voilà autant d'informations textuelles qui vont permettre au moteur de bien comprendre « de quoi parle » la vidéo sous la forme d'une fiche descriptive précise qui lui est propre.

- **Critère numéro 4 : indexabilité.** Un plan du site (au format HTML), sorte d'annuaire spécialisé présentant les vidéos qu'on trouve sur votre site, peut également être une bonne idée pour donner aux spiders des moteurs un point d'entrée unique pour parcourir vos fichiers. Là encore, le texte des liens va être crucial donc soignez bien la réputation de vos vidéos.

  N'hésitez pas non plus à intégrer vos vidéos dans vos flux RSS, c'est encore une autre voie pour faire connaître vos fichiers aux moteurs de recherche qui les prennent en compte.

  Enfin, soumettez vos vidéos sur un maximum d'outils de recherche « YouTube-like ». C'est encore le meilleur moyen de leur faire connaître vos « œuvres »... Certains moteurs de recherche de vidéos vous proposent également de soumettre vos fichiers sous la forme d'un document au format RSS ou MRSS (*http://goo.gl/qCzRc*), sorte de « Sitemap vidéo ». Utilisez également cette voie ! La soumission est importante, car elle permet d'ajouter un descriptif et un titre, champs très importants pour les moteurs actuels.

  Bien entendu, un sitemap (voir chapitre 12) spécialisé pour les vidéos devra être présent sur votre site. Par exemple :

```
<urlset xmlns="http://www.sitemaps.org/schemas/sitemap/0.9"
       xmlns:video="http://www.google.com/schemas/sitemap-video/1.1">
<url>
  <loc>http://www.example.com/videos/some_video_landing_page.html</loc>
    <video:video>
      <video:content_loc>http://www.site.com/video123.flv<video:content_loc>
      <video:player_loc allow_embed="yes">http://www.site.com/videoplayer.swf?video
      =123</video:player_loc>
      <video:thumbnail_loc>http://www.example.com/miniatures/123.
      jpg<video:thumbnail_loc>
      <video:title>Barbecue en été<video:title>
      <video:description>Pour des grillades réussies<video:description>
      <video:rating>4.2</Video:rating>
      <video:view_count>12345</video:view_count>
      <video:publication_date>2010-11-05T19:20:30+08:00.</video:publication_date>
      <video:expiration_date>2010-11-05T19:20:30+08:00.</video:expiration_date>
      <video:tag>steak</video:tag>
      <video:tag>viande</video:tag>
      <video:tag>été</video:tag>
      <video:category>barbecue</video:category>
      <video:family_friendly>yes</video:family_friendly>
      <video:expiration_date>2010-11-05T19:20:30+08:00<video:expiration_date>
      <video:duration>600</video:duration>
    </video:video>
</url>
```

Vous trouverez plus d'informations à ce sujet sur le site de Google dédié aux Sitemaps : *http://goo.gl/RXoOn*.

- **Autres critères de pertinence.** Le balisage des vidéos dans le code HTML de la page grâce à Facebook Share ou RDFa, deux formats reconnus par Google, peut aussi avoir son importance. Lorsque des informations vidéo sont balisées dans le corps d'une page web, Google est capable de les identifier et de les utiliser afin d'améliorer ses résultats de recherche. Consultez la page suivante pour plus d'informations : *http://goo.gl/btSLf*.

  Exemple de balises Facebook Share :

```
<meta name="title" content="Quand les chiots se posent des questions !"/>
<meta name="description" content="Les hochements de tête de chien les plus craquants du Web !"/>
<link rel="image_src" href="http://example.com/thumbnail_preview.jpg"/>
<link rel="video_src" href="http://example.com/video_object.swf?id=12345"/>
<meta name="video_height" content="296"/>
<meta name="video_width" content="512"/>
<meta name="video_type" content="application/x-shockwave-flash"/>
```

  Exemple de balises RDFa :

```
<object width="512" height="296" rel="media:video"
 resource="http://example.com/video_object.swf?id=12345"
 xmlns:media="http://search.yahoo.com/searchmonkey/media/"
 xmlns:dc="http://purl.org/dc/terms/">
<param name="movie" value="http://example.com/video_object.swf?id=12345"/>
<embed src="http://example.com/video_object.swf?id=12345"
  type="application/x-shockwave-flash" width="512" height="296">
<a rel="media:thumbnail" href="http://example.com/thumbnail_preview.jpg"/>
<a rel="dc:license" href="http://example.com/terms_of_service.html"/>
<span property="dc:description" content="Lorsqu'ils sont surpris ou se posent des
questions,les chiens hochent souvent la tête et/ou plissent le front."/>
<span property="media:title" content="Baroo? - cute puppies"/>
<span property="media:width" content="512"/>
<span property="media:height" content="296"/>
<span property="media:type" content="application/x-shockwave-flash"/>
<span property="media:region" content="us"/>
<span property="media:region" content="uk"/>
<span property="media:duration" content="63"/>
</object>
```

Certains outils comme YouTube donnent également la possibilité à leurs visiteurs de laisser des commentaires ou de noter les vidéos. C'est autant de façons de leur donner une meilleure visibilité.

Il sera également important de ne pas oublier les fonctions que proposent plusieurs plates-formes et outils dédiés pour partager une vidéo sur Facebook ou Twitter, comme le montre la figure 7-9, sur YouTube.

Figure 7-9

YouTube propose une fonction de partage d'une vidéo sur les réseaux sociaux.

Plus la vidéo sera partagée et reprise sur Facebook, Twitter, Google+ ou toute autre plate-forme sociale, plus elle sera connue et visible.

Il ne faut pas hésiter également à insérer le bouton J'aime de Facebook et le +1 de Google sur vos pages présentant les vidéos, toujours pour la même raison. Notez bien que cela n'influencera que très peu le référencement direct des pages sur les moteurs de recherche, car les liens sur les réseaux sociaux sont pour la plupart en `nofollow` (voir plus loin dans ce chapitre) ou ne sont pas lus par les moteurs car dans une sphère non publique. En revanche, cela augmentera la visibilité de la vidéo (ou de la page qui la présente) et cela créera du trafic sur celle(s)-ci. Ce trafic sera donc bénéfique pour le référencement, puisque les moteurs de recherche le prennent en compte comme critère de pertinence (pour YouTube, le nombre de visualisations de la vidéo étant important, cela jouera donc aussi de façon positive).

Pour conclure, n'hésitez pas à toujours « fouiner », rechercher, tester les résultats de recherche des moteurs en essayant de comprendre comment ils fonctionnent. Mettez en place une alerte Google Actualités sur des mots-clés comme « référencement vidéo », « video SEO », « video optimization », etc. Le domaine de la recherche de vidéos – et donc de leur optimisation – n'en est encore qu'à ses balbutiements et nous apprendrons encore beaucoup de choses dans les années qui viennent. Bref, dans ce domaine peut-être encore plus qu'ailleurs, une veille est absolument indispensable.

Figure 7-10

Par exemple : la vidéo d'hommage de la patrouille de France, réalisée pour les 50 ans d'Astérix, a été visualisée plus d'un million de fois sur les différentes plates-formes de partage de vidéos. Un vrai succès qui a contribué à énormément faire parler du cinquantenaire du personnage de BD, mais qui n'a pas véritablement créé de trafic direct sur le site officiel du personnage, sur lequel la vidéo n'était hélas pas disponible.

Deux stratégies (plus une) de référencement de vidéos

Globalement, il existe deux façons (complémentaires ou non) d'établir une stratégie de visibilité basée sur la vidéo.

- **Le buzz :** qui permet de « faire parler » d'un événement. L'idée est de créer une vidéo au sujet de cet événement puis de l'uploader sur les différentes plates-formes de partage (YouTube, Dailymotion, Wat, etc.) pour faire en sorte qu'elle soit visualisée le plus de fois possible par les utilisateurs de ces outils. Si cette stratégie est mise en place *stricto sensu* comme indiquée ici, elle ne crée pas de trafic sur votre site web (ce sont les plates-formes dédiées qui reçoivent le trafic).
- **La création de trafic sur un site web :** dans ce cas, on ne se sert pas en priorité des plates-formes dédiées, mais d'un site web spécifique qui propose la vidéo « encapsulée » dans l'une de ses pages. Il s'agira alors de mettre en avant cette page sur les moteurs de recherche classiques.

Il est tout à fait possible de mixer les deux stratégies en proposant, sur les plates-formes dédiées, un simple extrait de la vidéo qui affiche à la fin un message du type « Pour visualiser cette vidéo en entier, allez sur le site… » ou d'autres stratégies similaires sous forme de *teasing*. On joue alors sur les deux plans : visualisation de la vidéo sur les plates-formes dédiées, utilisées par de très nombreux internautes, et présence sur le Web et donc dans les moteurs de recherche et les agrégateurs.

On peut ainsi mettre en place une ébauche de méthodologie pour le référencement de vidéos en ligne.

1. Audit de mots-clés, à l'aide du générateur de Google (voir chapitre 3), afin de déterminer quelles sont les requêtes les plus souvent saisies par les internautes pour trouver des vidéos comme celles que vous allez mettre en ligne.
2. Nommer le fichier vidéo grâce à des mots-clés importants séparés par un tiret : `iphone-6.wmv`, `football-ligue-1.mpg`, `video-coupe-du-monde.flv`, etc.
3. Intégrer des métadonnées dans le fichier vidéo si le format utilisé le permet.
4. Pour vos fichiers, suivre les conseils techniques (format, taille, durée…) donnés par les différentes plates-formes de partage de vidéos.

   Si soumission sur une plate-forme dédiée :

5. Remplir de la meilleure façon possible les champs proposés dans le formulaire de soumission de la plate-forme.
6. Favoriser la création de votes et d'avis positifs sur la vidéo.
7. Favoriser l'intégration de cette vidéo dans le plus de pages web possible grâce aux outils d'*embed* fournis par les plates-formes.
8. Si possible, intégrer des sous-titres.
9. Devenir l'utilisateur avancé ou le partenaire de la plate-forme pour avoir accès à des fonctionnalités spécifiques.

   Si intégration de la vidéo dans une page web sur votre site :

10. Optimiser la page web qui présente la vidéo : URL, balises `<title>`, `<Hn>`, `<strong>`, etc. (voir chapitres 4 et 5).
11. Proposer du texte (au moins 200 mots) pour décrire la vidéo : texte libre ajouté, transcription de la bande-son, commentaires d'internautes, etc.
12. Créer un Sitemap vidéo, important pour Google, et un fichier au format mRSS pour Yahoo!, Blinkx ou Truveo. Soumettre ces fichiers aux moteurs de recherche (interfaces pour webmasters, fichier `robots.txt`).
13. Ajouter des balises Facebook Share et/ou RDFa dans le code HTML des pages web.

    Dans les deux cas :

14. Favoriser le netlinking et la création de backlinks sur les pages de présentation des vidéos avec des textes d'ancre pertinents (voir chapitre 6).
15. Créer du buzz pour cette vidéo sur les réseaux sociaux (Facebook, Twitter, etc.).

Privilégier HTML5

Notons enfin que HTML5 (*http://goo.gl/yMByJ*) apporte la prise en charge native de la vidéo (et de l'audio). Il est donc possible de jouer du son ou des clips sans avoir besoin d'un lecteur en Flash ou d'un outil comme Silverlight. En conséquence, les éléments `<video>` et `<audio>` permettent d'indiquer du contenu multimédia.

Google a également créé un format ouvert, baptisé WebM et testé actuellement par YouTube (*http://www.youtube.com/html5*). Il y a donc fort à parier que le référencement de vidéos va encore fortement évoluer dans les années qui viennent et qu'il a de beaux jours devant lui.

Quelques liens à consulter sur le sujet

- *Help Google Index Your Videos : http://goo.gl/NUELD ;*
- *Google Videos Best Practices : http://goo.gl/ye7bm ;*
- *Video Sitemaps: Understanding Location Tags : http://goo.gl/gt6sx ;*
- *Make Your Videos Rank on the Search Engines* de Terri Wells : *http://goo.gl/TTSso ;*
- *Référencement de la vidéo : les bonnes pratiques* de Antoine Crochet-Damais : *http://goo.gl/nzdpi ;*
- *5 conseils pour optimiser le référencement de vidéo : http://goo.gl/T2fKq ;*
- *5 conseils pour réussir son référencement vidéo sur Google : http://goo.gl/ux0oe5 ;*
- *Video Search Optimization* de Chris Boggs : *http://goo.gl/p1De8 ;*
- *Search Illustrated: Video Optimization* de Elliance : *http://goo.gl/749Tr ;*
- *7 Ways to Optimize Your YouTube Tags* de Jonathan Mendez : *http://goo.gl/JxfFr ;*
- *Balancing Video Quality and Search Optimization* de Grant Crowell : *http://goo.gl/lcPde ;*
- *Optimizing Video for Search Engines* de Amy Edelstein : *http://goo.gl/86E5A ;*
- Un site dédié à HTML5, proposé par Google : *http://www.html5rocks.com.*

Le référencement de fichiers PDF et Word

Les moteurs de recherche actuels référencent, et classent même parfois très bien, les fichiers aux formats PDF (`.pdf`) et parfois Word (`.doc`). Aussi, il nous a semblé important, dans cet ouvrage, de vous donner quelques informations sur la meilleure façon d'optimiser ces fichiers afin de les voir bien positionnés dans les pages de résultats des moteurs. Voici quelques trucs et astuces qui devraient vous y aider…

Prise en compte de ces fichiers par les moteurs

Les moteurs de recherche peuvent indexer sans problème les fichiers PDF et Word. Pour les visualiser, vous pouvez :

- sur Google et Bing, utiliser la syntaxe « filetype: », ce qui donne des requêtes telles que « abondance filetype:pdf » ou « abondance filetype:doc » pour indiquer le filtre adéquat au moteur ;

- sur Yahoo!, utiliser la recherche avancée du moteur (*http://goo.gl/9yQ00l*) et opter pour le choix Format de fichiers>Ne donner que des résultats au format :, qui propose ces deux types de fichiers, entre autres (figure 7-11).

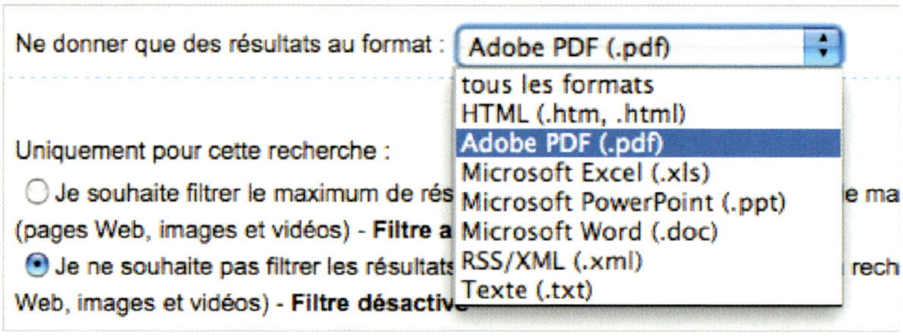

Figure 7-11

Filtre de recherche sur le format de fichier. Recherche avancée de Yahoo!

Dans leurs pages de résultats, Google et Yahoo! indiquent le format des fichiers trouvés devant leur titre :

- mention [PDF] sur les deux outils ;
- [DOC] sur Google ;
- [MICROSOFT WORD] sur Yahoo!.

Bing, en revanche, indique « Fichier PDF » ou « Fichier DOC » à droite de l'URL si un tel fichier est proposé.

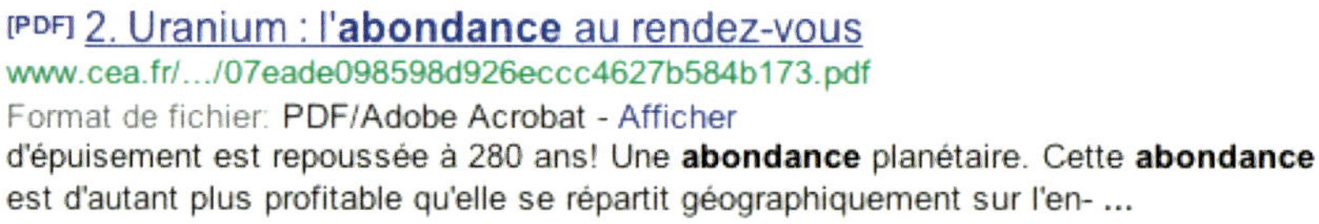

Figure 7-12

Fichier PDF dans les résultats de Google

Figure 7-13

Fichier Word dans les résultats de Bing

Côté indexation, il n'y a donc pas de problème. Un simple lien spider friendly (voir chapitre 12) vers ces fichiers dans vos pages sera suivi par les robots des moteurs et impliquera automatiquement leur indexation.

```
<a href="http://www.votresite.com/fichiers/votrefichier.pdf">Lien qui permettra
➥ aux robots d'indexer votre fichier</a>
```

Il reste à envisager l'optimisation de ces fichiers : quelles informations les moteurs de recherche lisent-ils en leur sein ?

Zones reconnues par les moteurs de recherche

Les tableaux 7-1 et 7-2 présentent les différentes paramètres qu'on peut renseigner dans un fichier Word ou PDF et la façon dont Google et Bing les interprètent ou non (notamment les champs Propriétés ou Métadonnées utilisés pour mieux décrire les documents).

Tableau 7-1 Champs pris en compte par Google et Bing pour des fichiers PDF

	Google	Bing
Contenu textuel	OUI	OUI
Métadonnée Titre (`Title`)	OUI	NON
Métadonnée Sujet (`Subject`)	NON	NON
Métadonnée Auteur (`Author`)	NON	NON
Métadonnée Mots-clés (`Keywords`)	NON	OUI
URL	OUI	OUI

Tableau 7-2 Champs pris en compte par Google et Bing pour des fichiers Word

	Google	Bing
Contenu textuel	OUI	OUI
Métadonnée Titre (`Title`)	OUI	NON*
Métadonnée Sujet (`Subject`)	NON	NON
Métadonnée Manager	NON	NON
Métadonnée Auteur (`Author`)	NON	NON
Métadonnée Compagnie	NON	NON
Métadonnée Categorie	NON	NON
Métadonnée Mots-clés (`Keywords`)	NON	NON
Métadonnée Commentaires (`Comments`)	NON	NON
URL	OUI	OUI

* Quelques cas isolés existent où Bing lisait la balise <title> du document mais la plupart du temps, ce n'était pas le cas.

La situation est donc ici assez simple en termes de lecture des contenus et des métadonnées par ces deux moteurs majeurs.

- Les deux moteurs lisent les contenus textuels des deux formes de fichiers.
- Ils détectent également les mots-clés dans les URL. Il sera donc important de soigner les intitulés des noms de fichiers en y incluant des mots-clés pertinents par rapport au contenu de l'article ou du document.
- Pour les métadonnées, Google ne lit que la balise <title> des fichiers PDF et Word. Il s'en sert d'ailleurs parfois pour l'afficher comme titre dans ses résultats. Ce moteur ne lit pas d'autres métadonnées.
- Pour ces métadonnées, Bing ne lit pas la balise <title> mais il lit les mots-clés (keywords) ajoutés au document PDF (mais pas Word). Il ne lit pas d'autres métadonnées.

Côté métadonnées, le travail sera finalement assez vite effectué sur vos fichiers : seule la balise <title> pourra être remplie.

Contenu des snippets

Comment Google affiche-t-il ses résultats lorsqu'il s'agit de fichiers PDF ou Word (figure 7-14) ?

Figure 7-14

Affichage d'un fichier PDF dans les résultats de Google

Le titre du fichier (en bleu et souligné, à droite de la mention [PDF]) est constitué par :

- le contenu de la métadonnée title s'il existe. Il semblerait que Google ne prenne pas en compte la balise <title> si son contenu se termine par une terminaison de fichier (.doc, .eps…). Il faut donc que cette zone contienne de « vrais mots » et non pas un nom de fichier ;
- un titre trouvé dans le contenu textuel du document si la balise <title> n'est pas renseignée ou si elle propose un nom de fichier.

La mention « Format de fichier : PDF/Adobe Acrobat » est indiquée ensuite, suivie d'un lien vers une version HTML du document, pour visualiser rapidement le contenu du fichier.

Le texte descriptif reprend le début du contenu textuel du document ou une zone de texte identifiée comme pertinente par Google (ici, « Abondance des espèces. Courbe rang-abondance. Distribution d'abondance d'espèces. Distribution… Niches, abondance et coexistence. 3. Modéliser la niche »). À ce niveau, nous vous conseillons de créer des documents PDF dont la mise en page est très simple, surtout pour la première page : titre, chapô, texte, avec un titre et un chapô très descriptifs. La mise en page peut être plus sophistiquée par la suite, mais, si vous voulez maîtriser la façon dont Google « comprend » vos documents, un système à plusieurs colonnes, par exemple, n'est pas approprié, pour le début du document en tout cas. Dans ce cas en effet, c'est le contenu de la seule première colonne qui risque d'être pris en compte par Google, ce qui ne donnera pas obligatoirement le résultat escompté.

Notons que sur Google, les fichiers Word sont affichés, dans les grandes lignes, de la même façon que les fichiers PDF.

Quelques conseils d'optimisation

Pour bien optimiser vos fichiers PDF et Word, nous vous conseillons donc d'appliquer les conseils suivants.

- **Métadonnées :** remplissez la balise `<title>` qui est prise en compte par Google et parfois par Bing. Renseignez éventuellement la balise `<keywords>`, mais sans trop vous y attarder, cela n'en vaut pas vraiment la peine).
- **Contenu :** adoptez, pour la première page notamment, une mise en page simple et efficace (un titre en gras, en gros caractères, et un chapô de deux ou trois phrases, également en gras, le tout étant très descriptif et contenant les mots-clés importants pour comprendre le document). Et oui, on est ici très proche de l'optimisation d'une page HTML « classique »… Notez bien que les footer et header (haut de page et bas de page) sont compris comme du texte par les moteurs. Évitez de les afficher sur la première page car les moteurs risquent de lire le contenu du header en premier, ce qui peut ne pas être pertinent (tout ça peut l'être).
- **Indexation :** bien sûr, proposez dans vos pages web des liens vers vos documents PDF et Word, avec des intitulés de liens explicites, pour leur donner une bonne réputation (évitez donc les phrases du type « Pour télécharger notre livre blanc sur le référencement, <u>cliquez ici</u> » et préférez des formulations du type « Téléchargez notre <u>livre blanc sur le référencement</u> »). N'hésitez pas, également, à proposer une page spéciale « Téléchargement de documents » listant, sous la forme d'un mini-annuaire, tous les fichiers disponibles sur votre site. Une bonne piste de départ pour les spiders des moteurs.
- **Nom du fichier :** utilisez des mots explicites pour nommer votre fichier (`assemblee-generale-2016.pdf`, `charte-experts-comptables.doc`, etc.) car ils sont lus et analysés par les moteurs.
- **Taille du fichier :** attention à la taille des fichiers, notamment si elle dépasse le méga-octet. Des fichiers trop volumineux ne seront peut-être pas indexés en totalité. Préférez une suite de « petits fichiers » dans ce cas.
- **Accessibilité :** Word, notamment, propose de nombreuses fonctions visant à améliorer l'accessibilité des fichiers (ajout de l'attribut `alt` aux images, etc.). N'hésitez

pas à vous en servir, les critères d'accessibilité sont toujours très proches de ceux du référencement.

Figure 7-15

Un nom de fichier et une URL contenant des mots-clés précis sont deux points importants. La requête « filetype: » fournit par ailleurs de nombreux documents très intéressants sur le Web (ici, des contrats types de référencement).

Voici donc pour ces quelques conseils qui, nous l'espérons, vous aideront à mieux optimiser vos fichiers pour les deux moteurs de recherche majeurs.

Le blog pour webmasters de Google a publié en septembre 2011 un article sur l'indexation de documents PDF par son moteur de recherche (*http://goo.gl/EInOS*). Voici les principaux points évoqués dans cet article.

- Google indexe des documents PDF depuis 2001.
- Google indexe à peu près tous les documents PDF, dans la plupart des langues, à partir du moment où ils ne sont pas protégés par un mot de passe. Parfois, Google utilise également des techniques d'OCR pour numériser des images contenant elles-mêmes du texte dans le fichier PDF.
- En revanche, les images présentes à l'intérieur d'un fichier PDF ne sont pas indexées par Google Images.
- Les liens présents dans les fichiers PDF sont traités comme dans une page HTML. Ce qui signifie qu'un document PDF dispose lui-même d'un PageRank. En revanche, le paramètre `nofollow` ne fonctionne pas dans ces fichiers.
- Pour ne pas voir un document PDF indexé, le mieux est d'insérer un `X-Robots-Tag: noindex` dans l'en-tête http utilisé (voir chapitre 16).
- Le référencement et le positionnement d'un fichier PDF sont souvent similaires à ceux d'une page HTML.

- Il est préférable de ne pas proposer le même contenu en HTML et en PDF, car cela risque de créer du duplicate content. Dans ce cas, il vaut mieux indiquer la version canonique (originale) – et pas la version dupliquée – dans le Sitemap du site et/ou utiliser la balise `link rel canonical` dans la version HTML pour indiquer quelle est la version favorite. Nous y reviendrons au chapitre 13.
- Le titre utilisé par Google pour ce type de document vient de deux sources : la métadonnée `title` à l'intérieur du document (à renseigner en priorité) et le texte d'ancre des liens pointant vers ce fichier. Les deux semblent importants.

Pour en savoir plus

Les lignes que vous venez de lire sont basées sur nos propres tests. Notez bien que cette situation peut évoluer avec le temps. Par ailleurs, pour les conseils d'ordre général, nous avons parfois également puisé quelques informations dans les articles suivants que nous vous invitons à lire avec la plus grande attention :

- *Désindexation de fichiers PDF : bonne ou mauvaise pratique ?* de Olivier Andrieu : *http://goo.gl/NDjZDe ;*
- *Optimiser le référencement des fichiers PDF* de Sébastien Billard : *http://goo.gl/N2yVB ;*
- Traduction de l'article *Eleven Tips for Optimizing PDFs for Search Engines* de Galen DeYoung, dont l'original est disponible à l'adresse suivante : *http://goo.gl/FxWC5 ;*
- *Accessibilité et référencement des fichiers PDF : http://goo.gl/nfMRe ;*
- *SEO Your PDF's* de Kevin Kantola : *http://goo.gl/9tx9k ;*
- *Optimizing PDFs for SEO* de Matt McGee : *http://goo.gl/4h0MP.*

Il en existe bien d'autres… Bonne optimisation !

Référencement sur l'actualité et sur Google Actualités

Google Actualités (*http://news.google.fr/*) est l'un des principaux sites d'actualité sur le Web francophone. Pour un site qui traite d'informations et d'actualité « chaude », cet outil représentera parfois près de la moitié de son trafic moteurs de recherche, ce qui est loin d'être négligeable. Voici donc quelques pistes de réflexion pour vous aider à mieux bâtir vos pages d'actualité afin de leur donner une meilleure visibilité sur Google Actualités.

Comment se faire référencer sur Google Actualités ?

Dans un premier temps, avant d'apparaître dans les pages de résultats de l'outil, il faut que Google accepte le référencement de votre site d'informations. Si vous êtes un site à forte notoriété, cela ne devrait pas poser trop de problèmes, il y a même de fortes chances pour que cela se fasse sans que vous ayez quoi que ce soit à faire.

Si vous n'avez pas la chance d'être une source d'informations incontournable, il vous faut alors demander à être référencé sur le site. Vous devez passer par le formulaire idoine.

Pour cela, cliquez sur le lien À propos de Google Actualités en bas de la page d'accueil du site, puis sur Aide pour les éditeurs et Envoyer votre contenu.

La deuxième étape consiste à fournir les indications (URL, nom, e-mail, description) relatives à la source d'informations à indexer, après avoir répondu à un certain nombre de questions sur la validité de votre proposition.

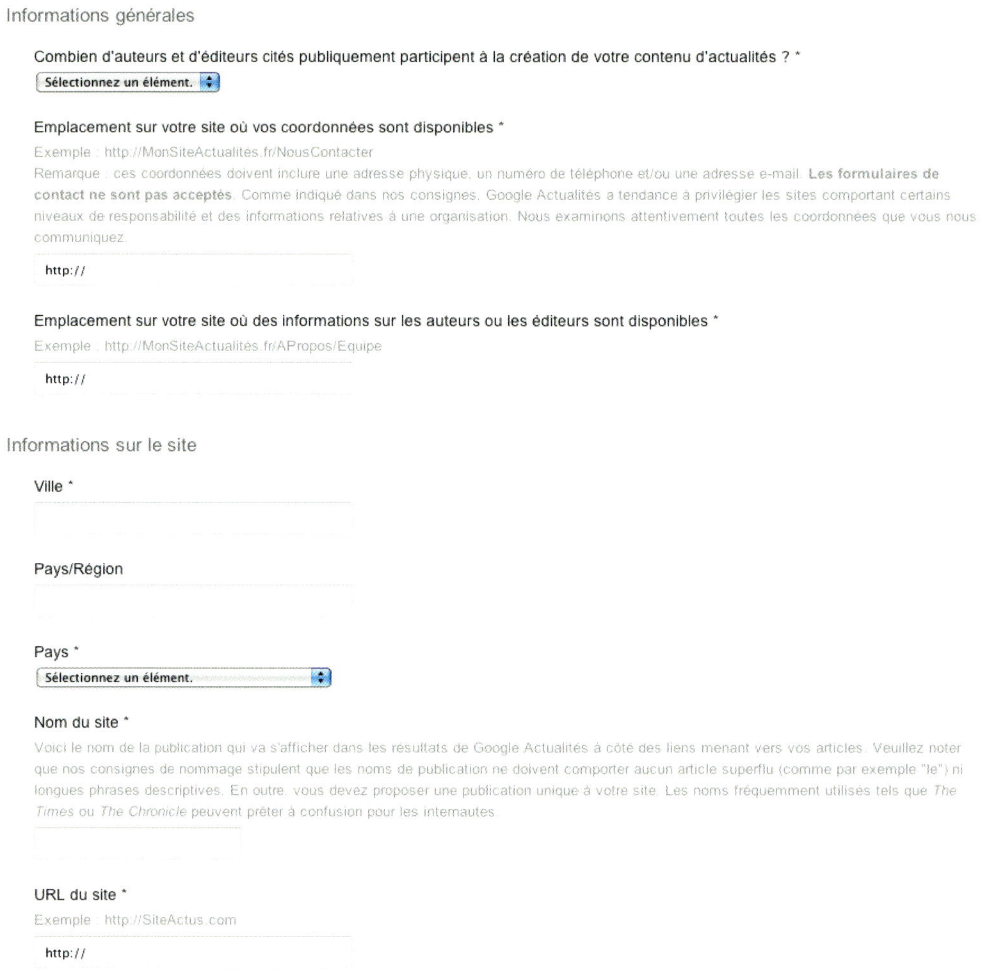
Informations générales

Combien d'auteurs et d'éditeurs cités publiquement participent à la création de votre contenu d'actualités ? *

Sélectionnez un élément.

Emplacement sur votre site où vos coordonnées sont disponibles *

Exemple : http://MonSiteActualites.fr/NousContacter

Remarque : ces coordonnées doivent inclure une adresse physique, un numéro de téléphone et/ou une adresse e-mail. **Les formulaires de contact ne sont pas acceptés**. Comme indiqué dans nos consignes, Google Actualités a tendance à privilégier les sites comportant certains niveaux de responsabilité et des informations relatives à une organisation. Nous examinons attentivement toutes les coordonnées que vous nous communiquez.

http://

Emplacement sur votre site où des informations sur les auteurs ou les éditeurs sont disponibles *

Exemple : http://MonSiteActualites.fr/APropos/Equipe

http://

Informations sur le site

Ville *

Pays/Région

Pays *

Sélectionnez un élément.

Nom du site *

Voici le nom de la publication qui va s'afficher dans les résultats de Google Actualités à côté des liens menant vers vos articles. Veuillez noter que nos consignes de nommage stipulent que les noms de publication ne doivent comporter aucun article superflu (comme par exemple "le") ni longues phrases descriptives. En outre, vous devez proposer une publication unique à votre site. Les noms fréquemment utilisés tels que *The Times* ou *The Chronicle* peuvent prêter à confusion pour les internautes.

URL du site *

Exemple : http://SiteActus.com

http://

Figure 7-16

Formulaire à remplir pour soumettre son site à Google Actualités

N'oubliez pas de vérifier si le site n'est pas déjà référencé. En effet, il serait mal accepté par le moteur de soumettre un site qui se trouve déjà dans la base de Google. Vous feriez perdre leur temps aux personnes chargées de vérifier ces données.

Lors de la vérification, indiquez l'URL sous la forme la plus simple possible (*abondance.com*, *libe.fr*, etc.) et surtout sous le domaine où apparaissent les articles mis en ligne (n'indiquez pas *www.votresite.com* si vos articles sont accessibles sous *actu.votresite.com*).

Sachez simplement que pour être intégré dans Google Actualités, votre site devra répondre à plusieurs critères.

- **Critère numéro 1 : avoir une zone Actualités ou tout du moins une zone d'informations mise à jour régulièrement.** Il n'est pas nécessaire d'avoir une zone très fortement axée sur l'actualité « fraîche », mise à jour quotidiennement, voire plus souvent, pour être accepté. Un blog mis à jour chaque semaine peut faire l'affaire. En revanche, d'une façon ou d'une autre, un être humain, chez Google, va venir évaluer votre site. Évitez, par exemple, dans les jours qui suivent votre demande, l'autopromotion ou les fautes d'orthographe et de frappe sur vos pages. Bref, faites des efforts pendant cette période (mais pas uniquement) pour proposer de l'actualité qui « tienne la route » car vous pouvez être sûr que, bientôt, vous allez passer un « examen » à distance.
- **Critère numéro 2 : chaque page d'actualité, chaque information, chaque dépêche doit être accessible par l'intermédiaire d'une URL spécifique.** Par exemple : *http://www.abondance.com/actualites/20140822-13012-google-propose-une-faq-sur-lauthorship.html.*

  L'actualité comme elle était présentée en 1999 sur le site Abondance, sous la forme d'une seule page par semaine (suite de brèves affichées les unes en dessous des autres) regroupant toutes les dépêches, n'aurait pas été recevable : *http://actu.abondance.com/actu9949.html.*

  Par ailleurs, si un article ne reste pas disponible en ligne durant les 30 jours pendant lesquels il sera accessible sur Google Actualités, cela peut aussi poser quelques problèmes (cas des articles qui passent en zone d'archives payantes quelques jours après leur publication).
- **Critère numéro 3 : au moins trois chiffres dans l'URL.** Critère assez étrange mais officiellement demandé par Google (sans jamais en fournir la raison), les URL de vos pages d'actualités doivent contenir au moins trois chiffres consécutifs ne ressemblant pas à une date. Par exemple :
  - *http://www.collectifvan.org/article.php?r=4&&id=4632 ;*
  - *http://www.agoravox.fr/article.php3?id_article=14384 ;*
  - *http://www.sports.fr/fr/cmc/scanner/football/200641/psg-halilhodzic-devra-payer-_109909.html?popup.*

  Vous pouvez vérifier que c'est effectivement le cas de tous les articles référencés sur l'outil. Ces chiffres peuvent désigner le numéro de semaine ou un numéro d'article, etc. Peu importe. L'essentiel est qu'il y ait ces trois numéros (au minimum) dans l'URL.

Il existe cependant un moyen de passer outre cette limite de trois chiffres dans l'URL si vos adresses n'en possèdent pas : créer un fichier sitemap pour Google Actualités. Consultez la page suivante pour obtenir plus d'informations à ce sujet : *http://goo.gl/5oS7v*.

- **Critère numéro 4 : les informations doivent vous appartenir.** Ce point est également important : vous devez être propriétaire des informations que vous éditez. Si votre site est une compilation d'articles extraits d'autres blogs ou de dépêches AFP, il y a de fortes chances pour qu'il ne soit pas accepté. Certains webmasters ont ainsi reçu la réponse suivante suite à leur demande d'inclusion :

  « Merci pour votre courrier électronique. Nous avons examiné le site *www.votresite.com*, mais nous ne sommes pas en mesure de l'ajouter sur Google Actualités pour l'instant. Nous n'acceptons pas les journaux web (blogs) sur les actualités ni les sites d'information rédigés et actualisés par des particuliers. De même, nous ne pouvons pas inclure les sites pratiquant la publication ouverte sans processus formel de rédaction. Nous vous remercions d'avoir pris le temps de nous contacter et conserverons votre site afin de l'ajouter si nous modifions nos critères d'intégration. »

  Il semble plutôt s'agir ici d'une façon polie de la part de Google d'indiquer que votre site web n'est pas assez « bon » dans son contenu pour être accepté. En effet, on trouve dans Google Actualités de très nombreux blogs rédigés par des particuliers, sans réel processus formel de rédaction (même si, en 2016, les blogs « unipersonels » sont désormais refusés par Google). Bref, si vous recevez ce type de message, il ne vous reste plus qu'à retravailler la qualité de vos articles et à retenter votre chance d'ici quelques semaines. Eh oui, ce n'est jamais très agréable à lire. Cela dit, si vous « pompez » vos articles un peu partout sur le Web, ne vous étonnez pas de recevoir ce type de réponse.

Sachez enfin que le délai d'inclusion dans la base de Google, une fois la demande effectuée, est de un à deux mois. Ne vous impatientez donc pas si, une semaine après votre requête, vous n'êtes toujours pas indexé. Sachez également que Google Actualités ne crawle plus les pages web de votre site à l'aide d'un spider spécifique (*http://goo.gl/fxmWo* puis *http://goo.gl/cV5mP*). Lui proposer l'adresse d'un flux XML (RSS, Atom) ne servira à rien, ce n'est pas par ce biais que le moteur indexera votre contenu.

Comment assurer une indexation régulière des articles ?

Ce n'est pas parce que votre site est référencé en tant que source d'informations sur Google Actualités que tous vos articles et/ou toutes vos dépêches vont être obligatoirement indexés et pris en compte. *A priori* (sans que Google ait jamais communiqué de façon officielle à ce sujet), cela semble dépendre de deux critères principaux.

- **La taille de la zone éditoriale proposée** (l'article en lui-même). Essayez de toujours dépasser les 150 à 200 mots et les 1 200 à 2 000 caractères (espaces compris) pour le corps de l'article, cela devrait fortement augmenter vos chances d'indexation et de prise en compte. Google n'acceptera pas les articles trop courts (moins de 100 mots et/ou moins de 1 000 caractères). Prêtez attention également à la taille du corps de l'article par rapport à la taille totale de la page (charte graphique, zones de navigation, etc.). L'idéal est que ce corps éditorial soit plus important (en termes de taille) que la moitié du contenu total du document, bref, que l'aspect éditorial soit supérieur à l'aspect « look et navigation ».

- **Le nombre d'articles indexés sur un sujet dans l'index du moteur.** Si Google estime qu'il a suffisamment d'articles sur un sujet donné qui fait couler beaucoup d'encre (par exemple, l'accord « historique » entre Yahoo! et Microsoft en juillet 2009), il se peut qu'il « choisisse » les articles qu'il va indexer pour ne pas crouler sous de trop nombreuses pages. Si le sujet sur lequel vous écrivez un article est très populaire, tentez de créer un texte le plus long possible en termes de mots et de le publier le plus rapidement possible. Cela ne signifie pas non plus qu'il faille faire du « remplissage à la va-vite », n'oubliez pas que vos articles ont pour but d'être lus par des internautes. Une longueur suffisante fera peut-être en sorte que votre page soit retenue par l'outil, mais cela n'est malheureusement pas une garantie.

Pas trop vite quand même...

La rapidité de réaction d'une source d'informations sur un sujet donné est un critère essentiel de Google Actualités. C'est à tel point qu'on voit des sites sportifs publier un article sur un match de football avant la fin de ce dernier, pour être sûr d'être le premier à en parler en ligne... Et tant pis si un but est marqué dans les arrêts de jeu !

N'hésitez pas non plus à agrémenter votre article d'une illustration (image, photo, graphique, etc.). Il se pourrait bien que cela aide à une meilleure indexation de vos pages (voir plus loin).

Un Sitemap pour Google Actualités

Vous avez également la possibilité de créer un fichier Sitemap spécifique pour Google Actualités, qui indiquera au moteur les adresses de vos différents articles. Ce Sitemap sera alors soumis aux Google Webmaster Tools (voir chapitre 12) ou au fichier `robots.txt` (voir chapitre 16).

Dans ce Sitemap, seules les URL d'articles dont la date de publication est inférieure à 30 jours devront être indiquées. Ce fichier pourra contenir jusqu'à 1 000 adresses.

Voici à quoi ressemble son en-tête :

```
<urlset xmlns="http://www.sitemaps.org/schemas/sitemap/0.9"
xmlns:news="http://www.google.com/schemas/sitemap-news/0.9">
```

Les balises du Sitemap Actualités sont indiquées dans le tableau 7-3 (source Google : *http://goo.gl/7Ubyh*).

Tableau 7-3 Différents champs d'un Sitemap Actualités

Balises	Obligatoire ?	Description
`<publication>`	Oui	La balise `<publication>` indique la publication dans laquelle l'article apparaît. Elle est associée à deux balises enfants obligatoires : `<name>` et `<language>`. La balise `<name>` contient le nom de la publication, qui doit correspondre exactement à celui qui s'affiche dans vos articles sur *news.google.fr*, sans les parenthèses finales et leur contenu. Par exemple, si le nom de votre publication dans Google Actualités est « Journal L'Exemple (subscription) », vous devrez utiliser `"Journal L'Exemple"`. La balise `<language>` indique la langue dans laquelle est rédigée votre publication. Vous devez pour cela utiliser un code de langue ISO 639 (soit 2 ou 3 lettres). Exception : pour indiquer le chinois simplifié ou le chinois traditionnel, utilisez le code `zh-cn` ou `zh-tw`, respectivement.
`<access>`	À utiliser en cas d'accès restreint uniquement	Valeurs possibles : `"Subscription"` ou `"Registration"`, en fonction de l'action requise pour accéder à l'article. Si les lecteurs du site Google Actualités sont autorisés à accéder à l'article sans devoir s'enregistrer ou s'abonner, cette balise ne doit pas être utilisée.
`<genres>`	À utiliser uniquement si l'article correspond à un type de contenu particulier.	Liste de propriétés séparées par des virgules décrivant le contenu de l'article : `"PressRelease"` ou `"UserGenerated"`. Consultez les propriétés de contenu Google Actualités pour connaître les différentes valeurs possibles. Vous devez attribuer des noms précis à votre contenu pour assurer à vos utilisateurs une certaine cohérence.
`<publication_ date>`	Oui	Date de publication de l'article au format W3C, avec soit la date complète (`AAAA-MM-JJ`), soit la date complète suivie des heures, des minutes, des secondes et du fuseau horaire (`AAAA-MM-JJThh:mm:ssTZD`). Assurez-vous d'indiquer la date et l'heure d'origine de publication de l'article sur votre site. N'indiquez pas l'heure à laquelle l'article a été ajouté à votre Sitemap. Le robot d'exploration accepte les formats suivants : Date complète `AAAA-MM-JJ` (exemple : 2013-07-16) Date complète suivie des heures et des minutes `AAAA-MM-JJThh:mmTZD` (exemple : 2013-07-16T19:20+01:00) Date complète suivie des heures, minutes et secondes `AAAA-MM-JJThh:mm:ssTZD` (exemple : 2013-07-16T19:20:30+01:00) Date complète suivie des heures, minutes, secondes et dixièmes de seconde `AAAA-MM-JJThh:mm:ss.sTZD` (exemple : 2013-07-16T19:20:30.45+01:00)
`<title>`	Non, mais fortement recommandé	Titre de l'article. Remarque : en raison de restrictions de longueur, le titre peut apparaître tronqué dans Google Actualités. La balise doit uniquement contenir le titre de l'article, tel qu'il apparaît sur votre site. Le nom de l'auteur, le nom de la publication ou la date de publication ne doivent pas être indiqués dans cette balise.
`<keywords>`	Non	Liste de mots-clés séparés par des virgules décrivant le sujet de l'article. Les mots-clés peuvent en partie être issus de la liste des mots-clés Google Actualités existants.
`<stock_ tickers>`	Non	Liste des symboles boursiers, fonds communs ou autres entités financières, séparés par des virgules (maximum 5), qui constituent le sujet principal de l'article. Cette balise est surtout pertinente pour les articles commerciaux. Chaque symbole boursier doit être précédé de l'indice boursier auquel il est associé et doit être identique à celui indiqué dans Google Finance. Les exemples « NASDAQ:AMAT » ou « BOM:500325 » sont corrects, contrairement à « NASD:AMAT » et « BOM:RIL ».

Comment apparaître sur la page d'accueil de Google Actualités ?

La page d'accueil du moteur (*http://news.google.fr/*) propose bon nombre d'articles sur des sujets considérés comme populaires (certainement le plus souvent cités dans les heures qui viennent de s'écouler), le tout dans plusieurs catégories : À la une, International, France, etc.

Il semblerait que Google ait mis en place un système de TrustRank (différent de celui utilisé pour la recherche web) ou de NewsRank, fourni en partie par des êtres humains, donnant des priorités à certaines sources d'informations considérées comme plus crédibles. Ainsi, on s'aperçoit rapidement que ce sont souvent les mêmes sources qui apparaissent en « Une » : *Le Nouvel Observateur, Libération*, *Boursier.com*, *RFI*, *Le Monde*, *Les Échos, L'Express,* etc. Bref, il s'agit uniquement de sources dignes de confiance et contre lesquelles il sera difficile de lutter au niveau de la visibilité, certainement parce qu'elles ont reçu une sorte de « label de qualité » de la part de certains experts chez Google.

Malgré tout, il vous sera peut-être possible d'apparaître en page d'accueil sur des sujets plus pointus, sur lesquels les « grands » n'ont pas obligatoirement encore écrit d'articles disponibles en ligne. On s'aperçoit rapidement que sur les « grands titres », il est quasiment impossible de « se battre » contre la presse nationale. En revanche, sur des thématiques plus ténues, vous avez vos chances… À vous, peut-être, d'être rapide et de proposer en ligne un article avant les « grands » pour voir celui-ci repris en une pendant quelques heures. Néanmoins, il ne semble pas y avoir de solutions miracles à ce sujet.

Voici, selon un brevet déposé par Google (dont nous avons déjà parlé au chapitre 6), quelques exemples de critères qui seraient pris en compte dans le TrustRank de Google Actualités (sources : brevet *Systems and Methods for Improving the Ranking of News Articles* déposé par Google, cité par l'excellent blog Technologies du Langage, *http://goo.gl/UUk0oO*) :

- le nombre d'articles produit par la source ;
- la longueur moyenne des articles ;
- la « couverture » de la source ;
- la réactivité de la source *(breaking score)* ;
- un indice d'utilisation (en nombre de clics sur cette source) ;
- une opinion humaine sur la source ;
- une statistique extérieure d'audience telle que Media Metrix ou Nielsen Netratings ;
- la taille de l'équipe ;
- le nombre de bureaux ou agences différents de la source ;
- le nombre d'entités nommées originales citées par la source (personnes, organisations, lieux) ;
- l'étendue *(breadth)* et le nombre de sujets couverts par la source ;
- la diversité internationale ;
- le style de rédaction, en termes d'orthographe, de grammaire, etc.

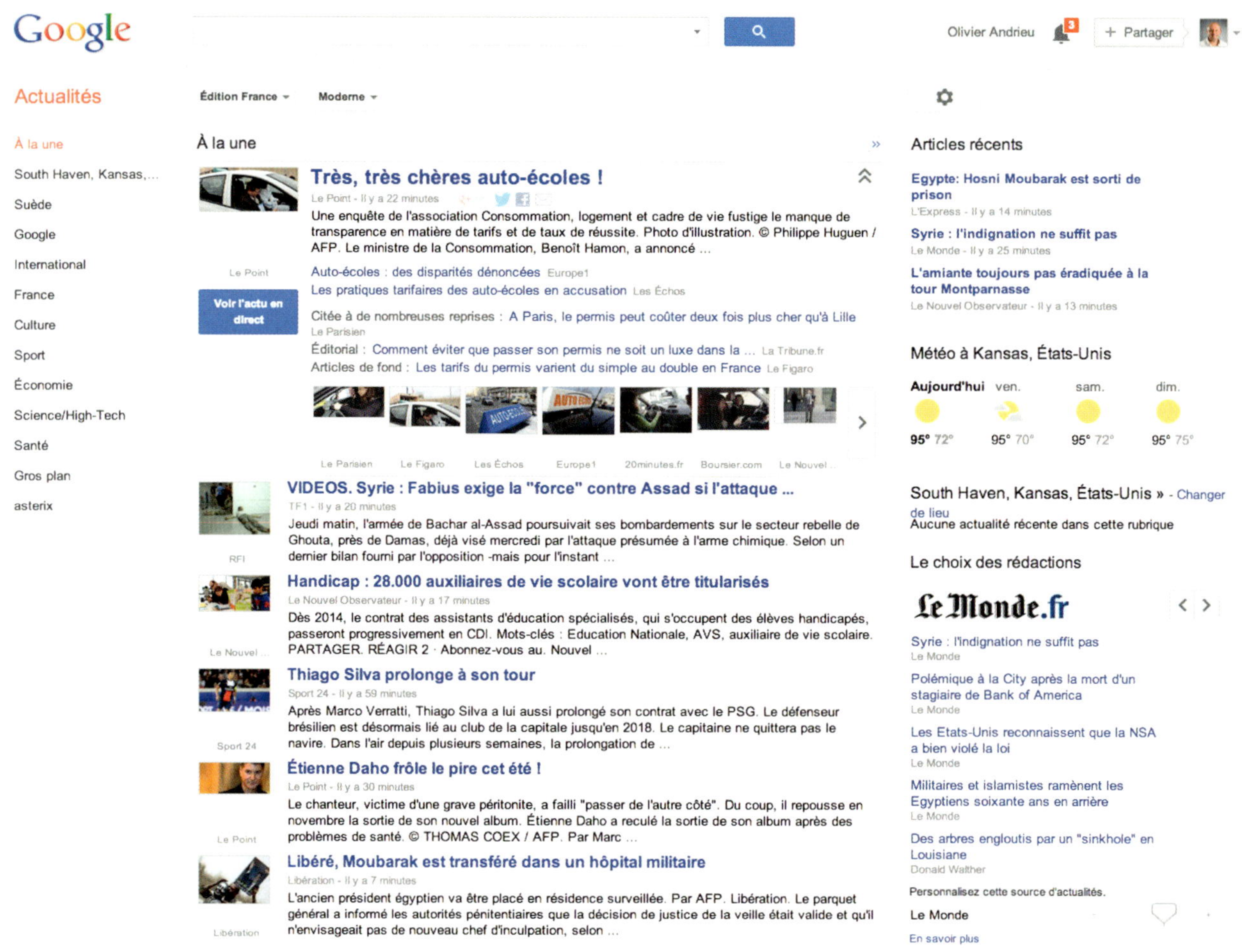

Figure 7-17

La page d'accueil de Google Actualités propose de nombreux articles classés en différentes rubriques.

Certains de ces critères sont assez complexes à vérifier, il faut bien l'admettre, mais cela donne encore quelques explications et voies de réflexion. Tous ces critères sont certainement pris en compte dans l'algorithme global de pertinence.

Enfin, il est important de connaître un autre point : la quasi-totalité de la gestion quotidienne des sites Google Actualités dans le monde est automatisée, sans aucune intervention humaine. Ce ne sont donc pas des éditeurs, contrairement à de nombreux autres sites similaires, qui effectuent des choix d'articles, d'images, etc. Ce sont des algorithmes. Seule une petite équipe de « googlers » (personnes travaillant chez Google) œuvrent sur l'outil Google Actualités dans le monde. Il est impossible pour eux d'effectuer un traitement humain quotidien et un quelconque tri des informations qui serait réalisé « à la main »... Seuls le choix et la « notation » des sources d'informations sont manuels au départ, tout le reste est automatisé.

Comment faire apparaître une image ?

Vous vous en êtes certainement rendu compte si vous utilisez souvent l'outil Google Actualités, certains articles sont agrémentés d'une image sur la gauche dans les pages de résultats (figure 7-18).

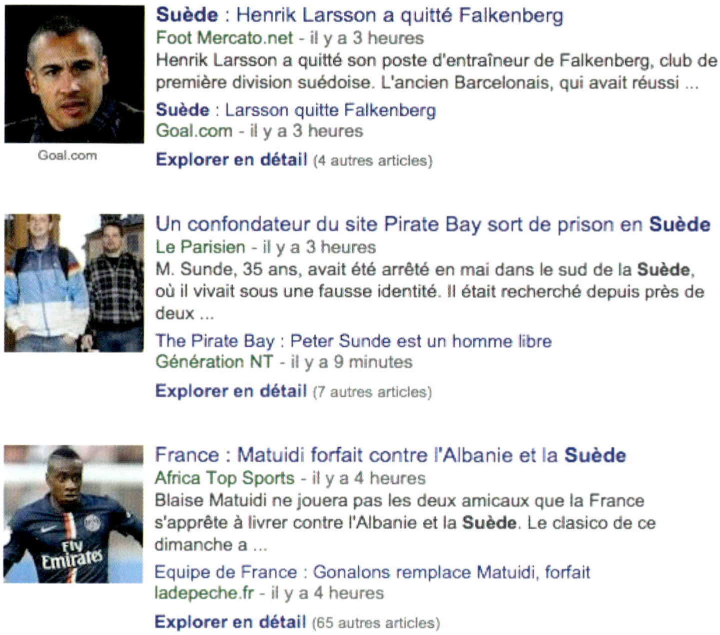

Figure 7-18

Une image est parfois affichée en face d'un article dans les pages de résultats.

Ce type d'image donne un « focus » indéniable à l'article qu'il souligne. Il y a fort à parier que les taux de clics sur les articles rehaussés par ce type de vignette doivent être bien plus forts que lorsqu'il n'y en a pas. Comment faire, alors, pour faire apparaître ces images ? Il s'agit là d'un mystère pas si simple à percer. Voici cependant quelques indications.

- La présence d'une image ne semble pas avoir de relation avec la notion de TrustRank du site. *A priori*, il ne semble pas que la présence d'une image ait non plus un rapport avec le mot-clé saisi sur Google Actualités. Lorsqu'un article donné est complété par une vignette dans les pages de résultats, il semble l'être quel que soit le mot-clé saisi pour le trouver. Il est donc inutile d'insérer dans le nom de l'image ou dans l'option `alt` de la balise `<img>` (voir ci-après) certains mots-clés pouvant être saisis selon vous par les internautes pour trouver l'article en question. Préférez une bonne adéquation entre ces indications et le thème général de l'article, comme nous le verrons par la suite.

- Essayez plutôt d'afficher des images de « grande taille » (supérieures à 200 × 200 pixels), afin que Google puisse les réduire sous forme de vignettes sans trop perdre en qualité.
- Préférez les formats GIF et JPEG.
- Faites en sorte que le nom de l'image (`xxxx.gif` ou `yyyy.jpg`) contienne des mots explicites et correspondant au contenu de l'article (titre, corps du texte). Par exemple : `anniversaire-ibm.gif` ou `jacques-chirac.jpg`.
- Renseignez l'option `alt` de l'image avec le titre de l'article ou sa légende. Par exemple, si le titre de l'article – et de la page – est « Corée du Nord : vers des sanctions à l'ONU », indiquez dans la balise `<img>` ces informations :

```
<img src="Images/coree-du-nord.jpg" alt="Corée du Nord : vers des sanctions à l'ONU"
➥ height="265" width="230">
```

- Si la légende ou un texte proche de l'image contiennent la phrase « L'essai nucléaire nord-coréen a mis en émoi les grandes puissances mondiales », vous pouvez également indiquer ceci dans votre code HTML :

```
<img src="Images/coree-du-nord.jpg" alt="L'essai nucléaire nord-coréen a mis en émoi
➥ les grandes puissances mondiales" height="265" width="230">
```

- Indiquez la largeur (`width`) et la hauteur (`height`) de l'image dans sa description, comme dans le code précédent. Cela aidera éventuellement Google à la réduire sous la forme d'une vignette. À ce sujet, Google Actualités semble bien apprécier les images qu'il peut réduire sous un format proche de 60 pixels (hauteur) sur 80 (largeur), ou le contraire pour une image en hauteur (80 × 60). Tentez de proposer des fichiers dont la taille en pixels correspond à un facteur multiplicateur de ces chiffres.
- Affichez votre image au tout début de votre texte, donc du corps de l'article, juste après le titre. L'alignement peut-être à droite, à gauche ou centré, cela ne semble pas poser de problème. En revanche, la présence de l'image au tout début du texte de l'article et après le titre semble essentielle pour qu'elle soit reprise par Google.
- Enfin, il semblerait que l'image ne doive pas être cliquable pour être retenue.

Tous ces conseils devraient vous aider à mieux optimiser la présence d'images extraites de vos articles sous la forme de vignettes dans les pages de résultats de Google Actualités. Il ne s'agit pas, là non plus, de recettes miracles, mais plutôt de petites astuces qui devraient améliorer votre situation à ce niveau. Sachez également que tout cela évolue à vitesse grand V et qu'une veille est obligatoire dans ce domaine…

Comment mieux positionner un article dans les résultats ?

Il y a peu de surprises *a priori* en ce qui concerne l'optimisation d'un article pour le voir apparaître plutôt en tête de classement sur la saisie d'un mot-clé. Les critères pris en compte lors de l'élaboration d'une page web restent valables : optimisation de la balise `<title>`, indication des mots-clés importants et descriptifs de l'article en haut de page (dans le titre de l'article – dans le corps de la page – et dans le chapô, voire le premier paragraphe), indication du titre dans une balise `<h1>`, etc. Le fait d'indiquer des mots-clés dans l'URL (*www.votresite.com/actualite/elections-presidentielles.html*) peut jouer également. Bref, rien n'est bien nouveau à ce niveau-là. Vous connaissez cela parfaitement si vous avez lu les paragraphes précédents.

Néanmoins, un point nous a paru important dans nos investigations : il nous a semblé que, contrairement au moteur de recherche web, Google Actualités accordait plus d'importance à la présence des mots dans le texte des liens sortants de la page. Si un mot est inclus dans le texte d'un lien, dans un document, cela semble donner un poids plus fort à ce dernier.

Les 10 critères majeurs de positionnement dans Google Actualités

Des référenceurs anglophones (une vingtaine) ont réfléchi en septembre 2011 aux critères de pertinence utilisés par Google Actualités pour classer les articles qu'il indexe dans ses pages de résultats. Le site Googlenewsrankingfactors.com propose ainsi le résultat de ce brainstorming avec la liste des 10 critères les plus importants pour cet outil, selon ces spécialistes.

1. L'autorité d'un site sur un sujet précis.
2. La présence des mots-clés demandés dans le titre de la page.
3. L'autorité du nom de domaine en termes SEO.
4. Les partages sociaux.
5. Le fait d'être parmi les premiers à publier un article sur le sujet.
6. Le nombre de citations par d'autres sites.
7. Le fait que l'article soit unique et original.
8. Le taux de clics dans les résultats de Google Actualités.
9. La qualité du contenu.
10. L'utilisation d'un Sitemap spécifique de Google Actualités.

Le critère numéro 5, notamment, est l'objet de beaucoup de discussions entre webmasters et n'est pas établi au moment où ces lignes sont écrites.

Pour plus d'informations, consultez la page suivante : *http://goo.gl/yBNq0.*

Contrôler l'indexation des pages

Attention, les robots de Google ne passent qu'une fois sur un article mis en ligne. Vous n'aurez donc pas droit à une seconde chance si vous souhaitez améliorer vos résultats. En effet, aucune modification d'un article déjà en ligne ne sera prise en compte par Google

Actualités. Vous trouverez dans les Google Webmaster Tools (zone Exploration>Erreurs d'exploration>Actualités) la liste des articles que Google a refusés, avec explications à la clé. Google fournit des détails sur les raisons de ses rejets à la page suivante : *http://goo.gl/Bm6as*.

Tableau 7-4 Principaux motifs de refus d'un article par Google Actualités

Messages d'erreur	Explications de Google
Article trop court	Le corps de l'article que nous avons extrait de la page HTML est trop court comparé à d'autres textes de cette page ne comportant pas de liens ou trop court pour être un texte d'actualité. Cela concerne la plupart des pages contenant des brèves ou du contenu multimédia, et non des articles d'actualité complets. Nous avons retourné cette erreur pour éviter d'inclure un texte pouvant être incorrect.
Article fragmenté	Le corps de l'article que nous avons extrait de la page HTML semble contenir des séquences isolées, non regroupées en paragraphes. Nous avons retourné cette erreur pour éviter d'inclure un texte pouvant être incorrect.
Article trop long	Le corps de l'article extrait de la page HTML semble trop long pour un article d'actualité. Nous avons retourné cette erreur pour éviter d'inclure un texte pouvant être incorrect. Cette situation peut se produire lorsque, sous l'article, s'ajoutent des commentaires envoyés par les utilisateurs, ou lorsque des mises en page HTML contiennent des éléments autres que l'article lui-même.
Date introuvable	Nous n'avons pas été en mesure de déterminer la date de publication de l'article.
Date trop ancienne	La date que nous avons trouvée pour cet article, à partir d'une balise <publication_date> dans le Sitemap ou à partir d'une date sur la page HTML, est trop ancienne.
Article vide	Le corps de l'article extrait de la page HTML semble vide.
Échec de l'extraction	Nous ne sommes pas en mesure d'extraire l'article de cette page. Les extractions échouent lorsque nous ne parvenons pas à identifier le titre, le corps du texte et la date de l'article. Nous répertorions les URL comportant des erreurs afin que vous sachiez pourquoi certains de vos articles n'apparaissent pas dans Google Actualités.
Balise `meta` de date non valide	La page HTML contient une balise `meta` de date que nous n'avons pas pu analyser.
Aucun lien trouvé	Googlebot-News n'a pas trouvé de liens vers des articles d'actualités valides sur cette page. Cette erreur s'applique uniquement aux pages d'actualités.
Aucune phrase	Le corps de l'article que nous avons extrait de la page HTML ne semble contenir aucune suite de mots ni aucun signe de ponctuation. Nous avons retourné cette erreur pour éviter d'inclure un texte pouvant être incorrect.
Balise `noindex` détectée	La page HTML de l'article contient une balise meta `noindex` qui empêche Google d'indexer la page.
Redirection hors du site	La section ou la page d'article redirige vers une URL appartenant à un autre domaine.
Page trop longue	La longueur de la rubrique ou de la page d'article dépasse la limite autorisée.
Titre non autorisé	Le titre que nous avons extrait de la page HTML semble indiquer qu'il ne s'agit pas d'un article d'actualité.

Messages d'erreur	Explications de Google
Titre introuvable	Nous ne sommes pas en mesure d'extraire le titre de l'article de la page HTML.
Échec de décompression	Googlebot-News a constaté que cette page était compressée, mais n'est pas parvenu à la décompresser. Cela peut être dû à l'état du réseau, à une mauvaise programmation ou configuration du serveur web.
Type de contenu non pris en charge	La page présente du contenu de type HTTP, qui n'est pas pris en charge par Google Actualités.

Comment faire pour ne pas être indexé par Google Actualités ?

Jusqu'à la fin 2009, les systèmes de « barrage » proposés par Google pour un site web étaient communs à Google Web et Google Actualités. Si vous installiez un fichier `robots.txt` ou une balise meta `robots` pour barrer l'accès aux robots nommés Googlebot, cela était valable pour le moteur Web de Google mais aussi pour son moteur d'actualités. Il était donc impossible, jusqu'à cette date, de barrer l'accès à Google Actualités en laissant la porte ouverte à Google Web, de voir son site indexé sur le moteur web de Google et pas sur le moteur d'actualités.

La situation a changé en décembre 2009 et Google a alors proposé deux spiders spécifiques pour son moteur web (Googlebot) et celui sur l'actualité (Googlebot-News). Il était donc possible d'individualiser l'accès à chacun d'eux. Puis il est revenu en arrière en août 2011 (*http://goo.gl/uwmBy*), mais la situation mise en place depuis 2009 reste cependant valable. Pourquoi faire simple quand on peut faire compliqué ?

Ainsi, pour autoriser l'accès à un site pour Google Web et Google Actualités, on utilisera la syntaxe suivante dans le fichier `robots.txt` :

```
User-agent: Googlebot
Disallow:
```

Pour autoriser Google Web et interdire Google Actualités :

```
User-agent: Googlebot
Disallow:
User-agent: Googlebot-News
Disallow: /
```

Pour interdire Google Web et autoriser Google Actualités :

```
User-agent: Googlebot
Disallow: /
User-agent: Googlebot-News
Disallow:
```

L'emploi de la fonction `unavailable_after` est également possible, voir le chapitre 16 à ce sujet.

Le référencement local (Google Maps)

Le service Google Maps (*http://maps.google.fr/*) s'est largement déployé en France et devient de plus en plus intéressant dans le cadre de la recherche universelle. En effet, sur certaines requêtes, les résultats Google Maps et de Google+ Local (ex- Places ou Local Business Center : *http://goo.gl/TMQ6F*) se positionnent « dans le haut du panier » par rapport aux résultats Google classiques (moteur web). C'est ce qu'on appelle le « pack local » qui affiche en 2016 trois liens de commerce ou activités locale.

L'exemple de la figure 7-19 sur l'expression « pizzeria paris » dans Google sera plus parlant pour évaluer l'intérêt de Google Maps.

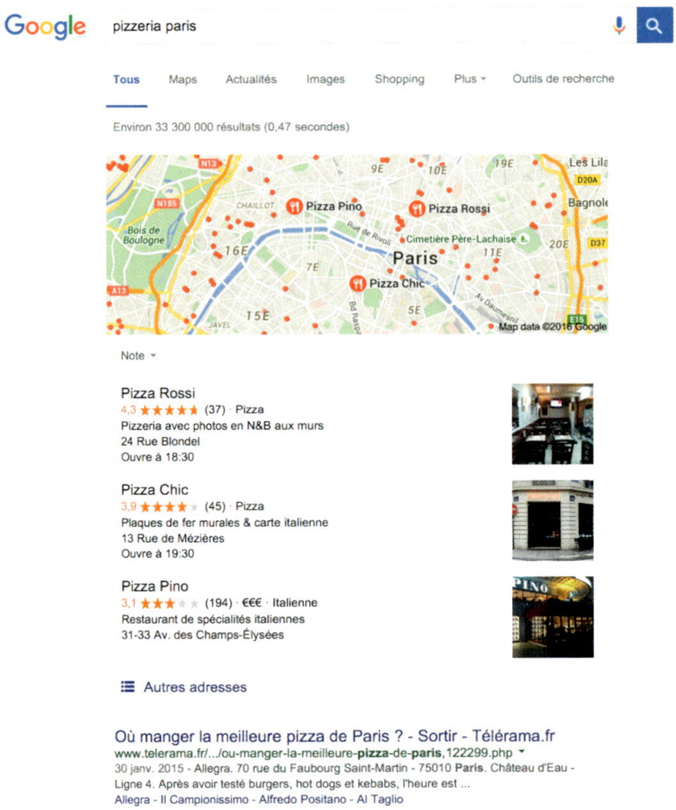

Figure 7-19

Requête « pizzeria paris » sur Google : le moteur fait la part belle dans le « pack local » aux résultats issus de Google Maps.

De plus, depuis avril 2009, il n'est plus nécessaire de saisir le nom d'une localité sur certaines requêtes (*http://goo.gl/4Wngn*) : Google va géolocaliser votre ordinateur et ajouter automatiquement des résultats « locaux » au sein des liens proposés (figure 7-20).

Il sera difficile donc, dans les années qui viennent, de passer outre un bon référencement dans Google Maps pour les sociétés ayant une zone d'activité locale. Autre atout indéniable pour l'internaute, ce service permet de localiser de façon précise une entreprise sur une carte. Grâce à cette solution gratuite, il est possible de compléter les services apportés par un site web et de faciliter les rencontres directes avec les clients.

Une visibilité accrue en dehors du Web traditionnel, voilà ce que peut apporter Google Maps pour les entreprises, même si elle reste limitée aujourd'hui à des recherches plutôt orientées « tourisme/hôtellerie/restauration » (mais cela évolue très rapidement).

Le service Google Maps est également exportable : il est très simple d'ajouter ce type d'information sur son propre site web.

Google Maps est donc un outil très intéressant en termes de référencement, de visibilité et de services aux internautes, notamment pour des entreprises ayant des offres locales et une clientèle circonscrite à une zone géographique bien délimitée.

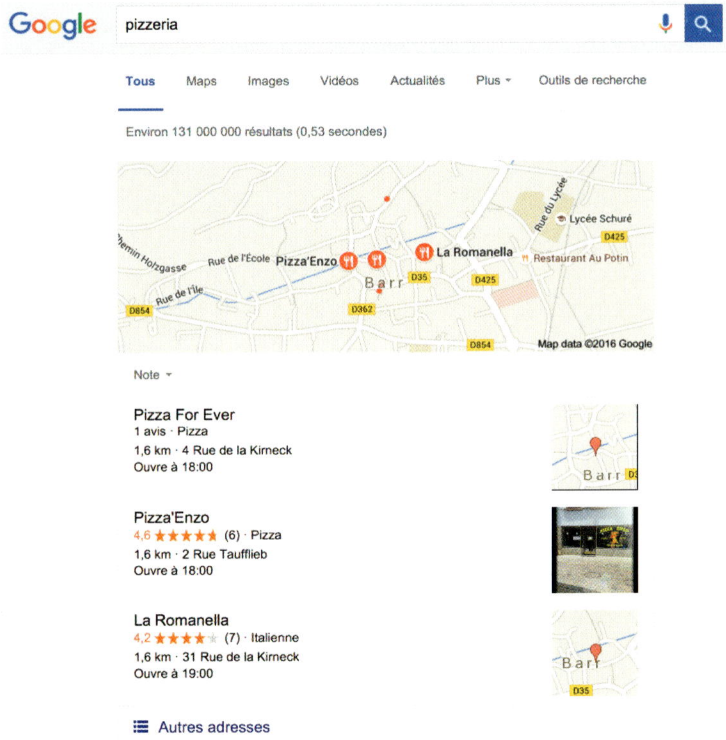

Figure 7-20

La simple saisie du mot-clé « pizzeria » implique l'affichage de résultats locaux proches de l'emplacement de votre ordinateur (ici, un internaute situé à Barr, en Alsace), géolocalisé par Google.

Suivre l'évolution de Google Maps

Pour garder un œil sur l'évolution de cet outil, voici plusieurs ressources incontournables :

- Blog Google Maps France (aujourd'hui abandonné) : *http://blogomaps.blogspot.fr/* ;
- Informations sur Google Maps et Google Earth (en anglais, plus souvent mis à jour) : *http://google-latlong.blogspot.fr/*.

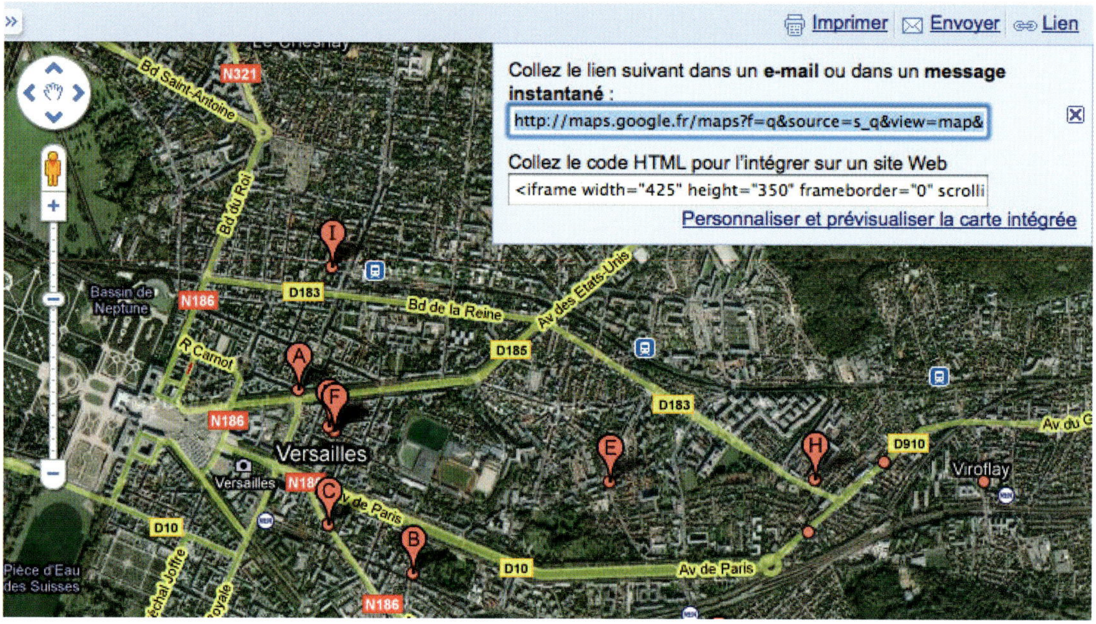

Figure 7-21

Une option permet d'obtenir un lien direct vers le plan proposé.

Voyons maintenant comment intégrer et présenter votre entreprise sur Google Maps.

Le service « Google My Business », anciennement « Google+ Local » ou « Google Adresses » en français (*http://www.google.com/business*) est destiné aux entreprises et commerces et leur permet de se faire référencer facilement (et gratuitement) dans Google Maps.

Google My Business

> Section rédigée avec la contribution de Guillaume Thavaud

L'inscription à Google My Business est gratuite mais nécessite une validation de la part du propriétaire du site. Voici un petit récapitulatif sur les informations stratégiques à renseigner dans sa fiche Google Adresses.

Google My Business, première source de trafic pour les sites locaux

La société BrightLocal a publié une double étude qui montre l'importance d'un référencement sur Google Web et Google Adresses (l'ancêtre de My Business) pour une activité visant une clientèle locale. Incontournable… Plus d'informations à l'adresse suivante : *http://goo.gl/F8Vsg*.

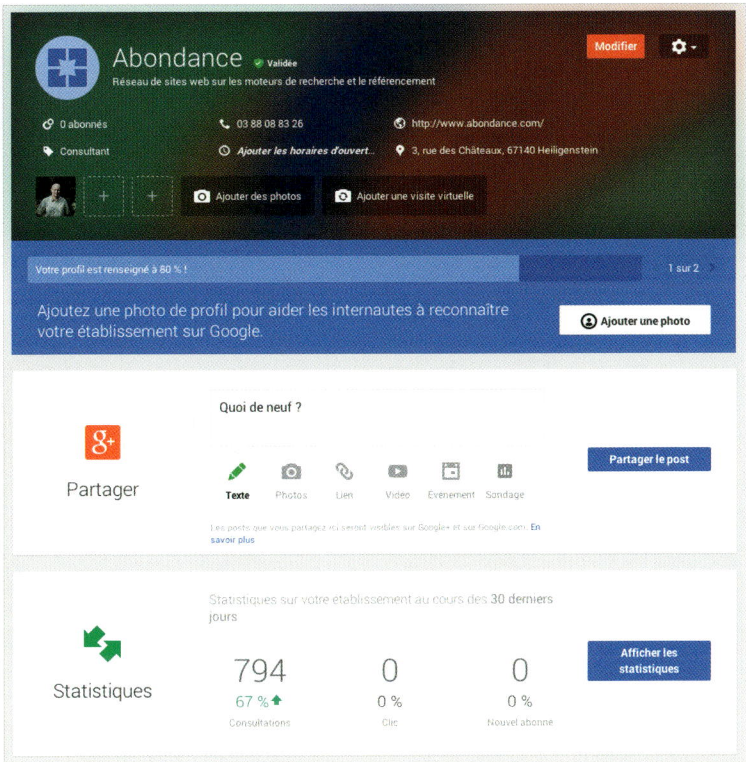

Figure 7-22

Interface de saisie de Google My Business. Vous êtes prêt à décrire votre entreprise.

Informations générales

Ce point n'est pas à négliger car il permet d'insérer des informations clés, qui serviront au positionnement mais aussi aux internautes.

Proposer une adresse correcte est indispensable si vous souhaitez que les gens viennent vous voir... De plus, si vous voulez positionner correctement votre marqueur, mieux vaut être précis. Point important : Google refuse absolument l'utilisation de boîte postale !

Google a prévu néanmoins le cas où vous exercez une activité à domicile. Dans ce cas, l'adresse postale de votre entreprise devient une « Zone desservie ». Vous pouvez choisir de cacher votre adresse personnelle et de sélectionner une zone où vous pouvez exercer votre activité (pour plus d'infos, voir l'aide en ligne de Google sur les zones desservies : *http://goo.gl/st1Jo*).

Le numéro de téléphone, l'adresse et l'e-mail indiqués seront utilisés ensuite par Google pour la validation de la fiche, il faut donc être précis et exact si vous souhaitez apparaître un jour dans Google Maps.

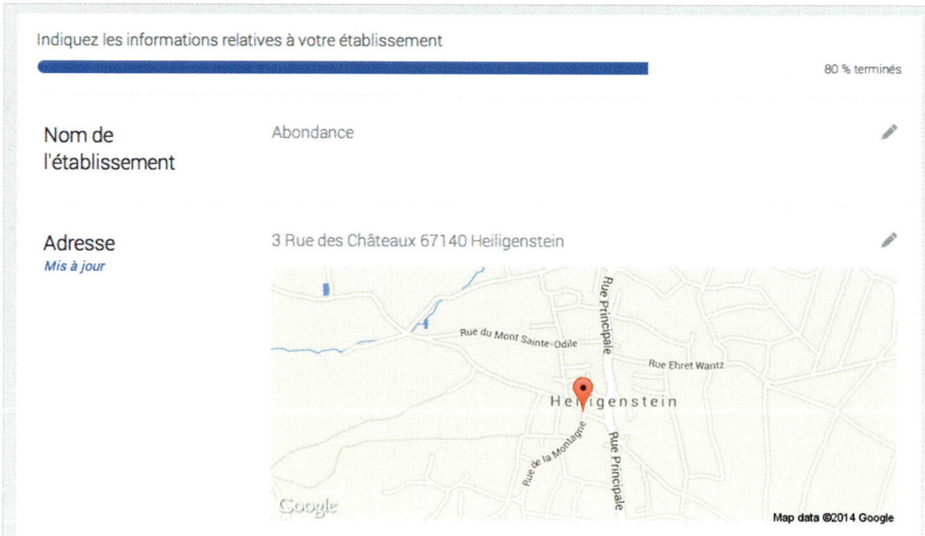

Figure 7-23

Sélection de la zone d'activité de l'entreprise

En toute rigueur, le nom de société/organisme doit uniquement comporter votre nom d'entreprise. Google n'autorise pas l'ajout de mots-clés pertinents, contrairement à ce qui se passe dans le `title` d'une page web par exemple. N'essayez pas de manipuler les résultats de recherche en ajoutant des mots-clés superflus ou une description dans le nom de l'entreprise (extrait des consignes de rédaction données par Google : *http://goo.gl/ADLjj*).

La description et les catégories choisies pour votre entreprise sont libres. Il semble que l'impact de la description porte surtout sur les internautes plutôt que sur le classement dans Google : il est inutile d'utiliser une surabondance de mots-clés, il faut surtout donner envie aux internautes ! En cela, le rôle est le même que celui de la balise meta `description` d'une page web.

La catégorie peut jouer un rôle non négligeable dans le positionnement de votre entreprise, choisissez-la donc avec soin. Google n'effectue pas de vérification, mais il est bien évident que si vous choisissez des catégories qui ne correspondent pas à votre activité, vous risquez de décevoir les internautes (ce qui peut se traduire par des commentaires déplaisants sur votre fiche).

Pour finir, il est bien sûr absolument incontournable de renseigner l'adresse de son site web. Cette URL pourra entraîner des visites depuis Google Maps et elle sera également utilisée par Google pour présenter quelques résultats de recherche dans la fiche entreprise.

Photos et vidéos

L'insertion de photos et vidéos peut personnaliser votre fiche et améliorer sa réactivité vis-à-vis des internautes. Pensez donc à fournir ici le logo de votre entreprise, une image des locaux, de vos produits ou même une photo de l'équipe.

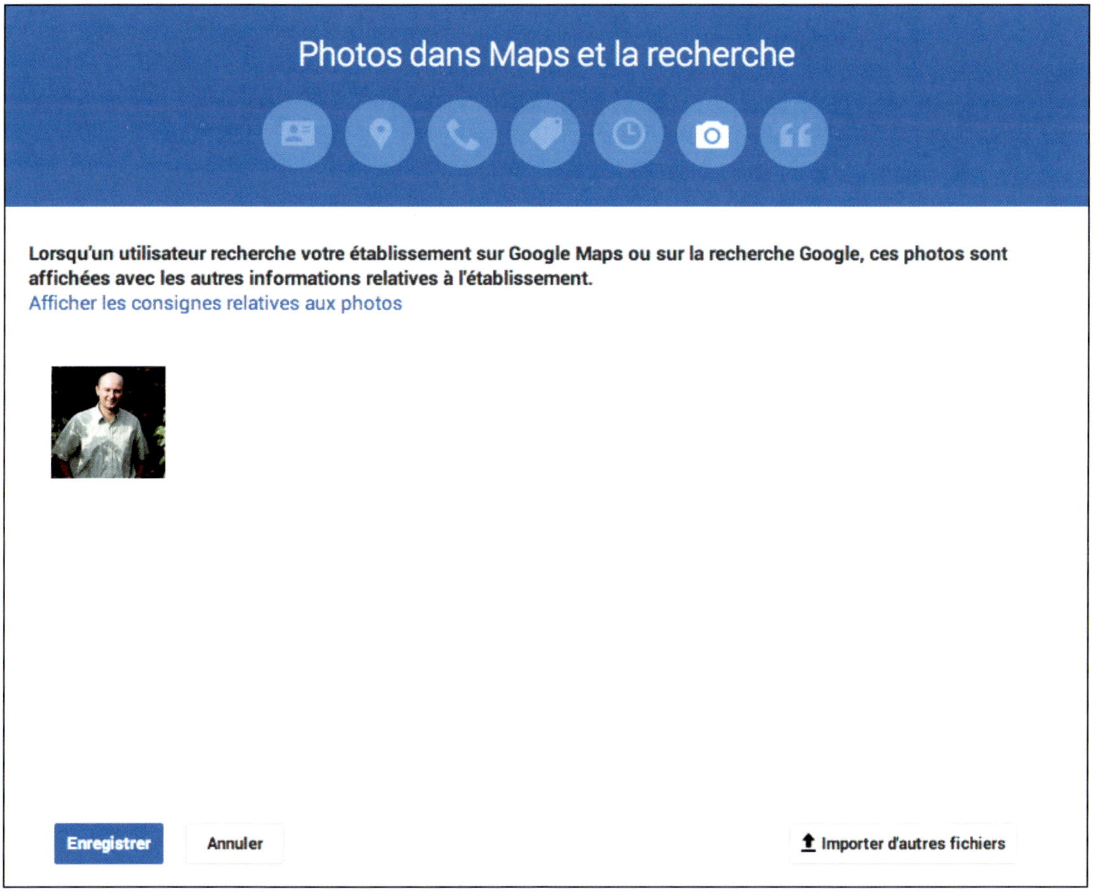

Figure 7-24

N'hésitez pas à insérer photos et vidéos pour mieux présenter votre entreprise.

L'ajout d'une vidéo (celle-ci devant être préalablement soumise à YouTube) est également intéressant pour présenter votre entreprise et votre activité.

Avis des internautes

Les avis des utilisateurs de Google Maps peuvent constituer un atout précieux pour enrichir votre fiche. Rien n'est mieux qu'un peu de publicité pour donner envie aux internautes de faire appel à vos services.

Néanmoins, ceci est à double tranchant : un avis négatif peut avoir un impact redoutable sur votre activité économique, il faut donc surveiller régulièrement ce qui se passe dans votre fiche Google Place. Ne comptez pas trop sur Google pour modérer ce que postent les internautes !

S'il est relativement compliqué d'intervenir sur les avis issus de sources externes, récupérés par Google, vous pouvez en revanche très bien répondre vous-même aux avis laissés dans Google Maps. Ceci démontrera votre réactivité et votre bonne foi, et permettra de soigner votre image sur le Web.

Pour répondre à un avis (positif ou négatif), il suffit de vous connecter à votre compte, d'aller sur votre fiche et de cliquer sur Répondre publiquement en tant que propriétaire. Tâchez de rester poli et de suivre les consignes de rédaction données par Google !

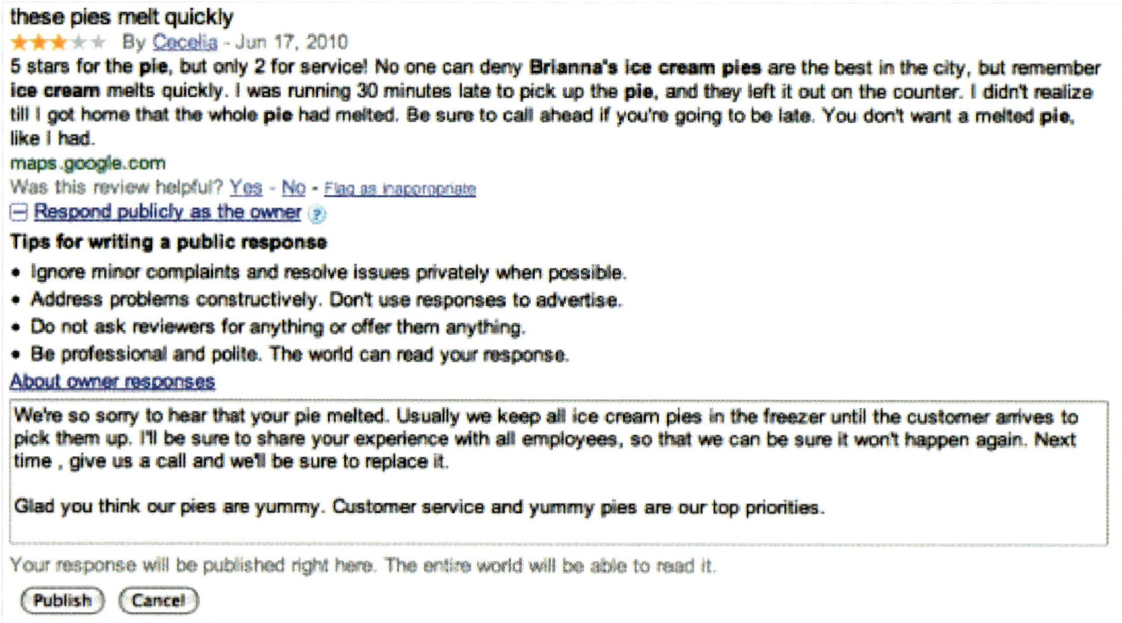

Figure 7-25

Exemple de commentaire fourni par Google

En ce qui concerne certaines activités touristiques (hôtellerie, restauration, discothèques, etc.), on constate que Google fait souvent remonter des avis issus de sites sociaux comme Tripadvisor, Booking.com, Qype.fr, Tvtrip.fr, etc. Ce type de site permet aux internautes de donner leur avis après leur passage dans un établissement touristique, il peut donc être intéressant d'en profiter (en espérant que les clients seront satisfaits). Pour cela, le plus simple est de consulter les avis laissés sur les fiches de concurrents et d'identifier les sites utilisés par Google. Il ne vous reste plus qu'à inscrire votre société dans un de ces portails et à attendre les avis favorables.

Avis des internautes

booking.com - 40 avis

"**Négatif: Une différence de qualité énorme** entre les chambres confort et la gamme luxe qui rend le rapport qualité prix mauvais: pas du tout la même déco, ni les mêmes gels douche, etc. Dommage car les chambres haut de gamme sont vraiment ..." - voyageur individuel - 28 sept. 2010 - Avis complet »

"**Positif: La situation au centre de** Clermont Ferrand et le calme. Négatif: Le rapport qualité/prix n'est pas bon. Le tarif est trop élevé pour les prestations offertes. Le nombre limité d'hôtels 3 étoiles disponibles sur Clermont cela ..." - voyageur individuel - 28 sept. 2010 - Avis complet »
www.booking.com/hotel/fr/inter-des-puys.fr.html?aid...;tab...

qype.fr - 2 avis

"**rien de tres attrayant en exterieur mais** ... propre, tres bien insonorisé, vue sur les puys restaurant: nous navons pas testé la salle mais avons dinné en chambre= EXCELLENT service impeccable et rapide, cuisine recherchée et savoureuse.. table a tester absolument! equipe tres ..." - niaoustaticdecorse - 13 août 2010
www.qype.fr/.../926038-Inter-Hotel-Des-Puys-Clermont-Ferra...

tvtrip.fr - 5 avis

"**Inter-Hotel Des Puys** Les chambres de l'**hôtel** sont entièrement équipées et disposent de: chambres non-fumeur, climatisation, journal quotidien, bureau, sèche-cheveux, télévision, bain, télévision avec câble/satellite.Ce superbe **hôtel** à Clermont-Ferrand propose ..." - 4 déc. 2009
www.tvtrip.fr/clermont_ferrand-hotels/inter-hotel-puys

Figure 7-26

Avis affichés par Google, issus de sources diverses

Actualité de votre entreprise

Google vous donne également la possibilité de publier un message sur les promotions ou les nouveautés du moment présentées par votre entreprise. Voilà qui peut capter l'intérêt des internautes et donner plus de vitalité à votre fiche !

Pour cela, il suffit de se connecter à son compte, d'afficher le rapport lié à une fiche et de rédiger un message (pas plus de 160 caractères) dans la zone située en haut à droite de votre console d'administration. Ce dernier sera publié au bout de quelques minutes.

Figure 7-27

Profitez-en pour faire connaître votre actualité !

Se positionner dans Google Maps

Comme à son habitude, Google propose un message assez sibyllin sur la façon dont sont classés les résultats Google Maps :

« Comme tous les résultats de recherche produits par Google, les fiches descriptives sont triées en fonction de la pertinence des informations qu'elles contiennent. Google Maps organise ses listes de commerces et services en fonction de la pertinence des résultats par rapport aux termes recherchés, la distance géographique (quand une position est spécifiée) et un certain nombre d'autres facteurs. Parfois, notre technologie de recherche estime qu'un commerce ou un fournisseur de services plus éloigné de votre position actuelle vous conviendra davantage qu'un commerce ou service plus proche. »

Comment rendre les informations plus pertinentes pour Google ? Quelques éléments de réponse ont été donnés par des webmasters attentifs.

- **Utiliser des mots-clés dans le nom de société.** Bien que cela soit déconseillé par Google, il semble qu'un ajout raisonnable et modéré de mots-clés puisse porter ses fruits et il n'est pas inutile de préciser la ville dans le nom de société. Par exemple, utilisez « agence immobilière XXXX Paris » plutôt que « XXXX » tout seul. Attention néanmoins aux abus qui peuvent être sanctionnés par Google !
- **Choisir de bonnes catégories.** Les catégories ont un impact non négligeable sur le positionnement. Il est donc conseillé de sélectionner au moins une catégorie appropriée dans Google Adresses (si nécessaire, regardez comment ont procédé vos

concurrents) et d'ajouter vos propres catégories, de façon à bien définir votre activité. C'est un peu l'équivalent d'une balise `keywords` qui aurait un impact significatif sur le référencement !

- **Faire connaître votre entreprise.** Google utilise les informations trouvées sur le Web pour vérifier l'existence et la validité de ce que vous mettez dans la fiche Google Adresses. Il est donc important de présenter vos coordonnées et contacts sur plusieurs sites web, de façon à appuyer les informations que vous donnez sur votre fiche. Si Google trouve des adresses différentes dans les références à votre entreprise trouvées sur le Web, cela risque de nuire grandement à votre classement ! Pensez à vous enregistrer dans des annuaires, notamment locaux et régionaux, à trouver des sites partenaires et naturellement à créer une page contact sur votre propre site web (et pourquoi pas, vous pouvez aussi y insérer une carte Google Maps !).
- **Remplir le plus possible la fiche Google Adresses.** Description, horaires d'ouverture, photos, actualités... Tout est bon pour compléter votre fiche, la personnaliser et la faire sortir du lot parmi les nombreuses fiches qui sont proposées par Google Maps. Il est important de proposer un maximum d'informations utiles et de montrer votre dynamisme. Une fiche entièrement complétée sera mieux classée qu'une fiche partiellement remplie.
- **Surveiller son image sur le Web.** Les avis laissés par les internautes peuvent constituer une source d'informations importante et il est très possible que Google tienne compte des notations pour améliorer le classement d'une fiche Google Adresses. Google a par exemple modifié son algorithme pour tenir compte des avis négatifs laissés dans Google Shopping (*http://goo.gl/y4jx9*) ; il est probable que les avis vont compter aussi dans Google Adresses. Si vous n'obtenez que des avis négatifs, essayez au moins de répondre aux internautes et de vous justifier.

AdWords Express

Se positionner dans Google Adresses et faire apparaître son entreprise dans les résultats de recherche, c'est une bonne chose, mais comment se démarquer de ses concurrents ?

La solution proposée par Google s'appelle Google Boost, ou AdWords Express en français (*http://goo.gl/i29jE*). AdWords Express propose contre rémunération de faire apparaître votre fiche entreprise au-dessus des autres, à la façon d'un lien sponsorisé, et de profiter d'un marqueur bleu. Ces annonces « boostées » apparaîtront en fonction des mots-clés tapés par les internautes et de la pertinence de la fiche (il s'agit d'un système identique à un lien sponsorisé classique).

Si le test est satisfaisant, les internautes peuvent s'attendre à voir apparaître des pointeurs de toutes les couleurs et une quantité importante de fiches Google Adresses sponsorisées.

Pour plus d'informations, consultez l'article *Advertise Your Local Business with Google Boost* à l'adresse suivante : *http://goo.gl/a0iwp*.

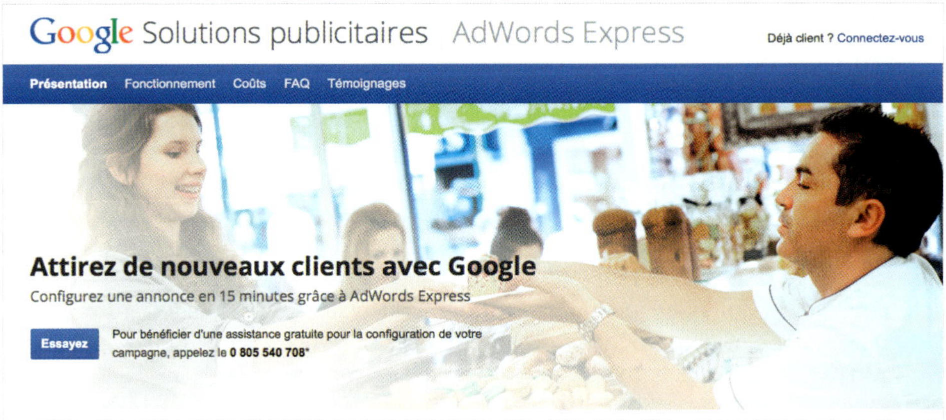

Figure 7-28

Google Boost pour donner un « coup de boost » à votre visibilité dans Google Maps

Conclusion

Réseaux sociaux, liens sponsorisés, recherche universelle... il sera bientôt impossible de passer à côté de Google My Business. Il faut aussi penser au Web mobile, qui rend la visibilité dans Google Maps encore plus indispensable. Les mobinautes sont en effet friands de recherche localisée, qui leur est apportée grâce au GPS inclus dans leur téléphone de dernière génération. « Où aller boire un verre ? », « Où trouver un restaurant pas cher ? », « Où se trouve le garage le plus proche ? » : les webmasters qui sauront profiter de Google Adresses pour répondre à ce type de questions seront sans aucun doute les gagnants de Google Maps dans les années qui viennent.

Pour en savoir plus

Voici quelques liens qui vous fourniront quelques informations complémentaires sur le référencement local :

- *20 critères pour réussir votre référencement local* de Olivier Duffez : *http://goo.gl/Oxvhf7 ;*
- *Optimiser la visibilité d'un commerce local avec Google Plus* de Thomas Coëffé : *http://goo.gl/6PIF2F ;*
- *Guide du référencement local pour TPE/PME et commerçants* de Cédric Brun :
- *http://goo.gl/RKNOmY ;*
- *Conseils d'optimisation de la page Google+ Local* de Cédric Brun : *http://goo.gl/4K2bLf ;*
- *40 Important Local Search Questions Answered* de Mike Ramsey : *http://goo.gl/JJbDe8 ;*
- *Your Guide to Local SEO 2013* de Chris Warden : *http://goo.gl/1esQj3 ;*
- *The Best Link Building For Local SEO – None!* de Chris Silver Smith : *http://goo.gl/lD46oY ;*
- *Local SEO Citations – The New Link Building* de David Daniels : *http://goo.gl/De7MmS.*

Référencement sur les mobiles

Le Web mobile est la nouvelle terre promise des créateurs de sites. Ce vaste territoire encore peu colonisé offre de nombreuses possibilités en matière de positionnement marketing, mais la médiatisation autour des mobiles de dernière génération ne doit pas nous faire oublier que l'équipement des mobinautes ne leur permet généralement pas d'accéder à des contenus très sophistiqués.

Cela ne nous empêchera pas de donner ici quelques conseils pour réussir son site mobile et se faire connaître auprès des mobinautes, même si la notion de référencement mobile n'en est qu'à ses prémices.

Dans le monde mobile, plusieurs voies d'accès sont également disponibles afin d'optimiser sa visibilité.

- Les moteurs de recherche internes des portails opérateurs : ils sont proposés par chaque opérateur et n'offrent souvent que des contenus limités aux rubriques du portail ou à des sites partenaires. L'outil de recherche est le plus souvent Gallery.

  Gallery représente: une offre spécifique (*http://www.gallerymobile.fr/fr/index.jsp*) qui permet d'être référencé sur cet espace, tous opérateurs confondus (Orange, SFR et Bouygues) et qui dispose de son propre outil de recherche. Dans ce cas, les services sont payants : forfait + nombre de mots-clés, etc., l'offre étant gérée par l'AFMM (Association française du multimédia mobile, *http://goo.gl/EyDvB*).
- Les moteurs web optimisés mobiles comme Google mobile, Bing mobile ou Yahoo! oneSearch (stratégie *off-portal*). La visibilité peut s'effectuer au travers de liens sponsorisés (qui ne font pas l'objet de cet ouvrage) ou à l'aide de procédures de référencement naturel.
- Les « Stores » de certains constructeurs comme le Google Play Store, l'AppStore d'Apple ou l'OviStore de Nokia, qui référencent des applications (« Apps ») parfois « triées sur le volet » par le constructeur lui-même. La plate-forme dispose dans ce cas de son propre outil de recherche.

Un livre dédié au référencement mobile

Le livre *Référencement mobile, Web Analytics et stratégie de contenu*, d'Isabelle Canivet-Bourgaux (éditions Eyrolles), vous apprendra beaucoup de choses en termes de SEO pour terminaux mobiles et de gestion de contenu proposé aux internautes sur de tels appareils, en complémentarité avec votre site web classique... Plus d'inforamtions à l'adresse suivante : *http://goo.gl/NdJgBS*.

À noter également un excellent guide PDF proposé par Google, intitulé Guide *de démarrage Google – Optimisation pour les moteurs de recherche*, disponible à l'adresse *http://goo.gl/qElY44* et dont une partie est consacrée à l'optimisation des sites mobiles.

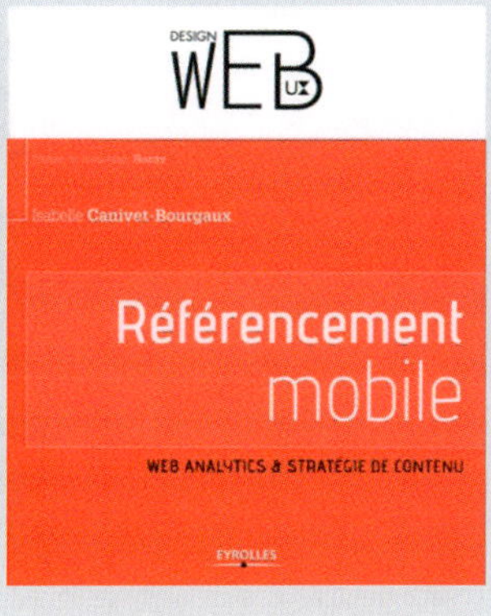

Figure 7-29

Concevoir un site « mobile friendly »

Un site web pour mobile n'est pas conçu de la même façon qu'un site web traditionnel. En effet, il existe un certain nombre de limitations techniques et de normes à utiliser pour rédiger le contenu destiné aux mobinautes.

Les *smartphones* sont encore peu répandus en France (même si la percée de l'iPhone et des terminaux sous Androïd change peu à peu la donne) et il faut donc concevoir son site pour des mobiles qui ne possèdent pas de grandes capacités d'interprétation. Oubliez le Flash (incompatible avec l'iPhone et l'iPad), les effets dynamiques et autres éléments susceptibles de saturer les ressources d'un navigateur mobile !

Le monde du mobile fait bien entendu appel à des normes spécifiques. Le W3C a présenté en 2005 sa *Web Mobile Initiative* (WMI, *http://www.w3.org/Mobile*) visant à améliorer la diffusion de contenus web sur toute solution mobile. Plusieurs normes se sont développées pour créer des sites web dédiés au monde mobile. Citons parmi celles-ci :

- le C-HTML (ou cHTML) qui peut être présenté comme un langage HTML simplifié (pas de CSS, de mots en gras) et proposant certaines fonctions spécifiques du monde mobile (liens vers des numéros de téléphones, etc.). Le langage c-HTML est notamment utilisé pour l'i-Mode, principalement employé au Japon et par Bouygues en France : *http://fr.wikipedia.org/wiki/I-mode* ;
- le WAP 1.2, utilisant le format WML *(Wireless Markup Language)*, dérivé du XML. Le WAP 2.0 fonctionne, pour sa part, sur la base du XHTML. Certains opérateurs utilisent également leur propre langage (OML pour Orange ou PML pour Vodafone, par exemple).

Les formats précédents sont la plupart du temps utilisés pour les sites mobiles et les WebApps (Apps créées directement sur le Web). Ces langages ressemblent tous plus ou moins au HTML et en reprennent la plupart du temps les balises les plus classiques. Celles-ci pourront donc être utilisées dans le cadre d'une optimisation similaire à ce qu'on peut faire pour un site web traditionnel.

Dans ce contexte, plusieurs directives ont été proposées dans le cadre d'une norme W3C pour mobile (*http://www.w3.org/TR/mobile-bp*).

À ce sujet, il sera, comme d'habitude, intéressant de se référer aux conseils donnés par Google dans son guide en ligne à l'attention des webmasters (*http://goo.gl/HQQvq*) ainsi qu'aux conseils prodigués par le site mobiForge (*http://goo.gl/d9Zkm*).

Voici quelques éléments techniques conseillés lors de la création de votre site.

- Utiliser le langage de balisage XHTML Basic 1.1 (*http://www.w3.org/TR/xhtml-basic*).
- Utiliser l'encodage de caractères UTF-8.
- Prévoir une largeur de page de 120 pixels, pour être affiché sur la majeure partie des écrans de téléphones actuels.
- Utiliser des images GIF ou JPEG.

- Prévoir un code ne pesant pas plus de 20 Ko par page.
- Se limiter aux styles CSS1 et de préférence les intégrer dans la page. Si l'aspect mobile est prépondérant, insérer les CSS dans le code. Si l'aspect référencement web traditionnel est plus important, il vaut mieux externaliser les CSS.
- Pas de redirection automatique ou de rafraîchissement des pages (balise meta `refresh`).
- Pas de frameset ou iframe. Il est préférable d'intégrer directement des contenus (venant éventuellement de partenaires) dans le code affiché. Les frames ou iframes peuvent également s'accompagner de deux ascenseurs, difficiles à gérer pour l'utilisateur.
- Pas de pop-up.
- Remplacer les tableaux par des calques (`div`).
- Pas de JavaScript, Flash ou autres éléments ayant besoin de plug-in ou add-on spécifique.
- Utiliser un système de navigation basé sur une liste ordonnée.
- Pas de cookies.

Eh oui, il ne reste pas grand-chose…

Validateurs de sites pour mobiles

Il existe plusieurs outils incontournables pour tester son site mobile depuis un PC ou en obtenir une visualisation à partir d'un émulateur. En voici deux :

- Validateur W3C : *http://validator.w3.org/mobile/* ;
- Ready.mobi : émulation mobile et correction du code : *http://ready.mobi/launch.jsp?locale=en_EN?.*

Optimiser un site mobile

Les spécialistes s'accordent à dire qu'il est généralement illusoire de vouloir retranscrire le contenu d'un site web sur un site mobile. En effet, l'interface d'un téléphone mobile est encore spartiate et impose des restrictions importantes au niveau de la taille du contenu et de sa sophistication.

Par ailleurs, les offres de téléphonie en France sont encore assez limitées au niveau des échanges de données et de la navigation web : un mobinaute ne va sans doute pas surfer des heures à la recherche d'une information intéressante.

Il faut également bien saisir qu'un mobinaute ne recherchera pas le même type de contenu qu'un internaute : il sera intéressé par des informations synthétiques et des services pratiques, susceptibles de l'aider ou de le divertir lors d'un déplacement (par exemple, adresses de restaurant, lieux à visiter, actualités du moment, jeux en ligne…).

Les principes de rédaction du contenu peuvent donc se résumer ainsi :

- un contenu synthétique ;
- un contenu facilement accessible et une navigation optimisée ;
- des services et des informations adaptés aux mobinautes.

En ce qui concerne l'optimisation du site web lui-même et de ses pages, on peut utiliser les mêmes principes que pour le référencement de site web classique, à quelques différences près.

- Créer des titres et des descriptions courtes, pour faciliter l'affichage dans les navigateurs mobiles.
- Ne pas hésiter à utiliser des expressions concurrentielles : en effet, le marché est encore assez ouvert en matière de sites web mobiles, autant en profiter.

Pour le reste, l'optimisation est assez similaire.

- Balise `<title>` sur 5 à 7 mots-clés importants.
- Balise `<h1>` sur 3 à 5 mots-clés importants et structure du contenu éditorial en balises `<h2>`, `<H3>...`
- Proposer du texte (une centaine de mots au minimum, même si la taille de l'écran peut limiter cet affichage) et utiliser des technologies qui affichent du texte dans du code HTML (ou C-HTML ou autre) lu par le spider. Bannir le Flash, n'utiliser le JavaScript qu'à bon escient, etc.
- Indiquer les mots importants en gras lorsque la norme utilisée le permet (balise `<strong>`, parfois `<big>`).

Les noms de domaine en *.mobi* sont également souvent conseillés pour la création d'un site mobile. Ces extensions sont ouvertes à tous depuis 2006, pour une durée minimale de deux ans. Le plus souvent, les sites mobiles sont accessibles par des adresses en *adressedusite.mobi* ou *m.adressedusite.com*. Un site en *.mobi* montre clairement aux moteurs que le site en question est conçu spécialement pour les mobiles. Pourtant, côté utilisateur, l'utilisation du préfixe *m.* est peut-être plus simple. Ce dernier semble en tout cas tenir la corde aujourd'hui. L'utilisation du *wap.* semble, en revanche, obsolète à l'heure actuelle.

Concernant le nom de domaine et les URL, il est en tout cas certain qu'il faut faire très simple : en effet, il est beaucoup plus difficile de saisir une URL sur un mobile que sur un ordinateur et il faudra éviter les URL trop longues, même si elles contiennent des mots-clés pertinents.

Figure 7-30

mobile.google.com : un site optimisé pour les mobinautes

Soumettre son site dans les moteurs mobiles

Comme pour un site web classique, un bon référencement passe d'abord par sa prise en compte par les principaux moteurs de recherche.

Dans ce cadre, il est intéressant de créer un Sitemap mobile (*http://goo.gl/XLC4X*) et de le soumettre à l'aide des interfaces prévues à cet effet.

La norme Sitemap mobile est une extension du protocole Sitemap, qui peut utiliser les langages de marquage XHTML, WML ou CHTML (voir également le chapitre 12 à ce sujet). Ces fichiers sont créés sous la forme de code XML qui se présente ainsi :

```
<?xml version="1.0" encoding="UTF-8" ?>
 <urlset xmlns="http://www.sitemaps.org/schemas/sitemap/0.9"
  xmlns:mobile="http://www.google.com/schemas/sitemap-mobile/1.0">
    <url>
        <loc>http://mobile.example.com/article100.html</loc>
        <lastmod>2004-10-01T23:05:32+00:00</lastmod>
        <mobile:mobile/>
    </url>
</urlset>
```

Notez bien qu'un Sitemap pour mobiles est très proche de la structure d'un Sitemap, si ce n'est la présence des balises `<mobile:mobile/>`.

Ces quelques remarques sont extraites de l'aide en ligne de Google au sujet des fichiers Sitemap pour mobile (*http://goo.gl/hMVdnw*) :

- Si vous prévoyez d'utiliser un outil de création de Sitemaps, assurez-vous qu'il permet de créer des Sitemaps pour mobile.
- Les Sitemaps pour mobile ne peuvent contenir que des URL renvoyant à du contenu web mobile. Les URL donnant uniquement accès au Web standard ne seront pas prises en compte par les mécanismes d'exploration de Google. Pour votre contenu standard, créez un Sitemap distinct pour les URL associées à ce type de contenu.
- Si la balise `<mobile:mobile/>` est manquante, vos URL mobiles ne seront pas correctement explorées.
- Les URL faisant appel à plusieurs langages de marquage peuvent être répertoriées dans un seul Sitemap.

Toujours selon Google, il semblerait également que le fait d'avoir un Sitemap mobile permette d'afficher en priorité votre site mobile plutôt que site web classique dans les résultats du moteur Google mobile, ce qui est finalement assez logique. Mais d'après notre expérience, cela ne s'avère pas toujours vrai.

Vous trouverez également quelques informations complémentaires au sujet des Sitemaps pour mobiles sur le blog pour webmasters de Google à cette adresse : *http://goo.gl/7ZWdCp*.

Toutefois, l'utilisation efficace des liens reste encore – et toujours – un bon moyen de se faire connaître sur le Web mobile.

En effet, un lien bien placé et facilement cliquable depuis un site bien positionné sur le Web mobile peut apporter à la fois de la notoriété et du trafic.

Dans ce contexte, il faudra privilégier les liens bien placés et bien visibles, car la navigation sur un site web mobile est encore assez limitée. Les solutions de type pieds de page seront certainement moins efficaces qu'un lien placé dans le corps du texte ou même au niveau du menu de navigation.

Les annuaires et autres portails joueront certainement un rôle important pour la notoriété et le trafic sur un site, du moins dans un premier temps. En effet, les possibilités proposées par les téléphones mobiles sont encore limitées (tout le monde ne possède pas un iPhone) et un mobinaute sera plus enclin à consulter un annuaire qu'à faire des recherches compliquées dans un moteur mobile.

Concernant les annuaires proprement dits, il en existe très peu (peu d'équivalents d'un Dmoz.org sur mobile, par exemple), en dehors du portail Gallery proposé par de nombreux opérateurs mobiles (pour plus d'informations, consultez le portail Pro Gallery à l'adresse suivante : *http://www.gallerymobile.fr/fr/index.jsp*).

Quelques annuaires de sites web mobiles

Voici quelques annuaires mobiles qui proposent une inscription gratuite :

- *http://www.mobisurf.fr/ ;*
- *http://www.surfsurmobile.com/ ;*
- *http://www.wmob.fr/ ;*
- *http://www.netoo.com ;*
- *http://www.mobilocom.com.*

Aspects techniques et gestion des spiders

Choix du Doctype

Dans un premier temps, n'oubliez pas de vérifier dans votre code HTML que votre DTD *(Doctype)* est adaptée aux mobiles, comme XHTML Mobile ou C-HTML.

Par exemple :

```
<!DOCTYPE html PUBLIC "-//WAPFORUM//DTD XHTML Mobile 1.0//EN"
"http://www.wapforum.org/DTD/xhtml-mobile10.dtd">
<!DOCTYPE html PUBLIC "-//WAPFORUM//DTD XHTML Mobile 1.1//EN"
"http://www.openmobilealliance.org/tech/DTD/xhtml-mobile11.dtd">
<!DOCTYPE html PUBLIC "-//WAPFORUM//DTD XHTML Mobile 1.2//EN"
"http://www.openmobilealliance.org/tech/DTD/xhtml-mobile12.dtd">
```

Voyez à ce sujet la page suivante : *http://goo.gl/RIv7fc.*

Quelques liens utiles

Le blog pour webmasters de Google a publié deux posts très utiles sur le référencement des sites web mobiles :

- *Help Google Index Your Mobile Site : http://goo.gl/Z4RIQ ;*
- *Running Desktop and Mobile Versions of Your Site : http://goo.gl/bccfg.*

N'hésitez à lire également l'article suivant :

- *Référencement mobile : ce qu'il faut savoir et prévoir : http://goo.gl/rYl0O.*

Fichier robots.txt

Les spiders de Google (Googlebot-Mobile) et consorts doivent avoir accès au code qui leur est destiné. Prêtez attention également à bien gérer les différents contenus renvoyés à chaque type de terminal pour ne pas être taxé de *cloaking* (voir chapitre 15). Consultez à ce sujet les indications données par Google à la page suivante : *http://goo.gl/9R9hk.*

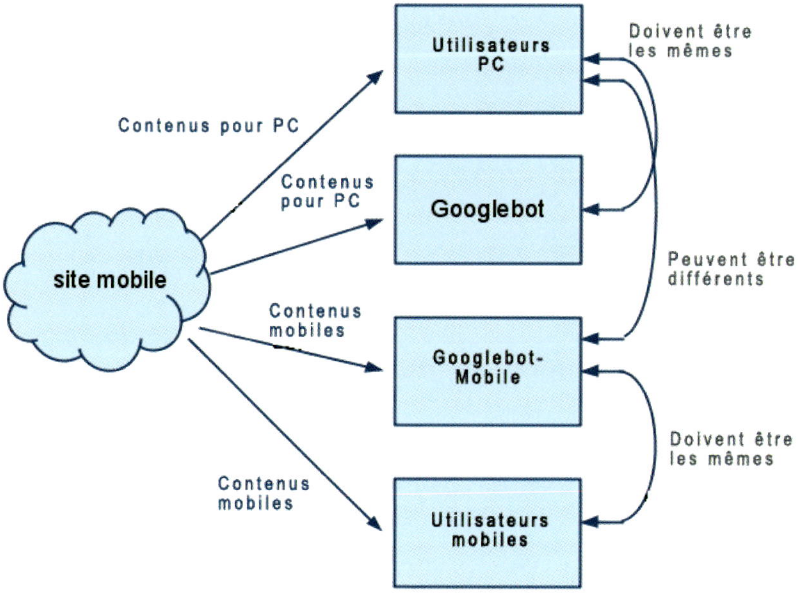

Figure 7-31

Gestion des différents accès aux pages pages web

Il est important de bien gérer les différents accès à vos pages (internaute PC ou mobile, spider, etc.). Des sites refusent par exemple l'accès à certains terminaux, oubliant qu'un robot comme Googlebot-Mobile ne se présente pas comme un terminal « normal » lorsqu'il arrive sur votre site. Si le serveur lui bloque l'accès, votre site ne sera pas indexé. Ce qui est embêtant, et à vérifier donc... Pour cela, il faudra analyser la façon dont d'éventuels filtres ont été mis en place – soit *via* le fichier `robots.txt`, soit directement sur le serveur – et s'assurer qu'ils ne bloquent pas les spiders mobiles des moteurs.

Attention : les moteurs peuvent changer le nom de leur robot sans prévenir (voir la liste des robots Google à cette adresse : *http://goo.gl/7zDUcc*). Par exemple, celui de Bing s'appelait Msnbot auparavant, il se nomme maintenant Bingbot mais son robot mobile s'appelle toujours (en tout cas fin 2013) MSNBOT_Mobile (même si l'appellation bingbot-mobile semble se répandre, autant donc prévoir les deux, car la documentation de Bing à ce sujet est loin d'être claire et à jour). Pour Google, par exemple, créez si possible un filtre qui autorise tout visiteur dont le *user-agent* contient Googlebot-Mobile, et non pas strictement égal à cette chaîne de caractères. Bref, soyez le plus souple possible car les noms de ces spiders peuvent changer assez souvent.

Sachez également que parfois, le nom même du moteur de recherche n'apparaît pas de façon claire dans le user-agent du robot, comme le précise Google sur son blog pour webmasters (*http://goo.gl/68OaBT*). Dans ce cas, vous pouvez alors utiliser les *DNS lookup* pour repérer les robots mobiles, comme expliqué à cette adresse *http://goo.gl/l0w5al* ou celle-ci *http://goo.gl/qXgsQO*.

Voici des exemples de fichiers `robots.txt` (extraits pour la prise en compte de la partie mobile).

Pour le site « bureau » : http://www.votresite.com/robots.txt *:*

```
User-agent: Googlebot
User-agent: bingbot
Disallow:
User-agent: Googlebot-Mobile
User-agent: bingbot-mobile
User-Agent: MSNBOT_Mobile
Disallow: /
```

Pour le site mobile : http://m.votresite.com/robots.txt *:*

```
User-agent: Googlebot
User-agent: bingbot
Disallow:
User-agent: Googlebot-Mobile
User-agent: bingbot-mobile
User-Agent: MSNBOT_Mobile
Disallow:
```

Google indique qu'il faut laisser à son robot web (Googlebot) l'accès au site web bureau mais également au site web mobile. L'inverse n'est en revanche pas vrai.

Redirections

Attention également à bien gérer les différents contenus renvoyés à chaque type de terminal (mobile ou bureau). L'idéal, si vous disposez des deux versions de votre site, sera que l'internaute sur PC ou Mac ait toujours accès, grâce à son moteur de recherche, à la version bureau et que le mobinaute retrouve la version mobile sur son outil de recherche favori.

Pour cela, vous devrez suivre quelques règles simples.

- Si vous détectez qu'un robot de moteur mobile (Bing, Google, etc.) tente d'accéder à votre site bureau, vous pouvez le rediriger automatiquement vers la même page sur le site mobile. Mais ne redirigez pas le robot depuis une page interne du site bureau vers la page d'accueil du site mobile par exemple. La redirection doit se faire de page à page, chacune proposant le même contenu éditorial. Idem pour l'internaute/mobinaute.
- Il n'est pas nécessaire de mettre en place une telle redirection dans l'autre sens, à savoir si le robot bureau du moteur tente d'indexer une page mobile.
- Si une page du site web n'a pas d'équivalent sur le site mobile, vous pouvez effectuer la redirection soit vers une page plus haute dans l'arborescence, mais ayant un rapport avec le sujet traité dans la page web (sommaire de rubrique, par exemple), soit directement vers la page d'accueil du site mobile.

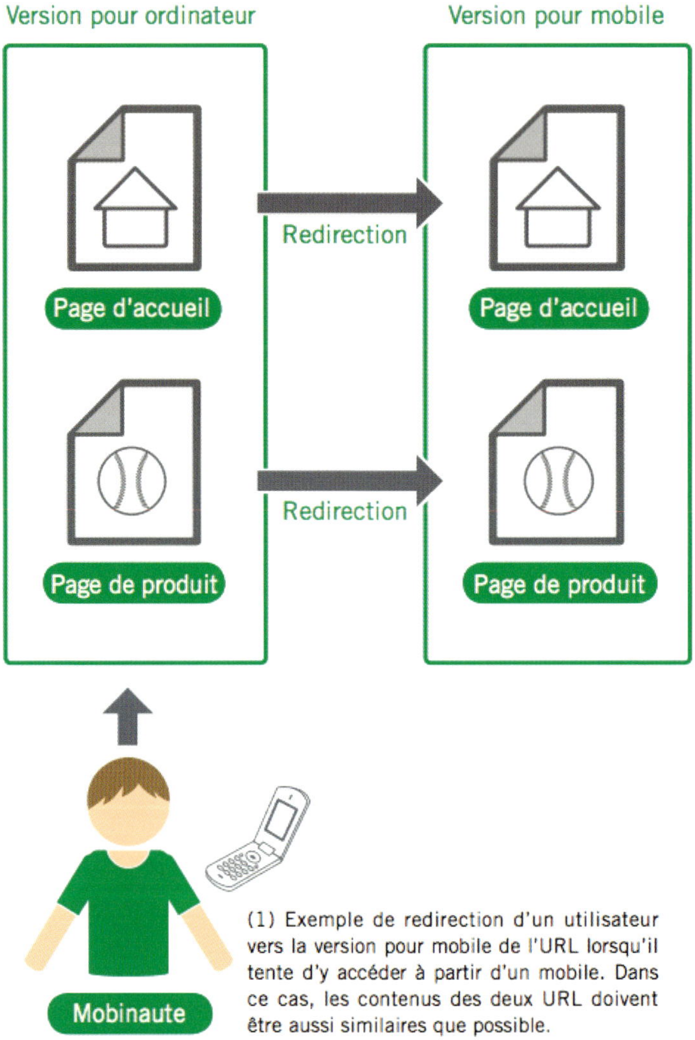

Figure 7-32

Gestion des différents terminaux au travers de redirections (Source : http://goo.gl/qElY44)

Balises canonical

Google recommande également d'intégrer des balises `rel=canonical` depuis les pages mobiles vers le site bureau. Ainsi, la page du site bureau contiendra le code suivant :

```
<link rel="alternate" media="only screen and (max-width: 640px)"
➥ href="http://m.exemple.com/page-1">
```

Alors que le site mobile proposera dans son code source :

```
<link rel="canonical" href="http://www.exemple.com/page-1">
```

Vous trouverez davantage d'informations à ce sujet à la page suivante : *http://goo.gl/FoJPKl.*

Conclusion

Pour conclure sur ce sujet, on peut dire que le Web mobile est encore loin de ressembler au Web traditionnel, à cause des limitations imposées par le support mobile : la taille de l'écran, le débit, les limites du processeur, les langages de balisage reconnus sont autant d'éléments qui brident la créativité des webmasters. Il faudra donc trouver l'équilibre entre les techniques classiques de référencement (présence de mots-clés dans le texte de la page, optimisation des balises, URL pertinentes, linking développé) et les limites du support. Il n'est pas question pour le moment de développer un texte conséquent autour de certains mots-clés !

Il est également important de savoir qu'à l'heure actuelle, de nombreux éditeurs de sites web se contentent d'optimiser leur site web bureau pour les moteurs de recherche classiques et détectent ensuite le type de terminal de l'utilisateur, estimant que les résultats de recherche des moteurs actuels sont assez semblables sur le Web classique et le Web mobile. Une fois sa recherche effectuée, l'internaute clique sur un lien dans la SERP. À ce moment-là, le site web sur lequel il arrive détecte le type de terminal. S'il s'agit d'un PC, la page bureau est renvoyée. S'il s'agit d'un téléphone portable, c'est la version du site mobile qui est affichée.

À l'heure actuelle, de nombreux sites ont mis en place ce type d'optimisation, qui semble répondre à de nombreux besoins, même s'il ne s'agit pas de la stratégie la plus optimisée.

Le meilleur moyen de référencer son site mobile reste cependant de proposer un contenu pertinent et approprié pour les visiteurs. Avant de penser à vous positionner dans les moteurs mobiles, pensez aux mobinautes ! Un site fonctionnel et agréable à consulter ressortira de lui-même sur le Web mobile, surtout s'il est promu sur différents supports (réseaux sociaux, blogs, annuaires et sites web partenaires). La concurrence n'est pas encore aussi forte dans ce domaine que sur le Web classique.

Pour terminer sur une note rassurante, l'équipement des mobinautes progresse régulièrement en France et des offres de navigation et d'échanges de données illimités leur permettront bientôt de surfer facilement sur le Web mobile. D'ici quelques années, le référencement mobile rejoindra le référencement web. Pour le meilleur et pour le pire, bien sûr.

Pour en savoir plus

Voici quelques liens pour approfondir votre connaissance du SEO mobile :

- *How to Create Websites Optimized for Mobile* de Christian Arno : *http://goo.gl/8dTccW ;*
- *Marketing mobile et SEO : émerger sur les App Stores grâce à l'ASO* : *http://goo.gl/HoXvk0 ;*
- *The Definitive Guide to Technical Mobile SEO* de Vanessa Fox : *http://goo.gl/tZilwD ;*
- *Google pourrait pénaliser les sites mobiles mal configurés* de Olivier Andrieu : *http://goo.gl/RlsV8U.*

SEO et responsive design

> Section rédigée avec la contribution de Daniel Roch

On parle de plus en plus de *responsive design* dans le domaine de la création de site web. Ce concept, qui permet de créer un seul site qui s'adapte à tous les terminaux (PC, tablettes, smartphones...) est encouragé par Google. Mais qu'est-ce que le responsive design ? Pourquoi a-t-il les faveurs de Google ? Comment l'intégrer sur son site et quels sont les avantages SEO qu'on peut en tirer ? Nous vous proposons quelques réponses à ces interrogations dans les sections suivantes. Il ne s'agit pas ici de vous faire découvrir en détail le responsive design, il existe d'excellents ouvrages sur le sujet. Notre but est plutôt d'étudier l'impact de ce concept sur le SEO.

Dans le courant de l'année 2012, les équipes de Google ont fait savoir que le responsive design était la solution recommandée pour référencer un site Internet pour les appareils mobiles (et pour tout autre type d'appareil puisque le responsive design s'adapter à chacun d'entre eux).

Mais pourquoi cette décision ? En quoi consiste cette manière de concevoir un site Internet ? Et surtout, existe t-il des règles spécifiques pour l'intégration de vos contenus permettant de favoriser votre référencement naturel ? Autant de questions auxquelles nous allons tenter de répondre dans les paragraphes suivants.

Le responsive design, c'est quoi ?

Cela fait quelques années déjà que les graphistes et intégrateurs entendent parler de cette nouvelle manière de concevoir un site Internet. Le concept est simple : le responsive design consiste en une charte graphique et un contenu qui s'adaptent automatiquement aux dimensions de l'appareil utilisé par l'internaute.

En d'autres termes, votre design va se modifier de manière dynamique en fonction du périphérique utilisé par l'utilisateur, à savoir un PC, une tablette, un smartphone, une console portable, etc. Et ce design s'adapte également aux changements apportés sur un même appareil, par exemple quand vous redimensionnez la fenêtre de votre navigateur sur PC ou quand vous pivotez votre tablette ou votre téléphone pour basculer le mode d'affichage en paysage ou portrait.

La figure 7-33 montre un exemple concret des variantes d'un responsive design sur le site Digital Happy (*http://www.digitalhappy.com/*).

L'intérêt principal du responsive design est qu'il évite de devoir concevoir un site mobile ou une application iPhone/Android, puisque c'est le même site qui va s'adapter à chaque résolution et taille d'écran. Le site est donc parfaitement lisible et utilisable quel que soit le périphérique utilisé.

Pour mieux comprendre de quoi on parle, voici quelques exemples supplémentaires de sites ainsi conçus. Testez-les sur votre ordinateur en augmentant ou réduisant la taille de votre navigateur :

- *http://responsivewebdesign.com/robot/ ;*
- *http://www.nantes.fr/home.html ;*
- *http://wabeo.fr/blog/ ;*
- *http://www.smashingmagazine.com/.*

Figure 7-33

Exemple d'un site visualisé sur différents périphériques

Pourquoi Google conseille-t-il cette solution ?

Une meilleure expérience utilisateur

Il faut avant tout comprendre que, comme toute entreprise, le but de Google est de générer des profits. Pour cela, il faut que les internautes continuent d'utiliser ses services, et le moteur de recherche doit donc chercher à toujours proposer les résultats qui donneront à l'utilisateur la meilleure satisfaction possible.

Le contenu et la popularité sont deux éléments très importants pour le référencement naturel. L'ergonomie, quant à elle, l'est de plus en plus. C'est pour cette raison que Google a indiqué qu'il prenait en compte le temps de chargement (voir chapitre 14). C'est donc tout naturellement que le moteur de recherche fait maintenant la même chose pour les contenus qui s'adaptent à tous les périphériques.

Un site qui s'adapte parfaitement au périphérique va de plus pouvoir augmenter son taux de transformation, puisque chaque internaute pourra utiliser facilement et sans contraintes le site qu'il visite.

Le boom du mobile

L'autre raison de cette décision est que Google cherche à proposer le meilleur contenu possible dans le cadre d'une navigation mobile. Et le moteur de recherche sait pertinemment que ce besoin va énormément s'accroître dans les années à venir, comme en témoigne la croissance du trafic Internet en provenance de ces nouveaux périphériques, qui explose chaque année des records.

Quelques statistiques sur le mobile

Voici quelques exemples parlants de statistiques sur l'utilisation des mobiles à travers le monde :

- En 2012, le trafic sur mobile a dépassé le trafic sur PC en Inde ;
- Le trafic sur mobile représente plus de 13 % du trafic mondial en 2012, contre à peine 1 % en 2009 ;
- 30% des adultes aux États-Unis possèdent une tablette ;
- En 2012, Cisco estimait que le trafic sur mobile serait multiplié par 18 d'ici 2016.

Sources :

- *http://goo.gl/VFBtfb* ;
- *http://goo.gl/o3jfAi* ;
- *http://goo.gl/d1S6TP.*

Les raisons techniques

Du point de vue technique, Google a plusieurs bonnes raisons supplémentaires de favoriser les sites ayant adopté un design responsive.

La première raison est que cela réduit à néant tout contenu qui aurait été dupliqué entre un site standard et son équivalent mobile. Seul le CSS va modifier l'aspect du site (et éventuellement quelques scripts), mais le contenu et son URL seront identiques, permettant de réduire une partie des problèmes de contenus dupliqués.

La deuxième raison est que cela facilite énormément son travail d'indexation. Il est plus rapide et moins coûteux d'indexer une seule URL plutôt que deux. Un site responsive sera donc théoriquement plus rapidement indexé.

Enfin, cela réduit les erreurs potentielles que les webmasters peuvent commettre quand ils implantaient un site mobile à côté du site standard de la société. Par exemple :

- Si le webmaster optait pour des URL différentes, il ne devait pas omettre l'ajout d'une balise `canonical` pour la version mobile, et d'une balise `rel=alternate` pour la version standard.
- Si le webmaster optait pour un site mobile ayant des URL identiques, il ne devait absolument ne pas se tromper dans les en-têtes http envoyées à Googlebot-Mobile (ce qu'on appelle le *HTTP Vary Header*).

Ce que dit Google

Le message de Google est limpide : optez pour le responsive design et bannissez les sites spécifiquement mobiles.

Google indique cependant que vous pouvez développer et proposer une application mobile en fonction de l'usage et de l'utilité des fonctionnalités que vous voulez proposer aux internautes, mais que les sites mobiles ne sont plus recommandés, tout comme le fait de faire varier sur une même URL le contenu HTML en fonction du périphérique utilisé.

En 2014, Google réalisait même des tests pour afficher directement dans les résultats les sites qui seraient optimisés pour les mobiles, preuve que Google parvient parfaitement à détecter une interface adaptée. Les figures 7-34 et 7-35 présentent quelques exemples de ces tests.

Piresponsive : votre site est-il responsive ?

Piresponsive (*http://www.pikock.com/fr/piresponsive.html*) est un outil en ligne simple et rapide qui vous montre à quoi ressemble votre site web lorsqu'il est affiché sur l'écran d'un smartphone, d'une tablette, etc.

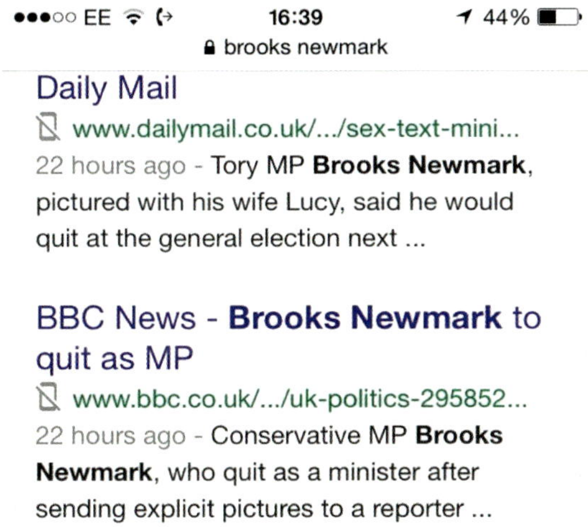

Figure 7-34

Exemple d'un site avec un pictogramme « site non optimisé pour les mobiles » dans les SERP

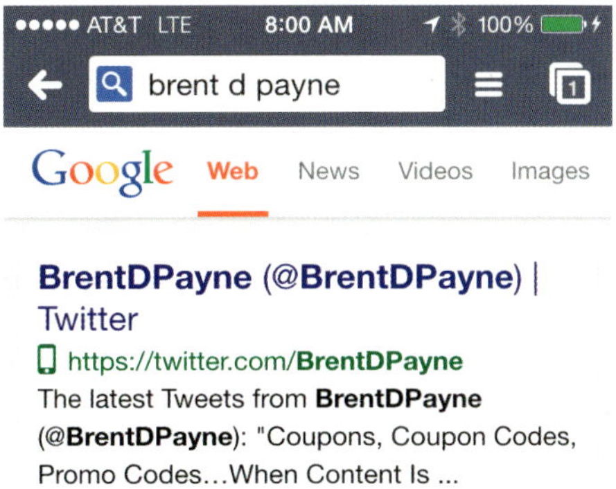

Figure 7-35

Autre exemple de pictogramme « site optimisé pour les mobiles »

Pour plus d'informations, consultez également les pages suivantes : *http://goo.gl/qicvTa* et *http://goo.gl/56Yjdw*.

Google et le responsive design

Pour en savoir plus sur les différentes annonces de Google à propos du responsive design et des sites mobile friendly, consultez les pages suivantes :

- *Building Mobile-Optimized Websites : http://goo.gl/UbCzqq ;*
- *Recommandations for Building Smartphone-Optimized Websites : http://goo.gl/uGCivW ;*
- *Responsive design – Harnessing the Power of Media Queries* (guide pour implanter le responsive design dans votre site) : *http://goo.gl/8pKQKP.*

Responsive design et SEO : les règles à suivre

Nous avons donc vu pourquoi le responsive design est une excellente solution pour proposer un contenu pertinent et unique à la fois aux internautes et aux moteurs de recherche. Mais encore faut-il l'implanter de la bonne façon.

Le concept de base

Il repose sur l'utilisation des *medias queries* qu'on va insérer dans la feuille de styles CSS du site. En fonction de la taille du périphérique, certaines règles vont alors s'appliquer ou non.

C'est donc principalement votre fichier CSS qui va permettre d'implanter un responsive design. Le code HTML ne changera pas et vous pourrez éventuellement ajouter quelques scripts pour compléter ou améliorer l'affichage de votre contenu.

Voici un exemple dans lequel l'élément `monid` passera en gras dès que la taille d'affichage du périphérique atteindra au minimum les 500 pixels :

```
@media all and (min-width: 500px) {
      #monid{font-weight:700}
}
```

Un responsive design est donc conçu pour s'adapter en fonction de la taille d'affichage du périphérique utilisé. Pour cela, le graphiste et l'intégrateur doivent définir ce qu'on appelle des points de rupture, c'est-à-dire des surfaces en hauteur ou largeur qui provoquent un changement d'affichage. Par exemple, dès que la fenêtre d'affichage se réduit, on bascule le site sur une colonne plutôt que sur deux.

Mobile first versus desktop first

Vous avez également deux manières de concevoir un site responsive dans votre CSS.

- Le *mobile first* consiste à créer son design pour un périphérique mobile, puis à rajouter des contenus et améliorer l'aspect du site au fur et mesure que la surface disponible s'agrandit. On appelle cela le *progressive enhancement* (amélioration progressive).

- Le *desktop first* fait l'inverse : on conçoit son site pour les périphériques de grande taille, puis on réduit et on masque les contenus au fur et à mesure que la surface se réduit avec le CSS. On parle alors de *graceful degradation* (dégradation gracieuse).

Il est fortement conseillé d'opter pour la méthode du mobile first. Vous vous concentrez ainsi sur le contenu le plus pertinent d'abord (ce qui sera affiché quel que soit le périphérique utilisé) tout en développant un site de base ayant un temps de chargement optimal (par défaut, on ne charge que l'essentiel).

C'est ensuite l'amélioration progressive qui va afficher ou modifier l'apparence des contenus secondaires pour les périphériques plus grands.

La réalité est en fait beaucoup plus complexe que cela au niveau des tailles d'affichage car chaque périphérique fonctionne différemment. Cette explication du responsive design simplifie le fonctionnement pour appréhender son concept. Mais il faut bien comprendre que certains éléments peuvent être bien plus complexes à implanter que prévu.

Par exemple, on peut avoir sur un même périphérique une surface réelle différente de la surface calculée par celui-ci. En d'autres termes, la surface réelle peut très bien être de 300 pixels tandis que le périphérique en calcule 350, ce qui peut nuire au design que vous souhaitez afficher. Sur ce point, nous vous conseillons la lecture de l'excellent guide réalisé par Alsacréation et intitulé *Comprendre le Viewport dans le Web mobile* (*http://goo.gl/4xOLju*).

Comment optimiser son responsive design pour le SEO ?

On pourrait être tenté de dire que le responsive design n'apporte rien en référencement naturel, pour la simple et bonne raison qu'il s'agit juste d'une modification dynamique de la charte graphique d'un site Internet.

C'est en partie vrai, et également complètement faux. En soi, un site responsive ne va pas changer votre positionnement. Google commence à peine à prendre en compte ce paramètre, et il faudra encore quelques années pour qu'il décide que celui-ci a une réelle importance dans son algorithme.

Cependant, concevoir un site responsive va vous amener obligatoirement à revoir la structure de vos contenus, en répondant à ces deux questions :

- quel est mon contenu principal ?
- quel est mon contenu secondaire ?

Comme nous venons de le voir, il est recommandé d'avoir un site responsive mobile first. Cette manière de concevoir votre site va justement vous permettre de répondre aux deux questions précédentes : sur cette URL, quel est le contenu crucial à mettre en avant pour l'internaute et, par la même occasion, pour le moteur de recherche ?

En plaçant votre contenu principal de manière plus visible, et en le mettant en avant quel que soit le périphérique utilisé, vous augmentez les chances que Google le prenne en compte. D'ailleurs, le moteur de recherche utilise déjà l'emplacement des contenus pour pénaliser ou favoriser certains sites, en témoigne la problématique des publicités situées au-dessus de la ligne de flottaison (filtre Page Layout, voir chapitre 15).

Vous serez d'ailleurs peut-être amené à scinder des contenus, qui pouvaient « cohabiter » sur un ordinateur mais plus difficilement sur une tablette ou sur un mobile. Cela vous permettra au passage de mieux cibler chaque contenu pour les mots-clés que vous travaillez en référencement.

Les effets positifs du responsive design

Indirectement, le responsive design peut avoir un impact important pour le référencement. Au-delà de l'amélioration du taux de transformation de votre site Internet (ventes, prises de contact, abonnements...), vous allez favoriser les interactions avec les internautes.

Cette interaction peut permettre de générer des actions qui vont améliorer votre référencement :

- le partage de votre contenu sur les réseaux sociaux ;
- le partage de votre contenu par e-mail ;
- la création plus spontanée de liens vers votre site web.

De plus, ces partages se feront exactement sur la bonne URL, alors qu'auparavant ils pouvaient avoir lieu pour un même contenu sur plusieurs URL différentes (celle du site standard et celle du site mobile).

Quelques outils pour vous aider

Pour terminer, voici quelques outils utiles pour développer et intégrer un site en responsive design.

- Le raccourci Ctrl + Shift + M sur Firefox : il permet d'ouvrir une interface dans le navigateur pour redimensionner dynamiquement votre site Internet selon les tailles les plus communes des terminaux qui existent.
- L'extension Web Developper sur Firefox ou Chrome (voir annexes) : elle aussi dispose de son propre outil de redimensionnement du navigateur pour pouvoir tester différentes tailles de responsive.
- Un site pour afficher le rendu de votre site sur différents navigateurs (chaque fenêtre est « navigable » de manière indépendante) : *http://ami.responsivedesign.is/*.
- Un autre site de test : *http://screenqueri.es/*.
- Une excellente bibliothèque d'éléments responsive (menus, listes, images, vidéos, etc.) : *http://goo.gl/ty4MEl*.
- Des exemples et de l'inspiration pour vos design : *http://mediaqueri.es/*.

Et, tant que vous y êtes, profitez-en pour basculer votre site en HTML5. Votre code source sera plus léger et aura une meilleure sémantique, ce que Google pourrait prendre en compte de manière plus poussée dans les années à venir.

Conclusion

Vous l'aurez compris, un site en responsive design ne va pas améliorer votre référencement naturel, pas plus qu'une optimisation de la vitesse de celui-ci. L'intérêt est surtout d'augmenter ou d'améliorer les interactions avec les internautes, et donc de potentiellement gagner quelques liens et votes sociaux supplémentaires, tout en améliorant le taux de transformation de votre site.

En préconisant l'utilisation de cette technologie, Google facilite surtout son travail d'indexation, tout en évitant à certains webmasters de faire des erreurs lors de l'implantation de la version mobile de leur site Internet.

Pour en savoir plus

Voici quelques liens pour approfondir votre connaissance du responsive design :

- *The SEO of Responsive Web Design* de Kristina Kledzik : *http://goo.gl/8EN7gv ;*
- *Responsive Design & Mobile SEO: Best Practices for 2013* de Jayson DeMers : *http://goo.gl/am5d2S ;*
- *When Responsive Web Design Is Bad for SEO* de Bryson Meunier : *http://goo.gl/jP8sqJ.*

AMP (Accelerated Mobile Pages)

> Section rédigée avec la contribution de Philippe Yonnet

Le point faible du support mobile reste la lenteur d'affichage des contenus. Dans la lignée de Facebook et Apple, Google a proposé en 2015 le projet AMP (*Accelerated Mobile Pages* ou pages mobiles accélérées), mis en place sur son moteur de recherche (et sur de nombreux autres sites dont Twitter) au premier trimestre 2016.

> L'année 2015 a consacré à la fois un succès et un échec. D'un côté, les usages mobiles se sont développés de manière impressionnante et ont marqué le début d'une ère où l'usage dominant sera de consulter Internet sur un autre dispositif qu'un ordinateur classique. D'un autre côté, les principaux acteurs de la Toile ont constaté que les sites web mobiles étaient toujours aussi lents et n'offraient pas une expérience utilisateur acceptable sur le long terme.

Un affichage lent sur un dispositif mobile est essentiellement dû à l'emploi de techniques inadaptées par les éditeurs de sites. La solution consiste donc à utiliser des solutions plus efficaces. Facebook a tiré le premier en lançant un nouveau standard pour les pages de contenu : les *Facebook Instant Articles*. Annoncées en mai 2015, ces pages ont fait leur apparition fin septembre 2015 sur l'application Facebook. Puis Apple a lancé les *Apple News*.

En réaction, Google a annoncé le 8 octobre 2015 le lancement de son propre projet pour créer des pages à affichage quasi instantané sur un mobile : les *Accelerated Mobile Pages* (AMP).

Qu'est-ce que les pages AMP ?

Les pages AMP (qu'on commence à surnommer les pages « AMPlifiées ») constituent un nouveau standard de développement de pages web mobiles, soutenu officiellement par Google. Elles sont conçues pour s'afficher aussi vite que possible lors d'une consultation sur mobile.

Le projet repose sur un framework de développement open source et une architecture fournie par Google pour afficher les pages plus rapidement. Tous les documents de référence se trouvent sur le site web du projet : *https://www.ampproject.org*. Les gains de vitesse concernant l'affichage des pages sont spectaculaires : de l'ordre d'un facteur dix en moyenne.

Pourquoi les pages AMP sont-elles rapides ?

Le projet AMP repose sur trois nouveaux éléments qui, combinés entre eux, produisent des gains de performance :

- le format AMP HTML ;
- la bibliothèque JavaScript AMP ;
- le CDN AMP.

L'AMP HTML

L'AMP HTML est un langage de description de pages web qui repose sur un jeu de balises HTML 5 réduit. Si vous connaissez l'HTML 5, vous n'aurez pas à apprendre un nouveau langage pour coder des pages AMP. Vous aurez uniquement à mémoriser la liste des balises autorisées en AMP HTML. Pour en savoir plus, consultez la page de référence du format à cette adresse : *https://www.ampproject.org/docs/reference/spec.html*.

Le jeu de balises restreint permet d'alléger le code de manière drastique, mais également d'interdire des balises qui sont lentes à interpréter par un navigateur. L'AMP HTML est défini comme un sous-ensemble *(subset)* du langage HTML 5 (c'est donc du HTML 5) et le code AMP est compris nativement par tous les navigateurs supportant le HTML 5.

```
<!doctype html>
<html amp lang="en">
  <head>
    <meta charset="utf-8">
    <title>Hello, AMPs</title>
    <link rel="canonical" href="http://example.ampproject.org/article-
metadata.html" />
    <meta name="viewport" content="width=device-width,minimum-scale=1,initial-
scale=1">
    <script type="application/ld+json">
      {
        "@context": "http://schema.org",
        "@type": "NewsArticle",
        "headline": "Open-source framework for publishing content",
        "datePublished": "2015-10-07T12:02:41Z",
        "image": [
          "logo.jpg"
        ]
      }
    </script>
    <style>body {opacity: 0}</style><noscript><style>body {opacity: 1}</style>
</noscript>
    <script async src="https://cdn.ampproject.org/v0.js"></script>
  </head>
  <body>
    <h1>Welcome to the mobile web</h1>
  </body>
</html>
```

Figure 7-36

Le code minimal d'une page en AMP HTML

La bibliothèque JavaScript AMP

Le code JavaScript est fréquemment à l'origine des lenteurs d'affichage des pages sur mobile. Ce code est souvent lourd, complexe et lent à exécuter. Paradoxalement, la mode des pages *responsive* a accentué le problème.

Avec les pages AMP, la règle est d'interdire tout code JavaScript dans la page, à l'exception de l'appel à une bibliothèque optimisée : JS AMP. Cette bibliothèque contient des fonctions qui optimisent l'affichage de la page.

Figure 7-37

Les effets de l'allégement et de la simplification du code HTML/CSS/JS, illustrés sur un exemple. Le code est 6 fois plus léger et contient 5 fois moins de codes de tracking.

Le CDN AMP

Google fournit un *Content Delivery Network* spécifique, s'appuyant sur son infrastructure. Ce CDN est un réseau mondial de serveurs de type « proxy-cache », qui conserve une version en cache de vos pages AMP pour accélérer leur affichage.

La combinaison des trois composants de l'architecture AMP permet des optimisations en cascade. La bibliothèque JS permet en particulier de réaliser lors de l'affichage du *lazy loading* : seuls les codes correspondant à des contenus visibles à l'écran sont chargés. Certains contenus sont ensuite préchargés pour accélérer l'affichage des écrans suivants.

L'ensemble produit des pages qui s'affichent quasi instantanément. On peut tester le fonctionnement sur les pages de résultats de Google, en allant sur l'URL suivante depuis un mobile : *http://g.co/ampdemo*.

Comment créer une version AMP de mes contenus ?

Pour créer une version AMP d'une page « normale » il suffit d'ajouter une balise «rel=amphtml» pointant vers la version AMP équivalente. La version AMP doit quant à elle contenir une balise «rel=canonical» pointant vers la version normale de la même page.

Ensuite, il faut bien évidemment générer une version en AMP HTML du même contenu. Avec certains CMS, cela peut être relativement simple. Pour WordPress, un plug-in existe déjà (*https://wordpress.org/plugins/amp/*), qui permet de générer automatiquement une version AMP HTML de n'importe quelle page générée par le CMS. Pour d'autres CMS, cela signifie créer des modèles de pages supplémentaires *(templates)* générant un code compatible AMP pour le même contenu.

Mais pour certaines architectures logicielles complexes, créer une version AMP des pages existantes peut s'avérer difficile.

Pages AMP : source de contenu dupliqué ?

En théorie, les pages AMP sont des pages dont le contenu est un doublon du contenu de la page normale. En pratique, Google résout le problème à l'aide des solutions classiques :

- une balise <link rel='amphtml'> dans la page normale pointant vers la version AMP ;
- une balise <link rel='canonical'> dans la page AMP pointant vers la page normale.

Ces deux balises, correctement implémentées, permettent à Google de savoir parfaitement comment exploiter les deux versions de la page, sans les considérer comme des doublons. Pour le moteur de recherche, l'existence de cette nouvelle source de contenus dupliqués ne pose donc aucun souci, et aucun effet de bord n'est attendu. Bien entendu, il vous appartient d'implémenter correctement (et de vérifier) les balises en question pour éviter tout problème de compréhension et d'analyse par Google.

En revanche, les moteurs de recherche concurrents n'ont pas annoncé qu'ils allaient s'associer à ce projet ou même qu'ils allaient supporter ce nouveau format de pages. Attendez-vous donc à quelques surprises avec Bing, Yandex ou Baidu, par exemple. Nous n'avons pas encore assez de recul pour savoir s'il s'agit-là d'un réel problème. Si nous considérons un site international important, quelques tests seront indispensables avant de se lancer de façon inconsidérée dans le « tout AMP » pour ses pages mobiles.

Est-ce que publier des pages AMP va améliorer mes classements ?

Contrairement à ce qui a été colporté ici et là sur le Web, Google n'a pas officiellement confirmé qu'il y aurait un « boost » prévu dans son algorithme de classement pour les pages AMP. En fait, sa communication sur ce point a évolué et il ne semble pas qu'une décision claire ait été prise. Lors du lancement en octobre 2015, un tel boost n'était pas mentionné dans la communication. Mais lors de la conférence de presse du 9 décembre 2015, cette possibilité a cette fois été évoquée. Cependant, ils n'ont pas indiqué clairement s'il serait directement lié aux pages AMP ou à la volonté de favoriser les pages rapides en général, en contexte d'usage mobile.

Lors de la conférence de presse tenue à San Francisco, la présence d'un label *Fast* pour les pages AMP a été annoncée. Ceci pourra inciter les utilisateurs à cliquer de préférence sur ces pages rapides. À l'heure où ces lignes sont écrites, nous n'en savons pas plus...

Faut-il se lancer dès maintenant dans la création de pages AMP ?

Le projet est encore en phase de test au moment où nous rédigeons ce chapitre et les spécifications relatives au format AMP HTML évoluent régulièrement. On pourrait alors être tenté d'ignorer ce projet en attendant qu'il soit plus abouti, mais l'adoption de ce nouveau format risque d'être particulièrement rapide. Tout d'abord en raison de l'activisme de ses sponsors (Google et Twitter, ainsi que de nombreux partenaires), mais également parce que les pages AMP sont la première réponse efficace aux problèmes posés par la lenteur d'affichage des pages mobiles. Il semble donc opportun de tester ce nouveau format dès maintenant, et de commencer à réfléchir à la meilleure façon d'implémenter les pages AMP sur vos sites. Malgré leur relative simplicité technique, créer des pages AMP peut se révéler plus complexe que prévu pour certaines architectures logicielles. Réfléchir dès à présent aux solutions pour les produire, c'est faire preuve de prévoyance.

Le référencement des Apps dans les Stores

Les Apps sont des applications spécifiquement créées pour une plate-forme dédiée à un constructeur, la plupart du temps grâce à un SDK *(Software Development Kit)* proposé par les constructeurs en question sur leurs sites web pour développeurs (exemple pour l'iPhone : *http://developer.apple.com/programs/iphone*).

Les principaux Stores à l'heure actuelle sont :

- AppStore d'Apple (*http://goo.gl/jww10*) ;
- Google Play Store (*https://play.google.com/store*) ;
- Ovi Store de Nokia (*https://store.ovi.com*) ;
- Blackberry AppWorld (*http://appworld.blackberry.com/webstore/?*) ;
- Microsoft MarketPlace (*http://www.windowsphone.com/fr-fr/store*) ;
- Samsung Apps (*http://www.samsungapps.com*).

Une App est donc totalement dédiée à un Store donné et ne peut être affichée sur un navigateur web.

Les applications réalisées pour les Stores sont spécifiques en termes de SEO puisque ce ne sont pas les applications elles-mêmes qui doivent être optimisées, mais leur soumission dans les Stores au travers d'une interface spécifique (*http://www.apple.com/fr/itunes/content-providers/*). En cela, leur référencement s'apparente plus à une inscription dans un annuaire, tel que cela se faisait il y a quelques années, sur des outils comme ceux de Nomade, du Guide de Voila, du Guide web de Yahoo! ou de l'Open Directory. Peu importait comment le site était réalisé puisque ce dernier était référencé dans l'annuaire sous la forme d'un titre, d'un descriptif et d'une URL qui pointait vers lui. La procédure est assez semblable aujourd'hui pour le référencement des Apps dans les Stores : c'est leur descriptif qui est référencé et non leur code !

L'optimisation d'une App passe donc avant tout par celle de sa présentation dans le Store au travers de plusieurs champs principaux remplis lors de la soumission.

- Le nom de l'App : la taille de ce nom ne semble pas limitée par Apple, par exemple. Cependant, on s'aperçoit que dès que ce nom dépasse les 12 à 14 caractères (le « i » est moins large que le « w », par exemple), les lettres du milieu sont remplacées par des « … » lorsqu'il est affiché en dessous de l'icône de présentation. La préconisation est donc, le plus souvent, de ne pas dépasser les 12 à 14 caractères afin de rester lisible.

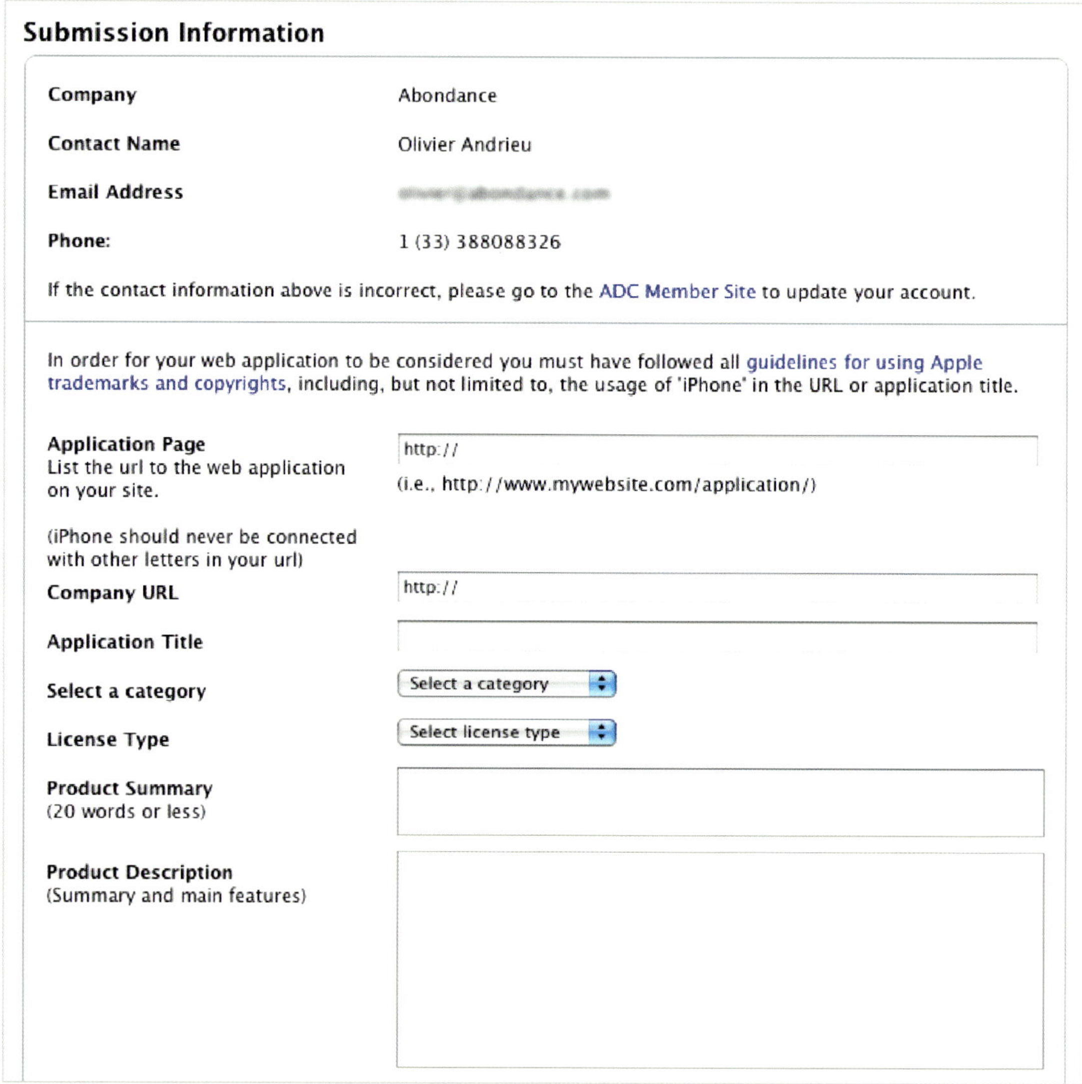

Figure 7-38

Interface de soumission d'une App dans l'AppStore d'Apple

- L'URL de la page qui la présente.
- Un résumé de son contenu (en 20 mots au maximum sur l'AppStore).
- Un texte de présentation.
- Une liste de mots-clés.
- Une catégorie à choisir dans une liste en ligne.

On peut également ajouter :

- Les URL des copies d'écran présentées.
- L'URL de l'icône de l'application.

Ces champs sont pour la plupart modifiables dans l'interface une fois la soumission effectuée sauf, semble-t-il, la liste de mots-clés qui ne peut être corrigée qu'à la soumission d'une nouvelle version de l'App chez Apple.

Une fois la soumission effectuée, il sera très important de créer sur un de vos sites web une page décrivant l'application (zone demandée dans le formulaire de soumission Apple sous le libellé Application page). Cette page doit être optimisée de façon classique pour les moteurs de recherche et se doit donc d'être très populaire, disposant de nombreux backlinks de qualité. Des actions de netlinking doivent donc être mises en place pour obtenir les meilleurs liens possibles sur cette page web.

- Créez autant de liens que possible vers cette page depuis vos propres sites ou ceux de votre réseau d'entreprise.
- Faites la promotion de votre App auprès des nombreux sites qui décrivent les dernières ou les meilleures Apps sur le Web. Ils sont légions et ces sélections pourront vous amener de nombreux liens.
- Les réseaux sociaux (Facebook, Twitter...) sont également essentiels pour faire connaître une App et donc entraîner des liens par la suite.
- Il en est de même pour les annuaires présents sur le Web comme MonAppStore (*http://monappstore.com*).

Bien sûr, comme nous l'avons dit précédemment pour de nombreux formats de fichiers, la page web présentant votre App sur votre site web doit être optimisée pour les moteurs de recherche (balises `<title>` et `<h1>`, URL, attributs `alt` des images, etc.) afin de ressortir en première page des résultats des moteurs classiques pour une requête effectuée sur le nom de votre App et les mots-clés connexes. Proposez également sur cette page un lien direct vers votre App sur le(s) Store(s) où elle est présente.

Voici quelques critères complémentaires pris en compte par la plupart des Stores pour classer les Apps lorsqu'une recherche est effectuée au travers de leur moteur interne.

- **Mises à jour.** Il semblerait que la date de dernière mise à jour ainsi que le fait qu'une App soit souvent corrigée soient des critères de pertinence pour les moteurs des Stores. N'hésitez donc pas à proposer de nouvelles versions de vos Apps, avec de nouvelles fonctionnalités adaptées à vos cibles privilégiées.

- **Nombre de téléchargements.** Le nombre de téléchargements de l'App est un critère de popularité important que le moteur prendra en compte. N'hésitez donc pas à communiquer pour faire en sorte que de nombreux téléchargements de l'App soient effectués dès sa sortie.
- **Critiques et commentaires.** Lorsque le Store propose la saisie de commentaires, n'hésitez pas à en créer un maximum (sans cependant en écrire trop dans un laps de temps trop court ou qu'il soit évident que vous écrivez vous-même les commentaires… Agissez avec bon sens et étalez vos soumissions de remarques et de commentaires).

Il est très important de bien noter que les outils et les développements évoluent très vite dans le monde du mobile et nécessitent une veille importante car la vérité d'un jour ne sera pas obligatoirement celle du lendemain. À vous donc de mettre en place cette veille pour vous tenir au courant des nouveautés très nombreuses de ce domaine si important pour l'avenir.

App Indexing : un mélange entre le moteur de recherche et les Apps

> Section rédigée avec la contribution de Daniel Roch

L'indexation d'applications est une démarche récente de la part des moteurs de recherche, qui consiste à afficher, dans les résultats de recherche, des liens pour ouvrir un contenu non plus sur le site web traditionnel, mais dans une application pour Android ou Windows Phone.

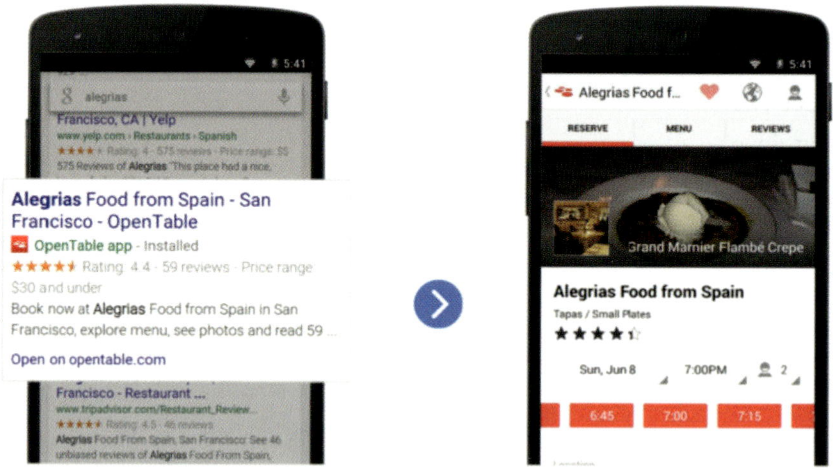

Figure 7-39

Exemple d'application de l'App Indexing dans les résultats de Google

Qu'est-ce que l'App Indexing ?

L'indexation d'applications, ou *App Indexing*, est un concept simple et récent des moteurs de recherche : il s'agit de pouvoir ajouter directement dans les résultats des moteurs de recherche des liens qui vont activer une application Android (pour Google) ou Windows (pour Bing).

L'idée est simple : faciliter la recherche et l'accès à l'information ou à des fonctionnalités spécifiques d'une application. L'internaute peut alors soit cliquer sur le site, soit cliquer sur le lien correspondant à son application.

Vous trouverez d'ailleurs sur cette page de Google une liste d'applications qui utilisent cette fonctionnalité, par exemple DailyMotion, AirBnB, Zappos ou encore Shazam : *https://developers.google.com/app-indexing/appde es?hl=fr.*

Mettre en place l'APP Indexing sur Google

Pour pouvoir activer l'App Indexing pour le moteur de recherche Google, vous devrez suivre un certain nombre d'étapes.

1. Activez la compatibilité de l'application avec les liens profonds.
2. Validez le site officiel lié à l'application.
3. Indiquez les liens profonds de chaque page web (soit dans chaque page du site, soit dans le fichier Sitemap).
4. Vérifiez les erreurs dans le Centre pour webmasters de Google.

Attention, ces étapes ne sont pas à la portée de tous et vous aurez sûrement besoin d'un développeur pour les mener à bien.

Activer les liens profonds et l'indexation

Dans la première étape, il faut indiquer à Google que l'application Android doit être indexée pour une utilisation dans les résultats des moteurs de recherche.

Il faut donc commencer par modifier votre application, et notamment ce qu'on appelle le « fichier manifeste » de celle-ci. Vous allez y appliquer des filtres d'intention, dans lesquels vous pourrez expliquer et détailler les actions d'application possibles. Vous allez ainsi définir une action, mais surtout un type de données auxquelles l'application générique doit réagir. Par exemple, *toutes les URL de mon site contenant « toto » devront afficher un lien vers l'application.*

Google pourra alors commencer son indexation, comme pour un site classique. Il se peut que vos contenus dans l'application mettent du temps à apparaître. Pour plus d'informations à ce sujet, consultez la page suivante qui détaille la méthode : *https://goo.gl/9ue9yQ.*

Sachez également qu'on peut restreindre certaines sections de l'application à l'indexation, exactement comme on le ferait avec un fichier robots.txt pour des résultats web (*https://goo.gl/QqmmbS*).

Valider le site

Cela fonctionne peu ou prou comme la validation d'un site dans la Search Console de Google. Connectez-vous à votre console développeur de Google Play, puis sélectionnez l'application à valider. Après avoir cliqué sur le menu Services et API, vous verrez apparaître un bouton Valider le site web.

Vous devrez vous rendre ensuite dans le Centre pour webmasters de Google pour valider définitivement le site.

La méthodologie complète est détaillée sur cette page : *https://goo.gl/PL9xln*.

Ajouter des liens profonds

Il vous faut maintenant associer si nécessaire les pages de votre site web à l'application mobile. Il existe trois méthodes différentes pour y parvenir :

- la modification du <head> de vos pages avec une balise <link> (voir code donné précédemment dans cet article) ;
- l'ajout d'un élément dans le champ <url> de votre fichier Sitemap ;
- l'utilisation de l'API App Indexing.

Les trois méthodes se valent, la dernière permet en plus d'accéder à l'historique de l'application pour avoir des prédictions relatives aux recherches de l'internaute et à ses besoins.

Pour obtenir des informations détaillées sur chaque méthode, consultez le guide de Google : *https://goo.gl/mPNgZs*.

Vous trouverez également un tutoriel en français à cette adresse : *http://goo.gl/B3zmeh*.

Vous êtes libre de choisir quelles URL doivent s'ouvrir dans l'application ou non (c'est vous qui ajoutez les liens profonds). Cela permet ainsi de conserver, via une navigation traditionnelle, les contenus ayant de meilleures performances en recherche naturelle que sur application mobile.

Sachez aussi qu'une application peut accepter plusieurs sites web, à condition que chaque site ait bien été validé.

Pensez régulièrement à consulter le compte dédié à cette fonctionnalité sur Google+ pour être tenu informé des dernières actualités : *https://plus.google.com/+AppIndexing/posts*.

Rendez-vous ensuite dans le Centre pour webmasters de Google où vous pourrez alors accéder aux erreurs rencontrées lors de l'indexation de vos contenus sur l'application.

Enfin, pensez à vérifier vos liens profonds avec l'outil en ligne de Google et une application pour lire les QR codes : *https://goo.gl/tHa7kj*.

Mettre en place l'APP Indexing sur Bing

Le concept est relativement similaire sur Bing : on va utiliser une méthode pour indexer l'application et une autre pour ajouter des liens profonds vers certaines pages. Là aussi, on peut cibler quelles pages nous voulons inclure dans ces liens profonds et quelles sections de l'application ne doivent pas être indexées.

La méthodologie détaillée est disponible à cette adresse : *http://goo.gl/K1eEjC*.

L'App Indexing a-t-il un impact sur le SEO traditionnel ?

A priori, le fait de mettre en place l'App Indexing ne va pas influencer vos classements sur les moteurs de recherche. Ni Google ni Bing ne communiquent sur ce sujet, et aucun site ayant mis en place ce type d'indexation n'a réussi à démontrer en 2016 une amélioration de son positionnement par la suite.

En revanche, on peut supposer que le taux de clics pour vos contenus dans les résultats des moteurs de recherche est meilleur, car cela ajoute une ligne supplémentaire et occupe donc une plus grande place dans une page de recherche. Et c'est déjà beaucoup...

Est-ce l'avenir ?

Oui et non. La principale problématique pour Google est de rendre plus globale cette indexation et la détection de l'appareil utilisé par l'internaute et des applications installées ou non. En 2016, on peut penser qu'un nombre trop faible d'internautes est exposé à ce type de contenu enrichi.

Cependant, les applications se développent encore et toujours plus. Quand on voit les téléchargements de celles-ci pour certains grands noms du Web, on ne peut que comprendre le pouvoir d'acquisition et de fidélisation des internautes que cela peut apporter.

L'idée est cependant louable : fournir une alternative parfois plus complète et pratique à l'internaute en fonction de ses recherches. Une application sur téléphone mobile, ou sur ordinateur avec Windows 8, peut en effet être bien plus aisée à utiliser qu'un site traditionnel. Prenons l'exemple d'une recette de cuisine : celle-ci sera généralement plus facile à suivre et à lire dans l'application que dans le site correspondant.

Malheureusement, cette indexation d'applications est encore très limitée, tant sur le fond que dans la forme. Il existe de trop nombreux contenus non indexés dans les applications, alors que l'indexation d'applications est active. Les moteurs de recherche sont également très rigides quant à la formulation de la requête qui déclenche ou non l'apparition des liens spécifiques.

Pire encore, celle-ci n'est disponible que sur un nombre très restreint d'appareils et de configurations, rendant cette indexation d'applications inutile et coûteuse. Il est alors certainement plus rentable, dans la plupart des cas, de travailler d'autres aspects de la visibilité de son site pour avoir un réel retour sur investissement.

Il ne reste donc qu'à attendre pour voir si oui ou non l'indexation d'applications se généralisera dans les années à venir.

Le référencement audio

Pour conclure ce chapitre sur les différents types de référencements (multimédias, multisupports), nous ne pouvions pas faire l'impasse sur le référencement des sons, puisque les travaux dans ce sens se sont accélérés depuis 2008.

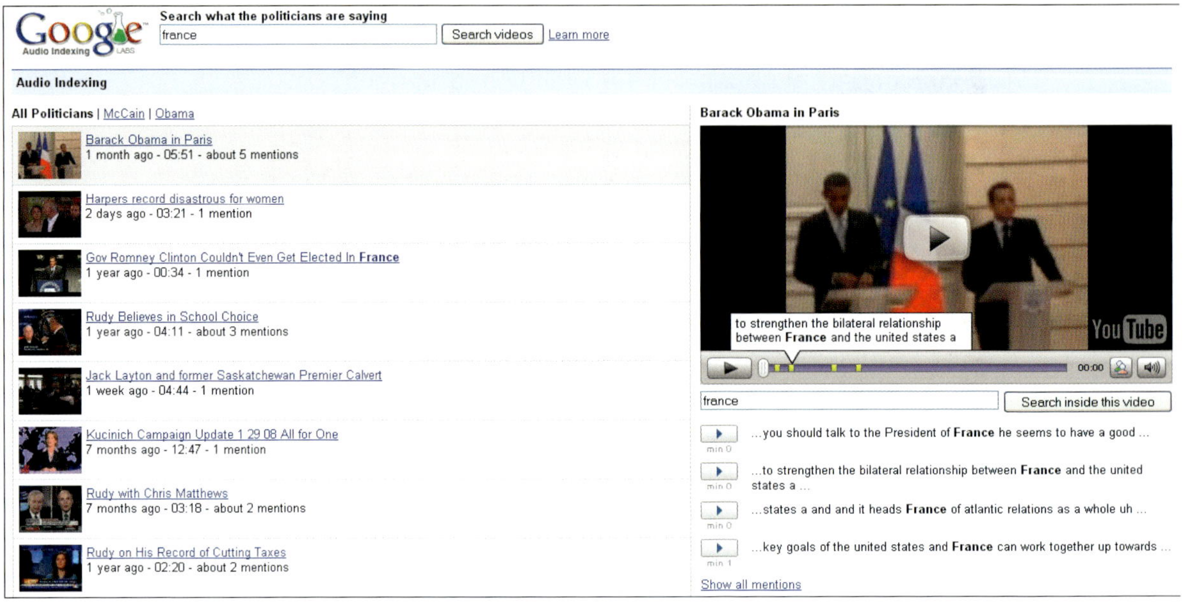

Figure 7-40

Gaudi (Google Audio Indexing) permettait d'effectuer des recherches dans les discours des hommes et femmes politiques américains.

En effet, en septembre de cette année-là, Google a annoncé le lancement de son premier portail consacré à la recherche de documents sonores, baptisé Gaudi pour Google Audio Indexing (hélas disparu du Web depuis). En juillet de la même année, Google avait déjà frappé un grand coup en pleine période électorale américaine en proposant un service baptisé Speech Recognition, destiné à rechercher des mots-clés dans les discours des politiques américains.

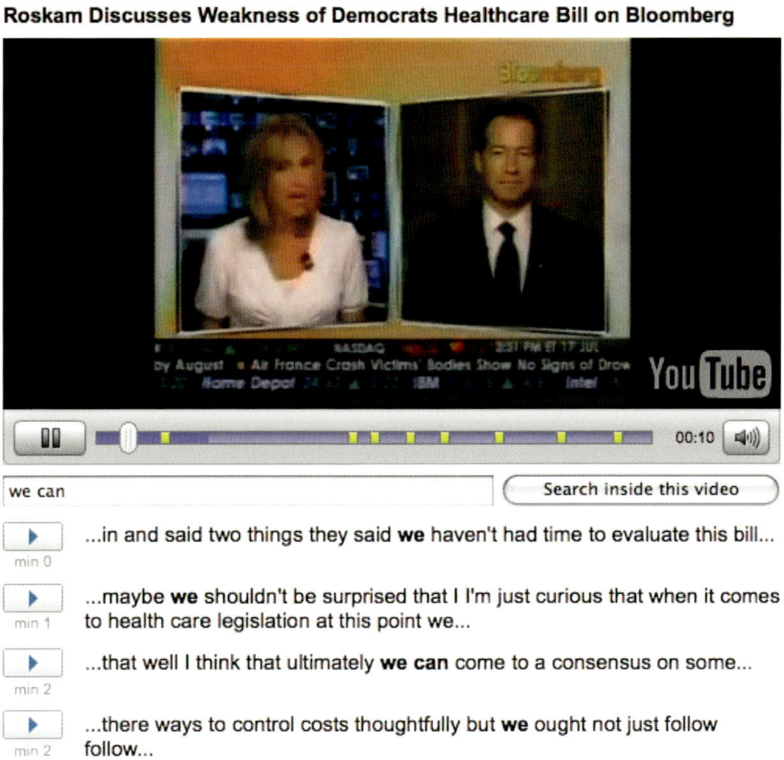

Figure 7-41

Les petites marques (jaunes) indiquent les emplacements, dans la vidéo, où les mots recherchés sont énoncés.

À l'époque, il s'agissait d'un gadget destiné aux possesseurs d'un compte Google et pouvant enrichir la recherche de vidéos YouTube. Ce module marquait la création de l'équipe Google Speech Team. Le service s'est ensuite généralisé vers un portail vidéo dédié, sans que l'utilisateur ait besoin d'installer un module complémentaire. Gaudi (rien à voir, donc, avec le célèbre et talentueux architecte) fonctionnait comme un moteur de recherche vidéo classique, sauf que les mots-clés recherchés se trouvaient à l'intérieur même de la vidéo, au sein de ce qui était dit dans la bande-son. Le moteur de recherche interrogeait exclusivement les YouTube Political Channels ou discours des hommes politiques.

Le système était finalement assez simple dans son concept : un algorithme de reconnaissance vocale traduisait le son en texte. Une fois les discours disponibles au format textuel, il était « facile » de repérer les mots qui y étaient énoncés et de positionner la vidéo à cet endroit-là lorsqu'on recherchait un terme donné. Notez bien que ce système est loin d'être nouveau puisque AltaVista, un dinosaure des moteurs de recherche, proposait déjà une fonction assez similaire il y a bien des années de cela.

Comme souvent chez Google, l'interface était pensée en termes d'ergonomie et d'efficacité, et la présence de marqueurs temporels intégrés à la vidéo en rendait l'utilisation immédiatement attractive.

Sur le fonctionnement de la technologie et du classement des résultats, Google expliquait simplement sur son site qu'il utilisait un outil de reconnaissance du langage parlé et que les résultats étaient classés d'après le contenu audio, les métadonnées et la fraîcheur.

Ce type de moteur de recherche, encore souvent en phase d'expérimentation, pourrait cependant se répandre dans les années qui viennent. Aussi, il est important d'envisager ce type de référencement dès maintenant, même si le fait que les fichiers audio ne soient pas proposés en recherche universelle par Google dans ses pages de résultats pour l'instant en limite la visibilité.

Blinkx, autre technologie de recherche majeure

Google n'est pas le seul à avoir pensé à la reconnaissance vocale, loin de là : le portail vidéo Blinkx (*http://www.blinkx.com*) s'y est intéressé dès 2004.

Récompensé en 2008 par le magazine *Speech Technology*, ce pionnier de la recherche vidéo utilise en effet sa propre technologie pour rechercher des expressions clés dans n'importe quelle langue.

Par exemple, la requête « référencement google » met en avant une vidéo où Isabelle Canivet, spécialiste du contenu web, nous explique comment elle envisage son métier (figure 7-42).

Blinkx propose donc une technologie qui a fait ses preuves et qui semble assez efficace… D'ailleurs, la société a noué des partenariats avec de nombreux diffuseurs tels que CNN ou la BBC et également avec Microsoft, Lycos, Ixquick ou AOL.

Le point fort de Blinkx est sans conteste sa capacité à interpréter différentes langues (anglais, allemand, français et espagnol) et à trouver des vidéos basées non pas sur un mot-clé mais sur une thématique, en explorant le champ sémantique.

Figure 7-39

Exemple de requête sur le site Blinkx

Voxalead News

Voxalead (*http://voxaleadnews.labs.exalead.com*) est un outil mis en ligne par la société française Exalead, suite à certains projets initiés par le programme Quaero et grâce à la technologie de reconnaissance vocale développée par Vecsys. Il permet d'effectuer des recherches dans les news vidéo et podcasts des plus grandes chaînes d'information (CNN, France 24, ABC, BBC, Europe 1, etc.).

Il s'agit ici d'indexer les mots prononcés dans une source audio ou vidéo, mais également les commentaires du sujet et des personnes interrogées. Les mots-clés, tags et autres descriptions de la vidéo sont également indexés. Voxalead a également été intégré au site web de l'Élysée en mars 2010 (*http://goo.gl/mW7uG*).

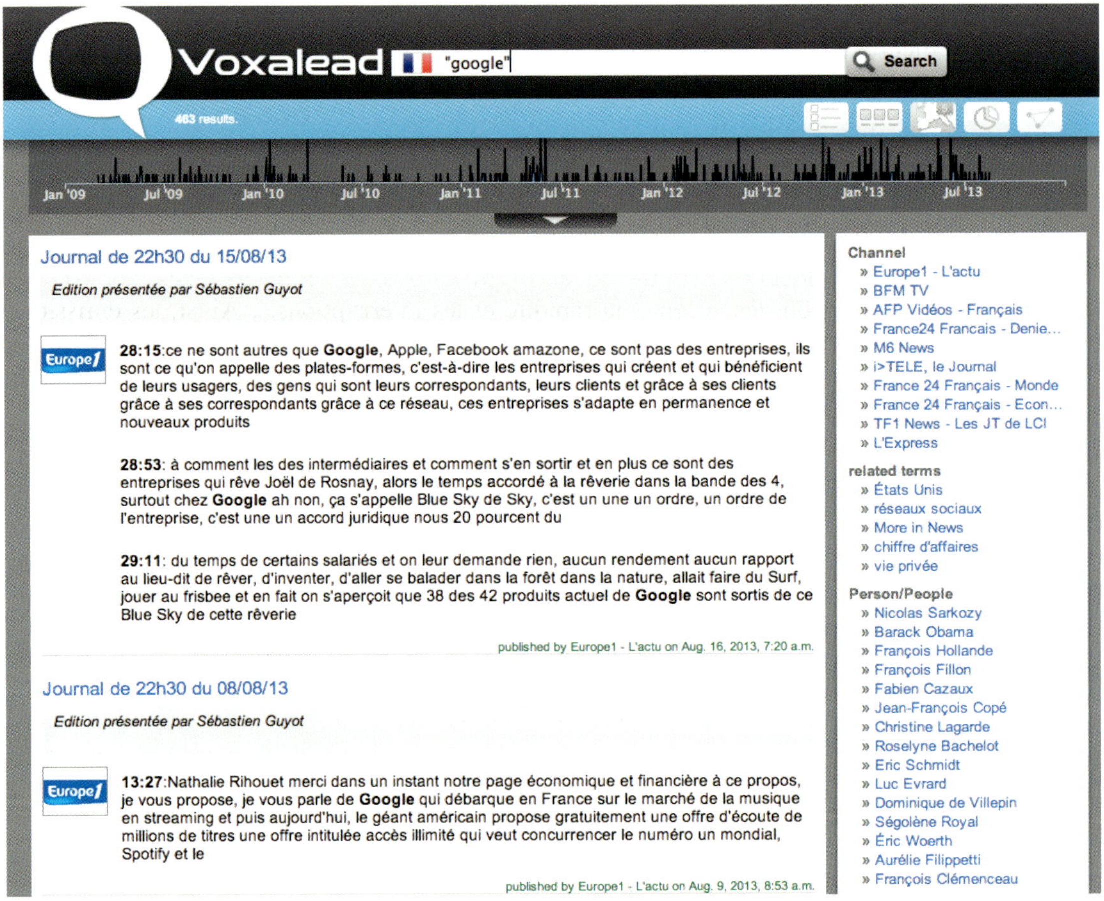

Figure 7-43

Le service de recherche audio Voxalead

L'avenir du référencement audio

Nous venons de voir quelques exemples de technologies intéressantes en termes de reconnaissance audio et de transcription textuelle. Il en existe bien d'autres et nombreuses sont celles qui sont encore en test et en gestation dans de nombreux laboratoires, notamment en France… Pour le moment, il n'existe aucun guide permettant de faire de l'optimisation audio pour le référencement mais quelques tests sur les outils vont faire ressortir des principes de base.

- **Critère numéro 1 : la bande-son.** Tout d'abord, il est certain que la qualité de la bande-son et l'absence de « bruit de fond » seront primordiales. Plus le son est intelligible et la voix reconnaissable (imaginez un système de reconnaissance vocale tentant de comprendre ce que dit une personne située à côté d'un marteau-piqueur...), meilleures seront les chances de voir le contenu analysé avec efficacité. Pensez-y au moment de l'enregistrement de vos vidéos.

Notons qu'il existe des outils comme RecordForAll (*http://www.recordforall.com*) qui « nettoient » les bandes-son.

On peut définir plusieurs critères dans cette notion de « qualité de la bande-son ».

- Qualité du signal sonore proprement dit.
- Qualité d'élocution des intervenants (qui intègre des problématiques telles que la prononciation, les accents, la rapidité et les interruptions... Ainsi, les émissions de débats contenant beaucoup d'interruptions des intervenants entre eux posent de nombreux problèmes de reconnaissance).
- Qualité du vocabulaire utilisé (peut-on définir un lexique précis des termes utilisés dans une thématique donnée ?). De même, le langage utilisé en informatique n'est pas le même que celui énoncé dans la politique ou le domaine juridique, etc.

Les moteurs actuels utilisent également un « indice de confiance de bonne transcription des mots » qui permet de pondérer la garantie d'avoir retranscrit le « vrai » mot énoncé dans la bande-son. Meilleure sera la qualité du son, plus élevé sera donc cet indice.

A priori, les formats standards semblent pour la plupart acceptés par les moteurs actuels. En théorie, le format pourrait avoir une importance, car meilleure est la qualité du signal audio, meilleure sera la performance de la transcription. Cela dit, en pratique, le seuil nécessaire pour que les systèmes de reconnaissance vocale fonctionnent bien est suffisamment bas pour qu'aucun des formats classiques de fichiers médias ne pose de réels problèmes. Le point important est donc davantage lié à la qualité de la prise de son qu'au format d'enregistrement. Le cas défavorable typique est la qualité téléphonique qui est en général un signal audio basse fréquence.

- **Critère numéro 2 : les occurrences des mots-clés.** Gaudi était clairement basé sur les occurrences de mots-clés dans la vidéo, même s'il n'était pas systématiquement vérifié que le fichier renfermant le plus d'occurrences de mots-clés soit placé en première position. Il s'agissait cependant d'un critère de pertinence majeur pour cette technologie.
- **Critère numéro 3 : la fraîcheur.** C'est également un facteur important parmi les critères qui déterminent l'affichage des résultats. La vidéo la plus récente est le plus souvent placée en première position (et pour le moment, ce système de classement n'est pas paramétrable comme sur YouTube).
- **Critère numéro 4 : le nom du fichier et l'URL.** Comme pour les vidéos, le nom du fichier doit être explicite (*podcast-interview-francois-hollande.mp3*, par exemple) tout comme l'URL du fichier (*http://www.site-radio.fr/audio/podcast/podcast-interview-francois-hollande.mp3*).
- **Critère numéro 5 : la thématique du contenu.** La technologie utilisée par Blinkx est un peu plus subtile que celle de Google. En effet, ce moteur ne prend pas seulement en compte les occurrences de mots-clés, mais il évalue également la thématique

de la vidéo et la présence de mots-clés connexes. C'est donc l'univers sémantique du domaine traité qui doit être privilégié pour un contenu audio de qualité.

- **Critère numéro 6 : l'optimisation du discours.** Il est tout d'abord évident qu'un mot-clé sera d'autant mieux pris en compte qu'il est facilement intelligible dans la vidéo. Si un mot ou une expression est mal comprise, il y a peu de chances d'obtenir des positions !
- **Critère numéro 7 : les informations extraites d'une vidéo connexe.** S'il s'agit d'identifier un son extrait d'une vidéo, l'analyse de cette dernière peut donner quelques critères de pertinence supplémentaires comme :
  - la reconnaissance des textes qui s'affichent à l'écran (exemple : un panneau de résultats sportifs sur une vidéo relatant la Ligue 1) ;
  - la reconnaissance de personnes à l'écran (basé sur la signature visuelle de visages) ;
  - etc.
- **Critère numéro 8 : une page par fichier audio présenté en ligne.** Comme nous l'avons vu pour les vidéos, il est important qu'un fichier audio soit affiché dans une page web optimisée pour les moteurs de recherche : balises `<title>` et `<h1>`, contenu textuel (transcription), etc. Les mêmes critères que pour les vidéos (notamment en termes de backlinks) s'appliqueront ici. *Idem* pour la transcription du texte prononcé dans la bande-son, qui pourra être favorablement reprise dans la page web. En effet, elle est importante à plusieurs titres, comme le fait de donner des informations complémentaires au contenu lui-même ou de fournir un contexte au contenu avec des mots-clés importants en général (le fait d'indiquer du contenu textuel avant la transcription automatique permet d'améliorer la qualité de la transcription elle-même, en particulier pour les domaines où le vocabulaire est très spécifique).

Notons également qu'il existe des balises, nommées ID3 (*http://goo.gl/Tscvs*), spécifiques aux contenus audio. Pour plus d'informations sur ce point, consultez également la page suivante : *http://fr.wikipedia.org/wiki/ID3*. Le site officiel est *http://www.id3.org*. Néanmoins, celles-ci ne semblent pas être utilisées par les moteurs majeurs à l'heure actuelle.

On ne connaît pas encore très bien le fonctionnement des logiciels d'analyse de la parole et de reconnaissance vocale, mais il est probable qu'il faille privilégier des expressions bien articulées, avec la prononciation adéquate et, pourquoi pas, un changement de ton permettant de mettre en relief telle ou telle expression. La gestion du phrasé aura sans doute le même effet que les balises `<h1>` ou `<strong>` dans un texte web.

Il est sûr qu'il faudra adapter les discours au fonctionnement des logiciels de reconnaissance vocale pour y insérer des mots-clés pertinents, exactement comme on le fait pour une page web. Les figures de style et jeux de mots risquent de ne pas être bien compris par les robots analyseurs. Et que se passera-t-il si un orateur possède un accent marseillais ou alsacien très prononcé (l'auteur de ce livre est originaire du Sud et vit en Alsace : curieux mélange pour une bonne optimisation) ?

L'internaute aura-t-il le dernier mot ?

Avant de se focaliser sur l'aspect purement technique, il faut aussi penser aux internautes. Ce qui fait le succès d'une vidéo dans YouTube, ce n'est pas sa qualité technique, mais plutôt son originalité et la façon dont elle interpelle l'internaute.

On peut très bien imaginer un classement basé sur le comportement des internautes qui viendrait compléter l'optimisation technique d'une vidéo. Des portails comme Dailymotion ou YouTube ont déjà mis en place un système de vote, qui permet aux internautes d'intervenir eux-mêmes sur le classement.

Dans ce cadre, il ne faut pas imaginer l'indexation audio comme un nouveau système de classement à part entière, mais plutôt comme un outil de classement et d'identification des vidéos. Ce sera ensuite l'internaute qui prendra le relais.

En définitive, il est vraisemblable qu'on va retrouver en audio la même approche que pour une page web.

Les méthodes ne changeront donc pas en profondeur, mais la modification du support fera intervenir de nouveaux spécialistes, tels que des ingénieurs du son, des comédiens, des réalisateurs… Le référencement a encore de beaux jours devant lui !

8

Le SMO

Section rédigée avec la contribution d'Emmanuel Fraysse

« Amis valent mieux qu'argent. »
Proverbe français

Les leviers à utiliser pour tirer le meilleur parti de son référencement se multiplient au fur et à mesure des années. Il suffisait, il y a peu de temps encore, de proposer quelques textes dans ses balises `meta` pour être positionné dans les moteurs de recherche classiques et le tour était joué. Aujourd'hui, le nombre de méthodes qu'il est possible d'utiliser pour favoriser son référencement est quasi illimité.

Parmi les derniers leviers apparus, les réseaux sociaux prennent une place de choix. Avec les centaines de millions d'utilisateurs de Facebook, Twitter et Google+, le marché est plus que tentant pour les responsables marketing de tous bords. Comment fonctionnent au juste ces réseaux sociaux et comment en tirer parti dans une stratégie globale d'acquisition de trafic et de référencement ? C'est le but du SMO *(Social Media Optimization)* qui est aux réseaux sociaux ce que le SEO est aux moteurs de recherche. Indiquons-le cependant dès le départ : le SMO est une stratégie très tendance, dans la mouvance du succès des réseaux sociaux, et sa réelle efficacité reste encore à démontrer de façon claire, ce qui n'est pas (plus) le cas du SEO, qui bénéficie de nombreuses années d'expériences. Pour le SMO, donc, pas d'affolement, ce qui ne signifie pas que ces stratégies ne sont pas intéressantes, loin de là, et notamment pour drainer un trafic de qualité sur vos pages.

Twitter, deuxième moteur mondial ?

Twitter a connu une forte croissance de 33 % entre les mois d'avril et de juillet 2010, voyant le nombre de ses requêtes quotidiennes passer de 600 à 800 millions, soit 24 milliards par mois ! En décembre 2009, Comscore annonçait les chiffres suivants pour les moteurs de recherche majeurs : 87,8 milliards de requêtes pour Google, 9,44 milliards pour Yahoo! et 8,53 milliards pour Baidu. Twitter se positionnerait donc comme le deuxième moteur de recherche du Web !

Quels réseaux sociaux utiliser pour son référencement ?

Pour qui s'occupe uniquement de référencement naturel – le sujet de cet ouvrage – et donc du positionnement et du trafic des moteurs de recherche, les réseaux sociaux sont avant tout un moyen d'asseoir sa popularité et de mettre en avant ses contenus. Dans ce cadre, c'est avant tout la recherche de liens populaires et qualifiés qui est prisée. L'audience rapportée en propre par les réseaux sociaux importe, mais ce n'est pas l'objectif principal de cette approche. Il convient donc d'utiliser les réseaux permettant la création rapide de liens, et surtout de liens visibles par les moteurs de recherche.

Exit donc *a priori* tous les outils demandant une authentification de l'utilisateur pour être parcourus ou indiquant un attribut `nofollow` sur les liens sortants qu'il propose (Facebook, Viadeo ou LinkedIn, entre autres). L'action devra se concentrer sur les plates-formes de diffusion des liens telles que Digg et ses équivalents francophones (TapeMoi, Scoopeo et bien d'autres) ou sur les *bookmarks* sociaux dérivés de Del.icio.us, encore que ces derniers soient moins parcourus par les moteurs de recherche.

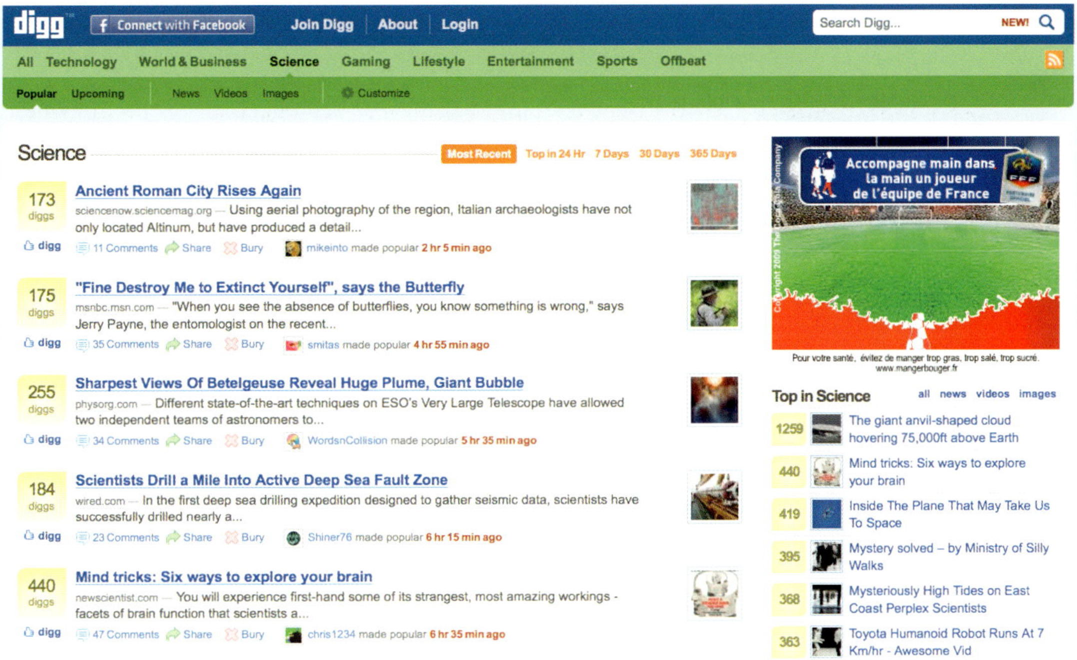

Figure 8-1

Avec ses millions d'utilisateurs, Digg est l'un des outils sociaux les plus populaires du Web.

Le travail du référenceur, au sens stratégique, pourra cependant aller plus loin et commencer à prendre en compte le SMO dans un sens plus général, c'est-à-dire la diffusion d'informations et l'acquisition de trafic *via* les réseaux sociaux. Ici, on ne cherche plus seulement à créer des liens, mais on incite les visiteurs et les internautes à diffuser une information, à voter pour celle-ci et à partager un peu de la vie du site.

Dans cette stratégie, les cibles ne s'arrêtent donc plus aux plates-formes ouvertes. Ce sont potentiellement tous les sites qui peuvent apporter un trafic, si possible qualifié, sur un site Internet. Les communautés d'intérêts et les réseaux plus personnels sont alors mis à contribution pour diffuser les dernières offres et les dernières informations d'une marque. C'est dans une stratégie de type SMO que l'utilisation du réseau social du moment, Facebook, prend tout son sens. Twitter, autre site star, en sera également un relais évident, tout comme Google+.

Cependant, dans un premier temps, nous envisagerons les réseaux sociaux avant tout comme générateurs de liens potentiels. Leur utilisation pour drainer de façon plus générale du trafic de qualité relève plus de l'e-marketing et moins de la stratégie de référencement proprement dite.

Figure 8-2

Les profils publics Facebook sont indexés par Google, mais pas les informations personnelles des abonnés. L'impact est donc obligatoirement limité.

Twitter, Facebook et Google+ : indispensables au SEO ?

Les trois réseaux sociaux « stars » en 2016 sont bien évidemment Twitter et Facebook, rejoints un peu plus tard par Google+. Cependant, quel est leur apport réel en termes de référencement ?

Le fait d'être présent dans ces réseaux sociaux est déjà une première réponse, puisque, si les profils publics Facebook sont indexés, c'est également le cas des *tweets* de Twitter, affichés par de nombreux moteurs dans leurs résultats, même si leur visibilité en 2016 s'est largement tarie depuis qu'un accord entre Twitter et Google n'a pas été renouvelé (*http://goo.gl/WqjpEI*). Ceci dit, ces tweets étaient affichés de façon assez éphémère et leur présence n'était le plus souvent que très rapide dans les résultats des moteurs, d'autres tweets venant les balayer quelques minutes plus tard. En 2016, la présence de Twitter dans les SERP est donc devenue quasi anecdotique…

Quant à Google+, puisqu'il appartient à Google, il est évident que ce réseau va fournir de nombreuses informations au moteur de recherche.

En fait, on l'a vu auparavant, les réseaux sociaux apportent avant tout des liens pour améliorer le SEO des pages d'un site. Or, le plus gros inconvénient de ces réseaux est que les liens qu'ils proposent (sur Facebook et Google+, comme sur Twitter) sont indiqués en `nofollow` et donc invisibles pour les moteurs de recherche. Ainsi, aucun des liens externes qui figurent dans les pages de ces réseaux sociaux ne peut servir à augmenter la popularité ou la réputation d'un site web (à part quelques-uns sur Google+). Dommage !

Corrélation ou causalité ?

Cependant, l'excellent site américain Moz.com a publié en 2011 un billet intitulé *Facebook + Twitter's Influence on Google's Search Rankings* (*http://goo.gl/xo1KC*), qui tentait d'en savoir plus sur l'influence des différents réseaux sociaux actuels (notamment Facebook et Twitter) sur l'algorithme de pertinence de Google et de Bing.

Voici les points qui nous ont semblé les plus importants :

- L'un des critères sociaux pris en compte par les moteurs ayant le plus de poids actuellement serait le nombre de partages *(shares)* sur un lien dans Facebook par les utilisateurs du réseau social, mais les « J'aime » et les commentaires auraient aussi leur rôle à jouer, comme le montre la figure 8-3.

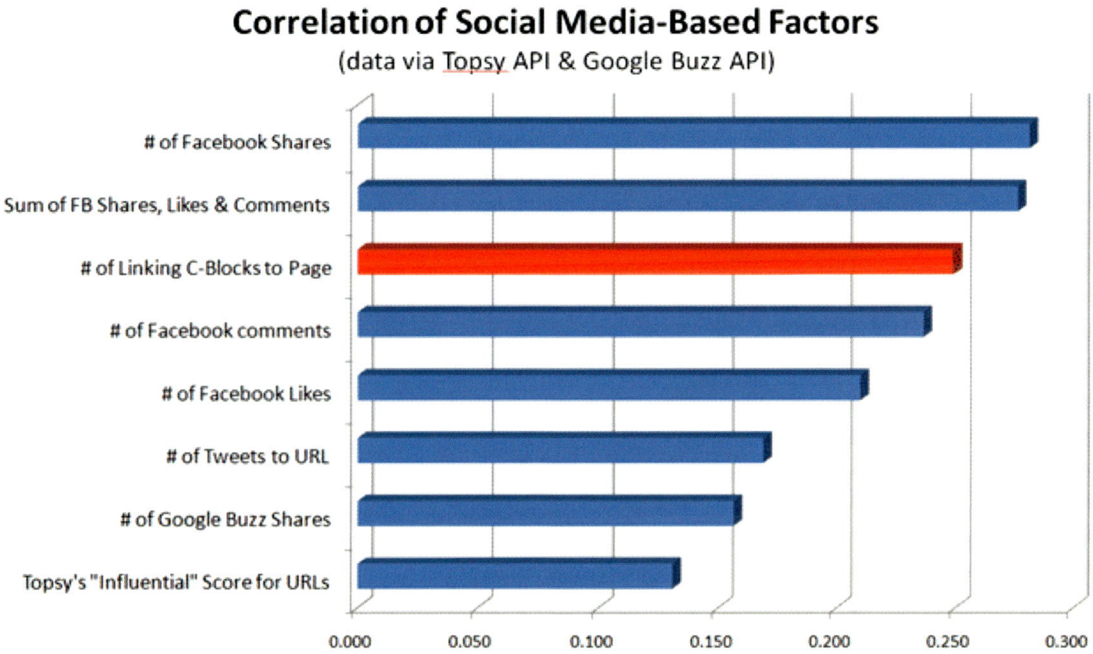

Figure 8-3

Les algorithmes de pertinence de Google sont avant tout affectés par les partages, les J'aime et les commentaires sur les réseaux sociaux.

- Facebook produisait en 2011 des facteurs plus discriminants que Twitter pour les moteurs de recherche. Toujours selon cette étude, Twitter pourrait donc avoir actuellement une importance surévaluée par rapport à Facebook dans les signaux pris en considération par les moteurs de recherche, même si l'outil de *microblogging* ne peut être négligé.

Ces types d'études sur les critères de pertinence des moteurs de recherche sont régulièrement publiés. On trouve ainsi celle de Searchmetrics pour les États-Unis, intitulée *The Ranking Factors – Rank Correlations 2013 for Google USA* (*http://goo.gl/c3LzQN*), également disponible pour la France (*http://goo.gl/24ztAa*), mais aussi deux études de Moz.com, l'une sur les critères de pertinence Web (*http://goo.gl/VNdLu5*) et une autre plus spécifiquement dédiée au SEO local (*http://goo.gl/XAX6QZ*).

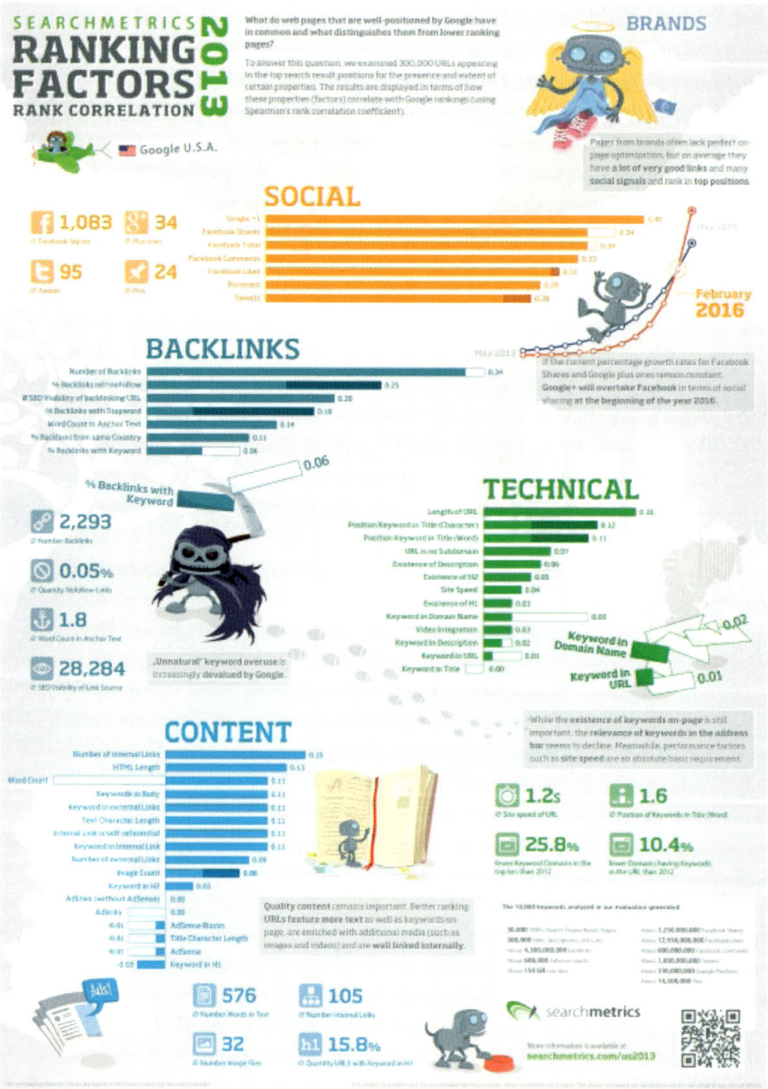

Figure 8-4

L'étude Ranking Factors 2013 de Searchmetrics

Ces études sont, bien sûr, intéressantes et elles méritent d'être lues attentivement, mais elles peuvent également s'avérer trompeuses. En effet, elles se basent uniquement (et elles ne s'en cachent pas) sur le principe de corrélation, sans tenir compte de la causalité. Ceci peut induire de mauvaises interprétations, par exemple, concernant le poids des réseaux sociaux dans une stratégie SEO à l'heure actuelle. Ces études semblent ainsi indiquer que ce poids est actuellement très fort, alors que la réalité est certainement beaucoup plus nuancée.

Expliquons dans un premier temps ces deux termes.

- La corrélation est une sorte de constat : on examine les SERP d'un moteur et on analyse les liens qui sont bien classés ainsi que leur contexte. Par exemple, on peut s'apercevoir qu'il existe une corrélation entre les pages bien classées et le fait qu'elles aient beaucoup de J'aime sur Facebook. On constate donc qu'il existe une corrélation entre le nombre de J'aime et les pages bien classées sur Google pour un nombre important de pages. Mais rien ne dit que ces pages sont bien classées parce qu'elles ont beaucoup de J'aime sur Facebook !
- La causalité est l'étude des causes directes d'un événement. Prenons un exemple : je mets en ligne une page avec un mot-clé important à la fin de la balise `<title>`, puis une autre page avec le même mot-clé au début de la balise, toutes choses égales par ailleurs. La seconde se classe mieux, donc on peut dire qu'il existe une causalité entre le classement d'une page pour un mot-clé et sa position dans la balise `<title>`. Ce sera encore plus vrai si on multiplie les tests de ce type pour avoir des données plus importantes et plus exactes.

Avec la corrélation, on constate un fait, alors qu'avec la causalité, on analyse la cause directe de ce fait, ce qui est très différent. L'impact des réseaux sociaux sur le SEO est un bon exemple : une page très connue, avec un bon PageRank, des liens de qualité, une bonne optimisation, un contenu excellent, etc., aura des chances de bien se positionner dans les SERP de Google. Mais comme elle est de bonne qualité, etc., elle aura sûrement aussi de nombreux J'aime, partages, retweet ou +1 sur les réseaux sociaux. Mais il se peut très bien que ces signaux n'influent pas du tout sur le classement dans les SERP ! Les études décrites précédemment y trouveront une corrélation, mais il n'y aura pas obligatoirement de causalité. Ou peut-être que si, mais il sera impossible de le prouver. De « vrais » tests seraient nécessaires pour le savoir et ne pas s'arrêter à de simples constats.

Dans ce cas, on parle également d'« effet cigogne » (du fait d'une corrélation trompeuse entre le nombre de nids de cigognes et celui des naissances humaines). Bref, comme on dit en latin : *Cum hoc ergo propter hoc* (*http://goo.gl/ZfKIcg*) ou, en d'autres termes, la corrélation n'implique pas la causalité. N'oubliez pas d'en tenir compte lorsque vous lirez ces études (très intéressantes par ailleurs).

De nouveaux critères de pertinence

De toute évidence, il apparaît aujourd'hui extrêmement clair que les moteurs de recherche utilisent les réseaux sociaux, non pas comme proposant de « simples liens » (d'ailleurs en `nofollow`) vers une page web, mais comme une source d'analyse et de détection de pages intéressantes à faire ressortir du lot, bref comme de nouveaux critères de pertinence à part entière.

L'erreur jusqu'à maintenant en SEO, a finalement peut-être été pour certains de penser que Facebook et Twitter étaient traités par les moteurs comme des sites web à part entière, semblables à tous les autres, alors que Google et Bing semblent bien avoir développé des détections de signaux totalement spécifiques à ces nouveaux outils.

Bref, il paraît évident que Facebook, Twitter et Google+ vont tenir, dans un proche avenir, une place de plus en plus importante, et à part, dans nos stratégies de référencement naturel. Cependant, il faudra les utiliser pour ce qu'ils sont, c'est-à-dire des réseaux sociaux et non des sites web classiques. Il s'agit là sans nul doute encore d'une forte évolution du métier à prendre en compte sans tarder.

Au moment où ces lignes sont écrites, il est encore trop tôt pour avoir une vision claire de ce que le bouton +1 de Google (*http://goo.gl/E47MY*) amènera en termes de SEO. Néanmoins, on peut parier que son influence sera forte dans les mois qui viennent.

Les projets « sociaux » de Google

Section rédigée avec la contribution de Christophe Deschamps

- 2004 : lancement d'Orkut (*http://www.orkut.com/*), un réseau social semblable à Facebook, toujours actif mais utilisé seulement dans quelques pays (dont le Brésil qui représente plus de 50 % des utilisateurs).
- Décembre 2007 : lancement de Google Profil, service qui permet de créer un profil numérique sur lequel s'appuiera Google+.
- Mai 2008 : lancement de Google Friend Connect (*http://www.google.com/friendconnect*), service qui permet à un webmaster ou bloggeur de créer et gérer un réseau social autour de son site web.
- Octobre 2009 : lancement de Google Wave, un service révolutionnaire par le nombre de fonctionnalités qu'il intègre, mais considéré comme une « usine à gaz » par beaucoup. Abandonné en août 2010.
- Octobre 2009 : lancement de Google Social Search dans les Google Labs, puis généralisation en janvier 2010 (*http://www.google.com/s2/search/social*). Ce service permettait de rechercher dans les contenus proposés par ses relations sur les réseaux sociaux.
- Février 2010 : lancement de Google Buzz (*http://www.google.com/buzz*). Ce service, dont le fonctionnement est proche de celui de Twitter, est un échec en raison de son improbable gestion de la confidentialité. Il reste cependant accessible *via* Gmail.
- Septembre 2010 : Éric Schmidt annonce le lancement prochain de Google Me, une « couche sociale » qui viendrait s'ajouter à des services existants. Le projet aboutira avec Google+.
- Mars 2011 : des rumeurs, démenties par Google, annoncent le lancement d'un réseau social qui serait baptisé Google Circles.
- 1er juin 2011 : lancement du bouton +1 qui, comme le J'aime de Facebook, permet de privilégier certains résultats dans Google et d'influencer vos recherches ultérieures. Il est maintenant au cœur de la stratégie Google+. Le même jour, on apprend que l'ex-PDG de Google, Éric Schmidt, dit « avoir foiré » sur les réseaux sociaux (*http://goo.gl/m49is*). Coïncidence ?
- 28 juin 2011 : lancement de Google+. En 2016, le réseau social peine cependant encore à marcher sur les plates-bandes de Facebook. Mais Google le met de plus en plus en avant en l'incluant dans la plupart de ses services même s'il paraît parfois le mettre plus de côté et moins l'imposer qu'auparavant.

Pour ce qui est des réseaux sociaux, on peut donc conclure que :

- Facebook, Google+ et Twitter sont des outils qui ont finalement un impact direct assez faible sur le SEO puisque leurs liens ne sont pas pris en compte par les moteurs de recherche. Mais Google+ appartenant au moteur de recherche leader, on peut imaginer que celui-ci traite quand même, d'une façon ou d'une autre, les liens qu'il trouve sur les « murs » de ses utilisateurs ;

- en revanche, Facebook, Twitter et Google+ sont très importants au niveau de la « vie d'un site », alors qu'une seule présence statique n'a que peu d'effet. Le métier de Community Manager a de beaux jours devant lui ;
- ces trois réseaux sociaux, s'ils sont bien utilisés, peuvent avoir un effet indirect phénoménal en termes de trafic, de notoriété, etc. Et tout cela amène, là encore de façon indirecte, la création de liens sur d'autres sites.

Figure 8-5

Le bouton +1, un des facteurs majeurs de prise en compte pour Google dans les mois qui viennent (http://goo.gl/syQ6A) ?

Figure 8-6

Les liens de Twitter (comme ceux de Facebook et Google+) sont en nofollow et donc ignorés par les moteurs (bien que le « raccourcisseur d'URL » utilisé ici traite bien les redirections en 301).

Le SMO, concurrent du SEO ?

Beaucoup d'observateurs opposent le SMO au SEO. En schématisant cette « guerre » SEO/SMO, on peut évoquer la grande question du moment qui se résume à : Facebook est-il en train de tuer Google, rendant le métier de SEO caduque et, de fait, voué à disparaître ?

Dans la réalité, les choses sont plus complexes et, en définitive, SEO et SMO sont inséparables et complémentaires. Ils sont profondément imbriqués par la notion de « lien » sous toutes ses formes (liens organiques, liens retweetés). Le SMO précède et favorise le SEO grâce à des techniques comme le linkbaiting (voir chapitre 6). Comme nous l'avons vu précédemment, Facebook et Twitter sont de bons routeurs de trafic, mais de mauvais sites sources en termes de SEO direct. En effet, les contenus Facebook sont principalement en accès restreint (au moins pour le moment) et les liens mentionnés dans les tweets sont en `nofollow`, ce qui les rend invisibles pour les moteurs de recherche. Les bénéfices du SMO sont donc indirects : l'amélioration de tout positionnement sur une expression clé dans Google passera par l'action d'un internaute ayant « buzzé » votre lien sur des sites plus SEO friendly. De plus, le SMO participe à la bonne gestion de la réputation numérique : les bons commentaires/citations sur un réseau social accroissent les probabilités de mentions flatteuses sur des sites externes jouissant d'un bon référencement.

Les réseaux sociaux indispensables à Bing

Dans une interview avec Eric Enge sur le site Stone Temple Consulting (*http://goo.gl/Z1Mzl*), Duane Forrester, product manager pour le Webmaster Program de Bing, a indiqué que, si le contenu des pages web indexées par le moteur de recherche restait le critère de pertinence numéro 1, il était directement suivi par l'analyse des médias sociaux (Facebook, Twitter), alors que les liens ne venaient qu'en troisième place. Duane Forrester estime même que, parfois, les réseaux sociaux représentent le signal le plus important. On se rend compte ainsi que Bing pousse à fond l'avantage qu'il a sur Google de par son accord avec Twitter et son actionnariat dans Facebook. Sera-ce suffisant pour être plus pertinent que son concurrent ? L'avenir le dira.

Google+, le réseau à suivre

S'il existe un réseau social à suivre dans le cadre d'une stratégie d'impact direct ou indirect sur le SEO, c'est bien Google+, et ce pour une raison évident : il appartient à Google ! Il serait donc logique que les données fournies par ce réseau soient analysées et intégrées dans la réflexion du moteur de recherche quant à la pertinence d'une page.

Notons pourtant que Matt Cutts est assez peu disert sur la question. En août 2013 (*http://goo.gl/nIuKXU*), il expliquait que le nombre de +1 sur une page web n'influait pas sur son classement dans les résultats du moteur de recherche, tout comme les Share (partages) sur Facebook. Il expliquait alors que : « Si vous faites du contenu convaincant, les gens vont faire des liens vers celui-ci, le liker, le partager sur Facebook, le « plusser » sur Google+, etc. Mais cela ne veut pas dire que Google utilise ces signaux pour le classement ».

Pourtant, Yves Weber, figure emblématique du référencement naturel depuis plusieurs années, a vécu une aventure de façon fortuite en avril 2013 (*http://goo.gl/jGwkOL*), qui semble prouver le contraire. Il avait en effet malencontreusement supprimé de son profil Google+ le fait qu'il était auteur de l'un de ses sites. Il a immédiatement perdu des positions, qui sont revenues à l'état initial dès qu'il a remis en place la « paternité » de ses contenus sur Google+. C'est ce qu'on peut voir dans le graphique de positionnement en figure 8-7, qui indiquerait qu'un profil Google+ ayant une bonne notoriété améliore le positionnement des contenus sur le moteur Google. Cela semble en effet logique, même si, en l'état actuel des choses, on n'a encore que peu d'informations sur la façon dont Google traite ces données. Difficile, donc, de connaître le poids réel de ces critères dans l'algorithme de pertinence du moteur.

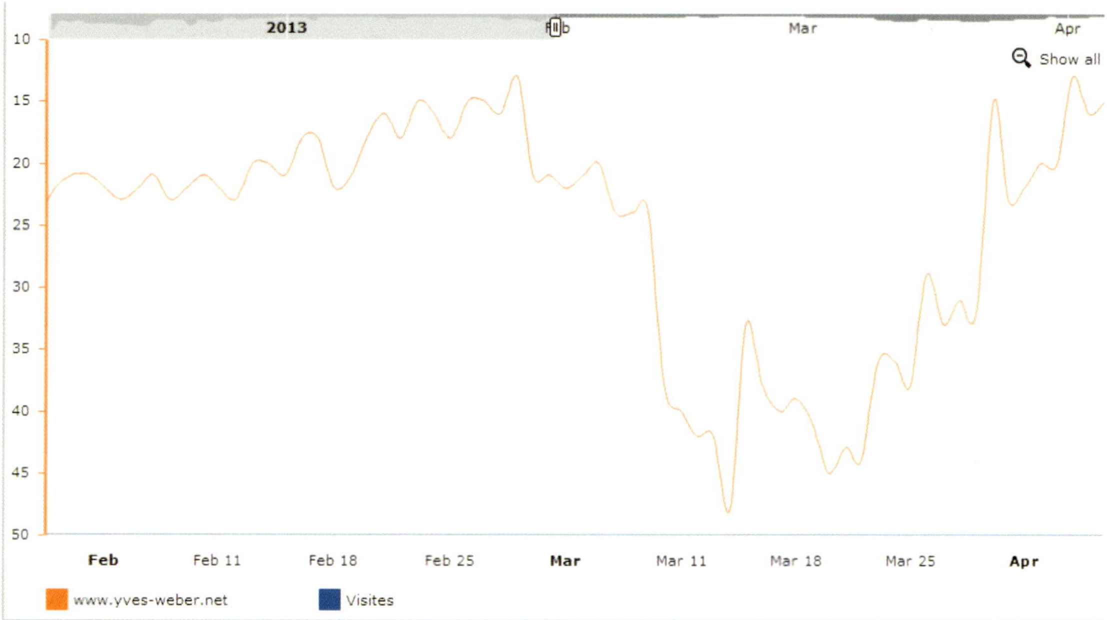

Figure 8-7

La disparition d'un lien dans Google+ a fait chuter le trafic sur un site.

Il est donc clair qu'il vous faudra redoubler d'efforts pour obtenir une présence de qualité sur Google+ et notamment :

- obtenir des +1, surtout émanant de personnes ayant un profil connu et pertinent dans votre activité ;
- avoir de nombreux commentaires sur vos publications ;
- voir vos contenus partagés sur le réseau social (ce qui améliore également l'indexation de vos pages) ;
- être présent dans de nombreux cercles d'utilisateurs.

Pendant une certaine période, Google a permis, au travers de l'*authorship* (voir chapitre 11), de mettre en valeur vos contenus dans les SERP en affichant la photo de l'auteur, ce qui était loin d'être négligeable. Mais l'authorship a été arrêté par Google fin 2014. De plus, Google tend, année après année, à personnaliser ses résultats en fonction de l'internaute qui utilise son moteur. Et on peut parier que Google+ aura également une très forte carte à jouer dans ce domaine à l'avenir.

Bref, vous l'aurez compris, Google+ est devenu indispensable dans le cadre d'une stratégie de visibilité sur Google. Et c'est normal, puisque le moteur de recherche a tout fait pour nous l'imposer !

Et n'oubliez pas : SEO et SMO sont complémentaires. Si les interactions entre ces deux mondes sont aujourd'hui faibles, ils constituent cependant des opportunités uniques de faire connaître et de valoriser vos contenus. Exploitez-les donc tous les deux à fond pour obtenir la meilleure visibilité globale dans le cadre d'une stratégie e-marketing à multiples canaux.

Pour en savoir plus

Voici quelques liens pour approfondir votre connaissance du SMO :

- *64 conseils pour optimiser votre contenu sur Google Plus* [Infographie] de Isabelle Mathieu : *http://goo.gl/yjaZsX ;*
- *7 qualités indispensables d'un bon SMO : http://goo.gl/imFek3 ;*
- *Google Plus et sa stratégie de développement : http://goo.gl/tRLv6o ;*
- *SMO : entre gadget et révolution* de Laurent Bourrelly : *http://goo.gl/j2EhkO ;*
- *64 bonnes pratiques pour le marketing sur Facebook* de Isabelle Mathieu : *http://goo.gl/mFy9Vx ;*
- *L'importance des médias sociaux dans une stratégie SEO* de Antoine Winants : *http://goo.gl/PmzWYf ;*
- *La stratégie SEO des réseaux sociaux* de Sylvain Fouillaud : *http://goo.gl/A4rJDQ.*

9

Suivi du référencement

« Ne fais pas attention à ce que l'on écrit sur toi. Contente-toi de le mesurer. »

Andy Warhol

Comme expliqué dans les chapitres précédents, référencer son site web est une phase essentielle dans le cycle de promotion d'une source d'informations sur le Web. Mais cette stratégie demande un suivi de la qualité des actions mises en place. À quoi bon investir dans une action de promotion bien menée si vous ne savez pas ce qu'elle vous rapporte ?

Le retour sur investissement : une notion essentielle

Vous avez suivi les différentes étapes listées tout au long de cet ouvrage ? Parfait, vous avez donc avancé sur le chemin, parfois laborieux mais si passionnant, de l'optimisation de site pour les moteurs de recherche. Mais une fois tout ce travail effectué, il va vous falloir mesurer l'efficacité de votre labeur. Au cours des dernières années, la mesure de la qualité du référencement s'est basée sur plusieurs notions successives.

- Le positionnement : l'objectif est de positionner dans les résultats du moteur certaines pages du site à référencer pour tel mot-clé ou telle expression (suite de mots-clés). Le référenceur fournit alors à son client des tableaux indiquant les mots-clés visés, les moteurs pris en compte et les positions obtenues. De nombreux logiciels ont par ailleurs été créés pour automatiser cette tâche et vérifier les différents positionnements acquis. Principal inconvénient de ce système : il ne donne aucun renseignement sur le trafic obtenu. Ainsi, vous pouvez obtenir 50 premières positions sur 20 moteurs de recherche différents, ce qui réjouira l'éditeur du site, mais sur des mots-clés que personne ne saisit, ce qui est moins agréable du point de vue des statistiques. De plus, de nombreux moteurs sont mis au même niveau, ce qui correspond assez peu à la réalité. En effet, comment comparer – notamment en France – un positionnement sur Google d'un côté et sur Ask.com, Yandex ou Orange, voire Bing ou Yahoo! de l'autre ?

  De même, la notion même de positionnement est devenue, avec le temps, problématique et sujette à caution. En effet, tous les moteurs de recherche majeurs ont mis en place une stratégie de personnalisation de leurs résultats en fonction de l'internaute qui effectue la requête. En 2010, 20 % des résultats de recherche étaient déjà personnalisés pour l'utilisateur du moteur (*http://goo.gl/iXEnl*) selon Google.

  Ainsi, pour un même mot-clé, plusieurs personnes pourront obtenir des résultats différents en fonction de différents facteurs :

  – leur localisation géographique ;

  – la version du moteur utilisée (anglaise, française, espagnole) et la langue choisie pour l'interface utilisateur ;

  – la langue de leur navigateur ;

– leur historique de recherche ;
– l'algorithme de pertinence utilisé ;
– les recherches effectuées par les amis de leur cercle social ;
– le datacenter (centre de données) du moteur interrogé ;
– etc.

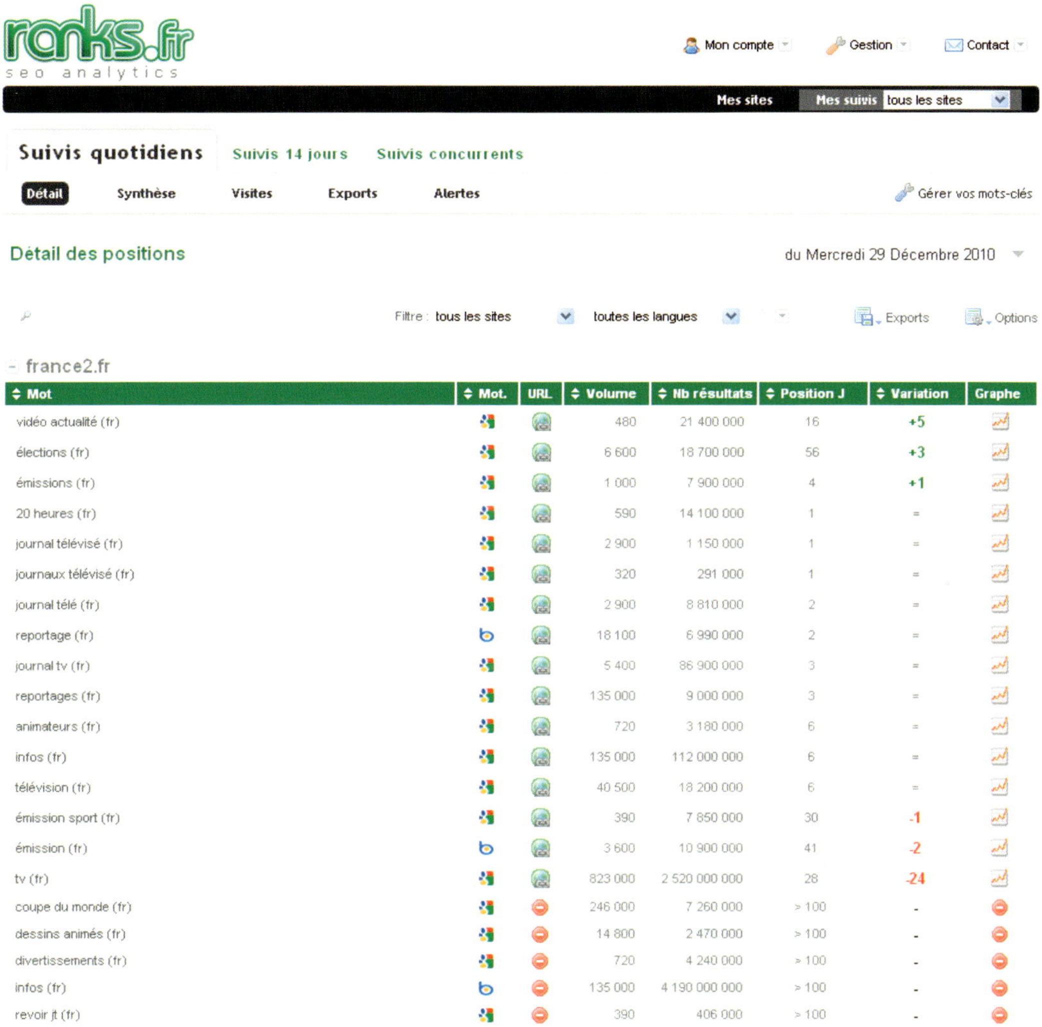

Mot	Mot.	URL	Volume	Nb résultats	Position J	Variation	Graphe
vidéo actualité (fr)			480	21 400 000	16	+5	
élections (fr)			6 600	18 700 000	56	+3	
émissions (fr)			1 000	7 900 000	4	+1	
20 heures (fr)			590	14 100 000	1	=	
journal télévisé (fr)			2 900	1 150 000	1	=	
journaux télévisé (fr)			320	291 000	1	=	
journal télé (fr)			2 900	8 810 000	2	=	
reportage (fr)			18 100	6 990 000	2	=	
journal tv (fr)			5 400	86 900 000	3	=	
reportages (fr)			135 000	9 000 000	3	=	
animateurs (fr)			720	3 180 000	6	=	
infos (fr)			135 000	112 000 000	6	=	
télévision (fr)			40 500	18 200 000	6	=	
émission sport (fr)			390	7 850 000	30	-1	
émission (fr)			3 600	10 900 000	41	-2	
tv (fr)			823 000	2 520 000 000	28	-24	
coupe du monde (fr)			246 000	7 260 000	> 100	-	
dessins animés (fr)			14 800	2 470 000	> 100	-	
divertissements (fr)			720	4 240 000	> 100	-	
infos (fr)			135 000	4 190 000 000	> 100	-	
revoir jt (fr)			390	406 000	> 100	-	

Figure 9-1

Exemple de tableau de positionnement pour un site web (site ranks.fr)

Le QDF pour les actualités chaudes

Google, par exemple, peut utiliser certains algorithmes différents en fonction de la requête demandée. Par exemple, si la requête correspond à une thématique d'actualité, Google va « switcher » sur l'algorithme QDF (voir chapitre 5) qui prend en considération la fraîcheur d'une information – sa date de parution – comme critère principal. Dans ce cas, ce sera le dernier article paru sur le sujet qui sera publié et non pas le plus populaire. Puis, lorsque la notion d'actualité aura disparu, quelques jours plus tard, le moteur switchera à nouveau sur son algorithme classique. Pendant quelques jours, les pages de résultats de recherche auront donc été complètement perturbées. Nous vous invitons à revoir si besoin le chapitre 5 qui traite des critères temporels pris en compte par les moteurs de recherche.

Si pour chaque internaute, à terme, s'affiche une page de résultats différente pour un même mot-clé, comment peut-on restreindre la qualité d'un référencement à la seule notion de positionnement, puisque le site sera affiché différemment pour chaque utilisateur d'un moteur ou presque ?

On pourrait donc penser que ce type de méthodologie n'est plus utilisé par les référenceurs. Il n'en est rien. De nombreuses sociétés de référencement fonctionnent encore ainsi. Ce qui prouve que cette tendance est loin d'être obsolète et qu'elle répond à une réelle demande. Mais il est vrai que la mouvance actuelle n'est plus au strict positionnement de pages web pour mesurer l'efficacité d'un référencement. Ceci dit, elle reste très intéressante dans deux cas notamment : la mesure des variations dans le temps des positions (gain ou perte) ainsi que le benchmarking par rapport à la concurrence.

Quelques outils de mesure du positionnement

Il existe plusieurs logiciels et sites web permettant d'automatiser la surveillance des positionnements obtenus sur les moteurs. Voici les principaux d'entre eux, classés par ordre alphabétique (vous trouverez d'autres outils, notamment des sites web, en annexe) :

- Advanced Web Ranking : *http://www.advancedwebranking.com/ ;*
- Agent Web Ranking : *http://www.agentwebranking.com/* ;
- MyPoseo : *https://www.myposeo.com/* ;
- Ranks : *https://www.ranks.fr/* ;
- SEO WebRanking : *http://www.seowebranking.com* ;
- Trellian : *http://www.trellian.com/fr/swolf/* ;
- Yooda SeeUrank : *http://www.yooda.com/.*

- La vérification d'un référencement s'est alors tournée vers la notion de trafic généré. On était déjà plus proche de la réalité. Il ne s'agit plus seulement d'être bien positionné de façon plus ou moins artificielle, mais de créer un trafic (ou de l'augmenter s'il existe déjà) en provenance des outils de recherche. Les stratégies se modifient et s'affinent. On prend alors mieux en compte les différences entre moteurs (autant se focaliser sur les deux ou trois outils de recherche majeurs plutôt que sur les « petits », notamment pour le travail effectué manuellement). Les baromètres (comme celui d'AT Internet, voir chapitre 3) ont également beaucoup œuvré dans ce sens en donnant une bonne hiérarchie d'importance aux outils de recherche actuels dans le cadre du trafic moyen généré sur un site. Plusieurs stratégies peuvent alors être mises en place pour améliorer un trafic déjà existant. On peut tenter un bon positionnement sur Google, Yahoo! ou Bing sur des mots-clés porteurs mais encore peu concurrentiels. On pourra ainsi rapidement s'apercevoir qu'une 11e position sur un mot-clé donné peut générer un trafic bien plus important qu'un 9e rang sur une autre requête… L'approche est bien plus fine (même si elle est un peu plus contraignante pour le client, qui doit mettre en place un outil d'analyse d'audience sur ses pages), mais il existe encore un inconvénient : elle ne prend pas en compte l'aspect qualitatif du trafic. Elle ne mesure qu'un aspect strictement quantitatif.

- Vient donc, de façon presque naturelle, la notion de retour sur investissement, très souvent appelée ROI (pour *Return on Investment*). Le but est de mesurer la qualité du référencement effectué en tenant compte de deux critères majeurs :
  - D'où vient l'internaute qui arrive sur mon site ?
  - Qu'y fait-il ?

  En d'autres termes : si mon site est marchand, les internautes achètent-ils ? Si je désire recruter des prospects, les visiteurs remplissent-ils le formulaire qui leur est proposé ? Si je désire présenter un produit, les visiteurs affichent-ils en majorité les pages qui le décrivent ?

En effet, l'heure n'est plus à la création de trafic stérile (le terme n'est pas obligatoirement péjoratif), qui pourrait être intéressant dans le cadre d'un modèle économique basé sur l'affichage de bannières publicitaires au CPM. Ce modèle est de moins en moins répandu sur les sites francophones. Aujourd'hui, le responsable de site désirera mesurer la qualité de son trafic en ayant la meilleure vision possible de ce que le visiteur y a fait, et surtout, en sachant s'il y a effectué une action « profitable » pour le site.

Différents types de calculs du retour sur investissement

Cette notion de « profitabilité » peut être très vaste. Il ne s'agit pas uniquement d'un accroissement du chiffre d'affaires dû à un achat en ligne, qui sera certainement le but d'un site de commerce électronique. Les objectifs peuvent être très variés. En voici quelques-uns :

- **Vente en ligne.** L'éditeur du site veut que l'internaute achète chez lui ou prépare un achat pour une prochaine visite. Dans ce cas, le critère retenu est le chiffre d'affaires généré.

  Le ROI sera alors égal à :

  ROI = chiffre d'affaires généré par des visiteurs issus des outils de recherche/coût du référencement

Ce calcul peut être effectué en fonction du chiffre d'affaires, de la marge brute, de la marge nette, etc., compte tenu des besoins de l'éditeur du site. Selon le paramétrage du système de tracking, un client qui achète un mois après être venu sur le site pour la première fois sera pris en compte ou non.

- **Notoriété active.** L'éditeur veut que l'internaute vienne sur son site pour y passer du temps. L'objectif se situe au niveau de la marque, d'une bonne gestion de la notoriété de l'entreprise et de sa visibilité. Dans ce cas, le ROI sera calculé en fonction du temps passé par l'internaute sur le site, du nombre de pages vues par visite, etc.

  Par exemple : Renault sort une nouvelle voiture et il veut que 10 000 internautes/mois se connectent sur la page qui la présente.

  Le calcul de son ROI s'effectue sur la base suivante :

  > ROI = durée des visites des internautes issus des outils de recherche/coût du référencement

  ou :

  > ROI = nombre de visites d'internautes issus des outils de recherche/coût du référencement

- **Notoriété passive.** L'éditeur veut que l'internaute voie sa marque sans pour autant l'amener sur son site.

  Son ROI sera calculé en fonction du nombre d'affichages/jour, affichages/semaine ou affichages/mois. Cela peut, aussi, correspondre à une campagne de liens sponsorisés.

  Par exemple : un constructeur automobile veut que sa marque soit affichée dans les 5 premiers résultats du mot « pick-up » sans être leader car il n'a pas un modèle récent dans cette catégorie de véhicule.

  Le calcul de son ROI s'effectue sur la base suivante :

  > ROI = nombre de fois où le lien est affiché dans les pages de résultats/coût du référencement ou de la campagne de liens sponsorisés

- **Recrutement/actions opt-in.** L'éditeur veut que l'internaute effectue une action sur son site. Une action peut être le remplissage d'un formulaire, l'abonnement à une newsletter, l'inscription en tant que membre, une demande d'information sur un produit/service.

  Dans ce cas, le ROI sera calculé sur la base suivante :

  > ROI = nombre d'actes effectués par des visiteurs issus des outils de recherche/coût du référencement

  Il peut exister bien d'autres possibilités de calcul de ce ROI, en fonction du type de site et des informations, ressources, produits ou services qu'il propose.

Ce type de calcul peut également être effectué pour de nombreuses actions de promotion :

- bannières publicitaires ;
- référencement ;
- positionnement publicitaire (liens sponsorisés de type Microsoft adCenter ou Google AdWords) ;

- échange de liens : quel site pointant vers vous génère le trafic le plus qualifié ?
- insertion de liens dans une newsletter ;
- sponsoring de zones à l'intérieur d'un site (exemple : un fleuriste pour la Saint-Valentin) ;
- etc.

La mise en place de liens de tracking

Pour effectuer ces calculs, les outils de mesure du trafic – et donc du ROI – actuels se basent sur les *URL referers* , c'est-à-dire l'URL de la page d'où vient l'internaute arrivant sur votre site, que votre serveur reçoit à chaque nouvelle visite.

Comment ces statistiques sont-elles calculées ? Sur quelles bases les informations sont-elles traitées ? Raisonnons sur un exemple : un internaute va sur Google et tape les mots-clés « veille technologique ». La page de résultats de Google s'affiche à l'adresse : *http://www.google.fr/search?hl=fr&q=veille+technologique&aq=f&aqi=g10&aql=&oq=&gs_rfai=&cad=h.*

Si l'internaute clique sur un des liens proposés, il arrive sur le site affiché. Ce serveur reçoit alors l'URL referer correspondant à l'adresse de la page de résultats de Google, indiquée précédemment.

Cette URL contient de nombreuses informations intéressantes :

- le site de provenance (*Google*) ;
- la langue utilisée (*hl=fr*) ;
- la requête demandée sur le moteur (*q=veille+technologique*).

Les sociétés d'analyse d'audience insèrent des balises HTML et des scripts spécifiques dans les pages des sites qu'elles auditent. Ces bouts de programmes permettent de récupérer les URL referers à chaque venue d'un visiteur. Les logiciels d'analyse de logs lisent directement ces données dans les fichiers logs (la mémoire des connexions) du serveur en question.

Mesure d'audience : configuration du logiciel

Pour mesurer le ROI d'une action de promotion, on utilisera généralement un logiciel d'étude de logs, ou d'analyse d'audience à base de marqueurs (de type « Site Centric »).

Si vous utilisez ce type de logiciel, êtes-vous sûr qu'il prenne bien en considération les outils de recherche francophones comme google.fr, voila.fr, orange.fr ou encore aol.fr ? Souvent, ces logiciels sont fournis par défaut sous une configuration correspondant aux outils de recherche majeurs anglophones, voire américains, mais ont tendance à oublier les outils francophones. Pour prendre en compte ces derniers, il vous faudra alors configurer vous-même le logiciel.

Vérifiez donc bien cet état de fait pour être sûr que la globalité du trafic provenant des outils de recherche a été évaluée.

Quelques liens pour en savoir plus sur la mesure d'audience

Pour avoir plus d'informations sur ce type d'outil, voici quelques liens qui devraient vous aider :

- *Analyse d'audience : des sites web aux intranets* de Antoine Crochet-Damais : *http://goo.gl/P6mEx ;*
- *Audience d'un site web* : *http://goo.gl/nEIDt ;*
- *Mesure d'audience - Difficile d'être une science exacte* de Florence Santrot : *http://goo.gl/I01ZG ;*
- *Mesure d'audience : les outils « user-centric » : http://goo.gl/maenK ;*
- *Mesure d'audience : les outils « site-centric » : http://goo.gl/s2qqC ;*
- *Web Analytics : mesure d'audience d'un site Internet : http://goo.gl/ylvVN.*

Logiciels de suivi du ROI

Certains logiciels d'analyse d'audience (analyse de logs (AWStats, *http://awstats.sourceforge.net/*) ou mise en place de tags HTML dans les pages pour analyse ultérieure (Google Analytics) proposent des versions spécifiques ou des fonctionnalités supplémentaires très performantes pour ce qui est du suivi net et précis du parcours d'un visiteur, depuis sa provenance jusqu'à son action sur le site, permettant de calculer le plus finement possible le ROI.

Les outils tels que Google Analytics servent au tracking des campagnes de liens sponsorisés mais aussi à celui du référencement naturel. N'hésitez pas à les tester, ils pourront vous être très utiles pour avoir à un instant *T* la visibilité de votre site sur les moteurs et la qualité du trafic généré.

Exemple de tableau de bord SEO sous Analytics

> Section rédigée avec la contribution de Daniel Roch

Les outils d'analyse web sont toujours très intéressants pour pouvoir mesurer son trafic et l'efficacité de son référencement naturel. Le problème est que le tableau de bord principal et les menus qui sont fournis par défaut par ces outils sont rarement pertinents ou complets en termes de SEO.

Nous allons donc voir ici comment créer un tableau de bord personnalisé dans l'outil Google Analytics, mais surtout comment afficher facilement toutes les données de référencement naturel dont on peut avoir besoin au même endroit.

Google Analytics et les tableaux de bord personnalisés

Beaucoup de référenceurs et de webmasters utilisent Google Analytics pour analyser le trafic quotidien de leur site. Par défaut, cet outil propose différents menus et tableaux de bord qui synthétisent les statistiques de votre site Internet.

Une multitude d'informations

On va ainsi retrouver le nombre de visiteurs, les pages vues, les sources de trafic ou encore le comportement des internautes sur les différentes pages. En général, la simple analyse de ces statistiques permet au référenceur de savoir sur quel levier agir. Il peut ainsi :

- détecter les contenus non pertinents pour l'internaute (par exemple, les pages avec un fort taux de rebond ou un faible temps de lecture) ;
- obtenir des idées de mots-clés et de contenus ;
- connaître l'efficacité de son positionnement dans Google ;
- pouvoir mettre en avant d'éventuels problèmes de structures ou d'erreurs sur son site ;
- etc.

Google Analytics donne accès à toutes ces informations en naviguant de menus en menus. La clé est donc de pouvoir afficher en un seul endroit l'ensemble des informations qu'on juge pertinentes.

Créer un tableau de bord

Avant d'entrer dans le vif du sujet, nous allons justement voir comment créer un tableau de bord personnalisé, que ce soit dans une optique de référencement naturel, d'e-commerce ou encore d'étude comportementale et d'ergonomie.

Dans n'importe quel menu de Google Analytics, vous aurez toujours accès (en haut à gauche) à des options qui vous permettent de segmenter les données, de les personnaliser, de les recevoir par e-mail ou encore de les exporter. Mais le bouton qui est rarement utilisé est justement celui dont nous avons besoin : l'ajout au tableau de bord (figure 9-2).

Figure 9-2
Google Analytics : vue d'ensemble des données

Lors du clic sur ce bouton, Google Analytics va vous demander soit de l'ajouter à un tableau de bord existant, soit à un nouveau tableau de bord auquel vous allez pouvoir donner un nom (figure 9-3).

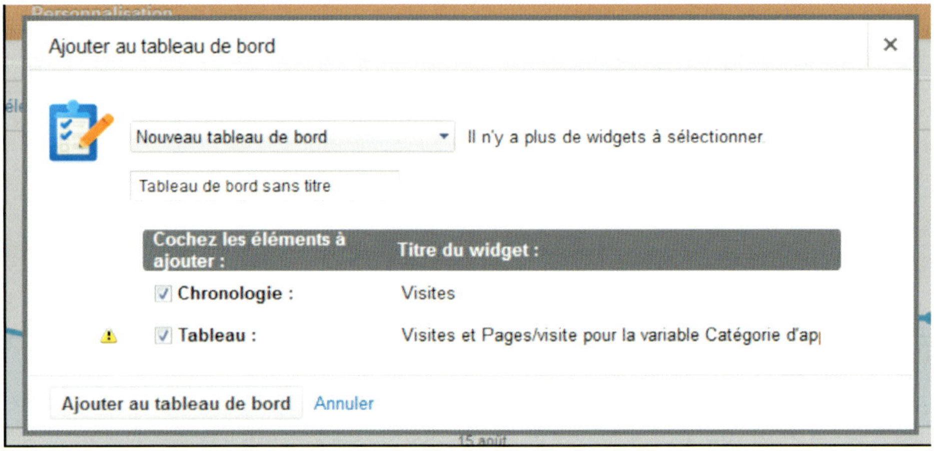

Figure 9-3

Ajout d'une fonction à un tableau de bord

Dans l'exemple de la figure 9-3, nous étions dans le menu Audience>Google Mobile>Vue d'ensemble. On constate qu'il est possible d'ajouter les données issues de ce menu de deux façons dans un tableau de bord.

- Chronologie : on ajoute un graphique visuel des données.
- Tableau : on affiche de manière brute les informations.

Cela nous donne donc un rendu basique comme illustré sur la figure 9-4.

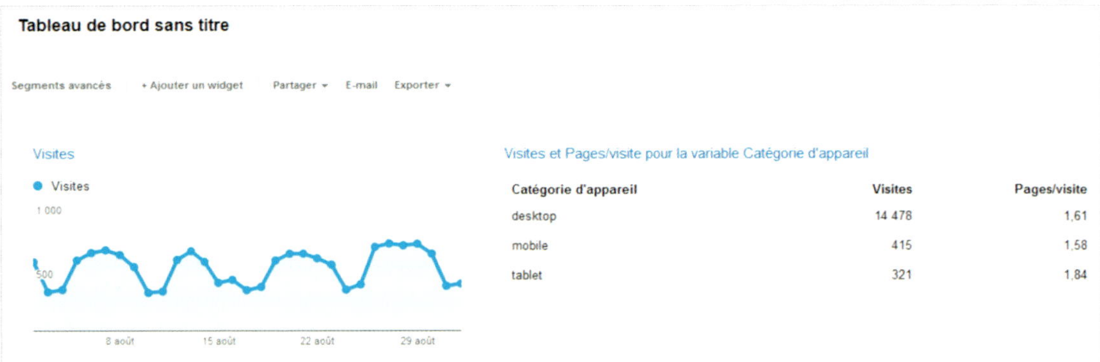

Figure 9-4

Mise en place du tableau de bord

Le nouveau tableau de bord est accessible depuis la colonne de gauche, dans le menu Tableaux de bord (figure 9-5).

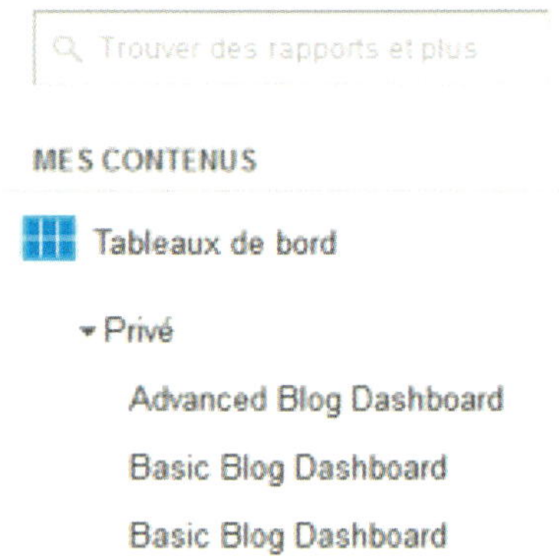

Figure 9-5

Le tableau de bord est maintenant accessible dans le menu de gauche.

Sachez aussi qu'on peut modifier l'affichage des colonnes grâce au bouton Personnaliser le tableau de bord situé à droite, sous la date (figure 9-6).

Figure 9-6

Personnalisation du tableau de bord

De même, l'ensemble des éléments du tableau de bord peuvent être déplacés par un simple glisser/déposer.

Au survol, vous pouvez également modifier les paramètres du bloc en cliquant sur le stylo, ce qui devrait vous donner la fenêtre de la figure 9-7.

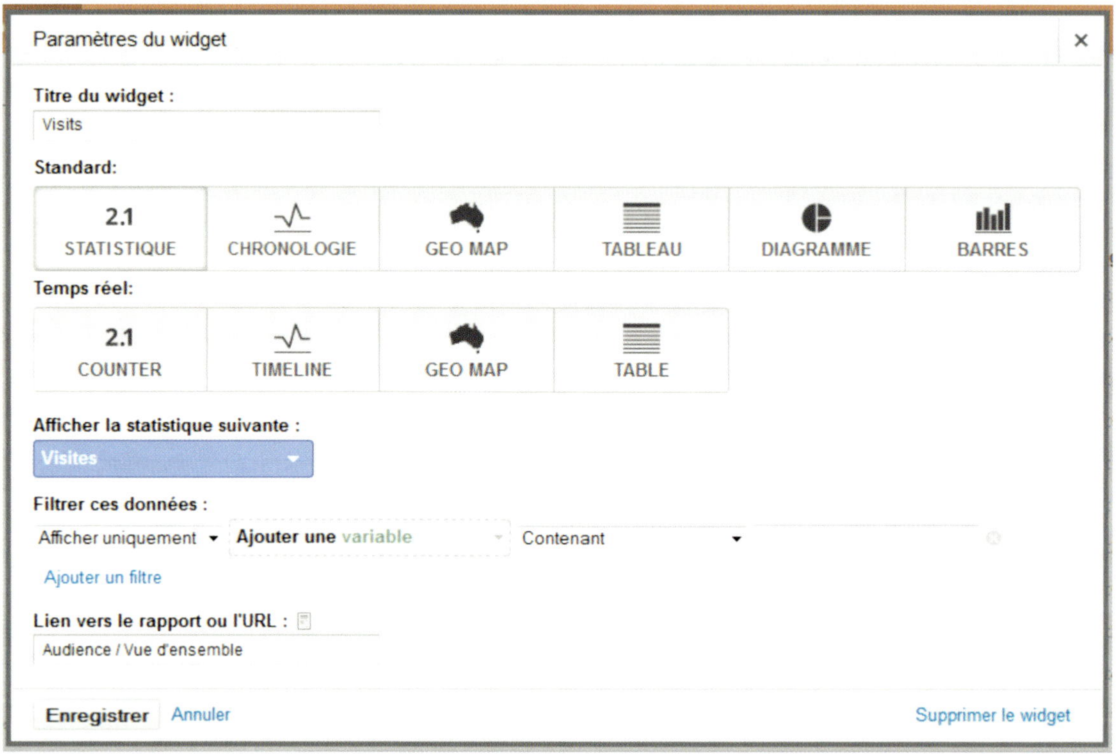

Figure 9-7

Modification des paramètres du tableau de bord

Ces paramètres vous permettent en effet de pouvoir afficher ces données de manière standard ou en temps réel (c'est-à-dire en tenant compte des visiteurs actuellement sur votre site).

La deuxième façon de modifier un widget est de changer son nom, mais aussi de modifier la manière dont il s'affiche : tableau brut, chronologie, cartes géographiques, diagramme…

Vous pouvez même filtrer dynamiquement les données, par exemple en choisissant d'afficher uniquement les visites en provenance des moteurs de recherche en appliquant la variable appropriée dans l'option Ajouter un filtre.

Un tableau de bord comparatif

Il est également intéressant de savoir qu'on peut appliquer les filtres par date sur n'importe quel tableau de bord. Ceci est même fortement recommandé pour pouvoir réellement les utiliser.

Prenons un exemple : vous avez créé un tableau de bord dédié au référencement naturel dans lequel vous affichez le nombre de visites du site ainsi que les mots-clés utilisés par les internautes. Vous pouvez filtrer dynamiquement votre tableau de bord avec le bloc de date situé en haut à droite pour pouvoir comparer les statistiques de ces 30 derniers jours avec celles du précédent mois, ou avec celles du même mois de l'année précédente (figure 9-8).

Figure 9-8

Filtrage par date

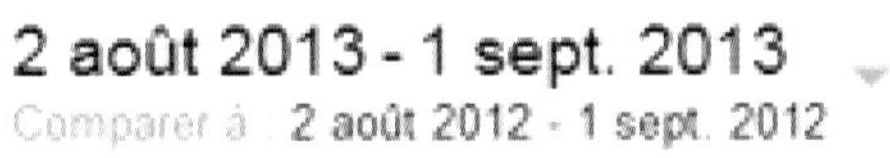

Vous allez donc pouvoir analyser l'évolution de chaque donnée, en éliminant au passage les erreurs d'analyse qui seraient liées à des modifications saisonnières (par exemple Noël, les soldes ou encore les vacances scolaires).

Premier tableau de bord : l'analyse du trafic

Entrons maintenant dans le vif du sujet. Nous allons voir ici comment créer un tableau de bord personnalisé dédié au référencement naturel. Nous souhaitons afficher les informations les plus pertinentes pour analyser l'évolution SEO d'un site web.

Sachez cependant que chaque site Internet est unique. Le tableau de bord que nous allons présenter ici doit donc toujours être adapté à vos besoins et aux spécificités du site concerné.

Les visites

La première étape du tableau de bord est de détecter si le site fonctionne correctement. Cela se fera en visualisant la courbe de trafic. On saura ainsi tout de suite si les tags Analytics rajoutés dans vos pages sont défaillants ou si une chute de trafic brutale est intervenue. Nous allons en même temps chercher à afficher de manière explicite le trafic SEO actuel ainsi que sa rentabilité.

Pour insérer le nombre de visites SEO d'un site Internet, il faut se rendre dans le menu Sources de trafic>Sources>Tout le trafic, puis cliquer sur la valeur principale Support, au-dessus du tableau (figure 9-9).

Cliquez ensuite sur Organic, puis sur le bouton Ajouter au tableau de bord pour afficher ces informations de manière brute.

À chaque ajout de données, pensez à toujours cocher les deux formats disponibles (sous la forme d'un graphique et d'un tableau). Vous aurez ainsi à disposition deux manières d'afficher la même information, et vous pourrez par la suite supprimer l'affichage le moins pertinent pour vous. La figure 9-10 montre le résultat obtenu par défaut.

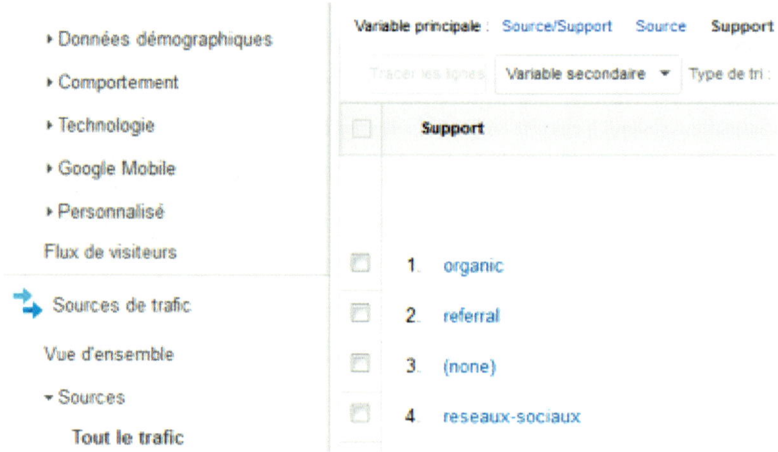

Figure 9-9

Choix du menu pour ajout au tableau de bord

Figure 9-10

Le tableau de bord commence à prendre forme.

Remarque : n'oubliez pas que ce tableau de bord peut être affiché en comparant des périodes, ce qui le rend beaucoup plus pertinent. La figure 9-11 présente le même exemple où on compare les données avec le même mois de l'année précédente, et où on voit de manière flagrante la chute de trafic SEO pour ce site Internet.

Figure 9-11

Comparaison de données sur le même mois à un an d'intervalle

Le retour sur investissement

Comme vous pourrez le constatez, l'insertion des informations sous forme de tableau se fait avec des valeurs par défaut, en l'occurrence les visites et les pages par visite pour ce premier exemple. Autant la première valeur est pertinente, autant la seconde a peu d'intérêt de manière globale.

Vous pouvez heureusement la changer facilement par une valeur de votre choix. Nous vous conseillons donc de chercher à mesurer le retour sur investissement (ROI). Cela ne sert pas à grand-chose d'attirer beaucoup de trafic si vous ne réussissez pas ensuite à transformer vos prospects en clients. Pour analyser le ROI dans Google Analytics, on peut notamment utiliser (voir début de ce chapitre pour plus d'informations) :

- le chiffre d'affaires généré (pour les boutiques e-commerce) ;
- le revenu AdSense (si vous utilisez ce service) ;
- les valeurs d'objectifs réalisés (à condition d'avoir paramétré les objectifs dans Google Analytics. Pour cela, suivez le tutoriel disponible à l'adresse suivante : *http://4h18.com/definir-des-objectifs-durl/*).

Dans notre exemple, le site concerné utilise à la fois des objectifs ayant une valeur (un formulaire de contact validé) et le système AdSense. Malheureusement, Google Analytics ne nous permet pas d'ajouter plus de deux colonnes dans un widget de type tableau. Si, par exemple, votre site utilise les trois éléments cités précédemment, vous devrez utiliser le bouton Cloner le widget lorsque vous êtes en train de modifier les paramètres, ce qui vous permettra d'afficher un premier widget avec les visites et la valeur des objectifs, et un second widget qui affichera quant à lui le chiffre d'affaires et les revenus AdSense.

Nous vous conseillons de conserver à côté le widget sous forme de graphique. Cela vous permettra dès le chargement du tableau de bord de savoir si les données Analytics sont toujours récupérées ou s'il y a une variation brutale de trafic.

Le résultat final parle de lui-même (figure 9-12) et permet de détecter :

- les variations de trafic ;
- un problème avec le code Analytics ;
- le retour sur investissement du référencement naturel et sa variation.

Figure 9-12

Variations de trafic, veille sur Analytics et ROI s'affichent.

Les nouveaux visiteurs SEO

Il est intéressant aussi de savoir si le trafic SEO ne fait venir les visiteurs qu'une seule fois ou si vous parvenez à les fidéliser (ce qui sous-entend que vos produits, vos services et vos contenus sont pertinents). Pour afficher cela, rendez-vous dans le menu Audience>Comportement>Nouveaux vs connus, puis cliquez sur Ajouter au tableau de bord avec uniquement la version sous forme de tableau. Modifiez ensuite les paramètres de votre nouveau widget en cliquant sur Ajouter un filtre. Pour l'option Afficher uniquement, sélectionnez la variable Support contenant Organic (figure 9-13).

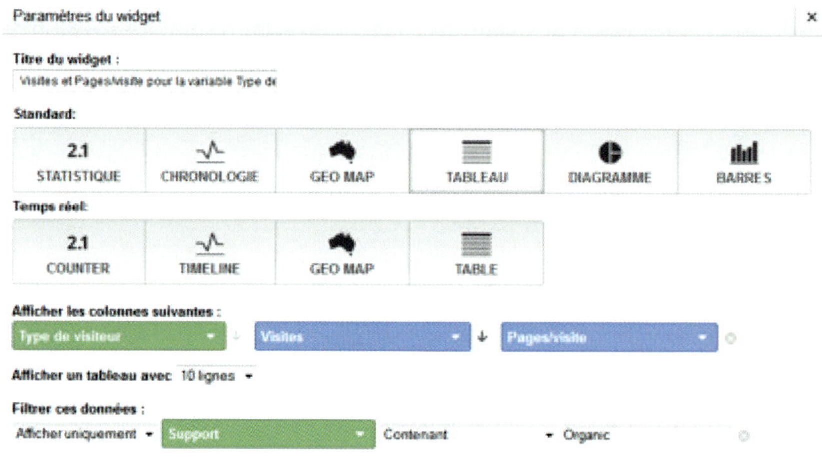

Figure 9-13

Ajout des informations sur les nouveaux visiteurs SEO

Vous obtenez alors la répartition nouveaux visiteurs et ancien visiteurs en provenance du référencement naturel (figure 9-14).

Visites et Pages/visite SEO par type de visiteur

Type de visiteur	Visites	Pages/visite
New Visitor	6 728	1,40
Returning Visitor	2 883	1,86

Figure 9-14

Répartition des visiteurs sur le site

La répartition par pays

Si le site Internet pour lequel vous travaillez cible plusieurs langues ou plusieurs pays, il est très intéressant de pouvoir analyser le trafic SEO par moteur de recherche, et ainsi de pouvoir comparer avec les dates l'évolution de celui-ci pour chacun d'entre eux.

Pour cela, allez dans le menu Audience>Données démographiques>Origine géographique, puis ajoutez les deux widgets au tableau de bord. Pour chacun d'entre eux, modifiez les paramètres et ajoutez un filtre du type Afficher uniquement la variable Support contenant Organic (figure 9-15).

Répartition par Pays SEO

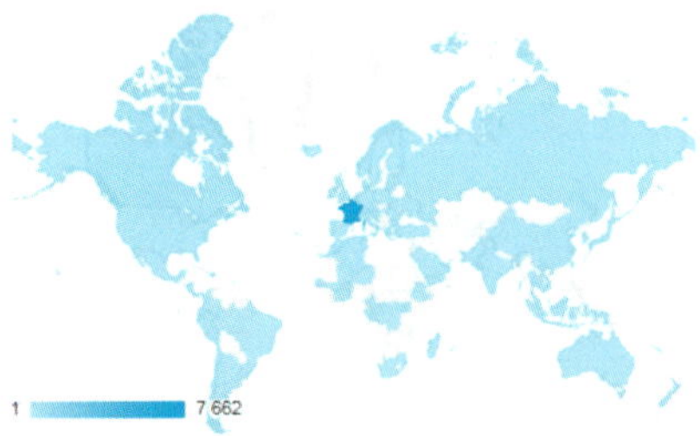

Répartition par pays SEO

Pays/Territoire	Visites	Valeur de l'objectif
France	7 662	362,00 €
Belgium	354	16,00 €
Canada	282	8,00 €
Morocco	244	6,00 €
Tunisia	203	7,00 €
Switzerland	202	7,00 €
Algeria	85	4,00 €
Madagascar	53	1,00 €
Réunion	53	5,00 €
Germany	51	7,00 €

Figure 9-15

Répartition géographique des visiteurs sur le site

Remarque : pensez à chaque fois à appliquer les conseils donnés précédemment, à savoir modifier le titre du widget pour qu'il ait du sens et changer les variables affichées dans le tableau (ici la valeur d'objectif à la place du nombre de pages par visite).

La répartition par moteur

Si votre site cible plusieurs pays, il est probable que vous cibliez aussi plusieurs moteurs de recherche différents.

Pour ajouter ce rapport au tableau de bord, rendez-vous dans le menu Sources de trafic>Sources>Tout le trafic. Cliquez sur la variable principale Support au-dessus du tableau. Cliquez ensuite sur Organic et modifiez la variable principale en Autre>Sources de trafic>Source (figure 9-16).

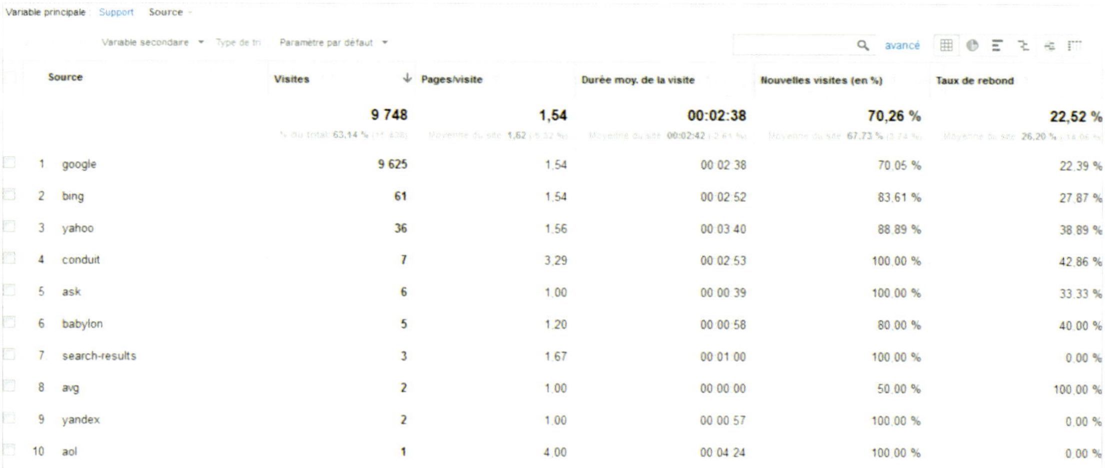

	Source	Visites	Pages/visite	Durée moy. de la visite	Nouvelles visites (en %)	Taux de rebond
		9 748	1,54	00:02:38	70,26 %	22,52 %
		% du total: 63,14 %	Moyenne du site: 1,62	Moyenne du site: 00:02:42	Moyenne du site: 67,73 %	Moyenne du site: 26,20 %
1	google	9 625	1,54	00:02:38	70,05 %	22,39 %
2	bing	61	1,54	00:02:52	83,61 %	27,87 %
3	yahoo	36	1,56	00:03:40	88,89 %	38,89 %
4	conduit	7	3,29	00:02:53	100,00 %	42,86 %
5	ask	6	1,00	00:00:39	100,00 %	33,33 %
6	babylon	5	1,20	00:00:58	80,00 %	40,00 %
7	search-results	3	1,67	00:01:00	100,00 %	0,00 %
8	avg	2	1,00	00:00:00	50,00 %	100,00 %
9	yandex	2	1,00	00:00:57	100,00 %	0,00 %
10	aol	1	4,00	00:04:24	100,00 %	0,00 %

Figure 9-16

Choix des différents moteurs générateurs de trafic

Ajoutez ensuite ce rapport au tableau de bord. Gardez le format tableau pour l'analyse par date, mais nous vous conseillons de modifier le graphique en courbe. Dans les paramètres de ce dernier, utilisez le format diagramme et choisissez de grouper les données par Source (figure 9-17).

Votre premier tableau de bord est donc terminé et permet, avec les comparaisons par date, d'avoir des statistiques concrètes sur l'évolution de votre référencement de manière globale.

Google nous offre heureusement la possibilité de partager les modèles de tableau de bord. Pour ajouter le tableau de bord que nous venons de créer à votre compte Google Analytics, suivez la procédure présentée à l'adresse suivante : *http://goo.gl/pCGEQA*.

Moteurs de recherche

Source	Visites	Valeur de l'objectif
google	9 625	437,00 €
bing	61	5,00 €
yahoo	36	1,00 €
conduit	7	1,00 €
ask	6	0,00 €
babylon	5	0,00 €
search-results	3	0,00 €
avg	2	0,00 €
yandex	2	0,00 €
aol	1	0,00 €

Figure 9-17

Résultat obtenu dans le tableau de bord pour les différents moteurs générateurs de trafic

Sur quels leviers agir ?

Ce premier tableau de bord permet uniquement de connaître l'état et l'évolution du trafic en provenance du référencement naturel. Il ne permet pas de savoir ce qu'il faut faire pour améliorer ses performances SEO. Nous allons donc créer un second tableau de bord pour cela.

La recherche

Le contenu d'un site est primordial pour bien se référencer. Il faut donc trouver de nouvelles idées de contenus. Pour cela, Google Analytics nous aide car il est possible de paramétrer le suivi de la recherche interne sur votre site. Si ce n'est déjà fait, suivez ce tutoriel officiel : *http://goo.gl/1HIAgp.*

Vous aurez donc accès à de nouveaux menus qui permettent d'analyser l'utilisation de votre moteur de recherche interne. Rendez-vous dans Contenu>Recherche sur site>Termes de recherche, puis ajoutez au tableau de bord le widget tableau (celui en courbe est peu utile). Pour celui-ci, nous vous conseillons de changer la dernière colonne pour remplacer les pages vues par les Sorties après recherche, ce qui vous indiquera les mots-clés pour lesquels les internautes n'ont pas trouvé leur bonheur (figure 9-18).

Vous trouverez dans ce widget deux types de mots-clés :

- ceux qui correspondent déjà à un article de votre site ;
- les autres, qui pourraient justement faire l'objet d'une publication.

Les deux sont intéressants. Les premiers notamment signifient que votre article n'est pas assez visible sur votre site (que ce soit dans votre ergonomie ou votre structure), mais également dans les moteurs de recherche.

Recherche Interne

Terme de recherche	Nombre total de recherches uniques	Sorties après recherche
htaccess	13	2
cache	11	2
Recherche	4	2
cdn	3	1
fil d'ariane	3	0
pagination	3	2
analytics	2	0
boutons	2	0
facebook	2	1
Google Analytics Dashboard	2	1

Figure 9-18

Mots-clés de recherche sur votre moteur interne

Les mots-clés peu efficaces

Afficher de manière brute les mots-clés qui apportent du trafic SEO permet de connaître les expressions qui fonctionnent déjà bien sur les moteurs de recherche. Mais la clé pour pouvoir agir sur son site et augmenter ses revenus, c'est de pouvoir trier ceux qui ne sont pas efficaces. Pour cela, nous allons ajouter plusieurs fois le widget des mots-clés et modifier son affichage à chaque fois.

Pour ajouter ce widget, rendez-vous dans le menu Source de trafic>Sources>Recherche>Résultats naturels. Modifiez ensuite les paramètres du widget version tableau en choisissant comme première variable Rebonds et comme seconde variable Visites (figure 9-19).

Figure 9-19

Choix des mots-clés et champs à afficher

Cela permet d'afficher en premier les mots-clés qui génèrent le plus de rebonds, en ayant à côté le nombre total de visites correspondantes.

Clonez ensuite le widget et répétez l'opération plusieurs fois avec chaque valeur permettant d'analyser l'efficacité de vos mots-clés (le fameux ROI) :

- le revenu AdSense ;
- la valeur de l'objectif désiré ;
- le chiffre d'affaires.

La figure 9-20 montre deux exemples de widgets pertinents.

Mots clés par CA

Mot clé	Valeur de l'objectif	Visites
(not provided)	374,00 €	7 933
[illegible]	12,00 €	43
[illegible]	7,00 €	24
[illegible]	2,00 €	1
[illegible]	2,00 €	3
[illegible]	2,00 €	5
[illegible]	2,00 €	14
[illegible]	2,00 €	4
[illegible]	2,00 €	7
[illegible]	2,00 €	5

Mots clés à fort rebond

Mot clé	Rebonds	Visites
(not provided)	1 578	7 933
[illegible]	70	72
[illegible]	50	50
[illegible]	7	7
[illegible]	6	11
[illegible]	6	43
[illegible]	5	14
[illegible]	4	12
[illegible]	4	12
[illegible]	4	6

Figure 9-20

Exemples de widgets sur les mots-clés

Les visites d'AdWords

AdWords est également une excellente source d'informations si vous utilisez ce système de liens sponsorisés « made by Google ». Il est en effet un peu traître : vous enchérissez sur des expressions précises qui vont générer des clics. Et pourtant, ce que l'internaute a tapé n'est pas obligatoirement le mot-clé pour lequel vous avez enchéri.

Vous pouvez ainsi trouver dans les clics des internautes de nombreuses idées de contenus à créer ou optimiser. Pour obtenir ces informations, allez dans le menu Sources de trafic>Sources>Recherche>Liens commerciaux, puis au-dessus du tableau sélectionnez la variable principale Requête de recherche avec correspondance et ajoutez le widget au format tableau. Libre à vous de changer la seconde colonne Pages/visite pour la variable la plus pertinente pour votre site (AdSense, chiffre d'affaires, valeur d'objectif). Le résultat obtenu est illustré à la figure 9-21.

Mots clés réels Adwords

Requête de recherche avec correspondance	Visites	Valeur de l'objectif
[illegible]	9	0,00 $US
[illegible]	6	0,00 $US
[illegible]	4	0,00 $US
[illegible]	4	0,00 $US
[illegible]	3	0,00 $US
[illegible]	3	0,00 $US
[illegible]	3	0,00 $US
[illegible]	3	0,00 $US
[illegible]	2	0,00 $US
[illegible]	2	0,00 $US

Figure 9-21

Statistiques sur les visites générées par AdWords

Les pages de contenus

Un autre moyen d'agir consiste à analyser vos contenus actuels. Nous allons donc regarder si nos pages sont efficaces. Par exemple, on peut analyser les pages ayant trop de rebonds, et qu'on pourrait donc améliorer, fusionner avec d'autres pages ou encore scinder.

Pour cela, allez dans le menu Contenu>Contenu du site>Toutes les pages, puis ajouter le widget au tableau de bord. Pour que cela soit pertinent, il faut cependant modifier ce widget. On peut, par exemple, utiliser les valeurs suivantes pour la première colonne :

- les rebonds ;
- le temps passé par page ;
- le ROI (AdSense, valeur d'objectif, chiffre d'affaires) ;
- etc.

La figure 9-22 montre un exemple ce que cela peut donner pour le taux de rebond, ce qui vous permet de savoir en un coup d'œil les pages qui posent problème.

Pages à fort rebond

Page		Rebonds	Consultations uniques
[illegible]		280	414
[illegible]		110	148
[illegible]		49	79
[illegible]		33	55
[illegible]		21	30
[illegible]		17	23
[illegible]		13	23
[illegible]		11	63
[illegible]		7	49
[illegible]		7	7

Figure 9-22

Statistiques sur le taux de rebond de vos pages

Le modèle complet de ce tableau de bord est disponible à l'adresse suivante : *http://goo.gl/rIVhMX*.

Ce ne sont là que quelques exemples de ce qu'il est possible de faire avec un outil comme Google Analytics. On pourrait également ajouter le suivi des pages d'erreur 404 ou des variables personnalisées que vous auriez éventuellement mis en place. Les possibilités sont quasi infinies !

Conclusion

Créer un tableau de bord personnalisé est certes relativement long la première fois. Mais on peut par la suite adapter celui-ci pour fournir les bonnes informations au bon moment aux différentes personnes qui agissent sur un site web.

Le tableau de bord SEO doit donc toujours être adapté aux besoins du site concerné ainsi qu'à la personne qui va l'utiliser. Ni trop, ni trop peu…

Le « not provided », fléau du webmarketeur

Google a instauré une nouveauté en 2011 en annonçant qu'il mettait en place un système de chiffrement des résultats renvoyés par son moteur de recherche en routant les utilisateurs logués sur leur compte Google directement à l'adresse *https://www.google.com/*

(donc sur une adresse sécurisée *https*), ayant pour effet un cryptage des requêtes et des pages de résultats fournies.

Figure 9-23

Les SERP de Google chiffrées lorsque l'internaute est connecté à son compte.

Cela a eu un impact direct sur les statistiques des sites visités par les internautes en provenance du moteur de recherche, puisque la requête utilisée par l'utilisateur du moteur pour trouver votre site (mot-clé dit « referer ») n'est dans ce cas plus transmise et ne peut donc pas être interprétée et analysée par votre outil de mesure d'audience. La requête génératrice de la visite est alors indiquée comme « not provided » dans Google Anaytics.

Figure 9-24

Les SERP « en clair » renvoient le mot-clé referer au site distant, les SERP cryptées ne renvoient rien.

Il s'agit donc clairement d'une mesure catastrophique en termes de SEO, puisqu'il devient ainsi de plus en plus complexe de mesurer le trafic généré par tel ou tel mot-clé. Les statistiques de mesure d'audience sur les mots-clés referers sont, par là même, clairement fausses depuis cette mise en place.

La fonctionnalité, uniquement disponible aux États-Unis en 2011, a été lancée en France au mois de mars 2012. Le pourcentage de mots-clés en « not provided » a vite grimpé dans les statistiques avec 12 à 13 % des requêtes impactées en France, puis on est passé à 16 % au mois de juin. En juillet 2013, on atteignait la cote d'alerte de 50 % aux États-Unis et 41 % en France (voir figure 9-25).

Une étude de la société Optify (*http://goo.gl/IejnN*) montrait en novembre 2012 que 64 % des sites web étudiés subissaient un pourcentage de not provided oscillant entre 30 % et 50 %, ce qui devient clairement problématique en termes d'e-marketing. Malheureusement, personne ne peut rien faire à ce sujet… à part Google !

Le sujet est en tout cas à suivre au plus près, car, depuis, Google s'est mis à chiffrer toutes ses pages de résultats, que l'internaute soit logué ou pas sur son compte. Ainsi, en 2014, certains sites atteignaient plus de 90 % de « not provided » dans leurs statistiques !

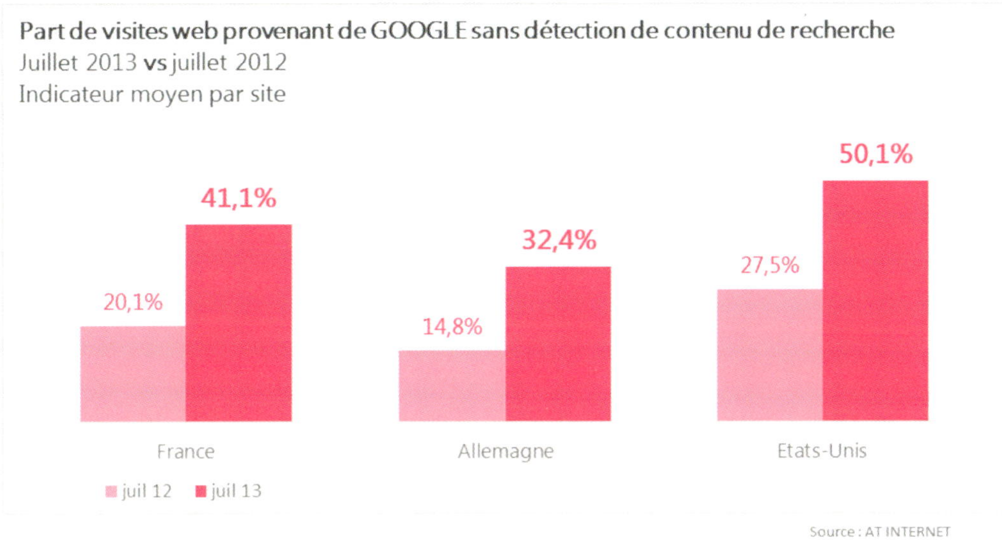

Figure 9-25

Les « not provided » augmentent en flèche partout dans le monde.

Les outils pour webmasters fournis par les moteurs

Enfin, vous l'avez certainement compris en lisant cet ouvrage, il est très important, lorsqu'on s'intéresse au référencement, de créer des comptes sur les outils pour webmasters que proposent les moteurs de recherche majeurs. Le suivi du bon référencement de votre site est souvent indissociable de l'utilisation de ces outils.

Les Google Webmaster Tools (GWT pour les intimes, *http://www.google.com/webmasters/*) sont les plus importants. Tout d'abord, c'est de loin l'interface qui propose le plus d'outils utiles et parfois indispensables. Et, ça tombe bien, il est fourni par le leader actuel des moteurs de recherche. Il est inimaginable aujourd'hui de gérer son référencement sans un accès GWT car la richesse de ses informations et de ses diagnostics devient vite indispensable.

Microsoft propose également son propre site, similaire à celui de ses deux concurrents (*http://www.bing.com/webmaster*).

Ces outils sont des espaces absolument indispensables pour toute personne s'intéressant aux moteurs de recherche et au référencement. Ils sont gratuits et ne demandent que la création d'un compte spécifique (que vous détenez peut-être déjà). Foncez !

Figure 9-26

Exemple d'informations fournies par les Webmaster Tools : les problèmes que le spider a rencontré en parcourant vos pages.

Figure 9-27

Autre information capitale des Webmaster Tools : vos zones HTML trop courtes, trop longues, en double, etc.

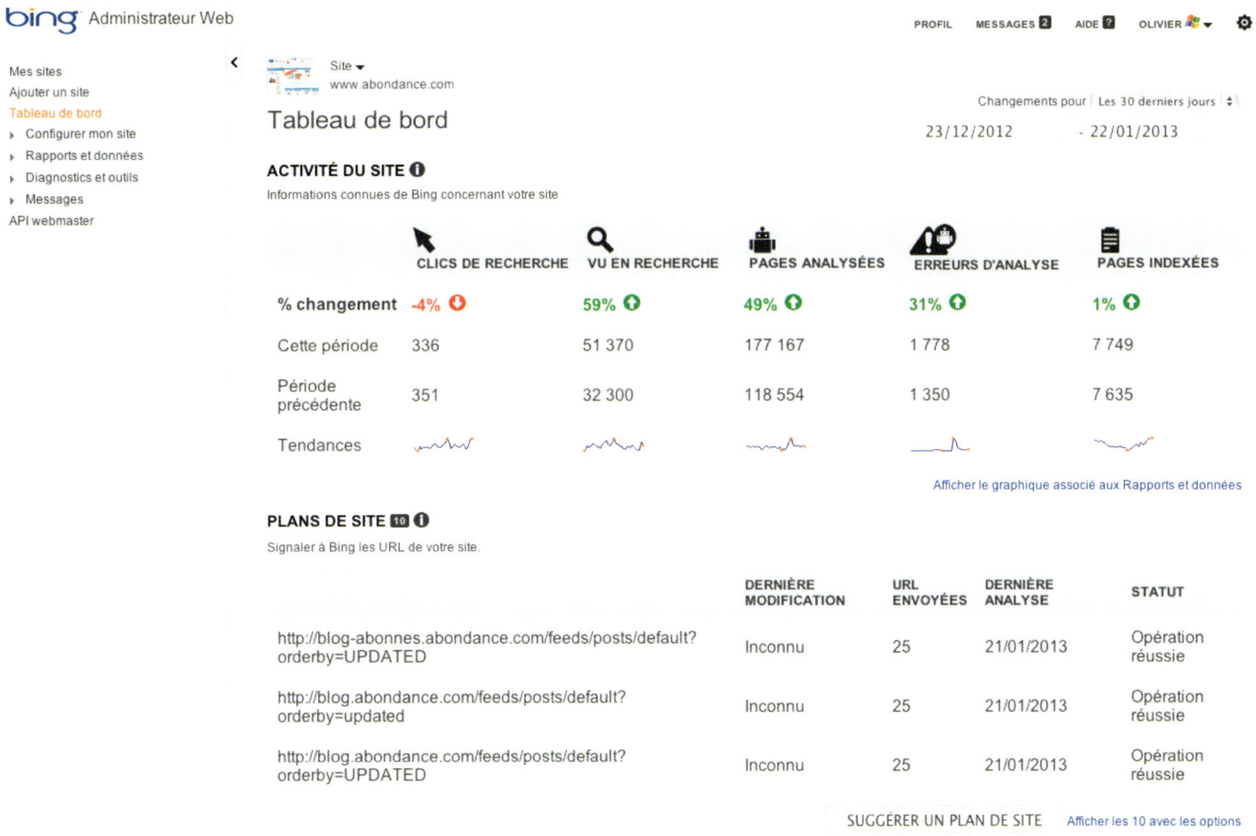

Figure 9-28

Les Webmaster Tools de Bing, une nouvelle version très intéressante

Conclusion

La mesure de l'efficacité d'un référencement a beaucoup évolué depuis quelques années, certainement grâce à l'éclosion du positionnement publicitaire. Aujourd'hui, les clients veulent savoir où va leur argent et dans quels types d'actions ils investissent. Il paraîtrait même que ce n'est pas spécifique au monde du référencement ni à Internet.

À l'heure actuelle, les outils existent, comme nous venons de le voir. Ils permettent d'obtenir une vision pertinente de la qualité du trafic généré et des actions menées par les visiteurs issus des outils de recherche. Bien sûr, il existe toujours un décalage entre le discours et la réalité sur le terrain. Peu de sites web utilisent encore ces outils de tracking de façon approfondie, même en 2016. La faute, le plus souvent, à un manque de temps pour analyser les résultats fournis. Mais il y a fort à parier qu'ils vont devenir de plus en plus répandus car ils rendent de vrais services aux éditeurs de sites et aux référenceurs !

10

Internalisation ou sous-traitance ?

> « On ne peut pas faire les hot-dogs et servir le client. »
>
> Proverbe québécois

En termes de référencement et de moteurs de recherche, plusieurs questions reviennent souvent de la part d'éditeurs de sites web, notamment de PME connaissant parfois mal ce marché si complexe à appréhender : combien coûte un référencement ? Comment choisir un prestataire ? Est-il possible de garantir un positionnement ? Est-il possible de gérer soi-même son référencement, en interne de l'entreprise ? Quel CMS choisir ?

Ces questions sont complexes et n'amènent pas toujours de réponse unique et évidente. Savez-vous répondre à la question « Combien coûte un site web ? » autrement que par l'affirmation : « Ça dépend » ? *Idem* pour une question du type : « Dois-je faire mon site moi-même ou le confier à un professionnel ? » qui amènera invariablement le même type de réponse… Bien sûr, cela dépend de nombreux critères !

Le coût d'un retour en arrière

Dans la pratique, on s'aperçoit vite que le coût d'un référencement revient surtout à la question : combien cela va-t-il me coûter de revenir en arrière pour rendre mon site web compatible avec les critères de pertinence des moteurs de recherche ? Quand on vous dit que plus l'aspect « référencement » est pris en amont dans le cahier des charges, mieux cela vaut…

En effet, plusieurs facteurs entrent en jeu pour évaluer le coût d'un référencement. Parmi ceux-ci, nous pouvons citer :

- votre structure : site personnel, professionnel indépendant, PME, grand groupe, filiale d'une société étrangère, etc. ;
- votre budget : de 0 à plusieurs centaines de milliers d'euros parfois ;
- le temps que vous avez à consacrer à ce projet en interne ;
- vos besoins : en nombre de sites, de langues, de mots-clés, etc. ;
- votre volonté de mesure du travail effectué : positionnement, trafic, calcul du ROI (retour sur investissement), etc. ;
- votre connaissance du domaine.

On pourrait multiplier les critères à l'envi, nous en trouverions encore bien d'autres.

Il est ainsi très difficile de répondre à certaines questions sur le SEO. Dans ce chapitre, nous tenterons cependant de vous apporter un certain nombre d'éléments qui vous permettront de prendre vos décisions en toute connaissance de cause.

Faut-il internaliser ou sous-traiter un référencement ?

Avant d'essayer de répondre à la question d'une éventuelle sous-traitance, il est nécessaire de bien prendre en considération le fait qu'un site web doit avant tout être « prêt » et donc optimisé pour être réactif aux critères de pertinence des moteurs dès sa mise en ligne. Les chapitres précédents de cet ouvrage devraient vous y aider.

Tout d'abord, nous prendrons bien entendu comme postulat que vous ne désirez pas spammer les moteurs de recherche et que vous renoncez donc à toute idée de passer par des rustines de type pages satellites, netlinking de faible qualité ou autre système « industriel » de création de pages en très grand nombre (visibles ou non) et destinées aux moteurs de recherche. Vous avez donc en tête l'idée d'optimiser votre site *in situ* et donc de modifier vos pages afin qu'elles deviennent, de façon loyale et honnête, plus réactives par rapport aux moteurs de recherche. C'est une excellente idée.

Plusieurs situations sont alors possibles.

- **Vous créez votre site web de toutes pièces.** Vous en êtes à la phase de définition du cahier des charges. Dans ce cas, il est absolument nécessaire de prendre en compte les contraintes dues au référencement (et donc aux moteurs de recherche) dès le départ. Il est surtout primordial de ne pas faire d'erreurs technologiques comme la création d'un site 100 % Flash ou l'absence de réécriture d'URL en cas de site dynamique (voir chapitre 14). Vous devrez donc penser au référencement dès le début mais également tout au long de la mise en place conceptuelle et technique de votre site. Pour cela, vous pouvez vous aider de cet ouvrage ou vous faire assister par une société spécialisée dans le référencement qui va suivre, en tant que conseil externe, la réalisation de votre site en inspectant les maquettes successives imaginées par la société qui crée les pages (si vous ne les faites pas vous-même). Nous insistons sur cette notion de suivi dans le temps car le référencement est souvent synonyme de contraintes qu'on oublie parfois en s'en mordant les doigts par la suite lorsque des choix trop définitifs ont été faits.
- **Vous passez par un prestataire spécialisé.** Vous pouvez choisir une société de création de sites web sensibilisée aux techniques de référencement. L'expérience nous montre qu'elles sont assez peu nombreuses mais que, bien heureusement, elles existent ! Cela pourra donc être un critère de choix important lors de votre appel d'offres. Cela vous évitera également de gérer des conflits avec cette entreprise lorsqu'il faudra lui expliquer les contraintes dues aux moteurs.

  La situation idéale sera donc constituée d'une société spécialisée dans la création de sites, assistée tout au long du projet d'un expert du référencement qui pourra apporter des conseils au fur et à mesure. Vous aurez ainsi la quasi-certitude qu'une fois en ligne, vos pages seront bien prises en compte par les moteurs. Mais, encore une fois, rien ne vous empêche de tout faire vous-même. Vous êtes votre seul maître.
- **Votre site web est déjà en ligne et n'est pas optimisé.** Dans ce cas, vous pouvez entrevoir plusieurs solutions intermédiaires, comme la réécriture des titres des pages (balises `<title>`, qui ne modifient pas la charte graphique de votre site), la réinitialisation des balises `<hn>` et meta `description`, ainsi qu'un certain nombre d'autres pratiques classiques dans le domaine du référencement. Vous pouvez bricoler (mais on peut faire du bricolage très professionnel) des solutions provisoires en attendant des jours meilleurs, c'est-à-dire une refonte future de votre site, afin de prendre en compte la problématique du référencement dès le départ. Nous sommes persuadés

qu'on peut fortement augmenter le trafic issu du référencement uniquement en « colmatant quelques brèches » comme le fait de revoir les titres, de réviser certains textes, de réécrire les textes des liens, de mieux gérer les liens entrants vers le site *(backlinks)* en général, etc. Pour le reste, vous pourrez vous en occupez plus tard, aucun souci.

Dans ce cadre, vous avez le choix entre sous-traiter ces opérations ou les effectuer tout seul, tout en sachant que l'intervention et les conseils d'un expert du domaine peut vous faire gagner pas mal de temps. Et chacun sait que le temps, c'est de l'argent.

Le « plus » de la sous-traitance par une société ou un expert spécialisé sera également parfois apporté par les outils de suivi : un extranet où vous pourrez analyser vos positionnements au jour le jour, le trafic généré avant et après la prestation, etc. Bref, les rapports d'évaluation du travail effectué seront accessibles grâce à des outils professionnels, ce qui est loin d'être négligeable.

De plus, le référenceur pourra également intervenir en cas de problème épineux : réécriture d'URL très technique, problèmes éventuels d'indexation, référencement dans des langues moins connues comme le roumain, le chinois ou le russe, etc. Enfin, son métier est également de mener une veille continuelle sur les moteurs de recherche et leurs algorithmes car c'est un domaine qui évolue beaucoup. En avez-vous le temps de votre côté ?

Pour résumer, on peut dire qu'il est possible de faire beaucoup de choses soi-même, en interne, dans le cadre d'un référencement de site web, mais qu'il sera préférable, dès qu'on désire effectuer un travail réellement professionnel, de s'adjoindre les conseils d'une société experte en référencement afin d'éviter toute erreur technologique et de suivre au plus près l'évolution d'un projet de mise en ligne d'un site.

Dans ce cadre, quelle organisation peut être mise en place, mixant ou non sous-traitance et internalisation, pour obtenir le meilleur référencement possible ? Le mieux est certainement de reprendre, étape par étape, votre projet de référencement et de tenter de positionner la sous-traitance et/ou l'internalisation des tâches dans chacune d'entre elles.

Audit et formation préalable

Chaque projet de référencement demande un audit préalable de la situation.

S'il s'agit d'un site qui n'est pas encore en ligne (ou que vous désirez refondre en profondeur), vous devrez mentionner dans un cahier des charges les grandes lignes stratégiques que vous désirez suivre pour votre référencement : prestations demandées, outils utilisés, objectifs et garanties demandés, délais, etc. Cette phase peut tout à fait être réalisée en interne si vous connaissez un tant soit peu le domaine du référencement. Difficile en revanche, si ce monde vous est inconnu ou mal connu, de vous passer d'un prestataire qui va vous conseiller pour savoir jusqu'où aller (ou ne pas aller), ce qui vous évitera de demander à des prestataires éventuels des objectifs qu'ils ne pourront pas atteindre. En tout état de cause, il semble préférable et salutaire de se renseigner dans un premier temps sur ce qu'est le référencement au moment de votre prise de décision (ce domaine évolue tellement vite) et sur les différentes manières d'optimiser un site, même si vous ne rentrez pas dans la technique pure. Une connaissance, même générale, du référencement sera intéressante car elle vous permettra de poser les bonnes questions et de savoir si les réponses apportées par d'éventuels prestataires sont fantaisistes (cela arrive) ou sérieuses.

Il sera important et primordial, avant de prendre quelque décision que ce soit, d'avoir une connaissance générale de la façon dont un référencement s'effectue aujourd'hui. Il s'agit d'un monde qui évolue vite. Quelques lectures récentes et une journée de formation n'en seront que plus salutaires. Vous pouvez également assister à un séminaire, par exemple, il en existe de nombreux sur ce sujet.

Formation au référencement

La plupart des formations sur le sujet sont référencées dans la rubrique Agenda de la lettre gratuite et hebdomadaire Actu Moteurs du site Abondance. Pour les consulter et vous abonner pour recevoir ces informations chaque semaine, rendez-vous à l'adresse suivante : *http://lettres.abondance.com/actumoteurs.html*.

Il se peut également que le site soit déjà en ligne et que vous ne désiriez pas le refondre de fond en comble. Dans ce cas, il est nécessaire d'effectuer un audit complet qui comprendra plusieurs rubriques.

- Problèmes actuels d'optimisation (titres mal rédigés, liens inefficaces, utilisation de JavaScript, frames, Flash, etc.) à résoudre.
- « État de l'art » de votre site en termes de nombre de pages indexées par les moteurs et de backlinks déjà obtenus.
- Positionnements déjà acquis : la conservation de l'acquis sera un point important à traiter lors de votre projet. Comment améliorer votre référencement général sans perdre le travail déjà effectué et sans revenir en arrière sur le trafic déjà généré.
- Trafic sur votre site actuellement apporté par les moteurs de recherche et sur quels mots-clés.
- Actions à entreprendre pour améliorer la situation et délais de mise en œuvre.

Là encore, toutes ces données vous seront utiles pour établir votre cahier des charges de référencement. Vous pouvez bien entendu effectuer ce travail d'audit vous-même, mais nous vous conseillons de le faire réaliser par une société extérieure, qui aura plus de recul sur un site qu'elle ne connaît pas et qui pourra, dans le cadre d'une prestation unique, vous donner bon nombre d'informations sur tout le travail qu'il reste à effectuer. Ces renseignements vous permettront de repartir du bon pied sur la base d'informations pertinentes et réelles.

L'audit SEO d'un site existant est toujours très intéressant à mettre en place avant une action de référencement, ne serait-ce que pour pouvoir estimer le travail effectué une fois l'optimisation mise en ligne. Une bonne base de réflexion, en quelque sorte…

Élaboration du cahier des charges

Une première phase préalable de définition des besoins est donc mise en place, et va déboucher sur l'élaboration du cahier des charges « référencement ». La réflexion effectuée précédemment doit vous aider à réaliser ce document. Cependant, nous ne saurions que trop vous conseiller soit de le réaliser avec une société du domaine spécialisée dans le conseil, soit de le montrer, une fois rédigé, à une telle structure. Là encore, un œil extérieur sera salutaire.

Si vous travaillez en termes de conseil et d'audit avec une société qui propose aussi des prestations de référencement proprement dit, vous courrez le risque qu'elle soit juge et partie et qu'elle vous oriente vers ses prestations plutôt que vers celles de la concurrence. Dans ce cas et tant que le cahier des charges final ne sera pas rédigé, peut-être sera-t-il préférable d'opter pour des structures plus spécialisées en conseil (même s'il en existe hélas peu en France malgré la demande grandissante) qu'en prestations de référencement proprement dites.

L'intervention sur le cahier des charges « référencement » d'une société extérieure de conseil est toujours intéressante, soit pour la rédaction elle-même, soit pour la vérification que tout a bien été pris en compte. Les erreurs commises dès le départ seront d'autant plus complexes à solutionner plus tard.

Définition des mots-clés

Tout d'abord, il est évident que vous maîtrisez un aspect essentiel : votre métier. Vous êtes le mieux placé pour définir, par exemple, les mots-clés qui correspondent à votre domaine professionnel et sur lesquels vous désirez vous positionner. Cependant, un prestataire extérieur qui connaît bien le référencement et ses outils disponibles en ligne pourra vous apporter un éclairage intéressant sur plusieurs aspects.

- L'intérêt des requêtes que vous avez identifiées. Les mots-clés que vous avez imaginés sont-ils souvent saisis sur les moteurs de recherche ? La connaissance des différents générateurs de mots-clés disponibles en ligne sera un plus dans ce cadre.
- La vision que vous avez de votre métier au travers d'un certain nombre de termes est-elle la même que celle d'un internaute extérieur, pas obligatoirement spécialiste de votre métier, qui recherche une société comme la vôtre ou des produits/services comme ceux que vous proposez ?
- Quels sont la faisabilité technique et les délais prévisionnels pour espérer atteindre de bons résultats en référencement naturel ? Par exemple, si vous désirez être en première page des moteurs sur des termes génériques et concurrentiels comme « hôtel », « tourisme » ou « santé », cela peut prendre des années sans aucune garantie de résultats.

C'est pourquoi nous pensons que cette définition optimale des mots-clés se doit d'être accompagnée par des spécialistes du domaine. Et ce, d'autant plus que c'est une phase cruciale et essentielle dans votre projet. Combien de référencements ont-ils été ratés dans le passé car ils portaient sur des requêtes que personne ne saisissait ou sur des mots-clés sur lesquels des bonnes positions étaient trop complexes à atteindre en peu de temps ?

Vous connaissez bien votre métier, mais un intervenant extérieur vous apportera un éclairage important sur l'intérêt et la faisabilité d'un référencement sur les requêtes imaginées et vous donnera une visibilité sur des termes souvent utilisés auxquels vous n'aviez pas pensé. Le choix initial des requêtes principales vous appartient, mais leur analyse gagne souvent à être externalisée.

Mise en œuvre technique du référencement

Une fois le cahier des charges réalisé, vous aurez logiquement une vision un peu plus claire de ce qu'il vous faut faire pour améliorer votre référencement. Cette mise en œuvre technique s'accompagne alors le plus souvent de plusieurs étapes.

- Rédaction de meilleurs titres, textes, intitulés de liens, etc. Ici encore, vous êtes sans doute le mieux placé pour effectuer ce travail en interne puisque c'est vous qui gérez au quotidien votre site web. Le prestataire extérieur pourra en revanche intervenir sur deux domaines précis :

  - la rédaction d'un cahier de préconisations qui vous indiquera ce que vous devez faire pour optimiser vos pages actuelles au niveau éditorial (employer des titres plus longs et plus descriptifs, soigner les chapôs des articles en y insérant les termes importants en gras, etc.) et technique (utiliser la balise `<h1>` pour les titres rédactionnels, insérer les attributs `alt` pour chaque image, insérer des balises meta `description` spécifiques à chaque page, etc.). Ce cahier constituera en quelque sorte un manuel des bonnes pratiques vous permettant d'écrire vos contenus afin qu'ils soient réactifs au mieux par rapport aux critères de pertinence des moteurs ;

  - éventuellement, la formation de vos équipes rédactionnelles pour leur apprendre non seulement à « écrire pour le Web » mais également à « écrire pour les moteurs ». Cela s'apprend et il n'est pas forcément évident d'appréhender les « gestes qui sauvent » lors de l'écriture de contenus, notamment lorsqu'on a l'habitude d'écrire pour le format papier. Le Web est un autre monde.

  Vous êtes certainement le plus à même d'intégrer l'optimisation des pages dans votre site. Mais un prestataire extérieur peut vous guider en vous expliquant comment le faire au mieux de vos intérêts.

- Prestations plus techniques comme la réécriture d'URL, la mise en place de redirections 301, etc. Si vous avez besoin de telles prestations, nous vous conseillons de faire appel à une société spécialisée car ces domaines techniques sont souvent très sensibles et la moindre mauvaise manipulation peut donner des résultats catastrophiques. Le plus souvent et si besoin est, il vaut donc mieux s'en remettre à des entreprises qui maîtrisent ces aspects techniques sur le bout des doigts.

Un intervenant extérieur peut éventuellement être d'une aide estimable si le site est réalisé par une agence web. Celle-ci peut tout à fait envoyer des maquettes successives du site et de sa charte graphique à un spécialiste pour avis. Le référenceur indique alors ce qui, éventuellement, peut poser problème aux moteurs. Cela permet d'avancer rapidement et d'éviter tout écueil, le site web étant alors réactif dès sa mise en ligne.

- Dernier point : aujourd'hui, on ne soumet plus son site aux moteurs de recherche à l'aide d'un formulaire de type Add URL (voir chapitre 12). La meilleure façon de voir son site indexé est d'obtenir rapidement des liens émanant de pages populaires. Si un référenceur peut vous fournir un tel lien, la société ne vous aidera pas beaucoup dans le cadre de soumissions désormais obsolètes (quel crédit apporter aujourd'hui à une société de référencement qui facture des prestations de soumission d'un site sur les moteurs de recherche ? Quelle misère !).

Suivi du référencement

Une fois votre site optimisé, il vous faudra bien évidemment suivre le travail effectué. L'audit du trafic, effectué dans la phase préalable (voir précédemment) vous sera bien utile dans ce cas pour comparer les étapes avant et après le référencement. Pour cette phase de suivi, tout dépendra de votre volonté et de la stratégie que vous désirez mettre en œuvre. En effet, vous pouvez vous contenter (mais cela serait dommage) de vérifier les positionnements obtenus grâce à des outils adéquats (logiciels, sites web, outils fournis par le prestataire). Cette phase, si elle est essentielle, ne sera la plupart du temps pas suffisante, comme nous l'avons vu au chapitre 9.

L'étude du trafic généré par les différents moteurs, des mots-clés qui ont servi à trouver vos pages, voire le calcul du retour sur investissement sont des étapes successives qui peuvent vous permettre de grandement affiner votre référencement et votre visibilité sur les moteurs de recherche. Encore faut-il avoir du temps pour analyser toutes ces données ! Ceci dit, vous serez le mieux placé pour faire ce travail qu'il semble difficile de sous-traiter. En revanche, une prestation de conseil sur le choix des outils de vérification de positionnement, de mesure d'audience et de ROI ne sera peut-être pas négligeable. De même, une prestation de conseil sur l'interprétation des résultats (qui n'est pas toujours évidente), pourra s'avérer un choix judicieux. Mais la plupart du temps, vous pourrez peut-être préférer des outils indépendants des sociétés de référencement afin d'être sûr que les résultats fournis sont objectifs.

Si un prestataire extérieur peut vous aider dans le choix des outils de suivi du référencement, l'analyse (indispensable) vous en revient en premier lieu.

Bien entendu, il faudra prévoir le cas où les résultats ne sont pas à la hauteur : nouveau travail sur le cahier de préconisations, nouvel audit, etc. Vous pourrez, dans ce cas, repartir en arrière vers une étape précédente.

Coûts

L'aspect financier est également à prendre en compte dans votre réflexion, comme vous pouvez vous en douter. Nous pouvons voir sur le tableau 10-1 quelques chiffres sur l'internalisation d'un spécialiste du référencement à un coût qui peut varier bien évidemment suivant le type d'entreprise et sa localisation géographique. Pour une TPE ou une PME, l'intégration d'un spécialiste peut devenir au final très coûteuse par rapport au choix d'un prestataire spécialisé. Dans le cadre des grands comptes, une internalisation peut en revanche être plus envisageable.

Tableau 10-1 Coût d'une prestation de référencement en interne et en sous-traitance

	Internalisation d'une personne dédiée spécialisée (salaire moyen Paris et province)	Externalisation (prestation annuelle – prix moyens)
Grands comptes	Salaire entre 30 000 et 40 000 €/an + primes	Entre 20 000 et 50 000 €
PME	Salaire entre 20 000 et 30 000 €/an (primes comprises)	Entre 3 000 et 10 000 €
TPE	–	Entre 1 000 et 3 000 €

Bien sûr, ces chiffres sont donnés à titre indicatif puisque les salaires d'une personne embauchée, comme le tarif des sociétés de référencement, dépendent de nombreux facteurs. Mais, là encore, il sera intéressant pour vous d'effectuer un tel calcul par rapport à votre propre contexte pour savoir dans quoi vous vous aventurez.

Voici ce que nous conseillons.

- **TPE/PME.** Orientez-vous plutôt vers un webmaster qui pourra être le parfait relais avec un prestataire de référencement, mais attention aux « Je sais tout faire, et je peux m'occuper du référencement ». Le webmaster ne doit pas, de son côté, engager des actions de référencement sans en avoir averti le prestataire éventuel. Formez-le plutôt à optimiser votre linking, à trouver de bons partenaires, à mettre en place des échanges de contenu, etc.
- **Grands comptes.** Si vous choisissez d'internaliser toute la chaîne de référencement, assurez-vous que vous maîtrisez bien tous les aspects techniques de votre site (notamment pour les entreprises internationales pour lesquelles, par exemple, le site web est géré depuis les États-Unis) et que vous avez entièrement la main dessus, sans quoi votre spécialiste interne sera vite frustré de ne pas pouvoir appliquer tous ces petits trucs et astuces et de ce fait risque de vous quitter très rapidement. La tendance en 2014, chez les grands comptes, est clairement à l'internalisation de cette fonction, avec beaucoup de difficultés, d'ailleurs, à trouver des profils compétents en la matière. Les « experts SEO » sont rares et donc chers.

Aurélie Moulin : gros plan sur la stratégie SEO d'aufeminin.com

Consultante SEO/SEM depuis plus de 10 ans, Aurélie Moulin est Responsable acquisition audience chez aufeminin.com et, à la tête de son équipe SEO, elle développe et met en œuvre la stratégie de référencement du groupe.

Figure 10-1

Aurélie Moulin, Responsable acquisition audience chez aufeminin.com

Dans le cadre de la lettre professionnelle « Recherche et Référencement » du site Abondance, nous lui avons posé quelques questions sur l'organisation du SEO dans son entreprise et la façon dont elle gérait ses projets au quotidien. Voici ses réponses, que nous reprenons ici avec son autorisation.

En quelques mots, pouvez-vous nous présenter aufeminin.com ?

Le site aufeminin.com a été fondé en 1999 par une femme enceinte, Anne-Sophie Pastel, et son mari, Marc-Antoine Dubanton, qui recherchaient alors des infos sur la grossesse sans trouver vraiment ce qu'ils désiraient. Décelant une opportunité, ils se sont alors lancés dans la création du site avec un tiers fondateur, Cyril Vermeulen. Le site a grandi, a été décliné en plusieurs langues et est devenu le leader féminin dans chaque pays où il s'est implanté, puis le groupe a été revendu au géant allemand, Axel Springer.

Le site aufeminin.com, c'est aujourd'hui 39,3 millions de visiteurs uniques dans le monde (données Comscore, Juin 2011) et une présence dans 12 pays (France, Allemagne, Royaume-Uni, Belgique, Espagne, Italie, Pologne, Suisse, Canada, Maroc, Tunisie et Vietnam).

Pour les curieux, dix années de vie d'aufeminin.com ont été résumées à l'occasion de la célébration de la première décennie du site : *http://goo.gl/ihYu2*

Quelle est l'importance du SEO chez aufeminin.com ?

Les moteurs de recherche, et donc Google, sont la première source de trafic de tous nos sites. Alors évidemment, chez aufeminin.com, tout le monde fait du SEO ! Il n'y a guère que le comptable et la femme de ménage qui ne doivent pas s'y mettre. Toutes les équipes sont concernées à différents niveaux. C'est dans l'ADN d'aufeminin.com, et aujourd'hui plus que jamais. Un rédacteur pense SEO quand il écrit, un développeur pense SEO quand il développe, un commercial pense SEO quand il vend une opération spéciale, même un dirigeant pense SEO quand il rachète un site... et j'exagère à peine ! C'est donc du pain béni quand on est référenceur que de travailler dans un tel environnement. C'est assez amusant que de se lever pour aller prendre son café et d'entendre les collègues de tous services parler de SEO dans l'*open space*. La casquette SEO est une sorte de passe-droit dont on abuse évidemment, nous n'attendons pas six mois pour mettre en production des demandes d'optimisation du site, et pourtant il reste encore tant à faire !

Sous la direction de Christophe Decker, Directeur Général produit et technologie, l'équipe SEO est aujourd'hui constituée de trois personnes en France et d'un SEO manager dans quatre pays.

En France, après différents tests de formules, l'équipe se compose de la manière suivante :

- moi-même, Responsable acquisition audience en charge principalement du SEO, SEM et du Web analytics. Je coordonne également le travail des SEO managers internationaux ;
- Michael Thirion, Responsable SEO junior en poste depuis deux mois et en charge plus spécialement du référencement côté éditorial et des sites France ;
- Thomas Sacx, Linkbuilder depuis quelques mois.

Cela peut paraître un peu fou, mais la notion d'équipe SEO chez aufeminin.com est très récente, elle n'a même pas un an. Auparavant, j'étais seule aux commandes et avant que j'arrive, en Février 2008, il n'y avait personne. Le SEO a été géré jusqu'à fin 2007 par les fondateurs, qui avaient eu suffisamment de compétences dans ce domaine pour mener les sites du groupe jusqu'à des sommets. Les sites totalisaient à cette époque 13,6 millions de visiteurs uniques en Europe. Avec de l'édito non optimisé SEO, une structure de sites *full SEO-friendly* et une petite dose de black-hat d'antan (sites satellites, cloacking), on faisait encore des miracles à l'époque – chose qui serait impensable aujourd'hui. C'est la prime aux premiers, aux plus gros et à ceux qui ont su résister aux tempêtes des différentes crises d'Internet.

Quels sont les plus gros challenges SEO chez aufeminin.com ?

- Gérer la volumétrie : sur le site aufeminin.com, 11 ans d'archives éditoriales, 1 post dans les forums toutes les 4 secondes, cela fait beaucoup d'URL à crawler pour Google et une longue traîne hallucinante. Il est difficile d'avoir une vision claire et exhaustive sans avoir des outils puissants, malheureusement pas (encore) développés en interne et une connaissance approfondie du site et des différents types de contenus existants. Le tout multiplié par une vingtaine de sites sur six langues différentes.
- Gérer la diversité thématique : aufeminin.com est un portail généraliste sur l'univers de la femme, 13 rubriques sur des univers aussi différents que la beauté, la mode, la maternité, la cuisine... Nous devons faire face à une concurrence verticale très forte. On le voit très bien avec Marmiton par exemple : nous sommes leader sur la cuisine avec Marmiton.org et aufeminin Cuisine ne parvient pas à le rattraper. Il faut trouver des synergies entre les deux sites pour essayer de les faire monter tous les deux.
- Gérer la pluralité des contenus à référencer : on référence du contenu texte, des images, des vidéos, des news. On a des versions mobiles, des applications iPhone, Androïd... Il n'y a guère que Google Shopping que nous n'avons pas réussi à maîtriser.
- Assurer la formation continue des équipes : des équipes qui grossissent et des évolutions permanentes côté Google nécessitent de constamment former les personnes qui interviennent directement sur la matière première du SEO. L'équipe éditoriale est celle qui nécessite le plus de temps : on dépense beaucoup d'énergie auprès des rédacteurs pour leur faire maîtriser les réflexes qu'il faut avoir quand on publie du contenu pour le Web : choisir le bon sujet sur lequel écrire, optimiser les titres, le texte, les images, les vidéos, publier au bon moment, faire le linking interne... Contrairement à des collègues *in-house* SEO que je connais, nous avons la chance de travailler avec une équipe technique très au fait du SEO, nous ne perdons pas de temps à vérifier si les optimisations SEO ont sauté lors des mises en prod, ce qui est un gain de temps et de productivité considérable.
- Gérer l'internationalisation : techniquement, les sites sont gérés depuis Paris. Depuis deux ans, nous avons amorcé un travail de localisation de la rédaction, il y a maintenant une rédaction locale dans chaque pays. Côté SEO, nous avons également désormais un SEO manager senior dans chaque pays depuis début 2011. Il s'agit donc de coordonner tout ce petit monde, chacun travaille avec les mêmes outils et plus on est, plus on a d'idées, alors il faut prioriser les projets de développements.

Est-ce que aufeminin.com passe par un prestataire SEO ?

Nous travaillons ponctuellement avec des prestataires pour des missions très précises, sur un périmètre restreint. On leur demande ce qu'on ne sait pas faire, ou ce qu'on n'a pas (encore) les moyens de faire, les résultats obtenus sont largement rentabilisés.

Exemples de prestations : des audits ponctuels et complets de parties de sites avec @position (comme sur la partie forums d'aufeminin.com : revoir l'arborescence, la navigation, orienter et faciliter le crawl de Google...), une mission de linkbuilding sur des mots-clés ciblés avec Oseox...

En tant que *pure players*, nous sommes avides d'apprendre auprès d'experts métier et d'intégrer les compétences en interne ensuite. Par mesure d'économie bien sûr mais aussi parce qu'on n'est jamais aussi bien servi que par soi-même. Venant moi-même du monde impitoyable des agences, je sais à quel point il est nettement plus rentable d'internaliser le SEO : parce que quelques heures par semaine d'un prestataire ne vaudront jamais un ou plusieurs temps-pleins en interne. Évidemment, nous n'avons pas tous les avantages du prestataire extérieur (le fait qu'il travaille sur différents périmètres et développe une expertise qu'on n'aurait pas forcément autrement et qu'il travaille éventuellement aussi pour nos concurrents), mais nous y gagnons évidemment nettement plus qu'avec des prestations à six chiffres, aussi performante et réputée que soit l'agence en question.

Nous sommes par ailleurs très ouverts à toutes sortes de prestations novatrices, friands de tout ce qui nous permet d'apprendre, de tester. aufeminin.com est un acteur suffisamment important pour offrir un périmètre de test intéressant, avis aux prestataires créatifs et innovants qui nous lisent. :)

Et côté outils ?

L'avantage d'être aussi gros et d'avoir reproduit un bon *business model* sur plusieurs langues est que nous avons les mêmes besoins et nous utilisons les mêmes outils. Du coup, une technique testée et approuvée par un pays bénéficiera à tous les autres. Malgré la distance, nous partageons beaucoup entre nous et chacun est toujours force de proposition pour perfectionner notre CMS interne ou nos outils SEO spécifiques, comme un outil maison de gestion de bases de données de mots-clés qui nous permet au quotidien de suivre le travail d'optimisation des contenus par la rédaction ainsi que l'évolution des rankings. Nous faisons tous beaucoup de veille et testons pas mal d'outils externes par ailleurs : même si nous sommes adeptes du « tout faire soi-même », il arrive quand même que nous achetions quelques licences ici et là, et notamment pour le linkbuilding qui est le domaine dans lequel nous avons le plus investi dernièrement (Majestic SEO, par exemple).

Est-ce que les sites du groupe aufeminin.com ont été touchés par Panda ?

Lorsque la première mise à jour a été déployée en Angleterre, notre site anglais avait bénéficié d'un bond d'audience de 10 à 15 %. Sur les autres pays, aucun impact n'a été signalé pour l'instant sur les sites. Comme beaucoup de monde, on a été dans l'expectative pendant des mois, en trifouillant à droite à gauche et en se posant les mêmes questions régulièrement. Qu'est-ce qui fait que nous pourrions être affectés ? Pourquoi certains sont tombés ? Est-ce qu'il y a des actions préventives que nous pourrions mener ? Comme tout le monde, on a désindexé les pages sans intérêt pour l'internaute (les posts sans réponse dans les forums, les pages d'index de listings...). Finalement plus de peur que de mal !

Quels sont les projets SEO chez aufeminin.com ?

Plus de ressources, plus d'idées et plus de projets ! La finalité étant bien sûr l'augmentation de l'audience monétisable.

Le métier de référenceur en France

La très active association française de référenceurs SEO Camp a publié en octobre 2008 une intéressante étude sur le métier de référenceur en France. Selon cette étude :

- plus de 54 % des référenceurs recrutés en France sont autodidactes. Certains sont plus spécifiquement en référencement, disposant par ailleurs des diplômes les plus divers. Tous les chemins semblent mener au SEO : il ne se dégage pas aujourd'hui de filière, ni de parcours type, pour exercer ce métier. Notons cependant la création d'une formation intitulée « Référenceur & Rédacteur Web » à l'IUT de Mulhouse dont l'auteur de cet ouvrage a eu le privilège d'être le parrain lors de la première année d'activité (*http://blog.abondance.com/2008/06/formation-de-rfrenceur-mulhouse-plus.html*) ;
- deux tiers des entreprises qui recrutent ne reçoivent en moyenne que cinq curriculum vitae par courrier. De l'aveu même des employeurs, les profils des candidats présentent des niveaux très divers, souvent insuffisants. Bref, il existe plus d'offre que de demande et les « bons » référenceurs restent des perles rares ;
- les salaires des référenceurs juniors sont compris entre 20 et 30 k€/an, 80 % des salaires étant compris dans la fourchette 23-29 k€/an. Les salaires de personnes confirmées se situent plutôt dans la fourchette 32-35 k€/an et les « experts » reconnus (mais qui constituent un club très fermé) se voient plutôt offrir des salaires entre 45 et 52 k€/an.

Pour plus d'informations sur cette étude, consultez l'adresse suivante : *http://goo.gl/szKHK*.

Préconisations

En règle générale, il nous semble judicieux de mettre en œuvre une stratégie qui mixe vos propres interventions (vous connaissez bien votre métier, vous avez la main sur votre site web) et une prestation extérieure (cette société aura souvent le recul nécessaire et les connaissances techniques indispensables pour mener à bien le projet) afin d'optimiser votre projet de visibilité sur les moteurs de recherche. Le fait de travailler avec une agence extérieure permet aussi de bénéficier de l'expérience de différentes problématiques rencontrées sur la globalité de la clientèle et donc éventuellement de se voir proposer beaucoup plus de solutions personnalisées qu'avec une personne ne travaillant que sur un seul dossier en interne. Il en sera ainsi pour une veille constante orientée sur le fonctionnement et les évolutions annoncées ou constatées des outils de recherche (et tout particulièrement Google). En effet, il sera dans certains cas primordial de réagir (modification technique, travail sur l'environnement de liens, sur la structure du site…) afin de ne pas se voir touché (sanctionné) par le nouveau filtre d'un outil de recherche (Google et Bing évoluent régulièrement). En sachant qu'une réaction après coup sera souvent synonyme d'un délai de plusieurs semaines, voire plusieurs mois, avant d'être efficace, à vous de choisir un prestataire qui effectue une véritable veille quotidienne sur le monde des moteurs de recherche.

Autre point qui peut jouer en faveur de l'externalisation : la notion de garanties ou de tiers responsable. En effet, externaliser le travail, c'est aussi externaliser les risques et avoir de meilleurs moyens juridiques pour se défendre, ce qui n'est pas négligeable.

Conclusion

Aujourd'hui, il n'est plus question de livrer un site, quel qu'il soit, à un référenceur qui fabrique de façon industrielle des centaines de pages satellites, met en place un netlinking massif ou qui utilise des astuces plus ou moins vaseuses dans son coin sans vous en faire part. Un travail important et commun devra être mis en place entre le client (vous), la société qui réalise le site et le référenceur (si les trois entités sont différentes, bien sûr). De la parfaite adéquation, entente, maîtrise et communication des uns avec les autres tout au long de la mise en place du projet dépendra la qualité du travail final.

Voici un tableau récapitulatif des différentes étapes de votre projet de référencement avec, pour chacune d'entre elles, ce que vous pouvez internaliser et ce qu'il est préférable, à notre avis, de sous-traiter.

Tableau 10-2 Différentes étapes du projet de référencement

Étape du projet	Ce que vous pouvez éventuellement internaliser	Ce que vous pouvez éventuellement externaliser
Formation préalable	• Veille personnelle, lecture de guides, d'ouvrages, de newsletters, visites de salons, conférences, colloques, etc. • Veille régulière sur le référencement et les moteurs de recherche (si vous en avez le temps)	• Formation ou conseil auprès d'un organisme spécialisé du domaine • Veille régulière sur le référencement et les moteurs de recherche (si vous n'avez pas le temps) • Analyse concurrentielle
Audit du site, si déjà en ligne		• Réalisation du guide d'audit et de préconisations techniques • Analyse de l'acquis et propositions d'améliorations
Audit du site, si pas encore en ligne	• Réflexion sur le CDC (cahier des charges)	• Aide à la réflexion sur le CDC
Écriture du cahier des charges	• Rédaction du CDC	• Corédaction du CDC ou avis sur le CDC une fois rédigé
Définition des mots-clés	• Définition de mots-clés « de départ »	• Conseil sur d'autres mots-clés • Évaluation de l'intérêt et de la faisabilité des mots-clés identifiés par le client
Optimisation des pages et du site	• Intégration des préconisations	• Rédaction du cahier de préconisations • Suivi des maquettes réalisées par l'agence web • Réécriture et optimisation des contenus existants • Formation des équipes rédactionnelles • Mise en place de fonctions techniques complexes (redirections, fichiers robots.txt, URL Rewriting…) • Mise en place de liens
Suivi du référencement	• Interprétation des résultats fournis par les outils de suivi	• Mise à disposition d'outils de suivi • Conseil sur le choix des outils de mesure d'audience et/ou de calcul de ROI • Aide à l'analyse des données

Réussir l'externalisation de votre SEO

Section rédigée avec la contribution de François Houste

On l'a vu, l'internalisation du référencement en entreprise est, ou va devenir, une évidence. Mais cela ne signifie pas non plus que la stratégie doive être internalisée à 100 %. Dans de nombreux cas, l'apport d'entreprises externes sera très intéressant et parfois même vital. Faisons-nous donc l'avocat du diable et regardons maintenant les avantages d'un référencement confié à une agence extérieure.

La raison la plus évidente pour le choix d'une externalisation est sans doute le coût. C'est en tout cas celle qui parlera le plus aux dirigeants et responsables marketing d'une entreprise. Internaliser la fonction de SEO demande souvent la création d'un poste au moins partiellement dédié, si le levier de référencement naturel a un minimum d'importance stratégique dans l'entreprise. Et qui dit création de poste, dit forcément charge salariale à plein temps, sur une position où il est parfois difficile de se contenter d'un profil junior.

Les paragraphes précédents montrent bien l'importance de la « séniorité » dans une équipe de Search Marketing efficace, et en conséquence logique, l'investissement que peut représenter la constitution de cette équipe. Sans se leurrer pour autant sur le prix des prestations de référencement naturel, surtout au profit d'un grand groupe, la charge consommée par une agence extérieure peut s'avérer bien plus faible sur le long terme que celle nécessaire à l'embauche de talent(s). Car les bons référenceurs coûtent cher à l'embauche (on passe bien sûr sous silence le cas où l'entreprise prendra un stagiaire pour s'occuper de son SEO... soyons sérieux un instant). En outre, les contrats consentis par les agences de marketing sont en général plus malléables qu'un contrat de travail, et peuvent être revus à la baisse (comme à la hausse) en cas de changement des priorités ou des objectifs de votre site web.

Mais, au-delà des considérations purement financières, ce sont également des raisons « métier » qui peuvent faire pencher la balance du côté de l'agence. Et celles-ci ont parfois bien plus de poids qu'une équation comptable. Point crucial dans certains grands groupes, l'agence de marketing peut parfois servir de juge de paix entre plusieurs entités de l'entreprise. Alors que traditionnellement, le référencement naturel est une expertise que se disputent les départements Informatique-Web et Marketing (l'un pour la compétence technique, l'autre pour les implications en termes d'objectif business), confier cette tâche a un intervenant extérieur peut mettre rapidement tout le monde d'accord. Sans appartenance politique au sein de l'entreprise (même s'il est tributaire d'un contrat signé par l'une des parties), l'agence SEO se doit d'agir pour les plus grands bénéfices du site (en termes de référencement, mais également d'objectifs qualifiés et quantifiés : visites, audience, transactions...) tout en prenant en compte des contraintes techniques éventuelles. Son intervention peut ainsi servir à la fois à définir des priorités stratégiques pour le développement du site, mais également à faire la part des choses de manière indépendante sur les bénéfices de ces développements et leur coût en termes humain, financier et technique. Si le chantier de référencement lui est confié en toute transparence, on peut logiquement estimer qu'elle saura arbitrer les décisions pour le bénéfice de tous.

L'expertise, au sens large, est également un argument qui peut faire pencher en faveur du choix d'une agence. Là où une unité interne capitalise énormément sur sa connaissance des process et des particularités d'un site, une agence s'enrichit, elle, de la connaissance acquise sur chacun de ses clients, et peut apporter des solutions originales en s'inspirant des développements mis en place par d'autres acteurs du Net.

Si l'agence retenue possède à la fois une bonne connaissance de votre secteur d'activité (presse, e-tourisme, luxe...) et une typologie de clients assez diversifiée, elle gardera à la fois les reflexes propres à votre business en termes d'objectifs ou de présentation de l'information, et pourra s'inspirer facilement des autres secteurs qu'elle maîtrise pour vous proposer des stratégies innovantes. Une richesse qu'il est parfois difficile de créer en interne, à moins d'embaucher des seniors avec une forte expérience.

Mais tirer bénéfice de tous ces avantages potentiels de la prestation d'agence a un coût qui se traduit souvent par une organisation sans faille du contrat de votre côté.

Jean-Benoît Moingt (SoLocal/PagesJaunes) : « Le SEO est devenu un enjeu stratégique chez PagesJaunes »

Jean-Benoît Moingt, Responsable SEO et acquisition pour le groupe Solocal/PagesJaunes a accepté de répondre à nos questions sur l'organisation SEO au sein de sa société, ainsi que sur son travail au quotidien et les projets de cet organisme connu et ancien sur la Toile, même si les préoccupations SEO sont plus récentes dans l'entreprise.

Figure 10-2

Jean-Benoît Moingt, Responsable SEO et acquisition chez Solocal/PagesJaunes

Tout comme Aurélie Moulin (aufeminin.com, voir précédemment) et Guillaume Giraudet (*Le Parisien*, voir plus loin dans ce chapitre), nous lui avons posé quelques questions, dans le cadre de la lettre professionnelle « Recherche et Référencement » du site Abondance, sur son travail de « SEO in house ». Voici ses réponses, que nous reprenons ici avec son autorisation.

En quelques mots, peux-tu te présenter ainsi que ton rôle au sein du groupe PagesJaunes ?

Bien sûr :-) Je m'appelle Jean-Benoît, j'ai 26 ans. J'ai découvert le référencement très tôt en développant mes premiers sites. Je suis développeur de formation ce qui explique mon affinité pour les sujets techniques. Je suis notamment passé par l'agence Aposition (iProspect). Je suis maintenant responsable SEO chez SoLocal Group (ex PagesJaunes Groupe). SoLocal Group possède de nombreux sites. Je m'occupe plus particulièrement du « vaisseau amiral », Pagesjaunes.fr, et des PVI (les sites que nous créons pour les professionnels, nous en avons 100 000). Comme tout responsable SEO, mon rôle est d'améliorer l'audience de nos sites, et à travers ça, la visibilité et le ROI de nos clients.

J'essaie également de développer la culture SEO en interne. Il y a trois ans, le référencement n'était pas un sujet majeur pour PagesJaunes. C'est désormais un enjeu stratégique et cela implique une mobilisation à tous les échelons de l'entreprise.

Comment se compose l'organisation de l'équipe SEO chez PagesJaunes ?

Le SEO chez PagesJaunes est sous la direction de Mehdi Moreau. Il a à sa charge le SEO, le SEA, le content marketing et la « déportalisation » de nos contenus sur des sites partenaire comme Yahoo ou Bing, par exemple. Nous sommes une dizaine à travailler sur les sujets SEO dont trois personnes en interne. Nous travaillons avec des experts SEO qui réalisent les analyses SEO les plus complexes et qui permettent de construire la roadmap. Des data analystes réalisent notamment des études de ranking. Et des chefs de projet assurent le bon déroulement de la roadmap et contribuent à mettre de l'huile dans rouages.

Nous avons la chance d'avoir une équipe aux profils variés et disposant d'une grande expérience. Le fait de travailler sur des grosses volumétrie de données nous permet également d'observer des phénomènes qui passent parfois inaperçus dans les évolutions de Google comme ce fût le cas cet été.

L'implication de l'équipe SEO varie en fonction des sites. Pour Pagesjaunes.fr, nous disposons d'un budget propre auprès de la direction technique, ce qui nous permet de construire une roadmap annuelle précise. Pour les PVI ou Mappy par exemple, nous agissons davantage comme le ferait une agence, nous émettons des recommandations qui seront, en fonction des arbitrages, intégrées dans la roadmap principale.

D'autres sites encore ont leur propre équipe SEO, nous les accompagnons lorsqu'ils en ont besoin pour leur faire bénéficier de nos outils et de notre expertise. C'est le cas par exemple de Comprendrechoisir ou de Chronoresto.

Quelle est l'importance du SEO chez PagesJaunes ?

Il y a encore deux ans, le SEO était un sujet mineur chez PagesJaunes. La forte notoriété de la marque suffisait et le fait de développer l'audience en provenance des moteurs de recherche n'était pas un enjeu.

L'univers concurrentiel ayant évolué, le SEO est devenu un enjeu stratégique qui doit tirer l'audience des sites du groupe vers le haut.

Nous sommes également largement sollicités par les services commerciaux. Google est désormais utilisé par tous et nos clients sont très sensibles au référencement naturel. Nous réalisons régulièrement des études sectorielles prouvant le gain de visibilité dans Google qu'apporte une présence sur Pagesjaunes.fr.

Quels sont les plus gros challenges SEO chez PagesJaunes ?

Les challenges sont nombreux. PagesJaunes est une organisation assez lourde avec des délais de mise en œuvre importants qui ne répondent pas aux exigences de réactivité du SEO. Nous avons donc mis en place un certain nombre de briques pour pouvoir faire des modifications sur le site indépendamment des cycles de mise en production habituels.

Lorsque je suis arrivé, il fallait au minimum trois mois pour changer la balise `<title>` d'une page. Nous ne sommes pas encore arrivés à du temps réel, mais nous sommes désormais sur des délais de deux ou trois jours, ce qui est beaucoup plus acceptable.

Le site Pagesjaunes.fr souffre également de son historique. Il s'agit d'un site qui a plus de dix ans qui n'a jamais été pensé ni conçu pour être optimisé en termes de référencement. L'année 2012 a donc en grande partie été consacrée au « nettoyage » des mauvaises pratiques ainsi qu'à la mise en place de prérequis techniques. Enfin, comme tous les annuairistes, la sémantique que nous ciblons est extrêmement large puisque nous avons vocation à proposer du contenu sur toutes les requêtes liées à la recherche de professionnels en France.

Est-ce que PagesJaunes passe par un prestataire SEO ?

Comme indiqué ci-dessus, nous faisons effectivement appel à un certain nombre de prestataires externes. Nous avons cependant la particularité de faire appel principalement à des free-lances. Nous ne cherchons pas à travailler avec une agence de renom mais avec des personnes dont nous apprécions les qualités et disposant d'une expertise qui apportera une valeur ajoutée à notre équipe.

Nous sommes toujours curieux de découvrir de nouvelles techniques ou de nouveaux outils, n'hésitez d'ailleurs pas à nous contacter si vous avez un savoir-faire particulier.

Nous avons également sous-traité la partie « ranking » que nous ne souhaitions pas internaliser pour plusieurs raisons. Nous récupérons tous les mois les dix premières pages de résultats de Google pour plus 500 000 mots-clés. Nous récupérons les résultats bruts qui sont ensuite traités par nos data analystes. En cumulé, cela représente mine de rien un milliard de résultats par an !

Pour être plus réactif pour des études urgentes ou lors de mise à jour Google, nous avons par ailleurs notre propre infrastructure logicielle avec un réseau de proxy adéquat.

Et côté outils ?

Au quotidien, nous utilisons :

- un analyseur de logs (Watussi Box, *http://box.watussi.fr/*), qui nous permet de comprendre la façon dont Google perçoit notre site. Il s'agit à la fois d'un outil de monitoring quotidien et d'un outil d'analyse avancé. Nous avons mis en place des mécanismes d'alerte pour pouvoir être réactif si tel ou tel élément se produit. Nous l'avons également mis à disposition de notre direction technique pour mesurer les effets de bord lors des mises en production ;
- un crawler simulant le comportement de Googlebot qui nous permet de dresser régulièrement une cartographie complète de notre site et représenter ce qui est indécelable à l'œil nu, surtout pour un site qui fait plus de 20 millions de pages. Nous pouvons également étudier l'ensemble de notre maillage interne qui représente environ 900 millions de liens ;
- nos données de ranking qui sont étudiées par nos data analystes. Ils utilisent entre autres le logiciel Qlikview (*http://www.qlikview.com/fr*).

Est-ce que les sites du groupe PagesJaunes ont été touchés par Panda et Penguin ?

Pagesjaunes.fr n'a été touché ni par Panda, ni par Penguin. Nous n'étions pas particulièrement dans la cible de ces mises à jour.

Quels sont les projets SEO chez PagesJaunes ?

Nous sommes en train d'initier un gros travail sur la sémantique. La nomenclature que nous utilisons actuellement est issue de l'annuaire papier et a été construite avec une logique commerciale. Elle n'est pas toujours *SEO compliant*, loin de là. Nous avons environ 8 000 rubriques qui sont parfois trop fines, parfois pas suffisamment, avec beaucoup de doublons. Nous avons donc décidé de construire notre propre référentiel répondant à notre seule problématique. C'est un chantier complexe car l'univers sémantique que nous ciblons est immense.

Nous allons également expérimenter des optimisations techniques qui n'ont jamais été testées à ma connaissance sur des sites à forte volumétrie, mais je resterai discret sur celles-ci pour le moment :-)

Quelle est la part de Google dans le trafic global du site PagesJaunes et des PVI ?

Nous ne communiquons pas de chiffres précis, mais la part du SEO hors marque a triplé en un an.

L'importance de l'interlocuteur unique

Choisir une agence ne veut pas forcément dire se dégager de tout travail et de toute gestion de projet. Ca serait bien trop simple. Choisir de confier son travail de référencement à une agence, c'est accepter de gérer celle-ci au quotidien et de mener, en un sens, l'intégration de celle-ci à l'entreprise. Car paradoxalement, une agence de référencement naturel, en tant que prestataire extérieur, ne travaillera jamais mieux sur vos problématiques que si elle est parfaitement guidée au sein des rouages de votre société. Mieux, si elle est au final l'un d'eux ! Comment cela peut-il s'organiser concrètement ? Le meilleur point de départ est de réellement considérer le projet comme un projet « normal » de l'entreprise. Ne pensez pas que celui-ci va tourner tout seul parce qu'il est confié à un partenaire extérieur, aussi compétent soit-il.

Pour répondre au mieux à vos objectifs et à vos exigences, une agence a besoin de s'imprégner de votre culture, de votre philosophie de travail, de comprendre vos points de blocage (sur votre plate-forme technique tout comme dans votre organisation). N'oubliez pas que vous allez demander à cette agence de « parler à votre place », en quelque sorte, aux moteurs de recherche. L'implication est donc primordiale car c'est comme cela que vous obtiendrez le meilleur résultat !

Il est donc indispensable que, au sein de l'entreprise, un chef de projet soit dédié a la gestion du référencement naturel et des différents intervenants si le projet a un tant soit peu d'envergure. En cela, nous rejoignons les paragraphes précédents, expliquant la procédure d'internalisation. Vous vous assurez ainsi de garder une visibilité maximale sur l'ensemble de l'avancée des projets liés aux moteurs de recherche et l'agence sélectionnée se voit attribuer un point d'entrée clair dans votre organisation. Le rôle de ce chef de projet est finalement assez classique, dans le cadre des projets informatiques ou marketing. Il doit en permanence avoir une vision claire des objectifs poursuivis par le biais du référencement naturel, ainsi qu'une vision d'ensemble des tâches demandées à l'agence et des délais de réalisation de celles-ci.

Pour cela, il a à sa disposition les différents éléments de suivi remis par l'agence et peut organiser des points de pilotage mensuels, voire hebdomadaires, pour s'assurer du travail réalisé. Et comme le travail de référencement n'est finalement pas qu'une approche marketing, ce chef de projet doit également servir d'interface entre les différents interlocuteurs concernés : équipes techniques et éditoriales, prestataires divers, services de communication… Mais attention, son rôle n'est pas d'être une simple boîte aux lettres, il doit avant tout comprendre l'importance de chaque interaction afin de définir également les priorités au sein de l'entreprise et trouver des compromis quand l'agence va trop loin dans son exigence d'optimisation. On l'aura compris, c'est un véritable poste de chef de projet qui est nécessaire, les capacités de gestion d'équipe en moins.

Ce contact privilégié doit-il pour autant être le seul contact de l'agence de référencement au sein de l'entreprise ? On aurait tendance à estimer que non pour les projets les plus ambitieux. Par exemple, la mise en place d'un moteur de réécriture d'URL demande forcément des interactions avec une équipe technique. La définition et l'application de règles d'écriture SEO ne peut se faire qu'en collaboration avec les équipes rédactionnelles.

Il est donc primordial que l'agence de référencement échange, dialogue, voire forme ces personnes si on veut qu'un chantier de SEO soit réellement adapté à la réalité d'un site et d'une entreprise. Il est évident que le référenceur devra rencontrer un maximum d'interlocuteurs pour mener à bien ses projets, mais toujours sous le contrôle du chef de projet interne dédié aux opérations.

Les points à vérifier avant de signer

Avant d'en arriver à ce type de relation, il est important de bien choisir l'agence avec laquelle vous souhaitez vous associer pour piloter de concert vos campagnes marketing. Quels critères permettront donc de déterminer le choix de son agence de référencement naturel ? L'absence aujourd'hui de réelles certifications dans le domaine du SEO (la CESEO – *http://www.seo-camp.org/commissions/certification* – n'en est qu'à ses débuts en France et ne parlera pas avant quelques mois, au mieux, au public de professionnels qui décide aujourd'hui de la sélection des prestataires) rend quasiment impossible la définition de critères objectifs pour le choix d'une agence. Si les années de présence sur le marché, les références clients passées ou les cas concrets de positionnement peuvent être des indices de la fiabilité d'une entreprise, ils ne peuvent constituer une garantie que cette agence peut travailler à vos côtés. Apporter des résultats à un client, surtout en référencement naturel, ne signifie pas que ces résultats peuvent être dupliqués à n'importe quel site et à n'importe quelle structure. Pour une agence de référencement, chaque client est au final un cas particulier auquel elle va devoir s'adapter.

Car c'est peut-être cela qu'il faut juger au plus juste lorsqu'on fait appel à une agence de référencement naturel : sa capacité à s'adapter à votre situation particulière, à vos projets et à vos prestataires. Particulièrement si ceux-là sont ambitieux et ceux-ci peu flexibles ! Mais comment tester concrètement cette cohésion entre votre mode de fonctionnement et celui de votre future agence ? Voici quelques pistes pour vous guider, qui découlent pour beaucoup du bon sens.

- L'agence a-t-elle bien compris les objectifs que vous poursuivez sur le Web ? Et si ceux-ci n'étaient pas exprimés clairement dans votre demande initiale, a-t-elle cherché à les découvrir ? Une agence qui ne se focalise pas sur vos chiffres de vente ou sur la quantité de pages vues par visite, alors que ce sont clairement les données clés de votre métier, a de fortes chances de ne pas travailler à l'optimisation réelle de ceux-ci. Et vos résultats à moyen terme risquent de s'en ressentir.
- L'agence a-t-elle également compris la structure, technique mais aussi organisationnelle, dans laquelle vous évoluez ? L'ensemble de vos développements techniques sont réalisés par une SSII extérieure. Qu'envisage-t-elle pour piloter au mieux celle-ci ? Compte-t-elle organiser des points techniques impliquant tous les interlocuteurs du projet ou vous laisse-t-elle cette partie du travail considérant que la mise en pratique de ses recommandations n'est plus de son ressort ? Suivant le modèle d'intervenant que vous recherchez, et les degrés de maîtrise que vous souhaitez conserver sur vos projets, la réponse idéale peut changer du tout au tout !

- Un peu plus « vicieux », mais complémentaire : les frais inhérents au développement de ses recommandations font-ils partie de l'équation de sa proposition commerciale ? Attention, si ce n'est pas le cas, une agence de référencement coûte souvent bien plus que le prix de ses conseils, surtout si la mise en place de ceux-ci a un grand impact.
- Les solutions proposées sont-elles innovantes ? Si votre sentiment est que l'ensemble du plan de référencement naturel proposé pourrait être issu de votre propre expérience, on peut se poser la question de l'apport réel de l'agence sur le moyen terme. Faire appel à un acteur extérieur, en dehors de l'aspect parfois pratique, c'est également se reposer sur une expérience et une expertise hautement qualifiée qui doivent se démontrer dès la proposition de prestation.
- Techniques de spamdexing : il nous semble évident qu'il est indispensable d'écarter aujourd'hui toute entreprise qui baserait sa stratégie de référencement sur des techniques considérées comme étant du spam par les moteurs (voir chapitre 15). Mais, bien évidemment, peu diront qu'elles en utilisent. Difficile également de considérer comme crédible une société qui facture la soumission de votre site aux moteurs de recherche. Le référencement a évolué depuis dix ans. De même, certaines entreprises estiment que le fait d'insérer (ou de vous demander d'insérer) des mots-clés dans les balises meta `keywords` de vos pages revient à faire du référencement et vous font payer ce travail. Là encore, fuyez !
- Le site du référenceur lui-même. Même si, on le sait, les cordonniers sont souvent les plus mal chaussés, certains points sont intéressants à observer sur le site de la société de référencement : rédaction des titres, du texte des liens, etc. Par exemple, si le code HTML de la page d'accueil du site contient une balise meta `revisit-after` (vieux « serpent de mer » totalement inutile dans le cadre d'un référencement), vous pouvez avec raison vous poser quelques questions sur le sérieux et les compétences de la société. Passez votre chemin. C'est un exemple parmi tant d'autres, bien sûr. On voit également des sites web soi-disant professionnels vous expliquant encore dans leurs pages que les balises meta `keywords` sont essentielles pour le référencement. Là encore, allez voir ailleurs. On peut parfois également détecter dans les pages du prestataire quelques signes de spam.
- Le nombre et le nom des outils de recherche proposés. Deux ou trois outils de recherche thésaurisent l'immense majorité du trafic. Ce n'est donc pas la peine de privilégier des offres quantitatives qui vous font miroiter un référencement sur plusieurs dizaines, centaines, voire milliers d'outils. Mieux vaut peu de moteurs, mais qu'ils soient bien traités. Et surtout en priorité Google. Ce point a été évoqué au chapitre 3.
- L'honnêteté du prestataire : s'il vous promet la Lune et la première position sur des mots-clés comme « voyage » ou « hôtel », c'est de toute évidence un escroc ou alors il est en train de vous vendre du lien sponsorisé en appelant cela « référencement ». Malheureusement, cela arrive beaucoup plus souvent qu'on ne le croit. Attention également aux garanties proposées, dont nous parlerons plus loin dans ce chapitre.
- Le conseil, notamment à la définition des mots-clés, qui reste une étape primordiale dans la stratégie de référencement d'un site, comme on l'a vu précédemment. Le client

a souvent besoin d'un œil extérieur pour bien choisir les termes sur lesquels il va tenter de se positionner. Ce recul nécessaire est souvent amené par le référenceur qui connaît bien les méthodologies de choix des termes à envisager. Mais la société que vous consultez vous propose-t-elle une prestation dans ce sens (ou vous demande-t-elle, de façon basique, une liste de mots-clés) ?

- Le contrat et la propriété des démarches effectuées : si certaines optimisations sont effectuées sur votre site, elles doivent vous appartenir, même si vous changez de prestataire par la suite, comme dans le cadre de toute prestation informatique.
- La qualité du suivi : extranet, rapports envoyés par e-mail, indicateurs de suivi fournis, périodicité des envois, calcul du retour sur investissement, tâches de netlinking effectuées, etc. Vous devez absolument pouvoir contrôler la prestation effectuée quand vous le voulez.
- La veille : le prestataire vous fournira-t-il des informations sur les nouveaux moteurs, les évolutions du marché, les nouveautés du domaine ? Cela peut jouer et peser dans la balance.
- Suivi humain : votre projet sera-t-il suivi par un chef de projet ? Pourrez-vous le contacter directement ?
- Charte de qualité (voir plus loin) : la société en propose-t-elle une ou en a-t-elle signé une générique ? Que contient-elle ?

Et au-delà de ces points concernant la capacité de l'agence à travailler avec vous, d'autres éléments plus classiques concernant le choix des prestataires restent valables : la santé financière de l'entreprise, ce qu'en pensent ses clients actuels, ses références dans le même secteur d'activité que vous… Tout ce que vous vérifieriez pour n'importe quel autre type de partenaire !

Avant de choisir votre prestataire, vous devrez également avoir travaillé de votre côté et avoir explicité clairement à la future société choisie vos besoins sous la forme d'un cahier des charges qui reprendra, même de façon synthétique, ce que vous voulez – ou ne voulez pas – en termes de référencement : optimisation naturelle, pas de pages satellites, réécriture d'URL éventuelle… Vous devrez donc jouer cartes sur table afin d'aider l'entreprise à vous aider dans votre projet.

Deuxième point important, vous devez obtenir des sociétés consultées des devis clairs en termes de prestations effectuées : conseil, réalisation de pages de contenus spécifiques, différentes étapes du projet, technologies mises en œuvre, etc. Fuyez les « boîtes noires » qui sont le plus souvent remplies de vent. Bref, il va certainement vous falloir comparer des offres diverses et vous devrez demander le plus de détails possible. Vous vous apercevrez bien vite que de nombreux devis sont assez abscons et qu'il est difficile de les comparer d'une entreprise à l'autre. Demandez le plus de précisions possible dès le départ sous peine d'irrecevabilité de la proposition.

Vous le voyez, travailler avec une agence de référencement n'est pas forcément une solution de facilité et demande quoi qu'il arrive des investissements de votre part. Mais comme toute démarche commerciale, les résultats peuvent être importants et ambitieux !

Guillaume Giraudet (*Le Parisien*) : « Google représente 45 % de notre trafic. »

Guillaume Giraudet, Responsable SEO et acquisition pour le journal *Le Parisien/Aujourd'hui en France* a accepté de répondre à nos questions sur l'organisation SEO au sein de sa société, ainsi que sur son travail au quotidien et les projets de cet organisme de presse.

Figure 10-3

Guillaume Giraudet, Responsable SEO et acquisition pour le journal Le Parisien/Aujourd'hui en France

Tout comme Aurélie Moulin (aufeminin.com, voir précédemment), nous lui avons posé quelques questions, dans le cadre de la lettre professionnelle « Recherche et Référencement » du site Abondance, sur son travail de « SEO in house ». Voici ses réponses, que nous reprenons ici avec son autorisation.

Pouvez-vous vous présenter en quelques mots ?

Je m'appelle Guillaume Giraudet (*http://www.guillaumegiraudet.com/*), j'ai 24 ans et je suis Responsable SEO et acquisition pour le journal *Le Parisien/Aujourd'hui en France.*

Arrivé dans le milieu du référencement en 2008 en tant que stagiaire chez 1ère-Position, j'ai évolué en tant que chef de projet SEO avant de partir en 2010 chez l'UsineNouvelle en tant que Responsable SEO/SEA/SMO.

Depuis octobre 2011, j'occupe le poste de Responsable SEO au *Parisien* et j'effectue des recommandations pour optimiser le référencement du site sur les moteurs et acquiers du trafic afin de ne pas dépendre que de Google.

Je m'efforce également d'augmenter la puissance du *Parisien* sur l'outil Médiamétrie Nielsen NetRatings.

Quel est l'importance du SEO dans le trafic de vos sites web ?

Le Parisien (*http://www.leparisien.fr/*) est un site pour lequel le SEO est un levier d'acquisition vital. Depuis maintenant plus de quatre ans, l'expertise SEO est internalisée et cela nous permet d'être au plus près des besoins de nos équipes technique et de la rédaction. Chaque acteur a conscience de l'importance du SEO et dans chaque projet que nous débutons, la partie SEO est clairement prise en compte en amont.

Notre trafic moyen en provenance des moteurs se situe aux alentours de 45 %. Nous avons la chance d'être un des sites de presse les plus appréciés par Google Search et Google News, ce qui nous permet de nous rendre compte rapidement des résultats de tests effectués sur nos articles.

Entre Google Search et Google News, il est assez intéressant de voir l'évolution de la répartition de trafic. Lors d'actualités majeures, les statistiques en provenance de Google News prennent le dessus sur celle du Search. Lorsque l'actualité est plutôt calme, nos très bonnes positions en SEO nous permettent de maintenir nos statistiques, voire de jouer sur la longue traîne.

Globalement, la répartition fluctue aux alentours de 60 % SEO, 40 % Google News.

Comment est organisé le SEO au sein du* Parisien *? Combien de personnes travaillent en interne, à temps complet ou partiel, sur le sujet ?

Au *Parisien*, je travaille seul sur les problématiques d'acquisition d'audience et de référencement. J'ai la chance d'avoir un directeur proche de ces problématiques et qui comprend les implications SEO dans un projet. En 2012, pendant quatre mois, nous avons recruté un stagiaire afin de m'aider à avancer plus vite sur les nombreux sujets sur lesquels nous travaillions. D'ici une semaine, un second stagiaire va m'épauler sur ces problématiques d'acquisition d'audience, ce qui me permettra d'approfondir nos sujets SEO et de proposer encore de nouvelles stratégies de visibilité.

Travaillez-vous avec des agences externes ou faites-vous tout en interne ?

Comme je suis seul sur le SEO et afin de pouvoir travailler sur l'ensemble des sujets, nous travaillons avec des agences pour nos stratégies d'acquisition de trafic afin de ne pas dépendre que de Google (développement du netlinking, affiliation sur nos offres abonnées).

Cependant, nous effectuons très peu de liens sponsorisés (moins de 1 % de notre trafic mensuel). Le SEO (référencement naturel) est également géré seulement en interne. Mais nous sommes ouverts pour essayer de nouvelles stratégies proposées par des acteurs innovants du marché.

Les rédacteurs sont-ils formés à la rédaction SEO ou les articles sont-ils repris par des personnes spécialistes du domaine avant publication ?

Nous avons la chance au *Parisien* d'avoir des journalistes et rédacteurs prêts à écouter des optimisations SEO afin de mieux se positionner sur Google. Nous suivons un objectif commun à savoir : augmenter les statistiques du *Parisien* et faire rayonner notre marque.

J'ai déjà effectué trois formations de « Bonnes pratiques d'écriture web » afin de leur donner des conseils pour optimiser leurs articles. Mon objectif n'est pas de leur expliquer comment écrire, mais de jouer le rôle d'un facilitateur en leur donner des pistes d'optimisations assez rapides à mettre en place et qui peuvent payer rapidement.

Aucun article n'est repris par mes soins, *Le Parisien* s'est doté récemment d'un desk plurimédia afin de pouvoir travailler des articles tant sur le papier que sur le Web (texte, diaporamas, vidéos). En soi, le bon positionnement du *Parisien* est lié à la qualité de son équipe de rédaction et à son ouverture sur l'évolution des pratiques du journalisme sur le Web.

Quels sont les principaux obstacles que vous rencontrez dans votre travail au quotidien ?

L'obstacle principal reste le peu de ressources en interne. Les équipes de développement sont externalisées, nous sommes une petite équipe sur le Web, composée d'environ une vingtaine de personnes. L'équipe technique comprend huit personnes, ce qui fait que nous fonctionnons toujours en flux tendu.

Paradoxalement, c'est ce qui fait notre force. Finalement cette équipe réduite est une petite famille et l'implication en interne est très importante.

Cela est en train d'évoluer et nous sommes en phase de recrutements afin d'étoffer les équipes et d'avancer plus vite sur l'ensemble de nos sujets.

Quels sont les principaux challenges SEO à votre niveau ?

Les principaux challenges sont de se maintenir à notre très bon niveau. Dans la presse, les acteurs sont très matures au niveau des problématiques SEO et il faut savoir évoluer et réfléchir plus vite que nos confrères.

Les challenges sont également liés directement aux nombreuses évolutions de Google et de son algorithme. L'avantage du milieu SEO, c'est qu'il s'agit d'un petit monde et que tout se sait très vite, ce qui permet d'être à la pointe si on se remet en question et qu'on discute de ses problématiques avec des confrères.

Optimisez-vous spécifiquement vos articles pour Google Actualités ?

Les articles sont en effet optimisés pour Google Actualités.

Vous pourrez d'ailleurs trouver les astuces de positionnement que j'ai évoquées lors de ma conférence au SMX Paris 2012, à l'adresse suivante :

http://www.guillaumegiraudet.com/indexer-site-google-news-smx-paris-2012/

J'ai effectué également trois formations SEO en interne pour notre rédaction en 2012 et d'autres sont prévues sur 2013.

En soi, l''article est déjà optimisé pour répondre aux recommandations de Google Actualités.

Nous avons également mis en place deux Sitemaps dédiés. Un avec nos articles gratuits et l'autre avec nos articles payants, comme le préconise les guidelines de la firme du Moutain View.

Nous avons également ajouté la dernière évolution en date, qui est la balise `News Keywords`, à insérer dans la balise `head` de la page et nous reprenons ainsi une dizaine de mots-clés afin d'être encore plus pertinents sur les moteurs.

Les résultats sont assez intéressants et prometteurs pour les mois à venir.

Utilisez-vous des outils du marché ou des programmes développés en interne ?

L'industrialisation du SEO en interne n'est pas encore une chose très développée. Nous sommes pour le moment partisans d'utiliser la méthode traditionnelle et artisanale qui nous aide à réagir plus rapidement.

Cependant, tout évolue très vite et pour se maintenir au niveau, des tableaux de bords sur des indicateurs précis ont été créés. Cela nous permet de voir rapidement dans quel canal investir et effectuer nos choix de manière rationnelle.

Pour toutes ces analyses, nous utilisons entre autres le très bon outil de Ranks.fr et Advanced Web Rankings pour l'analyse de notre positionnement.

Pour l'analyse de notre netlinking et de points SEO, nous nous servons de SEOMoz et des outils en ligne comme Majestic SEO.

Enfin, pour se tenir au courant de l'actualité du référencement, la lettre des abonnés *Abondance Recherche & Référencement* reste une référence en la matière ;-)

Quels sont vos objectifs et projets SEO pour 2013 ?

En 2013, nous avons pour objectif d'être dans le top 3 des sites de presse. Même si beaucoup de sujets sont confidentiels, je peux dire que nos ambitions sont fortes et que nous avançons très rapidement sur les sujets porteurs de trafic, d'audience et de ROI.

Nous allons également développer notre inventaire vidéo, pousser notre offre locale et notre offre abonnés. Avec une visibilité comme celle du *Parisien* dans les départements d'Île-de-France, il y a de fortes chances pour que cela paye très vite.

Quelles garanties un référenceur peut-il proposer ?

On voit fleurir, dans les offres des différents prestataires du marché, de nombreuses notions de garanties, le plus souvent demandées à cor et à cri par les clients eux-mêmes. Il est cependant important de se souvenir d'une chose essentielle qui peut être résumée en une phrase : **il est absolument impossible de garantir en référencement naturel un positionnement sur un mot-clé donné pour un moteur de recherche donné** !

Cette phrase est un axiome évident, à partir du moment où :

- on ne connaît pas parfaitement – et de loin – les algorithmes de pertinence des moteurs de recherche ;
- ceux-ci sont très souvent modifiés (parfois de façon quotidienne) par leurs propriétaires ;
- de nouvelles pages optimisées peuvent venir modifier une situation qu'on croyait établie ;
- les moteurs de recherche personnalisent de plus en plus leurs résultats en fonction de l'internaute (géolocalisation de l'ordinateur, langue du navigateur utilisé, requêtes saisies précédemment, etc.).

En partant du fait qu'une garantie « individuelle » (un mot-clé/un moteur) est impossible (tout référenceur proposant ce type d'offre ne pourrait clairement pas obtenir votre assentiment), il existe pourtant un certain nombre de garanties acceptables que proposent les entreprises spécialisées, de façon plus globale : par exemple, une cinquantaine de positions en première page sur 100 mots-clés et sur Google. Il s'agit ici de garanties statistiques qui semblent plus honnêtes. On peut imaginer également une garantie concernant l'augmentation globale du trafic issu des moteurs de recherche suite à la prestation effectuée.

Malheureusement, il est impossible pour un prestataire de fournir plus de garanties sur le résultat de son travail, puisque celui-ci est basé sur des technologies qui appartiennent aux moteurs de recherche et, donc, qu'il ne contrôle pas. N'hésitez pas cependant à clarifier ce point avec la société avec qui vous envisagez de traiter car, dans certaines propositions, la notion de garantie n'est absolument pas expliquée par écrit alors qu'il en est souvent fait mention dans les argumentaires commerciaux oraux. N'oubliez pas non plus que les résultats dépendent de votre site et de son contenu. Vous ne pourrez obtenir des résultats que si vous suivez les conseils des sociétés de référencement avec qui vous décidez de traiter.

Enfin, faites attention à ce que la garantie proposée ne soit pas synonyme d'achat de lien sponsorisé mais bien de travail de positionnement organique et d'optimisation de site web. On voit, hélas, de tout sur le Web et si certaines sociétés de référencement sont très sérieuses, il existe un certain nombre de charlatans et d'apprentis sorciers à qui il vaut mieux ne pas confier son site.

Combien coûte un référencement ?

Malheureusement, cette question sera vite traitée car il est impossible d'y répondre, tout comme à la question « Combien coûte un site web ? ». Nous l'allons vu – et la section précédente vous donne déjà quelques chiffres de prestations types –, vous pouvez mener de nombreux travaux par vous-même et cela ne vous coûtera que le temps que vous allez y passer.

Certaines offres basiques qu'on trouve en ligne, comprenant quelques conseils et un suivi simple vont coûter quelques centaines d'euros, d'autres offres plus élaborées, avec du conseil sur le choix des mots-clés, un important travail d'optimisation de vos pages, un suivi par extranet des positionnements et du trafic généré, du travail quasi quotidien en netlinking, etc., seront facturées plusieurs milliers d'euros par mois. Il arrive également de voir passer des budgets de plusieurs centaines de milliers d'euros annuels pour des prestations de référencement dans le cadre de projets importants mis en place par de grands groupes.

Puisqu'il faut indiquer des chiffres, nous dirons qu'une prestation de base, très simple, coûtera environ de 500 à 2 000 euros HT par an (mais ce seront des offres très basiques, ne vous y trompez pas), et qu'une prestation plus évoluée tournera autour de quelques milliers, voire dizaines de milliers d'euros en fonction des prestations proposées. Sur cette base, il est possible de tout imaginer et également des sommes bien plus importantes.

Un référencement gratuit est-il intéressant ?

Certaines offres de référencement gratuit sont disponibles sur le Web. Ayez conscience que, dans ce cas, vous en aurez pour votre argent et qu'il ne faudra pas attendre grand-chose de ce type de prestation : pas de conseil, pas de suivi, la soumission de votre site à quelques annuaires et moteurs de recherche secondaires sera, la plupart du temps, effectuée automatiquement par des logiciels, ce qui, il faut bien l'avouer (et nous espérons que vous en serez convaincu après la lecture de cet ouvrage) n'est que peu intéressant, voire pas du tout. Bref, disons que ces offres ont le mérite d'exister, mais ne venez pas vous plaindre par la suite si elles ne vous apportent que peu de trafic.

Où trouver une liste de prestataires de référencement ?

Il existe un très grand nombre de sociétés spécialisées en référencement. Certains sites tentent de les référencer, en voici quelques-uns :

- *http://prestataires.journaldunet.com/competence/27/1/referencement.shtml* ;
- *http://www.annuaire-referencement.com/*.

Parfois, vous serez démarché directement, par téléphone ou par e-mail, par l'une d'entre elles. Mais le plus souvent, c'est le bouche à oreille, redoutable sur le Web, qui fera son office et qui vous indiquera les coordonnées d'entreprises sérieuses. Enfin, vous pouvez tenter de saisir des mots-clés comme « référencement » ou « prestataire en référencement » pour voir qui se positionne sur ces termes très concurrentiels !

Autre possibilité pour trouver une entreprise spécialisée : passer par une des associations les regroupant. Il en existe peu en France, et SEO Camp (*http://www.seo-camp.org/*) est de loin la plus active, mais d'autres, au niveau international comme le SEMPO (*http://www.sempo.org/*), pourraient vous être utiles.

Chartes de déontologie

En 2000, l'auteur de ce livre a travaillé pour le compte d'une association de référenceurs (IPEA), sur une charte du référencement. Ce document résumait la plupart des indications que nous avions jugées nécessaires d'insérer dans le cadre d'une charte de qualité et de déontologie du métier de référenceur.

Le but de cette charte était de faire en sorte que les outils de recherche (dont l'objectif est de proposer des réponses pertinentes aux internautes) et les référenceurs (dont l'objectif est d'assurer à leurs clients – disposant la plupart du temps de sites web à fort contenu de qualité – une visibilité optimale sur le Web) travaillent ensemble pour bâtir de meilleurs outils de recherche et, par là même, fournissent de meilleures réponses aux visiteurs des annuaires et moteurs.

Cette charte avait le mérite de fixer un certain nombre de points. Elle avait également l'avantage, à l'époque, d'avoir été acceptée par bon nombre d'outils de recherche et de référenceurs. Dans le cadre du site *Abondance*, nous l'avons rajeunie pour la proposer dans une version plus actualisée. Elle est disponible sur le Web à l'adresse *http://partenaires.abondance.com/charte.html* et est explicitée ci-après.

Charte de déontologie du métier de référenceur

Les signataires de la *Charte de qualité et de déontologie sur le référencement de sites web* devront accepter les conditions suivantes (O-R = outils de recherche) :

Tableau 10-3 Charte de qualité du métier de référenceur

Titre	Contenu
Réalisme/ Garanties	Les signataires s'engagent à une obligation de moyens à mettre en œuvre et à ne pas promettre (garantir) de résultats de positionnement limités à une requête et un moteur, et plus généralement ne pas promettre de résultats qui ne pourront être tenus ou vérifiés par le client. Des garanties statistiques (X % de positionnements sur Y mots-clés et Z moteurs) pourront cependant être proposées.
Transparence	Les signataires s'engagent à tenir à disposition de leurs clients un document clair et précis présentant leur méthodologie de travail : technologies mises en œuvre, méthodes d'optimisation, procédures de référencement, etc.
Conseil	Les signataires s'engagent à aider leurs clients dans la réflexion sur les informations qui seront fournies aux O-R (descriptif, mots-clés, optimisation des titres et textes des pages, etc.) lors du référencement.
Méthodologie	Les signataires restent libres de la méthodologie mise en place pour référencer les sites de leurs clients, à partir du moment où elle respecte la présente charte, notamment en ce qui concerne la lutte contre le spam de la part des O-R (voir plus loin).
Loyauté	Les signataires s'engagent à suivre strictement les indications des O-R, publiées de façon spécifique sur leurs sites (et reprises ci-après dans la présente charte), dans le but d'effectuer une soumission efficace d'un site web dans leur index ou bases de données.
Suivi	Les signataires s'engagent à remettre à leurs clients de façon périodique des rapports clairs sur l'avancée des travaux de référencement de leur site web (suivi du positionnement, du trafic généré, du retour sur investissement, etc.), sous la forme qui leur semble la plus appropriée (tableaux Excel, extranet, outils en ligne, etc.).

Titre	Contenu
Autonomie	Les signataires s'engagent à remettre tous les éléments relatifs aux travaux réalisés dans le cadre de la prestation de référencement de façon à permettre à leurs clients de changer de prestataire s'ils n'étaient pas satisfaits de la prestation effectuée. Comme pour toute prestation informatique ou de service, les travaux effectués appartiennent au client qui en a payé le montant.
Veille	Les signataires s'engagent à mettre en place des mécanismes de veille afin de se tenir au courant de l'évolution des outils de recherche et à en faire profiter leurs clients.
Qualité	Les signataires s'engagent auprès des O-R à ne soumettre à leur indexation que des sites dont le contenu et la pertinence sont suffisamment riches pour alimenter leur base de données en vue d'apporter une information utile au visiteur.
Mode de fonctionnement	Les signataires s'engagent à n'effectuer pour leurs clients que des prestations de référencement manuel, sans l'aide d'aucun logiciel de soumission automatique, sauf dans le cas où cette prestation est explicitement indiquée dans la proposition commerciale, et uniquement si l'utilisation de logiciels n'intervient qu'en complément d'une prestation manuelle majeure et ce, aussi bien en phase de référencement qu'en phase de suivi et de veille.
Respect de la concurrence	Les signataires s'engagent à ne pas nuire au référencement d'un concurrent pour le compte d'un client et à ne pas utiliser la marque de concurrents pour le référencement de leurs clients. En règle générale, les signataires s'engagent à ne pas nuire au référencement d'un site pour lequel ils n'auraient pas été mandatés.
Combat contre le spam	Les signataires acceptent de ne pas réaliser d'action de spamdexing (fraude sur les O-R). La notion de spamdexing (ce qui est considéré comme tel et ce qui ne l'est pas) est explicitée ci-après. Les signataires s'engagent notamment à ne cacher aux O-R aucun contenu destiné au référencement à l'intérieur du code HTML (balise `noscript`, utilisation de zones invisibles : `visibility-hidden`, `display:none`, etc.) du site de leur client.
Information	Les signataires s'engagent à remettre à leurs clients et prospects, dans leurs propositions commerciales, un exemplaire de la Charte ici présente, accompagnée d'un document expliquant le fonctionnement des O-R, détaillant en quoi consiste un référencement de site web, ainsi que ses contraintes.
Clarté	Le signataire s'engage à expliciter de façon claire les actions effectuées sur les moteurs de recherche et notamment à ne pas entretenir de flou entre des prestations de référencement manuel et d'éventuelles actions d'achat de mots-clés dans le cadre de campagnes de liens sponsorisés. Les deux types d'actions, si elles cohabitent dans la prestation proposée au client, devront être clairement mentionnées et démarquées.
Blacklistage	Le signataire s'engage à rembourser intégralement la prestation réalisée s'il est avéré que le site est exclu d'un moteur suite à une faute de ses services.

Autres chartes de référencement

Plusieurs sociétés de référencement ont mis en place, sur leur site web ou dans le cadre de « livres blancs », des chartes de qualité qui leurs sont propres ou qui sont destinées à chapeauter l'activité de leur profession. Il en existe de nombreuses, mais en voici quelques exemples :

- 1re Position : *http://goo.gl/csLQP ;*
- Brioude Internet : *http://goo.gl/daPr7* ;
- Charte eTIC : *http://goo.gl/KOZnep.*

N'hésitez pas à les lire et à vous en inspirer au moment de choisir votre prestataire.

Partie C

Devenir un as du SEO…

11

Comment obtenir plus de visibilité dans les résultats des moteurs ?

« L'art ne reproduit pas le visible, il rend visible. »
Paul Klee

Nous en avons maintenant fini avec les fondamentaux du SEO, lesquels ont occupé les deux premières parties de cet ouvrage. Si vous êtes désormais parfaitement familier avec toutes les notions évoquées jusqu'à présent, il est temps pour vous de tenter d'approfondir le sujet. C'est ce que nous vous suggérons dans cette troisième partie qui regroupe plusieurs chapitres traitant de sujets divers.

- L'augmentation de votre visibilité dans les SERP.
- Les index principal et secondaire de Google.
- Les aspects plus techniques comme le *duplicate content*, l'URL *rewriting* ou autres redirections.
- Les pénalités automatiques ou manuelles infligées par Google aux sites web enfreignant ses recommandations.
- Le déréférencement.

Le SEO est un sujet très vaste qui nous réserve encore bien des surprises. C'est un domaine où, quel que soit votre niveau, vous apprendrez tous les jours. C'est ce qui en fait son aspect passionnant.

Nous allons donc commencer cette nouvelle partie, un peu plus technique, en évoquant les différentes possibilités d'obtenir une meilleure visibilité dans les SERP. Il ne s'agit pas ici de positionnement *stricto sensu*, mais plutôt de faire en sorte qu'une page, déjà positionnée dans les résultats de Google, soit plus visible que les autres. Et il existe de multiples solutions pour cela.

Authorship, Author Rank ou la confiance apportée aux auteurs de contenus

Une nouvelle notion commence à arriver dans le domaine du SEO avec l'Author Rank, sous la forme d'un niveau de confiance que Google donnerait à un auteur reconnu de contenus de bonne qualité.

Ainsi, en analysant la qualité d'un auteur, le moteur de recherche pourrait donner plus ou moins de « jus de lien » aux liens contenus dans les articles de cette personne.

Sa première visualisation a été l'*Authorship* ou affichage de la photo d'un auteur dans les SERP du moteur, comme indiqué à la figure 11-1. Cette notion a hélas été abandonnée par Google à l'été 2014 (*http://goo.gl/YPOQvV*).

Figure 11-1

Dans ses résultats de recherche, Google affiche parfois la photo de l'auteur.

Pour mettre en place cet authorship, et montrer à Google qui est l'auteur d'un contenu, tout passait par l'insertion d'un certain nombre de données dans une balise spécifique, proposée dans les pages rédigées par l'auteur en question.

Prenons l'exemple d'un article publié à l'adresse *http://goo.gl/UPJrk* et écrit par l'auteur de cet ouvrage sur son site Abondance.com. En début d'article, on lit la mention « par Olivier Andrieu » (voir figure 11-2).

Figure 11-2

Mention du nom de l'auteur de l'article

Cette mention contient en fait, dans son code source, la balise suivante :

```
par <a rel="author" href="https://plus.google.com/109731140142025043494/
➥ posts">Olivier Andrieu</a>
```

Ou :

```
par <a href="https://plus.google.com/109731140142025043494/posts?rel=author"
➥ >Olivier Andrieu</a>
```

On notera :

- que l'attribut `"rel=author"` est indiqué dans les deux cas. Il est très important puisque c'est lui qui désigne l'auteur de l'article aux yeux de Google ;
- que l'URL de destination pointe sur le profil Google+ de l'auteur ;
- que la balise de lien peut indifféremment prendre l'une ou l'autres des deux formes proposées ci-dessus.

Rappelons que cette notion d'authorship a été abandonnée par Google en 2014. Mais on pense que l'analyse d'autres données pourrait donner à l'avenir un Author Rank à l'auteur de ces contenus. En d'autres termes, plus un auteur sera populaire et considéré comme de bonne qualité, plus il fournira de force, par l'intermédiaire de liens, aux pages vers lesquelles il fait pointer ses contenus.

La différence est donc ténue entre Authorship et Author Rank. L'Authorship était une façon, pour Google, de relier un contenu et son auteur, alors que l'Author Rank – qui ne semble pour sa part pas abandonné dans les cartons du moteur – consiste à analyser la qualité et la pertinence d'un auteur. Cette notion d'Author Rank est toutefois encore assez floue et non validée officiellement par Google, bien qu'elle soit au cœur de ses réflexions. Il s'agit d'un point essentiel pour faire évoluer son moteur et faire connaître son réseau social Google+ à l'avenir. Elle est donc indispensable à prendre en compte !

Attention ! Cette notion ne fonctionne que pour des auteurs humains. Une entreprise ne pourra pas obtenir d'Author Rank, même si, en 2013, Google semblait faire des essais à ce niveau (*http://goo.gl/OMXwDI*). Votre stratégie devra donc être clairement orientée vers les personnes qui rédigent vos textes !

Vous pouvez également utiliser la balise `rel=publisher` (*http://goo.gl/u7R40I*) pour indiquer à Google qui est la société éditrice d'un contenu. L'insertion de cette balise est également conseillée car elle pourrait jouer un rôle important à l'avenir. Par exemple :

```
Plus d'infos sur <a href="https://plus.google.com/b/104406526378501568477
➥ /104406526378501568477/posts"  rel="publisher">Abondance</a>
```

Quelques informations complémentaires sur l'Authorship et l'Author Rank

Vous avez envie d'en savoir plus sur ces deux notions ? Ce ne sont pas les articles qui manquent à leur sujet. En voici quelques-uns :

- *Google Authorship et ses perspectives sur le SEO : http://goo.gl/0gvu7L* ;
- *AuthorRank : comment s'afficher en tant qu'auteur dans les résultats de Google ? : http://goo.gl/algti6* ;
- *Boostez votre Author Rank ! : http://goo.gl/QAROVY* ;
- *L'Author Rank: la prochaine évolution majeure du SEO selon Google : http://goo.gl/r6c4Ns ;*
- *L'authorship n'améliore pas le taux de clics dans la recherche organique : http://goo.gl/f9kNJj ;*
- *Avantages et limites de l'Author Rank pour le SEO ? : http://goo.gl/ccjGCu ;*
- *Author Rank, les preuves de son utilité par un crash test involontaire : http://goo.gl/KjpFRC ;*
- *AuthorRank Google : comment s'afficher en tant qu'auteur dans les résultats de Google ? : http://goo.gl/0RN1FX ;*
- *Matt Cutts confirme l'importance croissante de l'authorship : http://goo.gl/UAfoJN ;*
- *Defining Authorship: The Difference Between Contributors and Guest Authors : http://goo.gl/p7fwMc* ;
- *Want to Rank in Google? Build Your Author Rank Now : http://goo.gl/KWf8tl ;*

- *How to Start Building Your Author Rank: 6 Best Practices : http://goo.gl/WBdfoU ;*
- *Author Rank, Authorship, Search Rankings & That Eric Schmidt Book Quote : http://goo.gl/9YYzkh ;*
- *Google Continues To Experiment & Expand Authorship : http://goo.gl/Gd66t4 ;*
- *How to Prepare for Author Rank and Get the Jump on Google* (sept 2012) *: http://goo.gl/snkNrl ;*
- *AuthorRank could be more disruptive than all of the Panda updates combined : http://goo.gl/0XmXvG ;*
- *Google Authorship: Does It Affect Search Rankings? Google Official Speaks Out : http://goo.gl/fCLSts.*

Les rich snippets : l'avenir des balises meta ?

> Section rédigée avec la contribution de Jean-Noël Anderruthy

Google propose depuis le mois de mai 2009 (*http://goo.gl/JQ9HN*) des nouvelles fonctionnalités d'affichage de ses résultats. Parmi celles-ci, se trouve une option d'affichage des résultats avec des *rich snippets*, soit des textes de présentation (snippets) enrichis. Cette fonction s'appuie sur des métadonnées aux formats RDFa, microdata ou microformats et de façon plus générale sur un nouveau schéma décrit à l'adresse *http://www.schema.org/* lancé en juin 2011 (voir : *http://goo.gl/91AZf*) qui doivent beaucoup à la notion de Web sémantique. Pour obtenir une bonne visibilité de vos pages sur les moteurs, vous allez peut-être devoir apprendre à rendre vos sites *Semantic Friendly.*

Il s'agit donc d'une bonne occasion de se préparer au développement du Web sémantique et d'optimiser la visibilité de son site dans les pages de résultats de ce moteur.

RDFa, microdata et microformats

Le Web sémantique offre différentes techniques permettant de rendre les pages web intelligibles pour les robots et ce grâce à des métadonnées intégrées au code HTML. Ces dernières servent à définir la signification des informations qu'elles encadrent.

On peut dire que le Web sémantique est aussi une manière de faire du *Web-Scrapping.* Les robots explorent les pages web et peuvent extraire des informations compréhensibles d'un point de vue sémantique : qui est l'auteur de cet article, quel est son parcours professionnel, quels sont les événements que programme telle ou telle société, quels sont les critiques qui ont été faites sur ce film, ce restaurant, etc.

Il existe deux méthodes pour cela.

- Les **microformats** utilisent des classes et des attributs propres aux langages XHTML et HTML. L'adresse du site officiel est *http://microformats.org.* Les microformats sont le fruit du travail d'une communauté libre et ils se développent au gré des contributions de chacun. Ils indiquent la présence de métadonnées grâce aux attributs `class`, `rel` et `rev`. Voici un exemple de carte virtuelle :

```
<div class="vcard">
  <img src="http://abondance.com/images/moi.jpg" alt="photo" class="photo"/>
  <a class="url fn" href="http://abondance.com">Olivier Andrieu</a>
<div class="adr">
<div class="street-address"> 3, rue des Chateaux</div>
  <span class="locality">Heiligenstein</span>,
  <span class="region">Bas-Rhin (67)</span>
  <span class="postal-code">67140</span>
</div>
<div class="tel">(33)59145867</div>
  <a class="email" href="mailto:olivier.andrieu@abondance.com">olivier.andrieu@
➥ abondance.com  </a>
</div>
```

Le nom formaté (`fn`), l'adresse web (`url`) et l'adresse physique (`adr`) ont été identifiés en utilisant des noms de classes spécifiques. On définit ainsi des attributs de balises de marquage. L'ensemble est encapsulé dans la classe `vcard` pour former une hCard (pour HTML vCard).

De nombreux autres microformats ont été développés afin de permettre le marquage sémantique d'informations de toute sorte :

- hAtom pour les fils RSS au format ATOM ;
- hCalendar pour les événements ;
- hReview pour les critiques ;
- hResume pour les résumés ou curriculum vitae ;
- *XHTML Friends Network* (XFN) pour les relations sociales ;
- XOXO pour les listes et les plans.

Une liste complète des microformats est disponible à cette adresse :
http://microformats.org/wiki/Main_Page.

- **RDFa** (*http://rdfa.info*) permet, de manière similaire, d'insuffler de la sémantique à du code (X)HTML. RDFa est un standard en cours d'élaboration au W3C pour lequel :
  - l'attribut `class` permet de définir le type de l'objet ;
  - l'attribut `id` sert à définir l'URL d'un objet dans la page ;
  - les attributs `rel`, `rev` et `href` définissent une relation avec une ressource tierce ;

  `RDFa` utilise également des attributs qui lui sont propres.
  - `about` : définit une URL pour la ressource décrite par les métadonnées.
  - `property` : spécifie une propriété pour le contenu de l'élément.
  - `content` : remplace le contenu d'un élément quand on utilise un attribut de propriété.
  - `datatype` : définit le type de donnée du contenu.

Voici un exemple d'utilisation des métadonnées :

```
<div xmlns:v="http://rdf.data-vocabulary.org/#" typeof="v:Person">
   <span rel="v:photo">
      <img src="http://www.abondance.com/moi.jpg" />
   </span>
   <p><span property="v:name"><strong>Olivier Andrieu</strong></span></p>
   <p><span property="v:title">Référenceur professionel</span></p>
   <span rel="v:address">
      <p><span property="v:street-address">3, rue des Chateaux</span></p>
      <p><span property="v:locality">Heiligenstein</span></p>
      <p><span property="v:region">Bas-Rhin (67)</span> </p>
      <p><span property="v:postcode">67140</span></p>
   </span>
</div>
```

Notez qu'il existe un outil permettant de valider votre code RDFa : *http://www.w3.org/2007/08/pyRdfa*. Indiquez l'adresse URL de votre page et cet outil va parcourir votre code et extraire la syntaxe RDF/XML. Le fichier de résultat sera automatiquement téléchargé sur votre disque.

Ajoutons que cette page web présente un exemple complet d'implémentation de RDFa : *http://goo.gl/BBSOAM*.

Une implémentation simple

L'idée de base des rich snippets est l'ajout de balises sémantiques à un contenu HTML de base. Raisonnons sur un exemple avec la page *http://docs.abondance.com/oa.html* qui présente l'activité professionnelle de l'auteur de cet ouvrage (voir figure 11-3).

Figure 11-3

Page présentant l'activité de l'auteur de ce livre sur le site Abondance.com

Pour l'internaute, rien ne peut laisser supposer que ce texte contient des balises sémantiques. Mais si on regarde de plus près le code HTML qui les compose, on trouve ceci :

```
Je m'appelle <span itemprop="name">Olivier Andrieu</span> et je suis <span itemprop
="title">Consultant SEO</span> indépendant dans le domaine de l'Internet, créateur de
la societe <span itemprop="affiliation">Abondance</span> et du site <a href="http://
www.abondance.com" itemprop="url">www.abondance.com</a>. Je suis basé à <span
itemprop="address" itemscope="" itemtype="http://data-vocabulary.org/Address">
<a href="http://www.klevener.fr/" target="_blank"><font color="#000055"><span
itemprop="locality">Heiligenstein</span></font></a>, à proximité de Strasbourg -
plus exactement entre Obernai et Barr -, dans le Bas-Rhin (67), en <span itemprop
="country-name">France</span>.
```

On s'aperçoit ainsi que des balises (ici celles pour les rich snippets sur les personnes) ont été rajoutées pour indiquer aux moteurs la signification de certains termes : `<span itemprop="name">` pour le nom de la personne, `<span itemprop="affiliation">` pour le nom de l'entreprise, etc. Cela simplifiera grandement la tâche de Google pour comprendre de quoi parle la page.

Certaines de ces données seront alors reprises par Google dans ses résultats de recherche. Et cela vous donnera une ligne d'informations en plus dans ces SERP (voir figure 11-4) !

Figure 11-4

Reprise du contenu des balises sémantiques dans les snippets du moteur

Google propose ainsi plusieurs formats de balise `rich snippet`. Vous les trouverez ci-dessous, avec, pour chacune d'elle, un exemple, les différents champs possibles et une URL pour en savoir plus sur l'aide en ligne de Google.

Avis

URL : *https://support.google.com/webmasters/answer/146645.*

Figure 11-5

Exemple de rich snippet de type « avis »

Propriété	Description
`itemreviewed` (`item`)	Élément sur lequel porte l'avis. Peut inclure le nom de l'élément dans les microformats (`fn`).
`rating` (`note`)	Valeur numérique indiquant le niveau de qualité de l'élément (4, par exemple). Vous pouvez indiquer une échelle de notation en spécifiant `best` (par défaut : 5) et `worst` (par défaut : 1). En savoir plus sur les notes des avis
`reviewer`	Auteur de l'avis
`dtreviewed`	Date à laquelle l'élément a été évalué (au format de date ISO)
`description`	Corps de l'avis
`summary`	Bref résumé de l'avis

Figure 11-6

Différents champs possibles pour un rich snippet de type « avis »

Les champs peuvent être plus ou moins complexes selon que les avis sont agrégés ou non. Nous vous conseillons de lire l'aide en ligne de Google à ce sujet pour connaître toutes les possibilités offertes.

Personnes

URL : *https://support.google.com/webmasters/answer/146646.*

Pravir Gupta - Senior Software Engineer | LinkedIn
San Francisco Bay Area - Senior Software Engineer
View **Pravir Gupta's** (71 connections) professional profile on LinkedIn. LinkedIn is the world's largest business network, helping professionals like Pravir ...
www.linkedin.com/pub/**pravir-gupta**/2/180/a70 - Cached

Figure 11-7

Exemple de rich snippet de type « personnes »

Propriété	Description
name (**fn**)	Nom
nickname	Pseudonyme
photo	Lien de l'image
title	Profession de la personne (Directeur financier, par exemple)
role	Fonction de la personne (Comptable, par exemple)
url	Lien vers une page Web (page d'accueil de la personne, par exemple)
affiliation (org)	Nom d'une organisation à laquelle la personne est associée (un employeur, par exemple) Si les propriétés fn et org ont la même valeur, Google interprétera les informations comme s'il s'agissait d'une entreprise ou d'une organisation, et non d'une personne.
friend	Indique une relation sociale entre la personne décrite et une autre personne.
contact	Indique une relation sociale entre la personne décrite et une autre personne.
acquaintance	Indique une relation sociale entre la personne décrite et une autre personne.
address (adr)	Situation géographique de la personne. Cette propriété peut contenir les sous-propriétés street-address, locality, region, postal-code et country-name.

Figure 11-8

Différents champs possibles pour un rich snippet de type « personnes »

Produits

URL : *https://support.google.com/webmasters/answer/146750.*

Figure 11-9

Exemple de rich snippet de type « produits »

Propriété	Description
`name`	Nom du produit
`image`	URL de la photo du produit
`description`	Description du produit
`brand`	Marque du produit. Peut inclure des informations imbriquées concernant l'entreprise. Pour chaque produit, Google recommande d'inclure la marque (`brand`) et au moins un code (`identifier`).
`category`	Catégorie du produit (par exemple, "`Romans`", "`Outils`" ou "`Voitures`"). Vous pouvez inclure plusieurs catégories. Toutes les valeurs sont acceptées, mais Google reconnaît les catégories décrites dans cet article.
`review`	Élément Review-aggregate imbriqué du produit (note globale, par exemple). Si le produit compte plusieurs avis, balisez les données agrégées (par exemple, la note globale donnée par l'ensemble des internautes) à l'aide de l'élément Review-aggregate au lieu de baliser chaque avis.
`identifier`	Code du produit. Pour chaque produit, Google recommande d'inclure la marque (`brand`) et au moins un code (`identifier`). Les types reconnus sont les suivants : • `asin` • `isbn` • `mpn` • `sku` • `upc`
`offerDetails`	Offre de vente du produit. Inclut un élément imbriqué Offer ou Offer-aggregate.

Figure 11-10

Différents champs possibles pour un rich snippet de type « produits »

Comme pour les avis, les possibilités offertes par les rich snippets touchant aux produits sont très nombreuses. Là encore, nous vous engageons à lire l'aide en ligne sur le site de Google pour en savoir plus.

Établissements et entreprises

URL : *https://support.google.com/webmasters/answer/146861.*

Propriété	Description
`name(fn/org)`	Nom de l'entreprise. Si vous utilisez les microformats, vous devez utiliser les propriétés `fn` et `org`, et vérifier qu'elles ont la même valeur.
`url`	Lien vers la page d'accueil de la société
`address` (`adr`)	Situation géographique de l'entreprise. Cette propriété peut contenir les sous-propriétés `street-address`, `locality`, `region`, `postal-code` et `country-name`.
`tel`	Numéro de téléphone de l'entreprise ou de l'organisation
`geo`	Indique les coordonnées géographiques du lieu. Inclut deux éléments : `latitude` et `longitude`. Facultative

Figure 11-11

Différents champs possibles pour un rich snippet de type « entreprises »

Les informations relatives à une entreprise (un restaurant ou une attraction touristique, par exemple) permettent à Google d'interpréter les données de localisation présentes dans les avis ou les événements. Ces informations peuvent également être affichées sur une page Google Adresses (ou Google+ Local) mais très peu, voire jamais, dans les résultats du moteur de recherche web.

Recettes de cuisine

URL : *https://support.google.com/webmasters/answer/173379*

Figure 11-12

Exemple de rich snippet de type « recettes »

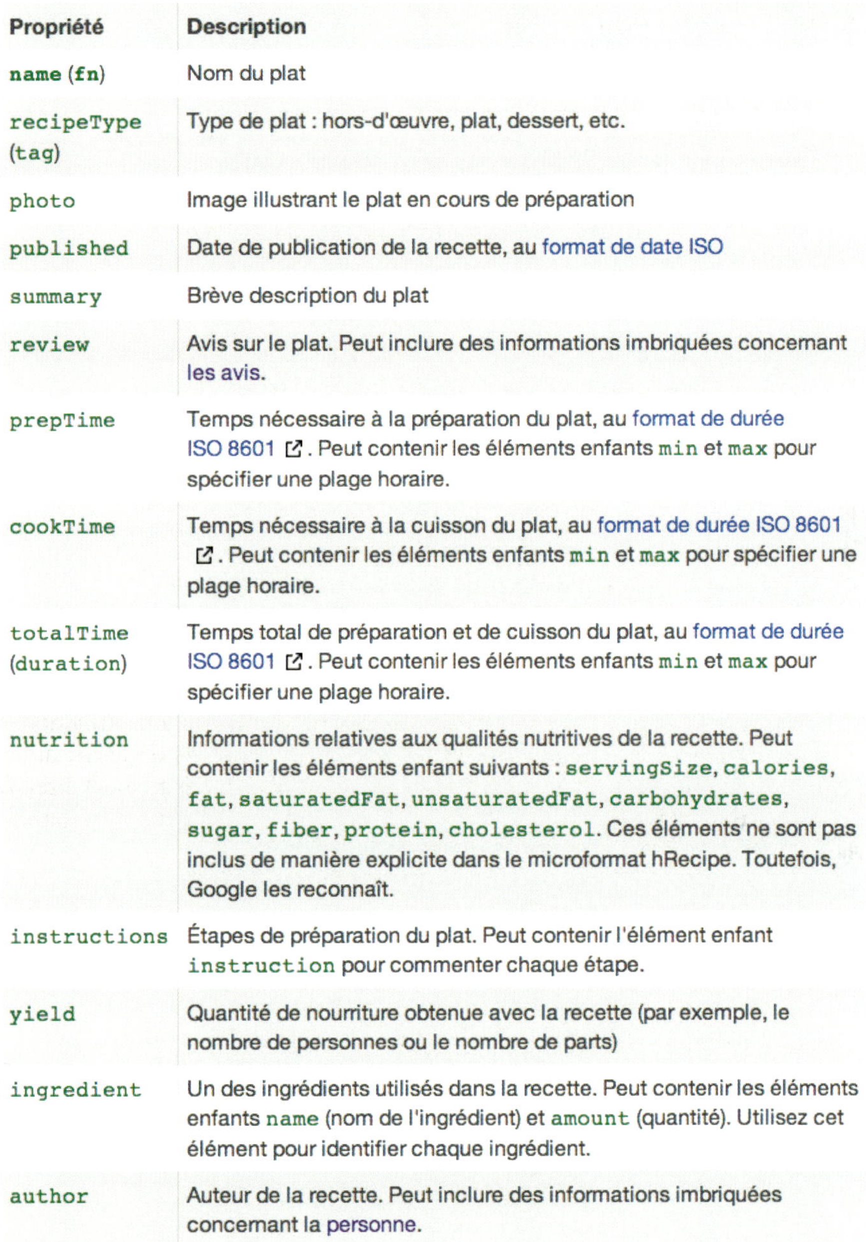

Propriété	Description
`name` (`fn`)	Nom du plat
`recipeType` (`tag`)	Type de plat : hors-d'œuvre, plat, dessert, etc.
`photo`	Image illustrant le plat en cours de préparation
`published`	Date de publication de la recette, au format de date ISO
`summary`	Brève description du plat
`review`	Avis sur le plat. Peut inclure des informations imbriquées concernant les avis.
`prepTime`	Temps nécessaire à la préparation du plat, au format de durée ISO 8601. Peut contenir les éléments enfants `min` et `max` pour spécifier une plage horaire.
`cookTime`	Temps nécessaire à la cuisson du plat, au format de durée ISO 8601. Peut contenir les éléments enfants `min` et `max` pour spécifier une plage horaire.
`totalTime` (`duration`)	Temps total de préparation et de cuisson du plat, au format de durée ISO 8601. Peut contenir les éléments enfants `min` et `max` pour spécifier une plage horaire.
`nutrition`	Informations relatives aux qualités nutritives de la recette. Peut contenir les éléments enfant suivants : `servingSize`, `calories`, `fat`, `saturatedFat`, `unsaturatedFat`, `carbohydrates`, `sugar`, `fiber`, `protein`, `cholesterol`. Ces éléments ne sont pas inclus de manière explicite dans le microformat hRecipe. Toutefois, Google les reconnaît.
`instructions`	Étapes de préparation du plat. Peut contenir l'élément enfant `instruction` pour commenter chaque étape.
`yield`	Quantité de nourriture obtenue avec la recette (par exemple, le nombre de personnes ou le nombre de parts)
`ingredient`	Un des ingrédients utilisés dans la recette. Peut contenir les éléments enfants `name` (nom de l'ingrédient) et `amount` (quantité). Utilisez cet élément pour identifier chaque ingrédient.
`author`	Auteur de la recette. Peut inclure des informations imbriquées concernant la personne.

Figure 11-13

Différents champs possibles pour un rich snippet de type « recettes »

Événements

URL : *https://support.google.com/webmasters/answer/164506*

Tacoma Dome Calendar - **Tacoma Dome Events** | Eventful

View **Tacoma Dome's** upcoming **event** schedule and profile - Tacoma, WA. City/ neighborhood: Tacoma Disabled access: No obstacles to access.

Wed, Jun 29	Britney Spears - Jessie and ... - Tacoma Dome, Tacoma, WA, 98421
Fri, Jul 8	Matthew Morrison - Tacoma Dome, Tacoma, WA, 98421
Fri, Jul 8	NKOTBSB - Tacoma Dome, Tacoma, WA, 98421

eventful.com/**tacoma**/venues/**tacoma-dome**-/V0-001.../**events** - Cached - Similar

Figure 11-14

Exemple de rich snippet de type « événements »

Propriété	Description
`summary`	Nom de l'événement
`url`	**Obligatoire pour les pages répertoriant plusieurs événements.** Lien vers la page de détails sur l'événement. Inutile si l'URL est identique à celle de la page contenant le balisage.
`location`	**Obligatoire pour un événement unique.** Lieu où se tiendra l'événement. Vous pouvez utiliser une chaîne de caractères, mais nous vous recommandons d'utiliser des informations imbriquées concernant une organisation pour spécifier un lieu et une adresse. En savoir plus sur les entités imbriquées
`description`	Description de l'événement
`startDate` (`dtstart`)	Date et heure de début de l'événement au format de date ISO
`endDate` (`dtend`)	Date et heure de fin de l'événement au format de date ISO
`duration`	Durée de l'événement au format de durée ISO
`eventType` (`category`)	Catégorie de l'événement ("Festival", "Concert" ou "Conférence", par exemple)
`geo`	Indique les coordonnées géographiques du lieu. Inclut deux éléments : `latitude` et `longitude`. Facultative.
`photo`	Lien vers une photo ou une image en rapport avec l'événement
`tickets`	Offre pour acheter des places pour l'événement. Il peut s'agir de l'URL d'une page sur laquelle sont vendues les places pour l'événement. Des propriétés spécifiques de type Offer, comme `price`, `quantity`, `priceValidUntil` et `currency`, peuvent également être incluses.
`ticketAggregate`	Informations relatives à l'ensemble des places pour l'événement. Des propriétés spécifiques de type Offer-aggregate, comme `lowPrice`, `highPrice`, `offerCount` et `currency` peuvent être incluses.

Figure 11-15

Différents champs possibles pour un rich snippet de type « événements »

Musique

URL : *https://support.google.com/webmasters/answer/1623047*

Figure 11-16

Exemple de rich snippet de type « musique »

Fil d'Ariane

URL : *https://support.google.com/webmasters/answer/185417?hl=fr*

Figure 11-17

Exemple de rich snippet de type « fil d'Ariane »

Propriété	Description
`title`	Titre de la rubrique du fil d'ariane
`url`	URL de la rubrique du fil d'ariane
`child`	Rubrique suivante du fil d'ariane. La propriété "child" doit correspondre à un autre élément Breadcrumb.

Figure 11-18

Différents champs possibles pour un rich snippet de type « fil d'Ariane »

Ce rich snippet un peu spécial permet d'indiquer à Google l'arborescence dans laquelle se situe une page dans le site. Le moteur affichera alors, au lieu de l'URL brute, plusieurs catégories cliquables, permettant d'accéder directement à ces rubriques du site. Très intéressant et très simple à mettre en œuvre !

Si votre activité a un rapport avec les différents types de rich snippets ci-dessus, n'hésitez pas à les implémenter sur votre site. En effet, cela se fait la plupart du temps assez facilement et ces données complémentaires vous donnent une meilleure visibilité dans les SERP en ajoutant des informations qui attirent l'œil de l'internaute. De plus, ces balises sémantiques aident Google à mieux comprendre vos contenus. Que du bonheur !

Enfin, sachez que Google propose également un outil d'aide à la création et à la vérification de Rich Media Snippets (*http://goo.gl/mgv3W7*) afin de visualiser la façon dont vos liens apparaîtront dans les SERP une fois toutes ces balises ajoutées.

Logos d'entreprise

À l'heure où ces lignes étaient écrites, il n'existait pas de solution pour afficher un logo d'entreprise dans les SERP de Google. Mais certains signes semblaient indiquer que des solutions arrivaient (*http://goo.gl/vvrU95*). À vérifier lorsque vous lirez cet ouvrage. Il y aura certainement eu du nouveau entre temps !

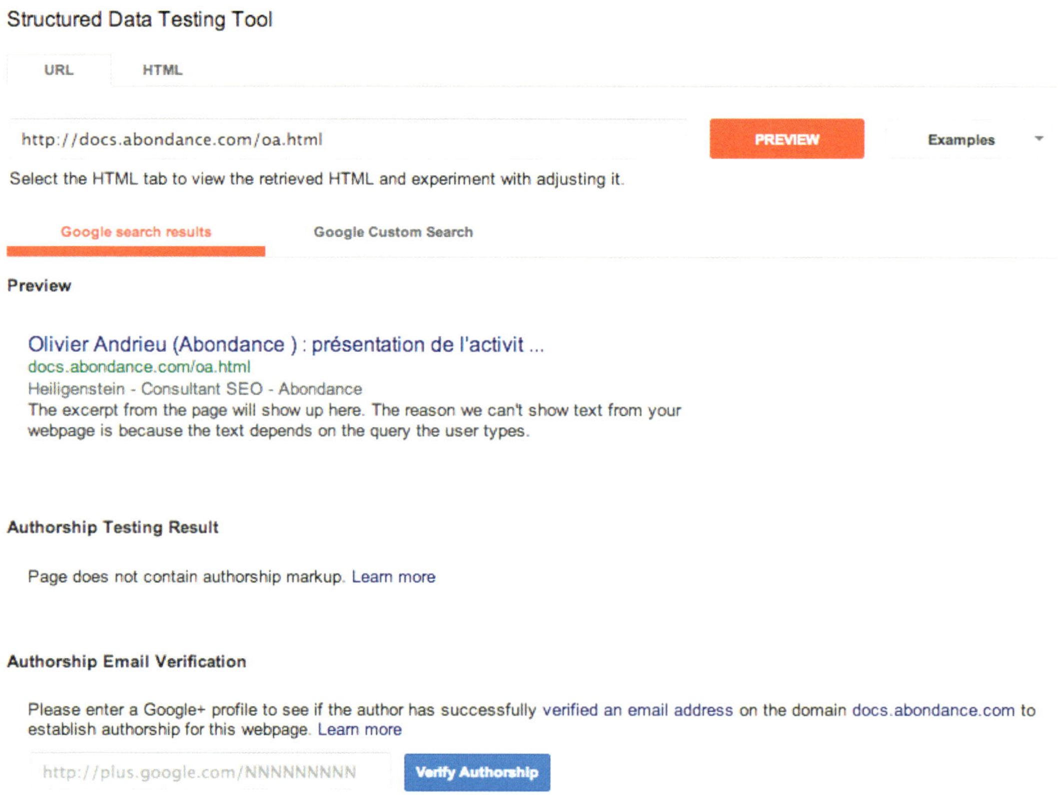

Figure 11-19

L'outil de test de Google permet de vérifier si vos balises sémantiques sont bien implémentées.

Schema.org, un nouveau standard de rich snippets

> Section rédigée avec la contribution de Guillaume Thavaud

Dans la foulée des métadonnées de type `microformat`, `microdata` ou `RDFa`, Google a annoncé en 2011, avec Bing et Yahoo!, qu'ils adoptaient officiellement un nouveau protocole sous le nom de Schema.org et conçu comme une plate-forme qui centralise l'ensemble des informations dont vous aurez besoin pour faire un pas (de géant) dans le Web sémantique. Par cette annonce, la firme de Mountain View, ainsi que ses homologues, entendaient bien populariser plus largement ce bouquet de fonctionnalités.

Avantages et limites

Pour comprendre la nécessité de telles balises, il faut se mettre à la place des moteurs de recherche quand il s'agit d'indexer des images : ils sont bien souvent incapables d'en comprendre le sens. Afin de les classer correctement, ils analyseront les informations textuelles qui les entourent (balises `alt` et `title`, légende, etc.). Il en va de même quand les spiders crawlent une page web et tombent, par exemple, sur cette occurrence : « Abondance ». Est-ce que nous parlons d'un site web connu ? De la commune en Haute-Savoie ? Du fromage portant le même nom ? D'une agence immobilière ? Du nom commun (la société de l'abondance, la corne d'abondance…) ?

Bien entendu, l'intégration du Web sémantique permet de produire des extraits enrichis (optimisés) qui augmentent la visibilité de vos snippets à l'intérieur des SERP (« vos données remontent à la surface ») et, logiquement, suscitent plus de clics.

Yahoo! estime à 15 % l'augmentation du CTR sur les snippets optimisés. Lorsqu'il a intégré à l'ensemble de ses sites ce type de données, Best Buy a enregistré une progression de 30 % de trafic sur certaines de ses pages.

En quoi Schema.org diffère-t-il des anciennes pratiques ?

Schema.org propose près de 300 enregistrements de données structurées. Autant dire que le champ d'application que cette spécification couvre est beaucoup plus large que les précédentes (connues sous le nom de rich snippets de Google, et limitées aux avis, personnes, produits, entreprises/organisations, recettes, musique, applications et événements). Cet écosystème se veut universel, moins en termes de nombre de classes que de la richesse des propriétés qu'il est possible de leur attribuer. De fait, des informations, jusque-là non reprises dans les snippets enrichis, verront bientôt le jour.

Enfin, Schema.org est compris par l'ensemble des moteurs de recherche, ce qui offre une plus grande efficacité en termes de déploiement.

Pour l'instant cependant, il faut garder à l'esprit qu'elles ne sont pas encore intégrées par Google et que nous restons, pour ainsi dire, dans le brouillard sur ce sujet. Nous en sommes donc réduits à faire une sorte de pari pour l'avenir.

Les concepts

Quatre types de microdonnées sont possibles :

- `itemscope` (classe) ;
- `itemtype` (type) ;
- `itemprop` (attribut ou propriété) ;
- `embedded items` (ou éléments intégrés).

Elles utiliseront deux sortes de données :

- `dataType` (type d'information) ;
- `thing` (chose).

Selon un modèle hiérarchique, nous pouvons dresser le tableau 11-1.

Tableau 11-1 Différents types de microdonnées du standard Schema.org

	Boolean	Opérateur booléen
DataType	Date	Date
	Number	Nombre
	Text	Texte
Thing	Name, URL, image, description	Nom, URL, image, description)
	CreativeWork	Créations
	Event	Événements
	Intangible	Données quantitatives
	Organization	Organisation
	Person	Personne
	Place	Lieu
	Product	Produit

La catégorisation complète des classes est visible sur cette page : *http://schema.org/docs/full.html.*

Les classes sont hiérarchisées, par exemple : Thing – Organization – Store – BikeStore (« Chose », Entreprise, Magasin, Magasin de cycles).

Prenons tout de suite un exemple ; voici un code classique :

```
<div>
<h1>Olivier Andrieu</h1>
<span>Consultant SEO</span>
<span>Abondance</span>
<span>Heiligenstein</a>
</div>
```

La première étape consiste à identifier la thématique du bloc de contenu en utilisant `itemscope` :

```
<div itemscope>
<h1>Olivier Andrieu</h1>
<span>Consultant SEO</span>
<span>Abondance</span>
<span>Heiligenstein</a>
</div>
```

Il s'agit d'une façon de signaler au moteur que cet élément de la page porte sur une classe en particulier.

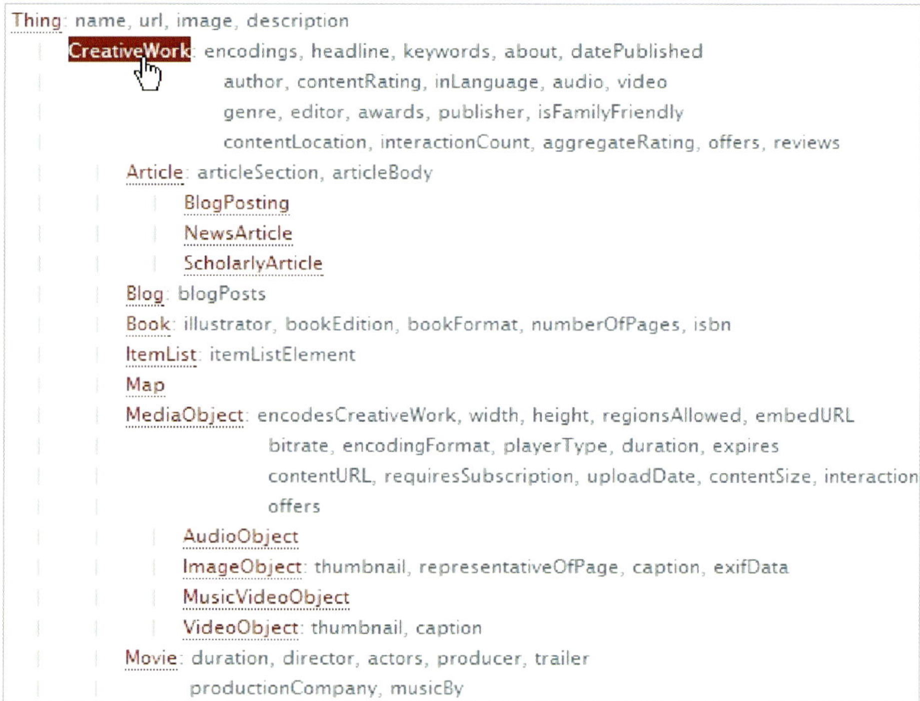

Figure 11-20

Différentes classes disponibles dans le standard Schema.org

Nous allons maintenant définir le type d'attribut de `itemscope` :

```
<div itemscope itemtype="http://schema.org/Person">
<h1>Olivier Andrieu</h1>
<span>Consultant SEO</span>
<span>Abondance</span>
<span>Heiligenstein</a>
</div>
```

Il suffit de saisir l'adresse URL (*http://schema.org/Person*) dans votre navigateur pour afficher :

- les propriétés ;
- le type des données attendues ;
- le genre de description voulu.

Puisque nous possédons la liste des propriétés, nous pouvons maintenant les ajouter en utilisant les attributs `itemprop` :

```
<div itemscope itemtype="http://schema.org/Person>
<h1>itemprop="name">Olivier Andrieu</h1> -
<span itemprop="jobTitle">Consultant SEO</span> -
<span itemprop="memberOf">Abondance</span>
<span itemprop="address">Heiligenstein</span>
</div>
```

Les moteurs savent maintenant que nous parlons d'une personne appelée Olivier Andrieu, consultant SEO de son état, travaillant pour la société Abondance et qui réside à Heiligenstein, comme précédemment dans ce chapitre, mais à l'aide des balises Schema.org.

Nous avons donc défini une série d'entités reliées entre elles par des relations.

Il est maintenant possible d'enchâsser les valeurs d'autres propriétés :

```
<div itemscope itemtype="http://schema.org/Person>
<h1>itemprop="name">Olivier Andrieu</h1> -
<span itemprop="jobTitle">Consultant SEO</span> -
<span itemprop="memberOf">Abondance</span>
<div itemprop="address" itemscope itemtype="http://schema.org/PostalAddress">
<span itemprop="streetAddress">3, rue des châteaux</span> -
<span itemprop="postalCode">67140</span>
<span itemprop="addressLocality">Heiligenstein</span>,
<span itemprop="addressRegion">Alsace</span>
</div>
</div>
```

Afin de vérifier la pertinence de votre syntaxe, utilisez là encore l'outil dédié de Google qui fonctionne pour tous les types de rich snippet : *http://goo.gl/xiGb2*.

Nous pouvons aussi remarquer que le snippet qui est proposé sur la page en question, quand nous la cherchons dans Google, est optimisé et qu'il emprunte son vocabulaire sémantique à cette adresse URL : *http://www.data-vocabulary.org/Person/*. Voici son code HTML (visible, comme indiqué précédemment, à l'adresse : *http://goo.gl/JiK5T*) :

```
Je suis basé à<span itemprop="address" itemscope itemtype="
➥ http://data-vocabulary.org/Address"><a href="http://www.klevener.fr/"
target="_blank">
<font color="#000055"><span itemprop="locality">Heiligenstein</span></font></a>
```

Note personnelle

Soit dit en passant, le Klevener est un vin idéal pour l'apéritif et le dessert.

Aider les moteurs à interpréter correctement les données

Il arrive que les attributs d'un élément prêtent à confusion et nécessitent des précisions supplémentaires. Elles peuvent être de trois ordres, comme le montre le tableau 11-2.

Tableau 11-2 Différents attributs d'un élément Schema.org

Type d'informations	Tag correspondant	Attribut utilisé
Dates, heures et durées	Time	datetime
Énumérations et références canoniques	Link	href
Informations manquantes ou implicites	Meta	content

Dates, heures et durées

La date à laquelle ce paragraphe est écrit est le 04/06/13. Néanmoins, est-ce que nous parlons du 13 juin 2004 ou du 04 juin 2013 ?

Afin de lever l'ambiguïté sur cette information, nous allons utiliser ce type de syntaxe :

```
<div itemscope itemtype="http://schema.org/Event">
<div itemprop="name">Formation : les Universités du Référencement</div>
<span itemprop="description">Des formations pour explorer les territoires de la
rédaction web, de l'optimisation de sites web pour les moteurs de recherche et du
référencement naturel en général...</span>
Prochaine date : le <time itemprop="startDate" datetime="2013-05-11T09:00">11 mai 2013
à 9.00</time>
</div>
```

Les formats utilisés obéissent tous à la norme ISO 8601 : *http://fr.wikipedia.org/wiki/ISO_8601*.

De manière similaire, nous indiquerons la durée de préparation d'une recette de cette manière :

```
<time itemprop="cookTime" datetime="P2H30M">Deux heures et trente minutes</time>
```

Énumérations et références canoniques

Une énumération est utilisée quand une entité offre un nombre limité d'attributs. Si nous examinons l'attribut `Offer` (*http://schema.org/Offer*), la propriété `Availability` permet de définir si le produit est disponible ou non. Cependant, quand nous regardons les instances possibles de l'attribut `ItemAvailability` (*http://schema.org/ItemAvailability*), nous pouvons nous apercevoir qu'elles sont au nombre de six : Discontinued, InStock, InStoreOnly, OnlineOnly, OutOfStock, PreOrder.

De fait, nous pouvons utiliser ce code :

```
<div itemscope itemtype="http://schema.org/Offer">
<span itemprop="name">Réussir son référencement web</span> -
<span itemprop="price">29,90 euros</span> -
<span itemprop="availability">Disponible dès maintenant !</span>
</div>
```

Néanmoins, il sera plus pertinent de préciser sa disponibilité en utilisant directement l'adresse URL de la propriété InStock :

```
<div itemscope itemtype="http://schema.org/Offer">
<span itemprop="name">Réussir son référencement web</span> -
<span itemprop="price">29,90 euros</span> -
<link itemprop="availability" href="http://schema.org/InStock"/>Disponible dès
maintenant !
</div>
```

En clair, les énumérations possibles à l'intérieur de Schema.org peuvent être définies sous la forme d'une URL.

Dans le même ordre d'esprit, il se peut que vous ne vouliez pas afficher l'adresse URL d'une page dans votre texte. Nous allons, dans ce cas, nous servir de l'élément Link et de la propriété Url :

```
<div itemscope itemtype="http://schema.org/Book">
<span itemprop="name">Réussir son référencement web</span>
<link itemprop="url" href="http://www.eyrolles.com/Informatique/Livre/reussir-son-
referencement-web" />
par <span itemprop="author">Olivier Andrieu</span>
</div>
```

Informations manquantes ou implicites

Un des problèmes des sites de notation est le suivant : comment faire indexer (et comprendre) une image qui représente, par exemple, le nombre d'étoiles obtenues par les votes des internautes ?

Voici une solution possible :

```
<div itemscope itemtype="http://schema.org/Book">
<span itemprop="name">Réussir son référencement web</span> -
<link itemprop="url" href="http://www.eyrolles.com/Informatique/Livre/reussir-son-
referencement-web" />par <span itemprop="author">Olivier Andrieu</span>
<div itemprop="reviews" itemscope itemtype="http://schema.org/AggregateRating">
<img src="five-stars.jpg" />
<meta itemprop="ratingValue" content="5" />
Basé sur les votes de <span itemprop="ratingCount">25</span>utilisateurs.
</div>
</div>
```

Définir des propriétés additionnelles ou d'autres classes

Schema.org offre aux webmasters la possibilité d'étendre le canevas existant afin qu'ils puissent ajouter leurs propres classes, énumérations et propriétés.

Il faut alors respecter ces quelques conditions.

- Les types et les énumérations verront leur première lettre capitalisée et utiliseront ce qu'on appelle la casse de chameau ou *CamelCase* (*http://fr.wikipedia.org/wiki/CamelCase*).
- Une casse de chameau désigne cette pratique qui consiste à créer des termes en mettant en majuscule, les premières lettres des mots liés, par exemple : LinkedIn.
- Les propriétés comporteront, comme première lettre, une minuscule et obéiront également au principe de la casse de chameau.
- Afin d'étendre une propriété, ajoutez une barre oblique (`/`) suivie du nom de l'extension : LocalBusiness/co-Founders.
- Afin d'étendre une classe, ajoutez une barre oblique (`/`) suivie du nom de l'extension : Person/Writer/TechnicalWriter.
- Afin d'étendre une énumération, ajoutez une barre oblique (`/`) suivie du nom de l'extension : Paperback/TradePaperback.

Pour assurer un maximum de compatibilité avec les moteurs de recherche, il vaut mieux définir de nouvelles propriétés que de nouvelles classes.

Une question est de savoir s'il est possible d'utiliser des sous-classes, par exemple, en français. Pour l'instant, seul l'anglais est officiellement pris en charge et vous pouvez penser que, pour assurer une cohérence parfaite avec les entités et les propriétés déjà existantes, vous devez rester dans les clous.

Quelles sont les bonnes pratiques ?

Plus vos données textuelles (et multimédias) sont sémantiquement balisées, meilleures seront vos chances que les moteurs de recherche en tiennent compte ! Il est tout de même indiqué que vous devez utiliser les métadonnées pour le contenu qui est visible par les internautes et non pour du contenu caché.

Quand nous lisons la documentation de chacun des types, une mention `Expected types` liste les attributs recommandés. Néanmoins, ce n'est en aucun cas une obligation.

Rien ne vous empêche d'ajouter les métadonnées à celles issues du Social Open Graph (basé sur RDFa) de Facebook, mais le fichier d'aide de Google indique qu'il n'est pas conseillé de mixer différents types de métadonnées. En un mot, vous pouvez les juxtaposer, mais pas les mélanger. Et encore, ce que nous disons là reste une interprétation personnelle.

Selon nous, avant d'entamer la migration de pages qui comportent déjà des métadonnées fonctionnelles, il vaut donc mieux temporiser, et ce afin de vérifier si le Schema.org est correctement indexé par les moteurs de recherche.

Un exemple d'intégration des rich snippets et de Schema.org

> Section rédigée avec la contribution de Sébastien Joncheray

Pour illustrer la façon dont les rich snippets fonctionnent, nous allons voir comment le site Raynette.fr (*http://www.raynette.fr/*), qui propose des boutiques en ligne « clé en main », les a intégrées.

Pourquoi intégrer le balisage de Schema.org sur les boutiques Raynette ?

Ce qui a initié cette démarche d'intégrer les rich snippets dans les boutiques Raynette est la possibilité de baliser les avis clients, afin que Google puisse les reconnaître, et d'afficher les fameuses étoiles dans ses résultats web et Shopping. Avec l'arrivée de Panda (voir chapitre 15), fournir à Google des informations qualitatives et originales sur les articles des e-commerçants a paru un atout très sérieux au concepteur de ces sites.

Comme le but était de privilégier les choses légères, propres et carrées, c'est le format microdata qui a été choisi, avec Schema.org, tout en étant conscient d'un inconvénient : les attributs HTML utilisés par ce format (`itemscope, itemtype, itemprops`) ne font pas partie de HTML 4/XHTML (mais de HTML5). Cela va donc provoquer des erreurs aux tests W3C et les puristes du W3C vont avoir de l'urticaire. Cependant, cela ne gêne en rien les analyseurs HTML qui, ne connaissant pas ces attributs, vont tout bonnement les ignorer royalement sans rien changer à l'affichage. L'inconvénient paraît donc mineur au vu des bénéfices attendus. Nous choisirons donc le tandem microdata/Schema.org, l'affaire est entendue.

Quitte à utiliser Schema.org, autant le faire de façon complète ! On ne va donc pas uniquement baliser les avis clients, mais plus franchement toutes les caractéristiques des pages produits. Le but est donc ici, dans chaque page détail d'article, de baliser les différentes informations sur l'article proposé à la vente, avec le format Schema.org. Ainsi, n'importe quel robot pourra extraire des pages articles, toutes les informations sur l'article (titre, description, prix, image, URL, note moyenne des avis clients, détails de chaque avis client).

Travaux pratiques : la mise en place du balisage Schema.org pour les articles

Type général du contenu de la page

Tout d'abord, une visite sur la liste des types de données disponibles (*http://schema.org/docs/schemas.html*) nous indique qu'il nous faut encapsuler toute la partie détaillant un article par le type `Product`.

On entoure donc le code HTML de présentation de chaque article par :

```
<div itemscope itemtype="http://schema.org/Product">...</div>
```

`itemscope` indique qu'il s'agit d'une section du type (`itemtype`) `Products`.

La page *http://schema.org/Product* liste les informations reconnues pour ce type `Product`.

Note : dans la suite, pour simplifier la démonstration de mise en place, nous vous faisons grâce du code HTML de mise en forme (classes, ID, styles CSS).

Les propriétés simples de Product

- Intitulé de l'article : pour baliser le nom de l'article, il faut entourer son texte par une balise textuelle HTML (`<p>`, `<span>` ou `<div>` par exemple) contenant l'attribut `itemprop="name"`. On insère donc le code suivant :

```
<p itemprop="name">Paire de chaussettes grises</p>
```

- Image de l'article : pour baliser l'URL de l'image de l'article, il suffit d'ajouter à la balise image : `itemprop="image"`. La balise image devient donc :

```
<img itemprop="image" src="http://www.mondomaine.com/monimage.jpg" />
```

- Description de l'article : l'attribut à utiliser est `itemprop="description"`, on transforme donc le code HTML de la description en :

```
<span itemprop="description">. Ici la description complète, avec des balises <br />
➥ HTML si besoin et l'encodage des caract&egrave;res.</span>
```

Notez que vous pouvez utiliser un `<div>` ou un `<p>` à la place du `<span>`.

On obtient donc le code HTML suivant, qui ne modifie en rien l'affichage. Il a toutefois l'avantage de bien indiquer aux robots qu'on parle d'un article, dont on balise l'intitulé, l'image et la description :

```
<div itemscope itemtype="http://schema.org/Product">
<p itemprop="name">Paire de chaussettes grises</p>
<img itemprop="image" src="http://www.mondomaine.com/monimage.jpg" />
<span itemprop="description">Ici la description complète, avec des balises <br />
HTML si besoin et l'encodage des caract&egrave;res.</span>
</div>
```

Les propriétés plus complexes de Product

Le type `Product` comprend aussi, comme propriétés possibles, d'autres types, c'est-à-dire des sous-ensembles de propriétés.

Citons par exemple le sous-ensemble « offre de vente », nommé `"offers"`, de type `"Offer"` (décrit à l'adresse *http://schema.org/Offer*), qui doit préciser le prix de vente principalement. Il faut encapsuler la section détaillant l'offre de vente par :

```
<XXX itemprop="offers" itemscope itemtype="http://schema.org/Offer">...</XXX>
```

Dans notre cas, nous allons appliquer cela au formulaire d'ajout au panier, qui devient donc :

```
<form action="ajoutaupanier.php" itemprop="offers" itemscope itemtype=
➥ "http://schema.org/Offer">...</form>
```

Puis on y intègre les informations sur l'offre de vente : le prix (propriété "price"), la devise (propriété "priceCurrency"), le type article neuf (propriété "itemCondition") et l'URL de l'article (propriété "url"). Pour ne pas altérer du tout l'affichage, on choisit non pas de placer des balises autour de ces informations déjà affichées, mais de mettre tout cela dans des balises d'informations diverses qui ne sont pas affichées (meta). Le sous-ensemble présentant l'offre de vente devient donc :

```
<form action="ajoutaupanier.php" itemprop="offers" itemscope itemtype=
➥ "http://schema.org/Offer">
<meta itemprop="price"         content="10.00" />
<meta itemprop="priceCurrency" content="EUR" />
<meta itemprop="itemCondition" content="http://schema.org/NewCondition" />
<meta itemprop="url"          content="http://mondomaine.com/url-page-article.php" />...
➥ le reste habituel du code html d'ajout au panier ici ...</form>
```

On n'altère pas l'affichage, mais toutes les informations sont bien présentes de cette façon.

Le sous-ensemble « note moyenne des avis clients », nommé "aggregateRating", de type "AggregateRating", est décrit à *http://schema.org/AggregateRating*. Il contient les propriétés "ratingValue" (valeur de la note moyenne), "reviewCount" (nombre d'avis clients). On ne précisera pas "bestRating" car il s'agit de la note maximale possible, qui est 5 et est donc standard.

On obtient alors le code HTML suivant pour ce sous-ensemble :

```
<span itemprop="aggregateRating" itemscope itemtype=
➥ "http://schema.org/ÐAggregateRating">
<img src="url-image-4-etoiles.gif" alt="4" />
<meta itemprop="ratingValue" content="4" />,<span itemprop="reviewCount">
➥ 18</span> Ðavis clients_</span>
```

Notez qu'on met la propriété "ratingValue" à nouveau dans une balise non affichée, puisqu'on n'affiche pas directement la note moyenne, mais une image contenant le nombre d'étoiles correspondant à ladite note.

Le sous-ensemble **avis client**, nommé "reviews", de type "Review", est pour sa part décrit à l'adresse *http://schema.org/Review*. Il définit de façon complète l'avis d'un client avec sa note (sous-sous-ensemble nommé "reviewRating" de type "Rating"), la date de l'avis client, son intitulé et le commentaire éventuel.

Voici un exemple type du code HTML produit :

```
<li itemprop="reviews" itemscope itemtype="http://schema.org/Review">
<!--  Sous ensemble pour la note -->
<span itemprop="reviewRating" itemscope itemtype="http://schema.org/Rating">
<img src="url-image-5-etoiles.gif" alt="5" />
<meta itemprop="ratingValue" content="5" />
</span>
<!-- titre de l'avis client -->
<span itemprop="name">Super chaussettes de qualité</span>
<!-- Auteur de l'avis client -->
```

```
Par : <span itemprop="reviewer">Marcel Dupont</span>
<!-- date de l'avis client -->
le <time itemprop="dtreviewed"  datetime="2013-12-31">31 décembre 2013</time>
<br />_<!-- Commentaire du client -->
<span itemprop="description">Ces chaussettes sont tr&egrave;s agr&eacute;ables,<br />
➥ Ðmon chat veut les mêmes.</span>
</li>
```

Notes :

- L'ensemble `"Rating"` est un sous-ensemble de `"Review"`, qui est lui-même un sous-ensemble de `"Product"`. Tout s'emboîte dans les boîtes.
- On utilise à nouveau une balise `meta` (information non affichée) pour indiquer la note.
- Pour que la date soit bien compréhensible par l'analyseur HTML, on utilise la balise `"time"` (balise non conforme HTML4/XHTML par le W3C, mais qui ne gêne pas l'affichage), en mettant cette date au format attendu par Schema.org (YYYY-MM-DD) dans un attribut `"datetime"`, puis on l'affiche ensuite comme on le désire (« 31 décembre 2013 »).
- La description peut contenir les balises HTML classiques de mise en forme et des caractères HTML encodés sans aucun souci.
- On crée autant de sous-ensembles « avis client » qu'il existe d'avis à lister.

Résumé des travaux pratiques

On a donc ci-dessus :

- encapsulé toutes les informations sur le produit à vendre dans un type `"Product"` ;
- balisé les propriétés simples comme le nom, l'image, la description de l'article ;
- balisé des sous-ensembles d'informations comme l'offre de vente, la note moyenne des avis clients et chaque avis client.

Vous trouverez en ligne des exemples réels de pages articles ainsi balisées aux adresses référencées ci-dessous.

- Une page concernant l'étude sur Google Panda : *http://www.boutique-abondance.com/livres-et-etudes/71-google-panda-comprendre-analyser-agir.php*. La figure 11-21 montre ce que l'outil Google de test des rich snippets en extrait (*http://goo.gl/6G05U*). On y retrouve bien les données que nous avons balisées. Google sait donc maintenant bien de quoi parle cette page.
- Voici un autre exemple avec une page présentant un mannequin de couture, qui comprend en plus des avis clients : *http://goo.gl/B1u9aQ*. Ce que l'outil Google de test des rich snippets en extrait est visible à l'adresse *http://goo.gl/HqgpX*.

  Par rapport à l'exemple précédent, on trouve en plus les avis des clients qui ont bien été extraits (note moyenne et détail de chaque avis).

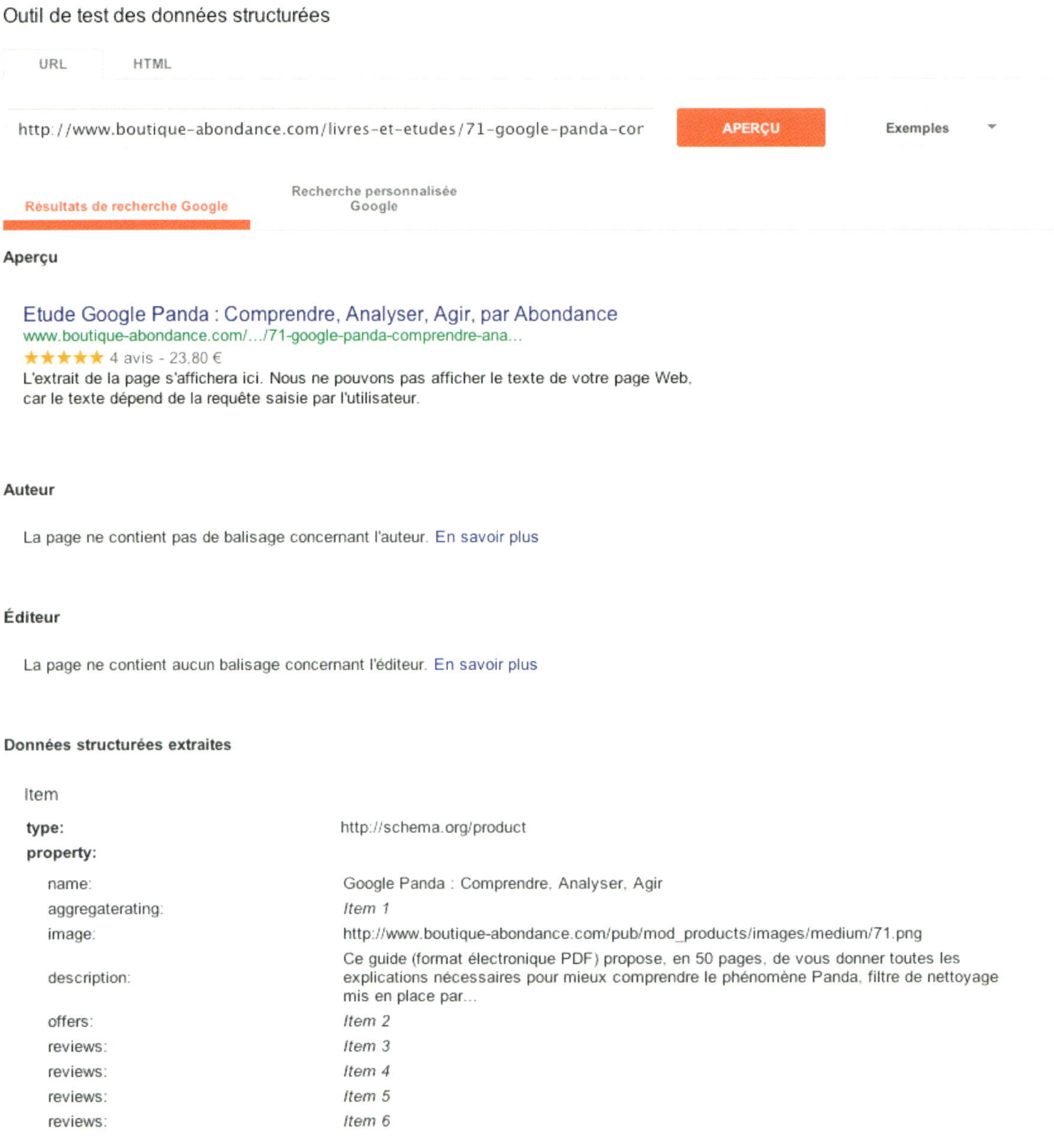

Figure 11-21

Le testeur de rich snippets de Google extrait les informations de la page ainsi traitée.

Voici Google outillé pour faire ressortir ces e-commerçants avant les autres, au vu des avis clients.

Un robot venant visiter une page web balisée (comme illustré dans ces exemples) sait donc qu'il s'agit d'une page de détail d'article, dispose de ses caractéristiques et des avis des clients. On peut supposer que les avis clients ainsi récupérés, même s'ils ne sont pas encore affichés par Google, vont lui servir à juger de la qualité de la page, dans le cadre du fameux Panda. C'est un avantage sérieux et une technique d'avenir.

Et maintenant, à vous de mettre en place le balisage de Schema.org dans vos pages web ou vos boutiques en ligne !

Le Knowledge Graph, de la sémantique dans les SERP

> Section rédigée avec la contribution de Guillaume Thavaud

L'un des grands changements dans les SERP de Google en 2012 aura été l'apparition du *Knowledge Graph*. Celui-ci avait déjà été plus ou moins annoncé au mois de mars, lorsque le *Wall Street Journal* annonçait une prochaine mise à jour de l'algorithme de pertinence de Google. Il devait prendre en compte de façon plus forte la sémantique et permettre d'afficher des réponses directement dans les pages de résultats (*http://goo.gl/VFNum*).

En novembre 2011, les premiers tests de ce type avaient déjà été lancés. Une nouvelle vague d'expérimentations eut lieu en mai 2012 avant que le Knowledge Graph soit officiellement annoncé ce même mois (*http://goo.gl/ILfOS*).

Il se présente sous trois formes différentes dans les pages de résultats de Google.

- Désambigüisation de la requête demandée. Par exemple, vous désirez des informations sur « Taj Mahal ». Mais s'agit-il du monument, du casino ou du musicien ?
- Résumé et informations connexes sous la forme d'un encadré permettant d'en savoir plus sur votre demande directement depuis la page de résultats ; voir l'exemple sur Albert Einstein à la figure 2-16.
- Propositions de liens pour en savoir plus sur des sujets proches de celui recherché.

Dans plusieurs cas, on remarque aussi que le Graph intègre d'autres données, issues de Google+ et Google+ Local. Cette concaténation de données est affichée notamment lorsqu'on recherche une entreprise, qui dispose d'une implantation locale et d'une page Google+ d'entreprise. C'est le cas par exemple si on recherche un nom de société de service dans Google, telle qu'une banque, une grande surface, une station essence.

Un carrousel d'informations, notamment sous forme d'images, a également été testé puis validé et enfin étendu à tous les internautes anglophones.

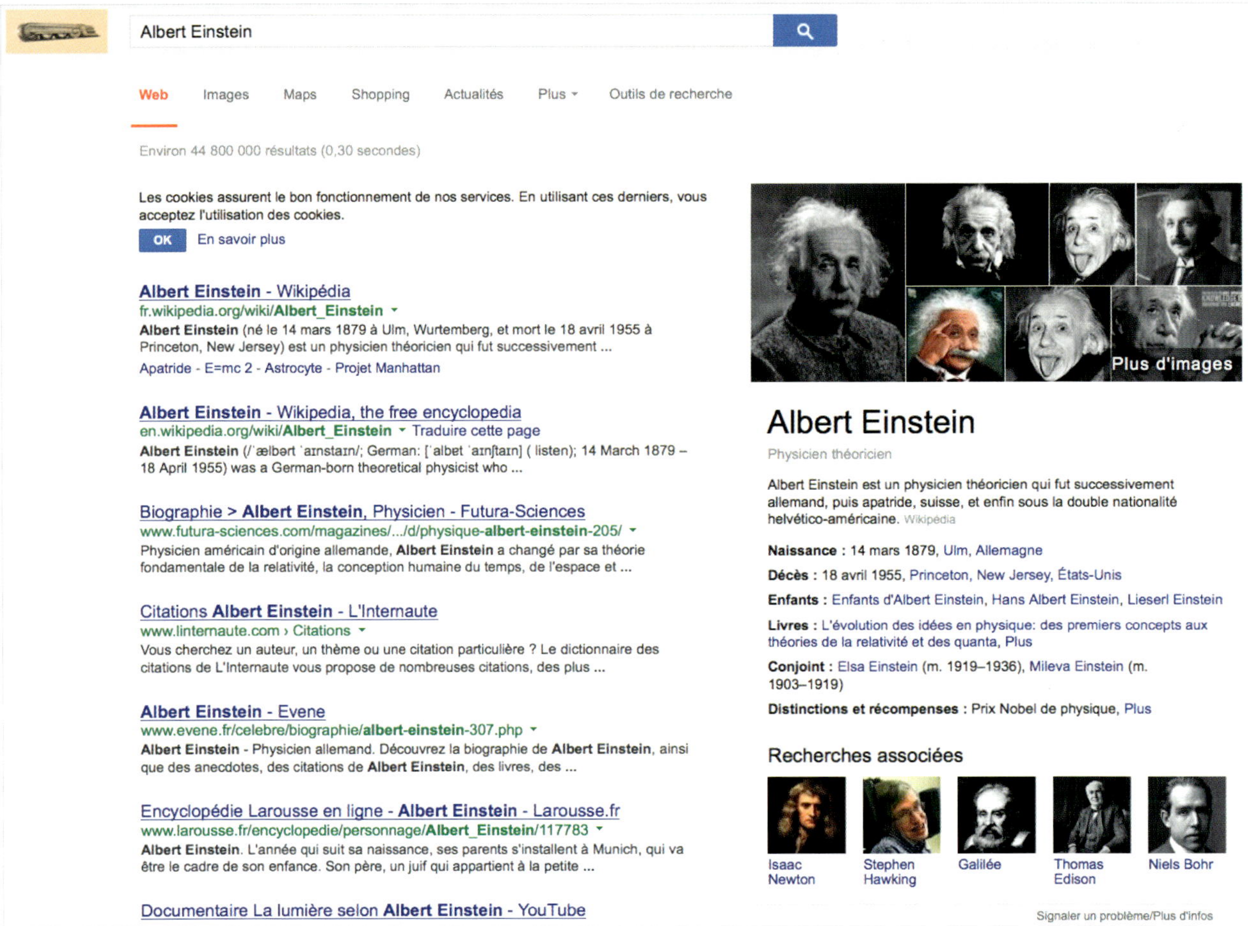

Figure 11-22

Le Knowledge Graph de Google apparaît sur la partie droite des SERP (ici pour la requête « albert einstein »).

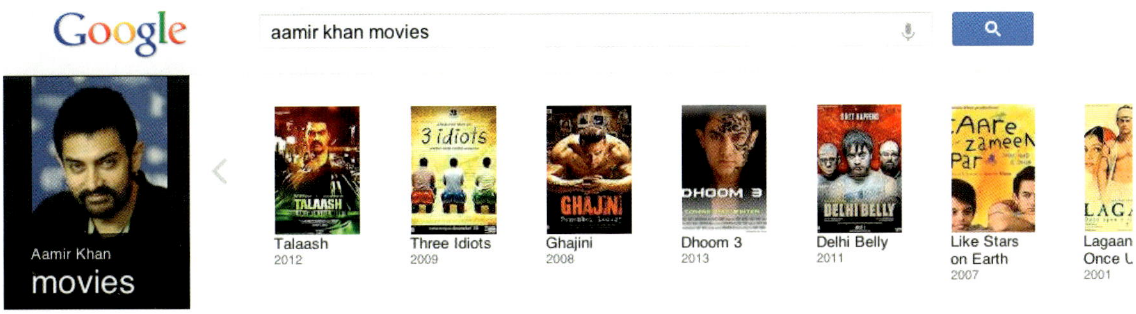

Figure 11-23

Carrousel d'images ajouté au Knowledge Graph

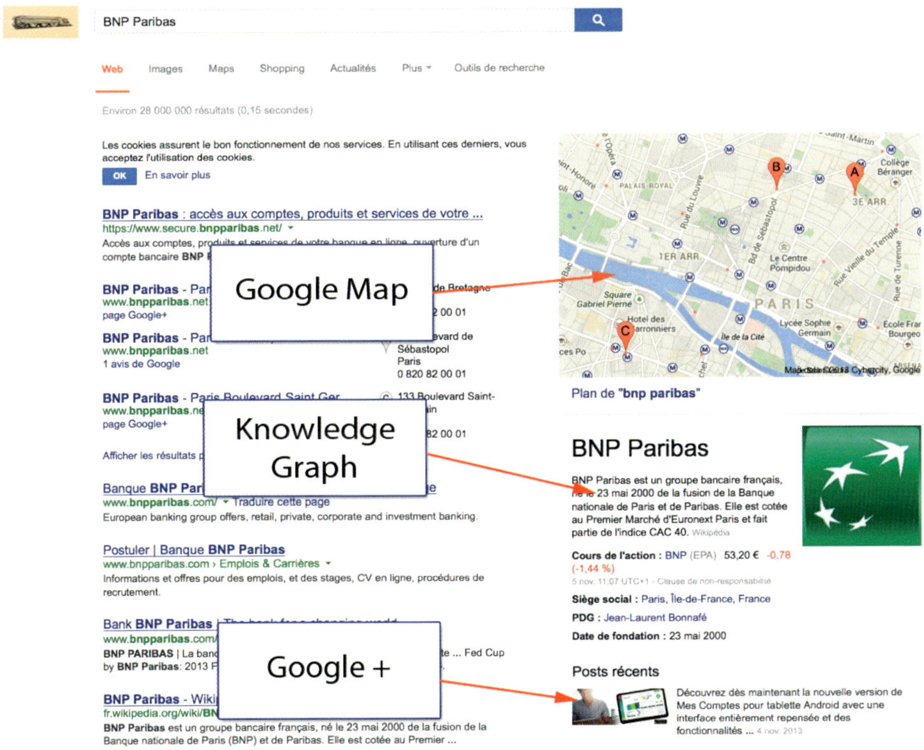

Figure 11-24

Les sources d'informations sont diverses pour le Knowledge Graph

Notez également que ce Knowledge Graph a été implémenté dans le système d'autocomplétion de Google (suggestion de recherches au fur et à mesure de la frappe) avec des propositions beaucoup plus pointues et intelligentes, comme l'illustre l'exemple de la figure 2-18 avec la requête « rio ».

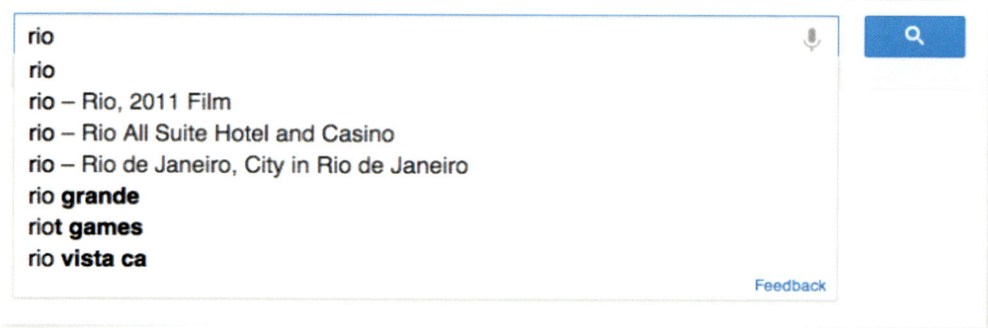

Figure 11-25

Le Knowledge Graph est également appliqué à la suggestion de requêtes.

Et c'est au mois de décembre 2012 que ce système, qui reconnaît 500 millions d'entités nommées (noms de personnes, de lieux, d'entreprises, etc.), liées à 3,5 milliards d'attributs et d'interconnexions – suite, notamment, au rachat de la base de données Freebase en 2010 –, a été officiellement lancé en France.

Peut-il changer notre façon d'utiliser Google, qui tend de plus en plus à devenir un moteur de réponses plutôt qu'un moteur de recherche ? Les clics dans les informations fournies par le Knowledge Graph se feront-ils au détriment des résultats naturels ? L'avenir le dira, mais ce phénomène devra en tout cas certainement être observé de très près dans les mois qui viennent.

Knowledge Graph et SEO

Google a, de son côté, indiqué que la mise en ligne de ce nouveau concept sémantique avait augmenté le nombre de requêtes effectuées sur son moteur. Autant de possibilités supplémentaires pour lui d'afficher encore plus de publicités AdWords. Conclusion, le phénomène n'est pas prêt de s'éteindre ! Mieux vaut le prendre en compte dès maintenant. Nous allons donc voir maintenant comment tenter d'améliorer sa visibilité au sein du bloc Knowledge Graph.

Wikipédia, la source d'information incontournable

Même si Google affirmait en 2012 qu'il utilisait plusieurs bases de connaissances publiques, en pratique la majorité des résultats Knowledge Graph sont basés sur une seule source d'information : à savoir Wikipédia. Tous les résultats comportent en effet une courte description, issue de la page Wikipédia concernée.

On le voit bien en examinant les informations affichées pour la requête « Renault » (figure 11-26) et le contenu du Knowledge Graph (figure 11-27).

Renault

Pour les articles homonymes, voir Renault (homonymie).

Le groupe **Renault** est un constructeur automobile français. Il est lié au constructeur japonais Nissan[9] depuis 1999 à travers l'alliance Renault-Nissan qui devient en 2011, le troisième groupe automobile mondial[10, 11]. Le groupe Renault possède des usines et filiales à travers le monde entier. Fondé par les frères Louis, Marcel et Fernand Renault en 1899, il se distingue rapidement par ses innovations, en profitant de l'engouement pour la voiture des "années folles". Il est nationalisé au sortir de la Seconde Guerre mondiale, en grande partie à cause de la collaboration, présumée, de ses dirigeants avec l'occupant allemand. « Vitrine sociale » du pays, il est privatisé durant les années 1990. Il utilise la course automobile pour assurer la promotion de ses produits et se diversifie dans de nombreux secteurs. Son histoire est marquée par de nombreux conflits de travail qui vont marquer l'histoire des relations sociales en France.

Figure 11-26

La présentation de la société Renault dans Wikipédia…

Renault

Le groupe Renault est un constructeur automobile français. Il est lié au constructeur japonais Nissan depuis 1999 à travers l'alliance Renault-Nissan qui devient en 2011, le troisième groupe automobile mondial. Wikipédia

RENAULT

Date de fondation : 25 février 1899

Cours de l'action : RNO (LON) 43,90 GBX -0,85 (-1,90 %)
5 nov. 09:52 UTC - Clause de non-responsabilité

PDG : Carlos Ghosn

Sièges sociaux : Boulogne-Billancourt, Hauts-de-Seine, France, Manchester, ENG, Royaume-Uni

Fondateurs : Fernand Renault, Louis Renault, Marcel Renault

Figure 11-27

…est reprise dans le Knowledge Graph.

Créer un article Wikipédia pour une entreprise, un site touristique, ou même une personnalité, peut donc servir à améliorer sa visibilité dans Google. Pour cela, il faudra particulièrement soigner le début de l'article Wikipédia, puisqu'il sera repris tel quel par le Graph Google.

Si vous êtes célèbre en tant que marque ou personnalité, il sera indispensable de maîtriser le contenu de votre page Wikipédia, même si ce n'est pas vous qui l'avez créée ! En effet, toute information incorrecte se répercutera désormais dans Google. On imagine les possibilités de détournement des résultats ! Encore faut-il, bien sûr, être « recevable » pour obtenir une page qui parle de vous ou de votre entreprise dans Wikipédia !

Entrer dans le Knowledge Graph par les images

Des images apparaissent également souvent au milieu des résultats de recherche classiques, dans le cadre de la recherche universelle. Dans le cadre du Knowledge Graph, ces images ont été intégrées au bloc de connaissances. La figure 11-28 montre les images affichées dans Google Images pour la requête « loup ». On voit bien en figure 11-29 que ce sont les mêmes qui sont reprises dans le Knowledge Graph.

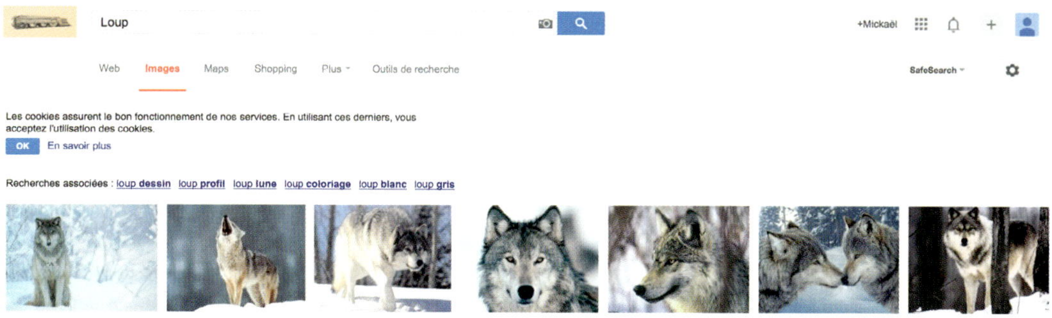

Figure 11-28

Les premiers résultats de Google Images...

Figure 11-29

...sont repris dans le Knowledge Graph.

Avoir des images très bien positionnées dans Google Images, sur des requêtes très simples, peut donc s'avérer payant en termes de visibilité ! Voir le chapitre 7 pour optimiser vos images !

Soignez votre communication dans Google+

Vous êtes une entreprise ou une personnalité influente du Web et vous n'avez pas de page Google+ ? Il va falloir combler cette lacune si vous souhaitez améliorer votre visibilité sur Google ! Qu'on le veuille ou non, Google+ devient incontournable pour améliorer la pertinence des résultats de recherche (voir chapitre 8) et l'Authorship sera sans aucun doute un des critères de classement les plus utilisés, comme nous l'avons vu au début de ce chapitre.

Créer, optimiser et animer une page Google+ est donc un travail à mener correctement pour obtenir un bloc de « post récents » à droite des résultats Google. Pour cela, un travail de plusieurs mois sur votre page Google+ est nécessaire.

La figure 11-30 montre un exemple de résultats Google+ affichés dans le Knowledge Graph.

Figure 11-30

Le Knowledge Graph reprend également des éléments issus de Google+.

Quelques conseils à ce sujet…

- Donnez le plus d'informations possible sur votre activité et votre parcours.
- Publiez régulièrement (idéalement une fois par jour).
- Connectez votre compte Google+ et vos différents sites web.
- Validez votre e-mail de contact auprès de Google.
- Développez votre réseau et obtenez un maximum de contacts Google+.
- Participez à des groupes de discussion Google+.

Développer sa visibilité via Google+ Local

Si vous gérez une entreprise de service, un restaurant, un hôtel, une boutique, etc., vous avez certainement une adresse physique et vous êtes peut-être déjà présent dans Google Maps, sans le savoir.

Google+ Local a pris la succession de Google Adresses pour permettre aux propriétaires de gérer une fiche entreprise, comprenant une localisation mais aussi des photos, des horaires d'ouverture, un numéro de téléphone (voir chapitre 7). Google intègre aussi sur la fiche des avis issus de différents portails, tels que Tripadvisor ou Cityvox.

Tous ces éléments sont importants pour améliorer sa visibilité et donner des informations pertinentes aux internautes. Une fiche Google+ Local bien optimisée vous permettra d'apparaître à droite des résultats de recherche, même si vous n'avez pas de page Wikipédia, comme le présente la figure 11-31.

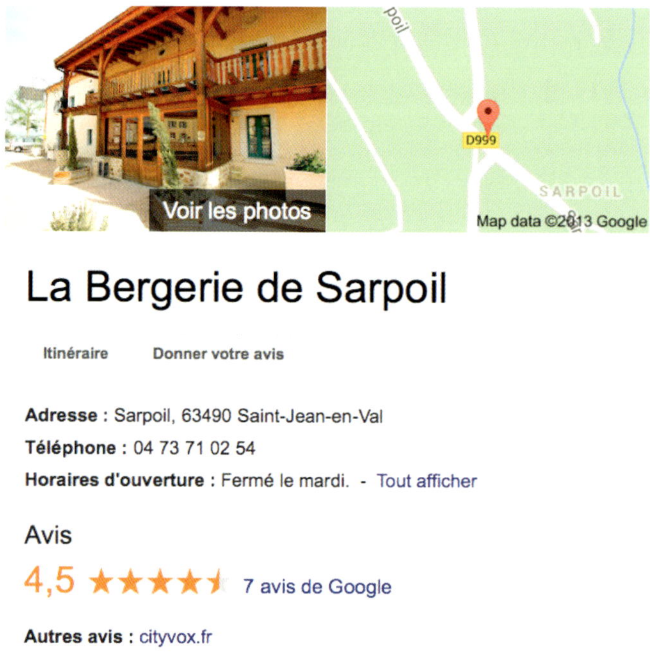

Figure 11-31

Google+ Local, autre source de données pour le Knowledge Graph

Utiliser les associations du Knowledge Graph

Le Knowledge Graph repose sur des informations connectées. Ainsi, chaque sujet traité est connecté à d'autres sujets connexes, et cette connexion est matérialisée par des liens présents dans le Knowledge Graph, qu'il s'agisse de faits, ou de recherches associées.

La façon dont les concepts et sujets sont associés est encore obscure, même si l'utilisation des données Freebase de Metaweb y est sûrement pour quelque chose. Néanmoins, cela peut nous servir pour le référencement.

Par exemple, le Graph sur la tour Eiffel affiche des liens pointant vers d'autres recherches Google, à savoir l'architecte (Stephen Sauvestre) et différents monuments et sites touristiques parisiens (musée du Louvre, Arc de Triomphe, Notre-Dame, etc.), comme l'illustre la figure 11-32.

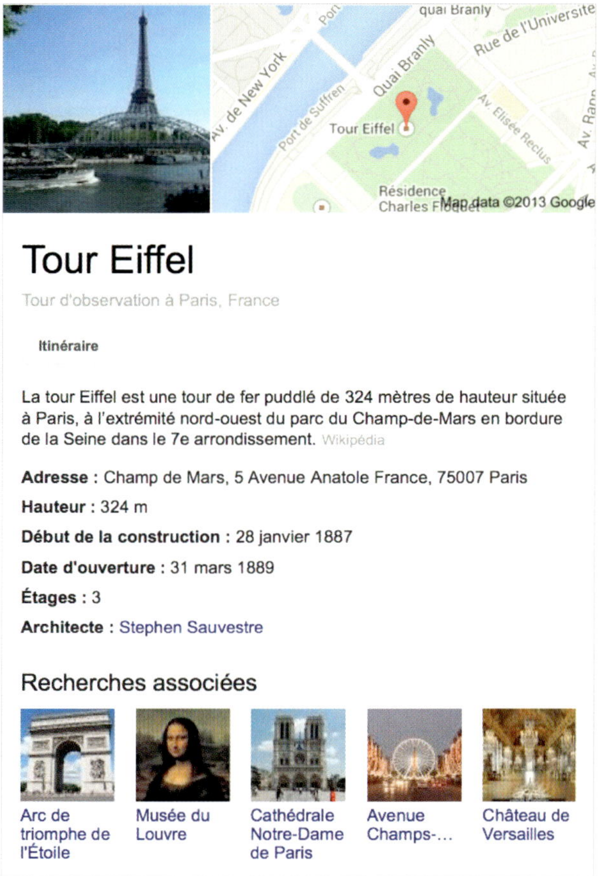

Figure 11-32

Le Knowledge Graph propose également des liens vers des informations connexes au sujet traité.

Ainsi, si vous vous voulez positionner votre site web sur la requête « tour eiffel » (ce qui ne va pas être évident, étant donné la concurrence), vous avez intérêt à parler de Stephen Sauvestre car il sera beaucoup plus facile d'être visible sur ce type de requête, et qu'il y a fort à parier que les internautes consultent le lien proposé par Google, par curiosité.

Autre utilisation : pour Google, la tour Eiffel, le musée du Louvre, l'Arc de Triomphe, etc., font partie de la même famille. Si vous gérez un site d'informations sur la ville de Paris, il sera donc intéressant de parler de ces différents sites touristiques pour améliorer votre visibilité dans Google.

Un autre exemple ? Si votre site parle de Steve Jobs, il peut être intéressant d'évoquer Bill Gates, Steve Wozniak, Tim Cook, Mark Zuckerberg, Jonathan Ive, qui font partie de la même communauté, selon le Knowledge Graph. Chose étonnante, Ronald Wayne (cofondateur de Apple) n'est pas mentionné dans les recherches associées proposées à la figure 11-33.

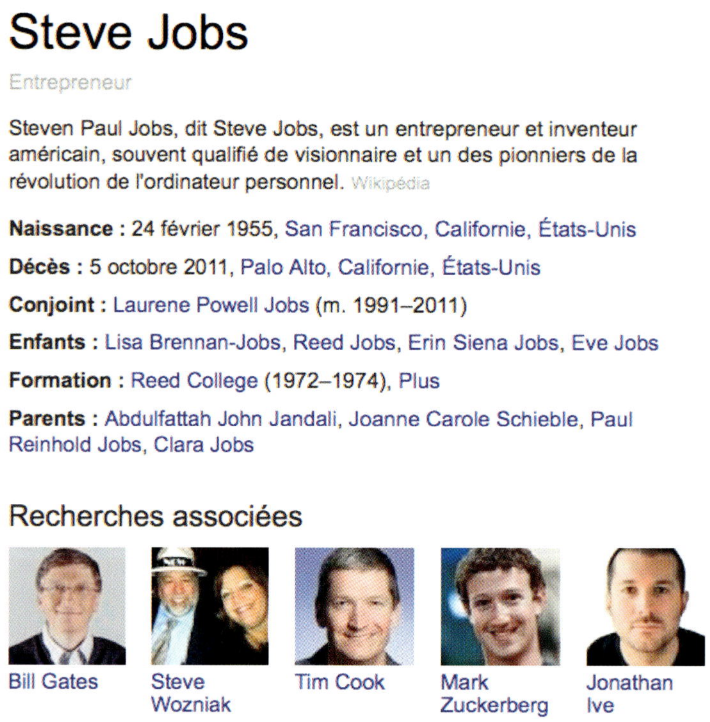

Figure 11-33

Le Knowledge Graph de Steve Jobs affiche des liens vers des personnalités proches.

Le Knowledge Graph est encore en phase de déploiement, et il s'agit d'un projet qui reste encore assez expérimental et perfectible. Néanmoins, cette nouvelle façon d'associer les données et les informations ouvre de nouvelles pistes pour le SEO. D'où l'importance des connexions sémantiques lorsqu'on traite d'un sujet donné. Des liens qui coulent parfois de source mais qu'il vous faudra insérer dans vos contenus pour obtenir une meilleure visibilité sur le moteur de recherche majeur.

Les SiteLinks (liens de sites) de Google

Vous l'avez peut-être remarqué : sur certaines requêtes, Google propose, en dessous du premier lien résultat, six liens, sous la forme de deux colonnes de trois éléments (le nombre d'éléments pouvant varier au fil du temps et des tests du moteur), vers des zones internes du site en question (voir la figure 11-34 pour le mot-clé « eyrolles », par exemple).

Figure 11-34

Google affiche six liens internes pour le site proposé dans ses résultats.

Parfois, ce sont seulement trois ou quatre liens, disposés horizontalement cette fois, qui peuvent apparaître (voir figure 11-35).

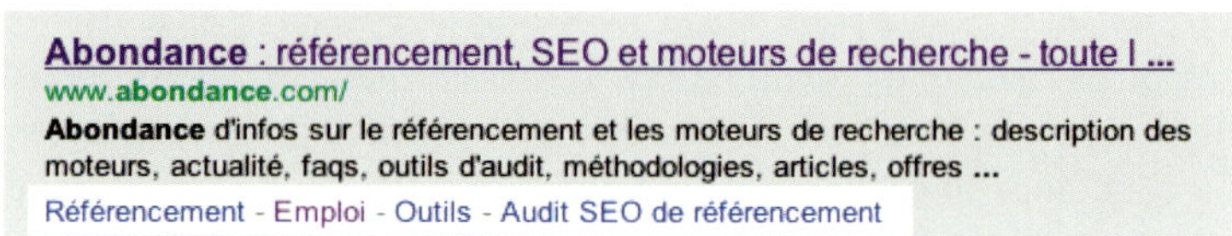

Figure 11-35

Google affiche ici quatre liens horizontalement.

Ces liens sont appelés SiteLinks (ou « liens de site » en français) par Google. Le moteur de recherche explique ce concept à l'adresse suivante : *http://goo.gl/eEopl*.

Il est difficile d'en savoir plus sur ces liens, car peu d'informations officielles existent et leur forme a souvent changé, notamment en août 2011 (*http://goo.gl/SWxcU*). Cependant, certains points sont clairs car provenant de constatations évidentes ou de bribes d'informations fournies par Google.

- Ces liens SiteLinks s'affichent :
  - sous la forme de deux colonnes de liens uniquement pour le premier lien de la page de résultats ;
  - sous la forme de trois ou quatre liens horizontaux pour n'importe lequel des dix résultats affichés par le moteur.
- Le fait qu'ils s'affichent ou pas (présence ou absence de SiteLinks) semble venir de deux critères essentiels : la pertinence (il est vraisemblable que les liens SiteLinks ne s'affichent que si le premier lien est évident par rapport à la requête demandée : présence du mot-clé dans le nom de domaine et/ou taux de pertinence – valeur connue de Google mais non divulguée – supérieur à une certaine limite, etc.) et la qualité de la structure du site (voir plus loin).
- Les SiteLinks ne semblent s'afficher que pour des pages d'accueil de sites.
- Le système est entièrement automatisé (pas d'intervention humaine).
- Selon Google, un critère important est la structure du site, donc la façon dont les liens internes y sont proposés, sans qu'il soit possible d'en savoir plus sur la façon dont le moteur de recherche choisit tel lien plutôt qu'un autre.
- Les SiteLinks peuvent soit pointer vers une page interne du site lui-même (*www.votresite.com/repertoire/pageinterne.html*), soit vers une page d'un sous-domaine (*sousdomaine.votresite.com/repertoire/pageinterne.html*) de ce même site.
- Les SiteLinks peuvent représenter des liens au format texte, image (l'attribut `alt` fournit alors le texte affiché) ou même parfois JavaScript dans la page d'accueil.
- Il ne semble pas que Google tienne compte d'informations incluses dans le code HTML de la page d'accueil qui bénéficie des SiteLinks. En effet, pourquoi, dans ce cas, choisirait-il les liens « Emploi », « Outils » ou « Référencement » plutôt que d'autres, traités de la même façon, dans la page d'accueil du site Abondance ? Ce ne sont pas non plus les liens proposés en premier dans le code source, etc.
- Il ne s'agit pas non plus des résultats qui ressortent en premier sur l'utilisation de la requête « site: » pour n'obtenir que les pages issues du site en question. Par exemple avec la requête « abondance site:abondance.com » ou « site:abondance.com ». Les pages proposées par Google dans ces deux cas n'ont pas grand-chose à voir avec celles affichées comme SiteLinks.
- Depuis la dernière version des SiteLinks (août 2011), les liens affichés sont dépendants de la requête demandée, alors qu'ils étaient le plus souvent immuables auparavant.

- Une hypothèse intéressante et crédible pourrait être la suivante : Google utilise des données de trafic renvoyées par les Google Toolbars de ses utilisateurs et son navigateur Google Chrome, voire Google Analytics (entre autres sources) pour déterminer quels liens sont le plus souvent cliqués par les internautes lorsqu'ils se trouvent sur la page d'accueil du site en question. Selon le site Social Patterns (*http://goo.gl/sXaax*), il existerait de fortes similitudes entre les liens affichés dans les SiteLinks et les données de trafic de l'outil Alexa, comparables à ce dont Google pourrait se servir. À la lumière de cette information, examinez à nouveau les liens proposés en SiteLinks et regardez les pages d'accueil des sites proposés : n'avez-vous pas l'impression que les SiteLinks sont les liens sur lesquels « vous seriez le plus tenté de cliquer » ? D'autres tests que nous avons effectués (*http://goo.gl/Ko297*) semblent corroborer cette constation.

  De plus, cette hypothèse résoudrait de nombreuses interrogations : pourquoi les SiteLinks seraient-ils trouvés par Google lorsqu'ils sont issus de liens JavaScript alors que ses spiders ont encore du mal à suivre ce type de lien ?

Notre hypothèse est donc la suivante : le choix d'afficher les SiteLinks ou non est basé pour Google sur cinq critères principaux.

1. Adéquation entre la requête demandée et le site, et notamment son nom de domaine. Si le nom de domaine du premier résultat affiché contient les mots de la requête, il y a de fortes chances que ce site soit potentiellement affublé de SiteLinks. Notez bien que ce critère n'est pas vérifié à 100 %. On trouve également des SiteLinks sur certaines requêtes dont les mots-clés ne se retrouvent pas dans le nom de domaine. Néanmoins, cela reste assez rare.
2. Le premier résultat proposé doit être une page d'accueil (*http://www.siteweb.com*).
3. Le taux de pertinence du site par rapport à la requête (donnée non communiquée par Google mais dont nous pouvons attester de l'existence) doit être supérieur à une certaine limite, malheureusement inconnue. Une notion de trafic minimal est peut-être également prise en compte.
4. Des liens doivent être détectables au sein de cette page d'accueil.
5. Le mot-clé – le plus souvent une marque – ne doit pas présenter d'ambiguïté entre différents sites. Par exemple, la requête « abondance » ne renvoie pas de SiteLinks sous la forme de deux colonnes car il existe une ambiguïté entre le site Abondance.com, celui du village savoyard, et peut-être d'autres relatifs à la race de vaches du même nom, au fromage, à la corne d'abondance, etc. Les SiteLinks apparaissent, en revanche, lorsqu'on tape la requête « abondance.com », puisqu'elle présente moins d'ambiguïté.

Le choix des SiteLinks eux-mêmes s'effectuerait alors grâce à deux critères principaux.

1. Liens pointant vers une page interne du site ou d'un de ses sous-domaines (pas de lien externe).
2. Nous pensons fortement, au vu de nombreux exemples analysés, que ces liens sont fournis par des statistiques de trafic et représentent les liens le plus souvent cliqués sur la page d'accueil du site.

Enfin, dernier point (important) sur les SiteLinks : sachez que, dans les Google Webmaster Tools, vous avez la possibilité d'indiquer si vous désirez supprimer un ou plusieurs intitulés. Google les remplacera alors par d'autres, après les avoir recalculés en tenant compte de votre demande. Pour cela, allez dans le menu « Apparence dans les résultats de recherche>Liens de site ».

Peut-être vous êtes-vous posé la question en lisant ces lignes : non, il n'est (hélas) pas possible de demander à Google d'afficher tel ou tel lien en SiteLink. Vous ne pouvez que rétrograder ceux que Google propose par défaut et ne pouvez pas en proposer d'autres.

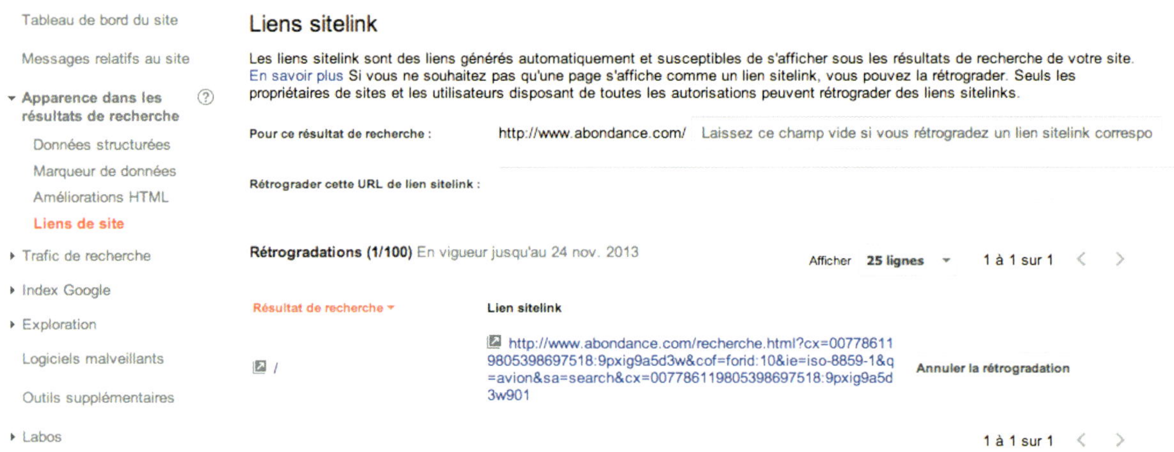

Figure 11-36

Google propose de supprimer certains SiteLinks dans ses Webmaster Tools.

Comme vous pouvez le constater, Google propose de nombreuses possibilités de donner plus de visibilité à vos résultats s'ils sont bien classés (rappelons que tous les systèmes vus dans ce chapitre n'aident en rien au positionnement). Un lien présent en troisième ou quatrième position sera peut-être plus cliqué que le deuxième s'il affiche des données supplémentaires de type rich snippet ou autre. N'hésitez donc pas à intégrer ces possibilités et à suivre l'actualité (le site Abondance.com est là pour ça !) de ces différents outils et vous tenir au courant des dernières nouveautés !

12

Optimisation de l'indexation

« Mettre à l'index, c'est montrer du doigt. »

Anonyme

Dans les chapitres précédents, vous avez pu appréhender la meilleure manière d'optimiser vos pages web afin qu'elles soient réactives par rapport aux critères de pertinence majeurs des moteurs de recherche. Cependant, pour qu'elles soient bien placées – bien positionnées – dans les résultats de ces moteurs, encore faut-il qu'elles soient présentes dans les bases de données (c'est-à-dire les index) de ces outils. La plupart du temps, cela se fait « naturellement », sans que vous n'ayez rien à faire. Mais comment optimiser cette présence, en termes de rapidité et de nombre de pages indexées ? C'est ce que nous allons voir dans ce chapitre.

Voyons donc, pour commencer, les différentes voies qui vous sont proposées pour faire en sorte que votre site web soit rapidement présent dans les index des moteurs de recherche. Les objectifs de cette procédure seront les suivants…

- Indexer le maximum de pages. Votre site propose un certain nombre de pages web, la situation idéale sera celle où 100 % de ces documents seront indexés par les moteurs de recherche, même si nous verrons dans la suite de ce chapitre que Google Panda a quelque peu changé la donne à ce niveau.
- Indexer le plus rapidement possible – si possible en 24 h, voire moins – un nouveau site ou les nouvelles pages, les nouveaux contenus d'un site déjà référencé.
- Faire en sorte que les robots des moteurs reviennent le plus souvent possible sur les pages web afin de prendre en compte les nouvelles versions mises en ligne.

Nous sommes ici dans le pur domaine du référencement : faire en sorte que vos pages – si possible optimisées au préalable – soient prises en compte par les moteurs de recherche afin d'obtenir, dans un deuxième temps, le meilleur positionnement qui soit et d'engendrer un trafic de qualité.

Comme nous allons le voir, il existe plusieurs moyens de référencer son site. Certains sont très efficaces, d'autres moins. Ce sera à vous de faire votre choix en fonction de vos possibilités, de vos besoins et de vos attentes.

Le formulaire de soumission proposé par le moteur

Il s'agit ici de la voie officielle. Il est difficile de ne pas la signaler puisque les moteurs proposent un formulaire de soumission de site web vous permettant de leur signaler l'existence de votre source d'informations. Voici les adresses de ces formulaires pour quelques moteurs :

- Google : *http://goo.gl/xG1kK* ;
- Bing : *http://goo.gl/Sn8Vo* ;
- Exalead : *http://goo.gl/qPm7G* ;
- Orange : *http://referencement.ke.orange.fr/.*

La procédure est extrêmement simple : vous remplissez le formulaire proposé en indiquant l'adresse de la page d'accueil de votre site et parfois quelques informations connexes (commentaires, lettres et chiffres codés pour éviter que des robots n'effectuent cette opération, etc.). Vous envoyez le tout et c'est terminé. La figure 12-1 illustre ce processus pour le moteur Google, qui a d'ailleurs été modifié avec une nouvelle fonctionnalité proposée en août 2011 (voir *http://goo.gl/fggk4*). En effet, à cette date, Google a annoncé une nouvelle fonction de ses Webmaster Tools et notamment pour la fonction Explorer comme Google (dans la zone Exploration). Ainsi, lorsque vous analysez une des pages de votre site à l'aide de cette fonction et que le test est concluant, vous avez la possibilité de demander une indexation dans le moteur de recherche. Par ce biais, le crawl de la page par le robot Googlebot s'effectuera en moins de 24 h, avec indexation (éventuelle mais non garantie) par la suite. Il peut s'agir d'une nouvelle page ou de la nouvelle version d'une page existante.

Figure 12-1

Formulaire de soumission de site de Google

Ce nouveau système sera surtout intéressant pour signaler rapidement à Google un nouveau site ou de nouvelles pages importantes dans un site existant. Cela peut également servir pour fournir une version actualisée, après ajout ou suppression d'une information dans une page donnée. Les possibilités sont nombreuses !

Il s'agit, en gros, d'une version plus simple et plus évoluée du formulaire de soumission au moteur que plus personne n'utilise aujourd'hui (et surtout pas les spécialistes du SEO).

Figure 12-2

La fonction « Explorer comme Google » des Webmaster Tools permet d'indexer rapidement une page web.

Attention : le système est limité à 500 soumissions par semaine pour les pages uniques et 10 soumissions pour les pages plus les liens qu'elles contiennent. Il faudra donc bien choisir les URL que vous allez soumettre de cette façon, ou utiliser la nouvelle version du formulaire « ouvert » (voir figure 12-1) pour les autres (ou, plus simplement et plus sûrement, attendre que Google suive un lien et vienne indexer la page).

Soumettez uniquement la page d'accueil de votre site

Il n'est pas nécessaire de soumettre les adresses de toutes vos pages au travers de ces formulaires. La page d'accueil suffit. Le moteur trouvera ensuite vos autres pages en suivant les liens internes de votre site.

Quelques jours ou semaines plus tard, les robots du moteur de recherche vont venir visiter la page se trouvant à l'adresse indiquée, prendre en compte dans un premier temps le document en question, puis les autres pages internes, dans un délai plus long, en suivant les liens affichés. Théoriquement, tout cela est donc parfait.

Facturer une soumission ?

Certaines sociétés de référencement facturent cette soumission, parfois assez cher. Quand on sait que cette opération demande quelques secondes (et qu'elle s'avère en plus peu efficace, voir ci-dessous), on peut douter du sérieux des entreprises qui proposent ce type de prestation…

En pratique, cette voie n'est pas la plus efficace ni la plus rapide. Il existe de nombreux exemples de sites web jamais pris en compte bien qu'ils aient été plusieurs fois soumis par l'intermédiaire de ces formulaires « simples ». Les procédures officielles d'ajout de site proposées par les moteurs de recherche ne sont donc pas à privilégier dans le cadre d'une stratégie de référencement. Ceci dit, elles ont le mérite d'exister (ce qui est loin d'être négligeable). Elles peuvent éventuellement être prises en compte si d'autres voies avaient échoué pour signaler votre site aux moteurs... Toutefois, il existe bien mieux, comme nous allons le voir tout de suite !

Seule la soumission manuelle est efficace

En règle générale, nous vous déconseillons l'emploi de logiciels ou de sites spécialisés dans la soumission automatique de sites web aux moteurs de recherche. L'emploi de tels outils peut même se révéler dangereux pour votre référencement, les moteurs n'appréciant que modérément ce type de méthode. Ils sont d'ailleurs tombés en désuétude avec le temps (les outils, pas les moteurs !). Suivez plutôt les conseils de ce chapitre et tout se passera bien.

Le lien depuis une page populaire

La possibilité que nous allons vous décrire ici est celle que vous allez devoir privilégier pour référencer votre site. C'est de loin la plus rapide et la plus fiable. Cette technique est quasi infaillible et nous l'utilisons fréquemment pour indexer en 24 h seulement – voire moins – la plupart des nouveaux sites que nous créons depuis plusieurs années. Jusqu'à maintenant, elle a toujours parfaitement fonctionné. Il n'y a donc aucune raison pour que cela ne soit pas le cas avec vos sites.

Comme pour toute recette, celle-ci nécessite des ingrédients. Imaginons que B soit le nom de la page d'accueil du site que vous désirez référencer. Pour ce faire, vous aurez besoin d'une autre page, que nous nommerons A et qui répondra aux caractéristiques suivantes.

- La page A doit déjà se trouver dans les index des moteurs. Elle est donc déjà référencée.
- La page A peut se trouver sur votre site ou sur un autre sans différence (si B est la page d'accueil d'un nouveau site, il y a fort à parier que A appartienne à un autre site ; si B est une nouvelle page sur un site existant, A peut être la page d'accueil de ce même site).
- La page A doit être mise à jour quotidiennement.
- La page A doit être populaire et bénéficier d'un PageRank d'au moins 3, sachant qu'une valeur de 4 sera préférable. Bien sûr, un PageRank supérieur sera encore meilleur. Au pire, une valeur de 3 conviendra quand même.

Ensuite, il ne vous reste plus qu'à faire en sorte que la page A établisse un lien vers votre page B et cette dernière sera indexée dans les 24 h ou, au pire, 48 h par tous les moteurs majeurs. Ce mécanisme est illustré à la figure 12-3.

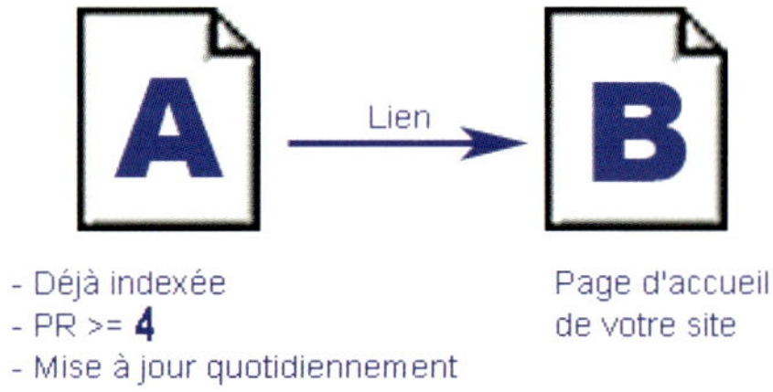

Figure 12-3

Mécanisme d'indexation par les liens

Pourquoi cela fonctionne-t-il ? Les explications sont les suivantes.

- La page A est déjà indexée. Elle est donc connue des moteurs.
- La page A est mise à jour quotidiennement. Les robots des moteurs ont donc calqué leur délai d'indexation sur ceux de la page et viennent donc, logiquement, tous les jours au moins « aspirer » sa nouvelle version.
- Que se passe-t-il lorsque vous ajoutez le lien de A vers B ? Les robots le détectent immédiatement et se disent qu'un nouveau lien émanant d'une page populaire pointe certainement vers un site intéressant. Ils vont donc suivre ce lien et indexer quasi immédiatement la page B. Le tour est joué !

Essayez cette procédure, vous verrez qu'elle fonctionne parfaitement. Bien sûr, il vous faudra trouver, pour cela, une page A qui réponde aux critères énoncés ci-dessus. Ce n'est pas si facile, mais en cherchant bien, c'est tout à fait possible. Et le jeu en vaut vraiment la chandelle !

Utiliser Google+

On s'aperçoit également par expérience qu'une URL citée et surtout partagée sur Google+ est très rapidement indexée par Google. Bon à savoir et à mettre en œuvre !

Les fichiers Sitemaps

Le format et le protocole Sitemap (*http://www.sitemaps.org/*) sont assez anciens puisqu'ils ont été initiés par Google en juin 2005 (*http://goo.gl/xXO3b*). Il s'agit d'une solution permettant de fournir aux robots des moteurs de recherche (Google, Yahoo!, Bing, Exalead et Orange prennent notamment en compte ce format en 2016) un plan de votre site, une liste exhaustive de vos URL au format XML. Ces robots peuvent alors identifier et aller chercher toutes les pages disponibles, selon les indications fournies dans le fichier.

Dans un premier temps, il est nécessaire de bien comprendre comment fonctionne le système, assez complet et parfois méconnu dans ses fonctionnalités avancées.

Le concept des Sitemaps

Le concept de ce format est extrêmement simple : vous créez un fichier XML qui contient la liste des pages de votre site, ainsi que certaines informations les concernant (fréquence de mise à jour, priorité de crawl, etc.). Vous chargez *(upload)* ce fichier sur votre serveur. Vous signalez au moteur sa présence grâce à une interface d'administration mise à votre disposition par l'outil ou à un fichier `robots.txt` adéquat (voir chapitre 15). Les robots du moteur viennent alors le lire et tiennent compte des données qui y sont proposées pour mieux indexer votre site, de façon plus approfondie et plus exhaustive. Simple, non ? Encore faut-il que votre fichier soit bien créé, bien soumis et bien placé sur votre site.

Cependant, notez bien les éléments suivants.

- L'utilisation d'un Sitemap n'est en rien une garantie que le moteur indexera toutes les pages qui y sont décrites. Il reste maître de la façon dont il indexe les sites. Néanmoins, l'utilisation d'un tel fichier facilite, logiquement, ce processus.
- De même, le fichier Sitemap n'est en rien une garantie que votre site sera mieux positionné. Cet outil n'est qu'un outil d'indexation et non pas de positionnement *(ranking)*.
- Enfin, l'utilisation d'un Sitemap ne remplace pas le « crawl » classique de votre site par les robots, suivant les liens des pages web de façon traditionnelle. Les deux méthodes restent tout à fait complémentaires.

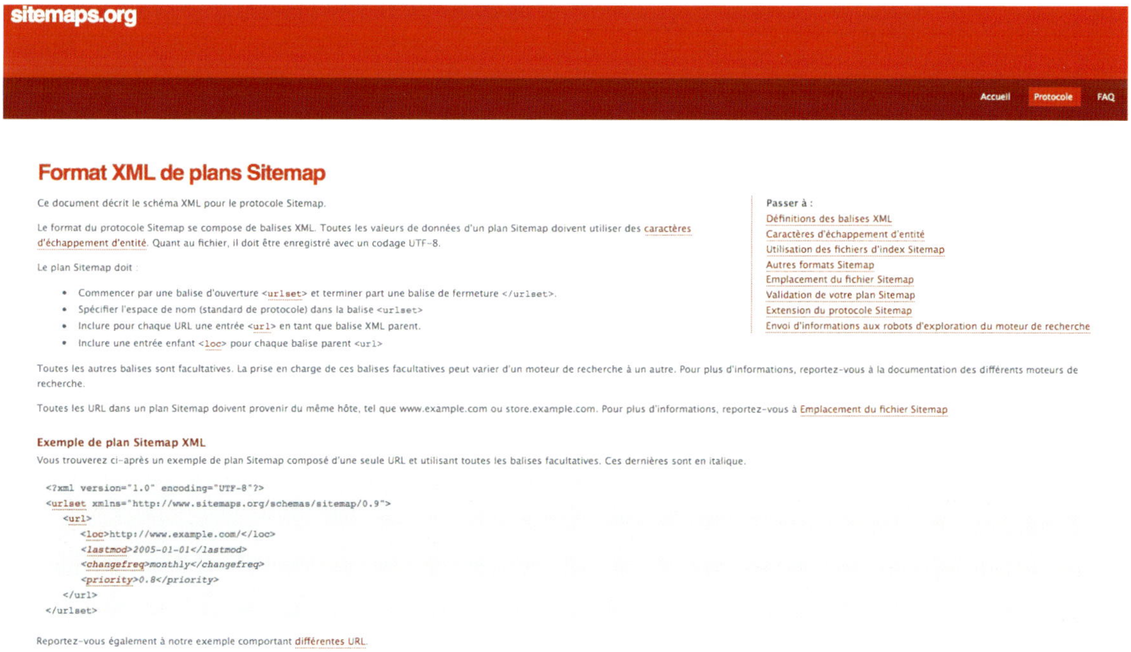

Figure 12-4

Le site sitemaps.org, indispensable pour tout savoir sur ce format

Formats du fichier à fournir à l'applicatif

Le protocole Sitemap reconnaît un certain nombre de formats.

- Les fichiers au format OAI-PMH *(Open Archives Initiative Protocol for Metadata Harvesting)*. Ce format (*http://goo.gl/Dctkw*) est cependant inutilisable pour les sites optimisés pour les mobiles. Peu fréquent, il est proposé uniquement pour les sites utilisant déjà ce standard. Nous n'en parlerons pas ici.
- Les fichiers de syndication RSS et Atom, ce qui peut être très intéressant si votre site utilise déjà ce type de format et s'il propose des fils RSS à ses visiteurs. Il est tout à fait possible de signaler au moteur vos fichiers de syndication par ce biais, qui ne sera pas exhaustif, loin de là, mais qui présentera l'avantage d'être très rapide en indiquant les derniers articles parus sur votre site.
- Les fichiers textes (par exemple, *www.votresite.com/sitemap.txt*) contenant une adresse de page (URL) par ligne. Le fichier ne doit pas contenir les indications pour plus de 50 000 URL mais il est possible de créer plusieurs fichiers.

Le format texte pour une simple liste d'URL

Nous recommandons l'utilisation du fichier texte si vous désirez uniquement fournir aux moteurs de recherche une liste d'URL sans indiquer d'informations connexes (date de dernière modification, priorité d'indexation, fréquence de mise à jour) pour ces pages.

Les trois solutions ci-dessus sont intéressantes mais elles souffrent toutes d'un handicap majeur : elles fournissent uniquement une liste d'adresses, sans informations complémentaires à leur sujet (date de dernière modification, fréquence de mise à jour, etc.). C'est pour cela qu'il sera plus intéressant (mais également plus long et fastidieux et votre outil de gestion de site devra proposer un outil adéquat) d'utiliser le format XML, dont il est important de signaler qu'il est fourni sous la coupe d'une licence Creative Commons (*http://goo.gl/6qIZR*), ce qui signifie que d'autres moteurs peuvent l'utiliser.

Format des fichiers Sitemaps

Le format Sitemap décrit un fichier XML qui va fournir des indications pour chaque page de votre site.

Le fichier créé sera de la forme :

```
<?xml version="1.0" encoding="UTF-8"?>
<urlset xmlns="http://www.google.com/schemas/Sitemap/0.9">
  <url>
    <loc>url</loc>
    <lastmod>date</lastmod>
    <changefreq>fréquence de mise à jour</changefreq>
    <priority>priorité</priority>
  </url>
</urlset>
```

Ce fichier contiendra les indications suivantes.

- La balise `urlset` (obligatoire) commence et termine (`/urlset`) le fichier en question.
- Chaque balise `url` (obligatoire) décrit une page et contient les champs suivants :
  – `loc` représente l'adresse de la page (*http://www.votresite.com/page1.html*). Ce champ commence par *http://* et se termine éventuellement par un `/`. Ce champ ne peut contenir plus de 2 048 caractères.

Un champ qui doit être très précis

Le champ loc est important et assez strict dans son utilisation. Attention donc à bien suivre les indications suivantes.

- Chaque URL doit être indiquée de façon absolue (pas d'affichage relatif du type *./directory/page.html*), donc toujours commencer par la mention *http://*.
- Chaque page indiquée dans le fichier doit être située dans le répertoire où se trouve le fichier Sitemap ou sur le site en question.

Par exemple : vous créez le fichier *http://www.votresite.com/produits/Sitemap.xml*.

Ce fichier peut décrire les pages suivantes :

- *http://www.votresite.com/produits/index.html*
- *http://www.votresite.com/produits/gamme.html*
- *http://www.votresite.com/produits/electricite/rupteur.html*
- *http://www.votresite.com/contact.html*
- *http://www.votresite.com/clients/reference.html*

En revanche, il ne pourra pas décrire les pages suivantes :

- *http://votresite.com/produits/contact.html*
- *https://www.votresite.com/produits/index.html* (Notez le https pour un accès sécurisé.)

Ces pages seront refusées par le moteur lors de la lecture du fichier.

Pour cette raison, l'emplacement le plus logique pour un fichier Sitemap sera le niveau le plus haut de l'arborescence (*http://www.votresite.com/Sitemap.xml*). Ceci dit, rien ne vous empêche :

- de mettre le fichier Sitemap dans un autre répertoire (en tenant compte, dans ce cas, des restrictions évoquées ci-dessus) ;
- de créer plusieurs fichiers Sitemaps pour un même site.

  – `lastmod` est la date de dernière modification du fichier. Cette date doit répondre au format ISO 8601 (*http://goo.gl/dc0DZ*), le plus souvent sous la forme YYYY-MM-DD soit 2016-09-15 pour le 15 septembre 2016.
  – `changefreq` représente la fréquence de mise à jour de la page, à choisir parmi les possibilités suivantes : `always`, `hourly`, `daily`, `weekly`, `monthly`, `yearly` et `never`.

Bien entendu, dans ce cas, il faudra faire des choix en optant pour la fréquence la plus vraisemblable si celle-ci n'est pas constante.

– `priority` indique l'importance que vous donnez à la page à l'intérieur de votre site. Sa valeur va de 0 à 1 et peut être, bien entendu, décimale (0.5, 0.7, etc.). Attention : n'utilisez pas de virgule, c'est le point qui marquera ici la décimale. Par exemple, la page d'accueil de votre site aura, vraisemblablement, une priorité de 1. Si rien n'est indiqué, la priorité par défaut est fixée à 0.5.

Fournissez des indications logiques et homogènes

Nous vous conseillons de ne pas tricher sur ce champ. Rien ne servira d'indiquer *hourly* pour toutes les pages de votre site, si la majorité de vos documents n'est jamais mise à jour. Le moteur a appris à reconnaître, par d'autres voies, la fréquence de mise à jour des documents qu'il indexe. Il semble évident qu'il n'appréciera que modérément si les données que vous lui fournissez ne correspondent pas à ses propres constatations sur votre site. Cela peut même vous desservir. Soyez donc le plus loyal possible sur cette indication, vous ne vous en porterez que mieux (et votre site également).

Par ailleurs, cette indication n'est pas obligatoirement suivie à la lettre par les crawlers. Le fait d'avoir indiqué *never* ne signifie pas que les robots du moteur ne viendront qu'une seule fois indexer la page et l'ignoreront par la suite. Ils reviendront quand même, ne serait-ce que pour être sûr qu'elle existe encore. Là encore, jouez le jeu et indiquez des niveaux de priorité réels. Évitez de positionner ce champ à la valeur 1 pour toutes vos pages. Point important également : ce niveau de priorité ne joue pas sur le ranking de vos pages. Il s'agit de données fournies aux robots pour crawler de façon plus ou moins prioritaire vos documents (si ces robots se servent de cette indication, ce qui n'est pas prouvé).

Sachez également que les champs `lastmod`, `changefreq` et `priority` sont optionnels.

Indications géographiques et linguistiques

Le blog pour webmasters de Google a indiqué en mai 2012 qu'il est maintenant possible d'insérer dans les fichiers Sitemaps XML les attributs `hreflang` indiquant le pays et la langue cible d'une page web.

Exemple de Sitemap prenant en compte cette nouvelle fonctionnalité :

```
<url>
  <loc>http://www.example.com/en</loc>
  <xhtml:link
    rel="alternate"
    hreflang="de"
    href="http://www.example.com/de" />
  <xhtml:link
    rel="alternate"
    hreflang="en"
    href="http://www.example.com/en" />
</url>
```

```
<url>
  <loc>http://www.example.com/de</loc>
  <xhtml:link
    rel="alternate"
    hreflang="de"
    href="http://www.example.com/de" />
  <xhtml:link
    rel="alternate"
    hreflang="en"
    href="http://www.example.com/en" />
</url>
```

Plus d'informations à ce sujet ici : *http://goo.gl/HS1DA*.

Enfin, dans le domaine des restrictions, votre fichier non compressé (vous pouvez également fournir des fichiers compressés en GZip) doit avoir une taille inférieure à 10 Mo et contenir des informations sur 50 000 pages (URL) au maximum, ce qui laisse un peu de marge (d'autant plus que vous pouvez travailler sur plusieurs fichiers comme nous le verrons ci-après).

Exemples de fichiers

Ainsi, un fichier extrêmement simple, minimaliste mais fonctionnel, décrivant un site de trois pages sera le suivant :

```
<?xml version="1.0" encoding="UTF-8"?>
<urlset xmlns="http://www.google.com/schemas/Sitemap/0.9">
  <url>
    <loc>http://www.votresite.com/</loc>
  </url>
  <url>
    <loc>http://www.votresite.com/produits.html</loc>
  </url>
  <url>
    <loc>http://www.votresite.com/apropos.html</loc>
  </url>
</urlset>
```

Ce fichier est très simple et n'aura qu'une fonction : signaler au moteur la présence des trois pages. Cependant, il peut paraître plus rapide, dans ce cas, comme nous l'avons indiqué auparavant, d'utiliser le format texte (`.txt`). Ce fichier (par exemple : `Sitemap.txt`) contiendra alors uniquement les lignes suivantes :

```
http://www.votresite.com/
http://www.votresite.com/produits.html
http://www.votresite.com/apropos.html
```

Un fichier plus complet au format XML, contenant plus d'informations, pourra prendre la forme suivante :

```
<?xml version="1.0" encoding="UTF-8"?>
<urlset xmlns="http://www.google.com/schemas/Sitemap/0.9">
  <url>
    <loc>http://www.votresite.com/</loc>
    <lastmod>2014-09-01</lastmod>
    <changefreq>daily</changefreq>
    <priority>1</priority>
  </url>
  <url>
    <loc>http://www.votresite.com/produits.html</loc>
    <lastmod>2014-08-12</lastmod>
    <changefreq>weekly</changefreq>
    <priority>0.8</priority>
  </url>
  <url>
    <loc>http://www.votresite.com/apropos.html</loc>
    <lastmod>2014-09-15</lastmod>
    <changefreq>monthly</changefreq>
    <priority>0.5</priority>
  </url>
</urlset>
```

Chaque page se voit alors décrite avec ses quatre champs spécifiques : URL, date de dernière modification, fréquence de mise à jour et priorité d'indexation. Autant de données que le moteur va utiliser pour mieux les découvrir.

Travail sur plusieurs fichiers

Le protocole Sitemap permet de travailler sur plusieurs fichiers XML. Il faudra dans ce cas créer un nouveau fichier descriptif (fichier mère), nommé `sitemap_index.xml`, qui va contenir les indications sur les sous-fichiers (fichiers filles) utilisés.

Sa structure est similaire à celle d'un fichier fille. Voici le format d'un tel fichier `sitemap_index.xml` :

```
<?xml version="1.0" encoding="UTF-8"?>
<Sitemapindex xmlns="http://www.google.com/schemas/Sitemap/0.9">
  <Sitemap>
    <loc>http://www.votresite.com/Sitemap1.xml</loc>
    <lastmod>2013-10-01</lastmod>
  </Sitemap>
  <Sitemap>
    <loc>http://www.example.com/Sitemap2.xml</loc>
    <lastmod>2013-10-15</lastmod>
  </Sitemap>
</Sitemapindex>
```

L'option `lastmod` indique ici la date de dernière modification du fichier Sitemap, et non pas des pages dont il détient la description.

Cas particulier des sous-domaines

Votre site, comme le site Abondance, utilise peut-être des sous-domaines tels que :

- *www.abondance.com*
- *actu.abondance.com*
- *offre.abondance.com*
- *outils.abondance.com*

Dans ce cas, chaque sous-domaine est considéré par le moteur comme un site à part entière. Le mieux est donc de créer un fichier Sitemap pour chacun des sous-domaines, décrivant les pages que chacun contient. Par exemple :

- *www.abondance.com/Sitemap-top.xml*
- *actu.abondance.com/Sitemap-actu.xml*
- *offre.abondance.com/Sitemap-offre.xml*
- *outils.abondance.com/Sitemap-outils.xml*

Chaque sous-domaine étant indépendant pour les moteurs, un fichier de type `sitemap_index.xml` (voir ci-dessus) n'est donc pas nécessaire dans ce cas. En revanche, vous devrez déclarer chacun de ces fichiers. Nous y reviendrons…

Attention aux intitulés avec ou sans la mention www

Attention, n'oubliez pas que le site *www.votresite.com* est considéré par Google comme étant différent de *votresite.com*.

Facilitez la gestion de vos Sitemaps

Rien ne vous oblige à créer à un seul fichier Sitemap global pour votre site. N'hésitez pas cependant, pour des raisons de facilité de gestion, à créer, par exemple, un Sitemap par rubrique pour votre site ou par année d'archive, etc. Vous pourrez ainsi mieux suivre, au moyen des Webmaster Tools, la façon dont chaque zone de votre site est indexée par les moteurs de recherche en général et Google en particulier.

La mise en place d'un fichier Sitemap s'effectue donc en quatre étapes chronologiques.

Étape 1 – Création du fichier

Vous pouvez créer un fichier Sitemap de plusieurs manières.

- En le créant manuellement à l'aide d'un éditeur de texte. Cette solution sera peut-être la plus simple, voire la plus rapide pour un (tout) petit site. Elle deviendra rapidement fastidieuse, voire impossible à gérer pour des moyens et gros sites.

- En utilisant un script, un logiciel ou un site web en ligne, qui effectuera automatiquement cette manipulation, tout en vous donnant la possibilité (ou non) de modifier les résultats créés.

Le choix de l'outil (Google en propose un également) est important car tous ne sont pas équivalents, loin de là, au niveau des fonctionnalités. En effet, selon la taille de votre site, il sera vite fastidieux de créer manuellement un tel fichier au format XML. Très rapidement, l'emploi d'outils automatisés s'avérera indispensable.

Les différentes solutions (scripts, solution en ligne, logiciels) s'adaptent en fait aux besoins des éditeurs de sites web.

- Les solutions en ligne comme Google Site Map Generator and Editor (*http://www.sitemapdoc.com/*) ou XML-Sitemaps (*http://www.xml-sitemaps.com/*), sont parfaites pour des petits sites, de quelques centaines de pages au maximum, assez statiques, sans mises à jour fréquentes et ayant un besoin très ponctuel de création de fichier Sitemap.
- Les logiciels comme GSiteCrawler (*http://gsitecrawler.com/*) ou SiteMapBuilder (*http://www.sitemapbuilder.net/*) répondront aux attentes des éditeurs de sites web plus importants, en termes de nombre de pages, plus mouvants (nombreuses pages modifiées chaque jour ou chaque semaine), c'est-à-dire à un besoin plus professionnel de création de tels fichiers. Cependant, les solutions en ligne et les logiciels souffrent d'un défaut majeur : il faut relancer la création d'un nouveau Sitemap dès qu'une modification est faite sur le site, ce qui peut vite s'avérer très fastidieux.
- Pour corriger cela, les scripts seront indispensables pour automatiser la mise à jour du fichier Sitemap (la modification d'une page entraînant automatiquement celle des données la décrivant dans le fichier Sitemap). Ces scripts répondent donc à des besoins très pointus d'intégration d'informations, de façon rapide, fiable et automatisée dans les fichiers Sitemaps. Ils seront en revanche réservés aux programmeurs et développeurs web. Mais la plupart des CMS (*Content Management System* comme WordPress, Durpal, Spip, Joomla...) proposent aujourd'hui des solutions permettant d'automatiser cette tâche. Souvent, les webmasters ont à leur disposition cette fonction mais ne l'ont pas activée. Vérifiez bien que vous avez ce type de possibilité sous la main (ou la souris). Et posez-vous la question de la pertinence de votre CMS si ce dernier ne propose pas la création de Sitemaps « à la volée ».

Quoi qu'il en soit, il existe aujourd'hui, quelle que soit la taille de votre site web et l'état de vos connaissances techniques, une solution pour créer un fichier Sitemap. N'hésitez pas, les quelques minutes consacrées à cette tâche pourraient grandement aider à une meilleure intégration de votre site dans l'index du moteur.

Les outils web ou logiciels peuvent être intéressants en *one shot*, mais il faudra les relancer pour créer un Sitemap à jour dès qu'une modification est effectuée sur votre site (nouvelle page, page existante modifiée, etc.). Si votre site a tendance à vivre énormément et à proposer de nouveaux contenus de façon très fréquente, seul le script intégré à votre outil de gestion de site sera exploitable.

Étape 2 – Validation du fichier

Pour être sûr que votre fichier est bien conforme au format XML, vous pouvez utiliser un certain nombre de programmes de validation dont vous trouverez la liste aux adresses suivantes :

- *http://goo.gl/EnMf3*
- *http://goo.gl/NLmfj*

Ceci dit, au vu de la relative simplicité des fichiers Sitemaps et du fait que vous allez rapidement utiliser un applicatif qui automatise sa création, vous n'aurez rapidement plus à valider vos fichiers puisqu'on peut imaginer que les documents fournis par les logiciels sont propres.

Lisez bien le site officiel

Un site officiel sur le format Sitemap a été mis en ligne à l'adresse *http://www.sitemaps.org/* (en français et en anglais). N'hésitez pas à le consulter pour en savoir davantage sur ce point, il regorge d'informations intéressantes.

Par ailleurs, sachez que l'interface d'administration de vos Sitemaps dans les Google Webmaster Tools (*http://goo.gl/ebalY*) vous donne aussi la possibilité de tester leur validité et notamment l'exactitude des URL fournies (voir ci-dessous).

Étape 3 – Déclaration du fichier

Placer votre fichier sur votre site ne suffit pas. Il faut signaler aux moteurs qu'il existe pour que ceux-ci viennent le prendre en compte. Deux solutions pour cela.

- Utiliser l'interface d'administration proposée par Google et Bing. Prenons l'exemple de Google (l'interface se trouve dans la zone Webmaster Tools du moteur de recherche).

  Une fois identifié sur Google, vous avez accès à une interface d'administration très simple, telle que représentée sur la figure 12-5.

  Le bouton Ajouter/Tester un Sitemap permet de signaler, sur une page de soumission spécifique, l'adresse de votre (ou de vos) fichier(s) et de vérifier sa conformité.

  Devant chaque fichier enregistré, plusieurs liens sont disponibles.

  – « Date d'envoi » indique le nombre d'adresses que Google a trouvées dans le fichier.
  – « Dans l'index » indique combien, sur les URL soumises, ont été réellement indexées par Google. Ce chiffre est le sujet de nombreuses polémiques tant il semble souvent éloigné de la réalité.
  – La colonne « Date de traitement » vous indique quand votre fichier a été lu la dernière fois par Google, ce qui peut constituer une information très intéressante.

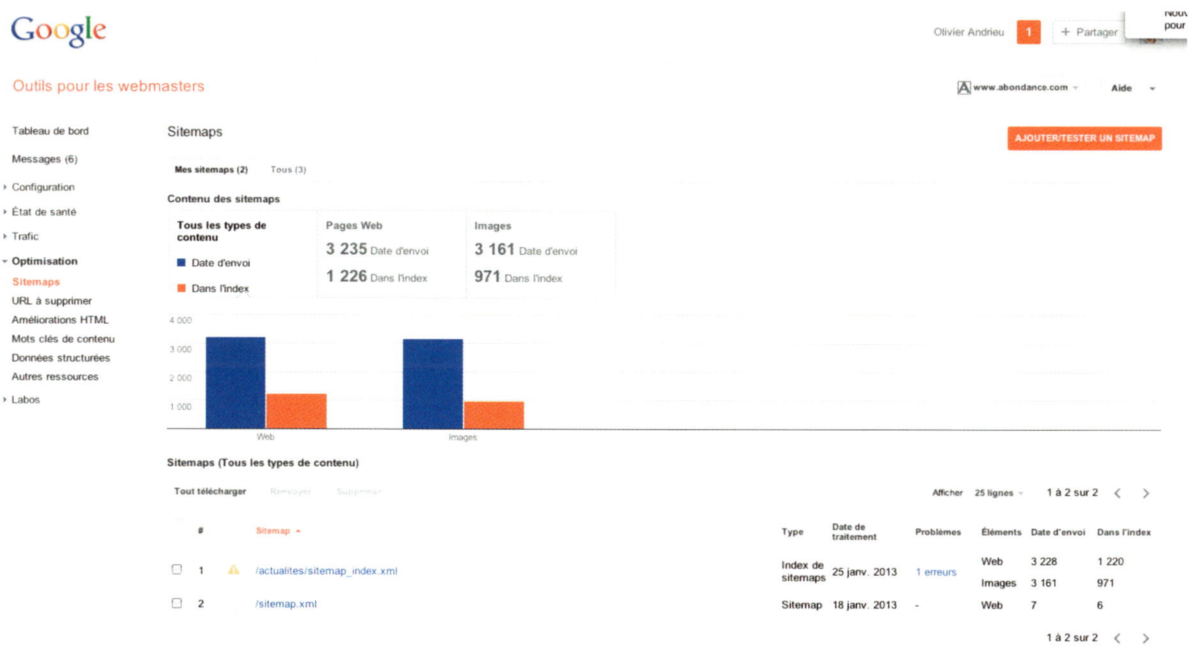

Figure 12-5

Interface d'administration des fichiers Sitemaps dans les Google Webmaster Tools

Les autres indications sont assez classiques, nous ne reviendrons pas dessus. Des données statistiques ainsi que d'éventuels constats d'erreur, sont également fournis.

- L'autre façon de déclarer votre fichier Sitemap (notamment auprès d'Exalead ou d'Orange qui ne proposent pas de telles interfaces web pour les gérer) est de notifier l'adresse du fichier Sitemap grâce à une fonction nommée autodiscovery. Cette dernière permet au moteur de découvrir le fichier Sitemap de façon très simple en indiquant son emplacement physique dans un fichier `robots.txt` en ajoutant simplement cette ligne :

```
Sitemap: <sitemap_location>
Exemple :
Sitemap: http://www.votresite.com/sitemaps.xml
```

Le robot, lorsqu'il lira le fichier `robots.txt` (voir chapitre 15), aura ainsi immédiatement l'indication de la localisation de votre fichier Sitemap et pourra le lire sans souci. Vous trouverez plus d'informations sur ce sujet à l'adresse suivante : *http://www.sitemaps.org/fr/protocol.php#informing*.

Étape 4 – Mise à jour du fichier

Enfin, il se peut que le contenu de votre site change dans le temps : nouvelles pages qui apparaissent, anciennes qui disparaissent, etc. Vous devez donc mettre à jour en conséquence votre fichier Sitemap, au fur et à mesure des changements. Google viendra l'indexer fréquemment.

Plus d'informations sur le format Sitemap

Voici quelques liens importants au sujet de l'offre Google Sitemaps :

- Documentation (en français) : *http://goo.gl/9LGLu* ;
- Le blog de Google dédié aux Webmaster Tools en général et aux Sitemaps en particulier : *http://googlewebmastercentral.blogspot.com/* ;
- Le fichier Sitemap du site Google (on n'est jamais si bien servi...) : *http://www.google.com/sitemap.xml* ;
- Le site officiel : *http://www.sitemaps.org/*.

Notez bien que le format Sitemap évolue quasi quotidiennement. Consultez attentivement le blog dédié à cet applicatif (voir encadré « Plus d'informations sur le format Sitemap ») pour vous tenir au courant des dernières nouveautés proposées !

Par exemple, au mois de juin 2010, Google a fait évoluer le format des Sitemaps (*http://goo.gl/sEmyG*) pour prendre en compte de nombreux formats de documents inclus dans une page web comme les images, les vidéos, des indications spécifiques pour Google News, etc. Voici un exemple d'un tel fichier pour une page contenant des images et des vidéos :

```
<?xml version="1.0" encoding="UTF-8"?>
<urlset xmlns="http://www.sitemaps.org/schemas/sitemap/0.9"
     xmlns="http://www.sitemaps.org/schemas/sitemap-image/1.1"
     xmlns="http://www.sitemaps.org/schemas/sitemap-video/1.1">
  <url>
   <loc>http://www.example.com/foo.html</loc>
   <image:image>
    <image:loc>http://example.com/image.jpg</image:loc>
   </image:image>
   <video:video>
   <video:content_loc>http://www.example.com/videoABC.flv</video:content_loc>
    <video:title>Grilling tofu for summer</video:title>
   </video>
  </url>
</urlset>
```

Des espaces pour webmasters de la part des moteurs de recherche

Avec le temps, les moteurs de recherche se rapprochent des webmasters en général et des référenceurs en particulier, en leur proposant des services et des outils leur permettant de mieux suivre la façon dont leur site est indexé. Google a été le pionnier en la matière avec ses Webmaster Tools : *http://www.google.com/webmasters/*.

Microsoft propose également son propre site, similaire à celui de son concurrent : *http://www.bing.com/toolbox/webmaster/*.

Ces outils sont des espaces absolument indispensables pour toute personne s'intéressant aux moteurs de recherche et au référencement. N'hésitez donc pas à y inscrire votre site au plus vite !

Différents types de Sitemaps

Sachez enfin qu'il n'existe pas que des Sitemaps pour les moteurs de recherche web. Le protocole, au fil des années, s'est perfectionné et il est maintenant possible de créer :

- des Sitemaps pour les vidéos (*http://goo.gl/XYULl*). Par exemple :

```
<urlset xmlns="http://www.sitemaps.org/schemas/sitemap/0.9"
        xmlns:video="http://www.google.com/schemas/sitemap-video/1.1">
<url>
  <loc>http://www.example.com/videos/some_video_landing_page.html</loc>
    <video:video>
<video:content_loc>http://www.site.com/video123.flv<video:content_loc>
      <video:player_loc allow_embed="yes">http://www.site.com/videoplayer.swf?video
      =123</video:player_loc>
<video:thumbnail_loc>http://www.example.com/miniatures/123.jpg<video:thumbnail_loc>
      <video:title>Barbecue en été<video:title>
      <video:description>Pour des grillades réussies<video:description>
      <video:rating>4.2</Video:rating>
      <video:view_count>12345</video:view_count>
      <video:publication_date>20107-11-05T19:20:30+08:00.</video:publication_date>
      <video:expiration_date>20109-11-05T19:20:30+08:00.</video:expiration_date>
      <video:tag>steak</video:tag>
      <video:tag>viande</video:tag>
      <video:tag>été</video:tag>
      <video:category>Barbecue</video:category>
      <video:family_friendly>yes</video:family_friendly>
      <video:expiration_date>2010-11-05T19:20:30+08:00<video:expiration_date>
      <video:duration>600</video:duration>
    </video:video>
</url>
</urlset>
```

- des Sitemaps pour les sites mobiles (*http://goo.gl/vIj1T*). Par exemple :

```
<?xml version="1.0" encoding="UTF-8" ?>
 <urlset xmlns="http://www.sitemaps.org/schemas/sitemap/0.9"
        xmlns:mobile="http://www.google.com/schemas/sitemap-mobile/1.0">
    <url>
        <loc>http://mobile.example.com/article100.html</loc>
        <mobile:mobile/>
    </url>
</urlset>
```

- des Sitemaps pour Google News (*http://goo.gl/aLqBJ*). Par exemple :

```
<?xml version="1.0" encoding="UTF-8"?>
<urlset xmlns="http://www.google.com/schemas/sitemap/0.9"
 xmlns:news="http://www.google.com/schemas/sitemap-news/0.9">
   <url>
      <loc>http://example.com/article123.html</loc>
      <news:news>
```

```
        <news:publication_date> 2010-08-14T03:30:00Z </news:publication_date>
        <news:keywords>Business, Mergers, Acquisitions</news:keywords>
      </news:news>
   </url>
</urlset>
```

- des Sitemaps pour Google Maps (*http://goo.gl/RVaZc*). Par exemple :

```
<urlset xmlns="http://www.sitemaps.org/schemas/sitemap/0.9"
        xmlns:geo="http://www.google.com/geo/schemas/sitemap/1.0">
<url>
   <loc>http://www.example.com/download?format=kml</loc>
   <geo:geo>
       <geo:format>kml</geo:format>
   </geo:geo>
</url>
<url>
   <loc>http://www.example.com/download?format=georss</loc>
   <geo:geo>
       <geo:format>georss</geo:format>
   </geo:geo>
</url>
</urlset>
```

- d'autres Sitemaps sont également disponibles, quoi que moins utiles au quotidien (Google recherche de code, par exemple). Plus d'informations à cette adresse : *http://goo.gl/0fmps*.

La prise en compte par d'autres robots que ceux crawlant le Web

Les porte-paroles techniques de Google ont également indiqué en 2006 que tous les robots de leur(s) moteur(s) œuvraient pour découvrir de nouveaux documents et s'échangeaient les données. Ainsi, si vos photos sont prises en compte dans Google Images, si vous affichez des liens sponsorisés AdSense sur vos pages, etc., vos URL auront plus de chances d'être rapidement référencées dans l'index web du moteur car tous ses robots se transmettent les informations et les URL des nouvelles pages. Il en est de même, semble-t-il, pour tous les applicatifs de Google qui utilisent un robot : vidéo, blogs, images, AdSense, etc.

Ne l'oubliez pas, toutes ces voies peuvent être explorées pour voir votre site encore mieux « aspiré » par les moteurs de recherche.

Le référencement payant (paid inclusion, trusted feed)

Dernière solution, citée ici à titre historique puisqu'aujourd'hui obsolète : certains moteurs, comme Yahoo!, proposaient jusqu'en 2009, une offre de référencement payant (ou *paid inclusion*, *trusted feed*, ou encore *XML Feed*). Vous obteniez ainsi une garantie de référencement (mais pas de positionnement) et de mise à jour fréquente dans l'index du moteur.

L'offre de Yahoo!, baptisée Yahoo! Search Submit Express, proposait les tarifs suivants en 2009 : 49 $ la première URL, puis 29 $ jusqu'à la 10e et 10 $ l'URL au-delà. Un tarif était ensuite appliqué au clic (0,15 $ ou 0,30 $ en fonction de la catégorie dans laquelle votre site se trouve).

Rappelons qu'il ne s'agissait aucunement ici de garanties de positionnement mais bien uniquement de référencement et d'indexation. Seules les garanties suivantes pouvaient vous être apportées par ces offres :

- référencement garanti des pages web (pour lesquelles vous payez) dans l'index du moteur ;
- traitement rapide de la demande ;
- mise à jour fréquente du contenu indexé (en général dans les 48 h).

Google n'a jamais proposé d'offre de ce type. Celles de Voila et de Yahoo!, qui ont subsisté quelques années, sont aujourd'hui abandonnées (*http://goo.gl/EpD46*). Le *trusted feed* est actuellement une stratégie abandonnée par tous les moteurs de recherche, de par le manque d'intérêt des webmasters et le rapport qualité/prix plus que moyen. Difficile en effet de penser qu'il était nécessaire de payer un moteur de recherche pour qu'il fasse bien son boulot.

Référencement payant et liens sponsorisés

Attention : contrairement à un usage erroné, le référencement payant n'a rien à voir avec les liens sponsorisés (AdWords, AdSense, etc.). Ces offres publicitaires, tout à fait honorables par ailleurs, n'ont aucune relation avec un quelconque référencement.

Il s'agit là d'un excellent critère pour choisir un éventuel prestataire de référencement. Si la société parle de référencement payant en lieu et place de liens sponsorisés, passez votre chemin : il y a de fortes chances que ses connaissances en référencement naturel ne soient pas très élevées.

L'indexation en temps réel : PubSubHubbub et Ping

> Section rédigée avec la contribution de Jean-Noël Anderruthy

L'omniprésence des réseaux sociaux dans notre quotidien fait que l'indexation en temps réel, des informations publiées en ligne, devient un enjeu majeur en termes de stratégie SEO. Aussi, il est important d'alerter les moteurs de recherche pour leur annoncer la publication d'un nouveau contenu. Aussi, l'utilisation de services comme PubSubHubbub devient le levier indispensable d'une prochaine maxime du référencement : « aussitôt publié, aussitôt indexé ».

Le temps réel permet de rapprocher les univers virtuels de façon à élargir notre champ de connaissances et d'informations. Le temps devient alors un facteur de pertinence et d'optimisation de votre site web : plus vous ferez court et plus vous aurez raison. On l'a vu, pour alerter un moteur de la création d'un site ou de nouvelles pages, les propriétaires de sites web peuvent, par exemple, soumettre un fichier Sitemap à Google et attendre patiemment que ses spiders crawlent les pages indiquées pour, enfin, voir le contenu de leur site web indexé. Les flux RSS peuvent également avoir leur utilité dans le domaine. Mais dans ce cas, il existe un temps d'attente entre la publication d'un article et son indexation dans les moteurs de recherche. Le développement des sites de réseautage social et l'essor des services de LiveStreaming et de PlaceStreaming ont alors rendu nécessaire l'élaboration de plates-formes rendant possible un Web « en temps réel ».

Trois ingénieurs de Google (Mihai Parparita, Brett Slatkin et Brad Fitzpatrick) se sont ainsi attaqués à ce problème et ont proposé à la communauté un nouveau protocole appelé PubSubHubbub. Son objectif est simple à comprendre (pas comme son nom à retenir) : raccourcir le temps virtuel qui sépare les sites web des internautes jusqu'à le rendre proche de zéro. En un mot : aussitôt publié, aussitôt indexé, aussitôt lu.

Les avantages de PubSubHubbub

PubSubHubbub signifie *server-to-server web-hook-based pubsub*. L'abréviation couramment utilisée est celle-ci : PuSH.

Le *Working Draft* de la « bête » est visible à cette adresse : *http://goo.gl/pQElI* et le fichier d'aide à partir de celle-ci : *http://goo.gl/4hd38*. Il existe de nombreux exemples qui vous permettent d'implémenter rapidement ce même protocole, que vous soyez « souscripteur » ou « éditeur ».

En voici les principales caractéristiques.

- Une mise en place d'un protocole de publication ou de souscription.
- Les fils d'actualités deviennent des flux en lecture continue (Streams).
- Une réduction des temps de latence.

Le protocole PubSubhubbub suit le cheminement suivant.

- Un éditeur de contenu propose un flux RSS.
- Ce flux RSS fait mention du serveur hub (concentrateur) dans les lignes de déclaration du fichier XML *(Extensible Markup Language)* ou ATOM (format de syndication basé sur XML).
- Un serveur (l'abonné) parcourt normalement le fichier concerné.
- Si le fichier de flux déclare l'adresse du hub qu'il utilise, le serveur abonné peut alors souscrire au flux diffusé par le hub.
- Dès que l'éditeur a informé le hub qu'une mise à jour est disponible, ce dernier récupère l'élément nouveau et diffuse les changements aux différents serveurs concernés : « J'ai fini le travail ; tu n'as plus qu'à venir te servir ! ».

Le hub fonctionne donc comme un intermédiaire entre les éditeurs de contenu et les abonnés. Et c'est seulement lui qui gère la publication, le processus d'abonnement (ou de désabonnement) ainsi que l'acheminement des messages. L'ensemble de ce processus (en cascade et qui supprime les commandes doublons) se déroule en quelques secondes.

Autre particularité importante : dans un processus normal, c'est l'abonné qui interroge le serveur (en mode Pull) afin de savoir si une mise à jour est disponible alors que dans le cas de PubSubhubbub, c'est le contraire : le hub lance une alerte en mode Push. Par exemple, Ping-O-Matic (*http://pingomatic.com*) est un service qui alerte des agrégateurs, comme FeedBurner ou NewsGator, que du nouveau contenu a été publié et qu'ils peuvent interroger votre flux RSS.

La difficulté est que les services concernés doivent alors visiter l'adresse URL du flux afin d'en récupérer le contenu frais. Pour résumer : vous « pingez » ces services et ils viennent « butiner » votre contenu.

Avec PubSubHubbub, le hub choisi agrège l'élément mis à jour et le diffuse en mode multidiffusion. La différence est de taille en termes de rapidité et d'économie de bande passante pour votre site.

On peut déjà citer quelques services Google (et autres) utilisant PuSH en tant que souscripteurs : Google Reader, Blogger, Google Buzz, FeedBurner, les alertes Google, Friendfeed (*http://friendfeed.com*), Ping.fm (*http://ping.fm*), Netvibes, Status.net (*http://status.net*), etc.

Ces services l'utilisent déjà en tant qu'éditeurs : Typepad, WordPress, Posterous (*http://www.posterous.com/*), Tumblr (*http://www.tumblr.com*), etc.

Notez aussi qu'il existe d'autres avantages en comparaison d'un service très similaire appelé RSSCloud. Google a eu la bonne idée de publier un comparatif visible à cette adresse : *http://goo.gl/tBZyg*. Les différents protocoles sont examinés selon leurs performances en termes de sécurité, temps de latence, consommation de bande passante, difficulté d'implémentation. À vous de faire votre choix.

Optimisez le temps d'indexation d'un nouveau site

Comment accélérer l'acceptation d'un nouveau site dans les index des moteurs ? Comment faire en sorte qu'au lancement d'un site web, celui-ci soit déjà indexé par les spiders des différents moteurs – même si ce n'est que provisoirement –, en attendant la mise à jour suite au rafraîchissement de l'index, quelques jours, ou au pire quelques semaines plus tard ? Voici quelques astuces qui vous permettront de gagner du temps en faisant en sorte que votre site web soit présent dès son lancement sur les moteurs, même en version minimale.

Mettez en ligne une version provisoire du site

N'attendez pas le jour du lancement pour créer votre nom de domaine et proposer une page web en ligne. Au moins deux mois avant le lancement, créez un mini-site avec une page d'accueil provisoire. Prenons pour exemple pour le site KSE du réseau Abondance, à l'adresse *http://www.keyword-search-engine.com*, où on pouvait déjà trouver la page présentée en figure 12-6 bien avant son lancement officiel.

Une fois que les pages réelles seront mises en ligne et que le site sera officiellement lancé, il suffira d'attendre la prochaine mise à jour du moteur pour que les documents soient pris en compte dans leur contenu final. Ils seront au moins déjà présents dans les index, ce qui est loin d'être négligeable.

Figure 12-6

Version provisoire du site Keyword Search Engine

Le site fut alors rapidement indexé par Google comme le montre la figure 12-7.

Figure 12-7

Indexation du site par Google quelques jours après la mise en ligne du site – Copie d'écran d'époque

> **Mot de passe et page d'accueil**
>
> Ne protégez pas la page d'accueil de votre site par un mot de passe, car cela bloquera les spiders et donc l'indexation de vos pages. En revanche, vous pouvez bloquer l'éventuelle aspiration des autres pages (notamment les pages de test si elles sont en accès libre) par un fichier `robots.txt` ou une balise meta `robots`. Vous pouvez éventuellement le faire avec un mot de passe, mais, dans ce cas, uniquement sur les pages que vous ne désirez pas voir indexées par les moteurs. Surtout laissez bien la page d'accueil libre d'accès. Sinon, préférez une balise meta `robots`, car la seule lecture du fichier `robots.txt` pourrait indiquer à un internaute les emplacements de votre site test (voir chapitre 15).

Profitez de cette version provisoire

Vous avez mis en ligne une version plus ou moins expurgée de votre site afin que celle-ci soit, dans un premier temps, indexée par les moteurs ? Profitez-en pour en faire une première version attractive et efficace.

- Créez un jeu en demandant aux internautes de deviner de quoi parlera le site une fois lancé.
- Créez un *teasing* : « Rendez-vous sur ces pages dans 10 jours, 9 jours, etc. » Et soyez à l'heure le jour J !
- Mixez *Pull* (l'internaute va à l'information) et *Push* (l'information va à l'internaute). Demandez leur adresse e-mail aux internautes afin de les prévenir du jour où le site sera disponible (voir figure 12-08).

Figure 12-8

Formulaire de saisie d'adresse e-mail afin d'être alerté de la sortie du livre

En revanche, n'en profitez pas pour revendre la base d'adresses e-mail au plus offrant ou pour l'utiliser à autre chose que l'alerte proposée au départ. Votre image de marque pourrait en pâtir.

Créez un mini-site de 10 pages au maximum présentant votre projet et faites en sorte que l'internaute revienne d'autant plus facilement sur vos pages une fois le site officiel mis en ligne.

Avec un peu de chance, ces tentatives de promotion généreront quelques liens sur le Web, qui favoriseront l'indexation de vos pages par les moteurs. Dans tous les cas, cela constituera une promotion intéressante pour votre futur site. Pour exemple, le formulaire présent sur la page d'accueil de la figure 12-8 avait généré à l'époque plus de 3 000 demandes d'alertes par e-mail de la part d'internautes intéressés. Autant de lecteurs potentiels du livre.

Proposez du contenu dès le départ

Proposez du contenu sur la ou les pages provisoires, les moteurs de recherche en sont très friands, et optimisez déjà ces pages (voir chapitres 4 et 5) : titre, texte, lien, etc.

N'utilisez pas de spam, de lien caché, de texte invisible (blanc sur fond blanc, *via* les CSS, etc.) ! Bannissez toute méthode frauduleuse et optimisez loyalement votre première version du site. Ce serait quand même idiot de voir votre site directement pénalisé par les moteurs avant même qu'il soit créé !

Nous ne le répéterons jamais assez : il existe un très grand nombre de possibilités pour être bien référencé sans spammer, à partir du moment où on a pris les bonnes options d'optimisation des pages avant la création du site.

Faites des mises à jour fréquentes de la version provisoire

On sait que de nombreux moteurs calquent les intervalles entre deux visites de spiders sur les fréquences de mise à jour des pages web. Par exemple, la page d'accueil du site Abondance, qui propose 5 jours sur 7 les titres de l'actualité des outils de recherche, est « aspirée » tous les jours par le spider de Google, notamment. Dans ce cas, la date à laquelle le robot de Google a crawlé la page est indiquée par le moteur en haut de la version en cache, comme le présente la figure 12-9.

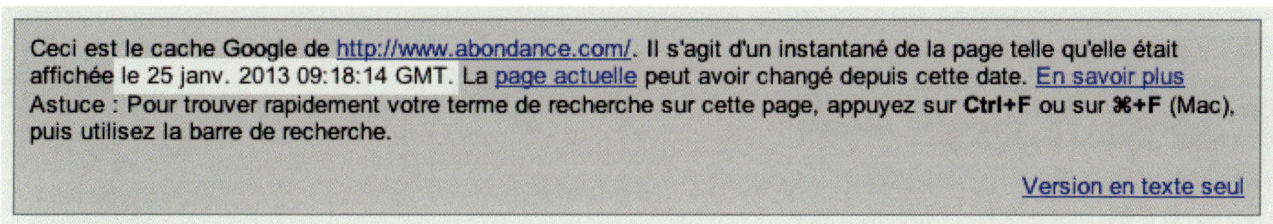

Figure 12-9

Indication de la date d'indexation de la page par Google

Mais il en est ainsi pour de nombreux moteurs. La figure 12-10 illustre l'exemple de Bing et de sa mention « Il y a 1 jour ».

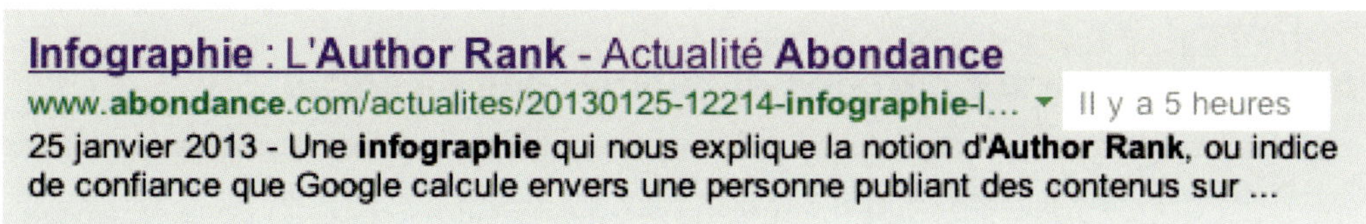

Figure 12-10

Bing indique également qu'un site a récemment été indexé.

N'hésitez pas à modifier tous les jours le contenu de votre site pour que le moteur prenne en quelque sorte l'habitude de vous rendre visite plus souvent.

Raccourcir le délai entre deux visites du spider est en effet très intéressant : le jour où votre site sera en ligne, il ne s'écoulera, dans le meilleur des cas, que quelques heures pour que les nouvelles versions de vos pages apparaissent sur le moteur.

N'utilisez pas le revisit after !

N'utilisez pas la balise meta `revisit-after` pour indiquer au spider de revenir selon des délais prédéfinis, puisque cette balise ne sert à rien pour le référencement et n'est prise en compte par aucun moteur majeur. Un vieux serpent de mer comme on en compte quelques-uns sur le Web…

Générez les premiers liens

On l'a vu en début de chapitre, la plupart des moteurs de recherche indexent de nouvelles pages en suivant les liens des pages web rencontrées lors de la création de leur index. Pour favoriser cette « aspiration », créez, si vous en avez la possibilité, quelques liens vers votre nouveau site depuis des sites existants.

Par exemple nous avons créé, sur toutes les pages d'accueil des sites du réseau Abondance, des liens vers les différents sites du réseau. La figure 12-11 présente les liens créés sur la page d'accueil du site Abondance, en bas de page.

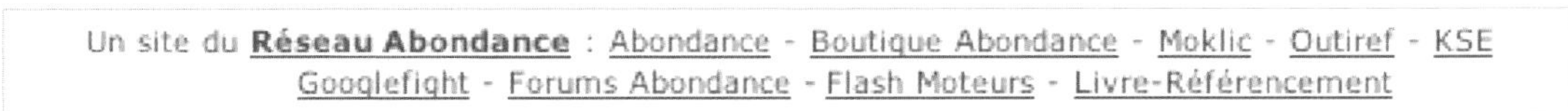

Figure 12-11

N'hésitez pas à créer les premiers liens vers un nouveau site.

Plus vous avez de sites web, plus vous pouvez multiplier ce type de signalement d'un nouveau site aux moteurs de recherche. Si vous n'avez pas d'autres sites web, essayez de contacter d'autres sites « amis » (si possible disposant de pages à fort PageRank) qui puissent faire un lien vers vous, à partir du moment où cette demande est légitime, bien sûr. Mais, là aussi, attention à l'effet sandbox (voir précédemment).

Inscrivez votre site sur certains annuaires dès sa sortie

Vous ne pouvez pas soumettre votre site aux principaux annuaires avant son lancement officiel, puisque la plupart de ces outils de recherche demandent à ce que le site soit « live » au moment de l'inscription. Mais n'hésitez pas à le soumettre dès sa mise en ligne. En même temps, ce type de stratégie ne générait plus de miracles de nos jours (voir chapitre 15). Mais, si c'est bien fait, et notamment avec parcimonie, vous y gagnerez toujours quelques liens supplémentaires.

Créez des liens le plus vite possible

Comme pour l'inscription sur les annuaires, n'hésitez pas à demander des liens, dans le cadre d'échanges avec d'autres sites, vers le vôtre pour attirer les spiders vers vos pages. Comme vous vous en doutez (l'éternel *Content is king* : le contenu est roi), plus votre contenu sera de bonne qualité, plus les liens seront faciles à obtenir. Voir le chapitre 5 à ce sujet.

Évitez les systèmes de type *links farms* (échanges de liens automatiques), souvent mal vus par les moteurs et relativement inefficaces, ainsi que tout lien artificiel. Privilégiez les vrais liens, émanant de sites connus, sur des pages disposant d'un fort PageRank, populaires, notamment dans votre domaine d'activité. En effet, les moteurs s'orientent de plus en plus vers la contextualisation de l'information : un lien depuis un portail incontournable de votre thématique devient de plus en plus important, comparativement à un lien émanant d'un site plus généraliste.

Présentez votre site sur les forums et blogs

Les discussions des forums et les articles des blogs sont indexés par les moteurs qui suivent les liens qui y sont proposés (un site comme Googlefight, *http://www.googlefight.com/*, s'est principalement fait connaître ainsi).

Identifiez les forums et les blogs qui parlent de votre domaine d'activité et présentez votre site uniquement si cela ne passe pas pour une publicité gratuite et si cela présente une réelle information pour les internautes. Suivez la Netiquette de ces espaces communautaires et ne faites pas n'importe quoi, sinon abstenez-vous. Au pire, insérez l'URL de votre site dans votre signature, sans en faire trop non plus. Agissez avec parcimonie sur les forums et blogs, les autres internautes ne sont pas là pour lire vos pubs !

En revanche, si vous faites bien votre travail, toujours de façon loyale et honnête, l'URL proposée sera suivie par les moteurs si le fil de discussion est indexé par eux.

En suivant ces quelques conseils, vous obtiendrez une bonne indexation, très rapide, de votre site web dès son lancement. Mais, comme d'habitude, agissez avec bon sens et ne vous laissez pas emporter : à vouloir aller trop vite, on frise le plus souvent la pénalité (voir chapitre 15) ! Restez dans une stratégie naturelle et tout se passera bien.

13

Index secondaire et duplicate content

« N'imitez rien ni personne. Un lion qui copie un lion devient un singe. »

Victor Hugo

La notion de « duplicate content » est très souvent évoquée quand on parle de SEO. En effet, il s'agit là d'un « mal » dont souffre la majeure partie des sites web. Mais attention, il en existe plusieurs formes, parfois assez distinctes. Pour approfondir ce sujet, il faut d'abord aborder la notion d'index principal et secondaire chez Google.

Google : index principal et secondaire

Comme tous les moteurs de recherche, Google utilise un index qui contient les pages web dans lesquelles il va effectuer ses investigations. On l'a vu au début de cet ouvrage, selon des sources plus ou moins officielles, la taille de cet index serait de l'ordre de 100 milliards de pages et peut-être beaucoup plus à l'heure actuelle. Nul ne le sait et, finalement, cela importe peu, à partir du moment où l'index contient les « bonnes pages », celles qui répondent à nos requêtes (et donc surtout celles de votre site !).

Ce qu'on sait moins, c'est que Google utilise en fait deux index depuis 2003 (même si la mise en place de l'infrastructure Caffeine a peut-être modifié la donne à ce niveau). Le premier, l'index principal, contient les pages que Google considère comme « essentielles », donc les plus importantes. L'index secondaire, pour sa part, contient ce qu'on pourrait appeler « un deuxième choix », incluant notamment de nombreuses pages considérées comme du « duplicate content ». En outre, les pages présentes dans cet index secondaire sont crawlées (visitées par les robots du moteur) bien moins souvent que celles de l'index principal.

Google a longtemps indiqué le fait qu'une page était issue de cet index secondaire au travers de la mention « Supplemental Result » ou « Résultat complémentaire » dans ses résultats.

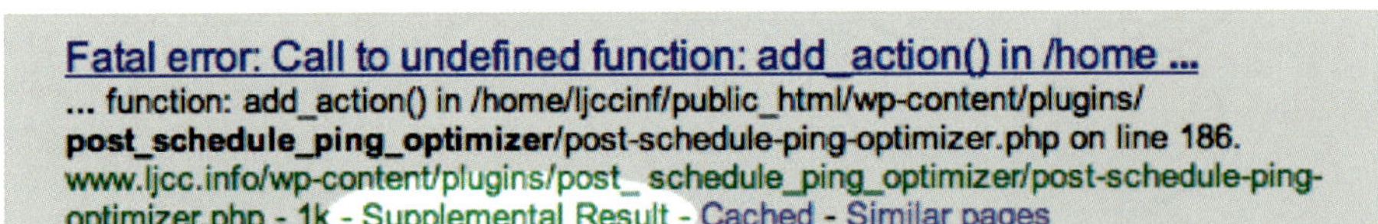

Figure 13-1

Mention « Supplemental Result » indiquant que le résultat est issu de l'index secondaire. Cette information n'est plus affichée par Google dans ses SERP.

Fin 2007, Google a annoncé que cet index secondaire n'existait plus (*http://goo.gl/QJu8g*) et que le moteur de recherche n'utilisait plus qu'un seul index.

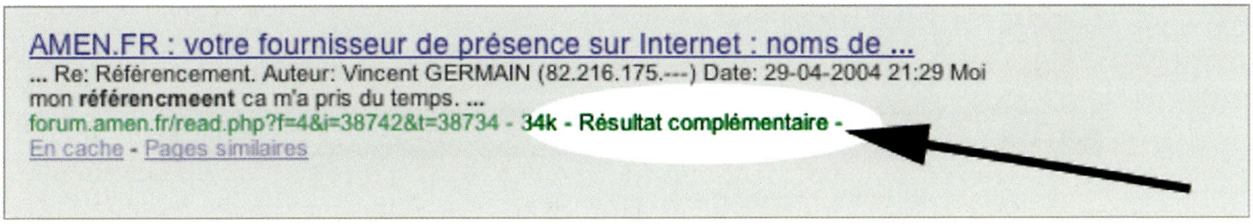

Figure 13-2

Mention identique, à l'époque, sur Google France

Les deux index cohabitent pourtant encore…

Pourtant, il semble qu'aujourd'hui encore cette différence existe entre deux sous-ensembles de l'index, quelle que soit la forme que prend cette dichotomie. Peut-être ne s'agit-il pas de deux « index », au sens technique du terme, mais il est clair que toutes les pages ne sont pas placées au même niveau par Google dans son index de départ. Dans ce chapitre, nous resterons donc sur notre vision initiale d'index « principal » et « secondaire » ; peu importe finalement ce qui se passe sous le capot du moteur.

Le fait est simple à vérifier : effectuez une recherche sur un site web donné, par exemple *www.abondance.com* sur Google.fr grâce à la requête *site:www.abondance.com*. Google renvoie 4 830 résultats (figure 13-3).

Figure 13-3

Requête « site:www.abondance.com » sur Google

Effectuez ensuite la même requête (figure 13-4) sur un autre site ayant passé un accord de partenariat avec Google, comme SFR (*http://www.sfr.fr/sfr-et-moi.html*).

Figure 13-4

Requête « site:www.abondance.com » sur le site SFR (technologie de recherche Google), rubrique « Portail SFR & moi »

SFR trouve aux environs de 1 350 pages. En fait, ce moteur travaille uniquement sur l'index « principal » de Google (ou tout du moins, Google ne leur fournit que des résultats issus de cet index).

> **SFR, AOL ou un autre ?**
>
> Dans le passé, nous prenions le moteur d'AOL en exemple pour déterminer le nombre de pages qui figuraient dans l'index principal ; depuis quelques années, c'est le moteur de SFR qui fait référence. Il semblerait en effet qu'en 2010, Google ait changé la nature du contrat qui le liait à AOL et qu'aujourd'hui les sites d'AOL et de Google renvoient un nombre de résultats quasi identiques. Si cela se produisait avec SFR lorsque vous lirez ces lignes, il faudrait vous tourner vers un nouveau partenaire du moteur comme Bouygues ou autre.

Il semblerait en fait que :

- l'index principal contienne les pages considérées comme les plus pertinentes par Google ;
- l'index secondaire contienne des pages considérées par Google comme moins importantes ou dupliquées. En conséquence, il ne les affichera que lorsque vous le demanderez, en cliquant par exemple sur le message en cas de « duplicate content » comme sur la figure 13-5.

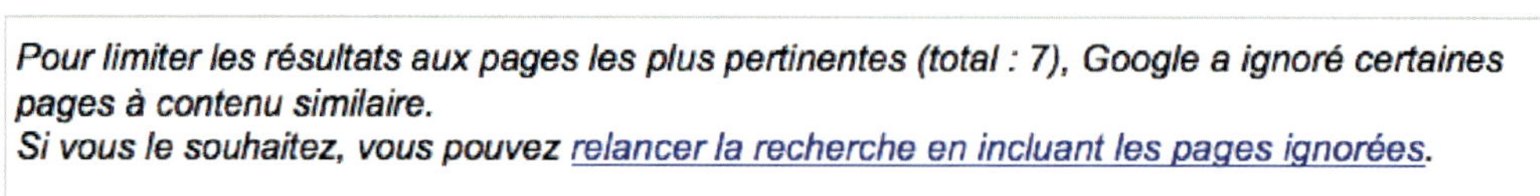

Figure 13-5

Message mentionnant un problème de « duplicate content » sur Google

En clair, dans l'exemple de la figure 13-5, avant que ce message n'apparaisse, vous visualisez les pages issues de l'index principal. Après avoir cliqué sur le lien « relancer la recherche en incluant les pages ignorées », tout l'index (principal + secondaire) est pris en compte.

La problématique est donc très importante puisqu'une page qui se trouve dans l'index principal conservera ses chances d'être bien positionnée dans les résultats du moteur de recherche, alors qu'une page qui se trouve dans l'« enfer de l'index secondaire » (dans ce cas, on pourrait plutôt parler de purgatoire, l'enfer étant synonyme de non-indexation) est quasiment perdue pour un bon positionnement. Être « connu de Google » ne suffit donc pas à être bien positionné si la page se trouve dans l'index secondaire. Dès lors, il vous faut bien vérifier quelles sont vos pages qui se trouvent dans l'une ou l'autre zone d'investigation du moteur.

Comment vérifier dans quel index sont vos pages ?

Pour vérifier combien de pages de votre site figurent dans chaque index, il existe plusieurs méthodes, plus ou moins officielles.

- La première, on l'a vu, est d'utiliser la commande « site: » sur Google puis sur un site « affilié » comme celui de SFR. Le moteur Google indiquera alors le nombre total de pages indexées (index principal ET secondaire) ; le moteur affilié (SFR) ne renverra que les pages de l'index principal. La différence entre les deux nombres fournis donnera le nombre de pages dans l'index secondaire.
- Une autre solution consiste à utiliser la requête « site:www.votresite.com/* » (« site:www.votresite.com/& »). Les mentions « /* » ou « /& » après la requête sembleraient indiquer à Google qu'il ne doit utiliser que son index principal pour effectuer la recherche.

Figure 13-6

Indication des pages web de l'index principal sur Google

Le nombre de résultats renvoyés par ces syntaxes s'approche effectivement de celui fourni par SFR. Cependant, Google n'a jamais communiqué sur cette syntaxe spécifique et nous ne vous la fournissons qu'à titre indicatif.

Quelles sont les raisons qui font qu'une page est versée dans l'index secondaire ? On peut en trouver trois.

- La page est en duplicate content. Si l'original est placé dans l'index principal, ses copies seront versées, assez logiquement, dans l'index secondaire.
- La page ne contient pas suffisamment de texte pour être assez finement analysée par le moteur.
- La page n'a aucun backlink (lien entrant) externe, venant d'un autre site. Pour vérifier cela, allez voir les Google Webmaster Tools (*http://www.google.com/webmasters/tools/?hl=fr*), espace indispensable dédié aux webmasters sur lequel vous vous devez d'avoir ouvert un compte si vous vous intéressez au référencement.

  Dans cet espace, choisissez l'option « Trafic de recherche » et le choix : « Liens vers votre site » (voir figure 13-7) qui liste les pages de votre site ayant au moins un lien externe.

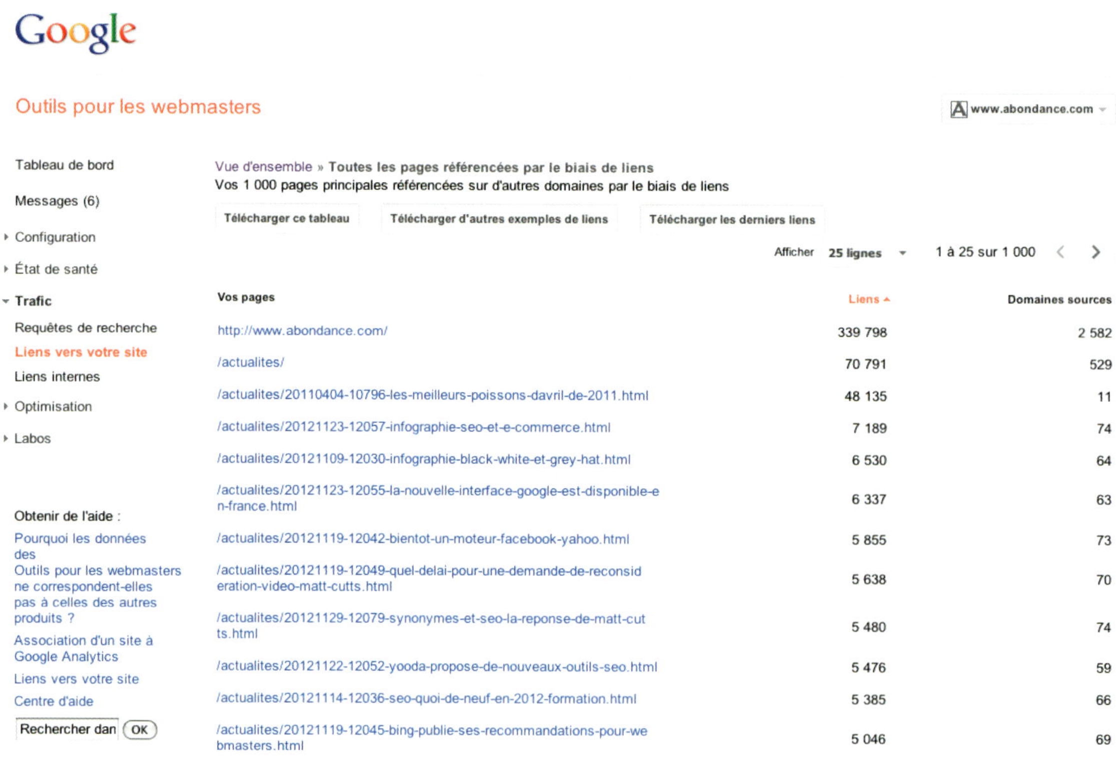

Figure 13-7

Examen des liens externes détectés par les Webmaster Tools de Google

Si une page est considérée comme assez « populaire », assez « liée », elle sera plutôt stockée dans l'index principal. Si elle n'a pas reçu assez de liens (internes ou externes), elle sera directement dirigée vers le « purgatoire » de l'index secondaire.

Conclusion sur les index de Google

La notion d'index principal et secondaire est importante, voire capitale, en termes de référencement. Le but sera pour votre site web de posséder le plus de pages possible dans l'index principal. On voit donc ici l'importance du « deeplinking » (stratégie d'obtention de liens externes – ou *netlinking* – vers les pages internes du site) en passant, bien sûr, par des pratiques loyales et honnêtes pour obtenir ces liens. Aussi faudra-t-il que tous vos problèmes de « duplicate content » aient également été résolus.

En clair, pour éviter l'index secondaire, vos pages devront donc :

- être « assez » liées par des liens externes, si possible depuis des pages populaires ;
- proposer assez de contenu textuel pour être « analysables » par les moteurs (la limite classique des 200 mots descriptifs – voir chapitre 5 – comme contenu éditorial au minimum) ;
- ne pas connaître de problématique de « duplicate content ».

La problématique du « linking » est importante, comme nous le verrons tout au long de cet ouvrage. Mettre en place une stratégie de liens vers la page d'accueil de son site est une bonne chose pour accroître la popularité de cette dernière. Cela reste un incontournable du référencement. Cependant, celle-ci doit s'accompagner d'un travail important pour gagner également des liens vers les pages internes du site *(deeplinking)*, afin de faire en sorte que le maximum de pages web se trouvent le plus rapidement possible dans l'index principal, voyant leurs chances de positionnement optimisées. Cela est particulièrement crucial pour les sites de contenu (presse, média, etc.) qui ont pour obligation de voir leur pages internes bien référencées, parfois beaucoup plus que leur page d'accueil.

Duplicate content : un mal récurrent…

La mise en index secondaire peut être due, comme nous l'avons déjà dit, à un manque de texte ou de backlinks sur une page. Mais le duplicate content peut également en être la cause. Raison de plus pour approfondir ce sujet... Depuis de nombreuses années, on entend en effet parler, dans le monde du référencement, de problèmes dus au concept de duplicate content. De quoi s'agit-il exactement ? Quels types de problèmes ce phénomène pose-t-il et quels sont les remèdes possibles ? Nous allons essayer, dans cette section, de répondre à toutes ces questions et de voir comment faire en sorte que le duplicate content ne soit plus qu'un mauvais souvenir pour vous si vous souffrez actuellement de ce problème (comme c'est le cas de très nombreux sites de la Toile).

Tout d'abord, qu'est-ce que le duplicate content ? En fait, il s'agit d'une situation assez simple en soi : imaginons que Google (et les autres moteurs, bien sûr) ait, à un moment donné, indexé une ou plusieurs pages (sur le même site ou sur des sites différents) qui, selon lui, proposent un contenu identique ou, tout du moins, très proche, très similaire, comme le montre la figure 13-8.

Il ne désire pas garder dans son index principal toutes ces pages trop proches les unes des autres et il décide donc de n'en garder qu'une seule. Ce sera celle qui, selon lui, propose le contenu « original », qui a donc été « copié » par les autres documents. Il prend en compte ce contenu original, qu'il appelle « canonique » et délaisse les autres pages qui deviennent pour lui « dupliquées » (figure 13-9).

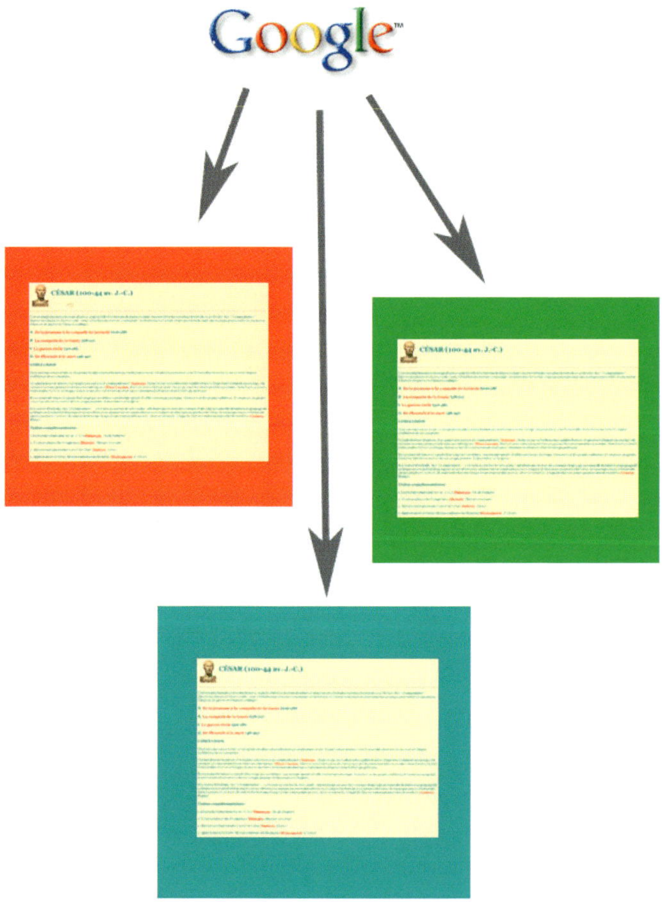

Figure 13-8

Google trouve sur le Web trois pages aux contenus éditoriaux très similaires, même si la mise en page/charte graphique est différente dans chacun des trois cas.

Notons bien qu'il ne supprime pas les pages contenant le contenu dupliqué, mais qu'il les met dans son index secondaire. Ce traitement, finalement assez logique, permet à Google de ne pas avoir trop de « doublons » dans son index et de fournir à ses utilisateurs des résultats plus pertinents. Cependant, il existe bon nombre de cas où cette notion de duplicate content peut poser des problèmes aux éditeurs de sites web. C'est ce que nous allons étudier maintenant.

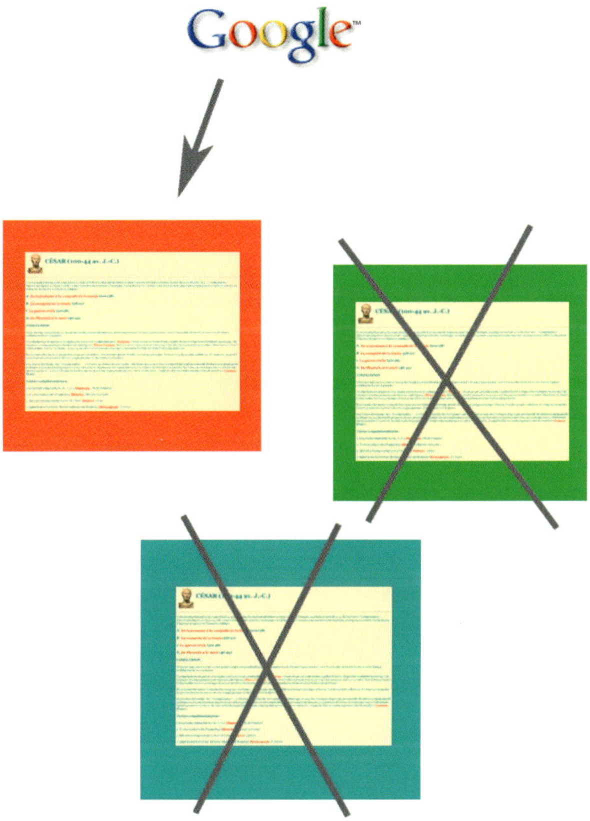

Figure 13-9

Google choisit le contenu canonique pour ses pages de résultats.

Quelques détecteurs de duplicate content

Vous pouvez utiliser d'autres sites pour estimer le taux de duplicate content entre deux pages. Vous saisissez les deux URL et l'outil vous indique le pourcentage de similarité entre les deux documents :

- WebRankInfo : *http://goo.gl/lNSrF*
- Webconfs : *http://www.webconfs.com/similar-page-checker.php*
- Always Data : *http://outils-seo.alwaysdata.net/outils-contenu-editorial/calcul-similarite-contenu/*
- Copyscape : *http://www.copyscape.com/compare.php*
- Outils référencement : *http://www.outils-referencement.com/outils/mots-cles/similarite*

Problème 1 – Contenu dupliqué sur des sites partenaires

Le problème du duplicate content arrive très rapidement lorsqu'un même contenu se trouve sur des sites différents. Exemple type : une dépêche AFP qui va se trouver sur le site de l'agence de presse qui l'a conçue, mais également sur de nombreux sites web « officiels » qui la reprennent.

Autre exemple : un site web de contenu propose un article en ligne sur un sujet donné (mode, tourisme, sport, etc.) et cet article est repris par un site web partenaire, qui a signé un contrat pour avoir le droit de reprendre ce contenu.

Aujourd'hui, Google sait très bien « extraire » le contenu réel, éditorial, d'une page web et laisser « de côté » toute la partie « navigation/charte graphique » du code HTML. Quand il aura fait ce travail sur les deux pages contenant l'article en question, il sera en possession de deux textes identiques (ou très similaires). Dans ce cas, quelle version va-t-il prendre en compte ? La question n'est pas si simple et le choix risque d'être cornélien pour lui. Officiellement, Google indique qu'il prendra comme page canonique celle qu'il a trouvée en premier et qui a le plus fort PageRank, c'est-à-dire celle qui est la plus populaire. Ce n'est peut-être pas le choix qui vous arrange le plus. Il faudra alors que vous réussissiez à le faire changer d'avis.

Figure 13-10

Exemple d'article repris à l'identique sur deux sites web différents

En effet, Google doit ici reconnaître quel est le contenu « canonique » (l'original) et quel est celui qui est dupliqué (la copie). Pour cela, il existe une première façon de faire (recommandée d'ailleurs par Google) en demandant à vos partenaires – si vous êtes le propriétaire du contenu canonique – de mettre (si ce n'est déjà fait) un lien sur leur page dupliquée vers votre page canonique. Attention : pas un lien vers la page d'accueil du site canonique. Chaque page reprenant un de vos contenus doit « pointer » vers la page du site affichant le contenu original. Ceci est extrêmement important !

Ce lien vers le contenu canonique sera détecté par Google qui comprendra ainsi qu'un contenu est issu d'un autre et pourra « se faire son idée » sur la provenance originale du texte éditorial découvert. C'est également important pour Google News, outil sur lequel Google utilise fortement ses filtres de duplicate content car il est alors confronté quotidiennement à ce type de problème.

Sur cet outil, le lien « Trier par date et afficher les doubles » affiche ainsi les pages en duplicate content, triées et éliminées par défaut.

Différences entre contenu éditorial et charte graphique

Notez que, même si vos pages ont 90 % de leur code HTML (représentant toute la partie « navigation, etc. ») identique, seul le contenu réel – éditorial – sera pris en compte par Google dans la détection du duplicate content (DC). Deux pages peuvent donc avoir un code HTML très différent mais un contenu éditorial identique. Cela ne leur évitera pas de tomber dans les filtres de « DC ». Ne l'oubliez pas !

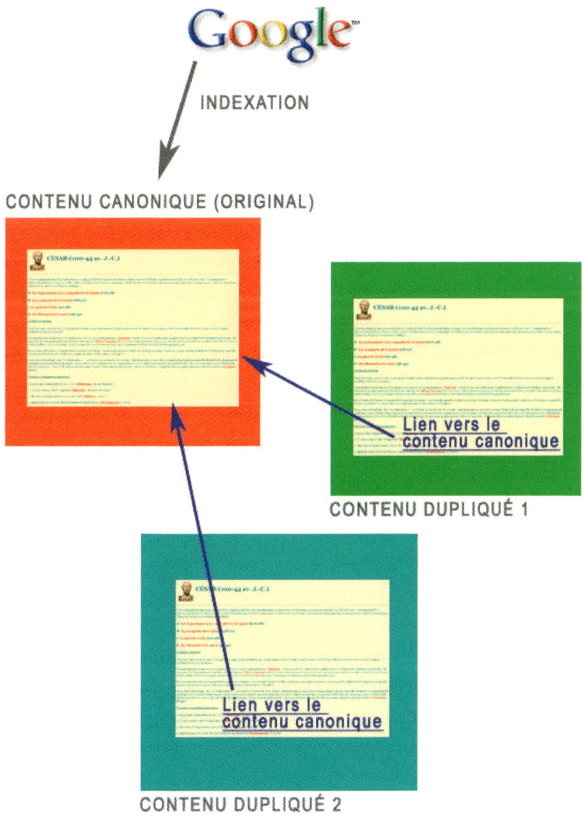

Figure 13-11

Lien depuis les pages dupliquées vers la page canonique

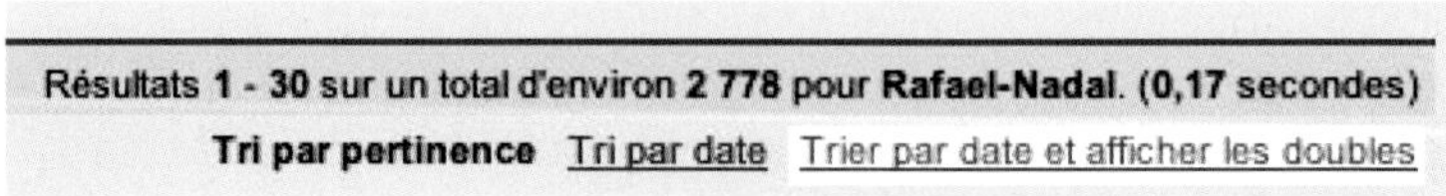

Figure 13-12

Détection du duplicate content dans Google News

On peut penser que le TrustRank, ou indice de confiance (voir chapitre 7), des différents sites entrant en ligne de compte ici joue également son rôle, Google octroyant plus de confiance au site web disposant du TrustRank le plus élevé. De même, la date de publication (dans le Sitemap spécifique à Google News – voir chapitre 12 – ou la date de découverte de l'article par le moteur) a bien entendu son importance dans la somme de critères qui lui permettent de définir le contenu canonique. D'autres points comme l'univers sémantique des liens de la page, peuvent entrer en ligne de compte.

Une autre solution, plus récente et certainement plus efficace quoique complémentaire, pour indiquer aux moteurs (Google, Yahoo! et Microsoft) qu'une page est dupliquée consiste à ajouter dans le code HTML de chaque version « dupliquée » une balise `canonical` (dans la zone `<head>` du code HTML) sous cette forme :

```
<link rel="canonical" href="http://www.votresite.com/page-canonique.html" />
```

Cette balise indique à Google que la page qui la contient est dupliquée et lui fournit l'URL de la page canonique qui lui est affiliée. Pour plus d'informations sur cette balise appelée `canonical` (proposée depuis janvier 2009 par les trois principaux moteurs), consultez la page : *http://goo.gl/696he.*

L'avantage de la balise `canonical` est qu'elle transmet également les backlinks (et donc la popularité) des pages dupliquées à la page canonique. Pas négligeable...

Pour éviter que votre contenu ne se trouve « dans la charrette » au profit de celui d'un de vos partenaires (qui aura mieux optimisé ses pages que vous), vous pouvez aussi prévoir, dès le début du partenariat, que ses pages ne doivent pas être référencées ; par exemple, par l'ajout d'une balise meta `robots` avec valeur `noindex` ou *via* un fichier `robots.txt` adéquat (voir chapitre 16 pour ces deux notions). Le partenaire a ainsi le droit de reprendre votre contenu sur son site, mais il doit « barrer le passage » aux spiders des moteurs.

Bien entendu, cette solution est beaucoup plus facile à mettre en place avant négociation et signature du contrat qu'après. Cette possibilité est également valable pour le « rétrolien » vu auparavant. Obliger vos partenaires à insérer un lien vers votre contenu canonique ou une balise `canonical` doit être inclus dans le contrat que vous signerez avec lui. Il vous faudra ensuite bien vérifier que ces informations sont présentes dans ses pages. De même, si vous mettez en ligne un blog ou, plus simplement, du contenu sous la forme d'articles, etc., proposez une « charte de reprise du contenu » dans laquelle vous indiquez l'obligation de ces liens/balises vers la page canonique, et ce même si c'est le fil RSS (titre + résumé) qui est repris. On n'est jamais trop prudent…

L'illustration de la figure 13-13 explique bien comment le duplicate content est appliqué par les moteurs de recherche.

Balise canonical et spamdexing

Le site Search Engine Watch a relaté, en mai 2011 (*http://goo.gl/hi13O*), sur la base d'une discussion dans le forum Webmaster World, le fait qu'une nouvelle forme de spamdexing (fraude aux moteurs de recherche) verrait le jour actuellement : l'insertion de balises `canonical` dans des pages d'un site à l'insu de son webmaster.

Le principe est finalement assez simple : un pirate s'introduit sur votre site et intègre dans vos pages une balise `canonical` indiquant à Google que la page en question est dupliquée d'une page sur le site du pirate. C'est donc cette page qui sera mise en avant par le moteur de recherche dans ses résultats. La page « canonique » du pirate recevra également les backlinks de la page piratée.

Plus fort encore : certains pirates mettraient en place un système de cloaking, ne montrant la balise `canonical` qu'aux moteurs et pas aux internautes. Ainsi, ni vu ni connu et difficile de vérifier si tout va bien (on pourra, dans ce cas, utiliser l'outil, dans les Webmaster Tools, qui vous indique comment Googlebot voit votre code HTML).

Vérifiez donc que votre site ne connaît pas d'intrusion de ce type, sachant qu'un pirate pourrait faire bien pire une fois qu'il est dans la place...

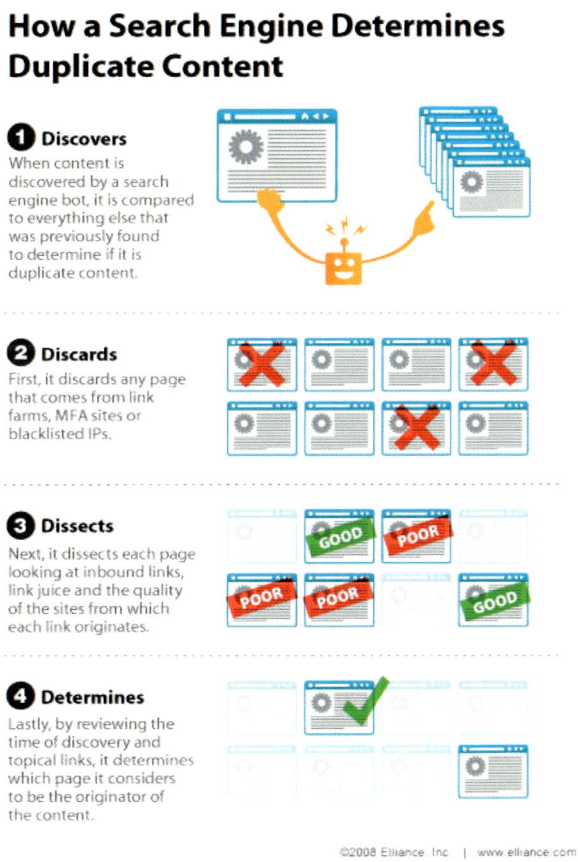

Figure 13-13

Comment les moteurs de recherche appliquent leurs filtres de duplicate content aux pages web.
Source : http://goo.gl/Hx1W4

Problème 2 – Contenu dupliqué sur des sites « pirates »

Le problème explicité précédemment risque également de se poser de façon accrue si votre contenu est repris par des sites qui ne sont pas vos partenaires. Dans ce cas, il sera encore plus énervant de voir l'un de ces contenus s'afficher en bonne position sur votre moteur de recherche favori alors que le vôtre est passé dans les affres des filtres du duplicate content.

Bien entendu, il sera difficile de demander à un site web avec qui vous n'êtes pas « en affaires » de mettre en place un lien vers vous ou une balise indiquant que son contenu est dupliqué. S'il a envie de le faire, il le fera, mais s'il n'a pas envie, (et il y a de fortes chances pour que cela soit le cas), il ne le fera pas.

Quelle est la solution dans ce cas ? Premièrement, il vous faudra privilégier l'approche « amiable » en trouvant l'adresse e-mail du responsable du site « pirate » (sur ses pages ou *via* une fonction de `Whois` qui vous indiquera à qui appartient le nom de domaine) pour lui signifier que votre contenu est soumis à copyright et qu'il n'a pas le droit de le reprendre ainsi. Dans certains cas, l'éditeur du site distant sera de bonne foi et il stoppera ses activités illicites. Parions cependant que cette première approche ne donnera pas toujours des résultats positifs. Elle doit tout de même être tentée.

Dans le cas où l'approche « en douceur » ne donne pas de résultats, il vous faudra alors durcir le ton, faire constater (par un avocat ou un huissier) la fraude, envoyer un courrier en recommandé avec accusé de réception et demander à un avocat ou à votre service juridique qu'il brandisse la menace d'un procès si ce type de pratique ne cesse pas immédiatement. Si le site copieur est situé en France, le problème peut être réglé assez rapidement. S'il se trouve à l'étranger, les soucis risquent de s'accumuler assez vite pour vous car la situation sera complexe à gérer selon le pays d'hébergement du site.

Dans ce cas, il vous faudra certainement lâcher prise et tenter de recevoir « le plus de backlinks possible » de la part des éditeurs de sites web reprenant vos contenus. Les moteurs vont trouver et identifier ces liens et comprendre ainsi que c'est le vôtre qui est canonique, pas celui des pirates. C'est alors la page qui aura la plus forte popularité (PageRank), notamment par l'analyse des liens émanant des pages dupliquées, qui sera retenue par le moteur.

Une solution peut également consister à insérer des liens internes (vers d'autres pages de votre site) dans votre contenu rédactionnel (par exemple, des tags sur certains mots). Si le site pirate reprend votre contenu, il reprendra (peut-être…) ces liens internes, qu'il faudra donc indiquer en absolu (*www.votresite.com/tags/mot.html*) et pas en relatif (*../tags/mot.html*) dans votre code HTML. Cela sera une indication intéressante pour le moteur lorsqu'il analysera les textes à filtrer : un lien non pas vers votre page canonique, mais au moins vers votre site, c'est toujours ça de pris.

Il est donc important, lorsque vous mettez en place un projet de reprise de vos contenus par un site tiers, de suivre les quelques conseils qui suivent.

- Pensez à cette problématique au moment de la mise en place du partenariat pour éviter tout souci par la suite : déréférencement des pages du site partenaire, mise en place d'un rétrolien, etc. Tout est important et doit être prévu à l'avance.

- Multipliez les liens externes vers votre contenu canonique.
- Créez, éventuellement, deux versions de votre contenu : l'une destinée à votre site, l'autre, moins riche, pour vos partenaires (par exemple, pour un descriptif produit).
- Affichez sur votre site une « charte de reprise du contenu » si vous autorisez ce type de pratique (notamment *via* des fils RSS).
- Insérez des liens internes (en adressage absolu) dans vos contenus.
- Faites une veille pour savoir qui reprend vos contenus, soit en saisissant comme requête sur un moteur de recherche une ou deux phrases de vos articles entre guillemets soit en utilisant des outils comme Copyscape (*http://www.copyscape.com/*), Compilatio (*http://www.compilatio.net/fr/*), Noplagia (*http://code.google.com/p/noplagia/*) pour les contenus textuels ou TinEye (*http://tineye.com/*) pour les images.

Duplicate content global et partiel

Il faut également noter que Google, si on en croit les brevets qu'il a déposés à ce sujet, arrive aujourd'hui non seulement à détecter les pages « globalement semblables », mais également à identifier des parties de contenus *(snippets)* qui seraient repris dans d'autres pages. Le fait de reprendre un contenu et, par exemple, de modifier l'ordre de ses paragraphes, ne sera peut-être pas suffisant, selon les cas, pour éviter les filtres de Google…

Problème 3 – Duplicate content intrasite

Cette fois, les duplicate contents ne se passent pas entre plusieurs sites différents mais à l'intérieur d'une même source d'informations. Par exemple, un article ou un produit est présent dans plusieurs rubriques/rayons différents. En bref, vous proposez le même contenu sous des URL différentes et des codes sources différents sur un même site.

Les solutions seront exactement les mêmes que pour les deux cas précédents : lien ou balise `canonical` de la page dupliquée vers la page canonique.

Il est un point qu'il faut bien comprendre : si plusieurs pages sont très proches sur votre site (par exemple, une robe en différents coloris : blanc, rouge, bleu), la seule solution pour voir les différentes versions présentes dans l'index principal de Google sera de suffisamment modifier le contenu éditorial de chaque page pour faire disparaître le problème de duplicate content. Si cela n'est pas possible et que les contenus restent très proches, vous devrez définir une page canonique (par exemple, dans le cas précédent, la couleur de la robe qui se vend le mieux) et faire pointer les autres (lien/canonical) vers elle. La page canonique y gagnera en visibilité puisqu'elle héritera des backlinks de ses dupliquées. Mais il est impossible de faire mieux. À l'impossible nul n'est tenu !

Pour contourner ce problème, certains tentent de modifier le plus possible ce qui existe « autour du texte » : images, vidéos, liens, encadrés, etc. D'autres changent, lorsque c'est possible, l'ordre des paragraphes (exemples de fiches produits où l'ordre n'est pas essentiel), mais Google a également appris à déceler le duplicate content lorsque l'ordre des informations change, ce n'est donc pas une stratégie gagnante à 100 %.

Figure 13-14

Exemple de programme télé sur le site programme-tv.net

Essayez au maximum de modifier les codes HTML proposés aux moteurs.

- Inversez l'ordre des balises `<title>`, des balises meta, etc.
- Ajoutez ou supprimez des balises meta peu importantes (`classification`, etc.).
- Ajoutez ou supprimez des commentaires (même si on sait que leur contenu n'est pas lu par les moteurs, ils peuvent changer les séquences linéaires de lecture du code).
- Codez vos pages en UTF-8 ou en ISO-8859-1 selon le cas, etc.
- Proposez des attributs `alt` avec des contenus différents pour chaque image.
- La structure des pages (en tableaux ou *via* des CSS) peut également être totalement différente d'un site à l'autre.
- Etc.

Figure 13-15

Le même programme sur tele-loisirs.fr. Comment faire pour que l'un ne « phagocyte » pas l'autre ?

Vous pouvez enfin ajouter du contenu à l'une ou l'autre page, sur une base commune (des encadrés différents, par exemple, ou des infos connexes sur le même sujet). Ce sera autant de travail qui différenciera chaque page. Variez également, si cela est techniquement possible pour vous, les hébergeurs et les adresses IP de vos serveurs d'un site à l'autre.

Il existe des dizaines de méthodes pour arriver à différencier le plus fortement possible vos contenus et vos pages. C'est à vous de voir en fonction de vos possibilités, notamment techniques, lesquelles vous pouvez mettre en œuvre. Malheureusement, n'en attendez pas des miracles. Ce qui fonctionnera le mieux sera toujours de modifier le texte lui-même, de façon assez approfondie pour que les deux contenus soient assez dissemblables. On parle souvent d'une limite de 70 % de similarité en dessous de laquelle il faut se situer entre deux textes pour ne pas avoir à souffrir d'être considéré comme duplicate content. Ce chiffre n'est pas officiel, mais il peut constituer une bonne base de travail.

Problème 4 – Duplicate content par similarité de balises

Autre cas possible de duplicate content : des pages web proposant un contenu éditorial différent les unes des autres mais pouvant cependant tomber dans les affres des filtres de duplicate content, chez Google et ses concurrents.

Commençons par un exemple. La plupart du temps, on comprend vite les risques qu'on court en tapant sur Google (et les autres moteurs) la requête « site: » suivie du nom de domaine de son site. Si les résultats ressemblent à ce qu'on peut voir sur la figure 13-16, vous pouvez commencer à vous faire un peu de mouron.

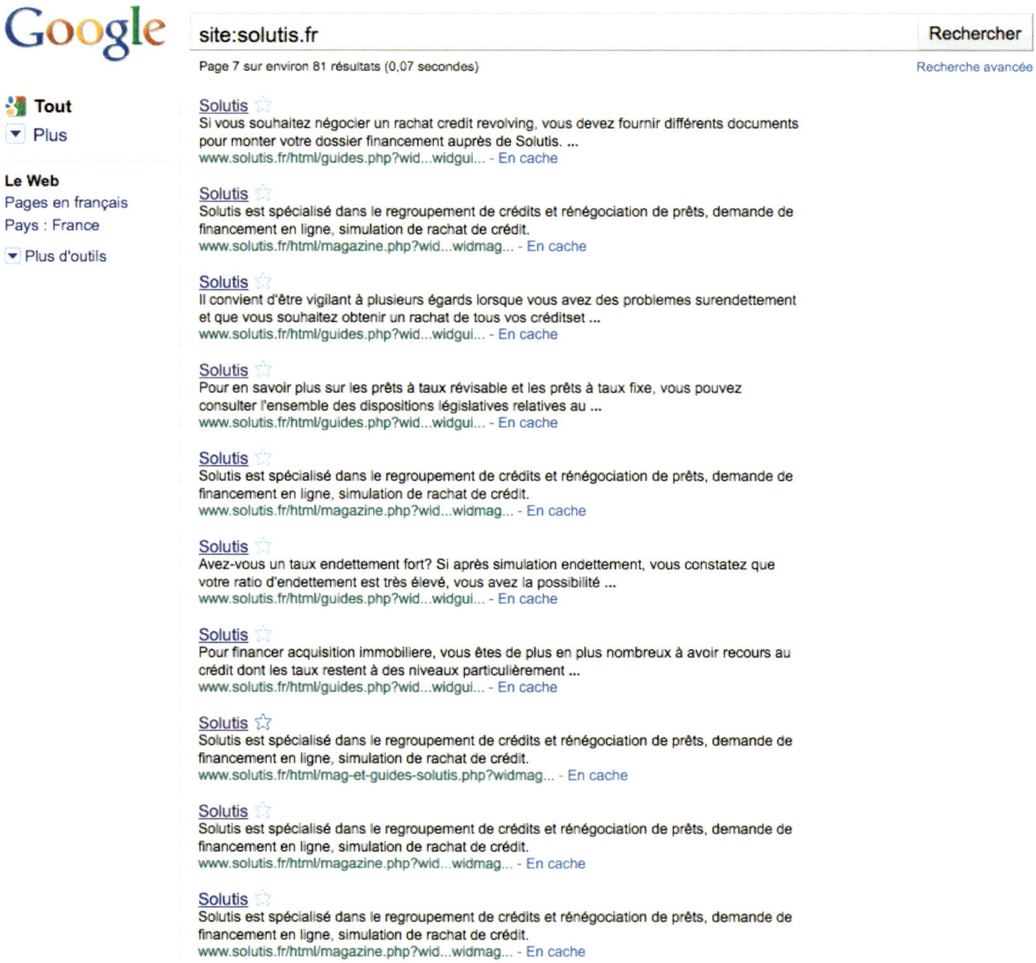

Figure 13-16

Exemple d'un site dont de nombreuses pages ont la même balise <title>. Copie d'écran ancienne, le site ayant depuis corrigé le problème.

Dans cet exemple (« site:solutis.fr »), chaque page du site a le même contenu pour sa balise `<title>` (« Solutis »). On trouve pire encore avec l'exemple de la figure 13-17 (« site: chateaudemontvillargenne.fr »).

Figure 13-17

Exemple d'un site dont de nombreuses pages ont la même balise <title> et la même balise meta description. Copie d'écran ancienne, le site ayant corrigé le problème depuis.

Dans ce cas, les balises `<title>` sont identiques sur de nombreuses pages, mais également les balises meta `description` (reprises dans le snippet ou résumé fourni par Google) en dessous. Faites le test sur votre site pour voir ce qu'il en est.

On pourrait multiplier ce type d'exemple à l'envi. Ils illustrent bien une problématique (souvent présente sur des forums non optimisés, par exemple) de duplicate content qu'on trouve finalement assez souvent : les moteurs de recherche, au moment de « filtrer » les contenus identifiés sur le Web, trouvent trop de similitudes dans le code HTML des pages, notamment dans la partie `<head>` (balises `<title>` et meta `description`), et les classent en duplicate content même si leur contenu éditorial est différent.

Clairement différencier les codes HTML de chaque page

Dans ce cas, il sera essentiel de faire en sorte que le début du code HTML de chacune de vos pages (la partie `<head>`) soit clairement différent d'une page à l'autre. Proposez des balises `<title>` et meta `description` très descriptives et différentes d'une page à l'autre, que ce soit au niveau de la taille, de la structure et du contenu.

Évitez notamment, si possible, les structures trop redondantes, trop « reconnaissables » et « automatisées » comme sur la figure 13-18 (« site:placedestendances.com »).

Figure 13-18

Exemple d'un site pour lequel les pages web ont une balise <title> et des balises meta description dont la structure est trop répétitive. La majeure partie du contenu des balises est identique d'une page à l'autre, seuls quelques paramètres changent. Copie d'écran ancienne, le site ayant depuis corrigé le problème.

Seule une faible portion du contenu des balises `<title>` et meta `description` est ici différente d'une page à l'autre (des paramètres en faible nombre sont en fait changés sur chaque page). N'hésitez pas à vous différencier plus que cela. Faites en sorte que la partie `<head>` de vos pages soit très différente d'une page à l'autre et tout devrait bien se passer.

Ensuite, attaquez le corps de la page (partie `<body>` du code HTML). Toute la partie « header » (haut de page), « footer » (bas de page) et « liens de navigation interne » ne devrait pas poser de problème, Google sait différencier ce contenu de la partie plus strictement éditoriale (si Google classait en duplicate content toutes les pages qui ont le même header et le même footer, il n'y aurait plus beaucoup de documents dans son index !).

N'oubliez pas de donner du contenu en quantité suffisante (100 à 200 mots descriptifs au minimum) aux moteurs. Le titre (balise `<h1>`) et le chapô (premier paragraphe, trois à quatre premières phrases) doivent également être bien différenciés d'une page à l'autre.

Si vous suivez ces conseils, vous ne devriez pas avoir de trop gros problèmes, du type de ceux évoqués au début de ce chapitre.

Problème 5 – DUST : même code source accessible *via* des URL différentes

La première partie de cette section consacrée au duplicate content a exploré la problématique du contenu canonique dupliqué sur des pages d'autres sites, qu'ils soient partenaires ou non. Toutefois, il ne s'agit pas de la seule problématique gravitant autour du phénomène de duplicate content, loin de là.

En effet, les webmasters sont souvent confrontés au fait qu'une page web unique – proposant strictement le même code HTML – soit accessible par des URL différentes sur un même site. Cette situation – connue sous le nom de DUST *(Duplicate URL, Same Text)* – est dommageable pour un référencement et nous allons tenter d'expliquer pourquoi.

On le sait, les algorithmes de pertinence des moteurs de recherche majeurs sont fortement influencés par l'analyse des liens externes et internes qui pointent vers une page et les notions de popularité (quantité et qualité des liens entrants) et réputation (textes des liens pointant vers la page). Reportez-vous au chapitre 6 pour en savoir plus sur tous ces concepts. Pour prendre un premier exemple simple, chaque lien vers vos pages est une pierre de plus à ajouter à la qualité de votre référencement.

Si votre page d'accueil est très populaire, elle va, au travers de ses liens internes, transférer de la popularité (on parle de *Link Juice* ou « jus de lien », voir chapitre 6) aux pages internes vers lesquelles elles pointent. Ce jus de lien transmis est important pour les moteurs de recherche. Or, si une même page est accessible par plusieurs adresses différentes, elle sera considérée comme autant de documents différents par les moteurs de recherche. Donc un document unique A sera « vu » par Google et consorts comme plusieurs pages A', A'' et A''', par exemple, chacune de ces pages répondant à une URL spécifique et détenant une fraction de la popularité globale de A.

Voici un exemple d'une même page accessible *via* plusieurs URL distinctes (pointant toutes vers le même document) :

- *http://www.votresite.com/*
- *http://www.votresite.com*
- *http://votresite.com/*
- *http://www.votresite.com/index.html*
- *http://www.votresite.com/index.html?source=plandusite.html*
- *http://www.votresite.com/index.html?sid=12457845124578*

Il sera donc important que, sur votre site, **chaque page soit accessible par une unique adresse (URL)** afin que l'analyse des liens internes (popularité et réputation) soit la plus fine, juste et efficace possible.

Nous allons voir, dans la suite de ce chapitre, quels sont les cas les plus fréquents de duplicate content de ce type et les solutions à y apporter.

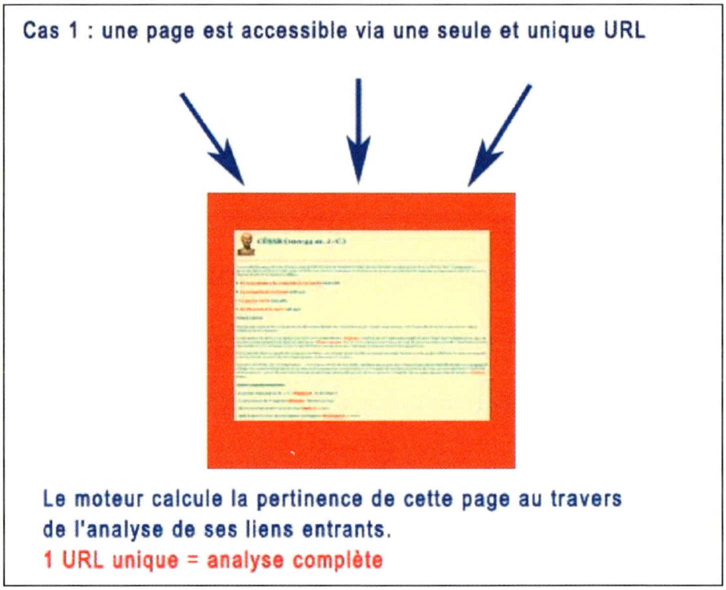

Figure 13-19

Une page est accessible par une URL unique : l'analyse de sa popularité par les moteurs est complète.

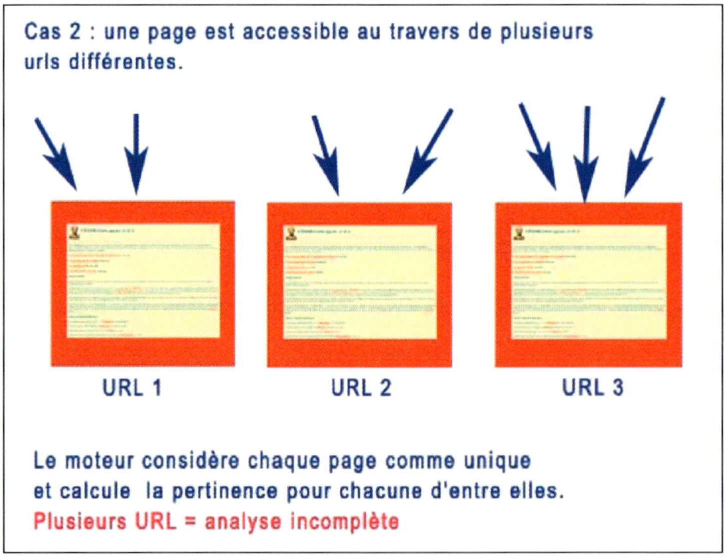

Figure 13-20

Une page est accessible par plusieurs URL : l'analyse de sa popularité par les moteurs est parcellaire et morcelée.

Nom de domaine dupliqué

Le premier cas est assez fréquent : votre site est accessible par plusieurs noms de domaine, par exemple *www.abondance.com*, *www.abondance.net* et *www.abondance.fr*. Dans ce cas, la solution est simple : une redirection au niveau de votre DNS ou *via* un code 301 (redirection définitive, voir chapitre 14) est à privilégier. Vous prenez en compte pour votre communication un seul nom de domaine (pour nous : *abondance.com*) et vous redirigez tous les autres vers lui. Les redirections DNS et 301 sont bien interprétées aujourd'hui par les moteurs de recherche, qui comprendront aisément que toutes ces adresses pointent vers un unique site web. Cela ne pose pas de soucis majeurs.

Nom de site dupliqué

Le deuxième cas est également assez fréquent : votre page d'accueil est accessible sous des adresses de type *www.votresite.com* et *votresite.com* (sans le préfixe *www*). C'est une bonne chose pour l'internaute car cela lui rend la saisie plus simple et plus rapide, mais cela peut aussi créer un phénomène de duplicate content pour les moteurs en rendant un seul site accessible sous deux adresses différentes.

Un fichier `.htaccess` bien conçu avec une règle de réécriture privilégiant l'une ou l'autre adresse (la plupart du temps celle avec *www*) résoudra le problème. Exemple (Source : *http://goo.gl/agZWU*) :

```
RewriteEngine On
RewriteCond %{HTTP_HOST} !^www\.votresite\.com [NC]
RewriteRule (.*) http://www.votresite.com/$1 [QSA,R=301,L]
```

Notez que Google propose également, dans ses Webmaster Tools (*http://www.google.fr/webmasters/*), dans la zone Paramètres du site, le choix « Domaine favori », qui permet d'indiquer au moteur quelle adresse « canonique » vous désirez que Google prenne en compte pour son indexation.

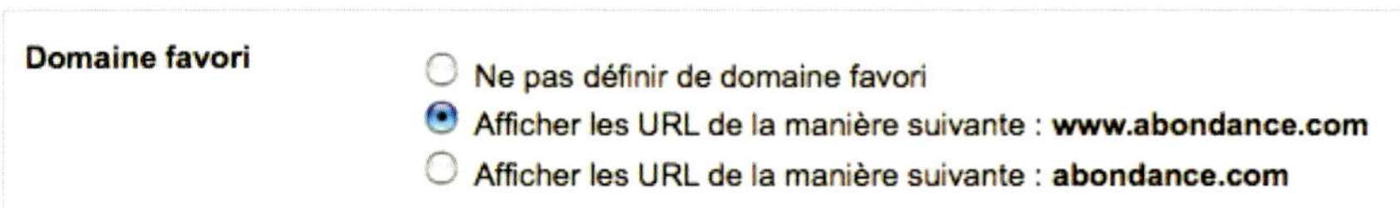

Figure 13-21

Les outils pour webmasters de Google donnent la possibilité de définir une adresse canonique pour votre site.

Mais, cet outil n'étant disponible que pour Google et pas chez ses concurrents, cela ne vous dispensera pas de créer un fichier `.htaccess` idoine.

Adresse de la page d'accueil dupliquée

De la même façon, votre page d'accueil – toujours elle – est sûrement accessible à la fois au travers de l'adresse *http://www.votresite.com/* mais également d'une adresse de type :

- *http://www.votresite.com/index.html*
- *http://www.votresite.com/index.htm*
- *http://www.votresite.com/index.php*
- *http://www.votresite.com/accueil.php*
- etc.

Ces deux adresses (*www.votresite.com* et *www.votresite.com/****) risquent fort d'être considérées également comme deux pages différentes par les moteurs de recherche. Le problème est donc identique au cas précédent et une redirection 301 sera la bienvenue pour n'afficher qu'une seule adresse « canonique » (là aussi, la plupart du temps *www.votresite.com*). De la même façon, évitez les liens vers des adresses comme *http://www.votresite.com* et *http://www.votresite.com/*. Le dernier slash (/) peut, là aussi, poser problème et on n'y pense pas forcément lorsqu'on crée les liens internes du site. Choisissez donc l'adresse « canonique » que vous voulez pour votre page d'accueil, mais unifiez-la partout sur votre site dans les liens qui pointent vers elle. Google l'explique ici : *http://goo.gl/buzBq*.

Vérifiez bien également que dans les pages internes de votre site, les liens vers votre page d'accueil pointent bien vers *www.votresite.com* et non pas vers un autre intitulé d'URL. On a souvent pas mal de surprises suite à cette vérification ! Cette problématique peut se reproduire sur des pages internes et notamment des rubriques sommaires (*www.votresite.com/produits/* et *www.votresite.com/produits/index.html*) pour lesquelles le remède sera identique. Là encore, il y a du travail de vérification en perspective…

La balise Link rel canonical à la rescousse

Dans tous les cas décrits dans cette section, n'oubliez pas d'insérer dans vos pages une balise `canonical` indiquant l'URL de la page elle-même. Il s'agit de la solution préconisée par Google. Plus d'infos ici : *http://goo.gl/0Uh3F*.

TOUTES les pages de votre site doivent donc contenir une balise `canonical` :

- soit la page est dupliquée et dans ce cas, la balise indique l'URL de la page canonique ;
- soit la page est canonique et la balise contient l'URL de la page elle-même.

Cas des sites dynamiques

Les sites dynamiques sont très intéressants de par les possibilités d'automatisation qu'ils proposent, mais ils sont aussi souvent sources de soucis et de conflits dans les URL. On dénombre alors plusieurs problèmes qui peuvent subvenir en termes de duplicate content.

Cas 1 – Paramètres inversés dans l'URL

Par exemple, une même page est accessible par deux adresses différentes :

http://www.votresite.com/catalogue?ref=123456&pays=fr&langue=fr

mais également :

http://www.votresite.com/catalogue?ref=123456&langue=fr&pays=fr

Ce sont deux pages exactement identiques, accessibles avec les mêmes paramètres mais pas dans le même ordre dans l'URL. Résultat : deux adresses distinctes et un cas classique de duplicate content. Là encore, il faudra vérifier, au sein de votre site, l'ordre dans lequel vous passez les paramètres dans vos URL et bien garder, à chaque fois, une stratégie cohérente sur l'ensemble du site à ce niveau.

Cas 2 – Pagination des listes

Ce cas est fréquent dans des pages qui listent des produits ou dans des fils de discussion de forums, par exemple. Une première page, listant un certain nombre d'« items » (discussions, produits, etc., le meilleur exemple restant encore une page de résultats de moteur de recherche…), sera accessible à l'adresse :

http://www.votresite.com/liste-produits?prod=telephones

Puis, si une deuxième page de produits est disponible (un exemple en est donné figure 13-22), celle-ci sera accessible (*via* le bouton Suivant, par exemple) à l'adresse :

http://www.votresite.com/liste-produits?prod=telephones&page=2

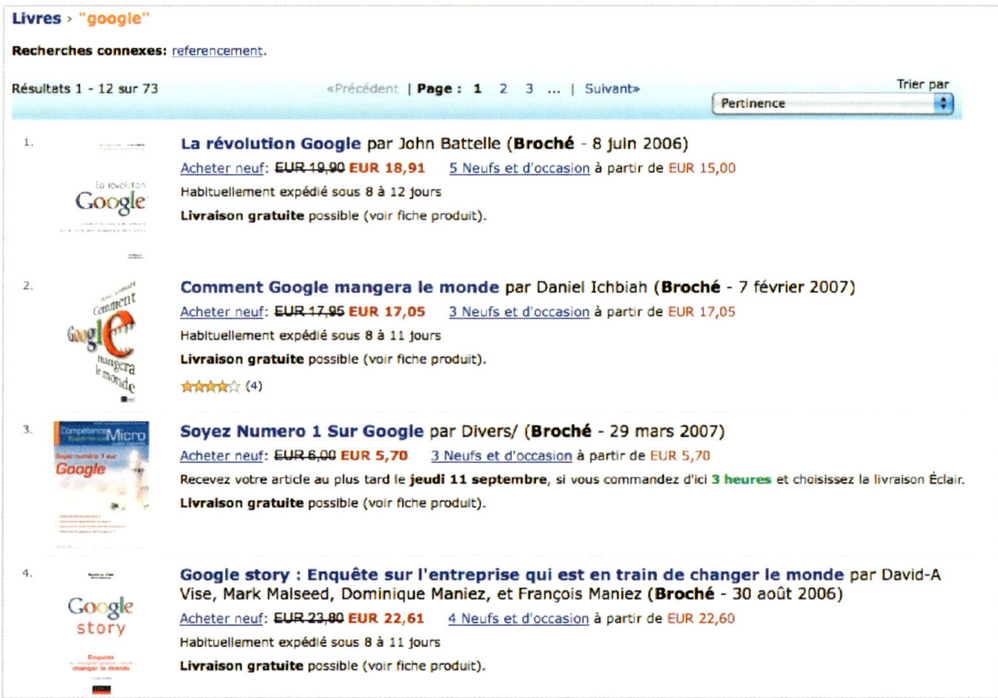

Figure 13-22

Exemple type d'une page listant des produits

Le problème surviendra si on revient (au travers du lien Précédent, par exemple) sur la page 1 et qu'on y accède *via* cette URL :

http://www.votresite.com/liste-produits?prod=telephones&page=1

Cette adresse est clairement différente de celle affichée en premier pour la même page. Soyez attentif à ce que tout accès à la première page se fasse sous la forme d'une URL unique. L'une ou l'autre (avec ou sans le paramètre indiquant le numéro de page) mais surtout unique !

Des balises spécifiques pour la pagination

En septembre 2011, Google a proposé de nouvelles balises (`rel="next"` et `rel="prev"`) pour la pagination des pages de listes ou les contenus découpés en plusieurs pages.

Plus d'infos ici : *http://goo.gl/xEILR*.

Ainsi que dans ces articles :

- *Pagination et SEO : le dossier complet… non paginé :http://goo.gl/HIIScb* ;
- *Pagination et référencement naturel* : (*http://goo.gl/79FSNZ*).

Cas 3 – Réécriture d'URL

Si vous avez mis en place une réécriture d'URL (voir chapitre 14) sur votre site, vous devez avoir maintenant des adresses de type :

http://www.votresite.com/catalogue-telephone-nokia-810-kwt-fr-fr

au lieu de :

http://www.votresite.com/catalogue?ref=123456&pays=fr&langue=fr

C'est une bonne chose et votre référencement ne s'en portera que mieux. Cependant, n'oubliez pas pour autant de mettre en place, dans votre stratégie d'URL Rewriting, une redirection 301 depuis l'ancien intitulé (avec les caractères `?` et `&`) vers le nouveau pour éviter tout souci. Ce serait trop bête d'œuvrer à créer des URL « propres » pour générer en même temps un phénomène de duplicate content…

Cas 4 – Plusieurs énoncés d'URL pour une même page

Ce cas se rapproche de celui qui concerne la duplication de la page d'accueil, déjà vu auparavant. Souvent, sur une page interne, lorsqu'on clique sur le logo générique ou sur un lien de type « Accueil », on est redirigé vers une adresse de type (ici, un exemple sous Lotus Notes) :

http://www.votresite.com/internet/webfr.nsf/0/08112EF3CAE171EBC12573930048A2C9?OpenDocument

au lieu de :

http://www.votresite.com/

Cela peut être dû à plusieurs raisons : vous désirez garder une indication sur la navigation de l'internaute et la page depuis laquelle il revient à l'accueil, votre système de navigation est tout simplement *(sic)* configuré ainsi, des identifiants de session sont automatiquement ajoutés dans l'URl, etc.

Là encore, les moteurs de recherche vont identifier votre page d'accueil au travers de plusieurs adresses distinctes, ce qui n'est pas une bonne chose. Le remède est toujours le même :

- soit vous simplifiez les URL pour toujours indiquer dans les liens leur intitulé « canonique » ;
- soit vous mettez en place des redirections 301 depuis les intitulés « développés » (*http://www.votresite.com/internet/webfr.nsf/0/08112EF3CAE171EBC12573930048A2C9?OpenDocument*) vers les intitulés « canoniques » (*http://www.votresite.com/*). Encore une fois, ce conseil est valable pour n'importe quelle page du site et pas uniquement la page d'accueil.

Pour le cas des identifiants de session, toujours problématiques en termes de référencement, il faudra peut-être envisager une solution plutôt basée sur des cookies, qui laissent les URL « vierges » de toute indication de navigation et évitent le phénomène de duplicate content, comme on l'a vu auparavant.

Si le problème vient de paramètres présents dans l'URL et n'apportant pas d'informations supplémentaires (comme des identifiants de session, des paramètres de tracking ou autres), il est possible de demander à Google de les ignorer au travers des Webmaster Tools, dans la rubrique Exploration>Paramètres d'URL (figure 13-23).

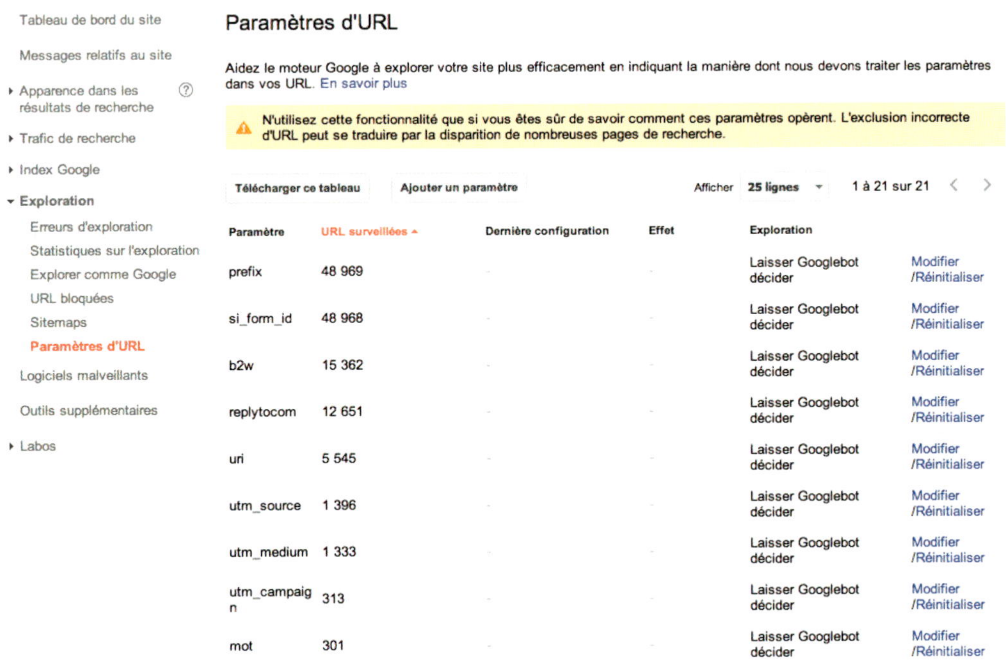

Figure 13-23

Les Google Webmaster Tools proposent une option de non-prise en compte de certains paramètres dans les URL.

Quelques liens utiles

Voici une nouvelle suite d'articles intéressants (pas si nombreux que cela, finalement, sur le Web), parlant des thèmes évoqués dans cette partie de chapitre, qui vous permettront certainement de creuser ces problématiques :

- *How to Deal with Pagination & Duplicate Content Issues* (seomoz) : (*http://goo.gl/Eyq6f*) ;
- *Pagination and Duplicate Content Issues* (Search Engine Journal) : (*http://goo.gl/YmOsO*) ;
- *Lutter contre le duplicate content* (Référencement, Design et Cie) (*http://goo.gl/74s3S*).

Duplicate content : l'évangile selon saint Google…

Enfin, pour terminer cette section, n'hésitez pas à lire ce que dit Google dans son centre d'aide pour webmasters (*http://goo.gl/u1JkU*) au sujet du duplicate content. En voici les extraits qui nous ont semblé les plus importants et intéressants :

« Contenu en double :

Par contenu en double, on entend généralement des blocs de contenu importants, appartenant à un même domaine ou répartis sur plusieurs domaines, qui sont identiques ou sensiblement similaires. À l'origine, ces contenus ne sont généralement pas malveillants. Voici des exemples de contenu non malveillant :

- forums de discussion pouvant générer à la fois des pages normales et des pages "raccourcies" associées aux mobiles ;
- articles en vente affichés ou liés *via* plusieurs URL distinctes ;
- versions imprimables uniquement de pages web.

Dans certains cas, cependant, le contenu est délibérément dupliqué entre les domaines afin de manipuler le classement du site par les moteurs de recherche ou d'augmenter le trafic. Ce type de pratique trompeuse peut affecter négativement la navigation de l'internaute qui voit quasiment le même contenu se répéter dans un ensemble de résultats de recherche.

Google s'efforce d'indexer et d'afficher des pages contenant des informations distinctes. […]

Les mesures suivantes vous permettent de résoudre les problèmes de contenu en double de manière proactive et de vous assurer que les visiteurs accèdent au contenu que vous souhaitez leur présenter.

- Bloquez l'indexation des pages : plutôt que de laisser les algorithmes Google déterminer la "meilleure" version d'un document, vous pouvez nous indiquer votre version favorite. Par exemple, si vous ne souhaitez pas indexer les versions imprimables des articles de votre site, désactivez ces répertoires ou utilisez des expressions littérales dans votre fichier `robots.txt`.

- Utilisez des redirections 301 : si vous avez restructuré votre site, utilisez des redirections 301 (`RedirectPermanent`) dans votre fichier `.htaccess` pour rediriger efficacement les internautes, Googlebot et autres robots d'exploration. [...]
- Soyez cohérent : assurez la cohérence dans vos liens internes. Par exemple, n'établissez pas de lien vers *http://www.exemple.fr/page/*, *http://www.exemple.fr/page* et *http://www.exemple.fr/page/index.htm*.
- Utilisez des domaines de premier niveau : pour nous aider à présenter la version la plus appropriée d'un document, utilisez dans la mesure du possible des domaines de premier niveau pour gérer du contenu propre à un pays. Nous sommes plus enclins à penser que le site *www.exemple.de* contient du contenu destiné à l'Allemagne, que *www.exemple.com/de* ou *de.exemple.com*.
- Diffusez du contenu avec prudence : si vous diffusez votre contenu sur d'autres sites, Google affichera systématiquement la version jugée la plus appropriée pour les internautes dans chaque recherche donnée, qui pourra être ou non celle que vous préférez. Cependant, il est utile de s'assurer que chaque site sur lequel votre contenu est diffusé inclut un lien renvoyant vers votre article original. Vous pouvez également demander à ceux qui utilisent votre contenu diffusé de bloquer la version sur leur site avec leur fichier `robots.txt`.
- Utilisez nos outils pour les webmasters afin de nous indiquer votre méthode d'indexation de site favorite : vous pouvez indiquer votre domaine favori à Google (par exemple, *www.exemple.fr* ou *http://exemple.fr*).
- Limitez les répétitions : par exemple, au lieu d'inclure une longue mention de copyright au bas de chaque page, insérez un récapitulatif très bref, puis établissez un lien vers une page plus détaillée.
- Évitez la publication de pages incomplètes : les internautes n'appréciant pas les pages « vides », évitez dans la mesure du possible les espaces réservés. [...]
- Apprenez à maîtriser votre système de gestion de contenu : vérifiez que vous maîtrisez l'affichage du contenu de votre site web. Les blogs, forums et systèmes associés affichent souvent le même contenu dans des formats divers. [...]
- Limitez les contenus similaires : si de nombreuses pages de votre site sont similaires, développez chacune d'entre elles afin de les rendre uniques ou consolidez-les toutes en une seule. [...] »

On notera également, pour terminer, un article, sur le blog pour webmasters de Google (intitulé *Demystifying the Duplicate Content Penalty* et disponible à l'adresse suivante : *http://goo.gl/OWwGd*) qui explique, avec raison, que le duplicate content ne génère pas de « pénalités » au sens où on l'entend souvent sur le Web, même si cela peut être « pénalisant » (la nuance est importante) pour votre visibilité sur les moteurs.

Si avec tout ça, vous vous laissez encore happer par les pièges du duplicate content sur les moteurs de recherche, c'est à désespérer de tout...

Quelques liens sur la notion de duplicate content

Voici quelques liens qui nous ont semblé intéressants dans le cadre d'une stratégie de lutte contre le duplicate content (de nombreux articles émanent des blogs officiels de Google) :

- *Detecting Duplicate and Near-Duplicate Files* (brevet de Google) : *http://goo.gl/GxQYf* ;
- *Detecting Query-Specific Duplicate Documents* (brevet de Google) : *http://goo.gl/rg7lG* ;
- *Understanding SEO Issues Related to Duplicate Content* (SEO Guide) : *http://goo.gl/zAIKY* ;
- *Contenu dupliqué* (Google – Centre d'aide webmasters/propriétaires de sites web) : *http://goo.gl/ujsp0* ;
- *Deftly Dealing with Duplicate Content* (Google) : *http://goo.gl/YeC7A* ;
- *Duplicate Content Due to Scrapers* (Google) : *http://goo.gl/BNPPn* ;
- *Duplicate Content Summit at SMX Advanced* (Google) : *http://goo.gl/Qsyj5* ;
- *The Illustrated Guide to Duplicate Content in the Search Engines* (seomoz) : *http://goo.gl/p49Xw* ;
- *Rewriting the Beginner's Guide Part IV Continued – Canonical and Duplicate Versions of Content* (seomoz) : *http://goo.gl/T2NFj* ;
- *Faut-il avoir peur du duplicate content ?* (RankSpirit) : *http://goo.gl/Tlrvc* ;
- *Compléments de Matt Cutts sur le duplicate content* (Word Press Tuto) : *http://goo.gl/nDM68* ;
- *Duplicate content : Google, Microsoft et Yahoo! s'entendent sur une balise commune* (Abondance) : *http://goo.gl/0KSrN* ;
- *Le contenu dupliqué – Partie 1 (introduction) : http://goo.gl/FsIEKg* ;
- *Plagiat et Duplicate Content : http://goo.gl/Zz1ojl* ;
- *Duplicate content et paramètres de tracking, la solution ultime : http://goo.gl/55b8kN.*

14

Freins au référencement et solutions possibles

« Celui qui met un frein à la fureur des flots sait aussi des méchants arrêter les complots. »

Jean Racine

Votre site est développé en Flash ? Il utilise le langage JavaScript pour sa navigation ? Il s'affiche sous des URL exotiques contenant les caractères « ? » ou « & » à en perdre haleine ? Il est structuré en frames (ou cadres) ou utilise des iframes ? Si c'est le cas, vos pages présentent quelques-uns des freins technologiques qui peuvent, aujourd'hui encore, être synonymes de blocage pour les moteurs de recherche.

Devez-vous réécrire vos URL pour qu'elles soient plus intelligibles par les moteurs (et les internautes) ? Une nouvelle version de votre site nécessite des redirections « compatibles Google » ? Alors vous entrez dans l'engrenage des points techniques parfois indispensables à une stratégie SEO bien pensée.

Rassurez-vous, dans la plupart des cas, vous pourrez trouver une solution à vos problèmes. Nous avons essayé, dans ce chapitre, de lister tous les soucis pouvant intervenir lors de l'optimisation technique d'un site web et de mettre en regard les solutions adaptées.

Nous essaierons de prendre en compte la meilleure optimisation possible des pages du site lui-même et donc la solution technique à mettre en place pour corriger d'éventuelles contraintes… lorsque c'est possible ! C'est bien heureusement le cas la plupart du temps.

Site 100 % Flash

La problématique des sites réalisés en Flash est finalement assez simple – et catastrophique pour le SEO. On le sait, le format Flash de Macromedia/Adobe (fichiers d'extension `.swf`) représente encore un obstacle pour les moteurs de recherche, et ce malgré l'excellente communication de Google à ce sujet. Il ne s'agit pas obligatoirement d'une difficulté axée sur l'indexation. En effet, Google, par exemple, indexe de nombreux fichiers ayant ce format. Testez la requête `internet filetype:swf` sur ce moteur et vous trouverez près de 1,4 millions d'animations Flash. Elles sont indiquées par le moteur de recherche grâce à la mention [FLASH] à gauche du titre (voir figure 14-1).

Même si on peut légitimement penser que Google n'est pas exhaustif – loin de là – sur ce type de fichiers, on se rend bien compte ici que leur indexation est techniquement possible. Le problème réside plus dans leur positionnement. Si, comme nous, vous êtes des utilisateurs assidus des moteurs de recherche, vous n'avez certainement jamais vu une animation Flash dans la première page de résultats sur les requêtes que vous tapez habituellement. De plus, ces mêmes moteurs peuvent faire baisser le classement de ces fichiers de façon artificielle dans les pages de résultats pour privilégier les pages au format HTML.

Ainsi, en ce qui concerne le Flash, le problème devient de moins en moins d'indexer (référencer) ces fichiers, mais plutôt de les optimiser pour les moteurs de recherche afin de bien les positionner. Il semble bien que cela soit quasi impossible aujourd'hui (et ce malgré la communication importante faite à ce sujet par plusieurs moteurs, dont Google).

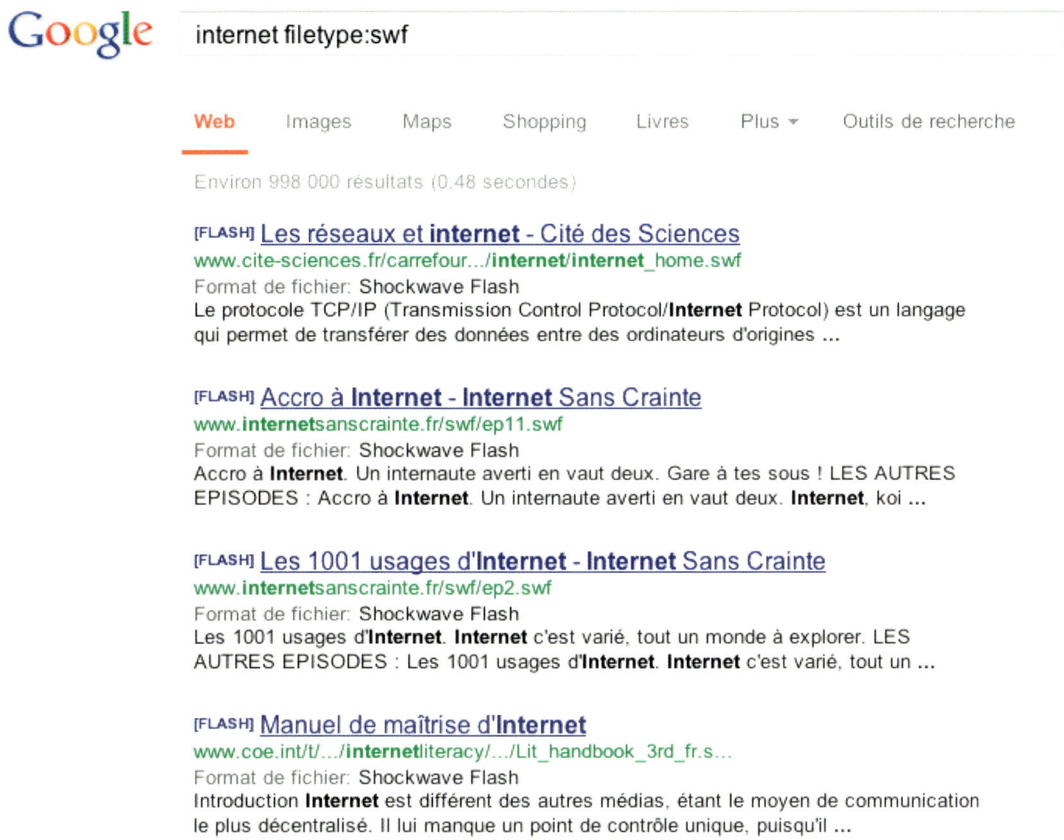

Figure 14-1

Google sait indexer les animations Flash.

De plus, le fait que les sites en Flash n'apparaissent pas sur les iPhone et autres iPad a largement fait chuter l'intérêt pour ce type de format.

En conclusion, il faut pour l'instant abandonner toute idée de prendre en compte de façon approfondie les animations Flash dans votre stratégie de référencement. Bien sûr, pour les sites comprenant seulement quelques animations, le mieux sera de ne pas tenir compte de ces fichiers `.swf` et d'optimiser de façon classique les pages web au format HTML du site : titres, textes, liens, etc. On revient ici à une optimisation normale du site, excluant le Flash.

Cependant, si votre site est majoritairement constitué d'animations Flash, comment faire ? Dans un premier temps, mettons en évidence la structure d'un fichier Flash. Lorsque vous créez une animation, vous obtenez un fichier nommé, par exemple, `anim.fla` (l'extension `.fla` est caractéristique du format Flash). Pour que ce fichier s'affiche dans une page web, il est nécessaire de l'exporter au format `Shockwave Flash` (extension `.swf`). C'est ce fichier, une fois exporté, que vous allez utiliser pour votre site web.

Google indexe-t-il les fichiers au format Flash ?

Google communique beaucoup – beaucoup moins depuis quelques années, cependant, mais cela peut paraître logique au vu de la perte de vitesse de ce format d'animation – sur sa faculté à indexer et analyser du mieux possible le Flash. Vous trouverez ci-dessous quelques liens à ce sujet, mais en pratique, ce format d'animation pose encore de nombreux problèmes en termes de référencement et de positionnement.

Quelques liens qui traitent de ce point :

- *http://goo.gl/wGSED*
- *http://goo.gl/79lvQ*
- *http://goo.gl/xt5nb*
- *http://goo.gl/iQVBj*
- *http://goo.gl/qDKvE*
- *http://goo.gl/Le0HD*
- *http://goo.gl/hfJ5Z*
- *http://goo.gl/LrqN2*
- *http://goo.gl/OGVl0*

Si l'animation réalisée contient du texte, celui-ci ne sera pas – ou mal – pris en compte par le moteur de recherche. Cependant, le fichier HTML qui lance l'animation Flash est, lui, pris en considération. Dans ce cas, le remède consistera en l'utilisation optimisée des balises `<title>`, `<meta>` et, dans notre cas, `<noembed>`. Nous reviendrons sur ce point plus en profondeur dans le paragraphe suivant.

La situation idéale consistera, sinon, à développer un site en HTML conjointement à la version Flash ou, au moins quelques pages pour contenter les robots. Dans ce cas, faites attention à ce que le lien sur la page d'accueil vers cette version HTML puisse être suivi par les robots (ne l'insérez pas dans l'animation Flash, pas de JavaScript, etc.). Il serait dommage de développer ces pages pour rien.

Des « rustines » pour mieux indexer le Flash ?

On l'a vu, un objet Flash (extension `.swf`) est par nature indéchiffrable (ou mal compris/ analysé) par les moteurs de recherche.

La plupart du temps, quand on parle de référencement Flash, on parle donc d'optimiser le contenu des pages web (au format HTML) « hors Flash » et de proposer ainsi des éléments lisibles par les moteurs de recherche.

L'enjeu d'un bon référencement de ce type de site est donc de proposer un contenu lisible par les moteurs tout en conservant l'attractivité d'une animation Flash, susceptible d'attirer les internautes. Pas si simple…

Techniques problématiques

Pourtant, il existe de nombreux moyens de proposer un contenu accessible uniquement aux moteurs de recherche, tout en conservant les animations Flash sur le site. Le problème est que les techniques sont pour la plupart sanctionnées par les moteurs de recherche.

Insérer du texte « caché »

Par définition, un texte présent dans le code source, mais non visible par l'internaute, est un texte caché. Son existence peut donc compromettre la prise en compte par les moteurs de recherche, car il s'agit souvent d'une technique de « triche ».

Par définition également, une animation Flash est contenue dans un fichier SWF. Celui-ci est intégré dans le code source par le biais d'une balise `<object>` ou `<embed>` (la balise `<object>` est actuellement conseillée par le W3C).

Voici un exemple d'intégration Flash dans une page HTML :

```
<object type="application/x-shockwave-flash" data="anim.swf" width="550" height="400">
  <param name="play" value="true" />
  <param name="movie" value="anim.swf" />
  <param name="menu" value="false" />
  <param name="quality" value="high" />
  <param name="scalemode" value="noborder" />
</object>
```

Les techniques suivantes sont souvent conseillées pour insérer des éléments textuels compréhensibles par les moteurs (voir articles aux adresses *http://goo.gl/7P7VS* et *http://goo.gl/UyWrk*) : insérer du texte à l'intérieur de la balise `<object>` ou dans une balise `<noembed>`.

Voici un exemple d'optimisation à l'intérieur de la balise `<object>` :

```
<object type="application/x-shockwave-flash" data="anim.swf" width="550" height="400">
  <param name="play" value="true" />
  <param name="movie" value="anim.swf" />
  <param name="menu" value="false" />
  <param name="quality" value="high" />
  <param name="scalemode" value="noborder" />
  texte de présentation de mon animation
</object>
```

Et un exemple d'optimisation dans une balise `<noembed>` :

```
<embed src="moviename.swf" width=100 height=80
pluginspage="http://example.com/shockwave/download/">
</embed>
<noembed>
Texte de remplacement pour mon animation
</noembed>
```

Il est pourtant difficile de résumer le contenu d'une animation Flash en quelques lignes : on peut donc se retrouver avec un paragraphe conséquent de texte caché dans le code source, ce qui est toujours dangereux car cela peut être pris pour de la fraude. Ce type d'élément peut être pénalisé par les moteurs, à moins qu'ils ne reconnaissent le bien-fondé de la technique. Néanmoins, il existe un risque de sanction.

Extrait du guide de qualité Google (*http://goo.gl/Db1Y6*) :

« Si votre site contient du texte et des liens cachés conçus pour induire les moteurs de recherche en erreur, votre site peut être retiré de l'index Google et ne plus être affiché dans les pages de résultats de recherche. Lorsque vous évaluez votre site afin de vérifier s'il contient du texte ou des liens cachés, recherchez tout ce qui n'est pas facilement affichable par les visiteurs. Existe-t-il du texte ou des liens accessibles uniquement aux moteurs de recherche et non aux visiteurs ? »

Il s'agit donc d'une technique à utiliser avec parcimonie. Les contenus de type « liste de liens » ou « succession de mots-clés » sont, par exemple, à proscrire.

Dans tous les cas, la question suivante doit être posée : pourquoi ne pas proposer les éléments directement dans la page plutôt que sous une forme alternative ? Par exemple, un menu HTML en pied de page est de loin préférable à l'utilisation d'éléments alternatifs à un menu Flash.

Faire du cloaking

Le cloaking est une technique consistant à proposer aux moteurs de recherche une page différente de celle qui est vue par les internautes. Nous en reparlerons dans ce chapitre lorsque nous aborderons les sites dynamiques.

Dans le cadre du référencement Flash, une méthode consiste alors à détecter la capacité du visiteur à lire les animations (détection du plug-in navigateur, par exemple) et à le rediriger automatiquement vers une page textuelle s'il n'est pas capable de lire l'animation.

Une autre méthode consiste à insérer l'animation Flash à l'aide d'un script JavaScript. Comme ce dernier n'est pas utilisable par les moteurs, ces derniers verront une page purement textuelle.

Dans tous les cas, il y a bien présentation d'un contenu différent aux internautes et aux moteurs de recherche.

Extrait du guide de qualité Google (*http://goo.gl/KHxR3*) :

« Le cloaking est la pratique qui consiste à présenter aux utilisateurs des URL ou un contenu différents de ceux destinés aux moteurs de recherche. En raison de la présentation de résultats différents selon le `User-agent`, votre site peut être considéré comme trompeur et être retiré de l'index Google.

Voici des exemples de cloaking :

- présentation d'une page de texte HTML aux moteurs de recherche, mais affichage d'une page d'images ou Flash aux utilisateurs ;
- présentation aux moteurs de recherche d'un contenu différent de celui destiné aux utilisateurs.

Si votre site contient des éléments non explorables par les moteurs de recherche (par exemple des fichiers Flash, des scripts JavaScript ou des images), vous ne devez pas leur fournir de contenu masqué. »

Pour les moteurs, il n'existe donc pas de « bon cloaking » et de « mauvais cloaking », uniquement un « cloaking interdit » ! Un internaute, ou un moteur, doit toujours avoir la possibilité d'accéder à la version de son choix.

Plutôt que de faire du cloaking, il est préférable de créer un lien `<a href…>` visible et pointant vers une version HTML du site. La figure 7-5 présente l'exemple du site Mobalpa (*http://www.mobalpa.fr/fr*).

Figure 14-2

La page d'accueil du site propose deux versions à l'internaute et au spider : une en HTML et une en Flash. Ceci est intéressant même si on ajoute un clic pour accéder à la véritable page d'accueil.

Utilisation du script sIFR

Google recommande notamment l'utilisation du script sIFR, un projet open source qui permet aux webmasters de remplacer des éléments textuels par des équivalents Flash (*http://goo.gl/j7PbP*). Un article de Mike Davidson (*http://goo.gl/ChJde*) vous apportera des informations complémentaires à ce sujet.

Le principe du sIFR (pour *Scalable Inman Flash Replacement*) est de remplacer les éléments textuels des pages par des éléments Flash. Il s'agit donc de l'ajout d'une couche technologique par-dessus le code source, laissant la possibilité aux moteurs d'accéder au contenu de base.

Ce script est utilisé principalement pour la mise en forme particulière de contenu texte (utilisation d'une police spéciale, par exemple) sous forme d'animation Flash.

Le processus est le suivant :

- une page HTML ou XHTML est chargée par le navigateur ;
- un JavaScript détecte si le player Flash est installé ;

- si le player Flash n'est pas installé ou si le navigateur ne supporte pas JavaScript, la page web se charge normalement et présente un contenu texte ;
- si le Flash est supporté, le script insère des animations Flash par-dessus les éléments de la page, en récupérant les données texte. Les animations affichent le texte à l'aide d'un code ActionScript.

Le résultat peut être observé sur la page *http://goo.gl/l30dG*, où on peut activer (figure 14-3) ou désactiver (figure 14-4) le script sIFR.

Figure 14-3
Activation sIFR

Figure 14-4
Désactivation sIFR

Le script sIFR offre donc des performances intéressantes : le remplacement de police est totalement transparent et l'internaute a toujours la possibilité de sélectionner le texte. En effet, il va choisir en réalité le contenu texte qui se trouve sous le Flash.

Pourquoi la méthode sIFR est-elle privilégiée par Google ? Probablement parce qu'elle est totalement transparente pour l'utilisateur et affiche exactement le même contenu pour un internaute et un moteur. De plus, il ne s'agit pas d'optimiser une animation Flash présente dans un code source, mais de superposer du Flash à un contenu texte qui se trouve sur le site. Les grands principes de l'accessibilité (notamment la notion d'enrichissement progressif) sont ainsi respectés.

Remarque : que se passe-t-il si un internaute utilise des modules de blocage de Flash (comme Flashblock pour Mozilla Firefox) ? Dans ce cas, le script sIFR est désactivé et le site s'affiche comme si l'internaute ne pouvait pas voir le Flash. Il n'y a donc aucune pénalisation au niveau de l'affichage de la page web.

swfIR pour les images

Notons également le format swfIR, pour *swf Image Replacement*, qui est l'équivalent du format sIFR pour les images... Pour plus d'informations, consultez le site suivant : *http://www.swfir.com*.

La méthode sIFR est particulièrement adaptée aux animations « basiques » et montre donc ses limites pour des animations plus complexes, à base de cinématiques. Toutefois, Google ayant clairement indiqué qu'il s'agit là d'une technique « permise », elle peut être prise en compte lors du développement d'un site Flash.

En même temps, on peut aujourd'hui se poser la question de l'avenir du format Flash.

SWFObject

Une autre méthode pour proposer des versions textuelles d'animations Flash est la fonction JavaScript SWFObject (*http://code.google.com/p/swfobject/*) qui détecte la version du plug-in Flash utilisé par le navigateur de l'internaute et envoie, en fonction de celle-ci, un contenu différent qui peut être textuel. N'est-ce pas du cloaking ? La question reste ouverte, mais le projet est disponible sur le site Google Code.

Langages JavaScript, Ajax et Web 2.0

Le JavaScript peut servir à de nombreuses possibilités « cosmétologiques » pour agrémenter l'aspect visuel d'un lien : *roll-over*, menus déroulants (figure 14-5), etc. De nombreux sites développés en Ajax utilisent notamment ce langage. On a tendance à dire, un peu rapidement parfois, que les liens JavaScript ne sont pas pris en compte par les robots des moteurs de recherche. Ce n'est pas tout à fait exact. En fait, les liens écrits en JavaScript doivent surtout être « spider compatibles ».

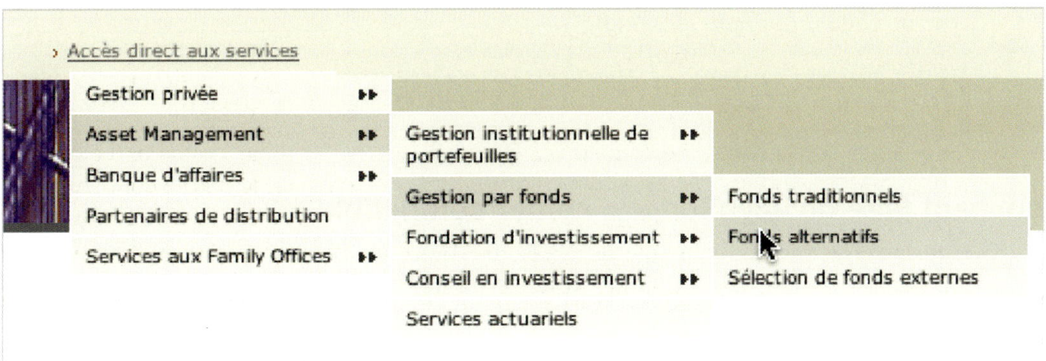

Figure 14-5

Exemple type d'un menu de navigation qui peut être écrit en JavaScript.

Un lien écrit en JavaScript compatible pour les moteurs, sera suivi par les robots des moteurs. En revanche, un lien JavaScript non compatible hypothéquera grandement l'exhaustivité de l'indexation de vos pages par les moteurs car les spiders ne les reconnaîtront pas (même si Google notamment fait de grands progrès à ce sujet chaque jour et reconnaît de mieux en mieux les liens écrits en JavaScript). Ne l'oubliez pas !

Ainsi, un spider comme Googlebot (le robot de Google), lors de son arrivée sur votre page d'accueil, va tenter de suivre les liens qui y sont présents pour découvrir d'autres pages afin de les indexer également. Si le lien est classique, c'est-à-dire de la forme :

```
<a href="http://www.votresite.com/page-distante.html">
  Texte du lien
</a>
```

cela ne lui posera aucun problème. Il suivra fidèlement ce lien pour indexer la page distante. Tout ira pour le mieux dans le meilleur des mondes.

En revanche, tout se complique si le lien est créé à l'aide d'un code JavaScript. Notez qu'il existe plusieurs façons de décrire un lien en utilisant le langage JavaScript. En voici quelques exemples, parmi de nombreux autres :

```
<a href="javascript:window.open('http://www.votresite.com/page-distante.html',
'newWindow')">Texte du lien</a>

<a href="#" onClick="javascript:toto()" >Texte du lien</a>

<a href="javascript:fonctionlambda()">Texte</a>
```

La page pointée dans le premier exemple ci-dessus, présente à l'adresse *http://www.votresite.com/page-distante.html*, ne sera donc pas visitée par les spiders. Pas par ce biais tout du moins (même si on peut penser qu'en 2016, Google sait interpréter ce code et y trouver l'URL, mais cela reste aléatoire).

Notons en effet que Google « découvre » de mieux en mieux les liens notamment dans ce type de code (*http://goo.gl/sg8xq*) :

```
<div onclick="document.location.href='http://foo.com/'">
<tr onclick="myfunction('index.html')"><a href="#" onclick="myfunction()"> new page</a>
<a href="javascript:void(0)" onclick="window.open ('welcome.html')">open new window</a>
```

Comment faire du JavaScript « spider compatible » ?

Heureusement, il est possible de créer des liens JavaScript qui soient bien interprétés par les robots. Par exemple, voici le même lien que précédemment, mais rendu compatible :

```
<a href="page-distante.html" onclick="window.open(this.href); return false;">
  Texte du lien
</a>
```

ou :

```
<a href="http://www.votresite.com/page-distante.html" onclick="window.open(this.
➥ href); return false;">
  Texte du lien
</a>
```

Le fait que l'adresse de la page distante se trouve maintenant dans la zone `href` permet au robot de la reconnaître et de la suivre pour indexer le document. En revanche, lorsque l'internaute cliquera sur le lien, c'est l'action JavaScript (`onclick`) qui sera prise en compte et qui se déroulera.

Il est également plus rapide d'écrire `this.href`, option qui permet de simplifier l'écriture et la maintenance puisque `this` représente l'objet courant, donc la balise `<a>`. `this.href` est alors égale à l'URL indiquée juste à gauche. On aurait pu écrire :

```
<a href="http://www.votresite.com/page-distante.html" onclick="window.open
➥ ('http://www.votresite.com/page-distante.html'); return false;">
  Texte du lien
</a>
```

Mais cela aurait été plus long…

Votre code devient ainsi compatible à la fois pour l'internaute et les robots. N'hésitez pas à regarder à quoi ressemblent vos liens et à modifier leur forme si cela vous est possible. Vous faciliterez ainsi grandement la vie des spiders de Google et Bing.

Il est malheureusement très complexe de prendre en compte toutes les façons de créer un lien en JavaScript (notamment en fonction du type d'affichage que vous désirez obtenir en ligne), mais retenez que les codes HTML des liens optimisés pour les moteurs doivent proposer à la fois :

- un attribut `href` contenant l'URL de destination pour les robots ;
- une zone JavaScript propre à l'action que vous désirez créer en cas de clic ou de survol par la souris.

Si ces deux conditions sont réunies, on peut penser que tout devrait bien se passer pour vos pages, et pour votre référencement !

Créer des menus autrement qu'en JavaScript

Pour créer des menus déroulants sympathiques et faciles à utiliser pour les internautes, il n'est absolument pas nécessaire de les réaliser en JavaScript. La tendance actuelle, largement suivie par la majorité des développeurs, vise à aller vers d'autres solutions tout à fait compatibles avec les moteurs de recherche et leurs spiders. Regardons cela au travers de quelques exemples.

Prenons le site de Bouygues Telecom (*http://www.bouyguestelecom.fr/*), qui propose des menus déroulants tout à fait *user friendly* ou conviviaux (voir figure 14-6).

Figure 14-6

Menu déroulant sur le site Bouygues Telecom

Le code pour réaliser ce menu est le suivant :

```
<li><a class="v2_menuLevel1" href="http://www.laboutique.bouyguestelecom.fr/
nos-offres.html"
onclick="xt_med('C','1','Hub::Header::Mobile','S')" xtclib="HeaderMobile">Mobile</a>
<ul>
<li><a href="http://www.laboutique.bouyguestelecom.fr/nos-telephones-mobiles.html"
➥ onclick="xt_med('C','1','Hub::Header::Mobile::Telephones','S')"
➥ xtclib="HeaderMobile"> T&eacute;l&eacute;phones</a></li>
<li><a href="http://www.laboutique.bouyguestelecom.fr/1-forfait-formule.html"
➥ onclick="xt_med('C','1','Hub::Header::Mobile::Forfaits','S')"
➥ xtclib="HeaderMobile"> Forfaits</a></li>
<li><a href="http://www.laboutique.bouyguestelecom.fr/recherche-telephones-cle--
➥ cle+3gplus/edge.html" onclick="xt_med('C','1','Hub::Header::
➥ Mobile::Cle3GEdge','S')" xtclib="HeaderMobile">Clé 3G+/EDGE</a></li>
<li><a href="http://www.laboutique.bouyguestelecom.fr/3-universal-mobile-formule.html"
onclick="xt_med('C','1','Hub::Header::Mobile::ForfaitBloque','S')" xtclib
➥ ="HeaderMobile"> Forfaits bloqu&eacute;s</a></li>
<li><a href="http://www.laboutique.bouyguestelecom.fr/2-carte-nomad-formule.html"
➥ onclick="xt_med('C','1','Hub::Header::Mobile::Carte','S')" xtclib="HeaderMobile">
➥ Cartes</a></li>
<li><a href="http://www.internetmobile.bouyguestelecom.fr/"
onclick="xt_med('C','1','Hub::Header::Mobile::EspaceInternetMobile','S')" xtclib
="HeaderMobile">Espace Internet Mobile</a></li>
</ul>
</li>
```

On le voit, ce code est tout à fait *spider friendly* (facile à utiliser) puisque, pour chaque choix du menu, l'option `<a href="http://www.laboutique.bouyguestelecom.fr/3-universal-mobile-formule.html"…>Forfaits bloqués</a>` est indiquée. Une adresse URL valable est indiquée dans l'attribut `href`, donc le lien sera suivi par les robots des moteurs (les événements `onclick` ou `xtclib` ne gênent en rien ces derniers).

Regardons maintenant les menus déroulants du site Amazon.fr (*http://www.amazon.fr/*), représentés sur la figure 14-7.

Figure 14-7

Menu déroulant sur le site Amazon.fr

Le code suivant est proposé (extrait simplifié) :

```
<div class="navLeftNavTitle">
<h4 style="margin: 0px; font-size: 13px">Livres</h4></div>
<div class="leftNav"> <a href="/livre-achat-occasion-litterature-roman/b/ref
=sa_menu_lv0_w?ie =UTF8&node=301061&pf_rd_p=218610591&pf_rd_s=left-nav-1&pf_rd_t
=101&pf_rd_i=405320&pf_rd_m=A1X6FK5RDHNB96&pf_rd_r=1MKKR1HRNC3Y6F7KFTW8">
Tous les livres</a> </div>
<div class="leftNav"> <a href="/livres-anglais-computers-business-used/b/ref
=sa_menu_enlv0_w?ie=UTF8&node=52042011&pf_rd_p=218610591&pf_rd_s=left-nav-1&pf_rd_t
=101&pf_rd_i=405320&pf_rd_m=A1X6FK5RDHNB96&pf_rd_r=1MKKR1HRNC3Y6F7KFTW8">
Livres en anglais</a> </div>
<div class="leftNav"> <a href="/Nouveaut%C3%A9s-para%C3%AEtre-Livres/b/ref
=sa_menu_nfp0_w?ie=UTF8&node=112828011&pf_rd_p=218610591&pf_rd_s=left-nav-1&pf_rd_t
=101&pf_rd_i=405320&pf_rd_m=A1X6FK5RDHNB96&pf_rd_r=1MKKR1HRNC3Y6F7KFTW8">Nouveautés
et À paraître</a> </div>
<div class="leftNav"> <a href="/Chercher-Coeur-Livres/b/ref=sa_menu_si0_w?ie
=UTF8&node=306966011&pf_rd_p=218610591&pf_rd_s=left-nav-1&pf_rd_t=101&pf_rd_i
=405320&pf_rd_m=A1X6FK5RDHNB96&pf_rd_r=1MKKR1HRNC3Y6F7KFTW8">Cliquez pour
feuilleter</a> </div>
</div>
```

Le cas est identique à celui de Bouygues Telecom avec un code de lien tout à fait compatible avec les moteurs de recherche :

```
<a href="/livre-achat-occasion-litterature-roman/b/ref=sa_menu_lv0_w?ie=UTF8&node
=301061&pf_rd_p=218610591&pf_rd_s=left-nav-1&pf_rd_t=101&pf_rd_i=405320&pf_rd_m
=A1X6FK5RDHNB96&pf_rd_r=1MKKR1HRNC3Y6F7KFTW8">Tous les livres</a>
```

Si l'URL indiquée n'est pas optimisée pour les moteurs de recherche (ce qui est un autre problème), le lien, quant à lui, sera suivi sans problème puisque l'adresse de la page de destination apparaît dans l'attribut `href`.

Dernier exemple avec le système d'onglets du site Abondance (*http://www.abondance .com/*), représenté à la figure 14-8.

Figure 14-8

Navigation par onglets sur la page d'accueil du site Abondance

En voici le code HTML :

```
<ul id="onglet">
<li class="active"><a href="http://actu.abondance.com/"> Actualit&eacute;
➥  </a></li>
<li><a href="http://docs.abondance.com/"> Articles </a></li>
<li><a href="http://blog.abondance.com/"> Blog </a></li>
<li class="abonnes"><a href="http://abonnes.abondance.com/"> Abonn&eacute;
➥ s </a></li>
<li><a href="http://outils.abondance.com/"> Outils </a></li>
<li><a href="http://www.forums-abondance.com/"> Forums </a></li>
<li><a href="http://lettres.abondance.com/"> Newsletters </a></li>
<li><a href="http://livres.abondance.com/"> Etudes/livres </a></li>
<li><a href="http://emploi.abondance.com/"> Emploi </a></li>
<li><a href="http://ressources.abondance.com/"> Ressources </a></li>
<li><a href="http://www.boutique-abondance.com/"> Boutique </a></li>
</ul>
```

Vous l'avez compris, pour les mêmes raisons que précédemment, ces liens seront suivis sans aucun souci par les robots (adresse valable dans la zone `href` du lien). Il est donc tout à fait possible, au travers de balises `<div>` ou `<ul><li>`, et en gérant bien les feuilles de styles (CSS) correspondantes, de réaliser des systèmes de navigation qui ne poseront aucun problème aux spiders de Google et consorts. Bonne nouvelle. Pourquoi s'en priver ?

Dernier petit « truc » : pour savoir si vos menus sont compatibles avec les moteurs de recherche, observez-les sur la version textuelle du cache de Google (liens En cache>Version en texte seul) : s'ils apparaissent, c'est qu'ils sont compatibles ! Exemple à la figure 14-9 pour le site Abondance.

Webographie spider friendly

Voici quelques liens pour vous aider dans vos créations de menus en CSS :

- Créer des menus simples en CSS : *http://goo.gl/6AZnO ;*
- De façon plus générale, cet excellent site : *http://www.alsacreations.com/tutoriels/ ;*
- CSS Menus : *http://www.cssmenus.co.uk/.*

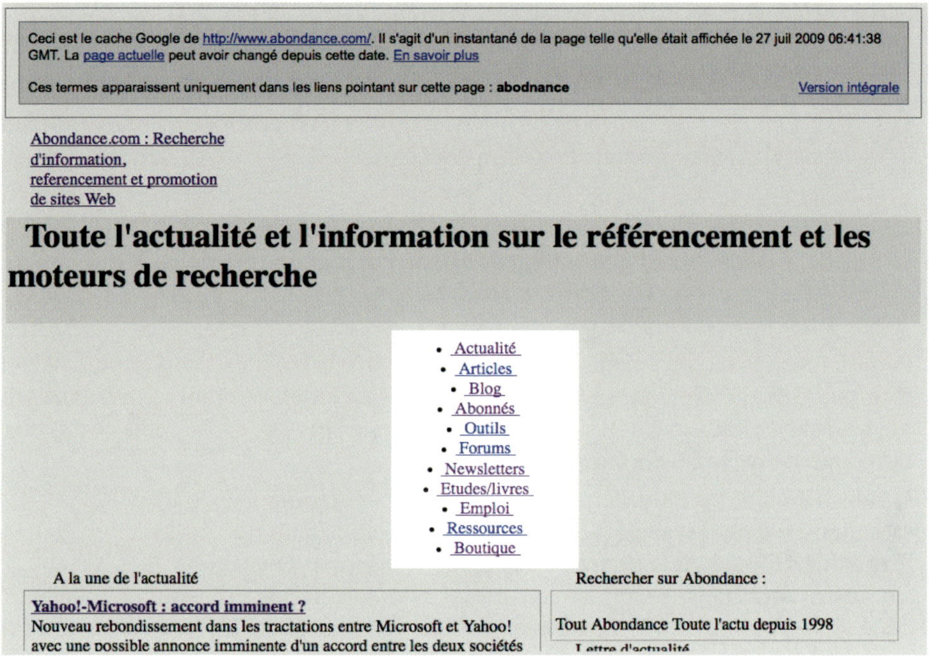

Figure 14-9

Les liens du menu apparaissent sur la version textuelle du cache : ils sont donc suivis par les spiders du moteur !

Utiliser les Google Webmaster Tools

En visualisant vos pages dans les Google Webmaster Tools, option Explorer comme Google, puis bouton Explorer et afficher, vous pourrez voir si vos scripts sont bien pris en compte par le moteur, puis Google vous donnera une version de la page telle qu'il la voit de son côté !

Une question est également souvent posée au sujet des propriétés `display:none` et `visibility:hidden`. Certains webmasters s'interrogent sur le fait d'employer ces fonctions pour rendre invisibles certains contenus (assez souvent utilisées, par exemple pour cacher le contenu d'onglets) et le risque que les moteurs de recherche prennent cette technique pour du spam. En fait, la situation est assez simple : si vous utilisez ces propriétés pour des raisons de charte graphique et d'affichage conditionnels, par exemple (cas des onglets), cela ne posera aucun problème. Si vous les utilisez pour cacher du texte aux internautes, mais le rendre visible aux moteurs pour un meilleur référencement, alors il y a de fortes chances pour que cela soit puni. Comme toujours, on ne fait pas le procès d'un marteau sous prétexte qu'il a servi à taper sur la tête d'une personne.

La problématique des sites en Ajax ou de style Web 2.0

Section rédigée avec la contribution de Daniel Roch

Les sites web en Ajax ou dans la mouvance Web 2.0 posent quelques problèmes aux moteurs de recherche pour deux raisons majeures :

- ils contiennent une bonne dose de JavaScript et certains de leurs liens ne sont pas conçus pour être compatibles avec les moteurs de recherche ;
- de nombreux contenus, notamment textuels, sont compris dans des scripts (entre les balises `<script>` et `</script>`), qui sont des zones non lues par les moteurs de recherche, des quasi *terra incognita* pour leur spider.

Pour pallier ces inconvénients, il vous faudra éviter le langage JavaScript le plus possible, bien que Google améliore sa compréhension de ce langage, comme on l'a dit précédemment. Dans certains cas (on vient également de le voir), il est de toute façon possible de faire autrement. Dans certains cas, non.

Il vous faudra alors, dans la mesure du possible, « extraire » le contenu textuel des scripts afin qu'ils soient lus par le moteur. Là encore, la vision d'une page de test dans le cache textuel de Google vous donnera beaucoup d'informations. En un mot, il faut que votre site reste consultable même si vous désactivez JavaScript sur votre navigateur. Si votre code Ajax propose le chargement à la volée de petits bouts de contenu insérés dans des scripts, il y a de fortes chances pour que le problème soit pour l'instant insoluble pour les moteurs de recherche si vous ne faites rien de spécial pour le contrecarrer.

Ajax vu par Google

Google a publié sur son blog officiel (http://goo.gl/Q4UfK) quelques conseils pour faire en sorte qu'un site web conçu en Ajax soit compris, analysé et crawlé au mieux par les moteurs de recherche. Un ingénieur de Google, lors du salon SMX East, en octobre 2009, a également donné quelques conseils allant dans ce sens :

- utilisation d'un « token » (Google propose le point d'exclamation) dans les URL pour indiquer que la page est conçue à base d'Ajax. Par exemple : *http://www.votresite.com/page.html#!GOOG* ;
- création d'un « instantané HTML » côté serveur qui sera lu par les moteurs de recherche ;
- utilisation d'URL spécifique pour accéder à ces « instantanés », grâce à l'intitulé _escaped_fragment_.

Vous trouverez plus d'informations à ce sujet dans une aide en ligne disponible à cette adresse : *http://goo.gl/NXgWn.*

Pourtant, la vitesse et l'ergonomie sont des atouts dont un site ne peut plus se passer aujourd'hui, tant au niveau de l'expérience utilisateur que du référencement naturel. Pour optimiser ces éléments de manière simultanée, le passage à Ajax est parfois indispensable.

En effet, cette technologie permet de charger des contenus de manière dynamique, sans pour autant recharger l'intégralité de la page. Cela réduit donc les temps d'affichage, tout en donnant une sensation de navigation plus fluide à l'utilisateur.

Pour mieux comprendre la raison pour laquelle Ajax pose autant de problèmes en référencement naturel, il faut tout d'abord expliquer le fonctionnement d'un site Internet lors du chargement des pages.

L'ordinateur de l'internaute envoie une requête au serveur Internet, avec pour paramètre une URL et éventuellement des cookies. Le serveur calcule alors la page dans son intégralité et la renvoie à l'utilisateur. Elle est donc entièrement recalculée, y compris au niveau des parties communes d'un site comme le haut de page, le footer et parfois les colonnes de droite ou de gauche.

On va donc recalculer et télécharger des éléments que l'utilisateur avait déjà mis en cache dans son navigateur.

Ajax est une technologie « tampon ». Avec elle, seule une partie de la page sera calculée par le serveur. Par exemple, l'utilisateur va envoyer une demande en Ajax pour charger le contenu d'une nouvelle page, sauf que les parties communes de celle-ci ne changeront pas : on ne va télécharger que la partie pertinente, ce qui va réduire drastiquement les temps de chargement.

La figure 14-10 explique le fonctionnement de cette technologie, en indiquant en sombre les éléments qui sont chargés par l'internaute lors du clic.

On observe facilement que les contenus Ajax sont de fait moins lourds, donc plus rapides à charger. D'un certain côté, on peut rapprocher le fonctionnement d'Ajax de celui des antiques « frames » (voir à la fin de ce chapitre), utilisées il y a quelques années de cela pour construire des sites web.

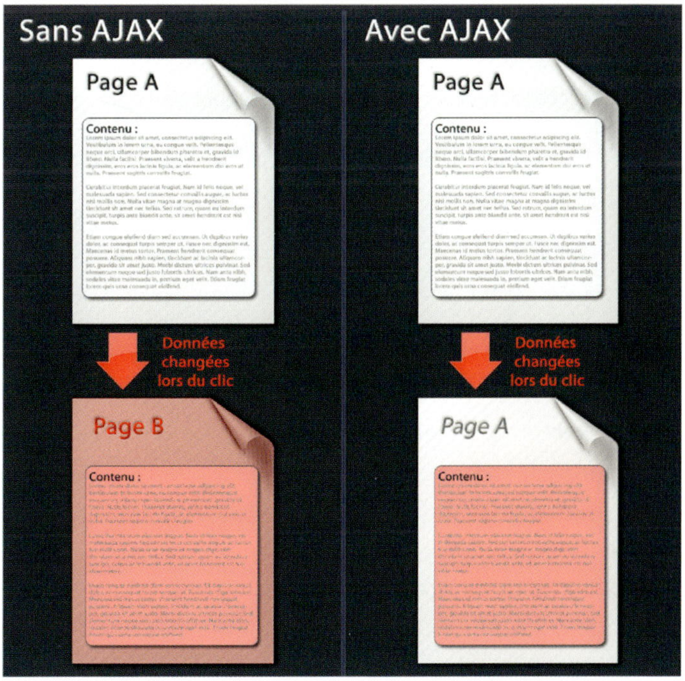

Figure 14-10

Avec Ajax, seules certaines zones de contenu sont chargées lors d'un clic, d'où un gain de temps lors de l'affichage des données.

Le problème de l'indexation d'Ajax

La technologie Ajax ne change que le contenu demandé par le script : théoriquement, elle ne modifie ni l'URL, ni les balises `meta`. Google et les autres moteurs de recherche ne peuvent donc pas trouver ce contenu. Autrement dit, une page générée en Ajax est catastrophique pour le référencement naturel.

La difficulté est donc de mettre en place des liens en dur, du type *http://www.monsite.com/mapage*, qui vont charger le contenu en Ajax dans la page actuelle, tout en changeant l'URL et en dirigeant le moteur de recherche vers la page adéquate.

La dernière partie est primordiale, mais souvent oubliée ou mal conçue par les développeurs. On retrouve ainsi des sites superbes et fluides pour les internautes, mais qui sont aussi pertinents pour les moteurs de recherche qu'une page blanche… Heureusement, il existe trois solutions différentes pour pallier le problème.

1. La solution JavaScript

La première solution pour référencer ce type de contenus est simple. On commence par créer son site de manière purement statique, avec des liens en dur pour aller d'une page à une autre.

On ajoute ensuite une surcouche de JavaScript qui va s'appliquer à tous les liens internes et dans laquelle on indique au navigateur de remplacer une partie du contenu actuel par celui de la page demandée. On réussit donc à charger en Ajax un contenu pour le visiteur, tandis que le moteur de recherche continue à voir un site statique ayant un maillage et une structure interne cohérente. Pour cela, on utilise un code JavaScript ressemblant à celui-ci :

```
$('#IDdulien').live('click',function(e){
    // On empêche le navigateur de charger le lien
e.preventDefault();
     // On récupère la valeur du lien
var centercible = $(this).attr('href');
   // On sélectionne les données à charger en Ajax
var loadUrl="data.html";
        // On indique où il faut afficher ces nouvelles données
$("#ID").load(loadUrl + "ID");
        //On change l'URL selon les données contenues dans le Href du lien
window.location=centercible;
 });
```

Les avantages de cette solution sont multiples.

- Elle est simple à mettre en place.
- Google continuera à suivre chaque lien normalement, sans pénalité pour le référencement naturel.
- C'est parfaitement transparent pour l'utilisateur.
- Même si JavaScript est désactivé dans le navigateur, l'utilisateur pourra continuer à utiliser normalement le site Internet.

Malheureusement, cette technique a un gros défaut qui se situe dans l'URL du navigateur : un site en Ajax ne peut pas changer réellement l'adresse web sur laquelle se trouve l'utilisateur, du moins s'il est codé en HTML 4 (nous verrons plus loin que HTML5 corrige le problème).

Dans le meilleur des cas, le script va ajouter une ancre, pour obtenir une adresse du type *www.monsite.com/#ancre-du-contenu-ajax*. Cet ajout du signe # sert uniquement à faire comprendre à l'utilisateur qu'il change de page lors du clic (sans réellement en changer pour autant). En effet, Ajax ne peut changer complètement une URL sans recharger la page dans son intégralité. Ainsi, il n'est pas possible de passer en Ajax de *www.monsite.com/url1* à *www.monsite.com/url2*, mais seulement à *www.monsite.com/url1#contenu-url2*.

L'internaute se trouve donc en présence d'une URL générée côté client et non côté serveur, ce qui pose un problème majeur : le visiteur ne pourra pas partager l'adresse par e-mail, sur Facebook, sur Twitter ou encore sur son propre site. Si jamais il fait un copier-coller de l'adresse web de la page, celle-ci ne proposera pas le bon contenu puisque l'ancre et le contenu associé n'apparaissent que lors du clic, ce que ne sait faire un moteur de recherche.

On pourrait bien entendu corriger le problème (pour le visiteur uniquement) en détectant l'ancre au chargement de la page et en adaptant le contenu si besoin, mais il est impossible de faire cela pour Google, qui n'exécutera pas le code. Et même si c'était faisable pour un moteur de recherche, cela surchargerait énormément les pages.

Autrement dit, la solution de base est incomplète…

- Il est impossible de partager l'URL en Ajax.
- Les boutons sociaux présents sur la page doivent être codés pour constamment récupérer la bonne URL pour fonctionner.
- Il existe une possibilité d'autoriser le partage de l'URL par l'internaute, mais cela surcharge le JavaScript, qui doit détecter l'ancre au chargement de la page.

2. La solution du HeadLess Browser

Pour pallier l'ensemble de ces défauts, il existe une solution donnée par le moteur de recherche Google lui-même : la mise en place sur son serveur d'un HeadLess Browser (un navigateur sans interface).

Le principe est simple : le site Internet ajoute un signe supplémentaire à chacune des URL en Ajax : un point d'exclamation. Notre adresse devient alors `#!` au lieu du simple `#`, comme c'est actuellement le cas sur Twitter. Cela indique à Google qu'il doit faire appel au HeadLess Browser pour indexer le rendu déjà de la page. Autrement dit, le moteur de recherche va pouvoir visualiser le contenu Ajax comme le ferait un visiteur lors de sa navigation.

En réalité, Google transforme la partie `#!ID` avec ses propres paramètres, soit une URL du type *?_escaped_fragment_=ID*. Cela lui indique d'utiliser la technologie du HeadLess Browser. Le seul changement à réaliser pour le développeur web sur le *front-end* du site est donc de bien vérifier que chaque contenu en Ajax ajoute le point d'exclamation en plus du #. Il faudra ensuite configurer Apache pour également rediriger le visiteur vers le bon contenu lorsque celui-ci vient sur le site avec une adresse du type *#!mon-contenu.*

Les avantages sont évidents.

- Le site est toujours aussi simple à développer en front-end puisqu'il faut juste ajouter un point d'exclamation.
- Cela permet le partage et l'indexation des URL en Ajax pour l'ensemble des visiteurs et des moteurs de recherche.

C'est au niveau du serveur que cela se complique, car il faut configurer correctement son serveur Apache, installer et configurer Jetty ainsi qu'une WebApp. Cela nous amène donc directement aux inconvénients du HeadLess Browser.

- Il nécessite un hébergement compatible sur lequel on peut modifier facilement la configuration du serveur, ce qui exclut un grand nombre de sites en mutualisé.
- Il nécessite également une personne suffisamment compétente pour le mettre en place.
- La solution ne fonctionne que pour Google, et pas pour Yahoo!, ni Bing.

La procédure est en effet relativement longue et complexe. Elle n'est pas du tout destinée aux néophytes et il vous faudra avoir un minimum de connaissances en administration de serveur pour implanter cette solution. Elle se décompose en plusieurs étapes :

- l'ajout du point d'exclamation pour les contenus en Ajax ;
- installer Jetty, qui va permettre de déployer notre application web ;
- installer grâce à Jetty le HeadLess Browser ;
- activer un proxy sur son serveur, qu'il faut ensuite protéger des spammeurs ;
- mettre en place une réécriture d'URL pour prendre en compte l'escaped_fragment pour les visiteurs et les moteurs de recherche.

Pour faire tout cela, nous vous invitons donc à suivre le tutoriel disponible à cette adresse : *http://goo.gl/xOBzs.*

Google a également créé une page officielle d'explications, ici : *http://goo.gl/KAL2G.*

3. La solution HTML5

Puisque la première solution est incomplète et que la deuxième pose problème quant à son implantation, il est nécessaire de trouver une solution plus complète. Elle existe : c'est l'HTML5.

Depuis quelque temps, cette nouvelle mouture de l'HTML (encore en développement) introduit de nouvelles possibilités pour le développement web. D'ailleurs, de plus en plus de sites Internet l'adoptent et les navigateurs s'adaptent de mieux en mieux à cette technologie. Autrement dit, il y a de moins en moins de risques à développer directement son site Internet en HTML5, d'autant plus qu'il existe des scripts de compatibilité pour les anciens navigateurs et que Google parvient parfaitement à indexer cette version de l'HTML.

Ce qui fait la différence par rapport à la version 4 en ce qui concerne Ajax, c'est qu'il existe désormais une fonction pour modifier en dur l'URL du navigateur, sans recharger la page. Mieux encore, ce changement permet de créer un historique de navigation, ce qui autorise l'utilisateur à utiliser comme il le souhaite les boutons Suivant et Précédent.

Cette fonction « miracle » s'appelle `history.pushState` et va nous permettre donc de modifier facilement l'URL sur laquelle se trouve l'utilisateur. Elle prend la forme suivante :

```
history.pushState(data, title, url);
```

En utilisant ce code, on indique au navigateur quelles données (`data`) sont associées à quel titre de page (`title`) pour une URL donnée (`url`). Cela va donc inscrire ces informations dans l'historique de navigation de l'utilisateur, lui permettant ainsi de naviguer librement.

Parfois, la donnée `data` de `history.pushState` est vide (ce qui peut arriver si votre script est mal conçu ou si votre animation de page est trop spécifique). Même dans ce cas, il existe une solution de secours si l'utilisateur cherche à appuyer sur le bouton « page précédente » : elle consiste à vérifier si l'utilisateur fait appel à cette fonctionnalité, et d'exécuter alors une fonction que vous aurez codée vous-même :

```
window.addEventListener("popstate", function(e) {
      //ma-fonction-de-retour
}
```

Nous n'avons donc plus besoin d'ancres du type `#` ou `#!`, et encore moins d'un HeadLess Browser. Tout comme la première solution qui a été donnée, le site est codé en dur et c'est une surcouche JavaScript qui va gérer tous les contenus en Ajax. Les liens en dur sont corrects pour les visiteurs comme pour les moteurs de recherche. Notre site est donc parfaitement indexable et optimisé pour le référencement naturel.

Certains sites ont déjà mis en place cette technologie, comme le site *https://github.com/* qui permet à ses utilisateurs de partager et d'échanger du code source, des plug-ins et des hacks. Quand on est dans un projet, toute la navigation en Ajax pour passer d'un fichier à un autre fait appel à la fonction `history.pushState`.

Pour ceux que cela intéresse, un excellent article explique comment implanter une telle solution technique : *http://diveintohtml5.info/history.html*.

Cependant, comme n'importe quelle technologie récente, cette fonctionnalité de HTML5 reste incompatible en 2016 avec certains navigateurs, comme Internet Explorer (toutes versions confondues), Opéra Mini, ainsi que Safari et Safari mini. Heureusement pour nous, des développeurs ont créé un JavaScript simulant la fonction `history.pushState` dont nous avons besoin. Il suffit de faire appel au script disponible à cette adresse : *https://github.com/browserstate/history.js/*.

Conclusion

Ajax est une technologie réellement intéressante pour les visiteurs, qui leur donne une vraie sensation de vitesse et d'ergonomie. Malheureusement, cette technologie pose problème pour l'indexation et le référencement naturel, malgré les différentes solutions qui existent. D'ailleurs, ces méthodes ne fonctionnent qu'avec Google : Bing, et donc Yahoo!, restent malheureusement à la traîne en 2016.

Il ne nous reste plus qu'à attendre encore quelques années, que les navigateurs utilisés par les internautes soient plus adaptés à HTML5, ou bien que Google se décide enfin à exécuter les JavaScript présents sur les pages qu'il indexe. C'est pourtant techniquement faisable, mais le moteur de recherche le plus ancré en France devrait investir massivement dans des centaines de serveurs supplémentaires pour exécuter puis indexer l'ensemble de ces contenus en Ajax. En a-t-il réellement envie aujourd'hui ?

Ajax et moteurs de recherche

Un billet d'humeur intéressant de Jérôme Charron, disponible sur le site Moteurzine, traite de la façon dont les moteurs de recherche « digèrent » les sites en Ajax : *http://goo.gl/dnlcQ*.

Nous vous invitons également à consulter les liens suivants :

- *Optimisation du référencement d'un site en Ajax* : *http://goo.gl/bGMUi* ;
- *A Spider's View of Web 2.0* (par Google) : *http://goo.gl/ccH8H* ;
- *A proposal for making AJAX crawlable* (par Google) : *http://goo.gl/WTlki*.

Menus déroulants et formulaires

Si vous proposez sur votre site une navigation basée sur les menus déroulants, comme sur la figure 14-11, sachez que si les textes compris dans ces menus sont bien pris en compte par les moteurs comme du texte visible, les robots ne suivent pas ce type de lien. Il vous faudra donc les doubler au travers de liens textuels ou compatibles avec les robots, sur la page elle-même ou sur le plan du site.

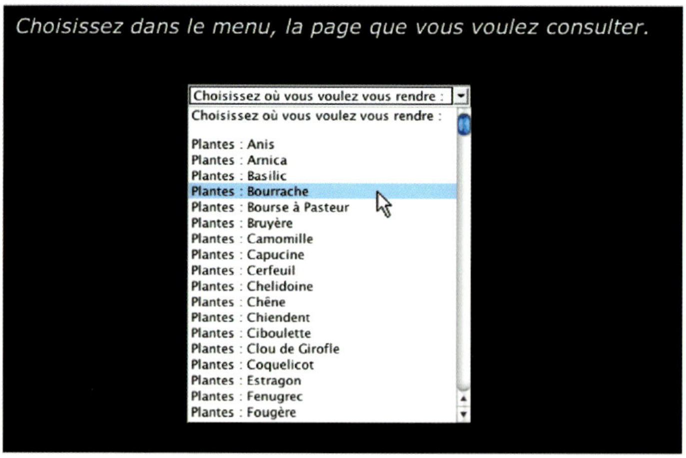

Figure 14-11

Une navigation par menus déroulants ne sera pas comprise des robots.

Il en va de même si vos « fiches produits » sont accessibles au travers d'un moteur de recherche, comme dans l'exemple de la figure 14-12.

Les robots des moteurs ne savent pas cliquer dans des cases à cocher, entrer des données dans un formulaire, choisir dans des menus déroulants et valider une recherche. Ils ne savent que suivre des liens (même si Google travaille sur le sujet : *http://goo.gl/M8WLr*). Donc si seul ce type d'accès est disponible, vos produits ne seront jamais indexés par Google et consorts. Là encore, il faudra fournir aux robots des liens compatibles, toujours de façon visible et loyale (oubliez toute velléité de cacher ce type de lien dans vos pages HTML, d'une façon ou d'une autre). Dans ce cas, seule la page « Plan du site » (voir la fin de ce chapitre) ou des options de type Sitemaps (voir chapitre 12) seront envisageables.

Figure 14-12

Les spiders des moteurs ne savent pas remplir des champs de formulaires pour trouver des pages web.

Sites dynamiques et URL « exotiques »

Un site dynamique est ainsi appelé par opposition à un site statique. Ce dernier gère des pages HTML créées au préalable et qui sont affichées telles quelles dès qu'un internaute les demande. Les pages sont donc créées à l'aide d'un éditeur HTML, puis stockées pour être affichées sous leur forme initiale.

Le site dynamique, pour sa part, puise ses informations dans une base de données (qui peut être d'origines diverses) et crée des pages à la volée, en fonction d'une action ou d'un événement. Par exemple, pour une saisie effectuée par un internaute, le moteur de recherche est l'exemple type de site dynamique.

En effet, lorsqu'un internaute arrive sur un moteur, saisit une requête dans un formulaire, sur la base des mots-clés demandés, se crée alors une page de résultats « sur mesure ». Bien entendu, cette page n'existe pas en tant que telle sur le disque dur du moteur, elle est donc créée à la volée. Nous avons donc affaire à un site dynamique.

Il en sera de même avec des sites web d'e-commerce, par exemple dans le cadre d'un catalogue en ligne, mais également la consultation d'archives de presse, etc.

Ce qui bloque le plus souvent les moteurs de recherche est représenté par l'URL des pages, qui contient, pour ce type de site, deux caractères spécifiques et représentatifs des sites dynamiques : le point d'interrogation *(?)* et l'esperluette *(&)*.

Si votre site est dynamique, c'est-à-dire construit sur une base de données consultée à la volée, cela peut poser des soucis aux moteurs de recherche en fonction de la structure des URL de vos pages. Par exemple :

http://www.sitedynamique.com/v2/V2_liste_produit.asp?id1=2155&id2=2159&id3=2177&inftyp=1&niv =3&marque=no&num=3

Cette URL contient un caractère *(?)*, synonyme de « passage de paramètres d'une page à l'autre » et des esperluettes *(&)* qui séparent les différents paramètres entre eux. Ici, ils ont pour nom : `id1`, `id2`, `inftyp`, `niv`, `marque`, `num`, etc.

La situation aujourd'hui est assez claire : si les URL de vos pages contiennent jusqu'à trois paramètres (soit deux esperluettes), votre site ne doit pas poser de problèmes aux moteurs de recherche (hors souci spécifique comme les cookies ou les identifiants de session voir plus loin). Si les URL de votre site contiennent quatre paramètres (soit trois esperluettes) et plus, il aura du mal à être indexé, et ce, quel que soit le moteur de recherche. Son référencement deviendra plus aléatoire. Nous allons développer ce point dans ce chapitre.

Un décalage entre les technologies de création de site et leur prise en compte par les moteurs

Il existe, et cela est vrai depuis la création des moteurs de recherche, un certain décalage entre le moment où les techniques de création de sites web sont utilisées et la façon dont les moteurs de recherche les indexent.

Cela s'est vérifié pour les frames (souvenez-vous du moteur Excite qui ignorait totalement les sites ainsi réalisés), puis pour le Flash ou le JavaScript, par exemple. Cela se vérifie encore avec les sites web dynamiques, qui ont longtemps représenté un obstacle rédhibitoire pour les moteurs. La situation semble s'améliorer aujourd'hui, mais elle n'est pas encore parfaite, loin de là.

Format d'une URL de site dynamique

L'URL d'une page émanant d'un site dynamique est le plus souvent affichée sous une forme du type :

http://www.sitedynamique.com/prog.cgi?kw=motcle&langue=fr&zone=france&encodage=ISO-8859-1

Cette adresse peut s'interpréter ainsi : « sur le site *www.sitedynamique.com*, on a lancé le programme nommé `prog.cgi` en lui passant comme paramètres les variables `kw` (de valeur `motcle`), `langue` (de valeur `fr`), `zone` (de valeur `france`) et `encodage` (de valeur `ISO-8859-1`).

Il en est exactement de même sur Google. Si vous allez sur le site *http://www.google.fr* et si vous tapez le mot-clé « abondance », l'URL de la page de résultats aura un intitulé similaire à celui-ci :

http://www.google.fr/#hl=fr&source=hp&q=abondance&aq=f&aqi=&aql=&oq=&gs_rfai=&fp=8918f4ccf5797512

Sur Google, le programme a été lancé, avec pour paramètres :

- `hl = fr` (la zone linguistique) ;
- `source=hp` (la requête vient de la page d'accueil de Google) ;
- `q = abondance` (le mot-clé) ;
- etc.

Les méthodes GET et POST

Google utilise pour son formulaire de recherche la méthode GET (passage de paramètres dans l'URL) contrairement à un moteur comme celui de Free, qui utilise, sur sa page d'accueil, la méthode POST. Dans ce cas, la page de résultats a une URL identique quel que soit le mot-clé recherché. La méthode POST est rédhibitoire pour l'indexation des pages dynamiques puisqu'une seule URL est proposée aux robots pour chaque page. L'adresse des documents n'est donc plus différenciatrice de leur contenu.

Voici quelques exemples (réels) d'URL dynamiques :

- *http://www.nova-cinema.com/main.php?page=search.en.htm*
- *http://canadapost.internic.ca/search.asp?lang=fr*
- *http://www.medbioworld.com/MedBioWorld/TopicLinks.aspx?type=Reference%20Tools&&category=(All)&&concept=Medicine*

Le plus souvent, les sites dynamiques sont créés sur la base de technologies de programmation comme PHP, ASP ou CFM. Néanmoins, ils peuvent également être conçus grâce à des produits propriétaires (qui poseront plus ou moins de problèmes supplémentaires) comme Lotus Notes, Vignette, BroadVision, etc. ou un CMS classiques avant réécriture d'URL) comme WordPress, Drupal ou Spip.

Pourquoi les moteurs de recherche n'indexent-ils pas, ou mal, les sites dynamiques ?

Le fait que les URL dynamiques aient un format spécifique ne nous explique pas pourquoi elles sont refusées ou mal comprises par les moteurs de recherche. Il y a en fait plusieurs explications à cela.

- Le nombre de pages créées à la volée par un site dynamique peut être quasi infini. En effet, prenez un catalogue du type de ceux d'Amazon ou de La Redoute, multipliez le nombre d'articles par le nombre d'options possibles (délai d'envoi, couleur, taille des vêtements, etc.) et vous obtenez rapidement, pour un seul site, plusieurs centaines de milliers, voire millions de pages web potentielles présentant chaque produit de façon unique. Il est difficile, pour un moteur, de les indexer toutes ou, dans le cas contraire, de savoir où s'arrêter.

- Il s'agit également là d'un système à haut risque pour ce qui concerne le spam contre les moteurs. Dans ce cas, ces derniers se méfient et, parfois, optent pour l'option la moins risquée. Ils préfèrent ne prendre en compte aucune page plutôt que de courir le risque d'indexer un réservoir à spam au travers de techniques de création incessante de pages un peu trop optimisées.
- Une même page, proposant le même contenu, peut être accessible à l'aide de deux URL différentes (ce problème est notamment crucial en ce qui concerne les identifiants de session comme nous le verrons plus loin). Cela risque d'être problématique pour un moteur, qui devra alors mettre en place des procédures de dédoublonnage (duplicate content, voir chapitre 13) qui peuvent s'avérer complexes.
- La longueur excessive de certaines URL, passant de nombreux paramètres, peut également poser des problèmes aux moteurs. Par ailleurs, certains caractères apparaissant dans ces adresses (#, {, [, |, @, etc.) peuvent également être bloquants parfois, tout comme les lettres accentuées, peu fréquentes dans les URL statiques, qui peuvent causer des soucis de codage.
- Certains problèmes posés par les sites web dynamiques sont appelés *spider traps* : il s'agit de pages mal reconnues par les spiders des moteurs, qui s'y perdent parfois dans des boucles infinies et indexent alors des milliers de documents différents représentatifs de quelques pages web uniquement.

Quels formats sont rédhibitoires ?

Comment un moteur de recherche réagit-il face à une page dynamique ? Il y a de cela quelques mois, voire quelques années, elles étaient purement et simplement ignorées. Pour certains moteurs, les pages en PHP, ASP ou CFM étaient bannies, quelle que soit leur forme. Heureusement, cette période est aujourd'hui révolue. Le simple fait qu'une page ait été créée dans l'un de ces langages de programmation n'est plus rédhibitoire.

En effet, à l'heure actuelle, les moteurs de recherche reconnaissent de façon bien plus optimale les pages dynamiques. Cependant, la situation n'est pas encore idéale et certains blocages sont encore présents. Globalement, il en existe deux très importants : le nombre de paramètres passés dans l'URL et l'identifiant de session (que nous étudierons plus loin dans ce chapitre).

Il semblerait, cependant, que la situation s'améliore de ce côté. On voit de plus en plus de pages possédant quatre paramètres, voire plus, dans leur URL et néanmoins présentes dans les index respectifs de Google et de Bing. Cependant, même si cette situation est meilleure aujourd'hui, elle reste encore bloquante dans de nombreux cas. Il vous faudra donc en tenir compte lors la mise en place de votre site afin de passer le moins de paramètres possible dans vos adresses. Allez au strict minimum. Pour l'instant, on peut encore estimer que le chiffre de trois paramètres est un maximum. Au-delà, il vous faudra envisager une solution technique adéquate comme la réécriture d'URL que nous évoquerons très bientôt.

De plus, la présence de mots-clés dans les URL est un critère important pour les moteurs, ce qui est rarement le cas dans une URL dynamique par défaut, puisqu'on y trouve des termes décrivant le contenu de la page. Dans tous les cas, vous devrez donc certainement passer par ces solutions de réécriture de vos URL dynamiques pour optimiser votre site.

Quelles sont donc les solutions disponibles pour référencer des pages disposant d'URL dynamiques ? En voici quelques-unes…

Le cloaking

La technique du cloaking (ou *IP delivery*) est interdite par Google mais parfois utilisée par certains webmasters. Imaginons que votre page d'accueil s'intitule *index.html*. Vous allez créer, dans un premier temps, une copie de cette page. La première sera la page originelle du site, la seconde sera optimisée pour les moteurs.

Les systèmes de cloaking sont ensuite installés sur le serveur, sous forme de logiciels spécifiques, et tentent d'identifier qui arrive sur vos pages.

- Soit c'est le robot d'un moteur (reconnaissable par son `User-agent` et/ou son adresse IP, dont des bases de données sont aisément identifiables sur le Web) et, dans ce cas, le système lui fournit la page optimisée.
- Soit c'est un internaute et, dans ce cas, le serveur lui envoie la page « normale ».

Que penser de cette technique ? Elle constituerait, après tout, une bonne façon de pallier les problèmes techniques posés par les sites web dynamiques. Sauf que les gros moteurs de recherche, dont Google, ont pour la plupart indiqué par le passé qu'ils refusaient ce type de solution, considérée comme du spam. Google est très clair à ce sujet sur son site (*http://goo.gl/EeBWT*) :

« Le cloaking est la pratique qui consiste à présenter aux utilisateurs des URL ou un contenu différents de ceux destinés aux moteurs de recherche. En raison de la présentation de résultats différents selon le `User-agent`, votre site peut être considéré comme trompeur et être retiré de l'index Google. »

Avantage du cloaking

Il est peu complexe à mettre en œuvre, les informations et les outils étant pour la plupart disponibles en ligne.

Inconvénient du cloaking

Les gros moteurs de recherche n'apprécient que modérément ce type de pratique. Google l'interdit clairement. De plus, le cloaking est assez facile à détecter sur un site par un moteur de recherche. Risque de pénalité assez important.

Il sera donc difficile de prendre en compte le cloaking dans le cadre du référencement d'un site web dynamique.

Création de pages de contenu

Une autre solution est proposée par les sociétés de référencement : la création de pages web, sans redirection, hébergées sur votre site ou sur le serveur du référenceur, proposant un contenu spécifique et, bien sûr, une URL « propre » pour les moteurs.

L'idée, là encore, est simple : il s'agit de créer des pages disposant d'une adresse statique et qui serviront en priorité au référencement de votre site. Ces pages proposent un contenu réel, basé sur celui de votre site originel et respectant donc votre charte graphique.

Le référenceur travaille avec le client et crée des pages en piochant du contenu sur le site web de départ, contenu qui lui sert à proposer du code HTML optimisé (le premier paragraphe, par exemple, sera plus particulièrement mis en valeur avec les mots importants en gras, etc.). Cette page proposera également, comme toutes les pages du site, une barre de navigation permettant au visiteur de cliquer sur les autres rubriques.

Avantage des pages de contenu

Il s'agit d'une solution pérenne puisque mettant à la disposition de l'internaute un contenu de qualité, adapté à la requête demandée. Il est difficile de penser que les moteurs voient ce type de possibilité d'un mauvais œil à l'avenir.

Inconvénients des pages de contenu

Cela demande un vrai travail éditorial dont la mise en œuvre peut s'avérer longue et onéreuse.

Les options techniques retenues par le client pour la charte graphique de son site peuvent, dans certains cas, être un obstacle au référencement (Flash, menus en JavaScript) et augmenter le travail d'optimisation.

Le client doit pouvoir contrôler du mieux possible le contenu mis en ligne par le référenceur.

La création de pages de contenu est une solution qui se développe lentement, mais qui permet d'obtenir très souvent de bons résultats pour un rapport qualité/prix intéressant. Elle demande cependant un travail important et un contrôle strict de la part du client sur les informations mises en ligne par le référenceur.

L'URL Rewriting

> Section rédigée avec la contribution d'Olivier Duffez

Il s'agit ici de la solution qui est certainement la plus efficace pour un site dynamique. Le but est de définir des règles de réécriture pour des adresses de pages web dynamiques puisque ce sont elles qui, dans la plupart des cas, bloquent les moteurs.

Par exemple, des URL du type :

www.sitedynamique.com/prog.php?kw=motcle&langue=fr&zone=france&encodage=ISO-8859-1

pourront être réécrites en :

www.sitedynamique.com/prog.php/motcle/fr/france/ISO-8859-1

Cette adresse ne pose plus de problème au moteur de recherche. Le tour est joué et le site web dynamique devient indexable sans souci par les robots.

Ces URL facilitent l'indexation des sites dynamiques et donc leur référencement dans les moteurs.

En plus de cet avantage indéniable, la réécriture d'URL permet également de renforcer la sécurité du site en masquant les noms des variables passées dans l'URL. Si l'extension des URL propres est neutre (par exemple, `.html` ou `.htm`), il est même possible de masquer le langage utilisé sur le serveur (PHP dans notre exemple).

Mettre en place une politique d'URL Rewriting (réécriture d'URL) ne pose pas de difficultés majeures, même si cela peut prendre du temps et demande surtout beaucoup de rigueur organisationnelle. Toutefois, une fois que cela est fait, vous n'avez plus à vous en occuper, sauf modification majeure dans la structure de votre base de données.

Avantages de l'URL Rewriting

Elle rend bon nombre de sites web dynamiques compatibles avec les moteurs de recherche.

Les règles de réécriture d'adresses sont établies une seule fois.

Elle est prise en compte par tous les moteurs de recherche.

Inconvénients de l'URL Rewriting

La mise en place des règles de réécriture peut parfois être assez longue et fastidieuse.

Certaines configurations techniques (serveurs/solutions propriétaires) ne proposent pas de telle solution.

Principe de l'URL Rewriting

Le principe de la réécriture d'URL est donc de mettre en place un système sur le serveur pour qu'il sache interpréter ce nouveau format d'URL. Par exemple, quand un visiteur accède à la page *http://www.notre-site.com/articles/article-12-2-5.html*, le serveur doit renvoyer exactement la même chose que si le visiteur avait demandé à accéder à la page *http://www.notre-site.com/articles/article.php?id=12&page=2&rubrique=5*.

La correspondance entre les deux schémas d'URL est alors décrite sous forme de règles de réécriture. Chaque règle permet de décrire un format d'URL. Dans l'exemple ci-dessus, la règle de réécriture va indiquer au serveur de prendre le premier nombre comme numéro d'article, le deuxième comme numéro de page et le troisième comme numéro de rubrique.

La technique de réécriture d'URL la plus connue est celle disponible sur les serveurs Apache, le plus souvent utilisés avec le langage PHP. Sauf mention spéciale, tous les exemples de ce chapitre seront donc consacrés au langage PHP et au serveur Apache.

Mise en place de l'URL Rewriting

Si vous avez déjà un site dynamique en ligne, voici les étapes à suivre pour mettre en place la réécriture d'URL.

1. Vérifier que votre hébergeur permet l'utilisation de l'URL Rewriting.
2. Identifier les pages dynamiques dont l'URL comporte des paramètres et choisir un nouveau schéma d'URL propre.
3. Écrire les règles de réécriture dans le fichier `.htaccess` adéquat.
4. Changer tous les liens vers chaque fichier dont l'URL a changé.
5. Mettre à jour votre site et vérifier que tout fonctionne.

Examinons en détail chacune de ces étapes.

Vérification de la comptabilité de l'URL Rewriting avec votre hébergeur

La première chose à faire est bien évidemment de s'assurer que le serveur qui héberge votre site permet d'utiliser la réécriture d'URL. Tout dépend, dans un premier temps, du type de serveur utilisé. L'objet de ce chapitre n'étant pas de passer en revue tous les types de serveurs, voici un résumé des possibilités de réécriture d'URL sur les serveurs web les plus courants.

Si votre site est hébergé sur un serveur dédié, vous avez vous-même accès à la configuration du serveur. Dans le cas d'un serveur Apache, vous pouvez donc modifier le fichier `de configuration` afin d'activer le support de la réécriture d'URL. Pensez à redémarrer Apache après avoir modifié le fichier de configuration. Néanmoins, ce n'est pas tout. Si votre site est hébergé sur un serveur mutualisé, il n'est pas certain que votre hébergeur ait activé le support de la réécriture d'URL, principalement pour des raisons de sécurité.

Tableau 14-1 Différentes possibilités d'URL Rewriting sur les serveurs principaux

Serveur web	Support de la réécriture d'URL	Détails

Apache	Géré par le module mod_rewrite, module standard d'Apache.	Le module `mod_rewrite` doit être actif. Le fichier de configuration d'Apache (`httpd.conf`) doit contenir cette ligne :
		`LoadModule rewrite_module libexec/mod_rewrite.so`
		ainsi que celle-ci :
		`AddModule mod_rewrite.c`

IIS (Microsoft)	En ASP : réécriture possible par des filtres ISAPI, commercialisés par diverses sociétés (payants).	Le paramétrage des règles de réécriture est spécifique à chaque composant.
IIS (Microsoft)	En ASPX (.NET), sur tous les serveurs supportés : des fonctions sont disponibles comme RewriteURL(), etc., qui prennent en charge la réécriture d'URL.	Des codes prêts à être compilés pour exploiter ces capacités sont fournis par Microsoft : *http://goo.gl/gpQZX* ou *via* des projets open source comme : *http://goo.gl/AvYn4* Aucune méthode standard n'a été prévue pour définir les règles de réécriture mais une utilisation pratique consiste à les paramétrer directement dans le web.config (fichier de configuration de l'application ASP.Net, présent notamment à la racine du site), qui est standardisé en XML.

Enfin, si votre site est fourni par un hébergeur gratuit, il y a peu de chances pour que la réécriture d'URL soit possible. Nous vous conseillons fortement d'investir dans un hébergement payant (en plus d'un nom de domaine), les avantages sont réellement nombreux pour effectuer un bon référencement.

Définition des schémas d'URL

Reprenons notre exemple d'un site qui dispose d'une base de données d'articles, et dressons la liste des types d'URL.

En voici quelques exemples :

- *article.php?id=12&rubrique=5*
- *article.php?id=12&page=2&rubrique=5*

Pour simplifier la lecture, nous n'avons listé ici que des URL concernant le même article, mais dans la pratique, quand vous essayez de dresser la liste des types d'URL sur votre site, vous pouvez tomber, par exemple, sur :

- *article.php?id=182&rubrique=15*
- *article.php?id=36&page=5&rubrique=3*

Le principe de l'URL Rewriting est de trouver les schémas des URL à partir de leurs formes communes. Dans notre exemple, les articles sont accessibles selon deux types d'URL (`id+rubrique` ou `id+rubrique+page`), suivant que le numéro de page est précisé ou non.

À partir du moment où vous avez identifié ces « schémas d'URL », vous devez choisir un nouveau format d'URL (l'URL propre). En général, on fait apparaître un nom de fichier avec l'extension `.html` (ou `.htm`), mais sachez que vous pouvez mettre ce que vous voulez, cela n'a aucune incidence sur la prise en compte des pages par les moteurs. En effet, quelle que soit l'extension que vous aurez choisie, la page restera une page respectant la norme HTML.

Le nom du fichier sera formé d'un préfixe et/ou d'un suffixe, et des valeurs des variables (que ce soit des chiffres ou des lettres). Profitez de cette étape pour bien réfléchir en fonction du référencement, car vous pouvez utiliser des mots-clés dans les URL de vos pages, qui soient plus parlants pour les internautes et sans doute pris en compte par les moteurs de recherche.

Voici les nouveaux formats d'URL que nous avons choisis pour chacune des URL des exemples précédents :

- *article-12-5.html*
- *article-12-2-5.html*
- *article-182-15.html*
- *article-36-5-3.html*

Pour séparer les différentes parties de l'URL, vous devez choisir un séparateur. Ici, nous avons choisi d'utiliser uniquement des tirets : il est plus efficace pour le référencement de choisir un caractère qui soit considéré comme un séparateur de mots par les moteurs de recherche.

Vous pouvez néanmoins utiliser les caractères suivants :

- le tiret (-) ;
- la virgule (,) ;
- le point (.) ;
- la barre oblique, ou *slash* en anglais (/) ;
- la barre verticale, ou *pipe* en anglais (|).

Nous vous déconseillons d'utiliser les caractères suivants :

- le tiret bas, ou *underscore* en anglais (_) ;
- le signe dièse (#) ;
- l'esperluette (&) ;
- l'arobase (@) ;
- le point d'interrogation (?) ;
- le signe dollar ($) ;
- les caractères accentués ;
- l'espace.

Le tiret et la virgule sont les plus simples ; la barre oblique peut poser des problèmes de répertoires et la barre verticale n'est pas très connue des internautes. Nous avons donc défini deux formats d'URL pour notre rubrique d'affichage des articles. Essayons de les formaliser en supprimant les numéros d'articles, de rubriques ou de pages, et en les remplaçant par leur signification :

- *article-ARTICLE-RUBRIQUE.html*
- *article-ARTICLE-PAGE-RUBRIQUE.html*

Bien entendu, `ARTICLE`, `RUBRIQUE` et `PAGE` représentent ici des numéros.

Rédaction des règles de réécriture

Maintenant que nous avons déterminé les différents schémas d'URL, il reste à écrire les règles de réécriture qui vont indiquer au serveur comment interpréter chacun de ces schémas.

Passons directement à la solution que nous allons commenter. Voici le contenu du fichier `.htaccess` situé dans notre répertoire *www.notre-site.com/articles/* :

```
#-----------------------------------------------------------
# Répertoire : /articles/
#-----------------------------------------------------------
# Le serveur doit suivre les liens symboliques :
Options +FollowSymlinks
# Activation du module de réécriture d'URL :
RewriteEngine on
#-----------------------------------------------------------
# Règles de réécriture d'URL :
#-----------------------------------------------------------
# Article sans numéro de page :
```

```
RewriteRule ^article-([0-9]+)-([0-9]+)\.html$ /articles/article.
➥ php?id=$1&rubrique=$2 [L]
# Article avec numéro de page :
RewriteRule ^article-([0-9]+)-([0-9]+)-([0-9]+)\.html$ /articles/article.php?
➥ id=$1&page=$2&rubrique=$3 [L]
```

Note : il ne doit pas y avoir de retour chariot sur une ligne de règle de réécriture.

Les lignes commençant par le signe dièse (#) sont des commentaires. N'hésitez pas à en ajouter pour rendre vos fichiers plus compréhensibles : ces lignes sont totalement ignorées par le module de réécriture d'URL.

Chaque fichier `.htaccess` est spécifique à un répertoire ; nous avons pris l'habitude d'indiquer en haut de ce fichier l'emplacement du répertoire sur le site. Chaque répertoire de votre site devra donc proposer son propre fichier `.htaccess`.

Les deux premières instructions (`Options +FollowSymlinks` et `RewriteEngine on`) ne doivent être présentes qu'une seule fois par fichier, avant toute règle de réécriture.

- L'instruction `Options +FollowSymlinks` est facultative mais peut servir dans certaines configurations.
- L'instruction `RewriteEngine on` indique que nous souhaitons utiliser le module de réécriture d'URL. Si vous avez un problème avec une règle de réécriture que vous venez d'ajouter, vous pouvez désactiver en quelques secondes la réécriture d'URL le temps de comprendre le problème : il vous suffit d'écrire `RewriteEngine off` à la place de `RewriteEngine on`.

La suite du fichier est constituée d'une série de règles de réécriture. Chaque règle est écrite sur une seule ligne (sauf règles complexes) et respecte le format suivant :

```
RewriteRule URL_A_REECRIRE URL_REECRITE
```

- `RewriteRule` est un mot-clé spécifique au module `mod_rewrite` qui indique que la ligne définit une règle de réécriture.
- Ensuite vient l'URL à réécrire, c'est-à-dire l'URL propre sans existence physique sur le serveur.
- Enfin vient l'URL réécrite, c'est-à-dire l'URL telle qu'elle sera appelée en interne sur le serveur.

Le format de l'URL à réécrire est basé sur les expressions régulières, dont la base devra être acquise pour pouvoir définir des règles de réécriture. Ne vous inquiétez pas, dans la plupart des cas c'est très simple.

Cet exemple de règle de réécriture permet déjà de gérer notre rubrique d'articles, mais il existe d'autres règles plus complexes que nous n'étudierons pas ici.

Documentation officielle sur l'URL Rewriting

Vous trouverez de nombreuses informations sur l'URL Rewriting en consultant le site officiel d'Apache à l'adresse suivante : *http://goo.gl/12l7n*.

Modification de tous les liens internes

Maintenant que nous avons défini les schémas d'URL et créé les règles de réécriture, il reste à vérifier que dans tout le site, tous les liens utilisent le bon schéma d'URL.

En effet, les règles de réécriture du fichier `.htaccess` ne suffisent pas à ce que tout votre site soit au nouveau format, avec des URL propres ! C'est à vous de changer la façon d'écrire les liens, que ce soit dans des pages statiques ou dans des pages dynamiques.

Bien entendu, vous devez pouvoir sauter cette étape si vous incluez la gestion de la réécriture d'URL dès la création du site, puisque vous aurez pris soin de générer dès le début des liens aux bons formats.

Mise à jour de test

Il est temps de tester. Transférez tous les fichiers modifiés en ligne, y compris le fichier `.htaccess`, puis rendez-vous dans votre navigateur pour vous assurer que la réécriture fonctionne.

Pour reprendre notre exemple, comparez ce que vous obtenez en allant sur :

http://www.notre-site.com/articles/article-12-2-5.html

et sur :

http://www.notre-site.com/articles/article.php?id=12&page=2&rubrique=5

Vous devriez avoir exactement la même page.

En cas de blocage complet du site (avec une erreur de type 500, par exemple), n'oubliez pas qu'il suffit de supprimer le fichier `.htaccess` (ou d'annuler les dernières modifications) pour que tout revienne dans l'ordre.

Nous vous conseillons d'utiliser un logiciel de vérification des liens au sein de votre site (vous pouvez, par exemple, choisir Xenu's Link Sleuth, à télécharger à l'adresse suivante : *http://goo.gl/hgicJ*). Ce type de logiciel agit comme Googlebot : il parcourt vos pages en suivant tous les liens qu'il trouve. S'il ne trouve aucun lien mort (un lien menant à une page introuvable), alors vous n'avez fait aucune erreur ni dans vos règles de réécriture ni dans vos liens internes. Sinon, corrigez en conséquence.

Optimisation automatique de toutes les pages

Une fois que vous avez mis en place la réécriture d'URL sur tout votre site, deux étapes restent à effectuer pour terminer son optimisation (du point de vue du référencement) :

1. Créer des liens vers toutes les pages

   Les sites dynamiques comportent bien souvent un grand nombre de pages. La mise en place de la réécriture d'URL permet une bonne indexation, mais ce n'est pas une condition suffisante pour que toutes les pages de votre site soient indexées. En effet, il est nécessaire de créer les conditions pour que les robots des moteurs puissent accéder à vos pages en suivant les liens présents sur votre site.

   – Si vous avez une rubrique contenant des articles (actualité, par exemple), prévoyez une zone d'archives avec des liens vers tous les articles, hiérarchisés de manière chronologique.

- Si vous avez un forum avec des milliers de discussions, vérifiez que tous les liens qui permettent de naviguer de page en page utilisent le bon format d'URL. Vous pouvez également prévoir là aussi une rubrique d'archives, avec des liens vers tous les forums et toutes les discussions des forums, le tout réparti sur autant de pages que nécessaire (limitez-vous à une centaine de liens par page environ, éventuellement un peu plus).
- Si vous avez un catalogue de produits, vous avez certainement classé ces derniers en catégories, sur un ou plusieurs niveaux. Présentez ces produits sous la forme d'un annuaire qui permet de naviguer dans tout le catalogue avec des liens classiques `<a href="">`. Cet annuaire peut être complété par un moteur de recherche interne, souvent très apprécié des internautes, et compatible bien entendu avec votre catalogue de produits.
- Une page « Plan du site » adaptée peut également être créée dans cette optique (voir fin de ce chapitre).

En d'autres termes, tous les liens à l'intérieur de votre site devront maintenant apparaître sous leur forme optimisée grâce à l'URL Rewriting. Les spiders ne devront plus trouver dans vos pages l'ancienne version des URL.

2. Optimiser le code de chaque page dynamique

   Une page dynamique n'est rien d'autre qu'une page HTML créée sur mesure par un script. En général, une telle page repose sur un modèle de page, reprenant le design du reste du site, et comportant certaines zones dont le contenu est généré en effectuant des requêtes dans une base de données.

   Nous avons vu dans cet ouvrage (voir chapitre 4) comment optimiser le code d'une page HTML pour le référencement. Naturellement, vous pouvez faire la même chose avec des pages dynamiques. Si vous respectez ces consignes, vous disposerez rapidement d'un site dont les milliers de pages seront indexées et toutes optimisées pour le référencement !

Pour conclure, on peut dire que la mise en place de la réécriture d'URL est un travail parfois long, complexe et technique, mais qui permet d'obtenir des résultats sans commune mesure avec les sites statiques. Une fois bien mise en place, la réécriture d'URL – associée à une optimisation dynamique des pages – permet bien souvent de positionner le site sur Google ou les moteurs de recherche du marché pour des milliers d'expressions plutôt que quelques dizaines comme c'est le cas habituellement avec les sites statiques.

Balises multilingues et multipays

> Section rédigée avec la contribution de Philippe Yonnet

Google propose en 2011 (*http://goo.gl/QlzcTw*) la prise en compte de la balise `Link Hreflang` pour indiquer les différentes versions linguistiques d'une même page. Cette section du chapitre a pour but d'expliquer comment Google détecte la langue d'un contenu ainsi que les différentes possibilités disponibles pour indiquer au moteur quelle est celle utilisée dans une page donnée et comment il faut les utiliser à bon escient.

Lors de leur exploration des pages web, les moteurs de recherche rencontrent des pages rédigées dans les nombreuses langues différentes utilisées sur la Toile. L'identification exacte du langage employé est indispensable pour « classer » et « filtrer » correctement les pages par langue utilisée. Associer une langue à une page se révèle évidemment plus pratique pour les utilisateurs, mais aussi pour pouvoir appliquer les bonnes règles et les bons analyseurs lexicaux et syntaxiques aux textes à indexer.

Or la détection de la langue employée n'est pas du tout triviale pour un moteur de recherche.

Le problème de la détection de la langue sur les pages multilingues

Le premier écueil que rencontrent les moteurs pour identifier la langue d'une page est dans un premier temps la complexité des différents langages parlés sur Terre. Il existe tout un *continuum* de contextes entre la langue officielle, les langues locales, les variantes régionales, les dialectes, les « patois locaux », les créoles, les niveaux de langage (par exemple, le langage SMS comparé au français littéraire), les usages (par exemple, l'arabe moderne/classique), les langues parlées, etc.

Cette absence de critère linguistique permettant de séparer clairement langues et variantes, ou dialectes, empêche de comptabiliser correctement le nombre de langues parlées sur Terre. On parle de plusieurs milliers, alors qu'un moteur comme Google n'en gère que 130 environ.

Le second écueil est bien sûr que les sites soient parfois rédigés en plusieurs langues, et surtout, que plusieurs langues puissent être présentes sur la même page !

La solution théorique : déclarer la langue du contenu dans le code de la page

La solution la plus simple pour permettre au moteur d'identifier la langue d'une page pourrait être d'analyser la langue déclarée par le webmaster. En effet, il est possible de déclarer, dans les en-têtes http ou HTML, la langue de la page.

Déclarer la langue utilisée est plus qu'une bonne pratique, c'est indispensable et il est clairement recommandé de le faire à chaque fois que c'est techniquement possible.

Notons au passage qu'il existe deux types d'annotation pour les langues, avec des objectifs différents :

- celles destinées à spécifier la langue primaire du document ;
- celles destinées à spécifier la langue de traitement du document.

La « langue primaire » est une métadonnée qui s'applique à tout un document. Dans la pratique, c'est une indication qui s'adresse aux navigateurs web. Si une page est destinée à être affichée dans le navigateur d'un internaute réglé pour lire des pages en italien par défaut, on utilisera soit (dans l'en-tête http) :

```
Content-Language: it
```

soit (dans l'en-tête HTML) :

```
<meta http-equiv="Content-Language" content="it">
```

Notons qu'on peut déclarer plusieurs langues dans ce type de balises, en séparant les langues par une virgule. Exemple :

```
<meta http-equiv="Content-Language" content="it,da"> (italien + danois)
```

La langue de traitement est, quant à elle, une indication qui s'adresse à d'autres applications que le navigateur : les logiciels de traduction, ou les logiciels de correction grammaticale ou orthographique par exemple. Elle est spécifiée dans le code par l'attribut HTML `lang` ou `xml:lang`. Ces annotations servent à indiquer la « vraie » langue utilisée dans la zone entourée par le conteneur. Cela signifie par conséquent qu'une seule valeur est possible par cet attribut.

- En HTML classique : `<html lang="fr">`.
- En XHTML traité en tant que HTML : `<html lang="fr" xml:lang="fr" ...>`.
- En XHTML traité en tant que XML (type de contenu application/xhtml+xml) : `<html xml:lang="fr" ... >`.

Si une partie quelconque du contenu est rédigée dans une autre langue que celle déclarée dans la balise HTML, il suffit de l'indiquer dans les attributs `lang` et `xml:lang` de son élément conteneur. Par exemple, pour une citation en anglais dans un document en français :

```
<q lang="en">...</q>
```

Mais on ne peut pas faire confiance aux webmasters !

Dans la pratique, on constate que ces attributs, directives et annotations sont méconnus. Trop de webmasters n'utilisent pas ces possibilités de déclaration, ou pire, les utilisent mal, ce qui oblige les moteurs à tenter de reconnaître la langue en fonction du lexique utilisé dans une zone donnée de la page, et à ne pas faire confiance aux déclarations de langue !

La reconnaissance de la langue d'après le vocabulaire utilisé est relativement fiable : on pourra tester différents exemples avec l'outil en ligne de Translated :

http://labs.translated.net/identificateur-langue/.

Mais l'exercice présente ses limites lorsque les textes sont courts, ou rédigés en style télégraphique, en langage SMS, bourrés de fautes d'orthographes, etc.

Par conséquent, les moteurs se trompent dans un certain nombre de cas, et vont donc prendre par exemple pour de l'anglais un bout de texte technique rédigé en français !

Le problème des variantes locales

Si on prend un cas « simple » comme l'anglais, un américain reconnaîtra assez vite qu'une page est rédigée en anglais du Royaume-Uni et non pour un internaute du Kansas. Les différences entre les textes rédigés dans les variantes locales sont en effet multiples :

- différences de graphie (« theatre », « colour » en UK, « theater », « color » aux US) ;
- différences de vocabulaire (« lorry », « bonnet » en UK, « truck », « hood » aux US).

Par contre, l'anglais américain est dominant sur les pages web, y compris en Grande-Bretagne, donc ce texte tiré de l'aide de Google, rédigé en anglais américain (révélé par l'orthographe « organization » avec un z et non un s comme en anglais du Royaume-Uni) :

« Good account organization helps you make changes quickly, target your ads effectively, and, ultimately, reach more of your advertising goals. »

ne peut pas être déclaré avec certitude comme rédigé en anglais américain pour des américains ! C'est encore plus vrai pour des pages de sites canadiens anglophones, qui mélangent allégrement – et de plus en plus – les habitudes britanniques ou américaines (en choisissant de plus en souvent la graphie américaine).

Si on prend le cas du français, les différentes versions parlées au Canada, en France, en Suisse, en Belgique, sont trop proches pour être distinguées automatiquement avec un bon niveau de certitude. Le lexique est parfois différent, mais pas la graphie, ni la grammaire, et il faut donc un texte assez long pour identifier immédiatement l'origine géographique du rédacteur.

Par contre, un seul terme de vocabulaire reconnu par le lecteur suffira parfois à identifier cette origine (exemple « char » à la place de « voiture » ou « automobile » dans un texte).

Des quasi-doublons dus aux différentes versions linguistiques

Le développement de versions multilingues des pages proposant des produits dont le contenu est très proche les unes des autres est un cas complexe. Ce phénomène est particulièrement net dans deux cas :

- lorsqu'on ne traduit que l'interface ;
- lorsqu'on « localise » subtilement les pages pour les adapter à des publics locaux.

1er cas : traduction de l'interface utilisateur uniquement

Si on prend par exemple un site d'annonces, le texte de l'annonce est rédigé dans la langue de l'offreur. Par contre, il est possible d'afficher l'interface dans une autre langue (comme le bouton « répondre à cette annonce »), sans qu'on traduise le contenu de l'annonce (c'est même la pratique la plus courante). Les pages affichant chacune une version de l'interface dans une langue différente ont donc un contenu majoritairement similaire : ce sont des quasi-doublons.

2e cas : localisation de la page

Dans certains cas, la « localisation », c'est-à-dire l'adaptation des textes pour un public local, produit des quasi-doublons encore plus spectaculaires.

Prenons un vendeur de piscines espagnol : ses descriptifs de piscines seront évidemment identiques dans sa version espagnole et dans la version mexicaine, sauf que « piscine » se dit « alberca » au Mexique et « piscina » en Espagne. Les deux pages seront donc identiques… à un mot près.

Parfois la localisation consiste à changer uniquement la monnaie et les prix, ce qui crée des pages également très similaires.

Dans ces cas de quasi-doublons, les moteurs de recherche ont en général du mal à s'y retrouver sans qu'on les aide, et font trop souvent les mauvais choix. En général, ces pages sont réellement considérées comme des doublons et éliminées ou canonicalisées sauvagement dans le processus d'indexation (y compris en l'absence de balises `canonical`).

Il y a donc des chances pour que nos amis mexicains ne voient pas les pages de notre marchand de piscines espagnol, ou pire, que les Espagnols soient perplexes devant des « albercas » soit disant construites… en Espagne !

Le problème ici n'est donc pas uniquement un problème de détection de la langue : on cherche à obtenir aussi l'inverse d'une canonicalisation, c'est-à-dire que Google considère vraiment ses pages comme des pages différentes, et les indexe au bon endroit !

L'annotation hreflang à la rescousse

Google a donc décidé d'introduire une annotation supplémentaire pour permettre aux webmasters d'indiquer clairement dans quel index linguistique classer les pages, et pour spécifier également qu'un groupe de pages représente des variantes linguistiques de la même page. Dans la pratique on cherche à cibler :

- soit une langue ;
- soit une langue ET une zone géographique.

La syntaxe de cette annotation est :

```
<link rel="alternate" hreflang="[code langue]" href="[url]" />
```

Remarque : cette balise est correctement supportée par Yandex et Google, mais pas par Bing.

Important : une erreur fréquemment observée est de ne placer qu'une balise `link rel="alternate"` dans le header, pointant vers l'URL par défaut ! Cette logique ressemble à celle du `link rel="canonical"`, mais on cherche ici à faire l'inverse : faire indexer TOUTES les versions linguistiques, et si possible au bon endroit. Il faut donc placer dans le header une balise par version linguistique, y compris celle présente sur la page en cours. Voici donc un extrait de l'en-tête d'une page de support de Google :

```
<link rel="canonical" href="http://support.google.com/webmasters/bin/answer.py?hl
=fr&answer=2620865" />
<link rel="alternate" hreflang="ar" href="http://support.google.com/webmasters/bin/
answer.py?hl=ar&answer=2620865">
<link rel="alternate" hreflang="bg" href="http://support.google.com/webmasters/bin/
answer.py?hl=bg&answer=2620865">
<link rel="alternate" hreflang="id" href="http://support.google.com/webmasters/bin/
answer.py?hl=id&answer=2620865">
<link rel="alternate" hreflang="ca" href="http://support.google.com/webmasters/bin/
answer.py?hl=ca&answer=2620865">
<link rel="alternate" hreflang="cs" href="http://support.google.com/webmasters/bin/
answer.py?hl=cs&answer=2620865">
<link rel="alternate" hreflang="sr" href="http://support.google.com/webmasters/bin/
answer.py?hl=sr&answer=2620865">
<link rel="alternate" hreflang="da" href="http://support.google.com/webmasters/bin/
answer.py?hl=da&answer=2620865">
<link rel="alternate" hreflang="de" href="http://support.google.com/webmasters/bin/
answer.py?hl=de&answer=2620865">
<link rel="alternate" hreflang="en" href="http://support.google.com/webmasters/bin/
answer.py?hl=en&answer=2620865">
<link rel="alternate" hreflang="es" href="http://support.google.com/webmasters/bin/
answer.py?hl=es&answer=2620865">
<link rel="alternate" hreflang="es-419" href="http://support.google.com/webmasters/
bin/answer.py?hl=es-419&answer=2620865">
…
```

En réalité, il existe une trentaine de versions linguistiques donc la liste continue encore sur quelques lignes !

Mais on peut aussi spécifier cette information dans le Sitemap XML ! Cette possibilité permet de rendre l'implémentation de ces balises plus facile (pas besoin de toucher au code du site web avec cette implémentation). On trouvera la syntaxe pour les Sitemaps ici : *http://goo.gl/5UEXjR*.

Quels codes utiliser pour l'attribut hreflang ?

Les codes à utiliser pour l'attribut `hreflang` sont ceux définis par la norme ISO 639-1 (pour les codes de langue) et la norme 3166-1 pour les codes pays. L'ajout d'un code pays est optionnel :

- si une page est destinée à tout le public anglophone, on mentionnera uniquement `hreflang="en"` ;
- si une page anglophone est destinée au public américain, on mentionnera `hreflang="en-us"`.

Comment utiliser cette balise conjointement avec la « canonical »

Contrairement à ce qui a été longtemps expliqué dans l'aide de Google sur cette balise, utiliser la syntaxe `hreflang` conjointement avec des balises `canonical` est en général déconseillé sauf exception !

Il faut bien comprendre l'impact de ces balises sur le comportement de Google. Lorsqu'elles sont utilisées conjointement :

- la balise `link rel="canonical"` va conduire à l'indexation d'une seule version (l'URL canonique) ;
- la balise `link rel="alternate"` sert à afficher une URL différente dans chaque version pays+langue.

Par conséquent, le résultat sera que l'internaute verra une seule version du snippet (celle de l'URL canonique) et sera redirigé vers la bonne version pays. Certes, mais un visiteur espagnol ne sera pas forcément ravi de voir la version anglaise du snippet sortir dans les pages de Google !

Conclusion : en règle générale, on utilisera la balise `"hreflang"` seule, sans balise `canonical`.

L'indication par défaut : x-default-hreflang

Récemment (en avril 2013 : *http://goo.gl/q85HTF*) Google a ajouté une nouvelle syntaxe pour indiquer qu'il existe une page d'atterrissage par défaut pour les langues qui ne sont pas supportées par un site web.

Si la page d'atterrissage est : `example.com/defaultlanding`, alors, il convient d'ajouter cette ligne dans les en-têtes de toutes les pages qui sont des variantes linguistiques de cette page (y compris la page d'atterrissage par défaut elle-même) :

```
<link rel="alternate" href="http://example.com/defaultlanding" hreflang="x-default" />
```

Conclusion : dans quels cas utiliser ces annotations hreflang ?

Contrairement à ce que certains webmasters ont pu croire (les forums de Google sont remplis de questions démontrant que ces balises sont mal comprises), les annotations `hreflang` ne remplacent pas les spécifications de la langue primaire, et des langues de traitement. Il est toujours primordial de fournir ces informations, même si les moteurs n'en tiennent pas toujours compte.

Les annotations `hreflang` servent uniquement à s'assurer que les différentes versions linguistiques d'une même page soient bien :

- toutes indexées, et non considérées comme des doublons ;
- et indexées dans la bonne combinaison index pays × index linguistique.

La portée de cette balise est donc limitée, mais particulièrement utile pour un site multilingue. Son implémentation dans ce contexte est donc conseillée, mais le webmaster devra être particulièrement prudent et ne pas générer d'effets de bords, notamment en cas d'utilisation conjointe avec une balise `link rel='canonical'`.

Par contre, si on ne veut pas que ces variantes soient indexées (dans les cas de traduction de l'interface), on n'utilisera pas l'annotation `hreflang`, mais une balise `link rel='canonical'` pointant, pour toutes les variantes, vers la page en version par défaut.

Identifiants de session

Les identifiants de session permettent, notamment pour les sites de commerce électronique, de garder des éléments en mémoire au travers d'une navigation unique. Un identifiant, sous la forme d'une suite de lettres et de chiffres, est alors indiqué dans l'URL des pages consultées. Par exemple :

http://www.fnac.com/livres.asp?NID=-1&RNID=-1&SID=6dfbd5e4-e0d7-a61f-8a96-15a11e2f478f&Origin =FnacAff&OrderInSession=1&UID=14C2FA ADA-AE12-C964-759B-7640FAEC5548&TTL=061020071056&bl =HGACong2[1pro]liv

Le paramètre représentant l'identifiant de session est ici `SID` (pour *Session ID*). Or ce paramètre, quel que soit le nom qui lui est alloué dans l'URL, pose problème aux moteurs de recherche car il change pour chaque visite. Ainsi, une même page, visitée chaque jour par un robot, se verra attribuer un identifiant de session différent à chaque fois, et donc une URL différente. Le problème est quasi insoluble. Le moteur choisit alors, le plus souvent, de ne pas indexer la page.

On trouve cependant, dans les index des moteurs, quelques-unes de ces pages. Tapez des requêtes comme `inurl:session_id` ou `inurl:sessionid` sur Google. Vous obtiendrez alors quelques milliers, voire des dizaines de milliers de pages. Ceci dit, il est clair que l'identifiant de session est un problème assez important et bloquant pour les moteurs. Il s'agit certainement de l'un des plus bloquants à l'heure actuelle.

Il est d'ailleurs conseillé :

- d'appliquer un numéro de session le plus tard possible dans la navigation (donc en évitant ce type de système sur la page d'accueil, la page de présentation des produits et en ne l'appliquant – par exemple – qu'à partir du moment où une réelle vente est en cours) ;
- d'utiliser de préférence les cookies (voir plus loin), qui autorisent également ce type d'action et posent moins de problèmes aux moteurs. Cependant, cela n'est pas une solution technique simple si le site a été réalisé, au départ, en tenant compte des identifiants de session. Il n'est pas toujours facile de revenir en arrière sur ce point ;
- de passer à un système d'URL Rewriting qui peut, dans certains cas, résoudre quelques problèmes (voir précédemment) ;
- de créer des pages statiques de présentation des produits principaux, pour les moteurs de recherche, ne contenant pas d'identifiant de session dans l'intitulé de leur URL ;
- d'éviter tout nom de paramètre qui contienne l'appellation `id` (`sid`, `s-id`, `mid`, `r_id`, etc.) pour éviter que cet intitulé soit pris pour un identifiant de session par le moteur, même si ça n'est pas le cas.

Cookies

Les cookies sont une autre façon de récupérer des paramètres et des données lors de la navigation d'un internaute d'une page à l'autre. Ces informations s'inscrivent dans un fichier, présent sur le disque dur de l'utilisateur et le site va y puiser les indications dont il a besoin pour vous identifier.

En soi, les cookies ne posent pas de problèmes aux robots des moteurs, sauf que ce ne sont pas des navigateurs et qu'ils ne peuvent pas les « accepter ». Malheureusement, certains sites ne prévoient pas ce cas et le spider se voit afficher une page comme celle représentée à la figure 14-13 en lieu et place du document recherché.

Pas très informatif, n'est-ce pas ? Il suffit donc que votre site web délivre une information (page « Plan du site », par exemple) au cas où le visiteur qui arrive ne soit pas un navigateur web du style Internet Explorer ou Firefox. Un visiteur qui n'accepte pas les cookies doit quand même pouvoir lire vos pages, sous une forme ou une autre et ne pas bloquer sur un message d'erreur.

Une autre façon de pallier cette contrainte de façon partielle consiste à utiliser les cookies le plus tard possible, comme pour les identifiants de session. Néanmoins, cela ne résout pas vraiment le problème puisque vos présentations de produits risquent de ne pas être indexées, ce qui serait dommage.

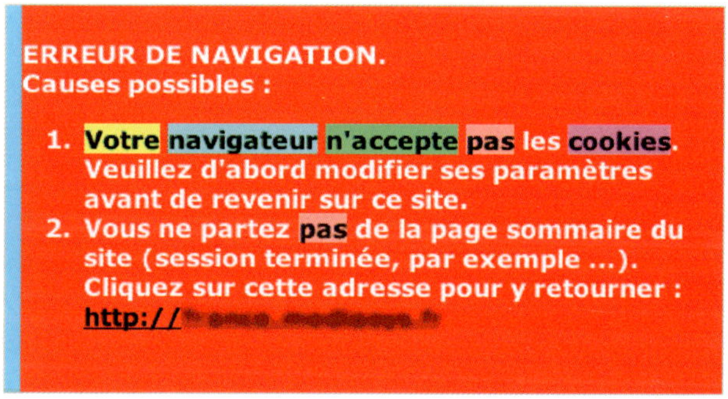

Figure 14-13

Il faut penser aux robots des moteurs qui ne prennent pas en compte les cookies.

Accès par mot de passe

Ce problème sera assez rapidement traité : si votre site est accessible uniquement par mot de passe, vos pages ne seront donc pas indexées car les robots des moteurs n'en disposent pas. Si vous désirez obtenir une certaine visibilité sur les moteurs de recherche, vous devrez donc créer une zone accessible librement sur votre site à l'attention des internautes « non abonnés » mais aussi des robots. Il n'y a pas d'autre voie possible.

Tests en entrée de site

Beaucoup de sites web effectuent des tests en entrée de site en fonction de certaines données : type et langue du navigateur, adresse IP, résolution d'écran utilisée, etc. Cela ne pose pas, *a priori*, de problème aux robots des moteurs si leur cas n'est pas oublié, tout comme pour les cookies vus auparavant. Si, par exemple, vous faites un test sur le type de navigateur

(« si Explorer alors…, si Firefox alors… »), n'oubliez pas une condition « sinon… » pour traiter tous les autres cas, dont celui des robots. Sinon, ceux-ci seront bloqués à l'entrée de vos pages et ne pourront pas aller plus loin. Cela semble évident, mais on a déjà vu des cas bien pires sur le Web ces dernières années, par exemple : un site web qui effectue un test linguistique (basé sur une géolocalisation de l'adresse IP) et renvoie l'internaute vers le site anglais ou français selon le cas. Malheureusement, les adresses IP des spiders étant localisées aux États-Unis, le site français n'était jamais référencé.

Redirections

> Section rédigée avec la contribution d'Olivier Duffez

Il arrive souvent que, suite au remaniement d'un site ou pour toute autre raison technique ou organisationnelle, une page, un répertoire ou un site entier change d'adresse. Dans ce cas, si votre site est déjà référencé sur les moteurs de recherche du Web, comment leur faire savoir que votre adresse a changé, et ce sans souci technique bien sûr ? Existe-t-il une solution fiable et transparente à la fois pour l'internaute et les robots des moteurs pour mettre en place cette redirection de l'ancienne adresse vers la nouvelle ?

Il existe en fait plusieurs façons de mettre en place une redirection d'une page web vers une autre : JavaScript, balise meta `refresh`, redirections 301 et 302, etc.

Aujourd'hui, la meilleure façon de procéder est d'utiliser une redirection 301 qui signale une redirection définitive. Si vous pouvez la mettre en place, n'hésitez pas, c'est celle qui est la mieux prise en compte par les moteurs. Elle est pérenne et fonctionne parfaitement.

- La redirection JavaScript peut être assimilée à du spam. Elle est donc déconseillée. Elle n'est, de plus, pas lue par les moteurs dans la majeure partie des cas.
- La balise meta `refresh` fonctionne pour l'internaute mais elle ne permet pas, notamment, de transmettre le PageRank. Ainsi, si la page A, de PageRank 6, redirige vers B à l'aide d'une balise meta `refresh`, B gardera son propre PageRank, celui de A ne lui sera pas transmis. Si tous les liens du Web pointent vers A, alors B aura un très faible PageRank.
- La redirection 301, quant à elle, transmet le PageRank d'une page à l'autre, d'où son indéniable avantage (la redirection 302, qui est une redirection temporaire, ne transmet pas ce PageRank).

Redirections en cascade et sur la page d'accueil

Il est important de rappeler ici deux points capitaux en ce qui concerne les interactions des redirections sur le référencement de votre site, et ce même si vous utilisez des redirections 301.

Nous vous conseillons de ne pas faire de redirection (même en 301) sur votre page d'accueil. Par exemple, si vous faites une redirection 301 de l'adresse *www.votresite.fr* vers *www.votresite.fr/fr/home/index.html*, cela peut poser des problèmes à certains moteurs. En théorie, cela devrait bien se passer, mais en pratique, nous avons étudié plusieurs cas où la redirection était mal analysée par Google. À éviter le plus possible donc.

Ne faites jamais plusieurs redirections en cascade sur une page web. Par exemple : *www.votresite.fr/fr/* qui redirige (301) vers *www.votresite.fr/fr/home/*, qui elle-même redirige (301) vers *www.votresite.fr/fr/home/index.html*. Il y a de fortes chances pour que les moteurs ne suivent pas la deuxième redirection.

Nous allons donc nous pencher sur cette fameuse redirection 301 pour indiquer aux moteurs qu'une page a changé d'emplacement. De quoi s'agit-il et pourquoi cette redirection porte-t-elle ce nom ? En fait, à chaque fois qu'un navigateur accède à une page web, le serveur renvoie l'en-tête http de la page avant la page elle-même. Cet en-tête contient quelques informations à propos du document, dont son statut sous la forme d'un code.

Vous connaissez certainement l'erreur, ou plutôt le code 404, qui s'affiche sur l'écran de votre navigateur lorsqu'une page que vous désirez afficher a disparu. Ce code n'est pas le seul existant, loin de là. Ces derniers sont classés par familles dont voici un résumé très sommaire :

- 100 : information ;
- 200 : OK, tout va bien ;
- 300 : redirection ;
- 400 : erreur au niveau du document demandé ;
- 500 : erreur sur le serveur.

Liste des codes http

Vous trouverez à l'adresse suivante le document officiel de description des codes de statut (dont 404 et 301) du protocole http : *http://goo.gl/DHQWt*.

Ainsi qu'une liste de ces codes à cette adresse : *http://fr.wikipedia.org/wiki/Liste_des_codes_HTTP*.

Le code 301 signifie *Moved Permanently*. Cela veut dire que la page que vous vouliez atteindre a été déplacée de façon permanente à une autre adresse. Lorsqu'un robot va venir sur votre site pour crawler vos pages, il recevra et lira ce code si certains documents ont été déplacés. Encore faut-il, pour ce faire, bien configurer votre serveur.

Analyseur de code http

Pour savoir si une redirection est effectuée sur une page et connaître son code de redirection, vous pouvez utiliser un analyseur comme celui du site WebRankInfo (*http://goo.gl/BCfWU*) : vous saisissez une adresse URL et l'outil vous indique quel code le serveur renvoie (200, 302, 301, etc.). Très intéressant.

Si, par exemple, vous désirez rediriger tout accès à un fichier – quel qu'il soit – d'un répertoire donné vers une autre page ou un nouveau site, vous devez créer, dans l'ancien répertoire ou à la racine de votre site, un fichier nommé `.htaccess` et contenant la ligne suivante :

```
RedirectPermanent ancienne-adresse nouvelle-adresse
```

Exemple :

```
RedirectPermanent /ancien-repertoire http://www.nouveausite.com/
```

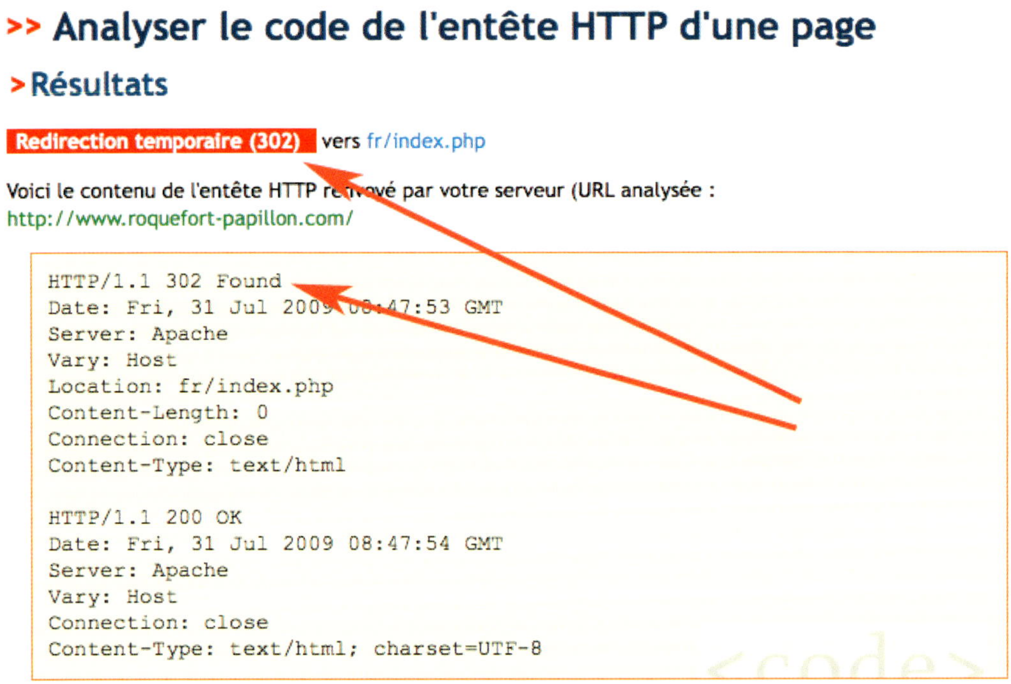

Figure 14-14

Analyseur d'en-tête http : ici, une redirection 302 a été mise en place sur le site testé.

Les robots de Google et des autres moteurs lisent sans problème ces données, suivent ce type de redirection et remplacent sans souci l'ancienne page par la nouvelle. Ils transfèrent également le PageRank de l'ancienne page vers la nouvelle si la redirection est de type 301 (mais pas 302, qui correspond à une redirection temporaire).

Google en parle d'ailleurs dans son aide en ligne (*http://goo.gl/fD5vB*) :

« Lorsque votre nouveau site est prêt, nous vous conseillons d'insérer le code de redirection permanente "301" dans les en-têtes http de votre ancien site pour indiquer aux visiteurs et aux moteurs de recherche que votre site a changé d'adresse. »

Si votre site accepte le langage de programmation PHP, vous pouvez également effectuer cette redirection ajoutant dans chaque ancienne page l'en-tête suivant :

```
<?php
  header("Status: 301 Moved Permanently");
  header("Location: http://www.votrenouveausite.com/");
  exit();
?>
```

En langage ASP, une fonction similaire existe :

```
<%
  response.status = "301 moved permanently"
  response.addheader "location", "http://www.votrenouveausite.com/"
  response.end
%>
```

Il est également possible de créer une redirection 301 dans un fichier `.htaccess` au travers d'une règle de réécriture (URL Rewriting) :

```
RewriteEngine on
RewriteRule ancien_fichier.htm http://www.nouveau-site.com/nouveau-fichier.htm [R=301]
```

L'avantage du fichier `.htaccess` est qu'avec une seule commande, vous pouvez rediriger tout accès à un fichier, quel qu'il soit, vers une nouvelle adresse alors que les commandes PHP ou ASP doivent être insérées dans chaque page et induisent donc la présence effective d'un document à chaque ancienne adresse, ce qui est obligatoirement plus lourd à mettre en place.

Plus d'informations sur les redirections 301

Voici quelques liens qui vous en diront davantage à ce sujet :

- *http://goo.gl/Gil1g*
- *http://goo.gl/8I8FX*
- *http://goo.gl/0n6IQ*
- *http://goo.gl/FdY6X*

Hébergement sécurisé

De nombreux sites proposent un espace sécurisé, soit pour leurs clients, soit pour saisir un numéro de carte bancaire, soit pour d'autres raisons. S'il est logique que des pages qui contiennent des informations personnelles (accessibles, par exemple, sur saisie d'un mot de passe) ne soient pas disponibles pour les spiders des moteurs, on peut, en revanche, se poser la question de pages d'informations comme celles qui présentent la solution AdWords de Google, disponibles à l'adresse suivante : *https://adwords.google.fr/select/*.

Toute la partie description et FAQ de l'offre commerciale se trouve, par exemple, dans un hébergement sécurisé à l'adresse suivante : *https://support.google.com/adwords/?hl=fr.*

Il serait logique que ces pages, qui n'ont rien de personnel par rapport à l'internaute, se retrouvent dans les index des moteurs. Est-ce le cas ? Le fait que les adresses de ces pages soient en *https* est-il un frein ou un blocage à leur indexation ou leur positionnement ?

Jusqu'en 2014, les pages présentes en zone sécurisée (commençant par une adresse de type *https*) ne semblaient pas présenter de problèmes à Google, Bing ou Yahoo! (Google l'a d'ailleurs confirmé officiellement : *http://goo.gl/Gahmqj*). Attention, cependant, n'en tirez pas de conclusions trop hâtives : certains référenceurs nous ont fait part de difficultés, dans le passé, pour indexer et positionner les pages de certains sites présentant cette particularité. Prudence donc, un test préalable peut s'avérer indispensable selon le site pris en compte. À ce sujet, plusieurs points plus précis nous ont été fournis par ces sociétés de référencement. Nous vous les livrons « tels quels », car ils sont parfois complexes à vérifier techniquement.

- Le fait qu'une page soit en *https* peut poser des problèmes au niveau du calcul du PageRank de Google. En effet, le « s » supplémentaire est parfois oublié dans les liens qui pointent vers le site. Ainsi, si la version non sécurisée du site existe, c'est elle qui profite du lien, et non pas la version sécurisée. La popularité d'une page en *https* risque donc d'être moins importante que celle d'une page en *http*. Le fait de créer une version non sécurisée (*http*) évite également une erreur 404 sur un lien au sein duquel le « s » aurait été oublié. Sinon, n'oubliez pas de faire une redirection 301 du *http* vers le *https*.
- Certains hébergeurs peuvent bloquer les robots, par exemple à l'aide du fichier `htppd` (Apache), pour l'accès aux pages sécurisées, et ce pour plusieurs raisons (sécurisation, charge serveur, etc.). Vérifiez donc auprès de votre hébergeur si ce n'est pas votre cas.
- Certains moteurs peuvent également vérifier le certificat du site : Est-il expiré ? Qui l'a émis ? On peut imaginer que le moteur refuse une page correspondant à un certificat dont la date de validité a expiré. De la même façon, il se peut que le robot refuse d'indexer une page sécurisée dont le certificat n'aurait pas été émis par une autorité de confiance reconnue. Par exemple, si c'est Verisign qui l'a émis, l'indexation est effectuée, mais si l'émetteur est inconnu, cela peut poser problème.

L'https comme critère de pertinence ?

> Section rédigée avec la contribution de Philippe Yonnet

Le 6 août 2014, Google a annoncé sur son blog pour webmasters que le moteur de recherche avait commencé à intégrer le support du protocole SSL/TLS comme un critère de son algorithme de classement (*http://goo.gl/TVCj1h*). Google est donc censé accorder dans un proche avenir un « bonus » aux sites qui encryptent et authentifient la communication entre leur site et les navigateurs des internautes.

Qu'est-ce que le protocole SSL/TLS ?

Avant de traiter des motivations qui expliquent cette nouvelle orientation de Google, il faut rappeler quelques informations sur le protocole SSL/TLS, qui reste finalement assez mal connu.

SSL/TLS est un protocole permettant de sécuriser les échanges de données entre le navigateur de l'internaute et un serveur web (et accessoirement un site web). Le protocole SSL *(Secure Sockets Layer)* a été inventé dans un premier temps par Netscape. Mais suite au rachat des brevets de Netscape par l'IETF en 2001, le nom officiel de ce protocole est devenu TLS *(Transport Layer Security)*. Ce qui signifie que très souvent, ce que l'on appelle « protocole sécurisé SSL » désigne en réalité le protocole TLS.

La sécurisation apportée par SSL/TSL est obtenue par l'utilisation conjointe de deux approches :

- le chiffrement (le cryptage) des données avec une méthode asymétrique (basée sur une clé publique et une clé privée) ;
- l'authentification du serveur web auquel se connecte le navigateur de l'internaute.

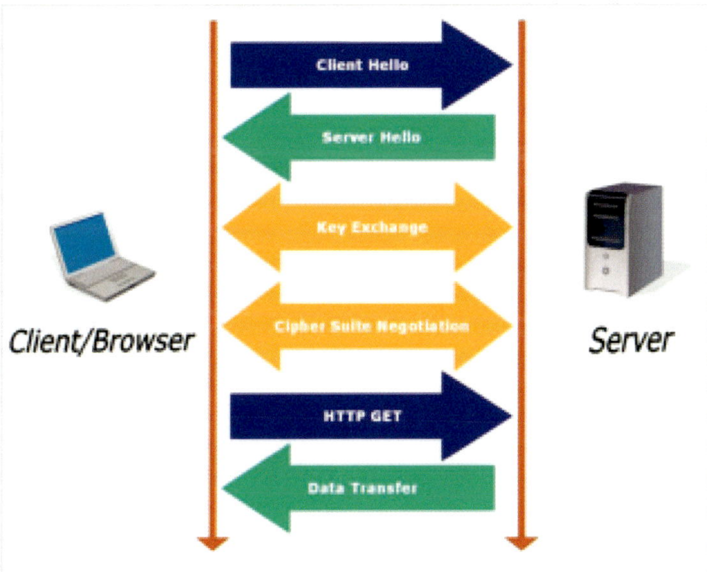

Figure 14-15

Un schéma décrivant le déroulement d'une connexion sécurisée : elle commence par un « handshake » : le client (votre navigateur) demande une page (client hello) et le serveur lui répond (serveur hello) en communiquant son paramétrage. Le handshake se poursuit par l'échange des clés de chiffrement. Enfin, le serveur pourra répondre à un GET du client par l'envoi de la page en mode crypté.

On reconnaît qu'une page web est sécurisée par le protocole https:// à l'aide de plusieurs indices :

- l'URL commence par https:// au lieu de http:// ;
- un petit cadenas fermé apparaît devant l'URL sur la plupart des navigateurs ;
- si le certificat appartient à une hiérarchie de certificats connue par le navigateur, un affichage supplémentaire permet d'identifier que la page consultée appartient à un domaine identifié, comme le montre la figure 14-16.

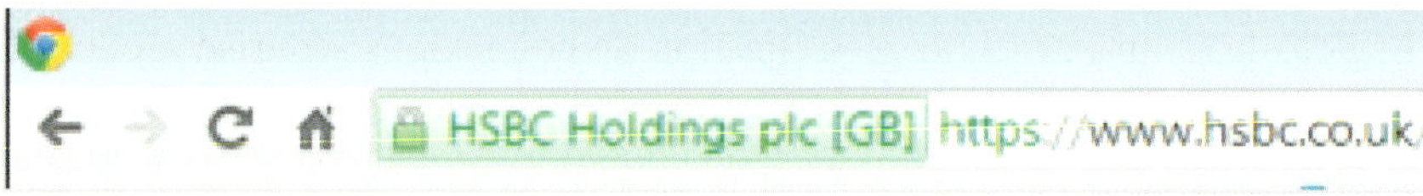

Figure 14-16

Exemple de l'affichage obtenu sur Chrome en mode sécurisé quand le certificat est reconnu par le navigateur.

Pourquoi Google veut-il utiliser ce critère dans son algorithme de classement ?

Google a évoqué pour la première fois sa volonté de promouvoir le protocole SSL/TLS au cours de la conférence Google I/O en juin 2014. Le principal argument évoqué était de rendre le Web « plus sûr » en incitant les webmasters à utiliser ce protocole pour toutes les pages de leur site web.

Matt Cutts avait abordé le sujet plus tôt lors du salon SMX West en mars 2014. En réponse à une question de Barry Schwartz du site Seroundtable.com, il avait révélé qu'il était en faveur de l'utilisation de ce critère mais que cela faisait débat au sein des équipes de Google (*http://goo.gl/ieVsaM*). Le débat interne a donc visiblement été tranché, et la décision a été prise de donner officiellement un bonus aux pages en https://.

Depuis cette annonce, il est plus clair que Google désire utiliser ce critère comme un signal pour son algorithme de classement et son objectif semble logique. En effet, quand on se demande qui risque d'accepter de sécuriser son site et de payer un certificat à prix d'or, on identifie plutôt des sites disposant des moyens et de la motivation pour le faire. Ce qui sélectionne plutôt des sites « légitimes ».

Et qui risque d'être gêné par ce changement ?

D'un autre côté, les sites ne désirant pas « passer le pas » sont assez simples à identifier (même s'ils ne sont pas tous à ranger dans ces catégories).

- Les sites illégaux, de contrefaçon, clandestins, etc., qui ont peu de chance d'obtenir un certificat de la part d'une autorité sérieuse, faute de pouvoir ou de vouloir fournir les documents nécessaires pour identifier les sites et leurs propriétaires.

- Les sites de spam dont l'économie repose sur la création de galaxies de sites qui vont se positionner un moment en tête des résultats, jusqu'à leur déclassement (par Penguin ou un autre filtre ou pénalité). Il suffit ensuite de recommencer avec un nouveau site et une nouvelle stratégie pour poser des backlinks. Évidemment, ici encore, le processus de certification pose problème, et le coût du certificat peut rendre ce genre de tactique « black hat » beaucoup moins tentante car bien moins rentable.

Le communiqué officiel de Google précise qu'utiliser le « https:// » comme un signal a été testé, et que ces tests ont été concluants. Cela signifie en clair que les résultats ont été améliorés par l'exploitation de ce critère : « au cours des derniers mois, nous avons réalisé des tests en considérant l'utilisation de connexions sécurisées et chiffrées sur les sites en tant que signal dans nos algorithmes de classement. Nous avons pu observer des résultats positifs, et c'est pourquoi nous commençons à utiliser le protocole HTTPS en tant que facteur de positionnement. »

Quelle est l'importance du bonus accordé par Google aux sites sécurisés via SSL/TLS ?

Pour le moment, de l'aveu même des auteurs du communiqué d'annonce, ce signal est très faible pour Google (pour ne pas dire... moins) : « Pour l'instant, cet indicateur a très peu de poids, et ce afin de laisser le temps aux webmasters de passer au protocole HTTPS. Il concerne moins de 1 % des requêtes mondiales, et il est moins important que d'autres indicateurs tels que le contenu de haute qualité. Mais au fil du temps, il est possible que nous décidions de lui donner une plus grande importance, car nous aimerions encourager tous les propriétaires de sites web à passer du protocole HTTP au protocole HTTPS pour assurer la sécurité de tous les internautes sur le Web. »

La tactique utilisée ici est limpide : comme le niveau d'emploi du protocole https:// est encore faible, l'emploi de ce critère en tant que signal ne permet pas encore de l'utiliser comme un critère discriminant efficace. Google a donc décidé de communiquer dans un premier temps sur sa volonté d'utiliser le signal dans le futur, pour renforcer son utilisation. La même approche a d'ailleurs été utilisée pour la vitesse de chargement des pages.

Dans ces conditions, il n'est pas étonnant qu'une étude de Marcus Tober, le fondateur de la société Searchmetrics, confirme qu'il semble impossible de détecter un impact de ce nouveau signal (*http://goo.gl/CnLZzI*).

Quels sont les avantages et les inconvénients d'un site en https:// ?

Utiliser un protocole d'échange crypté et sécurisé pour ses pages web représente, quoi qu'il arrive, un progrès pour les utilisateurs d'un site. Mais il faut souligner que la sécurité apportée par ce protocole est loin d'être suffisante pour préserver à 100 % les utilisateurs d'un piratage. Rien n'empêche en particulier pour un bon hacker d'utiliser une attaque pour intercepter les échanges entre un utilisateur et un site. Mais cela rend la tâche des hackers plus difficile.

En revanche, le protocole SSL/TLS présente quelques inconvénients qui ont empêché jusqu'ici son adoption par une majorité de webmasters. En règle générale, les sites limitent de plus l'emploi du protocole sécurisé aux pages de type « panier » ou « paiement », afin de rassurer leurs utilisateurs dans les phases de transaction.

Précisons au passage que Google annonce vouloir accorder un coup de pouce aux PAGES en https://, et non aux SITES comme cela a été dit par erreur dans plusieurs commentaires au sein de la communauté SEO. Il existe une confusion car certains webmasters pensent que sécuriser un site signifie employer https:// sur certaines zones du site (backoffice, pages de transaction, panier, compte personnel de l'utilisateur) mais pas sur la totalité des pages. Ce que cherche à obtenir Google ici, c'est l'emploi du protocole SSL/TLS sur toutes les pages du site, et non sur quelques pages dites « sensibles ».

Parmi les reproches adressés au protocole, le plus fréquent est qu'il augmente le délai de téléchargement des pages.

En pratique, la phase de handshake, d'échange de clés et le cryptage crée un délai supplémentaire (et accessoirement, une charge serveur accrue). Mais ce délai supplémentaire ne dépasse pas dans la pratique quelques dizaines de millisecondes.

Les webmasters inexpérimentés observent souvent une dégradation beaucoup plus sensible des performances. En général cela est dû au fait qu'ils ont oublié de changer les en-têtes de leurs pages pour permettre la mise en cache des pages en https://.

L'impossibilité de mise en cache des pages en https:// est une légende urbaine tenace : on peut « cacher » ces pages en https:// exactement comme des pages en http://, mais il faut utiliser des commandes *ad hoc*.

Par ailleurs, le protocole est un peu plus exigeant quant à l'intégrité des données envoyées que le protocole http://, et cela se voit lorsque la bande passante vient à manquer ou sur des connexions lentes. Souvent, le navigateur arrivera à afficher une page incomplète en http://, mais pas en https://.

Le principal inconvénient : le problème des pages composites

L'un des reproches adressés aux webmasters au sujet du protocole https:// est l'envoi intempestif de messages par le navigateur sur des pages sécurisées avertissant l'utilisateur que la page contient « à la fois des éléments sécurisés et non sécurisés ». Ce message désagréable s'affiche lorsqu'une page comporte des frames ou des iframes ou des appels externes à des pages non sécurisées. Ce qui ne manque jamais d'arriver quand un site affiche des flux externes ou – et c'est encore plus fréquent – des publicités affichés via des serveurs en cascades qui ne sont pas toujours sécurisés.

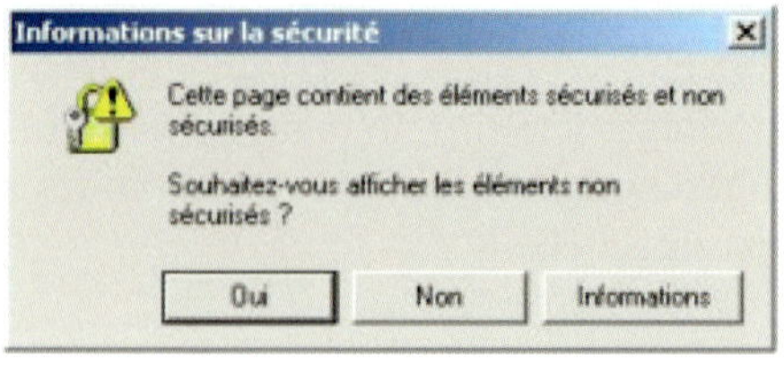

Figure 14-17

Exemple de message d'erreur affiché par un navigateur lorsque des éléments non sécurisés se trouvent dans une page sécurisée.

L'impact (très négatif) sur les revenus AdSense

Côté Google AdSense, un choix drastique a été fait pour éviter ce problème : si la page affichant les publicités AdSense utilise le protocole http, la page a accès à l'inventaire intégral des publicités. Si la page est sécurisée, seules les publicités appelées *via* un protocole sécurisé sont sélectionnées. Résultat : basculer un site de http:// en https:// fait aujourd'hui chuter de manière très sensible les revenus AdSense d'un site... Ce point est clairement expliqué dans l'aide de Google AdSense : « Si vous décidez de convertir votre site HTTP en HTTPS, sachez que les annonces diffusées sur vos pages HTTPS risquent de générer des revenus moins élevés que celles diffusées sur vos pages HTTP. Cela s'explique par une pression plus faible au niveau des enchères, car les annonces non conformes à SSL ne participent plus à la mise en concurrence. »

L'importance du bon choix du type de clé et du bon fournisseur de certificat

Mais le principal reproche adressé à SSL/TLS est le coût des certificats. En matière d'offres de certificats et de prix, c'est franchement la jungle et le novice est souvent déconcerté de voir que les prix varient de quelques euros (voire la gratuité...) à des centaines de milliers de dollars, sans que la différence de service rendu saute aux yeux.

Dans un premier temps, techniquement, il existe plusieurs types de certificats, et il est important de choisir le bon en fonction des « hosts » que l'on souhaite sécuriser :

- les certificats « simples » *(single domain)* : ils ne sécurisent qu'un seul host, donc www.votresite.com et pas une adresse de type sousdomaine.votresite.com ;
- les certificats « multidomaines » : beaucoup plus chers, ils permettent de sécuriser plusieurs domaines avec le même certificat. Le coût est le plus souvent proportionnel au nombre de domaines à sécuriser ;
- les certificats « wildcards » : ils couvrent tous les hosts appartenant à un domaine donné (donc www.votresite.com, ssdomaine1.votresite.com, ssdomaine2.votresite.com...). Plus chers que les certificats « single domain », ils sont plus économiques à l'usage dès lors que l'on utilise plusieurs sous-domaines.

La longueur de la clé est également un critère important. Google recommande des clés de 2048 bits de longueur : c'est aujourd'hui le standard minimal pour les fournisseurs sérieux (plus la clé est longue, plus « casser » la clé demande du temps et des ressources machine). Il est possible de commander des clés plus longues mais il vous faudra remettre la main à la poche.

Quel fournisseur de certificat choisir ?

Les sociétés qui délivrent des certificats ont des pratiques extrêmement différentes. Certaines font preuve d'une rigueur extrême dans le processus de délivrance du certificat, d'autres beaucoup moins. Certaines s'engagent sur le niveau de sécurité, au point de vous indemniser si votre certificat est compromis. C'est ce qui explique le prix parfois exorbitant de certaines offres de certificats : il inclut une sorte « d'assurance dommages » pour le cas où le fournisseur de certificats serait pris en faute. Ce n'est pas une hypothèse d'école : l'une de ces sociétés les plus en vues a fait l'objet d'un piratage en 2014 !

Nous vous conseillons de choisir un fournisseur connu, et d'éviter comme la peste les fournisseurs de certificats gratuits. En dessous de 100 dollars annuels, le sérieux du prestataire peut-être mis en doute, et doit être soigneusement vérifié. Comptez 500 dollars minimum pour un certificat « wildcard » doté de sérieuses garanties et délivré par un fournisseur sérieux. Mais on peut prédire que l'annonce de Google va chambouler le marché et que le paysage concurrentiel et le prix des certificats vont bouger dans les mois qui viennent.

Néanmoins, il faut comprendre que ces prix sont en partie incompressibles, car ils rémunèrent un travail complexe et parfois impossible à automatiser : l'authentification du demandeur de certificat (en tant que personne) et l'authentification de l'entité destinataire du certificat. Les échanges administratifs et la vérification parfois manuelle des documents demandent du temps et du travail aux fournisseurs. Pour diminuer les coûts, il faut renoncer à des vérifications, c'est pourquoi certains fournisseurs délivrent des certificats… en chocolat, qui en réalité n'authentifient pas grand-chose.

Face à de telles différences entre les offres du marché, quelle va être la position de Google ? Pour l'instant, le discours officiel est neutre : la société de Mountain View n'évoque pas l'idée de faire une différence entre les certificats délivrés par des autorités reconnues, et ceux à prix cassés. Mais comme il est facile d'identifier le fournisseur d'un certificat, gageons que si nécessaire, Google pourrait à terme donner des coups de pouce différents pour les certificats « sérieux » et les autres. Évidemment, cela instaurerait une sélection par l'argent entre différents types d'éditeurs de sites… Mais c'est peut-être la volonté ultime de Google : renchérir de manière sensible le coût des actions de webspam. Rappelons que les certificats sont délivrés pour une durée limitée, qu'ils expirent, et que les coûts évoqués sont… annuels.

Comment basculer un site en https:// ?

Si votre site n'est pas encore sécurisé, il convient donc de se préparer à le faire. Mais attention, ce changement n'est pas anodin. Il est sans risques si la migration est bien maîtrisée, mais comme toute migration, ce changement demande beaucoup de préparation et une rigueur de tous les instants.

- Il faut bien sûr « installer » le certificat sur le ou les serveurs qui hébergent vos sites web. La tâche est relativement simple mais demande un bon niveau de technicité. Puis activer le support du SSL/TLS sur vos serveurs web. Attention : à ce stade beaucoup de webmasters ont des déconvenues, parce qu'ils ont mal enregistré le « host » dans la phase de demande de certificat, et celui-ci peut se révéler inopérant sur le domaine ou le sous-domaine choisi ! Il faut être très rigoureux quand vous remplissez les formulaires du fournisseur.

- Il faut aussi s'assurer que votre site peut afficher des URL en https:// au lieu de http://. Il faut donc faire la chasse aux URL absolues « en dur » mentionnant « http:// » et si possible les remplacer par des URL relatives sans mention du protocole.
- Toutes les ressources d'une page doivent être appelées via https://. C'est souvent là que réside le travail le plus compliqué à réaliser. Tous les fichiers images, `.css`, `.js`, `.json`, `.xml` doivent être appelés via https:// et le code doit être changé en ce sens.
- Il faut ensuite créer un plan de redirection 301 des URL en http:// vers https://. Cela permettra d'éviter un doublon entre les URL http et https. On peut doubler la sécurité en « canonisant » les pages en http:// vers les pages en https://.
- Notez bien que l'on ne pouvait pas, en 2014, « migrer » les URL en http:// vers https:// à l'aide de l'outil de migration des Google Webmaster Tools. Ce n'était pas prévu (mais ce bug sera peut-être corrigé au moment où vous lisez ces lignes).
- Pensez aussi à mettre à jour votre fichier `robots.txt`, votre compte Bing et Google Webmaster Tools pour suivre les URL en https, ainsi que les paramétrages de vos CDN si vous en utilisez.
- Les instructions de mise en cache dans les headers doivent être changées systématiquement pour éviter les problèmes de performance évoqués plus haut.

Attention aux effets de bord

Ce type de migration n'est jamais neutre : tous les outils de tracking sont potentiellement impactés par un tel changement, et vous serez obligés de les reparamétrer et/ou d'agir pour maintenir une série statistique intègre. Les effets de bord sont inévitables : remise à zéro de certains compteurs (chez Facebook par exemple), ou de certains indicateurs pour Google AdWords.

Pour les sites utilisant des technologies anciennes voire obsolètes, il peut s'avérer difficile de réaliser ce type de migration sans opérer des changements importants (comme passer à une nouvelle version d'un CMS, renoncer à un plug-in, refondre le code de zones entières du site).

Quel sont les risques liés à la bascule entre les URL en http:// et https:// ?

En dehors des points évoqués plus haut, il n'existe pas de risques particuliers liés à ce genre de changement. Mais il s'agit d'une migration, et comme pour toutes les migrations, la moindre erreur peut avoir des conséquences importantes. On suivra donc les mêmes consignes de précautions que pour un changement de plate-forme logicielle accompagné d'un changement de serveurs : tout doit être planifié, exécuté dans l'ordre avec rigueur, testé avant et après mise en production.

Dans quels délais le « bonus https:// » deviendra-t-il significatif ?

Compte tenu de toutes les contraintes évoquées précédemment, il serait étonnant que l'on assiste à une adoption rapide et massive du protocole SSL/TLS par les sites. Pour beaucoup, il faudra des mois avant qu'une décision de bascule prise à un moment donné prenne effet. Les équipes de Google en sont probablement conscientes, et vont surveiller ce qui se passe avant de « pousser le curseur » pour accorder un bonus sensible aux pages en https://.

Mais il est également probable que Google doive accorder un réel avantage aux pages sécurisées pour que l'effet incitatif apparaisse vraiment. Ce qui signifierait que Google peut très bien ne pas attendre que la majorité des sites aient basculé avant de changer son algorithme. Dans ce cas, un changement pourrait intervenir rapidement.

Google vous pousse à le faire : préparez-vous

En conclusion, nous ne pouvons que vous recommander d'envisager dès maintenant la mise en place de ce protocole pour l'ensemble des pages de votre site web. Google accompagne avec ce geste une tendance lourde du Web. Aujourd'hui, le « bonus » accordé par Google est symbolique, mais ce travail représente une préparation pour le futur.

Vous disposez probablement d'un délai de plusieurs mois pour opérer ce changement. Il est raisonnable de l'inclure dans votre feuille de route pour l'année 2016. Il est donc urgent de commencer à planifier les travaux de préparation nécessaire !

Notez bien que la logique voudrait que l'adoption du protocole https:// pour vos pages vous aide seulement à maintenir vos positions actuelles. Elle ne vous fera pas forcément gagner des positions dans les classements. Si tous vos concurrents ont basculé, tout le monde aura droit au même bonus !

Notez également que le ratio coût/bénéfices de ce changement demandera à être évalué : n'oubliez pas, en particulier si vous percevez des revenus du programme AdSense, que le gain en trafic espéré peut être accompagné d'une perte notable de revenus. Dans tous les cas, ce sera une bonne idée de prévoir une phase d'évaluation et un scénario permettant un « roll back » (retour en arrière) si les effets de bord et les pertes constatées sont trop importants.

Quelques liens sur la sécurisation HTTPS

Le post officiel de Google sur le blog Webmaster Central « HTTPS as a ranking signal » : *http://goo.gl/Z3xnHP*

Le même billet sur le blog en français : *http://goo.gl/vs4shL*

Le lien vers la conférence Google I/O au cours de laquelle la volonté de promouvoir le protocole SSL/TSL et l'emploi du https:// comme signal ont été évoqués pour la première fois : *http://goo.gl/sryTCV*

Les bonnes pratiques fournies par Google : *http://goo.gl/sn4f6l*

L'article du blog de Searchmetrics résumant les conclusions de l'étude de Marcus Töber sur l'impact du signal https:// : *http://goo.gl/bnFtZZ*

Outil de test de configuration SSL : Qualys : *https://www.ssllabs.com/ssltest/*

Les widgets pour créer des liens

Les widgets, ces petits modules qui se glissent dans les pages web et sur les bureaux des systèmes d'exploitation, se sont multipliés de façon exponentielle, d'autant plus qu'il est relativement simple de créer son propre widget grâce à des applications en ligne. Il peut donc être tentant de créer un widget contenant un lien vers votre site web, l'intégration de ce programme sur d'autres sites générant ainsi autant de backlinks vers votre site. Mais est-ce si facile ?

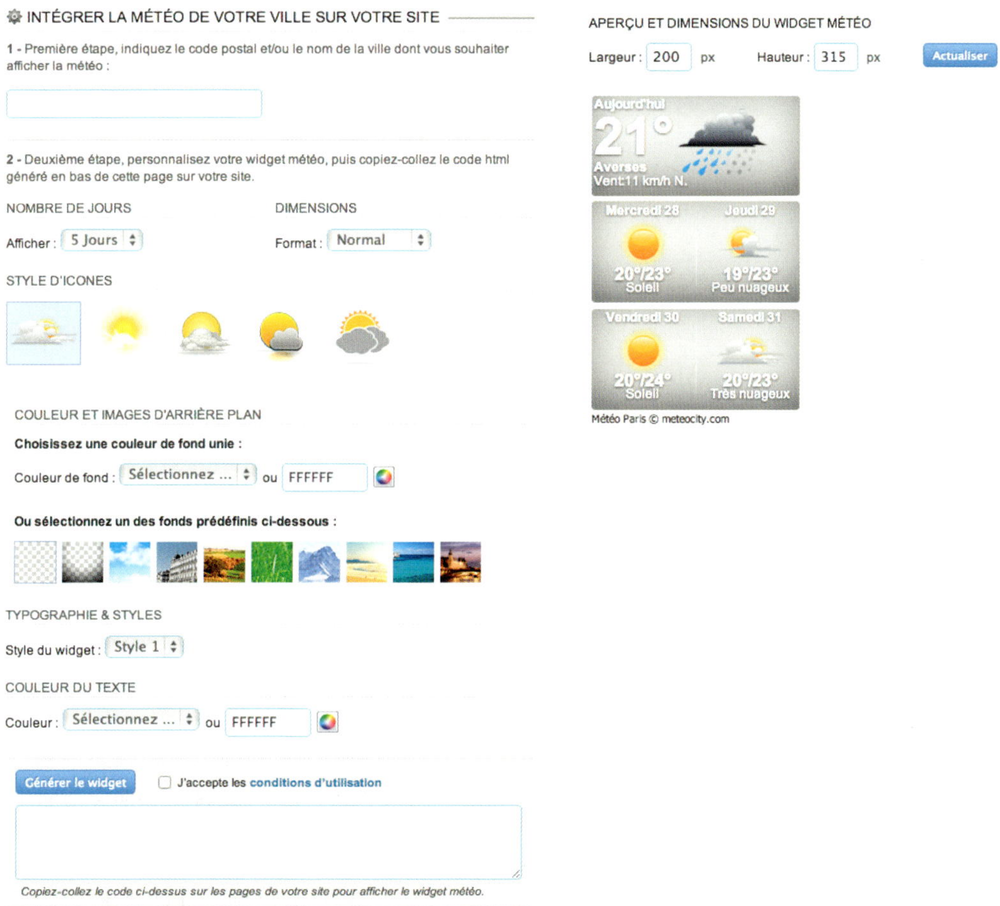

Figure 14-18

*Un site de météo (*http://www.meteocity.com/widget/*) propose ici un widget pour insérer ses données dans votre site web.*

Widgets et popularité

Un widget n'est porteur de popularité que s'il propose des liens en dur, pouvant être suivis par les moteurs de recherche. Ce principe permettra de développer considérablement le nombre de liens entrants, lorsque les webmasters inséreront un widget sur leur site web. Idéalement, il vaut donc mieux privilégier un bloc HTML renfermant des balises et des éléments utilisables par les moteurs (texte et image).

Cependant, les widgets sont souvent appelés au sein des pages par des codes JavaScript, ce qui implique que la seule solution pour créer des liens utilisables par les moteurs est l'utilisation d'une balise <noscript>... Les widgets basés sur du Flash sont également globalement illisibles par les moteurs. Voici l'exemple d'un code appelant vos derniers tweets (interventions sur Twitter) et les affichant sur la plate-forme Blogger :

```
<div id="twitter_div">
<h2 class="sidebar-title" style="display:none;">Twitter Updates</h2>
<ul id="twitter_update_list"></ul>
<a href="http://twitter.com/andrieu" id="twitter-link" style="display:block;
text-align:right;">Follow me on Twitter</a>
</div>
<script type="text/javascript" src="http://twitter.com/javascripts/blogger.js"> </script>
<script type="text/javascript" src="http://twitter.com/statuses/user_timeline/
andrieu.json?callback=twitterCallback2&amp;count=5"></script>
```

On le voit, les liens proposés sur les derniers tweets sont insérés entre les balises <script> et </script> et ne sont donc globalement pas lus par les moteurs.

Dans son guide en ligne (*http://goo.gl/MxTBw*), Google conseille ceci lorsqu'on utilise des commandes JavaScript :

« Placez le contenu JavaScript dans une balise <noscript>. Si vous utilisez cette méthode, assurez-vous que ce contenu est strictement identique à celui de JavaScript et qu'il est accessible aux visiteurs qui n'ont pas activé l'option JavaScript sur leur navigateur. »

Ceci laisse donc une certaine marge de liberté : un widget ne sera pas sanctionné s'il propose un lien dans un <noscript> ayant une fonction ou un contenu identique à celui qui est proposé à l'internaute dans le <script>.

Si on laisse de côté l'aspect popularité, il est quand même important de proposer des liens visibles et cliquables par les internautes, même s'ils sont conçus en Flash ou en JavaScript. En effet, ces liens, même s'ils ne sont pas comptabilisés par les moteurs, sont susceptibles d'apporter du trafic vers un site. Or le trafic sur un site web est un critère pris en compte par de nombreux moteurs (dont Google) pour le positionnement d'un site.

En résumé, pour qu'un widget ait de l'effet sur le référencement, il faut toujours lui adjoindre un lien pointant vers le site web qui en est l'initiateur. Idéalement, ce lien devra être en dur de façon à ce qu'il soit suivi et comptabilisé par les moteurs de recherche.

Matt Cutts et les widgets

En juillet 2008, Matt Cutts (rappelons ici qu'il est le porte-parole SEO de Google) était interviewé par Eric Enge lors du salon SMX Advanced aux États-Unis. De nombreux sujets étaient abordés au sujet du linking et on y parlait notamment de l'utilisation des widgets et de la pêche aux liens *(linkbait)* appliquée aux widgets.

Voici quelques extraits, d'après la transcription de l'entretien proposée sur le site Stone-Temple (*http://goo.gl/Tdmhd*) :

« Le widgetbait ressemble au linkbait d'une certaine façon. Nous en avons parlé un peu avec Danny Sullivan [NdA : éditeur du site Search Engine Land (*http://www.searchengineland.com*)] lors des sessions de questions-réponses de SMX Advanced, influencés par le fait que le premier *widgetbait* que nous avons vu était du spam dans un compteur web. Les gens avaient signé pour un compteur web et ils se retrouvaient avec des liens dont ils ignoraient l'existence, cachés à l'intérieur du compteur.

Quelques-uns des critères à prendre en compte sont : est-ce que les liens sont cachés ? Est-ce que l'image est cliquable ? Ou est-ce que les liens sont enterrés dans un `noscript` ou quelque chose comme ça ? Si c'est le cas, cela ne sera pas très bon pour les utilisateurs. À quel point un widget est-il pertinent ?

Nous voulons que les liens soient comme ceux du linkbait habituel ; nous voulons que les gens soient informés de l'endroit vers où ils créent des liens et nous voulons que les liens soient éditoriaux. Et nous voulons savoir si quelqu'un s'est fait avoir en créant un lien, comme en s'inscrivant à un service sans réaliser qu'un lien allait être superposé à ce service.

Vous pouvez aussi prendre en compte des éléments tels que : quelle est la cible du lien ? Est-ce qu'il pointe vers l'endroit où vous avez eu le widget ? Ou est-ce qu'il part vers un site tiers complètement différent ?

Un site tiers est souvent hors sujet et vous pouvez aussi regarder le texte d'ancre du lien lui-même. Si c'est juste un nom de société ou si c'est bourré de mots-clés ou de spam. Et aussi, combien de liens il y a à l'intérieur du widget ? Et est-ce qu'il y a une tonne de liens enterrés à l'intérieur du widget ?

Une chose également intéressante est la façon dont le webmaster a été informé lorsqu'il a placé le widget sur son site. En effet, nous avons déjà vu des widgets où il n'y avait pas vraiment d'informations, ou peut-être enterrées à la fin d'un accord de licence. »

Comme on vient de le voir, le porte-parole de Google est assez réticent à l'utilisation des widgets car il trouve qu'il existe de nombreux « gadgets » douteux qui circulent sur le Web. En août 2013 (*http://goo.gl/qOZUV8*), il allait plus loin en indiquant dans une vidéo que, logiquement, un lien inséré dans un widget devrait être mis en `nofollow`, ce qui est peut-être un peu extrême.

Essayons d'en tirer un guide de bonne pratique sur les widgets, à prendre en compte pour le référencement dans Google et les autres moteurs.

Informez les internautes

D'après Matt Cutts, il est important d'informer les utilisateurs de widgets sur les fonctionnalités du mini-programme qu'ils vont installer : à quoi sert le widget ? Qui en est le propriétaire ? Quel en sera l'aspect ? Comment l'utiliser et le désinstaller ? Etc. Ces quelques informations sont généralement proposées lorsqu'on télécharge un widget « sérieux ».

A contrario, de nombreux widgets sont montrés du doigt car ils provoquent l'affichage d'annonces publicitaires à l'insu de l'internaute. Ceci est tout aussi répréhensible que la présence d'*adwares* (programmes publicitaires) qui se dissimulent dans certains utilitaires et qui ne sont évidemment pas signalés dans le traditionnel accord d'utilisation.

Évitez le spam dans les widgets

Matt Cutts est assez catégorique sur un point : Google n'aime pas les liens cachés et la surabondance de mots-clés qui peuvent être utilisés dans les *anchor texts* des widgets. Logique !

En ce domaine, il faut considérer un widget comme un morceau de code source : les techniques de « triche » habituelles (*keyword stuffing*, texte caché, voir chapitre 15) sont donc susceptibles d'être pénalisées. On espère seulement que les webmasters utilisant des widgets créés par d'autres, remplis de spam et téléchargés en toute bonne foi, ne seront pas sanctionnés !

Quid donc des liens contenus dans des balises `<noscript>` ou autres éléments dissimulés dans le code source du widget ? Comme on l'a vu précédemment, il semble y avoir une certaine tolérance de la part de Google, à condition que ces liens reflètent exactement ce qui est affiché dans le widget et que le contenu soit de qualité.

En résumé, tous les liens sortants d'un widget doivent être clairement identifiables par l'internaute, qui doit à tout moment savoir ce qui se passe lorsqu'il en utilise un. Les visites réalisées à l'insu de l'internaute sont à proscrire absolument.

Privilégiez les liens éditoriaux

Google n'aime pas les liens cachés ; il n'aime pas non plus les blocs de liens et autres éléments qui n'apportent aucune information pertinente pour les internautes. Ce qui vaut pour une page web vaut également pour un widget : il vaut mieux privilégier des liens basés sur du texte pertinent plutôt que des liens qui s'appuient sur des images ou des successions de mots-clés.

Pour avoir une idée de ce qu'il faut faire, on peut se reporter au gadget Google News pour page web (*http://goo.gl/OoTzx*).

Figure 14-19

Widget proposé par Google News

Il s'agit d'un petit module basé sur une iframe, qui affiche en temps réel les informations de Google News. Non seulement les liens sont en dur, mais ils sont également « éditoriaux » car basés sur des textes pertinents (titres d'articles). Le code en est le suivant :

```
<iframe frameborder="0" width="300" height="250" marginwidth="0" marginheight
="0"src="http://www.google.com/uds/modules/elements/newsshow/iframe.html?q=google%2
Creferencement&ned=fr&rsz=small&hl=fr&format=300x250"><br /></iframe>
```

La limitation de ce système est celle de la taille (en pixels) du widget : il s'agit généralement d'une petite zone de texte qui ne permet pas d'afficher beaucoup d'informations à la fois, à moins d'obliger les internautes à des opérations de *scroll* pas très pratiques. Autre limitation, bien sûr : les liens étant dans une iframe, l'impact sur le référencement naturel (en termes de popularité et de réputation) est assez restreint, voire nul. Cependant, il est possible d'indiquer dans le widget un lien en dur vers le site source :

```
Toute l'actualité avec <a href="http://news.google.fr">Google News</a> :<BR>
<iframe frameborder="0" width="300" height="250" marginwidth="0" marginheight
="0"src="http://www.google.com/uds/modules/elements/newsshow/iframe.html?q=google%2
Creferencement&ned=fr&rsz=small&hl=fr&format=300x250"><br /></iframe>
```

Le lien vers Google News sera alors repris par les moteurs sur toutes les pages affichant ce widget. Rien ne vous empêche de faire la même chose avec votre site web.

Voici quelques règles essentielles à suivre si vous désirez mettre en place un widget.

- Les conditions d'utilisation doivent être clairement définies.
- Un utilisateur de widget doit comprendre tout ce qui se passe quand il s'en sert.
- Le widget ne doit pas renfermer de spam et de texte caché.

- Il faut privilégier des liens thématiques entre le widget et les pages web qu'il cible, si possible utiliser des liens éditoriaux et insérer dans ses codes des liens en dur, lisibles par les moteurs.

Ces conseils basés sur du simple bon sens devraient permettre de créer des widgets *SEO Friendly*, susceptibles de plaire à la fois aux utilisateurs et aux moteurs de recherche.

Compatibilité W3C : un réel impact ?

Le W3C *(Word Wide Web Consortium)* est un organisme créé en 1994 pour standardiser et uniformiser le langage utilisé dans les technologies web (HTML mais aussi XML, CSS, XHTML, RDF, etc.). Son rôle est de définir la grammaire et l'orthographe à utiliser dans les pages web, de façon à ce que celles-ci s'affichent correctement sur les ordinateurs utilisés par les internautes du monde entier.

Une page web respectant les normes W3C est donc avant tout une page bien écrite d'un point de vue technique. Ceci a un impact significatif sur l'affichage dans le navigateur et favorise l'accessibilité des internautes. Cependant, est-ce que cela joue sur le référencement et la façon dont les moteurs de recherche perçoivent la page ?

En mars 2008, Google publiait un article sur l'accessibilité (*http://goo.gl/ePPfv*), ainsi qu'une version de son moteur proposant uniquement des résultats utilisables par les personnes malvoyantes, et basé en grande partie sur le respect des normes W3C. Dans un autre article datant de septembre 2008 (*http://goo.gl/CwCyz*), Google rappelait l'importance du respect des normes W3C pour l'affichage d'un site sur tous les navigateurs.

Si on consulte le guide en ligne Google destiné aux webmasters, on trouve dans la section, « Assurez-vous que votre site s'affiche normalement sur différents navigateurs » *(http://goo.gl/cgT57)* des conseils tels que ceux-ci : « Votre site peut apparaître correctement dans certains navigateurs même si votre code HTML est incorrect. Par contre, il n'est pas garanti qu'il s'affichera correctement dans tous les navigateurs, ni dans les versions à venir de tout navigateur. La meilleure façon de vous assurer que votre page présente le même aspect dans tous les navigateurs est de la créer en utilisant des codes HTML et CSS corrects, puis de la tester dans le plus grand nombre de navigateurs possible. Un code HTML correct et clair équivaut à une bonne police d'assurance. L'utilisation du code CSS permet de distinguer la présentation du contenu et d'obtenir un meilleur rendu et un chargement des pages plus rapide. Les outils de validation, tels que les validateurs HTML et CSS fournis par la société W3 Consortium, vous permettent de vérifier votre site. »

Tout ceci semblait indiquer que le respect des normes W3C était pris en compte par Google, au moins pour l'aspect qualitatif des sites web. De nombreux webmasters ont ainsi pris comme principe de base qu'une page web devait être à 100 % compatible avec le standard du W3C pour être bien référencée. Il existe un service gratuit, appelé « Validateur W3C », accessible à l'adresse *http://validator.w3.org/* et qui analyse en ligne le code source de vos pages afin d'en relever les problèmes. C'est un véritable correcteur orthographique pour site web, qui fournit un logo « valide W3C » à placer sur votre site en cas de « zéro faute ».

Ce qui est certain, c'est que la validation W3C est utile avant tout pour l'internaute car elle apporte une meilleure qualité d'affichage des pages web. Toutefois est-il réellement utile pour le référencement, en termes de SEO, de passer des heures à peaufiner le code source pour obtenir ce fameux logo de compatibilité ? Un site « valide W3C » est-il mieux classé dans les résultats de Google ?

Le message relayé par Matt Cutts, porte-parole officiel de Google, a toujours été sibyllin à ce sujet. En septembre 2009, il répondait en vidéo (*http://goo.gl/Xv9ln*) à une question d'un internaute lui demandant pourquoi la page d'accueil de Google n'était pas valide W3C. La réponse était que Google préférait travailler l'efficacité et la compatibilité de son site plutôt que le rendre parfaitement valide W3C. « Faites ce qu'on dit, pas ce qu'on fait » pourrait être la morale de l'histoire.

SimplyTestable teste un site entier

SimplyTestable *(http://simplytestable.com)* est un outil qui vérifie la compatibilité W3C de toutes les pages d'un site dont on fournit l'URL de la page d'accueil. Attention : l'analyse peut être très longue en fonction de la taille du site testé.

De toute manière, rappelait Matt Cutts, il existe très peu de sites valides W3C et Google ne tient donc pas compte du respect des normes pour favoriser tel ou tel site dans les résultats de recherche, car cela serait pénalisant pour le plus grand nombre.

La même réponse apparaît dans le guide en ligne Google précédemment cité : « Bien que nous recommandions l'utilisation d'un code HTML correct, cela n'a normalement aucune incidence sur la façon dont Google explore et indexe votre site. » Notez bien l'utilisation de l'adverbe « normalement ».

Pour s'en convaincre, on peut par exemple consulter les résultats d'une expérience menée en 2007, disponibles à l'adresse *http://goo.gl/hIjko.* Lors de cette expérience, une page web volontairement truffée d'erreurs a été mise en ligne, ce qui ne l'a pas empêchée d'être indexée par Google et même d'acquérir des positions intéressantes. En ce qui concerne les autres moteurs, on observe plus ou moins le même comportement.

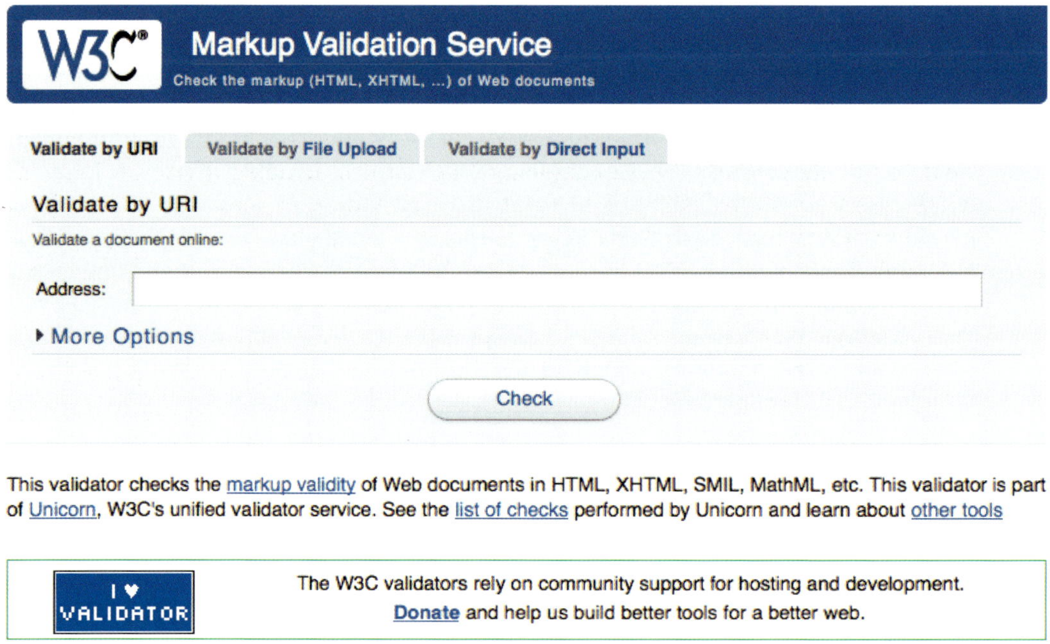

Figure 14-20

Le validateur W3C détecte les erreurs HTML dans une page et en indique la liste.

Bing propose plusieurs conseils aux webmasters dans son blog dédié. Dans un article publié sur son site (*http://goo.gl/TKXLl*), on trouve ceci : « Si votre code HTML est mauvais, vous risquez d'avoir des problèmes d'exploration. Mais vous risquez de ne pas savoir que les problèmes existent si votre test a seulement consisté en "De quoi ça a l'air dans mon navigateur ?". Les navigateurs modernes sont tout à fait capables de deviner ce que vous vouliez probablement dire et d'en faire une présentation exploitable à l'écran. Ils peuvent souvent se débrouiller avec du code qui est libre comme l'air vis-à-vis du respect des standards. Mais les robots des moteurs de recherche ne sont pas aussi flexibles que les navigateurs de bureau, et les problèmes de code peuvent souvent les induire en erreur et faire stopper l'exploration de votre site. En complément de cela, les navigateurs des interfaces mobiles ne sont pas aussi accommodants avec le code source pauvrement écrit que les navigateurs de bureau. Tout ce que vous pouvez faire pour rendre votre code solide et conforme aux standards est bon, à la fois pour les utilisateurs et les moteurs. »

Selon Microsoft, les standards W3C ont une utilité certaine pour améliorer la qualité d'un site web et cela peut jouer sur l'exploration d'un site par les moteurs. Néanmoins, cela peut-il influer sur le positionnement ? La question n'est pas tranchée pour ce moteur, mais il y a fort à parier qu'il suive la lignée de son concurrent Google et que la réponse soit la même : « non ».

Le W3C : pour ou contre

Faut-il se soucier ou non de respecter les règles du W3C si cela n'influe pas sur le référencement ? La réponse n'est pas simple. Certaines erreurs W3C sont des peccadilles qui n'ont aucun impact sur l'affichage dans les navigateurs et sur la lisibilité des pages. D'autres erreurs sont plus gênantes, car elles touchent à la structure profonde d'un site et à son fonctionnement. W3C ou pas, le débat divise profondément les webmasters, entre ceux qui pensent qu'il est inutile de se casser la tête à rédiger son code source de façon correcte et d'autres qui pensent au contraire, qu'il faut respecter la grammaire et l'orthographe web (voir par exemple les avis publiés sur *http://goo.gl/C1Ftl*).

La validation W3C peut en tout état de cause servir ces différents objectifs.

- Assurer l'accessibilité à tous les internautes. À l'exception des responsables de portails associatifs ou institutionnels, peu de webmasters se préoccupent de savoir si un internaute handicapé peut facilement utiliser un site web. Néanmoins, un robot de moteur de recherche peut être considéré comme un internaute malvoyant et handicapé (il ne peut pas voir le contenu des images par exemple) : optimiser un site en vue de l'accessibilité, c'est également l'optimiser pour les moteurs.
- Assurer la compatibilité d'un site web avec différents outils de navigation. On parle souvent de la compatibilité entre différents navigateurs (Firefox versus Internet Explorer versus Chrome), mais on peut parler aussi de la percée importante du Web mobile. Les smartphones peuvent lire directement les sites web, à condition que ceux-ci respectent la bonne grammaire. Voici un point non négligeable en faveur de la validation W3C.
- Utiliser un langage universel. Un site web conforme aux standards sera utilisable dans tous les pays du monde et son code source sera compréhensible par tous les webmasters pouvant être amenés à travailler dessus. Respecter les règles du W3C, c'est donc penser à la globalisation du Web et pas seulement aux internautes français qui peuvent accéder au contenu.

Comme on le voit, le respect des normes W3C tient de la philosophie de vie : rendre un contenu universel et accessible à tous, y compris aux moteurs de recherche et aux internautes les plus éloignés de la cible visée. On ne travaille pas son code source pour asseoir sa réputation et son classement auprès des moteurs, mais plutôt pour proposer un site web compatible et efficace avec toutes les technologies.

Le respect des standards W3C est donc utile pour les internautes, mais aussi – dans un certain sens – pour les moteurs de recherche. Tout d'abord, un site normalisé est plus facilement explorable et indexable. Ensuite, un site *user friendly* peut bénéficier d'une prime de classement et de notoriété. En effet, un site bien conçu et bien construit sera plus souvent visité et obtiendra facilement des liens et de bonnes critiques dans les médias sociaux, ce qui le poussera dans le classement des moteurs.

Faut-il pour autant corriger 100 % des erreurs de son code source et atteindre la perfection, quitte à recommencer le travail à chaque mise à jour des pages web ? La réponse est non dans une vision SEO, dans la mesure où il s'agit là d'un travail laborieux qui est actuellement peu valorisé par les moteurs.

L'idée est plutôt de corriger les grosses erreurs W3C, celles qui peuvent nuire à l'affichage et à l'indexation d'un site. Parmi elles, on peut citer l'absence de document de déclaration (`doctype`), les problèmes d'imbrication de balises, les confusions entre apostrophes simples et doubles, les balises non fermées... L'outil de validation W3C est donc indispensable à tout bon webmaster. Pourtant, rien n'empêche une page contenant des centaines d'erreurs HTML d'être bien positionnée dans les résultats des moteurs de recherche !

Temps de chargement des pages, temps de réaction du serveur

> Section rédigée avec la contribution de Jean-Noël Anderruthy

Google l'a annoncé officiellement depuis la fin de l'année 2009, les webmasters sont maintenant priés de concevoir des pages web dont le temps de chargement est optimisé car ce critère va devenir important. Matt Cutts l'avait prédit sur son blog à cette époque : « La vitesse va être un facteur important dans l'évolution du référencement. » Cette prédiction a ensuite été confirmée officiellement par Google : *http://goo.gl/ZeeGP*.

La vitesse de chargement des pages devient donc un critère important pour votre référencement. Toutefois, les performances globales d'un site sont également bénéfiques pour votre site web et ses visiteurs.

En effet, les internautes sont de plus en plus impatients et, pour près de la moitié d'entre eux, n'attendront pas plus de deux secondes qu'une page se charge. Alors, retroussez vos manches et faites de votre site un véritable bolide de course !

Voici d'autres chiffres éloquents (*http://goo.gl/yiNfw*)...

- Perdre 500 ms, c'est aussi perdre 20 % de trafic pour Google.
- Réduire de 25 % le poids d'une page, c'est gagner 25 % d'utilisateurs à moyen terme.
- Augmenter la latence de 100 ms signifie, pour Amazon, 1 % de ventes en moins.
- Perdre 400 ms, c'est avoir 5 à 9 % de taux d'abandon supplémentaire pour Yahoo!.
- Enfin, on estime généralement qu'au-delà de 4 secondes d'attente, le taux de rebond devient réellement important.

Les problèmes de lenteur entraînent donc cette série de conséquences certaines.

- Une moins bonne indexation de la part des moteurs.
- Une expérience décevante chez les internautes.
- Moins de profondeur de visites.
- Moins de recherches de la part des utilisateurs.
- Moins d'affinage des recherches.
- Moins de revenus *online* car moins de conversions.

Il est certain que les mauvaises performances d'un site web vous font perdre de l'argent et du trafic. Nous allons donc voir dans la suite de ce chapitre comment améliorer le temps de téléchargement de la page (son poids), mais aussi les temps de rendu de la page web (temps de téléchargement *vs* temps de chargement).

Quels problèmes pour quelles solutions ?

Bien entendu, le choix de l'hébergeur est l'élément à considérer en priorité pour améliorer éventuellement le temps de chargement de vos pages. Nous pouvons nous interroger à la fois sur le temps de réponse d'un serveur, mais aussi sur l'adéquation entre une offre d'hébergement et le trafic engendré par un site web.

Voici une autre suggestion de bon sens : limitez le nombre de résolutions DNS en hébergeant l'ensemble de vos fichiers sur un même serveur.

Nous allons voir qu'il existe d'autres solutions possibles : optimisation du code, des images, du cache serveur et, indirectement, du cache des navigateurs.

Les outils de test

La première démarche consiste à identifier les causes et, donc, à se doter des meilleurs outils de benchmark, car « on n'améliore réellement que ce qu'on mesure ». Nous verrons ensuite quels sont les remèdes à apporter.

Le site Pingdom Tools (*http://tools.pingdom.com*) va par exemple simuler l'affichage de la page dans un navigateur et mesurer le temps de chargement de chacun des éléments qui la composent, comme l'illustre la figure 14-21.

Google Analytics propose également une fonctionnalité donnant des statistiques sur :

- le temps de chargement moyen de vos pages ;
- l'évolution du temps de chargement moyen des pages de votre site sur une durée déterminée…

À noter que les Google Webmaster Tools proposaient également un aperçu de ces données mais les a supprimées en 2012. Elles restent disponibles dans Google Analytics sous une forme plus avancée.

Vous pouvez également utiliser un module pour le navigateur Firefox appelé Page Speed (*http://goo.gl/DhRHc*) qui fournit des indications connexes dans ce domaine. Attention, cette extension en requiert une autre appelée Firebug, que vous pouvez télécharger à partir de cette page : *http://goo.gl/zQv13*.

Enfin, signalons également YSlow (*http://goo.gl/Xn51E*), une autre extension Firefox, cette fois fournie par Yahoo! (et nécessitant également Firebug) qui fournit des données similaires.

Avec ces différents outils, vous devriez être à même d'étudier au plus près les performances de votre site.

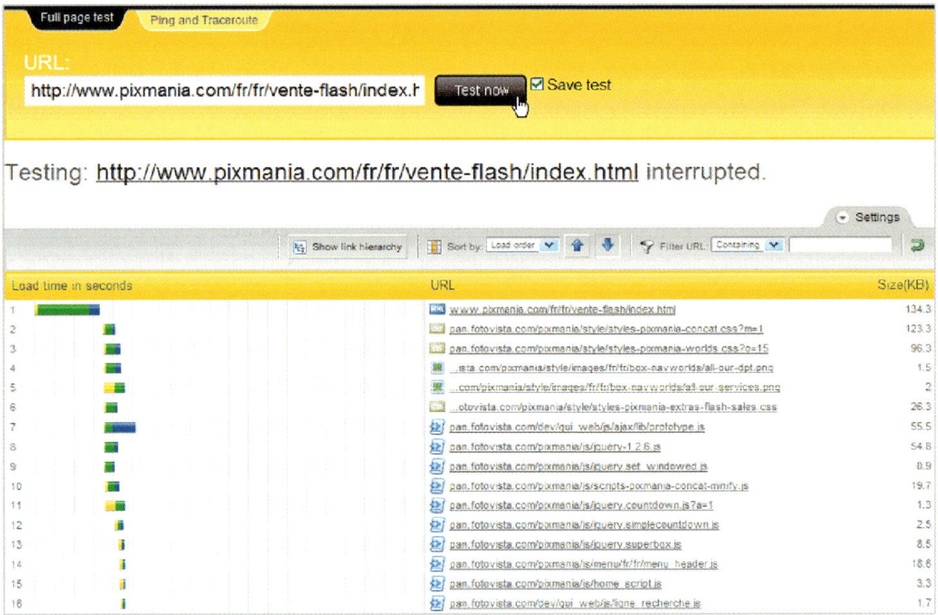

Figure 14-21

Le site Pingdom Tools vous permet de tester la vitesse de réaction de votre site.

Figure 14-22

Google Analytics propose des graphiques et des tests de performance de votre site.

Figure 14-23

Page Speed est un outil proposé par Google pour donner des indications de vitesse.

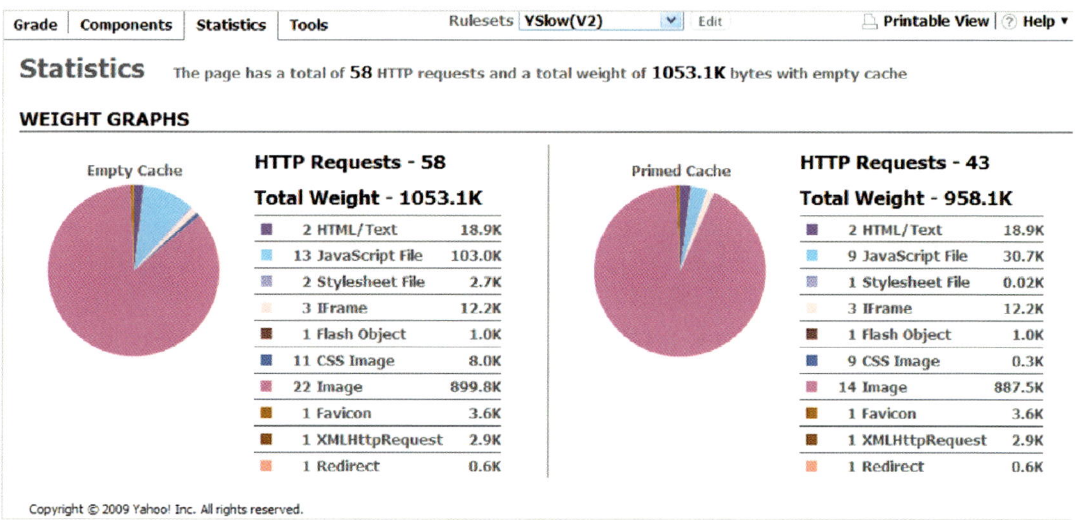

Figure 14-24

YSlow, proposé par Yahoo!, vient compléter la galerie d'outils de tests de performance.

Compressez pour diminuer le nombre de Ko téléchargés

Le premier réflexe, lorsqu'on désire optimiser le temps de chargement des pages web de son site, est de limiter la bande passante et donc le nombre de kilo-octets transférés. Et une arme est imparable à ce niveau : la compression.

Selon le même principe que pour les fichiers présents sur votre disque (WinZip, WinRar, etc.), il est possible d'activer la compression sur un serveur Apache en utilisant le module *Deflate* ou *Gzip*.

Il existe différentes versions de ces outils :

- Apache 2.0 : module mod_deflate utilisant zlib ;
- Apache 1.3 : mod_gzip ou mod_deflate.

À vous de modifier ou d'activer ces modules en fonction de la version de votre serveur.

Cela s'effectue la plupart du temps au travers du fichier `.htaccess` en ajoutant des lignes de commandes spécifiques en fonction des extensions de fichiers pour lesquelles vous souhaitez activer la compression. Par exemple :

```
SetOutputFilter DEFLATE
AddOutputFilterByType DEFLATE text/plain text/xml text/html text/css image/svg+xml
application/xhtml+xml application/xml application/rss+xml application/atom_xml
application/x-javascript application/x-httpd-php application/x-httpd-fastphp
application/x-httpd-eruby
```

La compression fonctionne notamment pour les éléments textuels (HTML, XML JSON, CSS et fichiers de script). Il est inutile de compresser les images, les fichiers PDF ou les vidéos. Sachez enfin que les fichiers de moins de 2 Ko ne nécessitent aucune compression.

Notez que pour un serveur IIS Microsoft, les explications nécessaires sont données à cette adresse : *http://goo.gl/XSyRU*.

Activez le cache du navigateur

Les serveurs Apache gèrent déjà la mise en cache : à chaque fois qu'un élément est appelé, une requête `Get conditionnel` est envoyée. Quand le navigateur charge une page et qu'il voit que l'élément est déjà présent dans le cache, il fait parvenir une requête au serveur en lui demandant si le fichier a été modifié ou non. Si ce n'est pas le cas, le serveur renvoie une requête (code 304) en lui indiquant que la version en cache est toujours « d'actualité ».

En apparence, le système semble au point mais, dans la réalité, ce fonctionnement entraîne un grand nombre de requêtes inutiles. Prenons le cas d'un internaute qui vient régulièrement sur votre site. Lors de chacune de ses visites, le navigateur va interroger le serveur pour vérifier si l'élément contrôlé a été modifié depuis son dernier passage. Une solution consiste alors à indiquer les éléments qui restent, pour ainsi dire, intangibles et notamment, les feuilles de styles, les fichiers de script et les images.

Là encore, il suffit d'ajouter ces lignes dans le fichier `.htaccess` :

```
# 1 mois
<FilesMatch "\.(ico|jpg|jpeg|png|gif|swf|js|css|png)$">
Header set Cache-Control "max-age=2592000, public"
</FilesMatch>
# 1 jour
<FilesMatch ".(html|htm)$">
Header set Cache-Control "max-age=43200, public"
</FilesMatch>
```

La valeur indiquée pour `max-age` est simplement le nombre de secondes que contient un jour ou un mois.

Attention ! Cette méthode vous oblige, quand vous changez une image par exemple, à renommer cet élément afin que le navigateur soit dans l'obligation d'en télécharger la dernière version.

Vous pouvez aussi vous servir des en-têtes d'expiration HTML (*Last-Modified* et *ETag*) afin d'orienter le navigateur à bon escient. Une explication complète est visible à cette adresse : *http://goo.gl/pHpzA*. Cet autre site est une référence sur le sujet : *http://goo.gl/dd0Kp*.

Activez le préchargement des pages

Cette technique utilise le temps que passe l'internaute sur une page précédente pour charger les éléments de la page suivante. Imaginons que vous accédiez à la page d'accueil de Google. Il va se passer un laps de temps avant que vous ayez terminé de saisir votre requête et lanciez votre recherche. Ce délai va donc être utilisé par le moteur de recherche pour mettre en cache, par exemple, les éléments graphiques qui composent la page suivante (la page de résultats). Tout le processus va se dérouler en tâche de fond et de manière complètement transparente pour les utilisateurs. C'est donc une manière de combler les trous et d'utiliser au mieux les « temps morts ».

Utilisez des serveurs tierce partie

Google permet aux webmasters d'utiliser une série de bibliothèques hébergées sur ses propres serveurs et disponibles à l'adresse suivante : *http://goo.gl/duqNSk*. Vous pouvez ainsi employer des scripts qui se trouvent directement sur les serveurs du moteur de recherche. Il existe plusieurs avantages à utiliser cette méthode.

- Les serveurs de Google ont de bonnes chances d'être beaucoup plus rapides que les vôtres.
- Les internautes se verront servir le script par le serveur qui est le plus proche de leur localisation géographique.
- Les visiteurs qui ont déjà accédé à d'autres sites web ont les scripts correspondants sur leur disque dur.
- Vous économisez une part non négligeable de bande passante.

Installez le code Google Analytics asynchrone

Le code asynchrone de Google Analytics crée dynamiquement une balise `<script>` qui s'occupera des tâches de tracking de vos pages. La conséquence directe est que le chargement de la page sera indépendant de celui du code de tracking. Voici l'adresse de documentation de cet outil bien pratique : *http://goo.gl/NBSPN* ainsi que des exemples de migration : *http://goo.gl/eal2G*.

Les feuilles de styles CSS

Une des techniques les plus courantes pour optimiser son site est de compacter les fichiers CSS (mais également les fichiers JavaScript). Dans le cadre d'un fichier de script, l'emploi combiné d'un programme de compactage et d'une compression (*Deflate* ou *GZip*) peut représenter un gain de 80 % par rapport à la version originale.

Il faut tout d'abord comprendre comment se déroule le chargement d'une page HTML. Les éléments HTML sont les premiers à être téléchargés. À chaque appel vers une feuille de styles, la page sera automatiquement rafraîchie. Si nous possédions de bons yeux, nous pourrions nous apercevoir du phénomène de scintillement qui en est la conséquence directe.

L'idéal est d'externaliser vos feuilles de styles. Cependant, nous pouvons aussi vouloir combiner les différentes feuilles de styles en un seul fichier, et ce afin de diminuer le nombre de requêtes http.

Par exemple, avant :

```
<link rel="stylesheet" type="text/css" href="contenu.css" />
<link rel="stylesheet" type="text/css" href="societe.css" />
<link rel="stylesheet" type="text/css" href="contact.css" />
après :
<link rel="stylesheet" type="text/css" href="tous-les-css.css" />
```

Par ailleurs, vous devez placer votre appel au tout début de votre code HTML :

```
<html>
    <head>
        <title>CSS</title>
        <link rel="stylesheet" type="text/css" href="style.css"/>
    </head>
</html>
```

Une astuce consiste également à grouper les mêmes propriétés CSS afin de limiter le nombre de caractères descriptifs de chaque style. Voici un exemple de bonne pratique (pour les deux exemples, « marge » et « bordure », on indique ici en premier le CSS optimisé, en second celui qui l'est moins) :

```
/* MARGE */
h1 {margin:1.5em 0 0.2em 0.4em;}
h1 {margin-top:1.5em;
    margin-right:0;
    margin-bottom:0.2em;
    margin-left:0.4em;
}
/* BORDURE */
h1 {border:1px solid #000;}
h1 {border-width:1px;
    border-style:solid;
    border-color:#000;
}
```

Cette page offre de nombreux exemples de mise en pratique : *http://goo.gl/PURWi*.

On s'aperçoit également qu'on utilise souvent les mêmes styles pour des éléments différents et qu'il est possible de les regrouper.

Par exemple, avant :

```
h1 {padding:4px 0; font-family:verdana; font-weight:100;}
#box1 .heading  {padding:4px 0; font-family:verdana; font-weight:100;}
#box2 .heading  {padding:4px 0; font-family:verdana; font-weight:100;}
après :
➥ h1, #box1 .heading, #box2 .heading  {padding:4px 0; font-family:verdana;
font-weight:100;}
```

Enfin, pour les purs et durs de l'optimisation, il est toujours possible de supprimer l'ensemble des éléments inutiles : retour chariot, dernier point-virgule, commentaires, codages des couleurs (3 caractères au lieu de 6), indication des pixels, etc., pour arriver à une feuille de styles exempte de toute fioriture (mais pas très simple à maintenir).

Par exemple *(soft)*, avant :

```
/* Titres H3 */
H3 {
    font-family:verdana;
    padding:0px;
    color: #112233;
    text-decoration:underline;
}
```

après :

```
H3 {font-family:verdana;padding:0;color:#123;text-decoration:underline}
```

Il existe enfin une multitude d'outils en ligne pour optimiser, nettoyer et compresser un fichier CSS :

- CleanCSS : *http://www.cleancss.com* ;
- CSS Optimizer : *http://www.cssoptimiser.com* ;

- Flumpcakes : *http://flumpcakes.co.uk/css/optimiser* ;
- OrganizeCSS : *http://www.styleneat.com* ;
- CSSCompressor : *http://www.cssdrive.com/index.php/main/csscompressor* ;
- YUI Compressor : *http://www.refresh-sf.com/yui*.

Si vous suivez tous ces conseils, vos fichiers CSS devraient vite devenir ultralégers.

Les Sprites CSS pour optimiser le chargement d'images

Il arrive souvent qu'un site web repose sur un « template » composé de plusieurs images différentes : boutons, logo, menus, puces, etc. À chaque chargement de page, le navigateur doit donc procéder à autant de requêtes http pour vérifier la validité de ces différents composants.

Le principe des Sprites CSS est de regrouper cette multitude de petites images dans un seul fichier.

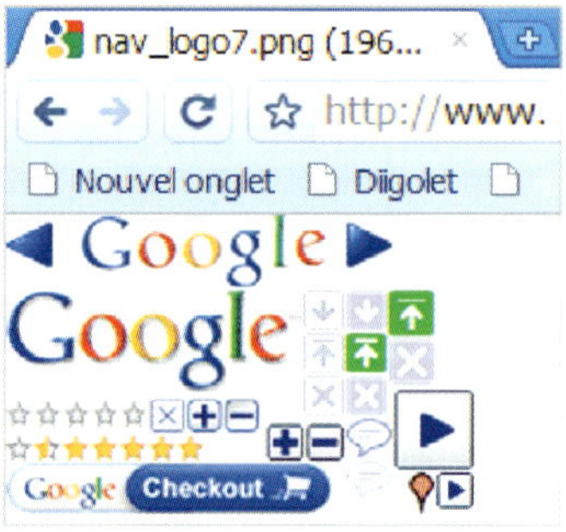

Figure 14-25

Les poids lourds du Web utilisent cette technique de Sprites CSS, par exemple Google : http://www.google.com/images/nav_logo7.png.

Le navigateur n'aura donc plus qu'à télécharger une seule image et à « faire son marché » au sein de celle-ci pour y trouver les fragments d'images à afficher. C'est autant de temps de transfert de gagné.

Raisonnons sur un exemple avec un fichier Sprites CSS proposé sur la figure 14-26.

Figure 14-26

Exemple de fichier Sprites CSS de 196 pixels de large et contenant plusieurs logos

On définit alors une classe appelée `sprite` en utilisant cette déclaration :

```
.sprite {background:url(../images/sprite.png);}
```

Puis une classe appelée `icones` :

```
sprite {background:url(../images/sprite.png);}
      .icones {height:70px;}
```

On crée alors une classe pour chaque image sous cette forme :

```
.sprite {background:url(../images/sprite.png);}
      .icones {height:70px;}
         /* Icônes */
         .rss {width:60px;}
         .facebook {width:60px;}
```

Il faut maintenant assigner une position à chacune de ces images. Le principe consiste à utiliser des valeurs négatives puisqu'au coin supérieur droit de l'image « parente » correspondront ces deux valeurs : `x=0px` (abscisse ou axe horizontal) et `y=0px` (ordonnée ou axe vertical). De fait, nous allons déplacer à chaque fois notre image d'arrière-plan afin d'afficher les différentes images dont nous avons besoin.

Par exemple, pour notre bouton nommé `rss.sprite {background:url(../images/sprite.png);}`

```
      .icones {height:70px;}
         /* Icônes */
         .rss {width:60px; background-position:-196px -2px;}
         .facebook {width:60px;}
```

On procède ensuite de la même façon pour les autres images.

Il ne reste plus qu'à les inclure dans le code HTML en utilisant ce type de syntaxe :

```
<img src="../images/transparent.gif" class="sprite icones rss" alt="RSS" />
<img src="../images/transparent.gif" class="sprite icones facebook" alt="Facebook" />
```

Pour un exemple complet de mise en œuvre, n'hésitez pas à lire la page *http://goo.gl/57qzR*. Cet autre site propose aussi des démonstrations qui sont très parlantes : *http://css-tricks.com/css-sprites*.

Signalons, pour être tout à fait complet, qu'il existe des Sprites Generator (*http://fr.spritegen.website-performance.org ou http://goo.gl/4E0Qg*) qui peuvent automatiser certaines tâches.

Notons cependant que l'utilisation des Sprites CSS peut rendre les tâches de maintenance d'un site particulièrement compliquées en cas de changement d'images. Vous devrez alors mettre en place des procédures précises afin que les différents intervenants apportent des modifications au site en toute connaissance de cause.

Terminons sur ce sujet avec le fait que, dans l'optique d'un bon référencement, seules les images fonctionnelles, répétitives et faisant partie de votre charte graphique doivent être placées en arrière-plan. Celles qui sont importantes et qui montrent vos produits ou illustrent l'excellence de vos services, doivent faire partie des éléments « inline » de la page web.

Les fichiers JavaScript

La position des fichiers JavaScript dans votre code HTML est importante et il est conseillé de les placer le plus possible en bas de page et juste avant la balise de fermeture `</body>`.

Imaginons une page HTML qui comporte un certain nombre d'images importantes et du code JavaScript qui est appelé juste avant. Le chargement des images sera alors conditionné à celui du code JavaScript. En effet, pendant le chargement d'un script, le téléchargement en parallèle est bloqué du fait que le code peut modifier les éléments et l'aspect de la page correspondante. Veillez donc à bien contrôler l'ordre de chargement de vos scripts.

En complément, comme pour les CSS, il existe des outils qui permettent la compression de fichiers JavaScript :

- Paker : *http://dean.edwards.name/packer/* ;
- JavaScript Minifer : *http://javascript.crockford.com/jsmin.html* ;
- CloserCompiler : *http://closure-compiler.appspot.com/home.*

Par ailleurs, de nombreuses bibliothèques Ajax sont disponibles en version compacte. Sachez également que vous pouvez vérifier la qualité de votre code en utilisant ce service en ligne : *http://www.jslint.com*. De nombreuses autres pistes sont proposées sur cette page : *http://goo.gl/v0nnP* (optimisation d'Ajax, ThinkVitamin, etc.).

Pour optimiser encore plus vos fichiers JavaScript, il est également possible de les grouper, comme expliqué ici : *http://goo.gl/htIQa*.

Prenons un exemple : imaginons que vous utilisiez ces trois fichiers externes :

- *www.exemple.fr/javascript/contenu.js*
- *www.exemple.fr/javascript/contact.js*
- *www.exemple.fr/javascript/effets.js*

L'appel à ces trois fichiers de script se fera alors à l'aide d'une seule ligne :

www.exemple.fr/javascript/contenu.js, contact.js, effets.js

Le script PHP est téléchargeable à cette adresse : *http://rakaz.nl/projects/combine/combine.phps*.

Optimisation des images

L'optimisation des temps de transfert des différents composants d'une page web passe souvent par l'optimisation de ses images. Un premier principe consiste à enregistrer directement les images à la taille voulue. Ainsi, vous n'aurez pas à les redimensionner en HTML. Par ailleurs, spécifiez la taille de chaque image afin que le navigateur n'ait pas besoin d'ajuster le contenu après coup. Par exemple :

```
<IMG SRC="image.png" height="100" width="100" / >
```

Les fichiers JPEG et GIF sont souvent moins volumineux que les fichiers BMP ; les fichiers PNG sont moins gourmands que les fichiers JPEG. Tenez-en compte.

Il n'est pas question, dans cet ouvrage, d'aborder en profondeur la thématique de l'optimisation des images, qui demanderait un livre à elle seule. Citons cependant deux outils qui effectuent une compression avancée des images au format PNG :

- *http://optipng.sourceforge.net/*
- *http://advancemame.sourceforge.net/comp-readme.html*

Ils exécuteront les opérations suivantes :

- choix du meilleur type de codage en fonction de votre image ;
- application du meilleur filtre de transparence ;
- choix de la meilleure méthode de compression à adopter et de la réduction de la profondeur des couleurs.

Jpegtran est également un outil de compression des images au format JPEG sans perte de qualité : *http://sylvana.net/jpegcrop/jpegtran*. L'application va retirer l'ensemble des métadonnées présentes dans l'image.

Des techniques plus avancées sont expliquées sur cette page, *http://goo.gl/QG8F8* :

- postérisation des images ;
- suppression ou modification de la transparence ;
- masquage de zone, etc.

D'autres informations sont également disponibles ici : *http://goo.gl/E9NAo*. Enfin, pour les « Photoshopeurs », cette vidéo fait un tour d'horizon assez exhaustif des différentes possibilités disponibles à l'heure actuelle : *http://vimeo.com/5685903*.

Boostez votre référencement en boostant vos pages web !

En fin de compte, le principal avantage de la démarche d'optimisation du temps de chargement des pages est que les effets en sont permanents, résultant en un meilleur taux de conversion des visiteurs et une plus forte fidélisation de ces derniers. Nous aurions tendance à dire alors que vouloir développer son trafic sans définir, en amont, des politiques efficaces en termes de performance revient, pour ainsi dire, à vouloir remplir un panier percé.

Un peu de recul sur ce critère

Le temps de chargement des pages est-il réellement un critère de pertinence permettant d'améliorer ses classements dans les résultats de recherche de Google ? Pour être franc, nous n'avons aucun exemple, en 2016, d'un site web qui ait amélioré ses positionnements suite à la diminution de ce temps. Ce critère nous semble donc, pour l'instant, beaucoup plus important pour le confort de l'internaute que dans le cadre d'une stratégie purement SEO.

Ce qui est bon pour votre référencement sera donc bon pour vos visiteurs : deux bonnes raisons d'optimiser votre site en termes de « boost ».

Quelques liens intéressants sur le sujet

Nous vous conseillons ces quelques lectures pour approfondir le sujet :

- le site de Steve Souders : une référence absolue en matière d'optimisation de site web : *http://stevesouders.com* ;
- le blog français d'Éric Daspet qui, bien que parfois en sommeil, offre de nombreux articles intéressants : *http://performance.survol.fr.*
- Google a aussi publié un manuel complet sur tous les vecteurs d'optimisation possibles : *http://goo.gl/ipmAU* ainsi qu'un grand nombre de tutoriels : *http://code.google.com/speed/articles/* (dont l'optimisation du Web mobile, des gadgets, etc.).

Les frames

La technique des frames, ou cadres en français, a longtemps été très utilisée pour créer des sites web en plusieurs fenêtres indépendantes dans le navigateur. Même si elles sont quasiment abandonnées aujourd'hui, on trouve encore quelques sites qui font appel à cette technique.

Le site représenté à la figure 14-27 est un exemple de cette technique. Il est constitué de trois frames : A et B qui sont des frames de navigation et C qui est la frame de contenu (on voit son ascenseur spécifique à sa droite). Le tout est encapsulé dans une frame dite « mère » qui décrit la taille, l'emplacement et diverses informations sur ces trois frames « filles ».

De façon assez générale, les frames sont très souvent considérées comme un réel obstacle pour les moteurs de recherche, et donc pour le bon référencement d'un site qui prendrait en compte cette technique de subdivision de l'écran en différentes fenêtres indépendantes. Ce n'est qu'à moitié vrai : nous verrons plus loin que les frames peuvent même être utilisées pour obtenir un meilleur positionnement (même si elles sont fortement déconseillées par le W3C).

Figure 14-27

Exemple de site web créé avec des frames

Avant de voir comment les moteurs réagissent lorsqu'ils arrivent sur une page ainsi bâtie, il est nécessaire de dire deux mots de la réalisation de ce type de page en HTML. Imaginons une page web (page mère) qui aurait pour nom `frames.html` et dont le code HTML serait le suivant :

```
<frameset rows=20 %,80 %>
  <frame src="fh.html" name="haut">
  <frameset cols=*,2*>
    <frame src="fgb.html" name="gauchebas">
    <frame src="fdb.html" name="droitebas">
  </frameset>
  <noframes>
    Cette page a &eacute;t&eacute; r&eacute;alis&eacute;e avec des frames.
  </noframes>
</frameset>
```

La balise <frameset> … </frameset> permet de définir les cadres qui rempliront l'écran du navigateur et d'indiquer quels fichiers HTML (ici, fh.html, fgb.html et fdb.html) seront affichés à l'intérieur de ces cadres. Notez bien que le fichier frames.html, que nous appellerons fichier mère, sert uniquement à la description des zones de découpage de l'écran et ne contient aucune indication sur le texte ou les images qui y seront affichées.

Les fichiers fh.html, fgb.html et fdb.html, que nous appellerons fichiers filles, contiennent pour leur part les informations à afficher dans chaque partie d'écran. Le fichier mère frames.html décrit donc la façon dont les fichiers filles seront affichés sur l'écran (voir figure 14-28).

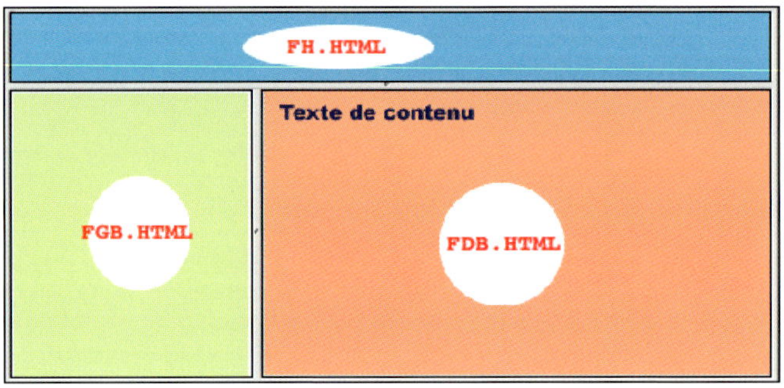

Figure 14-28

Représentation dans un navigateur du code HTML précédent

Mettons-nous maintenant à la place du spider du moteur de recherche qui, dans un premier temps, arrive sur une page de type mère. Il peut avoir trois réactions différentes.

1. Il ignore complètement la page web et ne l'indexe pas, car il a décidé (enfin, ses concepteurs ont décidé pour lui) de ne pas prendre en compte les pages avec frames. Ce type de cas n'existe quasiment plus aujourd'hui sur le Web (mais cela est arrivé par le passé, sur le moteur Excite, par exemple).
2. Le spider indexe uniquement la page mère et ignore délibérément les fichiers filles en ne suivant pas les liens présents dans les balises <frame>. Là encore, ce type de comportement est plutôt rare. De plus, il n'est pas cohérent puisque le « vrai » contenu se trouve dans les pages filles.
3. Le spider indexe les fichiers mère et filles, puis il les considère tous comme des pages web distinctes, sans rapport les unes avec les autres. Si un mot-clé est trouvé, par exemple, dans la page fdb.html, le moteur proposera un lien direct vers ce document et non pas vers la page mère frames.html. La page fille fdb.html s'affichera alors seule dans le navigateur. Le moteur n'a pas pu reconstituer le lien entre le fichier fille fdb.html et la page mère frames.html. Le contexte des frames est ainsi perdu. L'internaute, qui a cliqué sur un lien dans la page de résultats du moteur, se retrouve avec une page extraite de son contexte de cadres. Pour tout dire, c'est assez gênant

et, malheureusement, très courant sur les moteurs de recherche comme le montre la figure 14-29.

Figure 14-29

Exemple de page trouvée sur un moteur de recherche : la barre de navigation gauche d'un site web, soit une page fille faisant partie d'un environnement à frames et ayant perdu ses repères avec sa page de contenu et sa page mère.

La conclusion est simple, mais bien souvent irrémédiable : réfléchissez bien avant d'utiliser des frames dans vos pages. Et comme il existe de moins en moins de sites réalisés avec des frames (visualisez les 50 premiers sites mondiaux en termes d'audience et vous verrez vite qu'aucun n'utilise plus cette technique qui n'est, en outre, pas recommandée par le W3C), il y a peu de chances que les moteurs fassent quoi que ce soit pour mieux les prendre en compte à l'avenir.

Cependant, si votre site est ainsi réalisé, il existe des solutions qu'on pourrait qualifier de miraculeuses, grâce à la balise `<noframes>` et au JavaScript, pour faire en sorte que votre site, bien que réalisé avec des frames, soit bien pris en compte et correctement affiché par les moteurs de recherche.

Optimisation de la page mère

Plusieurs palliatifs peuvent atténuer le fait qu'un site est mal pris en compte lorsqu'il est bâti sur la base de frames : l'emploi, dans la page mère, de bons titres et de balises

<meta>, qui s'avèrent ici intéressantes (même si ces balises sont aujourd'hui moins bien prises en compte que par le passé par les moteurs majeurs, on pense que dans certains cas extrêmes, comme pour les sites contenant des cadres, elles peuvent avoir une utilité non négligeable), et l'utilisation de la balise <noframes> ... </noframes>, qui permet d'indiquer un texte, à l'origine destiné aux navigateurs n'acceptant pas cette fonctionnalité.

Soignez le texte que vous allez indiquer ici, car il y a de fortes chances, si le moteur ne prend pas en compte les balises meta, pour que seules ces lignes soient affichées dans la description du fichier mère sur la page de résultats du moteur. Si votre page a été réalisée avec le code suivant :

```
<noframes>
  Votre navigateur n'accepte pas les frames.
</noframes>
```

Voici ce qui s'affichera dans la page de résultats du moteur :

```
Chaussures de sport Stela
Votre navigateur n'accepte pas les frames.
http://www.stela.com/index.html
```

On peut rêver mieux comme description de document, non ? Soignez donc les textes introduits dans la balise <noframes> pour qu'ils décrivent parfaitement votre site et les pages en question !

Voici également une astuce qui devrait vous être d'un grand secours lors de la réalisation de vos pages : insérez un lien dans la balise <noframes> vers les documents filles qui affichent les liens de navigation internes à votre site.

Pour être plus explicite, reprenons la page de début, intitulée frames.html, et adaptons ce fichier à une entreprise fictive appelée Stela. Le code de cette page est le suivant :

```
<frameset rows=20 %,80 %>
  <frame src="fh.html" name="haut">
  <frameset cols=*,2*>
    <frame src="fgb.html" name="gauchebas">
    <frame src="fdb.html" name="droitebas">
  </frameset>
  <noframes>
    Cette page a &eacute;t&eacute; r&eacute;alis&eacute;e avec des frames.
  </noframes>
</frameset>
```

La balise <noframes> est alors remplie avec un texte de remplacement tout à fait commun. Modifions maintenant cette balise comme suit :

```
<noframes>
  <a href="fh.html">Stela</a>, sp&eacute;cialiste de la vente de <a href="fgb.html">
chaussures de sport</a>, bas&eacute; &agrave; <a href="fdb.html">Paris, France </
a>.<br />
</noframes>
```

Que se passe-t-il pour le robot qui, dans un grand nombre de cas, ne connaît que le contenu de cette balise `<noframes>` ? Il va indexer la description fournie (Stela, spécialiste [...] France), puis il va suivre les liens proposés vers les fichiers `fh.html`, `fgb.html` et `fdb.html`. Or, ces fichiers contiennent des liens vers les autres parties du site. Vous avez gagné : le spider va alors visiter les pages importantes de votre site et les indexer. En revanche, elles seront ensuite enregistrées et visualisées sans les frames sous la forme de fichiers filles, mais la situation est tout de même bien meilleure que précédemment, où votre site devenait souvent entièrement transparent pour le moteur de recherche.

Optimisation des pages filles

Il existe une façon de contourner le fait que les moteurs peuvent proposer un lien vers une page fille devenue orpheline, perdant ainsi le contexte de cadres. Dans le code HTML de chacun de ces fichiers filles (dans la balise `<head>`), insérez le code JavaScript suivant :

```
<script type="text/javascript">
  <!-
    // Test d'affichage sans l'environnement frames
    if (parent.frames.length==0)
    {
      parent.location.href="pagemere.html";
    };
    // -->
</script>
```

Ce code recrée obligatoirement l'environnement de la page avec des frames en rappelant la page mère. Ainsi, si un internaute tente d'afficher la page fille, ce code appelle la page mère et recrée l'environnement sous forme de cadres de la page. Vous avez gagné ! Indiquez, à la place du nom `pagemere.html`, le nom de la page mère (ici, `frames.html`, par exemple) correspondant à chaque page fille au sein desquelles vous allez insérer ce bout de code.

Du travail en plus...

Ce travail – auquel vous n'aviez pas forcément pensé – peut s'avérer considérable si vous avez de très nombreuses pages filles à modifier. Il sera toutefois nécessaire si vous désirez que votre site réalisé avec des frames soit bien référencé. Un conseil : à la prochaine refonte de votre site, abandonnez les frames !

Enfin, n'oubliez pas de donner un titre explicite à toutes vos pages filles ainsi qu'aux autres documents qui seront indexés par le spider, car cela constituera une zone de mots-clés importante. De même, insérez des balises `meta` spécifiques (au moins des balises `meta` `description`) à chacune des pages filles, puisqu'elles seront traitées comme des pages à part entière par les moteurs. En définitive, traitez les pages filles exactement comme si elles n'étaient pas des parties de frames mais de simples pages HTML. Là aussi, cela peut représenter beaucoup de travail.

Si vous ne voulez (pouvez) pas insérer le code JavaScript de reconstitution de l'environnement sous forme de cadres, et si vous voulez éviter que les pages filles soient indexées par les moteurs (seules seraient prises en compte, dans ce cas, les pages mères), il vous faudra insérer des balises meta `name="robots"` et `content="none"` dans chacun de ces documents. Voir le chapitre 16 à ce sujet. Cependant, ce serait dommage de ne pas vouloir indexer vos contenus textuels qui se trouvent le plus souvent dans vos pages filles.

Frames et iframes : même combat

Si votre site utilise des iframes (intégration de contenu dans des « embed », exactement comme quand vous intégrez une vidéo YouTube sur votre site), la situation est strictement identique à celles des frames. Les solutions sont également les mêmes, notamment le code JavaScript à rajouter à la page affichée dans l'iframe afin que la « page mère » soit affichée si on essaie d'ouvrir ce contenu « framé ».

Voici également un petit test effectué sur les iframes pour vérifier comment Google les prend en compte : *http://blog.axe-net.fr/iframe-et-indexation-test-seo/*.

Conclusion

Comme on a pu le voir au cours de ce chapitre, le SEO peut vite devenir assez technique si on veut aller plus loin dans l'optimisation de son site et de ses pages web. Mais rien ne vous empêche de sous-traiter tous ces aspects en gardant pour vous la vision stratégique globale de votre projet. Par ailleurs, il existe de nombreux points pouvant potentiellement freiner le référencement d'un site web par les moteurs de recherche s'ils sont mal implémentés. Pourtant, en 2016, les critères réellement bloquants sont rares car il existe quasiment toujours des solutions aux problèmes éventuellement rencontrés. Encore faut-il, bien sûr, les mettre en œuvre, ce qui peut représenter du temps et/ou de l'argent si ces procédures ne sont pas internalisées.

Il s'agit encore ici d'un argument pour la prise en compte du référencement à la base, au départ du projet de création ou de refonte de site web : plus les options technologiques seront compatibles avec les moteurs de recherche, moins le travail à faire par la suite sera important et onéreux. Gardez-le toujours à l'esprit !

15

Spam et pénalités, Panda et Penguin

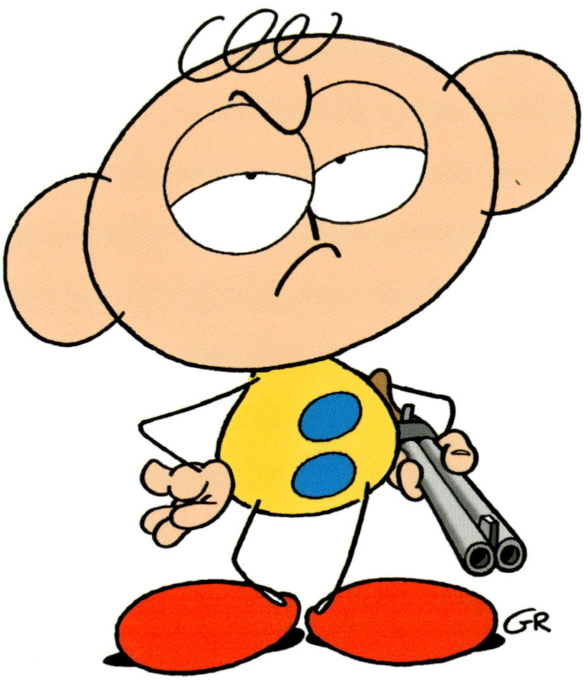

« Il n'est pas de punition plus terrible que le travail inutile et sans espoir. »
Albert Camus

Après les aspects techniques liés au référencement, il n'est pas négligeable de passer en revue un certain nombre de pénalités que les moteurs de recherche, et notamment Google, infligent aux sites qu'ils estiment fraudeurs, car cela a bien sûr un grande implication dans leur référencement. Et cela aura également une incidence dans l'optimisation du délai d'indexation que nous étudierons par la suite dans ce même chapitre.

Une attitude intéressante à avoir, lorsqu'on désire améliorer son propre référencement, est de se mettre parfois à la place des moteurs de recherche afin de comprendre leur fonctionnement, ce qui permet de s'adapter plus facilement à leurs contraintes. Cela est certainement tout à fait vrai en ce qui concerne la détection du spam (ou spamdexing : fraude sur l'index des moteurs).

En effet, les moteurs de recherche font quotidiennement face à des milliers de webmasters de par le monde qui optimisent, voire « suroptimisent » leurs pages de façon plus ou moins *borderline*. Sachant qu'en fait toute optimisation peut être assimilable à du spam, selon le degré d'optimisation mis en place au regard des règles internes de chaque moteur, qui sont parfois bien difficiles à appréhender, il faut bien le dire.

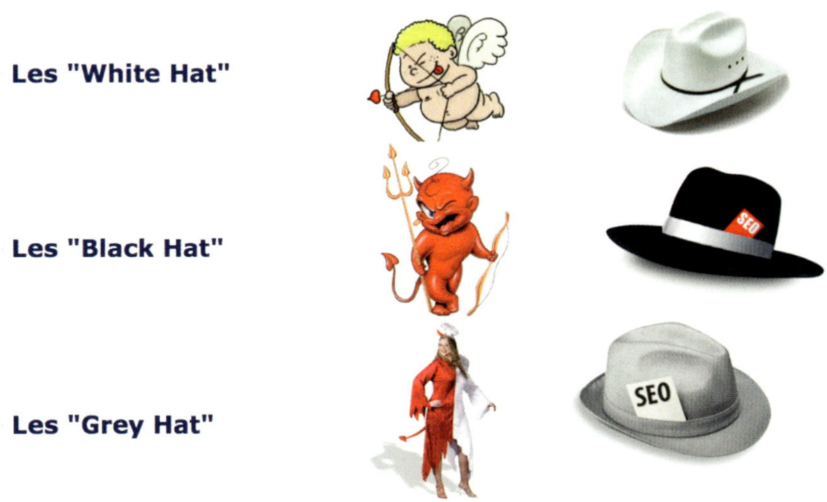

Figure 15-1

Trois catégories de SEO se partagent le « milieu »…

Le monde du SEO se subdivise donc en trois profils.

- Le « white hat » suit religieusement les recommandations du « Dieu Google » et s'interdit absolument toute manœuvre frauduleuse. Il est blanc comme neige !

- Le « black hat » fait tout le contraire : dès qu'une stratégie de contournement et de manipulation des SERP est imaginée, il la teste et la met en place si elle s'avère payante. Pas de scrupules à avoir : Google est l'ennemi et avant tout une source de revenus importante !
- Le « grey hat » (et les « 50 nuances de grey » qui vont avec :-)) sera plus tempéré, plus modéré : il se base sur des méthodes « white » mais peut parfois griser ses stratégies si cela ne suffit pas. Tout dépendra, effectivement, de la nuance, entre gris clair et gris foncé, qu'il appliquera à ses méthodes, pour savoir s'il côtoie ou non la ligne jaune...

Quelques pistes de réflexion au sujet des pénalités

Voici donc quelques pistes que les moteurs de recherche pourraient explorer, ou explorent déjà, afin de détecter les sites suroptimisés et d'améliorer la qualité de leurs données. Il est important de noter que, bien entendu, tous les moteurs font face sans exception à ce « fléau » du spamdexing et des « black hat ».

Google profile-t-il les référenceurs ?

Selon le site Outspoken Media (*http://goo.gl/vEpplw*), Google « profilerait » les sociétés de référencement en fonction du danger potentiel qu'elles représentent. Rien ne dit cependant que ce soit le cas dans la réalité... Lire également à ce sujet :

- *http://goo.gl/ntZRR*
- *http://goo.gl/grQhB*
- *http://goo.gl/oJCwa*

La délation

Il ne faut pas s'y tromper : l'une des principales sources de détection du spamdexing par Google est certainement son formulaire de Spam Report, représenté figure 15-2, permettant de dénoncer au moteur toute pratique considérée comme frauduleuse (*http://goo.gl/T9PCT*).

C'est bien pour cela qu'il est totalement vain de tenter de frauder et de contourner les moteurs de recherche aujourd'hui. Si vous arrivez à être plus malin que les algorithmes des moteurs (et on ne voit pas pourquoi vous n'y arriveriez pas, ce n'est pas si compliqué...), il y aura toujours quelqu'un sur le Web (et notamment vos concurrents) qui s'en apercevront (ce n'est pas beaucoup plus compliqué...) et qui vous dénonceront. Et ce jour-là, vous vous en mordrez les doigts… ou plutôt le clavier (ou la souris, au choix).

Il y a tellement de choses à faire de façon honnête, loyale et pérenne que ce serait quand même dommage de voir votre site pénalisé, parfois à long terme. Réfléchissez-y avant de vous lancer dans des stratégies douteuses.

Figure 15-2

Formulaire de Spam Report sur le site de Google

Paul Sanches : pourquoi être « black hat » en 2014 ?

Paul Sanches est une figure très connue du milieu « black hat », notamment depuis qu'il intervient dans de nombreuses conférences à ce sujet. Dans le cadre de la lettre professionnelle « Recherche et Référencement » du site Abondance.com, nous lui avons donc posé quelques questions pour mieux comprendre son métier, les méthodes black hat qu'il utilise et, plus généralement, la vision qu'il a de son quotidien et du domaine parfois controversé du spam aux moteurs de recherche... Voici ses réponses, que nous reprenons ici avec son autorisation.

Figure 15-3

Paul Sanches, expert black hat

Bonjour Paul, peux-tu te présenter en quelques mots ? Quel est ton parcours ?

Mon parcours est le suivant : tout d'abord à la faculté, en psychologie du travail. J'ai ensuite découvert le Web grâce à un professeur qui nous avait demandé de faire un site web sur la psychologie, je n'y connaissais rien du tout en Web ni en HTML. J'ai découvert ce dernier, ainsi que Frontpage et Paint Shop Pro, etc. J'ai obtenu la meilleure note du TD :D.

Puis, de fil en aiguille, j'ai commencé à faire des sites web en SPIP pour des ONG comme coordination-sud.org ou le cidr.org.

Je me suis intéressé au référencement bien plus tard, en 1998, j'avais acheté ton livre sur le référencement mais je n'ai pas poussé plus loin à ce moment-là.

C'est avec les concours que j'ai commencé à réellement m'intéresser au référencement. Le premier auquel j'ai participé s'intitulait « tiger l'osmose », d'où le pseudo Tiger que j'ai pris pour aller spammer le forum seosphere.com.

J'ai donc découvert le netlinking et le webspam grâce aux concours SEO :-).

Je me suis passionné pour ces concours, j'ai participé à nombre d'entre eux, j'ai affiné mes connaissances en référencement et c'est naturellement que cette passion s'est transformée en métier par la suite.

En quoi consistent tes principales prestations en termes de SEO ?

Je gère deux sociétés, Impact Seo et Seo Hackers (avec mon associé Mathieu Gheerbrant). Je diversifie mon activité avec, à la fois de l'édition de sites web, de la prestation en référencement pour tous types de clients, de la PME aux grands comptes.

Pour les prestations SEO, on vient me voir essentiellement pour du linkbuilding, et parfois pour du consulting/audit. Selon la demande du client, je fais du white ou du black hat. Je propose également des formations au référencement, des formations individuelles ou des formations en groupe avec le SEO High Level.

Je gère aussi l'e-réputation de certaines sociétés ou individus qui n'ont plus d'autres recours que de faire appel à des « nettoyeurs ».

Et pour finir, je vends des outils comme *http://seohackers.org/* ou *http://wpgosocial.com/*.

Tu es clairement considéré comme faisant partie du domaine « black hat ». Quelle est ta définition du « black hat » ?

Le black hat SEO est selon moi un besoin irrépressible de détourner les choses, de jouer avec l'interdit. Google nous dit que telle ou telle pratique est interdite, alors justement nous allons l'exploiter. Je pense que les black hat ont ce trait en commun d'avoir besoin de braver l'interdit, ce doit être lié à notre enfance/adolescence : D.

Le « black hat » est une mode ? un état d'esprit ? une rebellion ? un business ? autre chose ?

Oui, ça peut-être tout ça. Quand j'ai lancé mon blog (*http://www.seoblackout.com*), je n'avais pas conscience de l'ampleur que prendrait ce mot au fil des années. Mon but premier était le partage. Mais depuis, le black hat est devenu un vrai business.

Pour moi, le plus important c'est d'avancer, d'être toujours en alerte. Notre métier est passionnant pour ça, on découvre toujours de nouvelles stratégies.

J'ai longtemps prôné que le black hat SEO est avant tout un état d'esprit mais c'est prétentieux, car cette notion n'est pas réservée aux black hat. La curiosité, la créativité et l'ingéniosité ne sont pas l'apanage des black hats. Ce qui fait leur spécificité, c'est le non-respect volontaire des guidelines de Google. Si ce dernier ne veut pas qu'on fasse des liens, c'est qu'il y a une bonne raison, non ?

Existe-t-il plusieurs visions du « black hat » selon toi ?

Oui bien sûr, il y a les hackers qui injectent des liens, les « blasters » qui envoient des milliers de liens avec des softs comme xrumer, les grey hats, les passionnés de negative seo… Personnellement, je suis dans une vision plutôt qualitative et protectrice du money site. Je n'aime pas, par exemple, envoyer des milliers de liens alors que je peux obtenir des résultats similaires avec une meilleure sélection des liens au départ, mais je respecte toutes les stratégies.

Quelle est ta vision de Google ? Comment considères-tu ce moteur de recherche ? Evil or angel ?

Google me donne à manger :) mais je ne le considère pas comme un partenaire, il nous exploite alors je l'exploite. J'aimais la mentalité de Google à l'origine, au même titre que la plupart des utilisateurs. Maintenant que cette entreprise domine le monde et fait ce qu'elle nous interdit de faire, je la vois uniquement comme une source de revenus pour mes clients comme pour moi.

Selon toi, est-il possible pour une entreprise ayant pignon sur rue d'appliquer des méthodes « black hat » ?

Oui avec des précautions évidentes à cause des concurrents ou des fouineurs à la recherche de scoop plutôt que de Google lui-même. J'ai travaillé pour de grosses sociétés en direct ou en sous-marin avec une agence de référencement comme intermédiaire.

Le principal besoin de ces sociétés, quand elles font appel à quelqu'un comme moi, c'est de pouvoir aller vite. Elles ont tout pour être bien positionnées mais pour bouger une virgule sur un site ou ajouter un lien sur le site PR8 de la maison mère, il faut compter six mois minimum. Alors le levier le plus rapide, c'est de partir sur une stratégie de linkbuilding.

Par exemple, lors de la sortie d'un nouveau produit comme l'iPhone 5, il faut être dans le top 3 rapidement. Idem pour gérer l'urgence, quand un problème d'e-réputation surgit, ces entreprises ont besoin de réactivité. Nos techniques les leur apportent...

Quelles sont les méthodes qui marchent le mieux aujourd'hui en BH ?

Deux approches totalement opposées fonctionnent très bien : le spam massif et soudain, de l'autre côté, le spam régulier et diffus. Le tout enrobé d'une couche intelligente pour protéger le *money site* (site principal et rémunérateur).

Selon toi, Google est-il dépassé par le spam aujourd'hui et/ou arrivera-t-il un jour à le combattre de façon efficace ?

Tant que Google accordera autant d'importance aux liens alors non, il ne pourra pas combattre le webspam. En revanche, il lui suffirait de donner une valeur nulle et non négative à un lien pour anéantir la plupart des actions de netlinking black hat.

Les algorithmes de Google se modifient souvent. Comment fais-tu ta veille ?

J'ai un compte Twitter qui me permet de suivre les évolutions du moteur, cela ne suffit pas pour être proactif. Pour pouvoir anticiper, rien ne vaut les tests, l'expérience et les discussions avec les amis SEO.

Panda, Penguin et compagnie : réels filtres de nettoyage ou vaste fumisterie selon toi ?

Réels filtres, mes collègues et moi avons été impactés majoritairement par la dernière mise à jour du 22 mai 2013. Celle-ci a été beaucoup plus fine que les précédentes, ce qui fait qu'elle a été beaucoup plus simple à analyser et donc à combattre.

As-tu conscience de prendre des places dans les SERP à des sites qui désirent travailler « proprement » ? Est-ce que cela te pose problème ?

Non je ne considère pas prendre la place de qui que ce soit, nous avons le même terrain de jeu, chacun l'occupe avec ses armes. Travailler proprement son référencement ne veut rien dire pour moi. Est-ce qu'acheter 5 000 articles à des Malgaches pour donner à manger à Googlebot est un travail propre ? Est-ce qu'acheter des liens est respectueux des guidelines ? Pourtant la plupart des « gros » achètent et vendent du lien !

Tu co-organises des formations « High Level ». Peux-tu nous en dire plus sur leur contenu ? À qui s'adressent-elles ?

Oui, j'organise une formation SEO High Level (*http://www.seohighlevel.com/*) avec Kévin Richard. Elle a pour essence le partage d'expériences, et est avant tout une formation pratique où chaque intervenant communique sur ses stratégies, son expérience, ses réussites comme ses échecs.

Le but est d'en ressortir avec des stratégies concrètes pour générer du trafic, être plus visible que les concurrents et éviter les filtres Google.

Ce n'est pas une formation Black Hat contrairement à ce qu'on pourrait penser, nous présentons toutes les techniques avec ce qu'elles impliquent : coûts/bénéfices/risques. Chacun peut ainsi décider de la voie qu'il souhaite suivre en connaissance de cause.

Les profils des participants sont pour la plupart des référenceurs en agence de référencement, in-house et indépendants.

Peut-on être autre chose qu'autodidacte dans ce domaine ?

On peut se former seul ou suivre une formation pour aller plus vite, mais il n'existe pas d'école :-) – tout comme il n'existe que très peu de formations universitaires ou écoles proposant du référencement classique.

Pour s'autoformer, il faut selon moi :

- lire les blogs BH SEO FR et US ;
- lire les forums BH SEO FR et US ;
- discuter avec des SEO, plusieurs canaux : se rendre à des événements SEO, Forums et Twitter pour sympathiser avec des SEO ;
- lancer des sites ;

- imiter les autres ;
- améliorer ;
- tester par soi-même.

Certains black hats n'acceptent pas le terme de « spammeur ». Qu'en est-il pour toi ?

Oui, je suis un linkbuilder qui spamme.

Depuis quelques mois, tu interviens souvent dans des conférences (SEO Campus, etc.). Pourquoi étais-tu moins « visible » auparavant ? Préférais-tu être discret ? ou te demandait-on de ne pas intervenir ? ou est-ce une stratégie de conquête de prospects que de faire ces conférences ?

Depuis quelques années tu veux dire, la première fois que j'ai pris la parole en public pour parler de black hat SEO, c'était aux SMX de Paris en 2010. J'ai ensuite enchaîné les SEO Campus et d'autres événements. Avant cette première prise de parole, je préférais effectivement rester totalement anonyme.

Un jour, un ami SEO m'a dit que je devrais « brander Paul Sanches ». Après réflexion, j'ai suivi son conseil en commençant à intervenir dans des conférences SEO.

Bien sûr qu'il est important de rester visible, et que c'est bon pour mon « branding », d'être interviewé ici par le *number one*, le papa du SEO FR :-) (NDLR : ça change du « pape » ou du « papy » :-D).

Ça fait toujours du client potentiel, ça permet de choisir ses clients, d'élargir son cercle de contacts, cela évite de devoir prospecter, de devoir faire une landing page pour présenter mes services et puis c'est bon pour mon ego, c'est mon côté « j'aurais voulu être un artiste ». :D

Le mot de la fin ? Une question que j'aurais oubliée ?

Merci de m'avoir invité pour cette interview Olivier, et je voudrais ajouter un mot sur le black hat SEO. J'ai des sites sur lesquels je ne fais pas d'actions de black hat et d'autres où je « mets la gomme ». Si je prends l'exemple d'un site où je ne fais pas de black hat, celui-ci génère 300 à 400 visiteurs par jour dans la thématique de la grossesse. Le site a plus de 150 articles écrits par une maman traitant la plupart des sujets de la thématique. Il a un design plutôt sympathique et une architecture pas trop mal optimisée, des aspects sociaux développés… Si j'appliquais à ce site des techniques black hat, je pourrais générer beaucoup plus de trafic et beaucoup plus rapidement. Je pourrais par exemple passer de 300 à 400 visiteurs uniques/jour à 1 500, mais je prendrais le risque de me prendre un « Penguin » et donc de voir mon trafic chuter de 40 à 50 et de repasser à 800 visiteurs/jour… ce qui resterait supérieur à mon trafic actuel, tu vois où je veux en venir ? Pourquoi je ne le fais pas ? Je me pose la question justement ! :D

Les pénalités infligées par Google

Depuis que Google existe, ce moteur de recherche pénalise, comme la plupart de ses confrères, les sites web qui tentent de le « spamindexer », ou, en d'autres termes, de contourner ses algorithmes de pertinence pour tenter, grâce à de nombreuses techniques prohibées, de mieux se positionner dans ses pages de résultats.

Au fil du temps, Google a mis en place une panoplie assez complète de pénalités, parfois *soft*, mais également parfois très dures (comme la liste noire) selon la gravité estimée de la faute commise.

Nous allons essayer, dans ce chapitre, de répertorier les différentes pénalités imaginées par les ingénieurs de Google, sachant qu'il est complexe d'en parler avec exactitude puisque Google n'a que très rarement communiqué sur ce point. La plupart des informations proposées ici sont donc issues de notre expérience, de tests empiriques, de discussions dans des forums, d'avis d'experts, etc.

Sachez cependant que le contenu ci-après a été transmis à Google et lu par les équipes qui gèrent ces pénalités. Nous n'avons pas eu de retour détaillé de leur part sur son contenu, nous en conclurons donc qu'il n'y a pas d'erreur monumentale dans les indications qui suivent, car, dans ce cas, nos correspondants auraient certainement jugé utile de nous en faire part...

Il n'en reste pas moins vrai qu'il est intéressant de comprendre comment fonctionne la « Spam Brigade » de Google et de bien comprendre que la seule façon de ne jamais avoir affaire à elle est bien de concevoir un site web pour les internautes, optimisé pour les moteurs de recherche, mais sans chercher à aller trop loin. Toute velléité de « suroptimisation » est donc risquée. N'oubliez pas que, même si vos techniques un peu *borderline* échappent aux ingénieurs de Google (qui ont beaucoup de choses à faire et de sites à vérifier), vos concurrents risquent, eux de s'en apercevoir et se feront un plaisir de vous dénoncer auprès du moteur sur son formulaire de Spam Report. Un webmaster averti en vaut toujours deux...

Techniques à ne pas employer

Il est tout d'abord important de comprendre quelles techniques d'optimisation sont à éviter pour ne pas avoir à subir les foudres des moteurs de recherche. En voici quelques-unes :

- pages satellites (alias, fantômes, *doorway pages*, etc. : pages conçues spécialement pour les moteurs de recherche et contenant une redirection automatique vers le site « réel ») ;
- *cloaking* (action de fournir des documents différents à un internaute et à un spider par détection automatique de ces derniers) ;
- *keyword stuffing* (répétition non naturelle de mots-clés à l'intérieur d'une page) ;
- contenu textuel et/ou liens cachés au sein du code HTML d'une page à des fins de référencement ;
- ajout dans une page, d'une façon ou d'une autre, de contenu n'ayant pas de rapport direct avec celui qui apparaît de façon visible dans la page ;
- redirection frauduleuse.

En règle générale, n'essayez pas de jouer « aux gendarmes et aux voleurs » avec les moteurs de recherche et relisez bien cette page intitulée *Conseils aux webmasters* sur l'aide en ligne de Google : *http://goo.gl/yKCGx*.

Le moteur de recherche leader propose également un guide intitulé *Optimisez vos contenus – Guide pour les éditeurs de sites web* (*http://goo.gl/oAlVF*), 22 pages que vous pouvez étudier avec intérêt. À lire également, *Guide de démarrage Google – Optimisation pour les moteurs de recherche* (32 pages). Retrouvez ces documents indispensables à l'adresse : *http://goo.gl/0WZeJ*. Fondamentaux pour obtenir les bases du référencement et apprendre les règles à ne pas transgresser. Et l'information vient ici directement de la source Google...

Bref, il existe quelques « règles d'or » à suivre pour éviter tout problème de pénalité sur les moteurs de recherche.

1. On ne cache rien (ce que l'internaute voit, le moteur le voit et *vice versa*).
2. Un site web est avant tout fait pour les internautes.
3. Une optimisation de qualité pour les moteurs (balises HTML, texte, liens, etc.) fournit rapidement une bonne visibilité à un contenu de qualité.
4. Il est important de veiller à la bonne indexabilité de son site par les spiders (navigation, liens *spider friendly*, fichier Sitemap, etc.).

Si vous suivez ces quelques conseils, vous ne devriez pas avoir de réels soucis avec les équipes de lutte contre le spam qui officient au sein des moteurs. En outre, il existe une expression magique à se rappeler au quotidien dans le SEO pour ne pas aller trop lion : **le bon sens** ! Gardez-le toujours à l'esprit. Cependant, il se peut que, même sans le faire exprès (ceci dit, quand on est pénalisé, on sait la plupart du temps pourquoi), vous passiez, à un moment ou à un autre, de l'autre côté de la frontière. Voici à quelle sauce vous risquez alors d'être mangé...

Pénalité numéro 1 – Le mythe de la sandbox

La sandbox ou « bac à sable » est une pénalité dont on a beaucoup parlé il y a quelques années de cela, notamment à partir de 2004, mais qui semble moins d'actualité aujourd'hui. Il semblerait qu'elle frappe certains sites au moment où Google les découvre et estime que « quelque chose ne va pas » au niveau de l'analyse de ses liens entrants.

Par exemple, Google identifie, lors de sa première visite du site, le fait que ce dernier a déjà obtenu de très nombreux liens entrants (backlinks), ou de nombreux liens entrants depuis des sites distants, chaque fois avec le même « texte d'ancre » (notion de réputation), etc. Google mène d'importants travaux sur la « courbe de vie d'un site ». Il horodate toutes les informations qu'il acquiert et, lorsqu'il découvre une nouvelle source d'informations, il compare notamment sa structure et la situation constatée en termes de liens entrants par rapport à la moyenne de celle d'un site qui vient de sortir. Si les courbes et indices ne concordent pas, il peut y avoir manipulation.

Certains sites qui auraient trop « forcé la dose » dès leur lancement en termes de popularité et de réputation se seraient donc vus, par le passé, « mis en quarantaine dans la sandbox ». Résultat : aucune possibilité de sortir en bonne position sur une quelconque requête pendant plusieurs semaines (*a priori* de 1 à 12 selon les chiffres le plus souvent constatés). Le site est bien là, il est bien « référencé », mais jamais positionné. Puis, un jour, sa pénalité est terminée, il sort du « bac à sable », sa période de quarantaine est terminée, et il se classe tout de suite mieux... Il semblerait que la sandbox touche, dans ce cas, toutes les pages d'un même site.

Cependant, on entend beaucoup moins parler de ce phénomène depuis quelque temps. Google l'a-t-il abandonné ou remplacé par un autre système de pénalité ? Nul ne le sait...

Mais il est sûr que ce phénomène a traumatisé plus d'un webmaster qui se voyaient parfois « sandboxés » tous les matins, créant une réelle psychose sur le Web pendant de nombreux mois. D'ailleurs nombreux sont ceux qui, à l'heure actuelle, voient encore des sandbox partout... Traumatisme profond ?

Pour en savoir plus sur la sandbox

Voici quelques articles qui devraient vous en dire plus, en français et en anglais, sur le phénomène de « sandbox » :

- *Google et l'effet "Sandbox"* d'Olivier Duffez (*http://goo.gl/kQ3nf*).
- *Analyse de la Sandbox* (traduction française) (*http://goo.gl/qakN9*).

Pénalité numéro 2 – Le déclassement

Parfois, pour un site donné mais le plus souvent pour une requête donnée, un site web perd, du jour au lendemain, plusieurs (et parfois de très nombreuses) places dans les résultats du moteur. Ces pénalités sont connues sous le nom de « minus 30 », « minus 60 » ou « Position 6 penalty » pour l'une d'entre elles, apparue en 2008 (*http://goo.gl/QTX9L*).

Ainsi, une page web sera « déclassée » pour une requête spécifique, par exemple « britney spears », et disparaîtra en quelques heures des premières pages de résultats pour ces mots-clés alors qu'elle reste toujours bien placée pour des requêtes utilisant la syntaxe « allintext:birtney spears » ou « allintitle:britney spears ». Cela semble prouver qu'un site web, voire une page web, serait pénalisée par Google pour une requête bien particulière.

Selon la pénalité, la perte en termes de positions peut être minime (Position 6 penalty : le site passe de la 1re à la 6e place, ce qui le fait passer « en dessous de la ligne de flottaison », affectant donc de façon forte le trafic généré) ou plus importante (minus 30 : perte de 30 places ou plus). Une pénalité « minus 950 » a même été évoquée un temps sur certains forums... En même temps, à partir du moment où on sort de la première page de résultats, la visibilité tend vers le néant. Rappelez-vous l'adage : « Si vous voulez cacher un cadavre, planquez-le en page 2 de Google, personne ne le trouvera jamais... »

Là encore, un silence de cathédrale nous revient de la part de Google lorsque ces pénalités sont évoquées (ce qui n'est pas illogique, notez-le bien). Difficile donc de faire la part des choses entre mythe et réalité... Mais il semblerait bien que ces pénalités punissent une suroptimisation des pages du site (*keyword stuffing*, texte et liens cachés, etc.) et ne touchent que certaines pages d'un site et pas les autres.

Matt Cutts et les pénalités Google

Matt Cutts est le « porte-parole référencement » chez Google et son blog personnel est très lu. Voici quelques posts où il parle des pénalités infligées par Google à certains sites :

- *Alerting Site Owners to Problems* : *http://goo.gl/XfDvG* ;
- *Confirming a Penalty* : *http://goo.gl/Rv9ON* ;
- *Notifying Webmasters of Penalties* : *http://goo.gl/NdZLU* ;

- Nouvelles vidéos de Matt Cutts sur le spam et les pénalités manuelles : *http://goo.gl/G0gkfW* ;
- *Matt Cutts et les erreurs commises avec l'outil de désaveu de liens : http://goo.gl/MPYXrM*
- *Vidéos Matt Cutts – Lutte contre les liens spammy et pénalités : http://goo.gl/uvqdZz ;*
- *Quand Matt Cutts parle des pénalités appliquées à un site... : http://goo.gl/U8jSNn ;*
- *Matt Cutts et les actions manuelles pour pénaliser un site : http://goo.gl/lbDts1 ;*
- *90 % des messages envoyés aux webmasters concernent le black hat : http://goo.gl/1AfU6L ;*
- *Attention au rachat de noms de domaine spammés : http://goo.gl/Ku5hYR ;*
- *Matt Cutts et les réseaux de liens : http://goo.gl/1LTqPn ;*
- *Matt Cutts et les liens internes à texte d'ancre similaire : http://goo.gl/8IktE2 ;*
- *Ne mettez pas en ligne trop de pages à la fois : http://goo.gl/asehB3 ;*
- *5 erreurs fondamentales en SEO selon Matt Cutts : http://goo.gl/by49kx ;*
- *Netlinking : Matt Cutts donne son point de vue : http://goo.gl/iDDelC.*

Comme vous pouvez le voir, Matt Cutts communique beaucoup :-) même si ses interventions sont souvent frustrantes par manque d'informations précises. Nous ne vous proposons ici qu'une petite partie des vidéos et informations qu'il propose sur le Web. N'hésitez pas à taper son nom dans le moteur de recherche interne du site abondance.com (*http://goo.gl/wnfgtX*), vous y découvrirez de nombreux autres liens intéressants...

Pénalité numéro 3 – La baisse de PageRank dans la Google Toolbar

Google peut également utiliser, notamment lors d'une campagne de communication contre la vente de liens *(paid linking)*, une pénalité consistant à faire baisser, dans la barre d'outils qu'il propose (Google Toolbar), la valeur du PageRank affiché, sans que cela affecte, *a priori*, le positionnement du site dans ses résultats sur les requêtes saisies par les internautes.

Cette pratique a fait couler beaucoup d'encre (virtuelle), aussi nous n'y reviendrons pas plus en détail, d'autant plus que les effets n'en sont pas réellement dévastateurs pour le trafic généré. Disons qu'il s'agit plus là d'un « avertissement » clairement destiné aux webmasters s'intéressant au référencement, mise en garde qui permet de véhiculer une communication institutionnelle sur les blogs et les forums spécialisés et d'alimenter le buzz !

Pénalité numéro 4 – La liste noire

On rentre ici dans la pénalité la plus « dure » avec la « blacklist » ou « liste noire ». Pour savoir si vous y avez plongé (malheur à vous !), le plus simple est d'utiliser une requête avec la syntaxe « site:www.votresite.com ». Si Google ne renvoie aucun résultat alors qu'auparavant ce n'était pas le cas, il y a effectivement de fortes chances pour que votre site soit blacklisté et que vous l'ayez bien cherché...

Que faire si vous êtes pénalisé ?

Deux points sont importants en ce qui concerne les pénalités infligées par les moteurs de recherche en général et Google en particulier.

- Si des « alertes » sont envoyées par des outils automatisés ou *via* le formulaire de Spam Report, les équipes de Search Quality de Google effectuent la plupart des pénalisations à la main, après vérification de la fraude éventuelle. Mais certaines pénalités sont également infligées de façon automatique, à l'aide d'algorithmes luttant contre le spam. Si vous recevez un message dans le centre de correspondance des Webmaster Tools (figure 15-4), c'est que la pénalité infligée à votre site est manuelle (figures 15-5 et 15-6). Google en dit plus à ce sujet ici : *http://goo.gl/1moE4*. La zone « Trafic de recherche>Actions manuelles » vous en livrera également plus sur ladite pénalité. Dans le cas contraire, elle est automatique.
- Dans 9 cas sur 10, lorsqu'un site est déclassé, mis en sandbox ou blacklisté, son webmaster sait pourquoi sans que Google ait à le lui expliquer. Reste 1 cas sur 10 qui est de temps en temps assez incompréhensible et parfois même jamais expliqué.

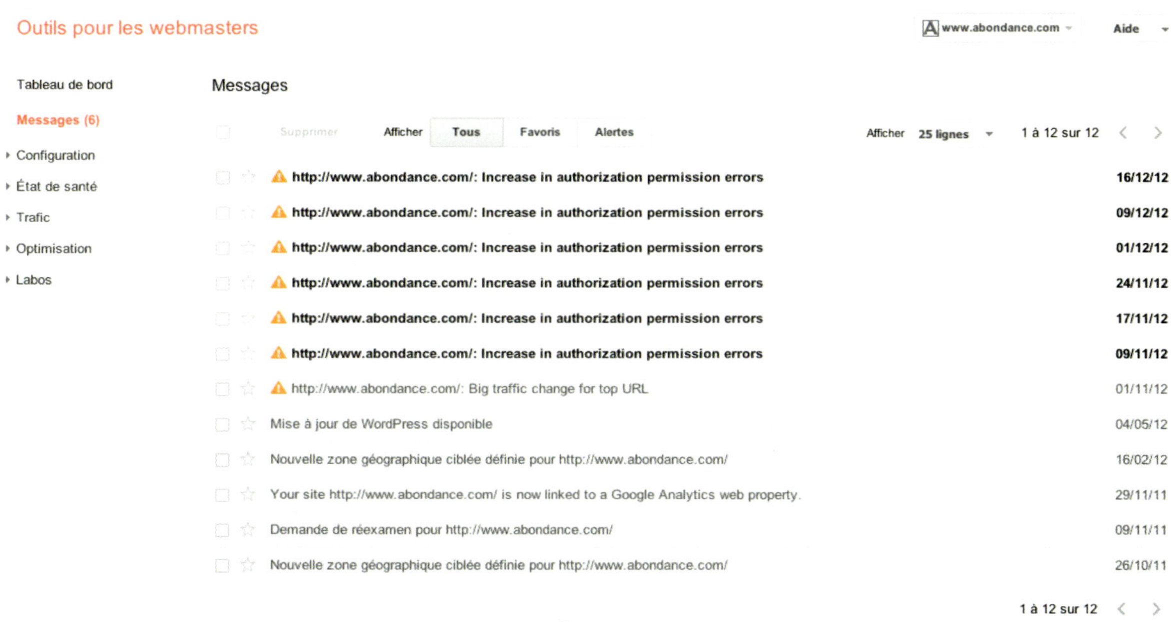

Figure 15-4

Centre de correspondance dans les Webmaster Tools, permettant à Google d'alerter les propriétaires de sites sur des points plus ou moins importants.

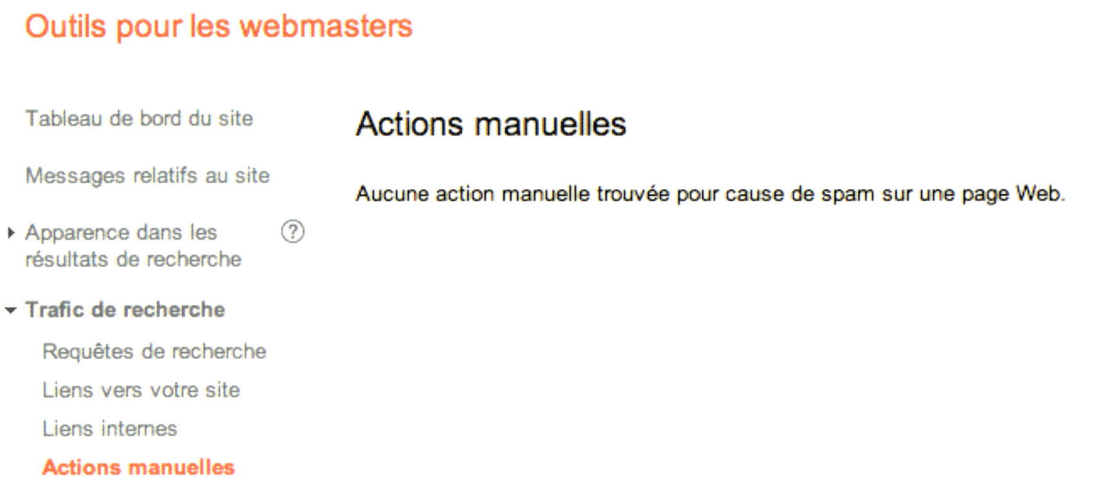

Figure 15-5

Le message dans la zone « Actions manuelles » des Webmaster Tools indique qu'aucune pénalité manuelle n'a été infligée à votre site.

Figure 15-6

Pénalité manuelle pour liens de faible qualité

Il existe également un formulaire dit « de reconsidération » pour que votre site soit revu par les équipes de Google après avoir corrigé d'éventuels problèmes (*http://goo.gl/mMRwg*). La situation devrait alors s'améliorer rapidement par la suite. Tout du moins, nous l'espérons pour vous. Notez que vous recevez maintenant une notification dans le Message Center lorsque la demande de reconsidération de votre site a été prise en compte (*http://goo.gl/rZyom*).

Mise en liste noire

C'est évidemment un cas radical et, surtout, très rare, quoi qu'en pensent certains. En effet, on voit souvent apparaître dans les forums de discussion de nombreuses questions sur la mise en liste noire de sites web. Des webmasters paniqués ne retrouvent plus leur site dans les résultats des moteurs de recherche et se posent des tas de questions sur la procédure à suivre dans ce cas.

Nous allons essayer d'expliquer dans les pages suivantes ce qu'il faut faire lorsqu'une telle situation se produit. On s'apercevra rapidement que, dans de nombreux cas, la solution est évidente et que le terme « blacklistage » est le plus souvent bien exagéré et le fruit d'un vent de panique passager. Mais tentons tout d'abord de récapituler les étapes de façon chronologique.

Étape 1 – Respirez un grand coup…

Dans un premier temps, imaginons donc que vous testiez, un beau matin, la présence ou le positionnement de vos pages sur les moteurs de recherche et que vous ne le trouviez plus sur l'un d'entre eux (ou plusieurs). Que s'est-il passé pendant la nuit ? Votre site a-t-il disparu ? Pas de panique !

1. Dans un premier temps, respirez un grand coup et ne paniquez pas, la situation n'est peut-être pas si grave. Avant de vous précipiter sur les forums de discussion pour indiquer que votre site est blacklisté par les moteurs alors que vos concurrents, qui font bien pire, sont encore là, asseyez-vous, prenez un café (pas trop fort) et faites quelques vérifications. Par exemple, refaites les requêtes effectuées dans un premier temps (n'avez-vous pas fait une faute de frappe ?). Essayez également d'effectuer la même requête depuis un autre ordinateur utilisant un système d'exploitation (et un navigateur) différent et si possible localisé dans une autre zone géographique (en passant par exemple par un système *anonymizer*, qui permet de naviguer sur le Web de façon anonyme, sans laisser de « traces » ou par un proxy afin de ne pas fournir la même adresse IP au moteur). Cela peut avoir son importance.
2. Vérifiez que votre site est bien encore présent dans l'index des moteurs. La syntaxe « site: » (« site:www.votresite.com ») fonctionne sur tous les moteurs majeurs (Google, Yahoo!, Bing) comme nous l'avons vu précédemment. Vérifiez déjà, dans un premier temps, que vos pages sont toujours là. Si c'est le cas, vos pages sont certainement déclassées, de façon temporaire ou définitive. Bonne nouvelle, vous n'êtes pas blacklisté. Allez au point 4. Si vos pages ont disparu, il y a certainement un problème, mais peut-être temporaire seulement. Allez au point 5.

3. Vérifiez vos logs pour identifier si les robots des moteurs passent bien sur votre site. Dans le cas où les pages de votre site ne seraient pas visitées, essayez d'en trouver la cause. Cela peut venir d'erreurs dans les liens (404), d'erreurs sur le fichier `robots.txt`, d'erreurs de programmation (cela peut arriver si les pages de votre site sont prévues pour s'afficher lorsque le `User-agent` IE ou Mozilla est détecté mais pas celui d'un robot !).

Étape 2 – Vos pages ont été déclassées (elles sont moins bien positionnées)

4. Vos pages ont été déclassées par rapport au positionnement de la veille. Elles sont toujours là mais elles sont moins bien classées. Il peut y avoir plusieurs explications.
   - Le moteur a changé son algorithme de pertinence. Cela arrive très régulièrement.

     En règle générale, si votre site est fortement déclassé, c'est qu'il y a eu une modification majeure de la part des moteurs. C'est assez rare mais cela arrive (les réorganisations techniques baptisées Florida, Bourbon, Jagger, MayDay, des changements d'infrastuctures comme Big Daddy ou Caffeine, ou des filtres de nettoyage comme Panda ou Penguin, par exemple, ont fait couler beaucoup d'encre par le passé…). Dans ce cas, ces changements sont certainement amplement discutés et commentés sur les forums de discussion spécialisés. Pour obtenir une liste de ces derniers, voir les annexes à la fin de cet ouvrage. Vous pourrez ainsi consulter les archives récentes avant de poster tout message. Il y a de fortes chances pour que vous y trouviez des informations sur ce qui s'est passé.
   - Vos conditions techniques d'hébergement ont changé, peut-être à votre insu. Si vous ne maîtrisez pas totalement les aspects techniques, notamment de votre hébergement, demandez aux techniciens qui s'en occupent si des modifications ne sont pas intervenues dans le mois qui vient de s'écouler : changement de serveur, d'adresse IP, mise en place de redirections, de filtres robots, etc. Tout changement technique peut éventuellement avoir une incidence sur votre présence et votre positionnement sur les moteurs. Vérifiez cela.
   - Le contenu de vos pages a changé. Si c'est le cas, le moteur de recherche va prendre en compte cette modification, ce qui est logique. Parfois, cela peut améliorer votre note de pertinence, parfois cela peut la faire chuter. C'est le jeu… À vous de voir ce qu'il faut faire pour éventuellement revenir en arrière et les implications que cela peut entraîner.
   - Vous avez un peu trop optimisé votre site et celui-ci est pénalisé par les moteurs. C'est possible… Dans ce cas, allez au point 5.
   - Vos pages sont classées en pages similaires *(duplicate content)*. Le code source de chaque page est pour le moteur en grande partie identique, beaucoup de cas de pages similaires apparaissent, notamment sur les sites de commerce électronique, où seules deux ou trois informations changent dans chaque document (le nom du produit, le nom de la photo, le prix). Pensez à proposer un contenu assez différent pour chaque page. Vérifiez aussi que d'autres sites n'aient pas utilisé vos contenus,

cela arrive de plus en plus malheureusement. Voir au chapitre 13 le cas du duplicate content qui y est amplement décrit.

– Vous ne savez pas ce qui se passe car vous sous-traitez le référencement de votre site web. Cela déplace le problème mais ne le modifie pas outre mesure. Vous devrez alors faire un point de la situation avec votre prestataire.

En tout état de cause, ne faites rien dans un premier temps et attendez toujours au moins une semaine voire quinze jours avant de modifier quoi que ce soit (à moins que cela soit urgent, mais sachez que tout ce que vous allez faire peut également aggraver la situation, peut-être même de façon irréversible, alors qu'une simple attente peut tout résoudre en quelques heures). Donc, si cela est possible, il est recommandé d'attendre. On a vu des dizaines – voire des centaines – de cas, dans le passé, où des modifications de positionnement sur Google ou d'autres moteurs n'ont été que temporaires. Les résultats font très souvent le « yo-yo ». Au bout de quelques jours, voire quelques heures, tout revenait dans l'ordre. Cela peut provenir d'un retour en arrière du moteur, qui a estimé ses changements trop abrupts (le cas s'est déjà produit) ou simplement d'un « dérèglement » dû à la synchronisation des *data centers* (les différents serveurs du moteur de recherche, disséminés à travers le monde, qui doivent continuellement synchroniser leurs données pour détenir les mêmes index).

Étape 3 – Votre site a disparu de l'index

5. Votre site n'apparaît plus dans les pages de résultats du moteur. C'est effectivement problématique, mais ce n'est peut-être pas si grave. Voici quelques raisons qui ont pu conduire à cette situation.
   – Problème technique sur votre site : avez-vous changé quelque chose récemment au niveau d'éventuelles redirections, du fichier `robots.txt`, des balises meta `robots` ? Si votre site est un site dynamique ayant de nombreuses pages, il se peut que lors du crawl par les moteurs de recherche, la charge machine du serveur soit mise à mal, ce qui amène parfois les hébergeurs à interdire le crawl de la partie dynamique. Cela peut paraître idiot, mais il y a des vérifications qu'il vaut mieux faire rapidement. Pistez donc tout changement survenu dans les semaines précédentes et agissez en conséquence.

Anecdote vécue

Nous avons eu plusieurs fois le cas de personnes venant nous voir en formation ou nous contactant par e-mail parce qu'un site nouvellement créé était « très mal référencé » sur Google. Après vérification, il s'avérait que le site de développement avait un fichier `robots.txt` contenant la directive `Disallow : /` (donc interdit au crawl des moteurs), ce qui était une bonne chose. Mais lorsque le site a été mis en production, le `robots.txt` n'a pas été modifié. Erreur... Donc, interdiction d'entrer pour Google et consorts ! Difficile de faire mieux, en effet, en termes de « mauvais référencement » : eh oui, petite cause, grandes conséquences !

– Votre serveur a-t-il été disponible tout le temps dans le mois qui vient de s'écouler ou a-t-il fait l'objet d'une panne ? Il se peut que le robot du moteur, lorsqu'il a voulu lire vos pages, ait trouvé un serveur inaccessible pour raisons techniques. Même si les moteurs arrivent aujourd'hui à contourner ce type de problème (le spider programme d'autres visites quelques minutes ou quelques heures plus tard, confirmation de Google et plus d'infos ici : *http://goo.gl/P7L8oU*). Il peut s'agir d'une raison valable pour que votre site ait été provisoirement considéré comme ayant disparu du Web. Ceci dit, cette éventualité est cependant de moins en moins probable, les moteurs ayant heureusement fait de gros progrès à ce sujet ces dernières années.

Faites surveiller votre site par un outil adéquat

Notre conseil : souscrivez à des services de surveillance de disponibilité comme *http://www.pingwy.com/* ou *http://www.netvigie.com/*.

– Relisez le point 4 pour vérifier que certains points qui y sont listés ne correspondent pas à un événement qui se serait passé sur votre site. Par exemple, certains changements sur votre site (refonte, etc.) peuvent avoir influencé la façon dont ce dernier est pris en compte par les robots. En tout état de cause, vérifiez que, si certaines pages ont changé d'URL, les robots en trouvent facilement la nouvelle version et que des redirections 301 ont bien été faites.

– Enfin, votre site a peut-être été mis en liste noire par le moteur. Sachez cependant que cela n'est pas monnaie courante de leur part et qu'une mise en liste noire est toujours manuelle et décidée par un être humain. En d'autres termes, un blacklistage, ça se mérite, comme on l'a vu auparavant. Et vous avez sûrement reçu un avertissement dans le Message Center des Webmasters Tools.

De plus, on peut estimer qu'un site blacklisté est clairement allé trop loin, notamment dans ses techniques d'optimisation, pour mériter une telle sanction : contenu caché, liens en masse, etc. Toute optimisation « un peu trop poussée » comme des phrases entières en gras ou dans des balises `<h1>`, ne peut pas générer une mise en liste noire (elle peut cependant générer une pénalité comme un déclassement, de façon provisoire ou définitive, de certaines pages).

En cas de mise en liste noire :

- soit vous pensez que votre site n'a rien fait pour mériter une telle sanction et décidez d'en informer Google (voir la procédure ci-après) ;
- soit votre site était effectivement à revoir à ce niveau. Les techniques à éviter sont claires et nous les avons déjà passées en revue : texte, liens ou contenus cachés (balises `noscript` orphelines – sans balises `script` –, utilisation trop poussée de systèmes comme `display:none` ou `visibility:hidden`, etc.), balise remplie de mots-clés, cloaking, pages satellites, page visible dédiée aux moteurs et sans intérêt pour l'internaute, utilisation de systèmes outranciers pour capter de nombreux liens artificiels vers votre site, etc. Vous êtes allé trop loin et il vous faudra donc bien faire votre *mea culpa*.

Comment demander une reconsidération de votre site par Google après une pénalité ?

Dans tous les cas, sachez qu'il n'existe aucun moyen de savoir, de façon officielle et certaine, si un site web a été mis en liste noire par un moteur, quel qu'il soit. Il ne peut donc s'agir que de suppositions. Votre site peut avoir disparu de l'index d'un moteur sans nécessairement être blacklisté. C'est pour cela qu'il est important d'attendre quelques jours avant d'entreprendre toute action. Vous pourrez également recevoir un message de Google dans le Message Center des Webmaster Tools. S'il a été mis en liste noire, vous en serez averti à cet endroit. En tout cas, vous trouverez dans cette zone toute information que Google juge intéressante de vous fournir à propos de votre site.

Tout n'est donc pas perdu. Il existe également une procédure de demande de réinsertion dans l'index de Google une fois qu'un site est blacklisté, mais également s'il est « simplement » pénalisé. Pour cela, vous devez aller dans la zone Google Webmaster Tools et cliquer sur le lien « Réexamen du site » (*http://goo.gl/svHTp*, voir figure 15-7).

Lisez bien le contenu de la page qui vous demande de faire amende honorable. Avant toute demande, vous devrez donc avoir enlevé de votre site tout ce qui a pu créer le problème (texte et lien caché, système de cloaking, netlinking frauduleux, etc.). Vous avez certainement une petite idée à ce sujet.

Indiquez ce que vous avez fait pour enlever le spam (ou en tout cas ce que vous pensez que Google considère ainsi) de vos pages. Expliquez votre vision de la chose (Pourquoi votre site a-t-il été exclu selon vous ? Qu'avez-vous fait pour corriger la situation ?).

Dites clairement que vous ne recommencerez plus. Oui, c'est vrai, c'est un peu puéril, mais ce *mea culpa* sera certainement nécessaire pour voir votre situation s'arranger (ceci dit, en cas de récidive, ne vous attendez pas à des miracles).

Par ailleurs, vérifiez bien au préalable que votre site ne figure plus dans l'index. Demander qu'un site soit réintroduit dans l'index de Google alors qu'il n'en a jamais été exclu serait, à notre avis, assez mal perçu par le moteur.

Il existe également un outil de désaveu de lien, dans le cadre du nettoyage suite à une pénalité pour netlinking artificiel, dont nous parlerons dans ce chapitre lorsque nous évoquerons le filtre Penguin.

Notez enfin que, courant septembre 2011 (*http://goo.gl/tcqzv*), Google a légèrement changé ce mode de fonctionnement et renvoie maintenant beaucoup plus d'informations suite à une demande de reconsidération :

- si votre site est effectivement pénalisé, vous recevrez un courrier électronique expliquant soit que la pénalité a été supprimée puisque vous avez corrigé le problème, soit qu'elle est encore en fonction car le site enfreint toujours les règles édictées par le moteur ;
- si votre site n'est pas pénalisé (la majorité des cas), vous recevrez un message qui vous l'indiquera.

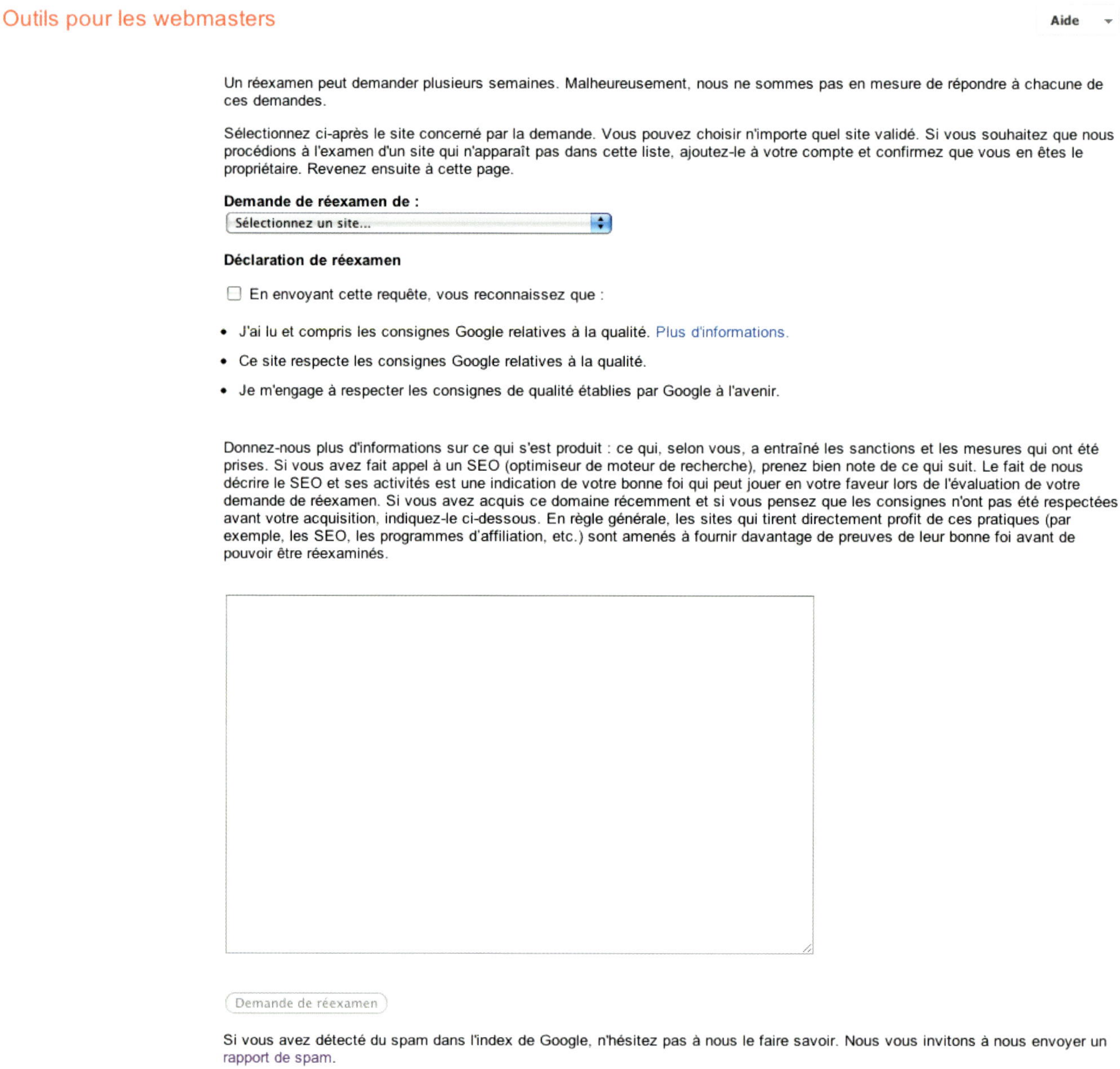

Outils pour les webmasters

Aide

Un réexamen peut demander plusieurs semaines. Malheureusement, nous ne sommes pas en mesure de répondre à chacune de ces demandes.

Sélectionnez ci-après le site concerné par la demande. Vous pouvez choisir n'importe quel site validé. Si vous souhaitez que nous procédions à l'examen d'un site qui n'apparaît pas dans cette liste, ajoutez-le à votre compte et confirmez que vous en êtes le propriétaire. Revenez ensuite à cette page.

Demande de réexamen de :

Sélectionnez un site...

Déclaration de réexamen

☐ En envoyant cette requête, vous reconnaissez que :

- J'ai lu et compris les consignes Google relatives à la qualité. Plus d'informations.
- Ce site respecte les consignes Google relatives à la qualité.
- Je m'engage à respecter les consignes de qualité établies par Google à l'avenir.

Donnez-nous plus d'informations sur ce qui s'est produit : ce qui, selon vous, a entraîné les sanctions et les mesures qui ont été prises. Si vous avez fait appel à un SEO (optimiseur de moteur de recherche), prenez bien note de ce qui suit. Le fait de nous décrire le SEO et ses activités est une indication de votre bonne foi qui peut jouer en votre faveur lors de l'évaluation de votre demande de réexamen. Si vous avez acquis ce domaine récemment et si vous pensez que les consignes n'ont pas été respectées avant votre acquisition, indiquez-le ci-dessous. En règle générale, les sites qui tirent directement profit de ces pratiques (par exemple, les SEO, les programmes d'affiliation, etc.) sont amenés à fournir davantage de preuves de leur bonne foi avant de pouvoir être réexaminés.

Demande de réexamen

Si vous avez détecté du spam dans l'index de Google, n'hésitez pas à nous le faire savoir. Nous vous invitons à nous envoyer un rapport de spam.

Figure 15-7

Formulaire de demande de réexamen du site

Si on en croit le moteur de recherche, on devrait donc maintenant obtenir dans tous les cas une réponse de Google à chaque demande de reconsidération. Bien entendu, il est évident que l'immense majorité des réponses sera automatisée et ne donnera pas lieu à un échange. On peut d'ailleurs penser que chaque webmaster disposant d'un compte Webmaster Tools va faire une telle demande « juste pour savoir ».

Ensuite, le délai de prise en compte de votre demande dépendra de la programmation des robots si la pénalité est automatique. Si vos pages sont mises à jour très souvent et que le passage des robots est quasi quotidien, cela peut être rapide à partir du moment où Google prend en compte votre message (il semblerait que ce soit fait rapidement) et accepte votre « rémission ». Si le robot ne passe que tous les mois sur votre site, le délai peut s'allonger et prendre de 6 à 8 semaines selon Google, notamment pour des pénalités considérées comme dures (comme la liste noire). Pour des pénalités plus douces (déclassement), le délai serait d'environ 2 à 3 semaines pour revenir à une situation normale (mais ce n'est en rien un délai contractuel).

Dernière information importante : afin de ne pas avoir de soucis avec votre prestataire, demandez-lui – le mieux étant de le faire au moment de la signature du contrat – de s'engager juridiquement en cas de blacklistage.

Enfin, sachez que la procédure ci-dessus ne fonctionne que sur Google, bien évidemment. Les autres moteurs de recherche n'ont pas mis en place un tel système. Comme nous l'avons dit précédemment, vous recevez ensuite une notification dans le Message Center lorsque la demande de reconsidération de votre site a été prise en compte par les équipes de Google (*http://goo.gl/ZGFz5*).

Guide de lecture

Pour conclure, nous ne saurions trop vous recommander la lecture des *guidelines* des différents moteurs de recherche en ce qui concerne le spamdexing.

Google

- *http://goo.gl/fIK7Y*
- *http://goo.gl/cQcLQ*
- *http://goo.gl/osrQR*

Yahoo!

- *http://goo.gl/rou9r*

Bing

- *http://goo.gl/cCKlc*

Nous vous avons déjà donné ces adresses dans les chapitres précédents. Nous nous permettons cependant de vous les rappeler car leur contenu est primordial. À lire donc avec attention avant tout référencement !

Pour en savoir plus

Voici également quelques liens qui vous donneront des informations complémentaires sur les pénalités manuelles et automatiques de Google :

- *Explications des 22 types de messages envoyés par Google Webmaster Tools : http://goo.gl/qVSm5s* ;
- *Disallow (robots.txt) : ne l'utilisez pas pour « faire comme tout le monde » : http://goo.gl/joaEh6* ;
- *Pénalités algorithmiques ou manuelles (Google) ? : http://goo.gl/uyfwkl* ;
- *Comment sortir d'une pénalité sans trop de bobos ? : http://goo.gl/nMNUm4* ;
- *Negative SEO: Looking for Answers from Google : http://goo.gl/pmJOde* ;
- *Google Reconsideration Request Guidelines & Example : http://goo.gl/HMsxEK.*

Les filtres de nettoyage : Panda, Penguin, EMD...

Depuis que Google existe, le moteur de recherche a fait évoluer son index et ses algorithmes de pertinence, pour coller au plus près à la réalité du marché et à la concurrence croissante de nouveaux acteurs, notamment avec l'avènement de Bing.

Le but de Google est toujours resté le même, année après année, rester ce que l'outil était rapidement devenu au début des années 2000 : le meilleur moteur de recherche de la planète web !

Pour cela, les équipes d'ingénieurs de la firme de Mountain View travaillent quotidiennement d'arrache-pied pour s'adapter aux évolutions du Web. Il en résulte plus de 500 changements par an (plus d'un par jour, source : *http://goo.gl/UpN1M*) de l'algorithme utilisé pour mesurer la pertinence d'une page par rapport à une requête donnée. Cette fréquence d'innovation était inégalée dans ce domaine jusqu'alors.

« Créer pour durer », voici le credo du moteur de recherche ciselé par Google. Et force est de constater que, jusqu'à maintenant, il y arrive plutôt bien...

Si l'année 2011 a été l'année du Panda pour Google, 2012 aura sans conteste été celle du Penguin (ou « manchot » en français). Mais d'autres filtres, comme EMD, Payday Loan, Pirate ou Page Layout, ont également été lancés, de façon moins médiatique il est vrai.

Rappel du fonctionnement des filtres de nettoyage de Google

Il nous semble important de rappeler ici comment fonctionnent ces différents filtres mis en place par Google.

- Tout au long de l'année, l'algorithme de pertinence de Google (représenté sur la figure 15-8 par une sinusoïde) répond aux requêtes des internautes grâce à ses 200 critères et 500 changements annuels.
- Google décide de « nettoyer » son index du spam qui l'a envahi grâce à des filtres qu'il lance à des dates précises. Le premier filtre de ce type a eu pour ambition de lutter

contre les « Google Bombings » et a été mis en place en 2007. Puis Panda (2011) et Penguin (2012) sont arrivés, tout comme EMD et Page Layout, qui seront décrits dans les pages suivantes.

Les deux systèmes fonctionnent donc de façon séparée et indépendante, chacun ayant sa fonction propre : l'algorithme de pertinence répond aux questions des internautes et les filtres nettoient l'index. Mais, lorsque vous tapez vos mots-clés dans le formulaire de recherche de Google et que vous obtenez vos résultats, aucun Panda ou Penguin n'est intervenu lors de la recherche de la meilleure réponse possible à votre demande. L'algorithme est synchrone et les filtres asynchrones. Si nettoyage il y a eu, il a été réalisé lors du dernier lancement d'un de ces filtres et sera réitéré à la prochaine mouture.

Voyons donc maintenant, dans ce chapitre et de façon chronologique, quels sont les grands changements que Google a connu au niveau de ces filtres de nettoyage...

Figure 15-8

Mode de fonctionnement de Google : l'algorithme de pertinence, en perpétuelle évolution (sinusoïde), répond aux requêtes des internautes et les filtres (ici Panda et Penguin) nettoient l'index du spam qui le pollue.

Google Panda

Si la formule de classement des résultats évolue chaque jour, la structure d'indexation des pages du Web a également changé avec l'avènement en 2010 de Caffeine (voir chapitre 2), une nouvelle façon de référencer la Toile donnant à Google beaucoup plus de capacités pour « digérer » le flux croissant de pages qui apparaissent chaque jour sur Internet.

Toutefois, lorsqu'on « avale » plus de pages web qu'auparavant, le risque d'ingurgiter plus de spam (ou spamdexing : fraude aux moteurs de recherche) est également plus important et la digestion n'en est que plus difficile. C'est certainement ce phénomène qui a engendré la mise en place du « Panda update » chez Google. Car Panda n'est qu'une des nombreuses péripéties que l'algorithme du moteur connaît continuellement.

En effet, chaque année ou presque, parmi les nombreux changements effectués sur les systèmes de gestion de Google, il en est un ou deux pour lesquels les googlers (nom des employés de la société) « appuient un peu plus sur les curseurs » (ou le champignon, selon que vous soyez *geek* ou mycophile) et les changements, en termes de positionnement dans les résultats et de trafic engendré sur un site web, sont parfois profondément chamboulés. Lorsque ces modifications de l'algorithme sont plus « violentes » que la normale, la communauté des webmasters et des référenceurs donne communément un nom au nouvel algorithme, comme pour un cyclone...

Dans le passé, on a donc connu (et dû affronter) les mises à jour Florida (décembre 2003), Vince (mars 2009), Mayday (mai 2010), etc. Certaines ont fait couler beaucoup d'encre (voir *http://goo.gl/SdVwz*), d'autres sont restées confinées au petit monde du SEO (*Search Engine Optimization*, sigle anglais servant de plus en plus à dénommer le référencement naturel en France).

Et puis un jour est arrivé Panda, qui pourrait bien bouleverser pour les années qui viennent la façon dont on envisage le référencement naturel, l'optimisation de sites web et la visibilité organique sur les moteurs de recherche.

Historique de Panda

Panda est donc certainement né de la structure d'indexation Caffeine, mise en place par Google en juin 2010. On l'a vu, qui dit « capacité plus importante d'indexation » dit « risque accru d'indexation de spamdexing » (nous verrons plus loin ce que Google entend par ce terme). Dans la foulée de Caffeine, le moteur de recherche a donc, semble-t-il, mis à contribution des *quality raters* (*googlers* dont le métier est de « noter » des sites web et d'évaluer des résultats de recherche pour améliorer l'algorithme) afin de définir des règles de qualité et des grilles d'évaluation des contenus disponibles en ligne (*http://goo.gl/T7wim*).

Le but était clair : définir ce qu'il est possible d'appeler « contenu de bonne qualité » et le différencier de façon suffisante du « contenu de mauvaise qualité ». En d'autres termes, il fallait séparer le bon grain de l'ivraie.

Sur la base de ces critères, plusieurs aménagements ont été conçus dans les algorithmes du moteur pour tenir compte de cette nouvelle donne. Une première salve d'opérations a été lancée en janvier 2011 (*http://goo.gl/b1zlB*), touchant 2 % des requêtes aux États-Unis et semblant être les prémices de Panda et d'une lutte accrue de Google contre les « scrapeurs » (voir plus loin). Panda commençait à aiguiser ses griffes. Il était encore en phase de gestation, mais allait bientôt voir le jour.

Panda 1.0

Le 24 février 2011, ce qui allait bientôt s'appeler Panda 1.0 est lancé (*http://goo.gl/WPxmf*), aux États-Unis uniquement. De nombreux webmasters se rendent alors compte que leurs positionnements ont énormément changé, tout comme l'apport en trafic de la part de Google, parfois de façon positive, parfois de façon négative.

Cette mise à jour majeure est appelée « Farmer » dans un premier temps par Danny Sullivan (célèbre gourou du site Search Engine Land) car Google communique très vite sur le fait qu'elle vise en priorité les « fermes de contenu ». Ce patronyme, « Farmer », reste en vigueur pendant quelques jours avant d'être remplacé par le nom officiel donné en interne par Google, « Panda », du nom de deux des principaux ingénieurs ayant travaillé sur le projet.

Ce même mois de février 2011, Google propose une extension de son navigateur Chrome, permettant aux internautes de signaler un contenu qu'ils estiment être du spam (*http://goo.gl/kDiSE*). Ces informations sont certainement assez rapidement intégrées par Google dans l'algorithme Panda, afin de profiter de la force des communautés Internet signalant des sources spammantes que le moteur n'aurait pas détectées de façon automatique.

Peu après, les premières statistiques tombent : la société Sistrix propose fin février la liste des 25 sites web ayant perdu le plus de trafic suite à ce déploiement (*http://goo.gl/bSSca*).

Les statistiques de Sistrix sont assez claires : certains sites qui trustaient de nombreuses premières pages sur Google apparaissent maintenant au-delà de la septième ou de la huitième page.

Une nouvelle liste, proposée par SearchMetrics (*http://goo.gl/wGxao*), donne des chiffres similaires pour d'autres sites : *Blippr.com* (-97,9 %), *suite101.com* (-92,5 %), *tradekey.com* (-92,2 %), *associatedcontent.com* (-91,6 %), etc.

Figure 15-9

Les 25 sites web ayant été le plus affectés par Panda 1.0 aux États-Unis. Source de l'illustration : http://goo.gl/9Owa4

#	Domain	Change	SISTRIX (before)	SISTRIX (after)	# KWs (before)	# KWs (after)
1	wisegeek.com	-77%	121,58	28,22	74.024	21.940
2	ezinearticles.com	-90%	65,08	6,65	184.508	54.277
3	suite101.com	-94%	54,04	3,28	178.373	36.904
4	hubpages.com	-87%	55,16	7,40	152.998	50.178
5	buzzle.com	-85%	43,25	6,55	86.472	24.423
6	associatedcontent.com	-93%	38,29	2,57	216.429	53.512
7	freedownloadscenter.com	-90%	30,26	3,01	42.486	7.992
8	essortment.com	-91%	25,73	2,32	27.501	7.459
9	fixya.com	-80%	28,78	5,83	62.034	36.167
10	americantowns.com	-91%	24,88	2,18	26.000	9.799
11	lovetoknow.com	-83%	25,75	4,28	49.544	17.833
12	articlesbase.com	-94%	19,96	1,16	82.274	31.365
13	howtodothings.com	-84%	21,20	3,39	33.222	7.601
14	mahalo.com	-84%	20,49	3,23	33.875	9.740
15	business.com	-93%	17,24	1,13	21.556	4.813
16	doityourself.com	-77%	20,89	4,90	23.256	6.870
17	merchantcircle.com	-85%	18,43	2,67	93.347	34.681
18	thefind.com	-83%	18,95	3,27	74.506	45.495
19	findarticles.com	-90%	16,98	1,74	64.810	20.189
20	faqs.org	-91%	16,52	1,46	33.648	11.142
21	tradekey.com	-89%	16,83	1,79	37.364	16.268
22	answerbag.com	-91%	12,93	1,11	67.314	26.054
23	trails.com	-87%	12,05	1,62	38.346	8.511
24	examiner.com	-79%	10,54	2,19	70.781	31.272
25	allbusiness.com	-88%	8,86	1,08	16.457	6.034

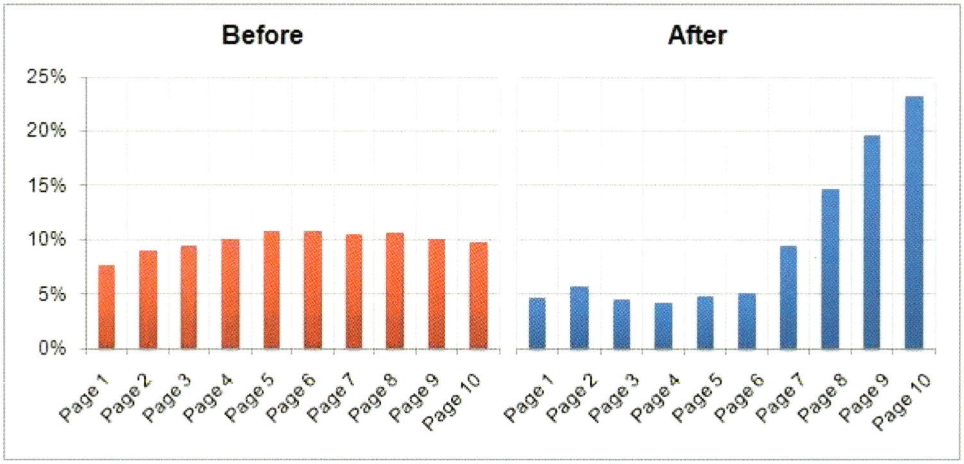

Figure 15-10

Positionnements obtenus par un site web avant et après Panda 1.0.
Source de l'illustration : http://goo.gl/9Owa4

De plus, si certains sites perdent des positions ou du trafic, d'autres en gagnent par un jeu logique de vases communicants. Bref, certains gagnent, d'autres perdent, ce qui semble évident. On voit également apparaître, dès cette époque, un certain nombre de « dommages collatéraux », certains sites perdant du trafic sans pouvoir être considérés comme spammants. Face à ces problèmes, Google tente de colmater les brèches et crée une liste de discussion (*http://goo.gl/0vP8m*) pour collecter les soucis de ce type.

À la mi-mars, Google propose également un système permettant de supprimer certains liens/résultats (*http://goo.gl/HwTdG*) dans ses SERP (*Search Engine Result Page*, ou page de résultats du moteur). Est-ce encore là la création d'un nouveau « signal » visant à améliorer la notion de « contenu de bonne qualité » ? Peut-être !

Panda 2.0

Le 11 avril 2011 est lancé Panda 2.0 (*http://goo.gl/z1Tcb*), qui caractérise l'extension de la première vague du 24 février à tout l'espace anglophone : Australie, Grande-Bretagne, etc. Il semblerait que cette deuxième mouture corrige également quelques anomalies de la première version : certains sites (et notamment des « fermes de contenus » notoires), qui auraient dû logiquement être punis par Panda 1.0 et qui étaient passés au travers des mailles du premier filet, se retrouvent cette fois pris au piège du Panda outre-Atlantique (*http://goo.gl/TMU7z*).

Là encore, comme pour les États-Unis, des études d'analyse de trafic fleurissent assez vite sur le Web. SearchMetrics (*http://goo.gl/DR7F9*) propose un tableau assez complet des premiers gagnants et perdants, comme le montrent les figures 15-11 et 15-12.

domain	Visibility (OPI) new	Visibility (OPI) old	difference	%
ebay.co.uk	1469346	1034302	435044	42.06%
techcrunch.com	174797	124220	50577	40.72%
national-lottery.co.uk	292053	209357	82696	39.50%
econsultancy.com	186175	135804	50371	37.09%
thisismoney.co.uk	234717	180377	54340	30.13%
siteslike.com	175869	140279	35590	25.37%
mirror.co.uk	275876	220937	54939	24.87%
blogspot.com	1006719	819832	186887	22.80%
mashable.com	295137	240714	54423	22.61%
itv.com	345470	282300	63170	22.38%
metro.co.uk	181507	149271	32236	21.60%
independent.co.uk	471896	388280	83616	21.53%
mozilla.org	146282	122471	23811	19.44%
youtube.com	8856696	7446902	1409794	18.93%
vimeo.com	168979	142182	26797	18.85%
wordpress.com	331836	279738	52098	18.62%
laterooms.com	150533	127297	23236	18.25%
dailymotion.com	577590	490328	87262	17.80%
soundcloud.com	150998	128569	22429	17.45%

Figure 15-11

Les sites ayant gagné le plus de trafic en Grande-Bretagne suite au déploiement de Panda. Source de l'illustration : http://goo.gl/cGkwi

Comme pour les États-Unis, Sistrix (*http://goo.gl/g00kq*) propose également ses statistiques pour la Grande-Bretagne avec *the biggest losers* post-Panda.

Par la suite, Panda connaîtra plusieurs répliques mineures qui ont en majorité corrigé les défauts des versions précédentes. Les ingénieurs de Google ont également corrigé plusieurs paramètres de Panda pour que le trafic de certains sites revienne à la normale alors qu'ils avaient été impactés de façon négative.

L'étape suivante a été le lancement dans le monde entier (en dehors des pays asiatiques) le 12 août 2011 (*http://goo.gl/k8fUC*), dans sa version 2.4 (ou 3.0 pour certains). Bref, nous n'avons pas fini de subir les « coups de bambou » du Panda de Google !

Figure 15-12

Les sites ayant perdu le plus de trafic en Grande-Bretagne suite au déploiement de Panda.
Source de l'illustration : http://goo.gl/cGkwi

domain	Visbility (OPI) new	Visibility (OPI) old	difference	loss in %
reviewcentre.com	68096	648704	-580608	-89,50%
myvouchercodes.co.uk	289948	661560	-371612	-56,17%
ciao.co.uk	20723	335697	-314974	-93,83%
dooyoo.co.uk	14654	282837	-268183	-94,82%
promotionalcodes.org.uk	31992	262717	-230725	-87,82%
about.com	543243	760583	-217340	-28,58%
brothersoft.com	90625	295898	-205273	-69,37%
everydaysale.co.uk	3822	175800	-171978	-97,83%
answers.com	142129	310111	-167982	-54,17%
pocket-lint.com	2128	165956	-163828	-98,72%
robtex.com	61832	218644	-156812	-71,72%
hubpages.com	26099	182704	-156605	-85,72%
netvouchercodes.co.uk	1935	152376	-150441	-98,73%
mahalo.com	31609	166781	-135172	-81,05%
markosweb.com	12844	136590	-123746	-90,60%
qype.co.uk	5307	126801	-121494	-95,81%
biznut.co.uk	3865	118715	-114850	-96,74%
discountvouchers.co.uk	65751	178428	-112677	-63,15%
ehow.com	93902	201781	-107879	-53,46%
wikio.co.uk	10627	114833	-104206	-90,75%
ehow.co.uk	33402	120596	-87194	-72,30%
airfaresflights.co.uk	4100	89924	-85824	-95,44%
ip-adress.com	26274	111986	-85712	-76,54%
voucherhub.com	9756	84783	-75027	-88,49%
wakoopa.com	1334	71525	-70191	-98,13%
vouchercodes.com	21481	91535	-70054	-76,53%
techradar.com	49761	116832	-67071	-57,41%
reghardware.com	6133	72206	-66073	-91,51%
discountshoppinguk.co.uk	491	66270	-65779	-99,26%
twenga.co.uk	5690	71095	-65405	-92,00%
wisegeek.com	21680	83584	-61904	-74,06%
electricpig.co.uk	1678	60882	-59204	-97,24%
whosdatedwho.com	2314	60476	-58162	-96,17%
pricedash.com	127	55141	-55014	-99,77%
cylex-uk.co.uk	2010	56744	-54734	-96,46%
webdevelopersnotes.com	583	54948	-54365	-98,94%
voucherseeker.co.uk	9086	62342	-53256	-85,43%
ezinearticles.com	3577	56704	-53127	-93,69%
savoo.co.uk	4047	56118	-52071	-92,79%
killerstartups.com	869	52717	-51848	-98,35%
fairinvestment.co.uk	43728	92214	-48486	-52,58%
justtheflight.co.uk	2500	50806	-48306	-95,08%
radioandtelly.co.uk	2539	49276	-46737	-94,85%
shopzilla.co.uk	40470	86937	-46467	-53,45%
pcadvisor.co.uk	39730	85628	-45898	-53,60%
aceshowbiz.com	907	46188	-45281	-98,04%
techwatch.co.uk	12341	56793	-44452	-78,27%
shopping.com	15402	59608	-44206	-74,16%

Fin 2013, on pouvait noter 26 lancements de ce « filtre de nettoyage » aux dates suivantes (les numéros de type « 3.10 » ou « 2.7 » ont été arrêtés après la 3.10 et ce sont maintenant des entiers consécutifs qui sont utilisés) :

- Panda 1.0 (Panda 1) : 24 février 2011 ;
- Panda 2.0 (Panda 2) : 11 avril 2011 ;
- Panda 2.1 (Panda 3) : 10 mai 2011 ;
- Panda 2.2 (Panda 4) : 16 juin 2011 ;
- Panda 2.3 (Panda 5) : 23 juillet 2011 ;
- Panda 2.4 (Panda 6) : 12 août 2011 ;
- Panda 2.5 (Panda 7) : 28 septembre 2011 ;
- Panda 3.0 (Panda 8) : 19 octobre 2011 ;
- Panda 3.1 (Panda 9) : 18 novembre 2011 ;
- Panda 3.2 (Panda 10) : 18 janvier 2012 ;
- Panda 3.3 (Panda 11) : février 2012 ;
- Panda 3.4 (Panda 12) : 23 mars 2012 ;
- Panda 3.5 (Panda 13) : 19 avril 2012 ;
- Panda 3.6 (Panda 14) : 27 avril 2012 ;
- Panda 3.7 (Panda 15) : 8 juin 2012 ;
- Panda 3.8 (Panda 16) : 25 juin 2012 ;
- Panda 3.9 (Panda 17) : 25 juillet 2012 ;
- Panda 3.9.1 (Panda 18) : 19 août 2012 ;
- Panda 3.10 (Panda 19) : 18 septembre 2012 ;
- Panda 20 : 27 septembre 2012 ;
- Panda 21 : 5 novembre 2012 ;
- Panda 22 : 21 novembre 2012 ;
- Panda 23 : 21 décembre 2012 ;
- Panda 24 : 22 janvier 2013 ;
- Panda 25 : 15 mars 2013 ;
- Panda 26 : 18 juillet 2013 ;
- Panda 27 (4.0) : 21 mai 2014 ;
- Panda 28 (4.1) : 26 septembre 2014.

Il semble qu'à partir de la mi-2013, Panda soit lancé de façon mensuelle, avec déploiement sur plusieurs jours, sans que cela fasse l'objet d'une quelconque communication de la part de Google. Autre changement depuis quelques mois : Panda semble aujourd'hui intégré au mécanisme d'indexation du moteur de recherche (*http://goo.gl/8bcXbp*). Panda fait en tout cas aujourd'hui partie de notre quotidien SEO.

Google Panda, qu'est-ce que c'est ?

Nous avons passé en revue l'historique des différentes phases « pandaesques » ou « pandanoïdes » depuis le début de l'année 2011, mais nous n'avons pas encore répondu à cette question cruciale : Panda, qu'est-ce exactement ?

Un filtre de nettoyage

Tout d'abord, Panda n'est pas réellement une mise à jour de l'algorithme de pertinence de Google, comme on peut le lire ou l'entendre souvent.

En effet, Panda n'est pas incrusté dans l'ADN de l'algorithme utilisé par Google pour classer ses résultats. En clair, cet algorithme n'intègre pas Panda, qui est plutôt un « filtre » utilisé et lancé manuellement pour « nettoyer » les résultats du moteur de recherche. Matt Cutts l'a indiqué (*http://goo.gl/jGa5W*) dans un tweet : *« short version is that it's not data that's updated daily right now. More like when we re-run the algorithms to regen the data »*. Google lance donc le « filtre Panda » uniquement lorsqu'il pense qu'il est temps de nettoyer ses résultats.

En cela, on peut comparer Panda au filtre utilisé pour les « Google Bombings » (voir chapitre 6), qui fonctionne de la même façon. Ainsi, un Google Bombing peut perdurer pendant plusieurs jours ou semaines jusqu'à ce que Google lance son algorithme de nettoyage, faisant disparaître le Bombing.

Ce système de filtre lancé manuellement aura donc une incidence non négligeable sur le fonctionnement du moteur : un site visé par Panda pourra très bien se positionner sur Google pendant un certain laps de temps, tant que le filtre Panda n'aura pas été lancé, puis disparaître quand le moteur aura décidé qu'il est temps de donner une « bonne claque aux petites mauvaises odeurs ». Si Panda avait fait partie intégrante de l'algorithme, un site fautif aurait été pénalisé tout de suite, sans attente particulière.

Un système basé sur les théories de Machine Learning ?

Google Panda, comment ça marche ? Que peut-on trouver dans le ventre de la bête ? En fait, il semblerait que Google nous ait mis sur la voie de la compréhension de ce filtre en le nommant « Panda ». On l'a vu, la raison de ce patronyme est qu'un des ingénieurs principaux ayant travaillé sur ce système s'appelle ainsi. Or, il existe deux ingénieurs travaillant chez Google et qui répondent à ce nom : Navneet Panda et Biswanath Panda. Ces deux Panda là sont les auteurs de nombreuses publications dans le domaine du Machine Learning, technologies autrement appelées « apprentissage automatique » en français.

Amit Singhal (l'une des autres têtes pensantes du moteur) décrit ainsi l'algorithme de Panda dans un entretien accordé au site Wired : « Vous pouvez imaginer dans un espace multidimensionnel un groupe de points ; certains points sont rouges, certains points sont verts, et pour d'autres c'est un mélange des deux. Votre travail est de trouver un hyperplan qui indique que les choses d'un côté de ce plan sont pour la plupart rouges, et celles de l'autre côté sont généralement le contraire de rouges. »

Cette description rappelle fortement, pour les initiés, la recherche d'une fonction « noyau » *(kernel)* dans la technique des SVM *(Support Vector Machines)* utilisés en Machine Learning...

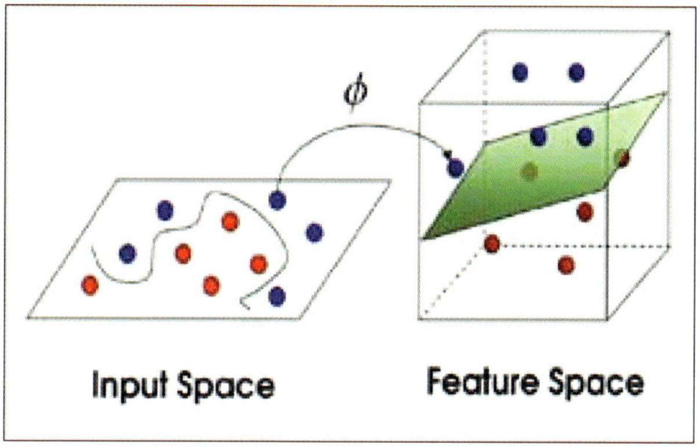

Figure 15-13

Recherche d'un hyperplan « frontière » dans la technique des SVM : la frontière ici est relativement complexe si on la décrit dans l'espace à deux dimensions correspondant aux données d'entraînement. En transposant le problème dans un espace multidimensionnel (trois dimensions sur ce schéma), on peut trouver un hyperplan (ici, un plan), simple à décrire, qui permet de classifier facilement les données. Ce schéma correspond de manière troublante à la description d'Amit Singhal.

D'autres indices, plus ténus ceux-là, confirment qu'un algorithme de ce type a servi pour Panda : il semble être universel, mais nécessite des calculs spécifiques à partir des données locales avant d'être déployé. Le temps de calcul doit être long, puisque la mise à jour de l'algorithme ne paraît pas pouvoir s'effectuer régulièrement. Ces caractéristiques nous font penser à des systèmes d'apprentissage automatique se trouvant au cœur de Panda. Bien sûr, aucune communication officielle n'a été faite à ce sujet par Google.

Nous ne parlerons pas plus ici des systèmes de Machine Learning qui semblent être à la base de Panda. Vous trouverez de nombreuses informations à ce sujet sur le Web et nous vous suggérons de lire l'excellent article de Philippe Yonnet (directeur SEO international de Twenga) dans la lettre professionnelle *Recherche et Référencement* du site Abondance (*Google Panda : l'apprentissage automatique dans les algorithmes des moteurs de recherche*, juin 2011 : *http://goo.gl/QCibz*).

En tout état de cause, Panda est fondé sur des systèmes très complexes, algorithmiques et automatisés. Loin d'être un filtre à base de tri essentiellement humain, il est clair qu'il sera extrêmement difficile de percer ses secrets à jour, car les théories sur lesquelles il repose sont loin d'être accessibles à tout un chacun. Autant donc « clarifier son site » pour éviter les foudres du Panda plutôt qu'essayer de le contourner, d'une façon ou d'une autre...

Un système automatique, sans whitelist

Les ingénieurs de Google, et notamment Matt Cutts, ont distillé également d'autres informations intéressantes sur Panda au fil des conversations, des tweets et des conférences SEO, aux États-Unis notamment.

- Panda est un système entièrement automatisé, sans intervention humaine. Les machines et les microprocesseurs de Google sont donc les maîtres de Panda, une fois programmés pour faire leur travail, d'où certainement les versions successives destinées à corriger quelques effets de bord et dommages collatéraux non désirés au départ.
- Panda n'utilise pas de système de whitelist ou liste de sites intouchables (*http://goo.gl/e8NZ9*) qui ne seraient pas affectés, par définition, par le filtre. Tous les sites web sont donc au départ potentiellement mis dans la « moulinette »...

A priori, pas un filtre antispam classique

L'avènement de Google Panda a coïncidé avec de nombreuses actions de Google dans le cadre de sa lutte contre le spam, et notamment contre le *paid linking* (achat massif de liens, souvent placés dans les pieds de page, sur des sites n'ayant la plupart du temps aucun rapport avec celui de l'acheteur), pratique clairement considérée comme du spam par Google (*http://goo.gl/EKluZ*).

Ainsi, dans le courant de l'année 2011, de nombreux sites ont été pénalisés par le moteur pour cause de création massive de liens de faible qualité : JC Penney (*http://goo.gl/H3iWT*), Overstock (*http://goo.gl/uCfk8*), Milanoo (*http://goo.gl/CL7dR*), BeatThatQuote (pourtant fraîchement racheté par Google : *http://goo.gl/Bv1y4*), Interflora (*http://goo.gl/mGDFqj*), etc.

Il ne semble pas que Panda ait un rapport avec ces pénalités, qui relèvent plutôt de la lutte classique et normale qu'effectue Google au quotidien contre le spam et dont Penguin s'occupera quelques mois plus tard. Néanmoins, leur fréquence et la communication faite par Google autour de ces affaires a pu semer la confusion dans les esprits, en faisant passer ces pénalisations pour le résultat du Panda. Que cela ne vous empêche pas cependant de réviser complètement votre politique de netlinking, puisque Google semble être très tatillon sur ce sujet depuis quelque temps...

En effet, plutôt que de s'attaquer à la qualité des liens, Panda s'en prend au contenu de faible qualité. Encore faut-il expliquer ce que Google entend par ce concept.

Le contenu de faible qualité

Le but de Panda est effectivement d'améliorer la qualité des résultats naturels de Google. Pour cela, il est donc nécessaire de supprimer ou de pénaliser dans les résultats les sites proposant du contenu « de faible qualité ».

Notons que Panda a certainement aussi comme objectif de faire savoir à grande échelle que Google ne perd pas de vue le cœur de son activité, c'est-à-dire la recherche d'informations, notamment au vu de la concurrence actuelle de Bing (aux États-Unis en tout cas), et qu'il améliore toujours ses résultats, contrairement à ce que laissent penser certaines attaques récentes de la presse américaine à son sujet.

Les pénalités deviennent globales

Une des nouveautés de Panda, annoncée par Matt Cutts, est que dorénavant, lorsqu'un site propose une partie (un certain nombre de pages) considérée comme spammante, c'est le site complet qui court le risque d'être pénalisé. La pénalité peut donc couvrir de façon globale un site, même si seule une partie de son contenu est détectée de façon négative. Google a également indiqué qu'un site ainsi pénalisé serait crawlé (visité par les robots du moteur) de façon moins fréquente et assidue. Un webmaster averti en vaut toujours deux... C'est aussi une façon de détecter une pénalisation par Google (Panda ou autre) : si les robots du moteur visitent de manière moins énergique votre site depuis quelques jours, vous avez peut-être des soucis à vous faire...

Plus d'informations à ce sujet : *http://goo.gl/OGKhw*

Certains diront également que Panda tombe à point nommé pour supprimer ou diminuer la visibilité de certains sites qui pourraient s'avérer être des concurrents importants de la firme de Mountain View à moyen terme : comparateurs de prix, annuaires locaux, agrégateurs de coupons, etc. Nous laisserons ces mauvaises langues assumer leurs dires, tout en notant que certaines coïncidences sont en effet troublantes...

Toujours est-il que Panda chasse en priorité ce que Google appelle le « contenu de mauvaise qualité ». Ce concept fait écho à deux notions complémentaires : le type de site web et le type de contenu visés. C'est ce que nous allons maintenant détailler.

Les types de sites visés par Panda

Le filtre Panda vise en priorité certains types de sites web, assez bien répertoriés et classifiés. Parmi ceux-ci, on peut identifier cinq grandes familles.

Les fermes de contenu

Il s'agit là de la première cible imaginée et visée par Panda. Les fermes de contenu (*content farms*, en anglais) peuvent être définies de la façon suivante.

1. Elles se basent au départ sur les mots-clés le plus souvent demandés par les internautes sur les moteurs de recherche. De nombreux outils fournissent ce type de statistiques et indiquent donc des thématiques majeures, très prisées sur le Web.
2. Les thématiques une fois définies, ces sites créent alors un contenu de faible qualité, le plus souvent écrit par des *free-lance*s sans qualification et sous-payés. Ce contenu est publié en quantité, parfois sous plusieurs formes différentes, le tout inséré dans des pages parfaitement optimisées pour les moteurs de recherche.
3. Ces pages ressortent donc bien, de par leur optimisation, dans les résultats des moteurs, ce qui engendre un fort trafic. En insérant des publicités (plus ou moins distinctes du contenu éditorial), on assure ainsi des revenus de façon simple et rentable.

Ces sites, dont la stratégie est entièrement basée sur le trafic issu des moteurs, sont dès le départ la cible favorite de Panda. Il en existe bon nombre aux États-Unis (eHow.com, Suite101.com, Buzzle, eZinearticles, etc.), mais beaucoup moins en France car plusieurs velléités dans ce domaine semblent avoir été mises à mal par l'annonce du filtre googlien et ont tué dans l'œuf moult projets allant dans ce sens...

Stratégie à majorité SEO = danger !

Notons qu'il semble s'agir là d'une constante importante : un site dont la stratégie de création de trafic est essentiellement basée sur le trafic Google a tout à craindre de Panda ! Nous en reparlerons...

Il en est de même des sites dits « MFA » (pour *Made For AdSense*, du nom du programme de liens sponsorisés contextuels de Google), qui sont créés dans un seul but : afficher des pages web et donc des publicités ayant vocation à être cliquées pour rapporter de l'argent. Ces sites-là sont également dans la ligne de mire du vorace mammifère...

Les agrégateurs de contenu

Ces sites récupèrent sur le Web (de façon licite ou non) des contenus ou bribes d'informations, qu'ils agrègent selon une interface spécifique. Certains peuvent ainsi fournir des informations sur des entreprises, des commerces, etc. Autrement dit, il s'agit de sortes de Pages Jaunes, parfois un peu bricolées, parfois plus professionnelles. Voici quelques sites de ce type qui ont plongé à cause de Panda en Grande-Bretagne : Qype, Hotfrog, Cylex-UK, Londontown, Information-britain, Aboutbritain... D'autres agrégateurs proposent des coupons (Myvouchercodes, Netvouchercodes...), des petites annonces ou des offres/demandes d'emploi (Careerjet, Jobs1, jobs.trovit, Look4aproperty...), des formations (Emagister), etc.

Bref, la caractéristique commune à tous ces sites est qu'ils ne sont pas propriétaires du contenu qu'ils affichent dans leurs pages. Ce contenu peut provenir d'autres sources, en marque blanche et de façon tout à fait légale (ces sites sont alors partenaires et clients d'autres sites proposant des contenus originaux). Parfois, il est « scrapé », c'est-à-dire copié-collé automatiquement à partir d'autres sites sans leur demander leur avis et donc de façon illégale. Nous reviendrons sur la notion de « scrapeur » plus loin dans ce chapitre.

Les comparateurs de prix

De façon évidente, de nombreux comparateurs de prix (Kelkoo, Shopzilla, Twenga, Dooyoo...) ont senti passer le vent du Panda en Grande-Bretagne et en France notamment. Plusieurs hypothèses coexistent pour expliquer ce phénomène.

A priori, on peut expliquer ce fait de façon très simple : Google interdit le référencement des pages de résultats de moteur interne d'un site dans son index. Or, les pages intéressantes d'un comparateur de prix sont le plus souvent celles qui... comparent les prix d'un produit sur le Web, et donc clairement des pages de résultats de moteur interne (celui du site comparateur). Google les prohibant, il est donc normal qu'il les pénalise si elles sont indexées...

D'autres diront que Google a lui aussi un site nommé Google Shopping (qu'il a lancé en France en 2010 : *http://goo.gl/VQEAY*) et dont les résultats sont très présents sur de nombreuses requêtes commerciales dans ses SERP (*Search Engine Result Pages* ou pages de résultats des moteurs). Google a également racheté en 2011 plusieurs sites de comparaison de produits et services (BeatThatQuote, SparkBuy...) qui semblent montrer une volonté évidente d'avancer de façon importante dans ce domaine. Tous n'ont, bien entendu, pas été pénalisés...

La pénalisation de sites semblables pourrait en effet servir les intérêts du moteur en mettant en avant les services de Google au détriment de concurrents existants. Pourtant peut-être s'agit-il de coïncidences. Il se pourrait aussi que les comparateurs de prix aient un peu exagéré avec leurs politiques de SEO ces dernières années et récoltent avec Panda la monnaie d'une pièce un peu trop « chargée en suroptimisation »... On le voit, le monde n'est pas manichéen et il n'existe pas de vérité première sur ce point. Celle-ci est peut-être à reconstituer parmi toutes ces raisons.

Les forums et sites de questions/réponses

Ces sites ont pour vocation de permettre aux internautes de poser une question et de laisser la communauté y répondre. S'ils sont très intéressants sur le principe, on constate cependant que de nombreuses questions se retrouvent sans réponse (il en est de même dans les forums de discussion web). La page en question présente donc peu d'intérêt, sans réponse adéquate. Google demande par conséquent que ce type de contenu soit désindexé quand il est considéré comme « vide ».

Le fait de désindexer une page de son site tant qu'elle n'offre pas de contenu suffisamment intéressant est certes une bonne chose pour l'utilisateur. Cela évite également de voir son site entièrement pénalisé pour quelques pages considérées comme sans intérêt. Ceci dit, il s'agit là d'un véritable casse-tête pour l'éditeur d'un site qui, en règle générale, automatise de nombreuses fonctions. Comment, sur un forum important, insérer une balise meta `"robots" noindex` sur certaines discussions puis l'enlever lorsqu'on estime que le contenu est devenu assez intéressant ? Selon quels critères ? On imagine assez rapidement l'aspect chronophage de ce travail.

Cette demande de Google a également des relents de « roi du Web », le moteur de recherche faisant la loi et dictant aux sites web les règles de bonne conduite. « Vous ne pouvez pas les suivre ? Tant pis pour vous ! », dirait le seigneur à ses serfs. Est-ce là l'essence d'Internet ?

Il serait donc étonnant que Google pénalise de façon globale un forum ou un site de questions/réponses uniquement parce qu'un certain pourcentage de ses pages ne trouve pas de réponses aux questions posées par les internautes. Pourtant, théoriquement, si on suit à la lettre les discours de Google, c'est bien ce qui devrait se passer. L'avenir dira si le bon sens l'a emporté... ou pas !

Le duplicate content

Google ne désire pas indexer de la même manière plusieurs versions d'un même contenu. Ainsi, une fiche produit recopiée à plusieurs endroits d'un site ou sur un autre site n'apporte pas grand-chose à l'internaute sous ces diverses moutures. De même, la dépêche AFP reprise sur un autre site n'a pas plus de valeur ajoutée.

Google va donc, lorsqu'il trouve un contenu sur le Web en plusieurs exemplaires (sous des URL ou chartes graphiques différentes), définir un contenu original (« canonique ») et estimer que les autres contenus sont des copies (« dupliquées »). Pour cela, il va utiliser deux critères principaux : l'âge de la page (*a priori*, le premier document qu'il a trouvé sur le Web a des chances d'être l'original) et la popularité (la page ayant les meilleurs backlinks aura plus de chances d'être considérée comme canonique).

Il est important de bien noter qu'un phénomène de duplicate content (voir chapitre 13) sur un site web ne génère pas une pénalité au sens où l'entend Google : un site ne sera donc pas pénalisé de façon globale parce qu'il souffre de duplicate content. C'est bien heureux, car sinon, la moitié du Web le serait peut-être ! En revanche, dans ce cas, une page web sera privilégiée alors que les autres (les copies) seront rétrogradées dans le classement. Nous y reviendrons lorsque nous reparlerons des solutions à mettre en place.

Les dommages collatéraux

Les sites web répondant aux types précédemment listés ont toutes les chances d'être pénalisés par Google Panda et, dans de nombreux cas, la cause est connue... À trop vouloir optimiser sa présence sur les moteurs de recherche, on passe vite des techniques de *white hat* (référencement éthique qui suit les directives de Google) au *black hat* (techniques interdites), ou au mieux au *grey hat*. Dans ce dernier cas, tout dépend du niveau de gris utilisé. ;-)

En résumé, certains jouent au gendarme et au voleur avec les moteurs de recherche et se trouvent par la suite punis pour avoir trop joué avec le feu.

Parfois cependant, il est arrivé que certains sites, tout à fait *white hat*, sans spam aucun, soient pénalisés par Panda, notamment dans sa version 1.0. Après plusieurs salves dont les trois dernières ont permis de régler bon nombre de problèmes et d'anomalies, l'arrivée de Panda 3.0 en Europe, et en langue française plus précisément, a connu moins d'« effets de bord ». Pourtant l'adaptation de Panda aux autres langues que l'anglais a pris beaucoup de temps ; cela signifie que les réglages ont certainement été nombreux, ce qui peut remettre en cause de nombreux paramètres. Il est hélas difficile de prévoir quoi que ce soit dans ce domaine...

Quelques méthodes de spam visées

On l'a vu, Panda vise en priorité les sites web proposant du contenu de faible qualité. Son but est donc de quantifier la bonne ou mauvaise qualité d'un contenu éditorial. On peut ainsi faire ressortir quelques pratiques et techniques qui, à notre avis, sont ciblées par Panda car elles affectent justement cette notion de qualité du contenu.

Le cloaking

Cette technique consiste à proposer un contenu différent aux internautes et aux moteurs. Nous en avons déjà parlé au début de ce chapitre et dans cet ouvrage.

La règle de Google est implacable pour ces pratiques : il n'existe pas de « bon cloaking ». Google interdit donc, quelles que soient vos motivations (excellentes ou spammantes), de faire du cloaking (*http://goo.gl/6XZn4*). Le moteur et l'internaute doivent avoir potentiellement accès au même contenu. *Dura lex sed Google lex...*

Le content spinning

Il s'agit ici de méthodes de réécriture automatique de texte. Le principe en est simple : vous prenez un texte de départ (original) et pour ne pas tomber dans des problématiques de duplicate content, vous le passez dans une « moulinette » de *content spinning* qui va le réécrire en changeant les mots, les verbes, etc. par des synonymes ou expressions proches. En voici un exemple assez parlant (source : *http://discodog.fr/content-spinning.html*) :

> *{ Parmi les | Un des | Dans les } { grands | petits | supers } { atouts | avantages } du { Texas Hold'em | Omaha | poker }, c'est que { lorsque | quand } vous { créez | activez | validez | ouvrez } un { identifiant | compte } { dans | sur } { une salle de poker | une poker room | un site de poker | une salle de jeu } { en ligne | sur Internet | sur le Net | via votre ordinateur }, vous { obtenez | gagnez | recevez | êtes gratifié d' | êtes doté d' | avez droit à } un { super | mega } bonus { automatiquement | gratuitement | systématiquement }.*
>
> *grands avantages du { Texas Hold'em | Omaha | poker } est que vous { obtenez | gagnez | recevez | êtes gratifié d' | êtes doté d' | avez droit à } un { super | mega } bonus quand vous { créez | activez | validez | ouvrez } un compte { dans | sur }{ une salle de poker | une poker room| un site de poker | une salle de jeu }.*

Chaque zone entre crochets, dans l'exemple ci-dessus, peut être ainsi réécrite sous plusieurs formes, chaque combinaison créant alors une nouvelle version du contenu plus ou moins différente, ce qui permet d'éviter de tomber dans les arcanes du duplicate content. L'avantage est que ces techniques sont entièrement automatisables et qu'on peut produire de nombreuses versions d'un même texte sans aucune intervention humaine ou presque...

Google, de son côté, a cependant été très clair également au sujet de ces techniques : « Tout contenu proposé sur un site web doit avant tout être créé pour les utilisateurs et non pour les moteurs de recherche. Le content spinning n'offre rien de nouveau aux internautes (si ce n'est un contenu déjà existant rendu illisible) et est clairement destiné aux moteurs de recherche plutôt qu'aux utilisateurs. Par conséquent, des actions peuvent être prises à l'encontre des sites qui proposent ce genre de contenu. Il en va de même pour tout contenu réécrit, traduit automatiquement, ou modifié de façon à vouloir le faire apparaître comme unique au robot Googlebot. » (source : *http://goo.gl/2WtTW*).

Il nous reste à savoir comment le moteur arrive à détecter ce type de pratique, car un content spinning bien fait est tout à fait lisible par un internaute et extrêmement difficile à identifier. Toutefois on compte les « gros cerveaux » par centaines chez Google, aussi conviendra-t-il de réfléchir à deux fois avant de tenter de « spinner » en grand le contenu d'un site web.

Le scraping

Nous en avons déjà parlé, il s'agit ici d'aller « copier » un contenu sur le Web pour le « coller » dans son propre site, de façon légale ou pas. Cette technique est clairement visée par Panda et on ne peut que la déconseiller.

De nombreux logiciels existent cependant dans ce domaine (beaucoup sont également développés par les sociétés désirant « scraper » le Web pour leurs propres besoins). Ils sont assez faciles à dénicher sur Internet. Le « ténor » s'appelle certainement ScrapeBox (*http://www.scrapebox.com/*), même s'il sert surtout, en technique *black hat*, à remplir de façon automatique des formulaires (commentaires de blogs, de forums, etc.) afin d'y ajouter des liens vers son site par centaines ou milliers.

L'indexation de pages de résultats de moteur interne

Là encore, nous en avons parlé auparavant, Google interdit l'indexation des pages de résultats de votre moteur interne : « Utilisez le fichier `robots.txt` pour empêcher l'exploration des pages de résultats de recherche ou d'autres pages créées automatiquement par les moteurs de recherche et qui n'offrent aucun intérêt particulier pour les internautes. » (Voir *http://goo.gl/qwPPS*.) La plupart du temps, il est donc conseillé d'intégrer une balise meta `"robots"` adéquate dans le gabarit de la page de résultats de ce moteur intra-site, sous la forme suivante :

```
<meta name="robots" content="noindex,follow">
```

Le robot trouvera cette balise dans la page et ne l'indexera donc pas.

Les recommandations de Google

Google a publié sur son blog pour webmasters, en mai 2011 (*http://goo.gl/oZClK*, reprise et traduite en français ici : *http://goo.gl/FfeHf*), une liste de questions que les éditeurs de sites web devraient se poser pour savoir si leurs contenus sont potentiellement visés par Panda. En voici un résumé.

- Auriez-vous confiance dans l'information fournie par les contenus que vous proposez ?
- Est-ce que ces contenus sont écrits par un expert du domaine ou une personne connaissant bien le sujet ? Le texte est-il superficiel ?
- Est-ce que votre site propose un contenu dupliqué, partiellement repris, redondant ou plus ou moins réécrit (système de content spinning) ?
- Est-ce que cela vous poserait un problème de donner votre numéro de carte bancaire à un site tel que le vôtre ?
- Est-ce que vos articles contiennent des fautes d'orthographe, de frappe ou des erreurs flagrantes ?
- Est-ce que les thèmes traités sont déterminés par les véritables intérêts de vos lecteurs ou le principal objectif de votre site est-il d'identifier des thèmes permettant de bien apparaître dans les résultats des moteurs de recherche ?
- Proposez-vous des contenus, des recherches, des analyses et des reportages originaux ?

- Est-ce que vos pages apportent réellement un plus, comparées à d'autres sites apparaissant déjà dans les résultats des moteurs ?
- Quel contrôle de qualité est effectué sur vos contenus ?
- Vos articles décrivent-ils plusieurs aspects d'une histoire ?
- Est-ce que votre site est reconnu comme étant de référence sur les thèmes qu'il traite ?
- Le contenu est-il créé par de très nombreux rédacteurs ou réparti sur de nombreux sites afin de diluer son impact ?
- L'article a-t-il été écrit avec soin ou est-il négligé ou hâtivement rédigé ?
- Pour une réponse relative à la santé, est-ce que vous auriez confiance dans la réponse apportée par votre site ?
- Est-ce que vous reconnaîtriez ce site comme faisant autorité dans un domaine si on vous en donnait le nom ?
- Est-ce que cet article propose une description complète et exhaustive du sujet traité ?
- Cet article propose-t-il une analyse perspicace et des informations intéressantes, au-delà des évidences ?
- Aimeriez-vous *bookmarker*, partager avec des amis ce type de page ?
- Cet article propose-t-il un excès de publicités qui interfère avec le contenu principal ?
- Est-ce que vous vous attendriez à lire cet article dans un magazine papier, une encyclopédie ou un livre ?
- Les articles sont-ils courts, sans substance ou manquant de précisions utiles ?
- Les contenus sont-ils écrits avec soin et détails ?

Ces questions sont assez étonnantes et parfois redondantes, voire floues et absconses, en tout cas souvent très subjectives. Pourtant, quand c'est Google qui le dit, on essaie d'en tenir compte au maximum, même quand ça ne semble pas si clair que cela.

N'hésitez donc pas à vous poser les questions listées ci-dessus au sujet du contenu de votre site web et d'envisager les réponses que vous pourriez y donner. Si celles-ci ne vont pas dans le bon sens, il semble préférable de désindexer les pages concernées des moteurs de recherche pour éviter les prises de « Kung-fu Panda » qui font mal.

Les dix actions à mettre en place

Quelles actions mettre en place pour éviter le « coup de bambou » de Panda ? On peut en envisager plusieurs, permettant de préparer votre site web, en période préPanda, ou de le corriger si le célèbre mammifère est déjà passé le visiter. Voici dix points qu'il vous faudra vérifier sur vos contenus.

Revoir son contenu éditorial

Dans un premier temps, révisez votre contenu éditorial et favorisez toujours le contenu de qualité. La question principale à vous poser est simple : est-ce qu'une page que vous décidez de mettre en ligne sur votre site possède suffisamment de valeur ajoutée pour justifier son existence dans Google ?

Si oui, pas de soucis, vous pouvez la laisser en ligne, elle ne devrait pas subir la colère de Panda. Si non, nous vous conseillons de la désindexer en insérant la balise suivante dans la partie `HEAD` de son code HTML :

```
<meta name="robots" content="noindex,follow">
```

Rien ne vous empêche de la désindexer en attendant l'arrivée de Panda puis de décider, après analyse des éventuelles modifications de trafic apportées par le filtre de Google, si vous la réindexez ou pas...

Bien sûr, la notion de « valeur ajoutée » est très subjective et votre vision de ce concept n'est peut-être pas la même que celle de Google. Il faudra laisser faire votre bon sens pour savoir de quel côté faire pencher la balance.

Traquer le contenu dupliqué

Si votre site souffre de contenu dupliqué (voir chapitre 13), vous devrez mettre en place plusieurs actions, en fonction du type de duplicate content rencontré. Il en existe trois sortes.

- Contenu dupliqué intrasite : plusieurs pages, à l'intérieur de votre site, proposent le même contenu éditorial. Si vous ne faites rien, Google va donc en choisir une, la canonique, et la mettre en avant dans ses résultats. L'autre (ou les autres) sera considérée comme dupliquée et de « second choix ». Elle sera très peu visible.

  Si vous voulez indiquer à Google quelle est la page canonique, vous devez insérer dans chaque page dupliquée la balise suivante :

  ```
  <link rel="canonical" href="http://www.siteweb.com/adresse-de-la-page-canonique.html"/>
  ```

  Dans ce cas, Google choisira comme canonique la page visée et transférera les backlinks des pages dupliquées à cette page canonique.

  En revanche, si vous désirez que les deux pages soient référencées de façon égale, vous n'avez pas d'autre choix que de modifier en profondeur le contenu d'une des deux pages pour qu'elles soient suffisamment différentes l'une de l'autre.

  Un chiffre souvent cité dans ce type de test avance qu'il faut obtenir un taux de similarité inférieur à 70 % entre deux pages pour éviter tout problème de duplicate content. Même s'il faut considérer ce chiffre plutôt à titre indicatif, il s'agit d'une barrière assez logique que vous pouvez en effet ne pas dépasser.

- Contenu dupliqué intersite : le contenu est le même, non plus sur deux pages de votre site, mais sur des sites différents. La méthode à mettre en place est strictement la même : vous décidez de la page qui sera considérée comme dupliquée par Google et vous y insérez une balise `link rel canonical` qui indique au moteur qu'elle est la copie de la page originale correspondant à l'URL fournie. Par exemple, si vous êtes fournisseur de contenu et qu'un de vos partenaires reprend un article que vous mettez à sa disposition, c'est lui qui, *a priori*, insérera la balise dans sa page.

Figure 15-14

Site Similar Page Checker (http://www.webconfs.com/similar-page-checker.php) : il indique le taux de similarité entre deux pages dont vous avez saisi les URL. Ici : 65 %.

- Enfin, troisième cas de duplicate content : le DUST *(Duplicate URL, Same Text)*, qui survient lorsqu'il est possible d'accéder à certaines pages de votre site par plusieurs URL différentes. Voici un exemple classique avec ces différentes adresses qui permettent d'arriver à la page d'accueil de votre site web :
  http://www.votresite.com/
  http://www.votresite.com
  http://www.votresite.com/index.html
  http://www.votresite.com/index.html?source=emailing
  Ces quatre URL correspondent à une seule page web, un seul code source. Pourtant, il s'agit de quatre pages différentes pour Google. Si chacune de ces adresses reçoit (liens entrants), la situation ne sera pas la même aux yeux de Google que si vous n'aviez qu'une seule page d'accueil, celle-ci recevant 12 backlinks... Pour éviter ce problème, c'est encore la balise `link rel canonical` qui va vous sauver :

```
<link rel="canonical" href="http://www.votresite.com/" />
```

  Elle va indiquer à Google que toutes les occurrences des URL renvoient à l'adresse canonique (ici *http://www.votresite.com/*) et le moteur transférera les URL vers cette même page canonique. Le tour est joué (*http://goo.gl/PYDvb*).

Tous ces points ont été développés au chapitre 13.

Insérer une balise source

Google propose également une balise qui l'aide à définir la source d'un contenu. Autant donc l'utiliser pour lui simplifier la vie.

Balise `source` (*http://goo.gl/Ljxr0*) :

```
<meta name="syndication-source" content="http://www.example.com/article-original-
➥ pouvant-etre-publie-ailleurs.html">
<meta name="original-source" content="http://www.example.com/article-original-
pouvant-etre-publie-ailleurs.html"">
```

Dans ce même cadre de balises qui préfigurent une forte sémantisation du Web dans les années à venir, nous ne pouvons que vous suggérer de regarder de près le standard Schema.org (*http://goo.gl/Qjuqx* et chapitre 11), que nous vous conseillons d'intégrer au plus vite dans vos codes sources afin d'aider les moteurs de recherche à mieux analyser vos contenus...

Bien démarquer éditorial et publicité

N'hésitez pas également à marquer une distinction nette entre contenu et publicité dans vos contenus éditoriaux. N'insérez pas de publicité au cœur de vos articles, utilisez les zones à droite, à gauche ou dans le header pour cela. Pensez toujours à vos lecteurs et simplifiez vos pages en créant une démarcation nette entre pub et éditorial. Panda et vos visiteurs vous en remercieront !

Mesurer le taux de rebond de vos pages

Pour avoir une idée de la « qualité » d'une page, vous pouvez vous aider de Google Analytics (ou équivalent) et du taux de rebond indiqué par votre outil de mesure d'audience. Il est surtout important de mettre en relation ce taux de rebond et le type de page. Une page qui présente un produit sur une boutique, par exemple, ne pourra se satisfaire d'un taux de rebond élevé, signifiant que le visiteur n'a pas entamé de processus d'achat et qu'il n'a pas cherché à en savoir plus. En revanche, pour un article sur un site de presse, cela pourra paraître assez logique : l'internaute a lu l'article et, si celui-ci n'est pas découpé en plusieurs pages, il est allé ailleurs, ce qui n'a rien d'anormal en soi.

Bref, faites une révision de vos types de pages et identifiez quel taux de rebond « type » celles-ci peuvent recevoir. Confrontez cette théorie à la réalité. Si certaines pages ne correspondent pas à ce que vous aviez imaginé, essayez de comprendre pourquoi. Car, dans ce cas, il se peut que le contenu soit considéré comme de « faible qualité » par l'internaute et ce sera peut-être la même chose pour le moteur...

Spammer, c'est mal !

Stoppez immédiatement toute technique éventuelle pouvant passer pour du spamdexing : cloaking, content spinning, scraping ou autres... Vous voulez tenter d'être plus ingénieux que les ingénieurs de Google et essayer quelques techniques *black hat* ? Allez-y si le cœur vous en dit, mais le temps est à l'orage de ce côté-là. Nous ne pouvons que vous déconseiller de tenter le diable ou attendez au moins que la tempête se calme et que le Panda s'éloigne. Enfin, chacun est libre de faire comme il l'entend, mais on vous aura prévenu ! En tout état de cause, ne testez jamais une technique « limite » sur la même adresse que votre site phare. Faites des essais sur un autre nom de domaine afin que, même si ce domaine est pénalisé, cela n'affecte pas votre site. Au moins, vous n'aurez pas tout perdu. Encore une fois, l'heure n'est pas vraiment aux expérimentations *in vivo* en ce moment.

Diversifier ses sources de trafic

Autre point important : diversifiez vos sources de trafic pour ne pas être (trop) dépendant de Google.

Ce point est extrêmement important. Il existe *grosso modo* trois sources de trafic différentes sur un site web :

- les accès directs (les internautes viennent en tapant l'adresse du site dans leur navigateur, ou depuis leurs favoris, etc.) ;
- les sites référents (vos visiteurs trouvent sur le Web un lien vers votre site et cliquent dessus) ;
- le trafic transmis par les moteurs de recherche.

L'équation est simple : plus le pourcentage de trafic issu des moteurs est fort, plus vous êtes dépendant de ces derniers et des soubresauts de leurs algorithmes. Ainsi, certains sites ont un trafic qui provient à 90 % des moteurs de recherche, donc à environ 88 % du seul Google. C'est énorme et très dangereux ! Cela peut être assimilé à une entreprise qui n'aurait quasiment qu'un seul client : le jour où celui-ci ne commande plus, l'entreprise est morte.

En règle générale, on préconisera donc une répartition égale du trafic sur un site entre les trois sources d'information, comme sur la figure 15-14, issue de Google Analytics.

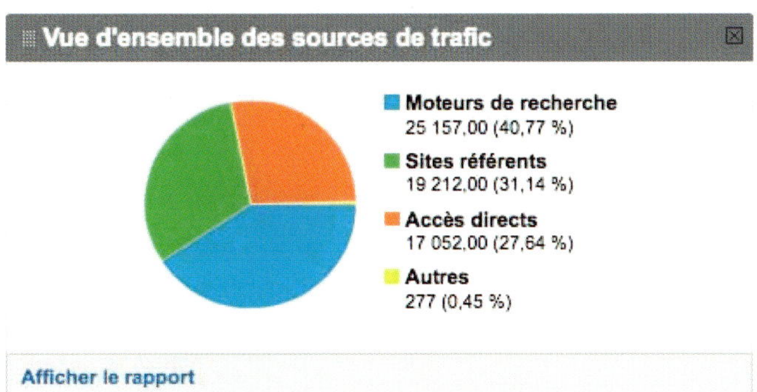

Figure 15-15

Un trafic également réparti entre les trois sources distinctes : une garantie de ne pas être dépendant de l'une d'entre elles

La bonne répartition entre les sites référents (venant d'une bonne stratégie online), les accès directs (stratégie off-line) et les moteurs de recherche garantit de ne pas devenir dépendant d'une source donnée et de ne pas être trop influencé par d'éventuels changements sur l'un des trois secteurs du camembert...

En tout état de cause, orientez-vous vers un pourcentage oscillant entre 30 % et 40 % du trafic total pour la partie « moteurs » : ce sera la meilleure stratégie possible.

Mesurer la qualité du trafic transmis par les moteurs

En outre, il semble nécessaire de s'orienter aujourd'hui vers la mesure de la qualité du trafic amené par les moteurs (plutôt que vers le positionnement pur) pour mesurer la qualité d'un référencement. En effet, de trop nombreuses personnes prennent encore en compte le positionnement (« Je suis premier sur Google, quel bonheur, même si personne ne saisit le mot-clé en question ! ») pour mesurer la qualité d'un référencement. Cette notion nous semble gênante et en voie d'obsolescence en 2016.

On l'a bien vu dans les prémices de Panda depuis le mois de mars 2011 : certains sites web ont beaucoup perdu en matière de positionnement, faisant croire que Panda avait débarqué, alors qu'aucun trafic n'avait été globalement et réellement perdu. Cela doit nous mettre la puce (de panda) à l'oreille : le positionnement est-il encore un critère fiable ? Être référencé, est-ce être bien positionné et seulement cela ?

Pour nous, la réponse est clairement « non ! », et ce pour plusieurs raisons.

- Il ne sert à rien d'être bien positionné sur une requête que personne, ou presque, ne saisit. Ce qu'on désire avant tout, c'est du trafic, et si possible du trafic de qualité (qui transforme), plus que des positions *stricto sensu*.
- Les moteurs de recherche personnalisent de plus en plus les pages de résultats (les SERP), en fonction de nombreux critères : adresse IP (géolocalisation), historique de recherche, langue du navigateur utilisé, recherches effectuées par votre cercle social, datacenter interrogé, etc. Une page peut donc, à moteur et requête égaux, se retrouver en première position, en sixième voire en cinquantième en fonction de la personnalisation plus ou moins forte du moteur. Comment mesurer, dans ce cas, une position fiable et stable ? Impossible (voir chapitre 9 à ce sujet).

On l'a dit, l'important en termes de SEO est avant tout d'obtenir du trafic de qualité. Il est de plus en plus conseillé de s'orienter vers l'analyse des résultats renvoyés par votre outil de mesure d'audience (Google Analytics, XiTi/AT Internet ou autre) pour mesurer la qualité de ce référencement naturel. Ainsi, il est possible de définir des KPI (indicateurs clés de performance) intéressants, parmi lesquels on peut identifier :

- la part du trafic « moteur » par rapport au trafic global ;
- l'évolution du trafic « moteur » dans le temps ;
- le nombre et l'analyse des mots-clés *referers* (requêtes ayant permis de trouver votre site sur les moteurs de recherche) ;
- le taux de transformation des mots-clés *referers* ;
- le nombre de pages recevant du trafic des moteurs et celles ne recevant pas de trafic.

On peut imaginer bon nombre d'autres KPI issus de l'analyse du trafic transmis par Google, Bing, etc. Le positionnement en lui-même n'est peut-être pas définitivement mort, mais il ne nous semble plus suffisant pour donner une vision fiable de la qualité du travail effectué en termes de référencement. Bien sûr, un bon référencement, donc un trafic de qualité, viendra toujours d'un bon positionnement à un moment donné (c'est assez logique), mais ne vaut-il pas mieux analyser les conséquences plutôt que les causes, en l'occurrence ?

Réviser ses liens et privilégier la qualité

N'hésitez pas non plus à réaliser un audit de votre stratégie de netlinking et vérifiez que tous les liens qui pointent vers votre site web sont « propres » (même si les aspects autour du netlinking sont plutôt pris en charge par Penguin, comme nous le verrons plus tard) :

- pas de liens issus de systèmes de « fermes de liens » ;
- si vous achetez des liens, n'oubliez pas que Google demande à ce qu'ils soient mis en `nofollow` (*http://goo.gl/gOXAw*) ;
- en règle générale, privilégiez les liens « naturels » par rapport aux liens « artificiels » (issus d'annuaires un peu bidons, de commentaires de blogs, de forums, liens en bas de pages de sites n'ayant aucun rapport avec votre activité et qui n'apportent, de toute façon, pas grand-chose en SEO à l'heure actuelle, etc.).

Revenir aux fondamentaux du référencement

Au fil des indications fournies par Google dans les forums, dans les blogs, par Twitter ou dans les salons spécialisés, on peut aussi retenir plusieurs points qui peuvent aider à affronter Panda.

- Optimisez proprement vos pages, dans les « règles de l'art », sans suroptimiser. Vous trouverez plus d'informations sur la meilleure façon d'optimiser des pages web pour les moteurs de recherche à l'adresse *http://referencement.abondance.com.* N'oubliez pas que le monde du SEO est changeant et qu'on a passé l'ère de la balise meta `"keywords"` depuis bien longtemps déjà. Des problèmes suite au passage de Panda sur un site peuvent survenir pour cause de mauvaise analyse du contenu par le moteur. En optimisant proprement vos pages, vous aidez le moteur à comprendre vos contenus.
- Proposez des liens sortants dans vos pages et ne les indiquez pas en `nofollow`. Pour Google, un site qui ne propose aucun lien sortant semble être « suspect ». Et puis, on est sur le Web, que diantre ! Il est logique de pointer vers d'autres sources d'informations.
- Ne proposez pas trop de crosslinking (liens internes) à l'intérieur de vos contenus. Un ou deux liens internes par paragraphe peut être une bonne moyenne, mais si vous insérez un lien quasiment sur chaque mot, cela peut vite tourner à la suroptimisation.
- Privilégiez les sujets connexes pour le crosslinking : lorsque vous créez des liens dans vos contenus, faites en sorte qu'ils pointent vers des pages parlant de sujets similaires et non vers des pages n'ayant qu'un rapport très lointain avec ce que l'internaute est en train de lire.

- Concentrez le nombre d'articles sur un sujet spécifique : si vous désirez parler d'un sujet, n'écrivez pas une dizaine d'articles parlant quasiment de la même chose (pratique assez courante dans les fermes de contenu). Focalisez-vous sur un contenu ou présentez plusieurs visions du même sujet si vous écrivez plusieurs articles (les « pour » et les « contre », par exemple).
- Favoriser l'UGC *(User Generated Content)* : avis, commentaires, etc., et les partages sur les réseaux sociaux (Facebook, Twitter, +1). Selon Google, il semblerait que les pages qui vivent grâce aux contenus fournis par les autres internautes soient mieux appréciées par Panda.

Bref, si vous suivez ces quelques conseils et si vous « clarifiez » vos pages, vous ne devriez pas connaître les affres des griffes du Panda. C'est tout le mal que nous vous souhaitons pour le bien de votre site !

Conclusion

Nous avons essayé, au travers de ce chapitre, de vous proposer un aperçu le plus complet possible de l'information connue à l'heure où ces lignes étaient écrites sur Google Panda.

Bien sûr, il est difficile, voire impossible, d'être certain à 100 % de ce qui est dit ou écrit à ce sujet sur le Web, même lorsque cela provient d'une source officielle de Google. :-)

Cependant, les quelques règles que nous vous avons données précédemment ne pourront que vous aider à proposer sur le Web des contenus intéressants et informatifs à vos visiteurs, qui devraient les apprécier.

Certains verront dans Panda une nouvelle occasion pour Google de s'approprier le Web et d'en dicter les règles, voire les lois. D'autres remarqueront qu'il était temps pour le moteur de recherche de faire le ménage dans son index. Nous laisserons chacun se faire sa propre opinion sur ces points.

Finalement, si Google Panda a en grande partie servi à faire en sorte que nombre d'éditeurs de sites web reviennent aux fondamentaux et se rendent compte que sur la Toile, le contenu est le capital, cet épisode googlien n'aura pas servi à rien, loin de là, même si quelques chutes seront payées durement.

Rappelons, pour conclure, la phrase que nous proposons à la fin de toutes nos formations depuis de nombreuses années, encore plus vraie aujourd'hui suite à la visite dans nos contrées de ce sacré *Ailuropoda melanoleuca* (*http://goo.gl/hjqd6*) : « Content is King, Link is his Queen, and Optimized Content is Emperor ! »

Google Penguin

Nous l'avons dit précédemment, l'année 2011 a vu l'avènement du filtre de nettoyage Google Panda, qui avait pour principal objectif de nettoyer l'index de Google de son contenu estimé « de faible qualité ». En 2012, un autre animal a fait son apparition : le « manchot » ou, en anglais, Penguin.

Manchot ou pingouin ?

Pour l'anecdote, la traduction de « penguin », le nom donné par Google à son algorithme, est « manchot » en français. Traduire « penguin » en « pingouin » est donc un abus de langage car les deux volatiles sont différents. Les pingouins vivent dans l'hémisphère nord et peuvent voler, alors que les manchots ne volent pas et vivent dans l'hémisphère sud (leurs ailes leur permettent seulement de nager dans l'eau). En anglais, « pingouin » se dit plutôt « great auk » (grand pingouin), « auk » (ensemble des alcidés) ou « razorbill » (petit pingouin).

C'était notre séquence « culture animalière »... Plus d'infos ici : *http://fr.wikipedia.org/wiki/Pingouin*

Historique de Penguin

Le 28 janvier 2012, un article intitulé « Net-blingbling : une prestation de netlinking honnête est-elle encore possible en SEO ? » (*http://goo.gl/Cxwjs*) secouait le petit monde du SEO français en posant certaines questions importantes sur la qualité des liens obtenus au travers de certaines stratégies de netlinking...

Le 9 mars de la même année, au salon SEO Campus à Saint-Denis, l'auteur du présent ouvrage (éditeur du site Abondance.com) indiquait, lors de la séance plénière, qu'« il fallait s'attendre à ce que Google mette en place en 2012 un algorithme de nettoyage des liens, qui serait le pendant de Panda *(sic)* pour les backlinks de faible qualité ». Le nom fourni – par pure divagation intellectuelle – était alors : « Google ornithorynque ». Finalement, c'est le manchot « Penguin » qui a été choisi, même si on peut penser que « Google Platypus » sonnait bien également. Les couleurs monochromes (noir et blanc) des filtres de nettoyage de Google sont-elles une référence à la dichotomie « black hat - white hat » ? Possible...

Le 19 mars, Matt Cutts fait une déclaration lors d'un salon américain : plusieurs personnes de son équipe travailleraient à une pénalité visant les sites suroptimisés en SEO. Premier indice qu'il se trame quelque chose au sein de la Quality Search Team du moteur de recherche (*http://goo.gl/EK74w*).

Le 26 mars, première action : Google désindexe un réseau complet de création de liens artificiels visant à améliorer le référencement de sites web. Le site Abondance.com se pose alors la question suivante : « Est-ce un premier pas dans le cadre d'une *karcherisation* à grande échelle qui s'avère aujourd'hui clairement nécessaire ? » (*http://goo.gl/gJwX0*)

Le 2 avril, Google continue en mettant en place une campagne de communication plus forte envers les webmasters pour les avertir de pratiques de *bad linking* sur leurs sites web et du risque de pénalisation qu'ils encourent (*http://goo.gl/89ER2*). Un webmaster averti en vaut alors deux ! Au moins, on ne pourra pas dire que Google n'a pas prévenu. Ceci dit, de nombreux sites pénalisés plus tard par Penguin n'avaient pas reçu ce type de message au préalable.

Enfin, le 24 avril 2012, le lancement de l'algorithme antispam est officiel : le blog pour webmasters de Google, par la voix de Matt Cutts, indique que la grande lessive a commencé (*http://goo.gl/8UWTq*).

L'analyse du phénomène est rendue complexe car on apprend juste après que la version 3.5 de Panda, l'autre animal monochrome, a été lancée le 19 avril. La 3.6 sera d'ailleurs en ligne le 27 avril, générant un conglomérat difficile à dénouer autour de ces trois événements importants. Quel phénomène est dû à Panda ou à Penguin ? Difficile à dire. Mais, si votre trafic a fortement chuté à partir du 25 avril 2012, il y a de fortes chances pour qu'il ait pris un « coup de manchot » !

Figure 15-16

Exemple de courbe statistique, issue de Google Analytics, pour un site ayant subi une chute conséquente de trafic due à Google Penguin, à partir du 25 avril 2012 (source : http://goo.gl/SFkVJ*)*

Point important : si Google Penguin génère des pertes de positions pour certaines pages d'un site web, il ne *blackliste* (suppression de l'index) ou ne pénalise pas un site entier comme Panda. Certaines pages pénalisées restent donc dans l'index mais perdent de la visibilité (et parfois énormément), et d'autres pages du site peuvent ne pas être touchées par l'algorithme. Il s'agit là d'une des grandes différences entre les deux filtres de nettoyage.

Penguin, tout comme Panda, fait en tout cas clairement partie de la stratégie FUD (*Fear, Uncertainty and Doubt* : *http://goo.gl/n4exl*) de Google : communiquer sur ses algorithmes pour faire peur aux spammeurs et créer la panique dans le monde du SEO. Les années qui viennent de passer nous y ont habitué.

Le résultat de Penguin est très clair : certains sites, notamment en France, ont clairement été touchés de façon forte au niveau de leur trafic. Il s'agissait cependant, et nous y reviendrons par la suite dans ce chapitre, dans leur immense majorité, de sites qui avaient « abusé » en termes de netlinking de mauvaise qualité.

En 2012, Penguin a connu trois lancements aux dates suivantes :

- Penguin 1 : 24 avril ;
- Penguin 2 (parfois appelé 1.1) : 26 mai ;
- Penguin 3 : 5 octobre.

Penguin 4 (rebaptisé par la suite 2.0), enfin, sera lancé en mai 2013 (*http://goo.gl/EHbd1n*) et s'avérera particulièrement virulent en France, tout comme la version 2.1 en octobre (*http://goo.gl/C03VtN*).

Deux autres lancements ont ensuite eu lieu :

- Penguin 2.1 : 4 octobre 2013 ;
- Penguin 3.0 : 18 octobre 2014, soit plus d'un an après le précédent !

Une fois cet historique évoqué, tentons maintenant de comprendre pourquoi ce manchot a été mis en place et comment « arranger les choses » pour sortir de cette pénalité ou ne pas y tomber.

Que combat Google Penguin ?

Dans son post officiel, Matt Cutts indique clairement que Google Penguin a été mis en place pour combattre deux fléaux de spamdexing (fraude visant à détourner les algorithmes de Google pour créer du trafic artificiel sur un site web) :

- le spam de contenu et les suroptimisations, comme le « keyword stuffing » (bourrage de mots-clés) ;
- le spam de linking (liens artificiels et de mauvaise qualité).

La situation est donc limpide : pour ne pas avoir à subir les affres du manchot, il va falloir jouer sur ces deux leviers afin de « clarifier votre site ».

La suroptimisation dans les contenus

Nous l'avons expliqué au début de cet ouvrage, le référencement, c'est comme la recette d'un gâteau : vous avez besoin d'un moule, d'ingrédients de qualité et d'un four. Sur le Web et en termes de SEO :

- le moule, c'est le code HTML de vos pages qui a été optimisé pour être réactif auprès des moteurs de recherche et propose « les bonnes balises aux bons endroits » ;
- les ingrédients sont représentés par le contenu éditorial : du bon texte, en quantité suffisante, intéressant pour les internautes et comprenant les bons mots-clés dans les balises prépositionnées du code source ;
- le four va faire « mijoter » le tout et se matérialise sous la forme de backlinks (liens entrants) de qualité, donnant une bonne « popularité » (au sens du PageRank) à vos pages.

Nous nous attacherons, dans un premier temps, à évaluer la notion de « contenu de bonne qualité » (donc les ingrédients de la recette) avant de nous pencher sur les backlinks proprement dits (le four).

L'optimisation d'un site web devra donc suivre les règles aujourd'hui bien connues du SEO « classique » à l'aide de balises correspondant aux critères dits « in page », c'est-à-dire concernant le code HTML de la page elle-même. Ces derniers constituent les « zones chaudes » dans lesquelles il vous faudra placer vos mots-clés principaux, ceux pour lesquels vous désirez voir vos pages bien classées dans les résultats des moteurs de recherche.

Nous n'y reviendrons pas ici (lisez les chapitres précédents qui vous expliqueront tout ce que vous devez savoir à ce niveau), mais suivez pas à pas les différentes étapes essentielles d'une bonne stratégie SEO, basée sur des principes fondamentaux solides.

1. Identifiez avec soin les mots-clés visés.
2. Utilisez les balises importantes (`Structure Hn`, `Title`, mots en gras, URL, attributs `alt` des images, etc.) pour y insérer avec modération les mots-clés visés. Encore une fois, ne « truffez » pas ces « zones chaudes » de mots-clés SEO : sinon la pénalité ne sera pas loin ! Soyez « soft » et mesuré. Travaillez avec bon sens ! N'entrez pas dans des problématiques de *keyword stuffing* (bourrage de mots-clés) et faites en sorte que vos contenus soient « naturels » et faciles à lire pour des internautes « humains ». Suivez attentivement les conseils indiqués dans le livre que vous avez entre les mains et vous ne devriez pas avoir de gros problèmes avec Penguin – pour ce qui est de la suroptimisation des contenus en tout cas.
3. Enfin, n'oubliez pas la règle d'or : si vous ne les connaissez pas encore parfaitement, lisez attentivement les recommandations pour webmasters de Google (*http://support.google.com/webmasters/?hl=fr*). Elles ne sont pas toujours un modèle de clarté, certes, mais elles contiennent de très nombreux conseils parfois très judicieux. Une lecture indispensable pour éviter les pénalités !

Les différentes optimisations et travaux à effectuer « in site » (dans le code HTML et le contenu rédactionnel des pages) fonctionnent la plupart du temps très bien lorsqu'on vise des mots-clés peu concurrentiels. Cependant, dès que la concurrence va pointer le bout de son nez, elles ne suffiront pas la plupart du temps : ce sont les backlinks, les liens entrants, qui donneront alors « popularité » et « réputation » à vos pages et ce sont ces notions qui vont faire émerger vos pages dans les SERP (pages de résultats des moteurs de recherche).

Il s'agit donc de la prochaine étape que nous allons voir maintenant.

Le netlinking de qualité

Le lien est essentiel dans une stratégie SEO, c'est une évidence. Votre objectif va donc être d'obtenir des liens de qualité, qui soient les plus « naturels » et les moins « artificiels » possible (voir le chapitre 6 à ce sujet).

Mais il vous faudra tout d'abord effectuer un état des lieux de votre netlinking pour savoir s'il est de bonne qualité ou si vous devez l'améliorer. Pour cela, les outils pour webmasters de Google (*https://www.google.com/webmasters/tools/home?hl=fr*) sont disponibles. La rubrique « Trafic de recherche>Liens vers votre site » vous donnera de nombreuses informations intéressantes :

- sites qui font le plus de liens vers vous ;
- pages de votre site qui reçoivent le plus de liens ;
- pour chaque page du site, le nombre de backlinks et le nombre de sites qui pointent vers elle ;
- etc.

Il s'agit là d'informations souvent indispensables, assez simples à analyser mais qui se heurtent à deux inconvénients majeurs.

- Le nombre de pages analysées pour un site est limité à 1 000, ce qui sera parfait pour des petits sites mais deviendra très vite problématique pour des sources d'informations plus importantes.
- Le système est limité, par essence même, aux sites auxquels vous avez accès (vous en êtes le webmaster ou celui-ci vous y a donné accès). Pas question donc d'avoir accès à ces données aux sites des concurrents !

Figure 15-17

Google Webmaster Tools : interface d'analyse des backlinks pointant vers votre site

Aussi, lorsque les Google Webmaster Tools auront atteint leurs limites, vous devrez vous tourner vers d'autres outils du marché. Car il n'y a pas que les Webmaster Tools de Google dans la vie ! Auparavant, l'outil de Yahoo! (baptisé « Site Explorer ») était très utilisé car on pouvait l'interroger pour n'importe quel site web. Mais il a disparu (il a en fait été intégré dans les Bing Webmaster Tools).

Heureusement, d'autres outils existent, même s'ils sont pour la plupart en version payante pour avoir accès à toutes leurs fonctionnalités (et les limites du gratuit y sont rapidement atteintes, hélas !). Parmi ceux-ci, trois se détachent nettement à l'heure actuelle :

- Ahrefs (*http://ahrefs.com/*) ;
- Majestic SEO (*https://www.majesticseo.com/*) ;
- Open Site Explorer (*http://www.opensiteexplorer.org/*).

Il y en a bien d'autres mais ces trois-là sont de loin les plus utilisés.

L'idée de base, avec ces outils (Google Webmaster Tools ou sites spécialisés), sera donc :

1. de vérifier quels sont les sites qui ont créé le plus de liens vers vos pages. Si, parmi ces sites, certains vous semblent trop « spammy » en regard des critères que vous lirez dans le chapitre suivant, n'hésitez pas à supprimer les liens générés ou à les désavouer auprès de Google grâce au formulaire adéquat, lancé en octobre 2012 par le moteur (voir plus loin également dans ce chapitre) ;

2. de vérifier quelles pages de votre site ont le plus de backlinks et, pour chacune d'entre elles, depuis quels sites. Si cette situation est « naturelle », pas de soucis. Mais si vous vous apercevez que des sites « suspects » pointent vers vos pages importantes, agissez comme indiqué ci-dessus !

En résumé, faites un état des lieux des liens qui pointent vers votre site en privilégiant la notion de qualité à celle de quantité. Mieux vaux quelques dizaines de « bons liens » que plusieurs milliers de « mauvais liens ».

Les différentes stratégies de netlinking

Revenons rapidement, pour compléter ce qui a été dit au chapitre 6, sur les différentes catégories de liens (backlinks), puisque Penguin les a remises en lumière au cours de l'année 2012. Historiquement, il existe plusieurs possibilités pour obtenir des backlinks sur un site.

Les liens artificiels

Certaines stratégies de netlinking et certaines sociétés de référencement proposent la création de liens entrants plus ou moins automatisée.

- Le netlinking « qui laisse à désirer » : black hat linking

Nous passerons rapidement sur les dizaines de façons « illicites » de créer des liens en utilisant des techniques « black hat » (allant à l'encontre des recommandations de Google). Les outils existent, ils sont performants, et passent souvent entre les mailles du filet de Google : Scrapebox, SE Nuke X, LFE *(Link Farm Evolution)*, Xrumer, Sick Submitter, etc., la création de « splogs » ou de pages satellites, etc. Tous ces outils permettent de créer des multitudes de backlinks en un minimum de temps grâce à des techniques peu raffinées...

Bien sûr, cela fonctionne. Nous utilisons souvent cette analogie à propos du « black hat SEO » : pour gagner de l'argent, vous avez deux solutions, travailler ou braquer une banque. La seconde vous apportera peut-être beaucoup d'argent très rapidement, mais elle est risquée et si vous vous faites arrêter, la sanction sera lourde. La première présente moins de danger mais l'inconvénient est qu'il faut bosser !

La recherche de backlinks relève des mêmes lois : en utilisant au mieux les outils *black hat* dédiés à cette fonction, vous pouvez être le roi du pétrole en quelques jours, voire en quelques heures. Mais si Google et son Penguin vous « pincent », votre site est mort ! À vous de voir donc si le risque en vaut la chandelle !

Nous éliminerons ici ce type de technique, de toute façon interdite par Google et connue de ses services, pour envisager d'autres voies afin de faire connaître votre site web.

- Le netlinking « qui manque de finesse » : annuaires et communiqués de presse

Après les « techniques qui laissent à désirer », voyons maintenant les « techniques qui manquent de finesse » en termes de netlinking (nous allons nous faire des amis) avec les communiqués de presse, les annuaires et les « Digg-like ».

Les *communiqués de presse* (CDP) ont fleuri ces dernières années comme système automatisé (ou semi-automatisé) de netlinking : dans ce type de stratégie, on crée un CDP, on le « spinne » (on en écrit, grâce à un logiciel de *content spinning*, plusieurs versions de façon plus ou moins automatisée pour éviter le duplicate content) ou pas, et on l'envoie sur des plates-formes de CDP créées à cet effet.

Pour information, rappelons que toute manœuvre de « spinning » est interdite par Google. Reste à prouver, ensuite, comment un spinning « bien fait » est détectable par Google. Mais enfin, la « loi Google » est celle-ci (voir section sur Panda dans les pages précédentes).

Pour ce type d'action, il est complexe de démontrer quel est l'intérêt de ces communiqués de presse pour l'internaute ! Pour l'instant, personne n'a pu nous donner le moindre début d'explication : à part la création de liens pour le SEO, et donc pour manipuler l'algorithme de Google, l'intérêt nous semble nul ou tout au mieux, au ras des pâquerettes. On peut en effet se donner bonne conscience en se disant qu'il s'agit de « contenu textuel informatif », l'argument ne tient pas longtemps. Les CDP sont là pour créer du netlinking artificiel, un point c'est tout !

En l'absence d'argumentaire recevable pour l'instant, on peut donc en conclure que les CDP sont des actions, disons-le, « bidons » créées dans un pur but SEO et n'amenant rien aux internautes. Ceci dit, réalisées avec modération, ce sont des techniques qui fonctionnent encore en SEO. Mais pour combien de temps ? Car ce type de lien est clairement l'une des cibles visées par Penguin !

L'inscription sur des annuaires est, elle, vieille comme le Web (l'annuaire de Yahoo! est né en 1994) : on inscrit son site sur de nombreux annuaires, ce qui crée des liens vers sa page d'accueil. Inattaquable, indémodable ? Ça reste à prouver !

L'auteur de cet ouvrage est un grand défenseur des annuaires dans le domaine de la recherche d'informations, car nous avons toujours cru que l'intelligence et le tri humains étaient irremplaçables et que ces outils pouvaient réellement nous aider dans nos recherches de sources d'informations.

Ceci dit, la réalité est toute autre : aujourd'hui, aucun annuaire n'amène de trafic consistant sur un site, bien que les annuairistes disent certainement le contraire.

Et puis, comme pour les CDP ci-dessus, il faut bien se rendre à l'évidence. 99 % des annuaires actuels n'ont été créés que dans une seule optique : faire du netlinking et rien d'autre ! Et ceux qui prétendent le contraire sont les référenceurs qui disent à leurs clients que les annuaires sont irremplaçables pour leur SEO !

Il reste peut-être 1 % des annuaires qui, pour leur part, sont utiles aux internautes. Très bien, mais ne se référencer que sur ceux-là est-il réellement efficace ? Et comment les trouver dans le magma en fusion des centaines, voire des milliers d'annuaires actuels ? Pas si simple.

Dernier point important : fuyez comme la peste les offres de type « inscription dans 500, 1 000 annuaires ou plus pour quelques dizaines d'euros », car ils peuvent être clairement négatifs pour votre référencement ! Quant à ceux qui demandent un lien en retour obligatoire, méfiance... Évitez également tout prestataire de référencement qui vous proposerait ce type d'offre de services (pas sérieux).

- Faut-il proscrire ce type de netlinking ?

Nous avons donc décrit ici les catégories de sources de liens artificiels (CDP, annuaires) et donc « de faible qualité ». C'est une évidence. Pourtant, il ne s'agit pas de les proscrire à 100 %. Seule la quantité est nuisible. Mais vous pouvez tout à fait utiliser ces stratégies à bon escient tant que vous le faites de façon « réfléchie » et avec bon sens.

Certains sites classent par exemple les annuaires par critères de qualité (*http://labo.sitti.fr/category/classement-annuaires*). N'hésitez pas à les suivre pour faire du référencement qualitatif plutôt que quantitatif. Recherchez les meilleurs annuaires, généralistes voire thématiques, les quelques sites de communiqués de presse qui valent le déplacement, et inscrivez-y votre site ou vos contenus de façon manuelle (jamais d'automatisation). Vous ne devriez pas avoir de problèmes tant que vous ne suroptimisez pas ce type de stratégie. Mais si vous « bourrinez » sur du netlinking de faible qualité, la sanction du Penguin ne tardera pas à tomber.

Enfin, sachez que le site SEOMoz a effectué en juin 2012 une série de tests statistiques sur l'indexation de plus de 2 500 annuaires dans Google (*http://goo.gl/h4mM1*) : près de 20 % d'entre eux avaient été récemment bannis ou pénalisés, soit 94 annuaires blacklistés et 410 pénalisés. On peut réfléchir quant à la pérennité de ce type d'outil.

- L'achat de liens

Un « marché parallèle » d'achat de liens existe, c'est une évidence, bien que cette pratique soit interdite par Google, qui demande que, dans ce cas, le lien soit mis en `nofollow`, ce que tout le monde fait, bien entendu. :-)

On sait tous que l'achat de liens se pratique aujourd'hui « sous le manteau » (car il est quasiment impossible de les détecter, techniquement parlant, surtout si les achats sont avant tout qualitatifs avant d'être quantitatifs), il reste à définir sur quels sites ces liens seront achetés (même thématique ou pas ?) et où (dans la zone éditoriale, en footer ?). Un lien acheté n'est donc pas obligatoirement synonyme de lien « puissant » et fournissant beaucoup de « jus de lien ». Et quand on achète, on veut un minimum de retour sur investissement... Autant donc acheter un « double lien » : bon pour le SEO et qui ramène du trafic en plus. Les deux notions semblent ici indissociables !

Et si vous achetez des liens sur le Web, n'oubliez pas de mesurer le trafic direct qu'ils vous ont ramené. Encore une fois, un « bon lien » est un lien qui amène du « jus de lien » à votre référencement et du trafic à votre site. Là encore, nous en avons déjà parlé dans ce chapitre et nous ne reviendrons pas dessus.

Les liens naturels ou semi-naturels

Dans la catégorie des « liens naturels ou semi-naturels », on fera entrer les liens acquis de façon manuelle (aucune automatisation) et qui peuvent réellement avoir un intérêt pour les internautes. Bref, les liens « à valeur ajoutée ». Ce sont les garants d'un bon netlinking !

- Les commentaires de blogs et interventions dans les forums

Attention ! De très nombreux blogs et forums mettent systématiquement les liens externes des contributions de leurs visiteurs en `nofollow`, pour cause légitime de lutte contre le spam. Cela rend en revanche caduques la plupart des tentatives de netlinking sur ces sites.

Ceci dit, des interventions intelligentes sur des sites en `dofollow` (il en existe, heureusement) pourront créer des liens de bonne qualité. Si c'est fait de façon sérieuse, (évitez les classiques « moi aussi je suis d'accord » ou « j'adore votre blog » assortis d'un beau lien, qui seront virés dans la minute qui suit par le modérateur), cela peut être un plus pour votre netlinking. Bien sûr, ce type de travail est chronophage puisque essentiellement réalisé à la main. Mais on n'a rien sans rien.

Les liens 100 % naturels

Les meilleurs liens sont ceux qui se créent sans que vous ayez rien à faire. Pour cela, une seule possibilité : créer un contenu de grande qualité, original, voire polémique. On parle souvent de *linkbaiting* à ce sujet (voir chapitre 6). Nous n'en parlerons pas plus ici, mais suivez toujours cette règle d'or : privilégiez les liens naturels et de qualité et vous n'aurez jamais aucun problème avec le Penguin de Google. Et ceux qui disent qu'il s'agit là d'une « stratégie de Bisounours » devraient revoir leur vision du Web !

Negative SEO, mythe ou réalité ?

Lorsque Google Penguin a été lancé, l'une des premières réactions de nombreux webmasters a été de s'élever contre ce type de pénalité, arguant que si Google pénalisait le « mauvais linking », il suffisait de créer des campagnes de « bad linking » sur les sites concurrents afin de les voir pénalisés de façon quasi systématique par le moteur de recherche. En bref, on s'occupe plus de tenter de détériorer le référencement des sites des concurrents plutôt que d'améliorer le sien. Et on a alors commencé à entendre un peu plus parler de « negative SEO ».

Le negative SEO, c'est quoi ?

Sur le papier, ce raisonnement est logique et Google en est conscient. Il est évident que le « negative SEO » existe depuis des lustres, même si on en parlait moins jusqu'à maintenant. Des sites comme Seofaststart.com (*http://goo.gl/5p7Ky*) ou Justgoodcars.com (*http://goo.gl/6jYb6*) en ont fait les frais dans le passé. Là encore, rien ne peut empêcher des personnes mal intentionnées de vouloir mettre à mal un concurrent. Le monde est ainsi fait.

Cela dit, la plupart des experts s'accordent à dire que les techniques de negative SEO fonctionnent plutôt sur des petits sites ou à faible notoriété, et la plupart du temps récents. Il sera très complexe de « tuer » un gros site ayant pignon sur Web, disposant d'une forte notoriété et présent depuis des années sur la Toile.

De plus, on laisse beaucoup de traces sur le Web et si une société se met en tête de casser la stratégie SEO d'un concurrent, rien ne dit qu'à un moment donné, on ne puisse pas remonter jusqu'à elle. Et c'est la notoriété et l'image de marque de celui qui a initié ces méthodes qui en prendra un coup. Le jeu en vaut-il la chandelle ?

Enfin, il est évident que Google est au courant de ces pratiques. Comment pourrait-il en être autrement ? S'il a mis en ligne Penguin, c'est qu'il estime avoir les armes pour répondre à bon nombre de tentatives de negative SEO. Il dispose de nombreux outils et critères pour « tracker » les tentatives de manipulations de ce type. Là encore, le jeu en vaut-il la chandelle ?

L'outil de désaveu de liens de Google

Toujours est-il que si vous vous estimez victime de ce type de pratique, vous pouvez (depuis le 17 octobre 2012) utiliser l'outil de désaveu de liens fourni par Google (*http://goo.gl/1JWGb*). D'ailleurs, Bing avait lancé le sien quelques semaines plus tôt (*http://goo.gl/NzFM2*).

Figure 15-18

Interface de l'outil de désaveu de liens par Google

L'interface (*http://goo.gl/qK7iF*) présentée sur la figure 15-17 est spartiate et permet d'« uploader » un fichier texte contenant une URL à désavouer par ligne (les lignes commençant par un # étant des commentaires). La syntaxe `domain:` indiquant que vous désirez désavouer les liens venant de toutes les pages de ce site. Exemple :

```
# Contacted owner of spamdomain1.com on 7/1/2012 to
# ask for link removal but got no response
domain:spamdomain1.com
# Owner of spamdomain2.com removed most links, but missed these

http://www.spamdomain2.com/contentA.html
http://www.spamdomain2.com/contentB.html
http://www.spamdomain2.com/contentC.html
```

Matt Cutts donne plus d'indications sur cet outil dans une vidéo de plus de 9 minutes disponible à l'adresse : *http://youtu.be/393nmCYFRtA*.

Une FAQ est également disponible à cette adresse : *http://goo.gl/gdfwu*.

Deux outils pour vous aider dans votre « délinking »

Link Detox (*http://www.linkresearchtools.com/tools/dtox4/*) et Rmoov (*http://www.rmoov.com/index.php*) ont pour vocation de détecter les « mauvais liens » qui pointent vers votre site afin d'éviter des pénalités. Une fois détectés, ces outils proposent des campagnes de suppression des liens en envoyant des e-mails aux propriétaires des sites incriminés.

Il est bien sûr encore trop tôt pour savoir si cet outil est réellement efficace et comment Google va l'utiliser (uniquement pour supprimer les liens vers votre site ou pour détecter également des « sources de spam » dans son index, entre autres possibilités). Nous vous conseillons donc de l'utiliser avec parcimonie, tant qu'on n'a pas le recul nécessaire sur cette nouvelle possibilité. Ne désavouez des liens que si vous êtes certain du pouvoir négatif qu'ils peuvent avoir sur votre site pour l'instant.

Google EMD et Page Layout

Parmi les filtres mis en place par Google, hormis Panda et Penguin, on note également la présence de EMD et Page Layout. De quoi s'agit-il ?

EMD, pour lutter contre les noms de domaine suroptimisés

En septembre 2012, une étude du site SEOMoz (*http://goo.gl/Rv5aS*) semblait indiquer que l'influence – en termes de référencement – de la présence d'un mot-clé dans le nom de domaine d'un site tendait à décroître au fil des années.

Il s'agit certainement d'une tendance voulue par Google devant la recrudescence de noms de domaine ou sous-domaines correspondant exactement à la requête visée, comme : vente-appartements-pas-cher-paris-banlieue.com (exemple fictif), ou pire encore : trophee-andros-circuit-pilotage-glace-conduite-neige-stage.circuitserrechevalier.com (exemple réel).

Pour lutter contre ce phénomène appelé EMD *(Exact Match Domain)*, Google a donc lancé un nouveau filtre fin septembre qui a été baptisé EMD, du nom de la pratique utilisée par les SEO un peu trop zélés.

Un tweet de Matt Cutts, envoyé à cette occasion, indiquait que ce filtre ne touchait que 0,6 % des requêtes en anglais (on ne sait pas si le chiffre pour les requêtes en français est inconnu ou si ce filtre n'impacte que l'anglais, ce qui serait assez étonnant). *A priori*, ce filtre aurait été lancé deux fois en 2012 si on en croit la communication de Google.

Les dérives de ce type étant assez fréquentes, on peut imaginer que Google renforcera ses algorithmes de lutte contre l'EMD en 2016 et que le poids des mots-clés dans le nom de domaine ou le sous-domaine diminuera d'autant dans les mois qui viennent. Cela ne veut pas dire non plus qu'il sera négligeable pour autant. Mais on peut estimer qu'il ne faut pas dépasser la limite des 2 à 3 mots-clés par nom de domaine pour rester « dans les clous ». Et, encore une fois (on se répète souvent en SEO), restez naturel et agissez avec bon sens.

Page Layout, contre les pages mêlant trop étroitement publicité et éditorial

En janvier 2012, Google, toujours par la voix de Matt Cutts, annonçait une nouveauté avec la pénalisation des pages proposant trop de publicités et obligeant l'internaute à « scroller » pour atteindre le vrai contenu éditorial de la page (*http://goo.gl/22kYm*). Ce nouveau filtre recevait le nom de Page Layout.

Le post de Google est clair : « sites that don't have much content "above-the-fold" can be affected by this change ». Soit, en français : les sites qui proposeront trop de publicités dans la zone affichée par défaut dans le navigateur sans avoir à scroller seront donc maintenant pénalisés par l'algorithme du moteur et seront moins bien positionnés. Reste à savoir où se situe la limite entre « a normal degree », comme il est expliqué par Google, et un excès de pub (« an excessive degree », toujours selon le moteur)... Selon Google, ce changement d'algorithme ne touchait cependant qu'1 % des requêtes.

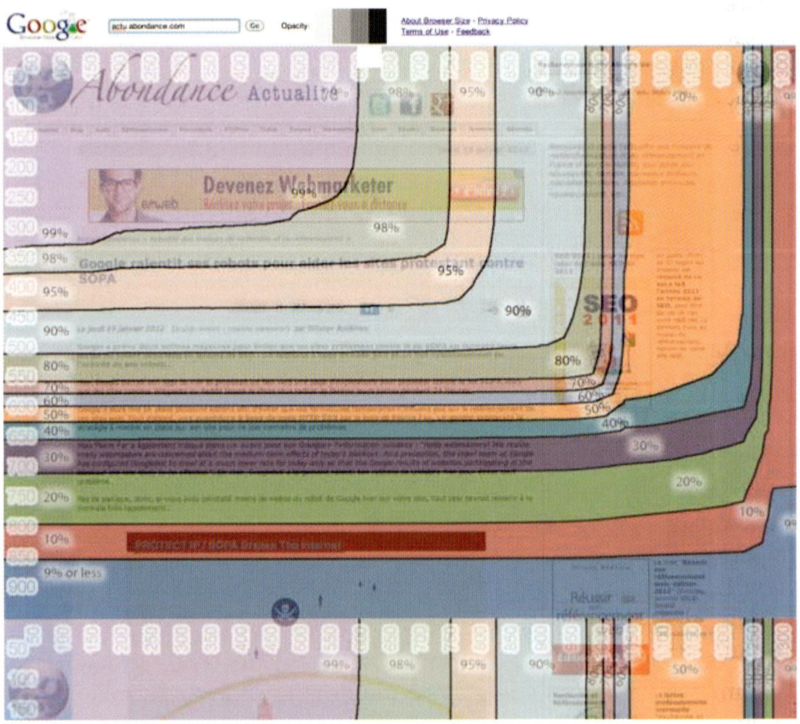

Figure 15-19

*Outil BrowserSize de Google (*http://browsersize.googlelabs.com/*) permettant de visualiser ce que voit l'internaute en fonction de la taille de la fenêtre de son navigateur. Si trop de publicités sont visibles par rapport au contenu éditorial, la pénalité n'est peut-être pas très loin...*

Notez que Google a lancé une seconde fois son filtre Page Layout en octobre 2012 (*http://goo.gl/sO2UW*).

Par expérience, peu de sites web semblent avoir été touchés par ce filtre en France, ce qui ne semble pas le cas d'EMD qui a été beaucoup plus virulent sur le Web en général, et francophone en particulier.

Pour en savoir plus sur les pénalités de Google

Voici quelques articles qui devraient vous en dire plus, en français et en anglais sur les différentes pénalités infligées par Google dans le cadre de sa « recherche qualité » :

- *Les pénalités infligées par Google* : http://goo.gl/mH7DD ;
- *Quelques conseils de Google sur l'outil de désaveu de liens* : *http://goo.gl/IQMzMD* ;
- *Coffee Talk with Senior Google Engineer: Matt Cutts* : http://goo.gl/AuGRt ;
- *Google's Most Common Penalty* : *http://goo.gl/VWN9r* ;
- *Google Ranking #6 Penalty/Filter* : *http://goo.gl/RF0C0* ;
- *Backlinks and reconsideration requests* : *http://goo.gl/Uw7QgC* ;
- *Qu'en est-il des sites pénalisés par Panda, deux ans après ?* : *http://goo.gl/WS5TS1* ;
- *Google propose des statistiques et des exemples en temps réel de sites pénalisés* : *http://goo.gl/byZhnX* ;
- *La tolérance de Google aux liens de faible qualité a baissé (étude)* : *http://goo.gl/7RVcCs* ;
- *Google News interdit le publi-rédactionnel sous peine de blacklistage* : *http://goo.gl/ug2nNR* ;
- *Google pénalise un nouveau réseau de vente de liens artificiels* : *http://goo.gl/s3fpSZ* ;
- *Faut-il désavouer l'outil de désaveu de liens de Google ?* : *http://goo.gl/29BGwn.*

Les Quality Updates Phantom

Section rédigée avec la contribution de Philippe Laine

Malgré un certain silence observé par Google sur ce phénomène, il est clair que de nombreuses mises à jour majeures de l'algorithme ont été mises en place par le moteur de recherche de novembre 2015 à janvier 2016. De nombreux sites ont perdu du trafic SEO à cette période, alors que d'autres en ont gagné. Ces *updates* ont rapidement été appelées *Phantom* 1, *Phantom* 2 puis *Phantom* 3 du fait du manque d'informations de la communauté à leur égard. Ces mises à jour faisaient écho à des phénomènes similaires relevés depuis mai 2013.

Tout a commencé par une baisse – ou une hausse – du trafic naturel, pour certains sites, autour du 11 novembre 2015. Jour férié, puis attentats à Paris et état d'urgence, baisse de l'activité économique, tout cela pouvait éventuellement expliquer des variations à la baisse sur certaines typologies de pages. Mais le phénomène s'est installé durablement.

Figure 15-20

Quatre exemples de sites dont le trafic naturel a été impacté fin novembre 2015 (Source : SEMrush).

Une mise à jour Penguin était attendue avant fin 2015. Cela aurait pu être une explication, mais Google a finalement annoncé qu'elle n'interviendrait pas avant début 2016 (*http://goo.gl/AOplSs*).

Google avait donné un indice de poids en mettant à jour le 12 novembre 2015 le *Page Quality Rating Guideline* concernant l'évaluation de la qualité d'une page et de son contenu (*https://goo.gl/HCUNvs*). De là à imaginer que son contenu serait appliqué en France à peine une semaine après…

C'est finalement un excellent article (*http://goo.gl/5v5Fn0*) du spécialiste SEO américain Glenn Gabe qui va donner certaines clés pour mieux comprendre le phénomène. Du haut de ses 20 ans d'expérience en marketing digital, il dirige l'agence G-squared Interactive depuis 14 ans et justifie de références prestigieuses. Il s'est livré, comme il se doit, à des analyses comparatives poussées pour essayer de faire parler des chiffres. Avec une bonne dose d'intuition et d'expérience, il nous propose une approche très fine et particulièrement convaincante de cette mise à jour Google. Voici la traduction des éléments essentiels.

- De nombreux sites ayant gagné ou perdu des positions le 19 novembre 2015 avaient également connu des mouvements significatifs lors de précédentes mises à jour *Quality Update* (mai 2013, février 2015, mai 2015 et septembre 2015). Cette hypothèse est d'ailleurs confirmée par les statistiques publiées par SEMrush (*https://www.semrush.com/blog/was-googles-new-phantom-3-update-real/*).
- Si on se réfère à ce qui s'est passé lors du déploiement de Phantom 1 en mai 2013, les sites impactés à la baisse auront besoin de plusieurs mois de travail pour espérer retrouver leur niveau initial de trafic naturel.
- Notez que du 2 au 16 septembre 2015 a eu lieu une mise à jour qui semble avoir avantagé les sites déclassés en février et en mai 2015 (*http://www.hmtweb.com/marketing-blog/google-algorithm-updates-september-2015/*). Tout porte donc à croire que ces mises à jour sont liées. Cela a pu passer inaperçu avec la reprise conjoncturelle de

la rentrée, mais en se concentrant sur les positions plutôt que sur le trafic, c'est facile à vérifier.

- Même constat pour Google Phantom 3, qui semble toucher le même type de sites que les précédentes mises à jour *Quality Updates*.

Trois phénomènes liés à cette mise à jour

Toujours selon Glenn Gabe, voici les éléments qui ressortent à propos de cette mise à jour.

1. Les Rich Snippets sont affectés. Ils ont pu disparaître ou apparaître dans les SERP, selon les sites.
2. La mise à jour commencée le 19 novembre 2015 a vu ses effets être ajustés le 28 novembre 2015 (ce deuxième « effet Kiss Kool » que l'auteur nomme « Trémor »). Dans certains cas, le phénomène s'est concrétisé par une baisse supplémentaire de positions.
3. On constate enfin un pic dans les pénalités manuelles pour spam après le 19 novembre 2015.

L'engagement des utilisateurs ciblé par Google Phantom 3

Glenn Gabe souligne que Phantom ressemble à Panda, car ces mises à jour s'attaquent à la qualité du contenu. Mais la principale différence vient de l'importance donnée aux critères d'engagement des utilisateurs. En effet, on constate que d'une façon générale, les pages impactées à la baisse sont certes pauvres en contenu, mais surtout ont de mauvais indicateurs d'engagement des visiteurs.

Les éléments susceptibles de déplaire à Phantom 3 seraient alors :

- déception de l'utilisateur due à la publicité cachée. Les pages contenant de la publicité présentée comme du contenu « normal » peuvent être considérées comme décevantes. Ce n'est pas une bonne nouvelle pour ceux qui espéraient remplacer le display (les bannières) par du *native advertising* (publi-rédactionnel) ;
- expérience utilisateur « maladroite » *: infinite scroll*, *overlay* et autres éléments désagréables qui rendent l'accès au contenu difficile ;
- contenu caché ou dévalorisé par la publicité (bannières énormes qui poussent le contenu vers le bas), pire encore si c'est de la vidéo ! Et insupportable si cette vidéo est en auto-play ;
- pagination excessive à des fins de monétisation. On parle de sites qui découpent volontairement le moindre de leurs articles en 30 ou 35 pages différentes, chacune d'entre elles étant très pauvre, uniquement pour augmenter l'exposition des visiteurs à la publicité ;
- contenu complémentaire de basse qualité et désorganisé. Par exemple, des liens épars, des miniatures et des listes dans la barre verticale de gauche, ou de droite, tout autour du contenu principal. En effet, cela rend la lecture du contenu moins confortable et augmente les risques de clic accidentel sur un mauvais lien ;

- pop-up qui apparaît au scroll. Par exemple, « Suivez-nous sur Facebook » ou « Inscrivez-vous à notre newsletter » ;
- et bien d'autres exemples de problèmes d'engagement utilisateur du même acabit ;
- SEMrush pense trouver une corrélation entre le contenu dupliqué (ou au moins les balises title dupliquées) et les pénalités Phantom. C'est peut-être une coïncidence, mais de toute façon, il s'agit d'un problème à traiter.

La monétisation des contenus dans le collimateur de Google ?

Vous noterez que beaucoup de ces critères sont directement en lien avec la monétisation des sites. Difficile de savoir si Google agit dans l'intérêt des internautes et pour économiser ses ressources de crawl, ou s'il cherche à asseoir sa position dominante. La ligne de conduite officielle étant « Don't be evil », on peut toujours se dire que c'est pour rendre service aux internautes (même si...).

Que faire si on a été déclassé par Google Phantom ?

Il s'avère que les éditeurs dont le site avait souffert du passage de Phantom 2, et qui ont travaillé dur depuis pour rendre leur site plus conforme aux attentes du moteur de recherche, ont été ensuite plutôt avantagés par Phantom 3.

Glenn Gabe ayant aidé de nombreuses sociétés à se relever de Phantom 2 nous livre des conseils avisés.

- Pour commencer, il convient bien entendu de s'attaquer sérieusement et sans tarder à la liste des critères énoncés précédemment. Donc, pour résumer, ne pas noyer les pages sous de la publicité intrusive.
- Éviter également la publicité cachée. L'internaute doit savoir qu'il clique sur de la publicité. Nous nuancerons quand même ce point, considérant que si le contenu sponsorisé est hébergé sur le site éditeur, et qu'il est pertinent, unique, de qualité, en lien avec la thématique du site, on ne voit pas comment Google pourrait le détecter, ni en quoi ce serait insupportable pour l'internaute. Mais effectivement, cela demande de gros efforts à l'annonceur. Ce contenu doit apporter une réelle valeur ajoutée au lecteur.
- Mettre de l'ordre dans les suggestions de contenu complémentaire : si celui-ci est désorganisé et de mauvaise qualité, cela posera des soucis. Ne saturez pas vos pages de liens vers des articles connexes à mauvais escient. Organisez bien les suggestions et assurez-vous qu'elles soient pertinentes pour l'internaute. Vos visiteurs doivent aussi savoir clairement quand vous proposez un lien externe qui va leur faire quitter votre site. Cela peut simplement passer par un titre explicite et un design différent.
- Corriger les soucis d'interface utilisateur. Soyez exigeant et pensez utilisateur d'abord en ce qui concerne la navigation, l'infinite scroll, les pop-ups, etc. La monétisation ne doit jamais gêner l'accès au contenu.
- Chasser le contenu pauvre. Que ce soit pour Panda ou pour Phantom, privilégiez les pages à contenu dense. L'internaute qui clique sur un résultat de recherche et arrive sur une page de votre site doit trouver ce qu'il cherchait au départ. Sans quoi, le temps

passé sur le site, le nombre de pages vues et le taux de rebond vous trahiront très vite et la sanction de Google tombera.

- Faire en sorte de répondre, voire de dépasser, les attentes des internautes, en leur fournissant des informations exhaustives. Si vous n'êtes pas en mesure de proposer quelque chose de nouveau et d'utile, peut-être qu'il vaut mieux renoncer et simplement afficher un lien externe vers une meilleure source.
- Combattre la pagination excessive. Concentrez vos articles sur une seule page s'il n'y a pas d'autre raison que la monétisation pour la découper. Au pire, proposez une version *view all* de la page que vous pousserez pour le SEO, notamment en plaçant des balises canoniques sur chaque sous-page vers cette nouvelle page principale.
- Mettre en avant l'expertise de ses auteurs. Particulièrement pour le contenu susceptible « d'impacter le bonheur futur, la santé ou le bien-être des utilisateurs », Google recommande clairement de citer l'auteur ou la source de l'information. Vous assurerez ainsi la crédibilité du site et montrerez à vos visiteurs que le contenu est rédigé par un auteur expérimenté (un médecin, un juriste, un expert dans son domaine, etc.). Évitez donc le contenu écrit par « Author », « Admin » ou encore « Anonyme » et indiquez le véritable auteur. La notion d'autorité, d'expertise, de confiance qu'on peut accorder à l'auteur est importante. Qui a dit Authorship/Authorrank ?
- S'assurer que Google voit bien les pages comme on le pense. N'oubliez pas de vérifier (à l'aide de la Search Console) la façon dont Googlebot perçoit vos pages. Vous pourriez avoir de mauvaises surprises à cause de ressources boquées ou de publicités perçues comme le contenu principal d'une page !
- Gérer correctement ses pages mobiles (pour les sites séparés). Si vous avez un site mobile sur un sous-domaine, suivez bien les recommandations de Google pour signaler la relation entre deux URL proposant le même contenu, à savoir :
  - placez une balise «rel=alternate» sur la version bureau pointant sur la version mobile ;
  - placez une balise «rel=canonical» sur la version mobile pointant vers la version bureau.
- De plus, il faut être vigilant concernant la détection et la redirection des user-agent. Glenn a constaté un impact de Phantom sur les sites n'ayant pas appliqué ces recommandations.
- Optimiser le temps de chargement. Il n'est pas certain que ce soit un critère pour Phantom, mais ce ne serait pas surprenant. De toute façon, cela ne sera pas perdu et participera à une meilleure expérience utilisateur.

Penser d'abord à ses visiteurs et Google suivra

Chaque site est différent et seul un audit approfondi, assorti d'une analyse du crawl des robots, permet de cibler précisément ses points faibles. Il est probable qu'une simple analyse segmentée des typologies de pages ayant perdu des positions, et un examen des pages à fort taux de rebond, vous mette sur la voie.

Glenn explique n'avoir jamais vu un site déclassé par Phantom et ne présentant pas de réels soucis d'engagement des utilisateurs. Pour retrouver les positions, et donc le trafic naturel perdu, il n'y a pas d'autre choix que de remettre l'utilisateur au cœur de vos préoccupations et de le respecter. Ne faites pas subir aux internautes ce que vous ne voudriez pas qu'on vous fasse...

Conclusion

Spammer, c'est mal ! On pourrait ainsi conclure ce chapitre, de façon un peu naïve, et pourtant, c'est la stricte vérité. Si vous avez pignon sur rue, si votre présence sur le Web est stratégique, ne vous amusez pas à tenter de spammer Google. Un jour ou l'autre, vous vous en mordriez les doigts. La lutte contre le spam et les *black hats* est devenue quotidienne chez Google et vous vous exposez à de gros risques en voulant manipuler les algorithmes du moteur leader.

Tout sera, comme toujours en SEO, question de bon sens : tenter des petites expérimentations minimes ne posera, la plupart du temps, pas de gros problèmes. Mais mettre en place des techniques industrielles au niveau de votre contenu ou de votre netlinking vous retombera dessus un jour ou l'autre. De nombreux webmasters le regrettent amèrement aujourd'hui.

16

Comment ne pas être référencé ?

« La présence diminue la réputation, l'absence l'augmente. »
Baltasar Gracian y Morales

Dans les précédents chapitres, nous vous avions présenté les différentes manières de référencer votre site sur les moteurs de recherche. Il se peut toutefois que vous ayez besoin de déréférencer une source d'informations déjà indexée ou de signaler aux moteurs un certain nombre de pages ou d'éléments à ne plus prendre en compte. Il faut pour cela empêcher certains robots de les considérer. Il existe heureusement plusieurs façons de leur signaler cela. Nous allons les passer en revue dans cette partie.

Pourquoi déréférencer un contenu ?

On peut effectivement se poser la question de la raison d'un déréférencement. Elles peuvent être multiples.

- Un site de test, en cours de construction, n'aura aucun avantage à se retrouver dans les résultats de Google.
- Panda (voir chapitre 15) nous a appris à ne soumettre à Google que le contenu « de bonne qualité ». Toute page qui n'apporterait pas de réponses précises et pertinentes à l'internaute devra être désindexée.
- Les pages de résultats du moteur de recherche interne, notamment, devront faire partie de la « charette » puisque Google le demande.
- Plus vous proposerez des documents pertinents et intéressants via Google, meilleur sera votre taux de rebond.
- Pour des raisons de confidentialité ou de droits/copyright, vous désirez peut-être que certains documents (images, contrats, etc.) ne soient pas disponibles directement depuis les SERP, mais uniquement lors d'une première visite.
- Il en est ainsi des documents PDF, par exemple : si Google les indexe, les internautes pourront les télécharger directement depuis les pages de résultats sans venir faire un tour sur votre site. Est-ce vraiment ce que vous recherchez ?
- Si vous n'avez aucun souci avec les robots des moteurs majeurs (Google, Bing, etc.), d'autres, plus « exotiques », peuvent gêner le fonctionnement de votre serveur et vous ne désirez pas les voir entrer sur votre site.
- Pour des raisons judiciaires (diffamation ou autres), on vous demande de supprimer au plus vite un document (par exemple, un post injurieux sur un forum) du Web et des résultats des moteurs sous peine de procès.
- On a vu, par le passé, des intranets plus ou moins complets et des zones pourtant accessibles par mot de passe, indexés par Google. Un grand moment de solitude pour le responsable web des sociétés en question.
- Le duplicate content peut être traité *via* la désindexation des fichiers dupliqués, notamment entre une page HTML et son équivalent au format PDF.

- Idem pour un site qui est disponible sous une version « simple » (*http://*) et une version sécurisée (*https://*) : autant n'en montrer qu'une aux moteurs.
- Certains types de fichiers (CSS, scripts, etc.) n'ont pas d'intérêt pour les moteurs. Autant se poser la question de leur désindexation, même si Google vous demande de ne pas le faire (*http://goo.gl/dkiUw8*).
- Moins vous montrerez de pages inutiles à Googlebot (et ses collègues), plus il pourra se concentrer sur le crawl des pages utiles !

On pourrait continuer à l'envi la liste des raisons qui font que, parfois, il devient nécessaire de désindexer des contenus pour les rendre invisibles aux moteurs de recherche.

Les risques de la désindexation

Bien entendu, mettre en place ce type d'action n'est pas neutre. En effet, une désindexation peut avoir des effets qu'on peut estimer négatifs.

- Moins de pages indexées signifie un site moins important quantitativement aux yeux de Google, et donc une éventuelle perte de « confiance » ou dans le TrustRank (voir chapitre 6).
- Idem pour le trafic de longue traîne (voir chapitre 3) : c'est le nombre de pages indexées qui le crée. En même temps, une page peu pertinente, de faible qualité, génère-t-elle un trafic intéressant ?
- En indiquant aux moteurs de recherche les documents que vous ne souhaitez pas voir indexés, vous mettez publiquement le doigt sur les « zones d'ombre » : en effet, tous vos internautes et concurrents peuvent voir ces informations. Cela peut-il poser problème, sans tomber dans la parano la plus échevelée ?
- La transmission du PageRank en interne d'un site est importante pour Google. Chaque page passe du PageRank aux autres, même en faible quantité. Le fait qu'il y ait moins de pages indexées, diminue donc cette transmission, de façon mathématique.

À vous de prendre les bonnes décisions en mettant dans la balance les aspects positifs et négatifs de ces actions. Une chose est sûre : cette réflexion est aujourd'hui nécessaire et essentielle dans le cadre d'une stratégie SEO bien ficelée. Et la tendance en 2016 est clairement de désindexer le contenu « de faible qualité », même si on peut penser qu'en le faisant, on se substitue en réalité à Google !

Globalement, et pour résumer la situation, on désindexera donc les pages qui n'apportent pas une réponse satisfaisante aux internautes si on les trouve dans les SERP, notamment si elles sont présentes en grande quantité sur votre site.

Pour cela, trois moyens sont majoritairement disponibles, lesquels seront développés dans la suite de ce chapitre.

- Le fichier `robots.txt`.
- La balise meta `robots`.
- La directive X-Robots-Tag du protocole http.

Fichier robots.txt

Si vous souhaitez que votre site, ou certaines de vos pages, ne soient plus pris en compte par les moteurs, la première possibilité est d'insérer un fichier `robots.txt` sur votre serveur. Ce fichier va donner des indications au spider du moteur sur ce qu'il peut ou non faire sur le site.

Dès que le spider d'un moteur arrive sur un site (par exemple, sur l'URL *http://www.monsite.com/*), il va rechercher le document présent à l'adresse *http://www.monsite.com/robots.txt* avant d'effectuer la moindre « aspiration ». Si ce fichier existe, il le lit et suit les indications qui y sont fournies. S'il ne le trouve pas, il commence son travail de lecture et de sauvegarde de la page HTML qu'il est venu visiter, considérant qu'*a priori* rien ne lui est interdit.

> **Quelques points à vérifier**
>
> Il est important que votre fichier `robots.txt` soit à la racine de votre site. Sans cela, il ne sera pas pris en compte par les moteurs de recherche. En outre, il ne peut exister qu'un seul fichier `robots.txt` sur un site. Enfin, le nom du fichier (`robots.txt`) doit toujours être en minuscules. Attention également à ne pas oublier le « s » final du nom du fichier : « robots ».

La structure d'un fichier `robots.txt` est la suivante :

```
User-agent: *
Disallow: /cgi-bin/
Disallow: /tempo/
Disallow: /abonnes/prix.html
```

Dans cet exemple :

- `User-agent: *` signifie que l'accès est accordé à tous les agents (tous les spiders), quels qu'ils soient.
- Le robot n'ira pas explorer les répertoires `/cgi-bin/` et `/tempo/` du serveur ni le fichier `/abonnes/prix.html`.

Le répertoire `/tempo/`, par exemple, correspond à l'adresse *http://www.monsite.com/tempo/*.

Chaque répertoire à exclure de l'aspiration du spider doit faire l'objet d'une ligne `Disallow:` spécifique. La commande `Disallow:` permet d'indiquer que « tout ce qui commence par » l'expression indiquée ne doit pas être indexé.

Ainsi :

- `Disallow: /perso` ne permettra l'indexation ni de *http://www.monsite.com/perso/index.html*, ni de *http://www.monsite.com/perso.html*.
- `Disallow: /perso/` n'indexera pas *http://www.monsite.com/perso/index.html*, mais ne s'appliquera pas à l'adresse *http://www.monsite.com/perso.html*.

De plus :

- Le fichier `robots.txt` ne doit pas contenir de lignes vierges (blanches).
- L'étoile (*) n'est acceptée que dans le champ `User-agent`. Elle ne peut servir de joker (ou d'opérateur de troncature) comme dans l'exemple : `Disallow: /entravaux/*`.
- Il n'existe pas dans le standard initial de champ correspondant à la permission, de type `Allow:` (même si certains moteurs comme Google le permettent maintenant : *http://goo.gl/nAEks*).
- Enfin, le champ de description (`User-agent`, `Disallow`) peut être indifféremment saisi en minuscules ou en majuscules.

Les lignes qui commencent par un signe dièse (#), ou plus exactement tout ce qui se trouve à droite de ce signe sur une ligne, est considéré comme un commentaire.

Le tableau 16-1 présente quelques commandes très classiques et non moins importantes du fichier `robots.txt`.

Tableau 16-1 Syntaxe d'utilisation du fichier robots.txt

Syntaxe	Explications
`Disallow:/`	Permet d'exclure toutes les pages du serveur (aucune aspiration possible).
`Disallow:`	Permet de n'exclure aucune page du serveur (aucune contrainte). Un fichier `robots.txt` vide ou inexistant aura une conséquence identique.
`User-Agent: googlebot`	Permet d'identifier un robot particulier (ici, celui de Google).

`User-agent: googlebot`
`Disallow:`
`User-agent: *`
`Disallow:/`
	Permet au spider de Google de tout aspirer, mais « ferme la porte » aux autres.

N'oubliez pas également que le fichier `robots.txt` permet de déclarer votre fichier Sitemap en ajoutant simplement cette ligne :

```
Sitemap: <sitemap_location>
```

Par exemple :

```
Sitemap: http://www.votresite.com/sitemaps.xml
```

Vous pouvez vous reporter au chapitre 12 pour plus d'informations. Notons enfin que Google a publié en août 2011, sur son blog pour webmasters (*http://goo.gl/AcFoC*), une information selon laquelle le spider qui viendra explorer vos pages pour Google News ne s'appellera plus Googlebot-News, comme depuis décembre 2009, mais Googlebot, comme le spider web. On revient donc sur ce point en arrière, à la situation de 2009.

Cependant, les indications concernant Googlebot-News dans le fichier `robots.txt` (*http://goo.gl/IlbIc*) resteront valables pour les sites qui désirent voir leurs pages indexées dans le moteur web, mais pas dans le moteur d'actualités de Google.

Figure 16-1

Les différents robots de Google ; source : http://goo.gl/2T9Fu4

Robot d'exploration	User-agents	User-agent pour requêtes HTTP(S)
Googlebot (Recherche sur le Web Google)	Googlebot	Mozilla/5.0 (compatible; Googlebot/2.1; +http://www.google.com/bot.html) ou (rarement utilisé) Googlebot/2.1 (+http://www.google.com/bot.html)
Googlebot Google Actualités	Googlebot-News (Googlebot)	Googlebot-News
Googlebot Google Images	Googlebot-Image (Googlebot)	Googlebot-Image/1.0
Googlebot Google Vidéos	Googlebot-Video (Googlebot)	Googlebot-Video/1.0
Google Mobile	Googlebot-Mobile	[différents types de mobiles] (compatible; Googlebot-Mobile/2.1; +http://www.google.com/bot.html)
Google AdSense pour mobile	Mediapartners-Google ou Mediapartners (Googlebot)	[différents types de mobiles] (compatible; Mediapartners-Google/2.1; +http://www.google.com/bot.html)
Google AdSense	Mediapartners-Google Mediapartners (Googlebot)	Mediapartners-Google
Contrôle qualité de la page de destination Google AdsBot	AdsBot-Google	AdsBot-Google (+http://www.google.com/adsbot.html)

Quelques liens utiles au sujet du fichier robots.txt

Comment trouver les noms des robots des différents moteurs ?

- *http://www.robotstxt.org/orig.html*
- *http://www.robotstxt.org/db.htm*

Vérificateur de syntaxe pour votre fichier `robots.txt` :

- *http://tool.motoricerca.info/robots-checker.phtml*

Notez que les Webmaster Tools de Google (*http://goo.gl/8CSeo*) proposent également un générateur et un vérificateur de fichier `robots.txt`.

Balise meta robots

Nous avons vu dans le chapitre 4 qu'il existait des balises `meta` à insérer dans le code source de vos pages, permettant ainsi de délivrer aux moteurs de recherche un certain nombre d'informations, au travers des balises `description` et `keywords` – et ce même si leur importance a fortement baissé depuis quelques années.

Seule la balise `<meta name="robots">` nous intéressera ici.

Elle ne sert jamais comme critère de pertinence pour les moteurs, mais elle permet de leur indiquer la façon dont ils doivent indexer la page. Une balise meta `robots` spécifique peut effectivement être utilisée – dans chaque document HTML – pour permettre ou interdire l'accès aux spiders des moteurs et l'indexation de la page. Elle se présente sous la forme suivante :

```
<meta name="robots" content="attribut1,attribut2">
```

où les champs `attribut1` et `attribut2` peuvent prendre les valeurs suivantes :

- `attribut1` :
  - `index` : page à indexer par le spider ;
  - `noindex` : interdiction d'indexer la page.
- `attribut2` :
  - `follow` : le spider peut suivre les liens contenus dans la page pour indexer d'autres documents ;
  - `nofollow` : le spider ne peut pas suivre les liens de la page.

Les indications `index`, `noindex`, `follow` et `nofollow` peuvent indifféremment être saisies en minuscules et en majuscules. Voici les différentes possibilités offertes par cette balise :

```
<meta name="robots" content="index,follow" />
<meta name="robots" content="noindex,follow" />
<meta name="robots" content="index,nofollow" />
<meta name="robots" content="noindex,nofollow" />
```

Ces balises `meta`, comme celles présentées auparavant, doivent se trouver dans l'en-tête du document HTML, entre `<head>` et `</head>`, et si possible après la balise `<meta name="keywords">` (si elle existe). Elles doivent figurer dans tous les documents dont vous désirez filtrer l'accès, contrairement au fichier `robots.txt` qui prend en compte toute l'arborescence d'un site. Grâce à cette balise, l'accès aux robots est très finement filtré, à la page près, ce qui est plus complexe (mais cependant pas impossible) avec le fichier `robots.txt`.

Enfin deux derniers points sont à préciser.

- Le premier exemple donné ci-dessus (`"index,follow"`) n'a pas d'application pratique. En effet, elle est équivalente à l'absence de balise meta `robots`.
- Les syntaxes suivantes sont équivalentes :

```
<meta name="robots" content="index, follow" /> et <meta name="robots" content="all" />
<meta name="robots" content="noindex, nofollow" /> et <meta name="robots"content="none" />
```

Tous les moteurs de recherche majeurs prennent en considération cette balise `meta`, tout comme ils explorent le fichier `robots.txt`.

Procédure d'urgence sur Google

On peut noter que Google propose une procédure d'urgence qui permet d'éliminer très rapidement des pages web de son index, dans les Webmasters Tools du moteur *(http://goo.gl/8CSeo)*.

Vous trouverez également davantage d'informations à cette adresse : *http://goo.gl/ml3sG*.

En mettant en ligne ces informations – fichier `robots.txt` ou balise meta `robots` – sur votre site, vous indiquerez au spider, lors de son prochain passage, ce qu'il doit faire ou non. Nous verrons plus loin quelle fonction utiliser, et dans quel cas.

Oooops...

En juillet 2011, un consultant avait identifié une faille des Google Webmaster Tools qui permettait de supprimer n'importe quel site de l'index de Google en quelques secondes, même si ce site ne vous appartenait pas. Google a rapidement trouvé une parade. Plus d'infos ici : *http://goo.gl/rDv2v*.

Quelques liens utiles

Notez une série de quatre posts sur les meilleures façons de supprimer du contenu de l'index de Google, issus du blog officiel du moteur pour les webmasters :

Part I : Removing URLs & directories : http://goo.gl/VGRwL ;

Part II : Removing & updating cached content : http://goo.gl/Lt2S1 ;

Part III : Removing content you don't own : http://goo.gl/IKXYJ ;

Part IV : Tracking your requests & what not to remove : http://goo.gl/AiZIN.

Dernier point au sujet des balises meta `robots` : si vous en insérez dans vos pages, n'indiquez pas les URL dans le fichier `robots.txt`, car Google ne viendra pas crawler les pages et ne pourra donc pas lire les balises !

Directive X-Robots-Tag

Le protocole http propose également une directive appelée `X-Robots-Tag` décrite à l'adresse suivante : *http://goo.gl/RjcLTB*.

Elle est intéressante, notamment quand le `robots.txt` ou la balise meta `robots` ne peuvent pas être utilisés. Par exemple pour désindexer des fichiers Word ou PDF.

Cette information est renvoyée dans l'en-tête http de la page web lorsqu'elle est demandée par le navigateur (ou le spider).

Voici quelques exemples de ces en-têtes – contenant la directive `X-Robots-Tag` – envoyés par le serveur lorsque l'URL d'une page est demandée :

```
HTTP/1.1 200 OK
Date: Tue, 25 May 2010 21:42:43 GMT
(…)
X-Robots-Tag: noindex
(…)

HTTP/1.1 200 OK
Date: Tue, 25 May 2010 21:42:43 GMT
(…)
X-Robots-Tag: noarchive
X-Robots-Tag: unavailable_after: 25 Jun 2013 15:00:00 PST

HTTP/1.1 200 OK
Date: Tue, 25 May 2010 21:42:43 GMT
(…)
X-Robots-Tag: googlebot: nofollow
X-Robots-Tag: otherbot: noindex, nofollow
(…)
```

La figure 16-2 indique les différents champs qu'il est possible d'insérer dans cette directive.

Directive	Meaning
all	There are no restrictions for indexing or serving. Note: this directive is the default value and has no effect if explicitly listed.
noindex	Do not show this page in search results and do not show a "Cached" link in search results.
nofollow	Do not follow the links on this page
none	Equivalent to noindex, nofollow
noarchive	Do not show a "Cached" link in search results.
nosnippet	Do not show a snippet in the search results for this page
noodp	Do not use metadata from the Open Directory project for titles or snippets shown for this page.
notranslate	Do not offer translation of this page in search results.
noimageindex	Do not index images on this page.
unavailable_after: [RFC-850 date/time]	Do not show this page in search results after the specified date/time. The date/time must be specified in the RFC 850 format.

Figure 16-2

Différentes valeurs possibles pour la directive X-Robots-Tag Source : http://goo.gl/ixu3y5

Il existe plusieurs façons d'intégrer cette directive à vos pages. Cela peut se faire directement dans le programme PHP comme dans ces deux exemples :

```
header("X-Robots-Tag: noindex", true);
header("X-Robots-Tag: noindex, nofollow", true);
```

Ou au travers d'une configuration adéquate du fichier `.htaccess` sur le serveur. Voici également deux exemples ci-dessous : le premier interdit l'indexation des fichiers Word (`.doc`), le second traite les fichiers Word et PDF :

```
<FilesMatch "\.doc$">
Header set X-Robots-Tag "noindex, noarchive"
</Files>

<FilesMatch "\.(doc|pdf)$">
Header set X-Robots-Tag "noindex, noarchive"
</Files>
```

La directive `X-Robots-Tag` est assez méconnue, mais elle gagne à être utilisée car, dans certains cas, elle peut rendre de nombreux services !

SeeRobots affiche les données de désindexation

SeeRobots (*https://addons.mozilla.org/fr/firefox/addon/seerobots/*) est un outil qui permet de visualiser si une page a une balise meta `robots "noindex"` ou une directive `X-Robots-tag` dans son en-tête HTTP. À tester ! Version pour Chrome également ici : *http://goo.gl/mCeHRF*.

Quel type de désindexation utiliser ?

Nous avons donc vu trois façons de désindexer un contenu. Laquelle utiliser alors et dans quel cas ? Car elles ne sont pas toutes égales devant le Dieu Google !

En effet, le fichier `robots.txt` interdit le crawl d'une page, mais son URL est indexée par Google. Ainsi, des URL bloquées par Google peuvent quand même apparaître dans les SERP de Google avec comme snippet « La description de ce résultat n'est pas accessible à cause du fichier robots.txt de ce site. En savoir plus. » (voir figure 16-3).

On a donc ici affaire à une « semi-indexation ». La page n'est pas crawlée, mais l'URL est indexée. Google connaît l'existence de cette page et vous la signale. Il peut même y rajouter un titre issu de ses algorithmes (et non pas du code source de la page puisqu'il ne la crawle pas) comme l'illustre la figure 16-4.

Le `robots.txt` n'est donc pas totalement satisfaisant en termes de désindexation. En revanche, il a l'énorme avantage de soulager Googlebot sur de gros sites en lui évitant les « efforts » de crawl de nombreuses pages inutiles.

Car pour lire la balise meta `robots`, il est clair qu'il faut avant tout crawler la page et en lire le code source. Sur de gros sites, comme indiqué précédemment, cela peut prendre beaucoup de temps de crawler des centaines de milliers de pages pour s'apercevoir qu'il ne faut pas les indexer. Beaucoup de temps perdu pour rien et Googlebot peut s'essouffler à effectuer tout ce travail inutile ! En revanche, cette balise permet de réellement et totalement désindexer une page, ce qui la fera disparaître des SERP.

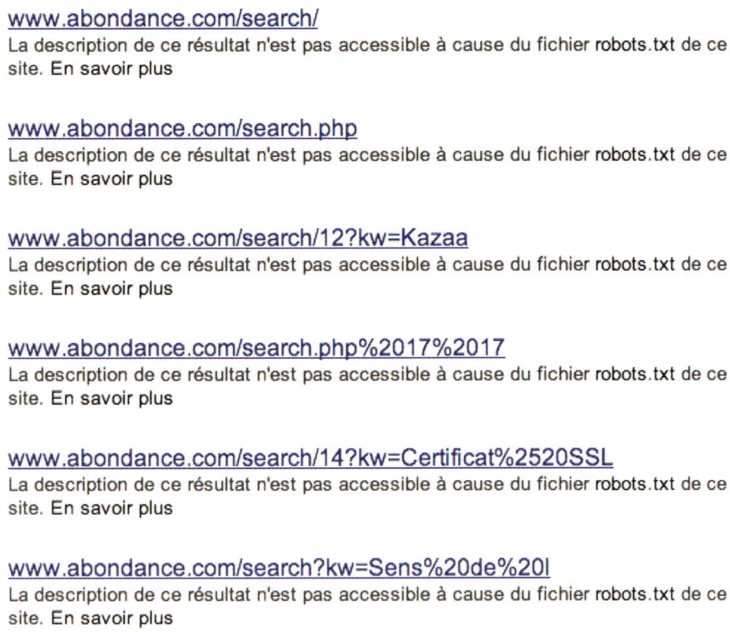

Figure 16-3

Une page interdite de crawl par le robots.txt peut quand même apparaître dans les SERP.

Figure 16-4

Une page interdite de crawl par le robots.txt apparaît dans les SERP avec un titre créé par Google.

De même, la directive `X-Robots-Tag` peut être très intéressante pour des documents pour lesquels les deux autres actions ne peuvent s'appliquer. Elle peut également s'avérer plus simple à mettre en œuvre.

Clairement, la situation est loin d'être manichéenne. Vous disposez de trois possibilités pour désindexer un contenu. À vous de choisir celle qui s'adapte le mieux à votre site, au type de document à traiter et à vos besoins. N'hésitez pas à consacrer un peu de temps à ces réflexions : vos pourrez ainsi grandement améliorer la façon dont Google voit votre site web !

Fonctions spécifiques de Google

Google propose un certain nombre de fonctionnalités qui lui sont propres et qui permettent de mieux gérer la façon dont cet outil indexe vos pages. Voici un florilège des possibilités supplémentaires permises par le moteur.

Balise meta robots spécifique

Pour empêcher uniquement les robots de Google d'indexer une page de votre site, tout en autorisant cette opération à d'autres robots, utilisez la balise suivante :

```
<meta name="googlebot" content="noindex, nofollow" />
```

Bien entendu, vous pouvez également utiliser des attributs comme `index` ou `follow` dans cette balise (voir précédemment).

Suppression des extraits textuels (snippet)

Un snippet est, comme le montre la figure 16-3, un extrait de texte qui apparaît parfois sous le titre d'une page dans les résultats de recherche du moteur et qui décrit le contenu de la page en question.

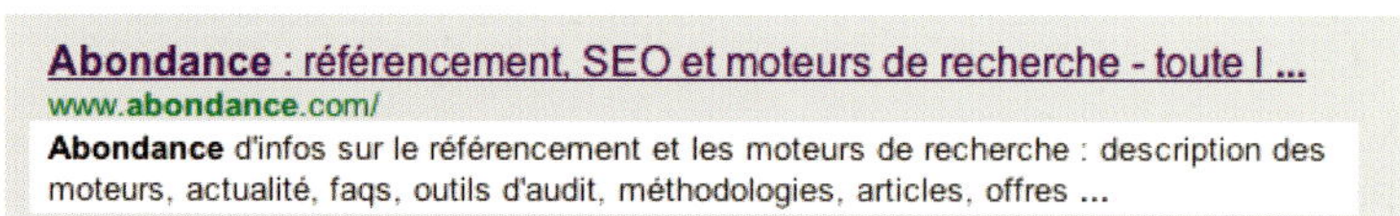

Figure 16-5

Exemple de snippet dans les résultats de Google

Pour éviter que Google affiche des extraits de votre page (ce qui serait dommage, mais vous pouvez agir comme bon vous semble), placez la balise suivante dans la section `<head>` de la page :

```
<meta name="googlebot" content="nosnippet" />
```

Suppression des extraits issus de l'Open Directory

Google propose également une balise à insérer dans ses pages, permettant de ne pas afficher le descriptif issu de l'Open Directory pour une page donnée dans ses résultats. En effet, selon le cas, Google affiche trois sources d'informations différentes pour décrire une page :

- le contenu de la balise meta `description` de la page ;
- le descriptif issu de l'annuaire Open Directory (Dmoz) ;
- un snippet, extrait textuel de la page contenant le mot demandé (voir ci-dessus).

Les balises suivantes (au choix) permettront de refuser l'affichage du descriptif de l'Open Directory par Google :

```
<meta name="robots" content="noodp" />
<meta name="googlebot" content="noodp" />
```

Bing, le moteur de recherche de Microsoft, accepte également cette balise. Le même « tag » (dans sa première version ci-dessus) servira donc aux deux outils.

Yahoo! utilise son annuaire, Guide Web, et a donc sa balise particulière sous la forme :

```
<meta name="robots" content="noydir" />
```

ou :

```
<meta name="slurp" content="noydir" />
```

L'annuaire français de Yahoo! ayant disparu, cette balise est aujourd'hui obsolète pour un site francophone.

Suppression de contenu inutile

Yahoo! a annoncé en 2007 que ses robots allaient dorénavant suivre des consignes que les webmasters pouvaient mettre dans leurs codes sources sous la forme d'une balise nommée `robots nocontent`. Cette balise, sous forme d'une classe CSS, conjuguée à des balises comme `div`, `p` ou `span`, permet par exemple d'indiquer aux robots que le contenu qui suit n'est pas le plus important dans la page et ne doit pas être indexé. Voici des exemples fournis par Yahoo! :

```
<div class="robots-nocontent">
  This is the navigational menu of the site and is common on all pages. It contains
many terms and keywords not related to this site
</div>
<span class="robots-nocontent">
  This is the site header that is present on all pages of the site and is not related
to any particular page
</span>
<p class="robots-nocontent">
  This is a boilerplate legal disclaimer required on each page of the site
```

```
</p>
<div class="robots-nocontent">
  This is a section where ads are displayed on the page. Words that show up in ads
may be entirely unrelated to the page contents
</div>
```

Dans chacun de ces exemples, le texte contenu entre les balises indiquées ne sera pas pris en compte pour des recherches et ne sera pas affiché dans les snippets. Yahoo! était en 2016 le seul à proposer cette fonction.

En revanche, Google propose une balise meta intitulée unavailable_after qui indique aux moteurs qu'une page ne sera plus pertinente ou sera indisponible après une certaine date : il ne sera donc plus la peine pour les spiders de l'indexer. Une façon pratique et intelligente d'informer Google qu'une page, présentant une offre promotionnelle limitée dans le temps, n'est plus valable passé un certain délai. Par exemple :

```
<meta name="googlebot" content="unavailable_after: 23-Jul-2016 18:00:00 EST" />
```

Suppression des pages en cache

Google prend automatiquement un instantané de chaque page explorée afin de l'archiver. Cette version en cache permet d'extraire une page web pour les utilisateurs finaux si la page d'origine vient à être indisponible (en raison d'un arrêt temporaire du serveur web de la page). La page en cache se présente exactement comme elle se présentait la dernière fois que Google l'a analysée. Seule différence : un message apparaît en haut de la page afin d'indiquer qu'il s'agit de la version en cache. Les utilisateurs peuvent accéder à la version en cache en cliquant sur le lien « En cache » sur la page des résultats de recherche (figure 16-6).

Figure 16-6

Exemple d'accès à une page en cache dans les résultats de Google

Pour empêcher tous les moteurs de recherche de proposer un lien en cache pour votre site, placez cette balise dans la section <head> de la page :

```
<meta name="robots" content="noarchive" />
```

Pour empêcher uniquement Google de proposer un lien en cache et autoriser cette opération pour les autres moteurs de recherche, utilisez la balise suivante :

```
<meta name="googlebot" content="noarchive" />
```

Suppression d'images

Pour supprimer une image de l'index des images Google (ou de tout autre moteur), le mieux est de vous servir du fichier `robots.txt` vu précédemment.

Par exemple, si vous souhaitez que les moteurs excluent l'image `chiens.jpg` qui apparaît sur votre site à l'adresse *www.votresite.com/images/chiens.jpg*, insérez dans votre fichier `robots.txt` le code suivant :

```
User-agent: *
Disallow: /images/chiens.jpg
```

Pour interdire uniquement au robot de Google l'accès à ce fichier :

```
User-agent: Googlebot-Image
Disallow: /images/chiens.jpg
```

Pour supprimer de l'index de Google toutes les images de votre site uniquement, placez le fichier `robots.txt` suivant à la racine de votre serveur :

```
User-agent: Googlebot-Image
Disallow: /
```

Vous pouvez également, si vous désirez interdire l'accès à toutes vos images (pour des questions de droit d'auteur, par exemple), stocker tous ces fichiers dans un répertoire unique (suggestion : `/images/`) et en interdire l'accès à tous les robots :

```
User-agent: *
Disallow: /images/
```

Spécificités de Google

Google a en outre accentué la souplesse d'utilisation du protocole `robots.txt` grâce à la prise en charge des astérisques. Les formats d'interdiction peuvent inclure le signe `*` pour remplacer toute séquence de caractères et se terminer par le symbole `$` pour indiquer la fin d'un nom. Pour supprimer tous les fichiers d'un type particulier, par exemple pour inclure les images `.jpg` mais pas les images `.gif`, utilisez l'entrée de fichier `robots.txt` suivante :

```
User-agent: Googlebot-Image
Disallow: /*.gif$
```

Attention : cette syntaxe ne fonctionne qu'avec le moteur Google.

Pour Exalead (qui prend en compte les caractères `*` et `$`), utilisez :

```
User-agent: Exabot
```

En revanche, Bing ne propose pas de solution spécifique basée sur le fichier `robots.txt` et un `User-agent` spécifique de leur robot images. Mais ces deux moteurs proposent une voie différente pour que les images ne soient pas indexées : les intégrer dans un lecteur Flash, ce qui va empêcher les moteurs de les « trouver ».

C'est effectivement une possibilité intéressante. On préférera cependant les solutions basées sur le fichier `robots.txt`, plus pérennes à notre sens.

Pour en savoir plus

Voici quelques liens qui vous donneront quelques informations complémentaires sur la désindexation de contenus :

- *Learn About Robots.txt with Interactive Examples : http://goo.gl/Y4p5Y4 ;*
- *10 instructions très utiles pour votre fichier .htaccess : http://fabien-lebeller.fr/2013/01/guide-fichier-htaccess/ ;*
- *Les en-têtes HTTP ou comment maîtriser son indexation sur Google : http://goo.gl/k5v10w.*

Conclusion

« Les gens deviennent rarement célèbres pour ce qu'ils disent jusqu'à ce qu'ils soient célèbres pour ce qu'ils ont fait. »

Cullen Hightower

Vous voici arrivé à la fin de cet ouvrage. Nous espérons qu'il vous a apporté une meilleure compréhension du monde du référencement et qu'il vous a fourni une aide pour mener à bien vos futurs projets dans ce domaine.

Si vous l'avez lu attentivement, vous aurez certainement retenu quelques « grandes idées fortes » que nous nous résumons dans cette ultime partie.

La règle des « 4C » : Contenu, Code, Conception et Célébrité

Pour optimiser au mieux le référencement d'un site, vous avez certainement compris au fil de ces pages qu'il est devenu important, voire primordial, de le penser dès le départ pour qu'il soit compatible avec les différents moteurs de recherche qui vont venir le visiter, grâce à leurs spiders, robots qui viennent « aspirer » les pages web et suivre les liens qu'elles contiennent.

Pour qu'un site soit parfaitement « compris » et « analysé » par les moteurs de recherche, il doit donc avoir été pensé pour être compatible avec les critères d'exploration et de pertinence de ces outils. D'où la règle qui nous est chère et que nous avons pu expérimenter sur de nombreux sites : celle des « 4C ».

Ces « 4C » sont les suivants.

- **Contenu éditorial :** parce que tout part de là. Un bon contenu, écrit pour les internautes tout en étant pensé – dans une certaine mesure – pour les moteurs, est primordial.
- **Code HTML :** car il doit être optimisé et permettre de mettre en exergue votre (excellent) contenu éditorial en le rendant, là aussi, réactif aux critères de pertinence des moteurs de recherche.
- **Conception :** parce qu'un site bien conçu doit proposer une « journée portes ouvertes » aux spiders des moteurs au travers d'une indexabilité sans faille.
- **Célébrité :** bien évidemment, des liens entrants (backlinks) de qualité donneront bonne popularité, réputation et confiance aux yeux de Google. Bref, augmenteront sa célébrité !

Si on prend les 4C à l'envers, on peut dire que :

- des liens entrants (backlinks) de qualité mettant en avant vos contenus attireront automatiquement les robots des moteurs (Célébrité) ;
- ces spiders devront pouvoir accéder à toutes vos pages facilement et sans obstacle (Conception) ;
- une fois les pages trouvées, les moteurs doivent pouvoir lire leur code HTML et l'analyser facilement afin d'en extraire ce qui les intéresse le plus, le contenu éditorial (Code) ;
- une fois le contenu textuel trouvé, ils doivent le « comprendre » et pouvoir identifier aisément de quoi parle la page, quelle est sa thématique principale (Contenu).

La règle des 4C fonctionne donc dans les deux sens !

Nous allons aborder ces quatre concepts sous la forme de « mémentos » ou « pense-bêtes » afin de vous aider à ne rien oublier dans le cadre de la création – ou de la refonte – de votre site. Une bonne façon également de bien réviser tout ce qui a été dit dans les pages précédentes.

Contenu éditorial : tout part de là !

Votre contenu éditorial, ce que certains appellent le « text appeal » (*http://goo.gl/aGgK1*), est-il optimisé pour les moteurs de recherche ? Ce contenu éditorial est effectivement la source du trafic généré par la longue traîne (voir chapitre 3) qui va représenter près de 80 % du trafic « moteurs » total. Raison de plus pour bien le penser afin qu'il soit le plus réactif possible aux critères de pertinence des outils de recherche, sans jamais oublier toutefois que vous écrivez pour que vos textes soient lus avant tout par des internautes… Voici les questions qu'il faut se poser à leur sujet.

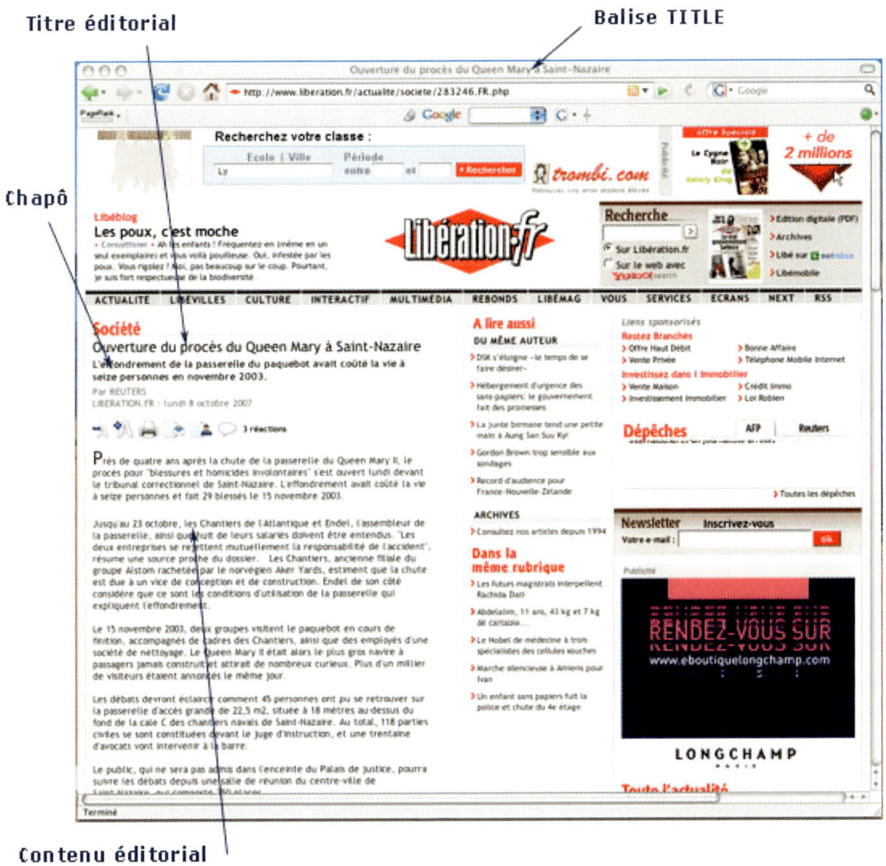

Figure 1

Différentes zones dans une page web

Contenu>Titre éditorial

Dans ce paragraphe, nous parlons du titre du contenu éditorial et non pas du contenu de la balise `<title>` de la page web (voir figure 9-1).

- Le titre éditorial de la page est-il descriptif (factuel) et contient-il des mots-clés importants pour définir le contenu de la page ?
- Contient-il environ 5 à 7 mots descriptifs ?
- Est-il inséré dans une balise `<h1>` ?
- Y a-t-il une seule balise `<h1>` dans votre page (ce qui est le plus logique, mais plusieurs écoles existent) ?

Contenu>Premier paragraphe du texte (chapô)

- Le premier paragraphe (deux à trois premières phrases, les 100 premiers mots, les 200 à 300 premiers caractères) du texte éditorial contient-il les mots-clés déjà présents dans le titre éditorial ? En propose-t-il d'autres, qui décrivent son contenu ?
- Les mots importants sont-ils mis en exergue (gras – balise `<strong>` – ou balise `<h3>` notamment) ?
- La mise en exergue est-elle insérée dans le code HTML lui-même (méthode compatible avec le référencement) ou dans les feuilles de styles (ce qui la rendra invisible pour les moteurs) ?

Contenu>Texte éditorial

- Les autres niveaux de titres éditoriaux sont-ils gérés par des balises `<hn>` (logiquement, de `h3` à `h6`) ?
- Avez-vous pensé à « disséminer » dans votre texte des requêtes secondaires servant à expliquer le concept expliqué dans la page ?
- Avez-vous fait en sorte que votre page soit la plus « monothème » possible et que son contenu éditorial ne soit pas dispersé (ce qui impliquerait alors de créer plutôt des pages différentes pour chaque thème traité) ?
- Le texte éditorial est-il résumé par le titre éditorial et la balise `<title>` de la page ? Ces deux dernières zones sont-elles décrites en 200 à 300 caractères au maximum dans la balise meta `description` ?
- Le texte comporte-t-il des zones « descriptives » (en dehors des « effets de style », humour, nuances, etc.) pouvant être analysées sémantiquement par des robots pour comprendre « de quoi parle la page » ?
- Les règles journalistiques (5W : *who, what, where, when, why* et 2H : *how, how much*) sont-elles respectées pour fournir le plus d'informations possible aux spiders (et aux internautes) ?

- L'article ou contenu éditorial comporte-t-il plus de 100, ou mieux 200, mots descriptifs ?
- Lors de la rédaction, vous êtes-vous mis à la place du lecteur en utilisant ses propres mots, ou ceux qu'il emploierait pour rechercher sur un moteur, une page comme la vôtre ?
- Avez-vous fait une étude préalable sur les mots-clés les plus souvent utilisés par les internautes sur cette thématique, grâce au générateur de mots-clés de Google (voir chapitre 3) ?
- N'avez-vous pas « suroptimisé » la page pour les moteurs, rendant son contenu éditorial complexe à lire pour les internautes (qui restent les lecteurs principaux de vos contenus) ?

Contenu>Liens textuels

- La partie éditoriale de vos pages contient-elle des liens sortants vers des pages (internes ou externes) du même domaine sémantique dans le cadre d'une rubrique « Pour en savoir plus » ou au sein de votre texte ?
- Les liens sont-ils textuels et compatibles avec les moteurs (toujours préférables à des liens images ou JavaScript) ?
- Les textes des liens sont-ils en rapport avec la page distante pointée (évitez les intitulés de type « Voir la suite » ou « Cliquez ici ») ?

Code HTML : les grands classiques

Bien sûr, une fois votre contenu bien « calibré », il va falloir mettre en place un code HTML optimisé pour les moteurs de recherche. C'est, on peut le dire, l'enfance de l'art du domaine, historiquement parlant, mais cette phase reste aujourd'hui essentielle. Vous trouverez dans ce paragraphe quelques répétitions avec certaines recommandations édictées dans la partie « Contenu », mais nous avons préféré « enfoncer le clou » pour être sûr que tous les points étaient bien pris en compte. Veuillez donc nous en excuser par avance.

Code HTML>Header

- La balise `<title>` contient-elle de 7 à 10 mots descriptifs ?
- Sa structure est-elle de la forme suivante pour une page interne :

```
<title>[Contenu] - [rubrique] - [Source]</title>
```

  où `[Contenu]` reprend le titre éditorial (balise `<h1>`), `[Rubrique]` la rubrique de la page (pour les pages internes) et `[Source]` le nom ou la marque du site ?
- La balise `<title>` de votre page d'accueil reprend-elle, pour sa part, le nom du site au début ?

- Les balises meta `keywords` (peu utiles aujourd'hui pour le référencement) et `description` (utiles pour mieux maîtriser la façon dont les moteurs affichent votre site dans leurs résultats) sont-elles prévues pour recevoir un contenu strictement en rapport avec le contenu de la page et différenciant des autres pages de votre site ?
- La balise meta `description` est-elle présentée sur 200 à 300 caractères ?
- Son contenu donnera-t-il « envie de cliquer » lorsqu'il sera repris dans les pages de résultats des moteurs ?
- Chaque page présente-t-elle un couple `<title>`/meta `description` spécifique à son contenu ?
- Votre header propose-t-il une balise meta `language` de la forme suivante ?

```
<meta http-equiv="content-language" content="fr">
```

  Cette balise est souvent lue par les moteurs, aussi peut-il être intéressant de l'indiquer, notamment si vos pages sont dans une langue spécifique ou si l'ajout de mots dans une autre langue peut induire le moteur en erreur (cas d'un site en français qui vend du vin italien, par exemple).
- Avez-vous prévu d'éventuelles balises meta `robots` pour indiquer certaines actions (indexation, suivi des liens) aux spiders des moteurs, notamment sur des pages de test (voir chapitre 16) ?
- Le codage des lettres accentuées a-t-il été pris en compte ? Si les pages de votre site sont codées en ISO-8859-1 (balise meta : `<meta http-equiv="Content-Type"content="text/html; charset=iso-8859-1" />`) ou si vos pages sont en UTF-8 (balise meta : `<meta http-equiv="Content-Type" content="text/html; charset=utf-8" />`), les lettres accentuées doivent être codées de façon cohérente avec le codage choisi au préalable ainsi que pour le serveur web ou la base de données éventuellement utilisée. Si vous n'êtes pas sûr de vous, codez ces lettres en HTML (`é` pour le « é », par exemple).
- Externalisation des éléments CSS et JavaScript : plus la taille de la page est limitée à la portion de contenu textuel, plus elle est réactive. Donc CSS et JavaScript doivent être le plus possible appelés à l'aide de fichiers externes à la page. Vous externalisez également ainsi toute erreur possible d'analyse de votre code HTML par les moteurs. Par exemple :

```
<link title="styles abondance" type="text/css" rel="stylesheet" href="styles-
homepage.css">
<script language="javascript" src="http://www.abondance.com/js/scripts.js"></script>
```

- Si vous utilisez des frames, avez-vous fait tout ce qu'il fallait pour qu'elles soient bien prises en compte par les moteurs de recherche (voir chapitre 14) ? *Idem* pour le Flash et tous les autres critères freinants étudiés dans ce chapitre ?

Un header bien optimisé !

Voici un exemple de « header » HTML compatible avec les moteurs de recherche :

```
<html>
<head>
<title>R&eacute;f&eacute;rencement et moteur de recherche : toute l'info et
➥ l'actu sur le référencement avec Abondance</title>
<meta name="description" content="Abondance d'infos sur le r&eacute;
➥ &eacute;rencement et les moteurs de recherche : description des moteurs,
actualit&eacute;, faqs, outils d'audit, m&eacute;thodologie de r&eacute;
➥ f&eacute;rencement, articles, offres d'emploi, bibliographie, etc.">
<meta name="keywords" content="referencement, abondance, moteur de recherche,
recherche d'information, r&eacute;f&eacute;rencement">
<meta http-equiv="content-language" content="fr">
<meta http-equiv="Content-Type" content="text/html; charset=iso-8859-1">
<link title="styles abondance" type="text/css" rel="stylesheet" href="styles-
homepage.css">
<link rel="shortcut icon" href="http://www.abondance.com/Bin/favicon.ico">
<script language="javascript" src="http://www.abondance.com/js/scripts.js">
</script>
</head>
</html>
```

Code>Contenu Textuel

- Vos pages sont-elles prévues pour proposer au moins 200 mots en texte visible ?
- Avez-vous la possibilité (ou donnez-vous la possibilité aux rédacteurs) de créer/modifier des liens et le texte des liens affichés dans les pages ?
- Votre code HTML est-il prévu pour ne pas être surchargé en commentaires (non lus par les moteurs), ce qui peut en revanche alourdir le poids (en Ko) des documents ? Pas de balises commentaires (`<!-- -->`) donc, autres que les informations nécessaires au balisage utile au développement.
- Si vous utilisez du code JavaScript, avez-vous vérifié qu'il était compatible avec le fonctionnement des spiders des moteurs de recherche (voir chapitre 14) ?
- Avez-vous passé vos pages en test sur le site Spider Simulator (*http://www.spider-simulator.com/*) ou les avez-vous regardées dans la version « En cache » de Google avec l'option « Version en texte seul » afin de visualiser la façon dont le moteur comprend vos contenus ?
- Vos menus peuvent-ils être lus par les robots des moteurs (sont-ils lisibles dans la version en cache textuel) ?

Code>Mise en exergue des mots importants de la page

- Vos pages sont-elles prévues pour recevoir un titre (balise `<title>`) ? Eh oui, on voit de tout sur le Web... Pourrez-vous le modifier au quotidien quelle que soit la page du site ?
- Vos images contiennent-elles des attributs `alt` dans les balises `<img>` ? Ces options textuelles contiennent-elles du contenu intelligible et descriptif pour les moteurs de recherche ? Comment les rédacteurs de contenu auront-ils accès à cette zone ?
- Avez-vous vérifié que vous ne disposez aucun contenu caché dans vos pages, que l'internaute voit tout ce que le spider voit et *vice versa* ?

Conception : indexabilité sans faille

Comment imaginer pour son site une structure qui soit totalement compatible avec son exploration par les spiders ? Comment mettre en place un réseau de liens aidant ces robots à obtenir une meilleure compréhension du maillage de votre source d'informations ? Comment faire pour éviter tout obstacle technologique freinant ou bloquant pour les moteurs ? Bref, nous allons lister ici, toujours sous la forme d'un « mémo », une suite de « bonnes pratiques » pour mettre en ligne un site qui sera 100 % *spider friendly* dès son lancement.

Conception>Structure du site

Le premier des points à inspecter est la structure du site : les robots peuvent-ils aller partout de façon efficace et découvrir toutes vos pages ? Voici quelques points à vérifier.

Conception>Structure du site>Fichier robots.txt

- Votre site contient-il un fichier `robots.txt` (voir chapitre 16) ?
- Son nom est-il bien orthographié (« r » minuscule, « robots » au pluriel) ?
- Est-il disponible à la racine de votre site (*www.votresite.com/robots.txt*) ?
- En cas d'utilisation de sous-domaines (*motclé.votresite.com*), chaque sous-domaine dispose-t-il de son propre fichier `robots.txt` (*actu.votresite.com/robots.txt*, *produits.votresite.com/robots.txt*) ?
- Les zones « interdites aux robots », si elles existent, sont-elles bien listées dans le(s) fichier(s) `robots.txt` ?
- Certains spiders moins importants sont-ils pris en compte ou interdits, si nécessaire, ou si vous avez remarqué dans vos statistiques que leur venue gêne votre serveur (trop de bande passante occupée lors du crawl, par exemple) ?
- Votre fichier `robots.txt` indique-t-il l'URL de votre fichier Sitemap (fonction `Autodiscovery`) ?
- Avez-vous vérifié la syntaxe de votre fichier `robots.txt` grâce à un outil disponible en ligne ?

Conception>Structure du site>Fichier Sitemap

Un fichier Sitemap (voir chapitre 12) est aujourd'hui hautement recommandé pour obtenir une bonne indexation quantitative de votre site. Voici la liste des questions qu'il faut se poser au sujet de vos fichiers Sitemaps.

- Votre site propose-t-il un fichier Sitemap ? Comme pour le fichier `robots.txt`, si vous utilisez des sous-domaines, n'oubliez pas de proposer un fichier Sitemap par sous-domaine.
- Le fichier Sitemap recense-t-il de façon exhaustive toutes les pages de votre site ?
- Les indications qu'il fournit pour chacune d'elles (date de dernière modification, fréquence de mise à jour) sont-elles conformes à ce que le robot découvrira de lui-même s'il parcourt votre site en suivant les liens mis à sa disposition ? Il est important que les informations que vous délivrez dans le fichier Sitemap soient le reflet de la réalité et soient cohérentes par rapport aux voies d'exploration de votre site par les robots.
- Avez-vous mis en place une procédure simple de gestion de votre fichier Sitemap pour les zones dynamiques, dont les informations changent souvent (nouvelles pages, modifications des pages existantes) ? Le but sera de fournir aux moteurs les données les plus fraîches possible.
- Avez-vous indiqué l'adresse du Sitemap dans le fichier `robots.txt` (voir section précédente) ?
- Avez-vous soumis votre fichier Sitemap à Google, Yahoo! et Bing au travers de leurs outils pour webmasters ? L'outil de Google, notamment, vous fournira des statistiques de visites ainsi que des diagnostics d'erreurs éventuelles sur vos fichiers, bien utiles parfois.

Conception>Navigation

Votre site doit proposer une opération « portes ouvertes » aux robots des moteurs de recherche (pour les zones auxquelles ils ont accès, bien sûr...). Aussi est-il important de répondre aux questions suivantes.

- Vos liens seront-ils tous compris et suivis par les spiders (sous la forme `<a href="http://www.votresite.com/...">`) même s'ils sont écrits en langage JavaScript ?
- Chaque page de votre site est-elle accessible en trois clics au maximum à partir de la page d'accueil, ce qui garantira une meilleure prise en compte quantitative de vos pages ?
- Les liens situés à l'intérieur du contenu éditorial sont-ils facilement configurables lors de la saisie du contenu (texte du lien, URL de destination, etc.) ?
- Un plan du site proposant des liens textuels simples est-il disponible ? Permet-il aux spiders d'accéder à chaque page de votre site en trois clics au plus ?
- Avez-vous prévu des pages d'erreur en cas de renvoi de code 404, 403, etc. ? Ces pages contiennent-elles des liens vers les différentes zones de votre site, autant de points d'entrée pour l'internaute mais également pour les spiders ?

Conception>Obstacles technologiques éventuels

- Si votre site propose des animations Flash, avez-vous fait le nécessaire (zone `noembed`, emploi de la norme sIFR, pages HTML complémentaires, etc.) pour le référencer au mieux ?
- Si votre site est réalisé avec des frames (ce qui peut paraître étrange car rares sont aujourd'hui les sites web qui utilisent encore cette technologie), avez-vous fait ce qu'il fallait pour pallier les inconvénients liés à ce type de système ?

Pour tous ces points (et bien d'autres), rendez-vous au chapitre 14.

Conception>Intitulés des URL et redirections

- Si vos URL contiennent des caractères `?` et `&`, avez-vous mis en place des techniques de réécriture d'URL ?
- Vos URL proposent-elles des mots-clés descriptifs du contenu des pages (*www.votre-site.fr/epicerie/condiments/exotiques/sel-guyane.html*) ? Et notamment le nom de domaine et le nom de fichier (premier et dernier intitulé de l'URL) ? Ces mots sont-ils séparés par un tiret (-) ?
- Si vous désirez que vos pages soient indexées par Google News (*http://news.google.fr/*), vos intitulés d'URL contiennent-ils trois chiffres au minimum, condition demandée par Google pour leur indexation dans son moteur d'actualités ?
- Les redirections éventuelles d'une page vers une autre sont-elles réalisées à l'aide de codes 301 ?
- Avez-vous évité de mettre en place une redirection sur votre page d'accueil ?
- Avez-vous évité les redirections 301 en cascade (à la suite les unes des autres sur une même page) ?
- Votre site utilise-t-il des identifiants de session qui apparaissent dans l'URL ? Ceci peut poser de nombreux problèmes à certains moteurs.

Conception>Pages web

Enfin, vos pages web, dans leur structure, sont-elles compatibles avec les moteurs ?

- Par exemple, ont-elles été conçues pour être monolingues ? Une langue donnée doit être affichée majoritairement dans une page web donnée pour être « compréhensible » par les robots.
- De même, les pages doivent être conçues pour être le plus « monothème » possible. Peu importe leur longueur (dans ce cas, c'est plus la densité des mots-clés qui jouera pour leur pertinence), mais il est important que chaque page cerne un point donné, quitte à multiplier les pages sur votre site. En d'autres termes, si vous avez 10 produits à présenter, n'hésitez pas une seconde : créez une page de présentation pour chaque produit et surtout pas une longue page qui les présente tous sur un même document. Vous devez être capable de décrire le contenu d'une page en 10 mots au maximum (ce sont les termes qui constitueront son titre).

Conception>Rubriquage

- Avez-vous pensé les différentes rubriques du site en fonction de ce que les internautes recherchent et pas en fonction de la structure de la base de données ou de notions techniques (comme cela arrive parfois) ?
- N'oubliez pas de donner des noms explicites à chaque zone thématique de votre site. Ces noms explicites seront ensuite repris dans les intitulés de liens, primordiaux aujourd'hui pour un référencement.

> **Le « SEO cheat sheet » par Moz.com**
>
> Le site américain Moz.com propose un récapitulatif en anglais) de tous les points auxquels il faut penser, au format PDF. Une sorte de pense-bête disponible à cette adresse :
>
> *http://moz.com/blog/the-web-developers-seo-cheat-sheet-2013-edition*

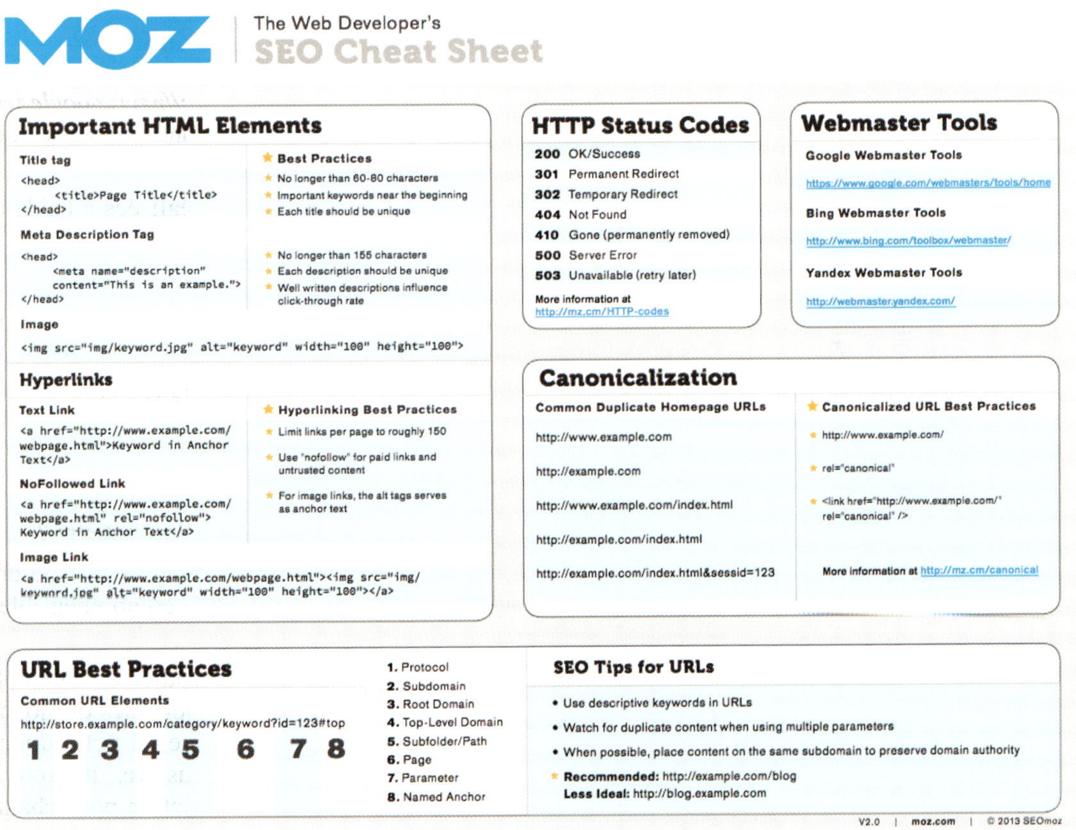

Figure 2

Les différents points stratégiques SEO à mettre en place sur un site web, regroupés dans un document PDF

Célébrité : popularité, réputation et confiance

Une fois le site mis en ligne, l'aspect netlinking est bien sûr indispensable. D'autres sites doivent « voter » pour le vôtre à l'aide de liens hypertextes pour montrer sa qualité aux yeux de Google.

Célébrité>Popularité et confiance

- Les meilleurs backlinks viennent de pages elles-mêmes populaires (PageRank supérieur ou égal à 3).
- Les backlinks doivent se trouver sur des sites qui sont dans le même domaine d'activité que le vôtre.
- Si le site qui fait un lien vers vous est connu et à fort trafic, c'est encore mieux !
- Plus le backlink est ancien et mieux c'est.
- Le backlink doit se trouver dans la zone éditoriale et non pas dans le footer de la page le proposant.
- La page qui vous envoie le lien doit proposer le moins de liens sortants possible.
- Évitez tout lien artificiel, visez le naturel !
- Tentez de multiplier le nombre de sites qui font un lien vers vous.
- Un site web unique faisant de très nombreux liens vers votre page d'accueil ne sera pas efficace. Google n'en lira que quelques-uns. Variez les URL de destination !

Célébrité>Réputation

- Soignez les textes d'ancre des liens (internes et externes) qui pointent vers vos pages.
- Ne suroptimisez pas pour autant ces textes d'ancre : restez dans une logique naturelle. Si 90 % des textes d'ancre pointant vers votre site s'intitulent « immobilier paris pas cher », il y a fort à parier que cela mette la puce à l'oreille de Google et de son Penguin.

Conclusion

Tous les points visés dans cet ouvrage touchent au contenu, au code, à la conception et aux liens entrants d'un site web. Ils sont capitaux car ils représentent des étapes essentielles, fondamentales, sur lesquelles il sera très difficile, voire impossible de revenir lorsque le site sera en ligne. Et Dieu sait si, par le passé, ce type d'erreur a été commis, nécessitant parfois une remise en question complète du site pour le rendre compatible avec les moteurs. Autant penser à ces points dès le départ, cela facilite bien les choses et permet d'éviter des surprises désagréables.

Bien sûr, une fois que tous les points évoqués dans les paragraphes précédents auront été validés, vous devrez cent fois sur le métier remettre votre ouvrage en proposant un contenu de qualité sans cesse renouvelé. Un nouveau travail de rédaction mais également de recherche de partenariats commencera alors, souvent difficile, long et chronophage, mais tellement indispensable à un bon référencement. Le tout au travers d'une approche loyale et honnête. Qui a dit que l'optimisation d'un site pour les moteurs de recherche était un long fleuve tranquille ?

Les 12 phrases clés du référencement

1. Il est nécessaire de prendre en compte les contraintes du référencement dès l'élaboration du cahier des charges d'un site web. Plus vous tarderez, plus la complexité augmentera et plus les moyens humains et financiers à mettre en œuvre seront importants.
2. Il est important de gérer au mieux un arbitrage entre la réalisation d'un site pour les internautes (faire « beau », proposer une navigation intuitive, etc.) et pour les moteurs de recherche (options technologiques à consommer avec modération comme Flash, JavaScript, etc.).
3. Choisissez avec soin les mots-clés sur lesquels vous désirez vous positionner. Il est dommage de tenter un positionnement sur un terme trop concurrentiel ou sur une expression qui n'est jamais saisie sur les moteurs.
4. N'oubliez jamais que le trafic généré par les moteurs de recherche sur un site est de deux ordres : la courte traîne (mots-clés que vous avez définis au préalable et pour lesquels vous avez optimisé une ou plusieurs pages de votre site) et la longue traîne (mots-clés issus du contenu du site, non définis au préalable, mais mis en valeur par une optimisation du code HTML et de la conception même du site).
5. Soignez les titres, les URL, le texte visible de vos pages. Insérez-y les mots-clés importants pour votre activité.
6. Soignez le plus possible les liens de vos sites ainsi que les liens entrants (backlinks) sur ceux-ci. Ils sont actuellement la *killer application* du référencement.
7. Suivez votre référencement pour être toujours « au top », même si une optimisation bien faite est très souvent extrêmement pérenne !
8. Le positionnement n'est plus une stratégie efficace de mesure d'un référencement. Préférez l'analyse du trafic généré par les moteurs de recherche dans une optique de longue traîne.
9. N'hésitez pas à vous faire aider par un professionnel du domaine, qui peut vous faire gagner beaucoup de temps et d'argent. Mais choisissez-le soigneusement !
10. Évitez tout système de référencement reposant sur des techniques interdites. Le meilleur référencement, le plus efficace, le plus pérenne, est basé sur l'optimisation loyale (sans suroptimisation) des pages de votre site et sur un contenu de qualité.
11. Ne trichez jamais, ne cachez rien dans vos pages, on arrive à de superbes résultats en optimisant ses pages de façon propre et honnête !
12. En tout état de cause, *Content is KING, Link is his QUEEN* et, mieux, *Optimized content is EMPEROR!* (en français, « Le contenu est votre capital, les liens sont essentiels et l'optimisation de vos textes leur donne la meilleure visibilité ! ») Le référencement peut donc être vu comme le moyen de donner une bonne visibilité sur les moteurs de recherche à un contenu de bonne qualité. Tout commencera donc toujours par la qualité de ce contenu.

Pour finir, n'hésitez pas à mettre en place une veille quotidienne sur le monde des moteurs de recherche et du référencement. Les moteurs, et Google en particulier, sont comme des organismes vivants qui évoluent quotidiennement : de nouveaux critères se créent, d'autres se modifient, certains disparaissent, les poids respectifs de chacun d'eux changent au fil des ans comme le montre la figure 3. Bref, sans suivre de près ce petit monde du référencement, on est vite dépassé par les nouveautés qui apparaissent les unes après les autres. Bien sûr, le meilleur moyen de se tenir au courant reste de consulter des sites comme Abondance ou d'autres dont vous trouverez une liste en annexe.

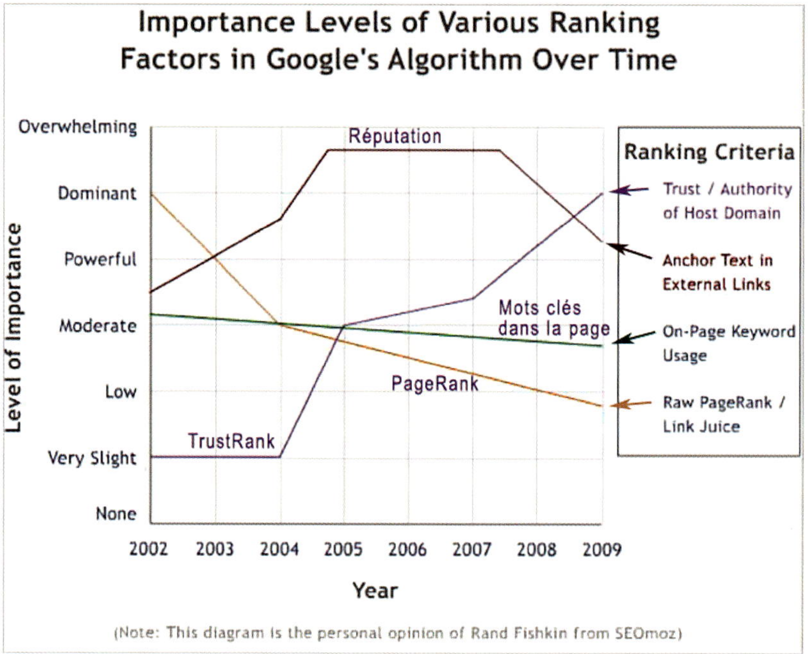

Figure 3

L'évolution des critères de pertinence principaux de Google au fil des ans, par le site Moz.com

Et maintenant, à vos claviers et n'hésitez pas à nous envoyer un petit message à l'adresse *livre-referencement@abondance.com* si cet ouvrage vous a aidé. Nous le publierons, éventuellement, sur le site *www.livre-referencement.com* (vous y gagnerez un lien vers votre site, ce qui est toujours bon pour votre indice de popularité) qui présente ce livre.

D'ici là… bon référencement !

Olivier Andrieu
www.abondance.com
www.livre-referencement.com
E-mail : *livre-referencement@abondance.com*

Annexe

Webographie

Voici quelques adresses de sites web et outils qui pourraient s'avérer très intéressants pour votre référencement. N'hésitez pas à les consulter.

La trousse à outils du référenceur

Tout webmaster qui s'intéresse au référencement a besoin, au quotidien, d'utiliser un certain nombre d'outils qui vont lui faciliter la vie. Nous en avons signalé bon nombre tout au long des chapitres précédents et nous ne reviendrons pas dessus ici. Voici quelques sites, logiciels et add-ons pour Firefox que nous n'avons pas mentionnés auparavant et qui peuvent vous aider dans vos quêtes et vos analyses.

Add-ons pour Firefox

- **Web Developer** (*http://chrispederick.com/work/web-developer*), outil indispensable qui propose de nombreux utilitaires de diagnostic et tests de pages web : désactivation du JavaScript, des images, des CSS, recherche de texte caché, etc. Difficile de s'en passer...

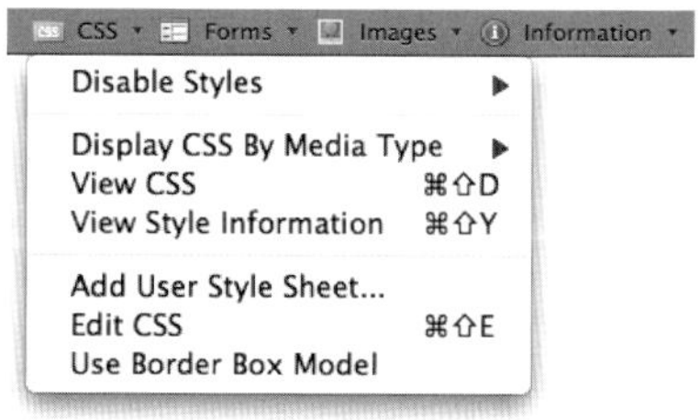

Figure A-1

Web Developer, indispensable compagnon de route du référenceur

- **FireBug** (*http://www.joehewitt.com/software/firebug*) permet de déboguer les pages HTML et d'en lire rapidement le contenu.
- **SEOpen** (*http://seopen.com/firefox-extension/index.php*) permet de voir les backlinks et de très nombreuses informations sur une page donnée.
- **Search Status** (*http://www.quirk.biz/searchstatus*) donne, entre autres, le PageRank d'une page, le fichier `robots.txt` d'un site, etc.
- **SEO Link Analysis** (*http://yoast.com/tools/seo/link-analysis*) fournit des informations sur les backlinks d'une page.
- **SEO for Firefox** (*http://tools.seobook.com/firefox/seo-for-firefox.html*) propose de très nombreuses fonctionnalités également. À tester !
- **SEOQuake** (*http://www.seoquake.com*) offre de très nombreuses informations sur une page web en cours d'affichage.
- **Foxy SEO Tool** (*https://addons.mozilla.org/en-US/firefox/addon/9440*). Assez similaire aux autres outils du même type.
- **Seomoz Toolbar** (*http://www.seomoz.org/mozbar*) met à votre disposition une barre d'outils entièrement créée pour les référenceurs, par l'incontournable site seomoz.

Il existe des dizaines d'extensions pour Firefox orientées SEO. Nous n'indiquons ici qu'un échantillon car il est impossible de toutes les décrire et de détailler leurs fonctionnalités. N'hésitez pas à les tester pour voir si ces dernières vous conviennent, et à fouiller sur le Web, vous y découvrirez certainement quelques pépites !

Audit de liens

- **Xenu's Link Sleuth** (*http://home.snafu.de/tilman/xenulink.html*) crawle votre site et indique, entre autres, d'éventuels liens cassés.
- **Ahrefs** (*http://ahrefs.com/*) liste et analyse les backlinks d'un site web.
- **Open Site Explorer** (*http://www.opensiteexplorer.org/*) liste et analyse les backlinks d'un site web.
- **Majestic SEO** (*http://www.majesticseo.com/*) liste et analyse les backlinks d'un site web.
- **Linkbird** (*http://www.linkbird.fr/*), site web qui automatise la vérification des backlinks, l'évaluation et le profilage des liens, l'exploration des contenus, etc.
- **Linkody** (*http://www.linkody.com/*) vérifie que vos backlinks sont encore valides.
- **Link Valet** (*http://htmlhelp.com/tools/valet*) teste si les liens dans une page sont valides ou cassés.
- **W3C Link Checker** (*http://validator.w3.org/checklink*) effectue le même type d'action que Link Valet.
- **Backlink Checker** (*http://www.backlink-checker.net/*) vient d'arriver sur le marché.
- **Backlink Watch** (*http://www.backlinkwatch.com/*) est un outil de suivi des backlinks.
- **WP-Backlinks** (*http://wp-backlinks.com/*) est une extension WordPress permettant de suivre les backlinks.
- **Bombyx4WPy** (*http://www.bombyx4wp.com/*) est un outil d'intégration du concept de cocon sémantique pour WordPress.

Analyse du header http

- **L'analyseur de header http** de WebRankInfo (*http://www.webrankinfo.com/outils/header.php*) vous indiquera le code de retour du serveur pour une URL donnée. Une bonne façon de savoir, par exemple, si une redirection est faite en 301, en 302...

Sites web d'audit SEO

- **Analyse référencement** (*http://www.adifco.fr/outils-gratuits/analyse-referencement.php*) est un outil d'analyse de l'optimisation d'une page.
- **Analytics SEO** (*http://www.analyticsseo.com/fr*), outil SEO multiple : classements de mots-clés et recherches, analyse de positionnement, analyse des liens entrants

et netlinking, rapports personnalisés, gestion de projet, audit technique quotidien, marque blanche, etc.

- **Deep Crawl** (*http://www.deepcrawl.co.uk/*) réalise un audit complet de votre site web : analyse des liens cassés, audit SEO de la structure, etc.
- **Outiref** (*http://www.outiref.com*) propose un audit complet du site de façon automatique, avec notamment un calcul de l'indice de densité des mots de la page.
- **Outils référencement** (*http://www.outils-referencement.com/outils/mots-cles/densite*) est un autre outil de calcul de l'indice de densité utilisant un dictionnaire de mots vides.
- **SEMRush** (*http://www.semrush.com*) est un outil qui sert à la gestion et à l'analyse de mots-clés d'un site web.
- **SEO Key** (*http://seo-key.com/*) est une suite d'analyse et d'optimisation SEO pour WordPress.
- **SEO Toolbox** (*http://tools.guillaumedesbieys.com/seotoolbox.html*) est un ensemble de petits outils SEO comme l'exploration d'un site web, nombre de signaux sociaux, etc.
- **Woorank** (*http://www.woorank.com*) sert pour l'audit et l'analyse de site web orienté SEO.
- **Wassistant** (*http://www.wassistant.com/*), plusieurs outils SEO – plutôt inhabituels – qui sont disponibles en ligne en mode bêta.
- **Yagoort** (*http://outils.yagoort.org/compteurmots.html*) permet de calculer le nombre d'occurrences d'un mot et son indice de densité.

Positionnement

Outre les logiciels de calcul et de suivi du positionnement de vos pages dans les résultats des moteurs déjà évoqués dans cet ouvrage, il existe également un certain nombre de sites web qui peuvent vous aider dans ce domaine. En voici quelques-uns :

- **Tests de positionnement WebRankInfo** :
  - *http://www.webrankinfo.com/outils/positionnement-google.php*
  - *http://www.webrankinfo.com/outils/positionnement-yahoo.php*
- **Ranks.fr** (*http://www.ranks.fr/*)
- **Référencement SEO** (*http://www.referencement-seo.fr/Positionnement-Google.seo*)
- **Myposeo** (*http://www.myposeo.com*)
- **Rank Tracker** (*http://www.link-assistant.com/rank-tracker/index.html*)
- **Serposcope** (*http://serphacker.com/serposcope/*)
- **SEO Mioche Tool** (*http://www.seomioche.com/*)

De nombreux autres outils peuvent vous aider au quotidien dans vos optimisations de site et votre référencement. La liste ci-dessus n'est qu'une liste non exhaustive de quelques-uns d'entre eux qui nous ont semblé intéressants. N'hésitez pas à en rechercher d'autres sur le Web !

Les musts de la recherche d'informations et du référencement

Il n'y a pas qu'Abondance (le site web de l'auteur de cet ouvrage) dans la vie. Voici une liste d'autres sites et de blogs fournissant bon nombre d'informations sur les moteurs de recherche et le référencement de sites web.

En français

- Abondance : *http://www.abondance.com*
- Affordance.info : *http://affordance.typepad.com/mon_weblog*
- Google XXL : *http://googlexxl.blogspot.com*
- MoteurZine : *http://www.moteurzine.com*
- Oseox : *http://oseox.fr*
- Outils Froids : *http://www.outilsfroids.net*
- Référencement, Design et Cie : *http://s.billard.free.fr/referencement*
- Secrets2Moteurs : *http://www.secrets2moteurs.com/*
- Seomix : *http://www.seomix.fr/*
- Technologies du Langage : *http://aixtal.blogspot.com*
- Urfist Info : *http://urfistinfo.blogs.com*
- WebRankInfo : *http://www.webrankinfo.com*
- Zorgloob : *http://www.zorgloob.com*

En anglais

- Google Blogoscoped : *http://blogoscoped.com*
- John Battelle's Searchblog : *http://battellemedia.com*
- Matt Cutts Gadgets, Google, and SEO : *http://www.mattcutts.com/blog*
- Pandia : *http://www.pandia.com*
- Seomoz : *http://www.seomoz.org*
- Search Engine Guide : *http://www.searchengineguide.com*
- Search Engine Land : *http://www.searchengineland.com*
- Search Engine Showdown : *http://www.searchengineshowdown.com*
- Search Engine Watch : *http://www.searchenginewatch.com*
- SEO by the Sea : *http://www.seobythesea.com*

Blogs officiels des moteurs de recherche

Les sites officiels des moteurs de recherche sont légion dans ce domaine.

- Google (la liste complète des – nombreux – blogs de Google se trouve sur la droite de la page d'accueil du blog général) : *http://googleblog.blogspot.com*
- Google Webmaster Tools (indispensable) : *http://googlewebmastercentral.blogspot.com*
- Google Inside Search : *http://insidesearch.blogspot.fr/*
- Google Inside AdWords : *http://adwords.blogspot.com*
- Google Inside AdSense : *http://adsense.blogspot.com*
- Yahoo! Search Blog : *http://www.ysearchblog.com*
- Bing : *http://www.bing.com/community/site_blogs/b/webmaster/default.aspx*
- Exalead : *http://blog.exalead.fr*

Les forums de la recherche d'informations et du référencement

Vous pouvez partager votre passion des moteurs de recherche sur de nombreux forums, en français et en anglais.

Forums en français sur les outils de recherche et le référencement

- Forums Abondance : *http://www.forums-abondance.com*
- Outils de recherche et référencement : *http://forum.taggle.org*
- WebMaster Hub : *http://www.webmaster-hub.com*
- WebRankInfo : *http://www.webrankinfo.com*

Forums en anglais sur les outils de recherche et le référencement

- HighRankings : *http://www.highrankings.com/forum*
- SearchEngineWatch.com Forums : *http://forums.searchenginewatch.com*
- WebMasterWorld : *http://www.webmasterworld.com*

Les associations de référenceurs

Ces associations regroupent les référenceurs professionnels en France, en Europe et dans le monde.

- SEO Camp : *http://www.seo-camp.org*
- Sempo : *http://www.sempo.org*
- SEOPros.org : *http://www.seopros.org*

Les baromètres du référencement

Ces sites tentent de fournir des informations sur les parts de marché des différents outils de recherche sur le Web.

Baromètres français

- AT Internet : *http://www.atinternet.fr/ressources/ressources/etudes-publiques/barometre-des-moteurs/*

Baromètres anglophones

Les sites ci-dessous publient parfois des chiffres sur les parts de marché des outils de recherche dans le monde anglophone.

- ComScore : *http://www.comscore.com*
- Hitwise : *http://www.hitwise.com*
- Keynote : *http://www.keynote.com*
- Nielsen NetRatings : *http://www.nielsennetratings.com*
- OneStat.com : *http://www.onestat.com*

Lexiques sur les moteurs de recherche et le référencement

Ces lexiques en ligne vous permettront d'obtenir des définitions plus précises sur certains termes ayant trait au monde des moteurs de recherche et du référencement.

- Dicodunet : *http://www.dicodunet.com/definitions/moteurs-de-recherche*
- Paradi'SEO : *http://blog.paradiseo.fr/lexique*
- SEOland : *http://www.seoland.fr/lexique-seo/*
- WebRankInfo : *http://www.webrankinfo.com/lexique.php*
- Journal du Net : *http://www.journaldunet.com/solutions/seo-referencement/dictionnaire-du-seo-vocabulaire-et-definitions.shtml*

Index

Q

R

S

T

U

V

W

X

Y

Z

FSC
www.fsc.org
MIX
Paper from responsible sources
FSC® C110418

Dépôt légal : mai 2016
N° d'éditeur : 9637
Imprimé en Slovénie par DZS Grafik

Cet ouvrage est imprimé sur du papier couché demi-mat 115 g, papier issu de forêts gérées durablement.